Buch-Updates
Registrieren Sie dieses Buch auf unserer Verlagswebsite. Sie erhalten dann Buch-Updates und weitere, exklusive Informationen zum Thema.

Galileo BUCH UPDATE

Und so geht's

> Einfach **www.galileocomputing.de** aufrufen
<<< Auf das Logo **Buch-Updates** klicken
> Unten genannten **Zugangscode** eingeben

Ihr persönlicher Zugang zu den Buch-Updates 05GP68310837

Jürgen Wolf

Shell-Programmierung

Das umfassende Handbuch

Galileo Computing

Liebe Leserin, lieber Leser,

hier liegt nun das dritte Galileo-Buch von Jürgen Wolf vor, und wieder wird es nicht wenige Leser geben, die genau auf dieses Werk gewartet haben.

Nach den Erfolgen seiner Bücher »C von A bis Z« und »Linux-UNIX-Programmierung« ist es nur logisch, dass sich Jürgen Wolf jetzt ausführlich der Shell-Programmierung gewidmet hat. Hier ist endlich das Buch für Linux-Begeisterte, die sich vielleicht noch davor scheuen, eine Hochsprache wie C, C++ oder Java zu lernen, aber dennoch tief ins System einsteigen wollen.

Und möchten Sie dann doch weiter lernen, so haben wir für Sie auf der beiliegenden CD-ROM den kompletten Bestseller »C von A bis Z« als leicht navigierbare HTML-Version bereitgelegt. Sie werden also nichts missen.

Autor und Verlag haben dieses Buch mit sehr großer Sorgfalt geschrieben, lektoriert und produziert. Sollten sich dennoch Fehler eingeschlichen haben oder möchten Sie Anregungen oder vielleicht Kritik loswerden, so sind Sie herzlich eingeladen, dies zu tun. Bitte scheuen Sie sich nicht, Jürgen Wolf (www.pronix.de) oder mich zu kontaktieren!

Viel Freude beim Lesen wünscht

Ihre Judith Stevens-Lemoine
Lektorat Galileo Computing

judith.stevens@galileo-press.de
www.galileocomputing.de

Galileo Press • Rheinwerkallee 4 • 53227 Bonn

Auf einen Blick

Der Name Galileo Press geht auf den italienischen Mathematiker und Philosophen Galileo Galilei (1564–1642) zurück. Er gilt als Gründungsfigur der neuzeitlichen Wissenschaft und wurde berühmt als Verfechter des modernen, heliozentrischen Weltbilds. Legendär ist sein Ausspruch »Eppur se muove« (Und sie bewegt sich doch). Das Emblem von Galileo Press ist der Jupiter, umkreist von den vier Galileischen Monden. Galilei entdeckte die nach ihm benannten Monde 1610.

Gutachten Martin Conrad
Lektorat Judith Stevens-Lemoine
Korrektorat Claudia Falk, Holger Schmidt, Bonn
Einbandgestaltung Barbara Thoben, Köln
Herstellung Steffi Ehrentraut
Titelbild zefa visual media
Satz SatzPro, Krefeld
Druck und Bindung Koninklijke Wöhrmann B.V., Zutphen, Niederlande

Dieses Buch wurde gesetzt aus der Linotype Syntax Serif (9,5/13,5 pt) in Adobe FrameMaker. Gedruckt wurde es auf fein holzhaltigem Naturpapier.

Gerne stehen wir Ihnen mit Rat und Tat zur Seite:
judith.stevens@galileo-press.de bei Fragen und Anmerkungen zum Inhalt des Buches
service@galileo-press.de für versandkostenfreie Bestellungen und Reklamationen
stefan.krumbiegel@galileo-press.de für Rezensions- und Schulungsexemplare

Bibliografische Information Der Deutschen Bibliothek
Die Deutsche Bibliothek verzeichnet diese Publikation in der Deutschen Nationalbibliografie; detaillierte bibliografische Daten sind im Internet über http://dnb.ddb.de abrufbar.

ISBN 3-89842-683-1

1. Auflage 2005

Inhalt

Vorwort des Gutachters – die Shell: Fluch oder Segen?

Sie werden sicher schon die Sprüche wie „kryptische Kommandozeilen-Befehle" oder Ähnliches in einem nicht gerade schmeichelhaften Zusammenhang gehört haben.

Und wissen Sie was? Die Vorurteile stimmen. Ein Kommandointerpreter, der Konstrukte wie das Folgende zulässt, kann schon mal das ein oder andere graue Haar wachsen lassen. Probieren Sie die Zeichenfolge übrigens besser nicht aus – Ihr Rechner würde höchstwahrscheinlich abstürzen:

```
(){ :|:& } ;:
```

Und das soll ich jetzt lernen?

Nein, nicht unbedingt. Der Befehl ist eher eine kleine Machtdemonstration. Er versucht unendlich viele Prozesse zu starten und legt so Ihren Rechner lahm. Die Syntax für die Kommandozeile ist normalerweise durchaus verständlich und solche Konstrukte sind eher die abschreckende Ausnahme.

Das Beispiel soll demonstrieren, mit welch geringem Aufwand Sie durch eine Kommandozeile in der Lage sind, wirkungsvolle Befehle an das System zu übermitteln. Normalerweise wird die Kommandozeile produktiv eingesetzt und hat enorme Vorteile gegenüber einer grafischen Oberfläche. Genau so, wie Sie durch die Kommandozeile unendlich viele Prozesse starten können, können Sie auch mit einem einzigen Befehl Vorschaubilder von unzähligen Bildern erstellen, die sich auf Ihrer Festplatte befinden.

Die Kommandozeile wird also genau dann interessant, wenn grafisch gesteuerte Programme nicht mehr in der Lage sind, eine Aufgabe in einer annehmbaren Zeit zu erledigen.

In solchen Fällen kann es durchaus vorkommen, dass Sie an einem einzigen Befehl eine Stunde oder mehr grübeln, aber dennoch schneller sind, als wollten Sie die Aufgabe mit einer Maus lösen.

Ich werde aber auch das relativieren. Für die meisten Aufgaben gibt es hervorragende Werkzeuge auf der Kommandozeile, die leicht zu verstehen und einzusetzen sind. Stundenlange Grübeleien über einem Befehl sind also eher die Ausnahmen. Wer den Willen hat, Aufgaben effektiv mit der Kommandozeile zu lösen, wird hier selten an Probleme stoßen. Im Gegenteil, die Kommandozeile eröffnet eine vollkommen andere Perspektive und erweitert somit den

Horizont, wozu ein Computer alles eingesetzt werden kann, da hier vollkommen andere Grenzen gelten als bei der Arbeit mit der Maus:

- Sie möchten alle Dateien auf einer Festplatte umbenennen, die die Endung txt haben?
- Sie möchten periodisch überprüfen, ob ein entfernter Rechner erreichbar ist?
- Sie wollen ein bestimmtes Wort in allen Textdateien innerhalb eines Verzeichnisbaums ersetzen?
- Sie wollen täglich eine grafische Auswertung Ihrer Systemlast per Mail geschickt bekommen?

Kein Problem :-)

Lesen Sie dieses Buch, und Sie werden diese Aufgaben lösen können.

Martin Conrad ist freier Programmierer, Netzwerktechniker und Administrator.

Vorwort des Autors

Ich freue mich riesig, Ihnen mein nächstes Buch vorstellen zu dürfen. Das Schreiben hat mir besonders viel Spaß gemacht, denn nach Büchern zu C und zur Linux-UNIX-Programmierung war die Arbeit an diesem Buch geradezu eine Entspannung. Der Vorteil der Shell-Programmierung ist, dass man nicht so viel »drum herum« schreiben muss und man meistens gleich auf den Punkt kommen kann. Wenn Sie bereits Erfahrungen in anderen Programmiersprachen gesammelt haben und dieses Buch durcharbeiten, werden Sie verstehen, was ich meine. Sollten Sie noch absoluter Anfänger in Sachen Programmierung sein, so ist dies überhaupt kein Problem, da die Shell-Programmierung recht schnell erlernt werden kann. Die Lernkurve des Buches bewegt sich auf einem mittleren Niveau, sodass der Anfänger nicht überfordert und der programmiererfahrene Leser nicht unterfordert wird.

Ich gehe davon aus, dass Sie bereits über erste Erfahrungen im Umgang mit Linux/UNIX verfügen. Sie werden beim Lesen dieses Buchs so manche Dinge, die Ihnen vielleicht immer schon etwas unklar waren, viel besser verstehen. Damit will ich sagen, dass man über die Shell-Programmierung eine noch intensivere Beziehung zu dem Betriebssystem aufbauen kann. Gerade weil die Shell immer noch ein viel mächtigeres Instrument ist, als es grafische Oberflächen jemals waren oder werden. Man könnte also auch sagen, der Umgang mit der Shell(-Programmierung) ist das ABC eines jeden zukünftigen Linux-UNIX-Gurus. Und wenn Sie dann auch noch die Sprachen C und den Umgang mit der Linux-UNIX-Programmierung lernen wollen (oder bereits können), ist der Weg zum Olymp nicht mehr weit. Vielleicht fällt Ihnen hierbei auch auf, dass ich die Bücher, die ich schreibe, ein wenig nach bestimmten Kriterien auswähle – die sich alle zusammen auch in einem Schuber gut verkaufen würden ;-)

Nach diesen (hoffentlich) aufmunternden Worten werden Sie wohl freudig den PC hochfahren, das Buch zur Hand nehmen und mit dem ersten Kapitel anfangen. Bei einem Buch dieser Preisklasse ist natürlich die Erwartung hoch, und ich hoffe, ich kann Ihre Anforderungen erfüllen. Sollte es aber mal nicht so sein oder haben Sie etwas zu beanstanden, ist etwas nicht ganz korrekt, lassen Sie mich das wissen, damit ich dieses Buch regelmäßig verbessern kann. Gerade was die vielen verschiedenen Systeme bzw. Distributionen betrifft, kann es doch hier oder da zu Unstimmigkeiten kommen. Zwar wurden die Beispiele im Buch auf den gängigen Systemen getestet (SuSE, Fedora, Debian, Ubuntu und FreeBSD), doch wenn man sich die enorme Anzahl von mittlerweile vorhandenen Distributionen (siehe **http://www.distrowatch.com**) ansieht, dann kann man eben nicht für alle garantieren. Hierzu erreichen Sie mich am besten auf meiner Webseite unter **www.pronix.de**, wo Sie außerdem auch gleich ein Forum und alle anderen von mir geschriebenen Bücher zum Online-Lesen vorfinden.

Übersicht

In den ersten zehn Kapiteln erfahren Sie alles, was Sie zur Shell-Programmierung wissen müssen (und ein bisschen mehr als das). Die Kapitel 11, 12 und 13 gehen auf die unverzichtbaren Tools `grep`, `sed` und `awk` ein, die in Kombination (oder auch allein) mit der Shellscript-Programmierung zu wertvollen Helfern werden können. Kapitel 14 behandelt viele grundlegende Kommandos von Linux-UNIX. Kenntnisse zu den Kommandos sind unverzichtbar, wenn Sie sich ernsthaft mit der Shell-Programmierung auseinander setzen wollen bzw. müssen. Im 15. und letzten Kapitel werden Ihnen noch einige Praxisbeispiele mitgegeben. Hierbei wird auf viele alltägliche Anwendungsfälle eingegangen, die als Anregungen dienen sollen und jederzeit erweitert werden können. Im Grunde werden Sie aber feststellen, dass das Buch überall Praxisbeispiele enthält.

Die einzelnen Kapitel des Buchs wurden unabhängig voneinander geschrieben – es werden also keine Beispiele verwendet, die von Kapitel zu Kapitel ausgebaut werden. Dadurch ist es möglich, dass Sie dieses Buch als Nachschlagewerk verwenden können.

Danksagung

Natürlich kein Buch, ohne die Namen derer zur würdigen, die (bewusst oder unbewusst) zum Gelingen beigetragen haben. Zunächst gilt ein besonderer Dank den Menschen, die mir am nächsten stehen, meiner Frau und meinem Sohn, die diese Arbeit nicht »nur« dulden, sondern auch tatkräftig unterstützen. Für ein Buch benötigt man viel Freiraum und Freizeit – beides habt ihr mir ermöglicht.

Dann ist da noch Martin (Conrad), der mir neben dem Fachlektorat des Buchs auch noch mit der Webseite (**www.pronix.de**) hilft, oder rund heraus gesagt, die Webseite komplett verwaltet. »Verwaltet« ist auch noch milde ausgedrückt, Martin hat ein vollständiges Content Management System (CMS) in C geschrieben, welches ich glücklicherweise uneingeschränkt verwenden darf. Es gibt wenige Menschen wie Martin, der seine Arbeit mit einer solchen Hingabe und Sorgfalt erledigt, ohne etwas dafür zu verlangen. Bleibt nur noch zu hoffen, dass Martin sich endlich entschließt, sein unglaubliches Know-how zu Papier zu bringen.

Mein Dank gilt auch Judith Stevens-Lemoine von Galileo Press für die (wie immer) tolle Betreuung. Dies ist mittlerweile das dritte Buch unter ihrer Regie und soll noch nicht das letzte gewesen sein. Ich freue mich schon auf weitere Projekte.

Mein Dank geht auch an alle Mitglieder des www.pronix.de-Forums für das aktive Mitwirken und die Zeit, die sie zur Verfügung gestellt haben, um anderen Menschen bei ihren Problemen zu helfen. Besonders hervorheben will ich das »broesel« alias Philip Busch, »Hirogen2« alias Jan Engelhardt, »Patrick« alias »himself« und noch viele weitere hier nicht erwähnte Teilnehmer (was natürlich auch wieder Martin mit einschließt ;-)).

Ebenfalls möchte ich mich bei Michael Metz und Stefan Neuenfeind für das tolle Webhosting und den Service bei **www.speedpartner.de** bedanken.

And last, but not least – ich lebe nicht vom Bücherschreiben allein –, muss ich mich auch bei meinem Arbeitskollegen Uwe Kapfer für seine Diskretion und das Fernhalten von Störungen bedanken.

Jürgen Wolf, Mering 2005

1 Einführung

1 Einführung

Als Autor eines Fachbuchs steht man am Anfang immer vor der Frage, wo man anfangen soll. Fängt man bei Null an, so wird eine Menge Raum für interessantere Aufgabenschwerpunkte verschenkt. Fordert man dem Leser hingegen am Anfang gleich zu viel ab, läuft man Gefahr, dass dieses Buch schnell im Regel verstaubt oder zur Versteigerung angeboten wird.

1.1 Voraussetzungen an den Leser

Da Sie sich entschieden haben, mit der Shellscript-Programmierung anzufangen, kann ich davon ausgehen, dass Sie bereits ein wenig mit Linux bzw. einem UNIX-artigen System vertraut sind und damit schon ein wenig Zeit verbracht haben. Vielleicht haben Sie auch schon Erfahrungen mit anderen Programmiersprachen gemacht, was Ihnen hier auch einen gewissen Vorteil einbringt. Vorhandene Programmiererfahrungen sind allerdings keine Voraussetzung für dieses Buch, welches so konzipiert wurde, dass selbst ein Anfänger recht einfach und schnell ans Ziel kommt. Dies deshalb, weil die Shellscript-Programmierung im Gegensatz zu anderen Programmiersprachen wie bspw. C/C++ oder Java erheblich einfacher zu erlernen ist (auch wenn Sie beim ersten Durchblättern des Buchs einen anderen Eindruck haben).

Aber was heißt »bereits mit Linux bzw. UNIX ein wenig vertraut«? Hierzu einige Punkte, die ich einfach von Ihnen erwarten muss – ansonsten könnte der Buchtitel gleich »Linux/UNIX – Eine Einführung« heißen.

- An- und Abmelden am System
- Arbeiten mit einem (beliebigen) Texteditor (mehr dazu in Abschnitt 1.8)
- Umgang mit Dateien und Verzeichnissen – sprich der Umgang mit den grundlegenden Kommandos wie bspw. `cp`, `pwd`, `ls`, `cd`, `mv`, `mkdir`, `rmdir`, `cat` ... (sind diese Kenntnisse nicht vorhanden, so ist das nicht weiter schlimm, denn alle Kommandos werden im Buch mehr als einmal verwendet und auch in einem Crashkurs kurz beschrieben).
- Zugriffsrechte – wer bin ich, was darf ich und welche Benutzer gibt es? Oder einfach: Was bedeuten die »komischen« Zeichen `rwx` bei den Dateien und Verzeichnissen? (Auch hierzu gibt es eine kurze Einführung).
- Verzeichnisstruktur – wo bin ich hier und wo finde ich was? Wenn Sie nicht genau wissen, wo Sie »zu Hause« sind oder wie Sie dorthin kommen, wird Ihnen die ganze Umgebung ziemlich fremd vorkommen (aber auch ein Immigrant kann sich einleben).

- Grundlegende Kenntnisse eines Dateisystems – wo ist meine Festplatte, CD-ROM oder das Diskettenlaufwerk, und vor allem: Wie werden diese bezeichnet? Wer immer noch nach einem Laufwerk A, C oder D sucht, dürfte mit diesem Buch wieder einen Kandidaten für Ebay gefunden haben.
- Kommunikation – das Buch behandelt auch netzwerkspezifische Dinge, weshalb Sie zumindest den Weg in den »**W**elt**W**eiten**W**älzer« gefunden und den Umgang mit der elektronischer Post bewältigt haben sollten.

Hinweis Sofern Sie mit einigen Shell-Kommandos, welche bei den Scripts verwendet werden, nicht zurechtkommen oder diese nicht kennen, finden Sie hier auch eine Linux-UNIX-Kommandoreferenz, wo Ihnen zumindest die Grundlagen (die gängigsten Optionen) erläutert werden. Detailliertere Informationen bleiben selbstverständlich weiterhin den Manual-Pages (man-Pages) vorbehalten.

1.1.1 Zielgruppe

Mit diesem Buch will ich eine recht umfangreiche und keine spezifische Zielgruppe ansprechen. Profitieren von der Shellscript-Programmierung kann jeder, vom einfachen Linux-UNIX-Anwender bis hin zum absolut überbezahlten (oder häufig auch schlecht bezahlten) Systemadministrator.

Einfach jeder, der mit Linux/UNIX zu tun hat bzw. vor hat, damit etwas mehr anzufangen. Ganz besonders gut eignet sich die Shellscript-Programmierung auch für den Einstieg in die Programmierer-Welt. Sie finden hier viele Konstrukte (Schleifen, Bedingungen, Verzweigungen etc.), welche auch in den meisten anderen Programmiersprachen in ähnlicher Form verwendet werden (wenn auch häufig die Syntax ein wenig anders ist).

Da Sie sehr viel mit den »Bordmitteln« (Kommandos/Befehle) des Betriebssystems arbeiten, bekommen Sie auch ein gewisses Gefühl für Linux-UNIX. So haftet dem Shellscript-Programmierer häufig noch ein Guru-Image an, einfach weil dieser tiefer als viele GUI-verwöhnte Anwender in die Materie einsteigen muss. Trotzdem ist es leichter, die Shellscript-Programmierung zu erlernen, als irgendeine andere Hochsprache wie bspw. C, C++, Java oder C#.

Die primäre Zielgruppe aber bildet hierbei ganz klar der Systemadministrator und/oder der Webmaster (mit SSH-Zugang). Als Systemadministrator von Linux-UNIX-Systemen ist es häufig Grundvoraussetzung, sich mit der Shellscript-Programmierung auseinander zu setzen. Letztendlich ist ja auch jeder einzelne Linux-UNIX-(Heim-)Benutzer mit einem PC ein Systemadministrator und profitiert enorm von den neu hinzugewonnenen Kenntnissen.

1.1.2 Notation

Die hier verwendete Notation ist recht einfach und zum Teil eindeutig aufgebaut. Wenn die Eingabe der Tastatur (bzw. einer Tastatur-Kombination) beschrieben wird, wird das mit einem entsprechenden Tasten-Zeichen gekennzeichnet. Wenn Sie bspw. [Strg]+[C] lesen, so bedeutet dies, dass hier die Tasten »Steuerung« (Control oder auch Ctrl) und »C« gleichzeitig gedrückt wurden, finden Sie [ESC] vor, dann ist das Drücken der Escape-Taste gemeint.

Sie werden sehr viel mit der Shell arbeiten. Als Shell-Prompt des normalen Users in der Kommandozeile wird hierfür `you@host >` verwendet. Dieses Prompt müssen Sie also nicht bei der Eingabe mit angeben (logisch, aber sollte erwähnt werden). Wird hinter diesem Shell-Prompt die Eingabe in fetten Zeichen geschrieben, so handelt es sich um eine Eingabe in der Kommandozeile, die vom Benutzer (meistens von Ihnen) vorgenommen und mit einem [ENTER]-Tastendruck bestätigt wurde.

```
you@host > Eine_Eingabe_in_der_Kommandozeile
```

Folgt hinter dieser Zeile eine weitere Zeile ohne das Shell-Prompt `you@host >` und nicht in fetter Schrift, dann handelt es sich in der Regel um die erzeugte Ausgabe der zuvor getätigten Eingabe (was im Buch meistens den Aktionen Ihres Shellscripts entspricht).

```
you@host > Eine_Eingabe_in_der_Kommandozeile
Die erzeugte Ausgabe
```

Finden Sie stattdessen das Zeichen # als Shell-Prompt wieder, dann handelt es sich um ein Prompt des Superusers (root). Selbstverständlich setzt dies voraus, dass Sie auch die entsprechenden Rechte haben. Dies ist nicht immer möglich und wird daher in diesem Buch so selten wie möglich eingesetzt.

```
you@host > whoami
nomaler_User
you@host > su
Passwort: ********
# whoami
root
# exit
you@host > whoami
normaler_User
```

1.2 Was ist eine Shell?

Für den einen ist eine Shell nichts anderes als ein besseres »command.com« aus der MS DOS-Welt. Ein anderer wiederum bezeichnet die Shell lediglich als Kommandozeile, und für einige ist die Shell die Benutzeroberfläche schlechthin. Diese Meinungen resultieren daraus, dass der eine die Shell lediglich dazu verwendet, Installations- bzw. Konfigurationsscripts auszuführen, andere verwenden auch häufiger mal die Kommandozeile zum Arbeiten und die letzte Gruppe setzt die Shell ein, wie andere Anwender die grafischen Oberflächen benutzen.

Für den heutigen User besteht eine Benutzeroberfläche aus einem oder mehreren Fenstern, die man mit der Maus oder Tastatur steuern kann. Wie kann man (oder der Autor) also behaupten, die Shell sei eine Benutzeroberfläche? Genauer betrachtet, ist eine Benutzeroberfläche nichts anderes als eine Schnittstelle, welche zwischen der Hardware des Systems (womit der normale Benutzer nicht gern direkt zu tun haben will und dies auch nicht sollte) und dem Betriebssystem kommuniziert. Dies ist natürlich relativ einfach ausgedrückt, denn in Wirklichkeit findet eine solche Kommunikation meistens über mehrere abstrakte Schichten statt. Der Benutzer gibt eine Anweisung ein, diese wird interpretiert und in einen Betriebssystemaufruf (auch System-Call oder Sys-Call genannt) umgewandelt. Jetzt wird auf die Rückmeldung des Systems gewartet und ein entsprechender Befehl umgesetzt – oder im Fall eines Fehlers eine Fehlermeldung ausgegeben.

Hinweis Noch genauer gesagt durchläuft eine Eingabe der Kommandozeile einen Interpreter und ist somit praktisch nichts anderes als ein Shellscript, das von der Tastatureingabe aus, ohne zwischenzuspeichern, in einem Script ausgeführt wird.

Man spricht dabei auch von einem Systemzugang. Einen solchen Systemzugang (Benutzeroberfläche) können Sie als normaler Benutzer erlangen über die ...

- Kommandozeile (Shell). Hierbei geben Sie in einem Fenster (bspw. `xterm`) oder häufig auch einem Vollbildschirm (eben einem echtem `tty`) über die Tastatur entsprechende Kommandos ein und setzen so die Betriebssystemaufrufe in Gang.
- grafische Oberfläche (Windowmanager wie X11, KDE, GNOME etc.). Auch hierbei geben Sie mit der Maus oder der Tastatur Anweisungen (Kommandos) ein, welche an der Betriebssystemebene ebenfalls nicht vorbeikommen.

Hinweis Häufig wird die Kommandozeile als Shell bezeichnet. Diese Shell ist aber nicht gleichzusetzen mit dem »Interpreter« Shell. Der Interpreter ist die Schnittstelle, durch die überhaupt erst die Kommunikation zwischen der Ein-/Ausgabe und dem System möglich wird.

Auch wenn es auf den ersten Blick den Anschein hat, dass man über die grafische Oberfläche den etwas schnelleren und bequemeren Weg gewählt hat, so ist dies häufig nicht so. Je höher die Erfahrung des Anwenders ist, desto eher wird dieser mit der Kommandozeile schneller ans Ziel kommen als der GUI-gewöhnte Anwender.

Hurra, die ganze Arbeit war umsonst, KDE und GNOME benötigen wir nicht mehr und fliegen jetzt von der Platte! Nein, keine Sorge, ich will Sie keinesfalls von der grafischen Oberfläche abbringen, ganz im Gegenteil. Gerade ein Mix aus grafischer Oberfläche und Kommandozeile macht effektiveres Arbeiten erst möglich. Wie sonst wäre es z.B. zu realisieren, mehrere Shells gleichzeitig zur Überwachung zu betrachten bzw. einfach mehrere Shells gleichzeitig zu verwenden?

Lange Rede, kurzer Sinn: Eine Shell ist eine Methode, das System über die Kommandozeile zu bedienen.

Historisch interessierte User werden sich wohl fragen, wieso die Bezeichnung »Shell«, was soviel wie Muschel oder auch Schale bedeutet, verwendet wurde. Der Name wurde unter Linux/UNIX (eigentlich war zuerst UNIX da, aber auf diese Geschichte wird hier nicht eingegangen ...) verwendet, weil sich eine Shell wie eine Schale um den Betriebssystemkern legt. Vereinfacht ausgedrückt ist die Shell ein vom Betriebssystemkern unabhängiges Programm bei der Ausführung. Also ein simpler einfacher Prozess. Ein Blick auf das Kommando `ps` (ein Kommando, mit dem Sie Informationen zu laufenden Prozessen ermitteln können) bestätigt Ihnen das:

```
you@host > ps
  PID TTY          TIME CMD
 5890 pts/40   00:00:00 bash
 5897 pts/40   00:00:00 ps
```

Hier läuft als Shell bspw. die Bash – aber mehr zu den verschiedenen Shells und der Ausgabe von `ps` erfahren Sie etwas später.

Hinweis Gerade bei UNIX-Systemen wird hier wohl in den seltensten Fällen die Bash per Standard als Interpreter aktiv sein. Gewöhnlich wird meistens die Korn-Shell (ksh) als Standard-Interpreter aktiviert. Aber dies spielt im Moment noch keine Rolle.

Natürlich kann man die Shell nicht einfach als normalen Prozess bezeichnen, dazu ist sie ein viel zu mächtiges und flexibles Programm. Selbst der Begriff »Kommandozeile« ist ein wenig zu schwach. Eher schon würde sich der Begriff »Kommandosprache« eignen. Und wenn die Shell schon *nur* ein Programm ist, sollte erwähnt werden, dass sie auch jederzeit gegen eine andere Shell austauschbar ist. Es gibt also nicht nur die eine Shell, sondern mehrere – aber auch hierzu in Kürze mehr.

1.3 Hauptanwendungsgebiet

Dass eine Shell als Kommandosprache oder als Skriptsprache eine bedeutende Rolle unter Linux/UNIX spielt, dürfte Ihnen bereits bekannt sein. Wichtige Dinge wie die Systemsteuerung oder die verschiedenen Konfigurationen werden über die Shell (und den damit erstellten Shellscripts, den Prozeduren) realisiert.

Vor allem werden Shellscripts auch dazu verwendet, täglich wiederkehrende Aufgaben zu vereinfachen und Vorgänge zu automatisieren. Dies schließt die Hauptanwendungsgebiete wie (System-)Überwachung von Servern, Auswerten von bestimmten Dateien (Log-Dateien, Protokollen, Analysen, Statistiken, Filterprogrammen etc.) und ganz besonders der Systemadministration mit ein. Alles Dinge, mit denen sich beinahe jeder Anwender (ob bewusst oder unbewusst) auseinander setzen muss.

Es kann ganz plausible Gründe geben, ein Shellscript zu erstellen. Auch bei einfachsten Eingaben in der Kommandozeile, die Sie dauernd durchführen, können Sie sich das Leben leichter machen, indem Sie diese Kommandos zusammenfassen und einfach ein »neues« Kommando oder, etwas exakter formuliert, ein Shellscript schreiben.

1.3.1 Was ist ein Shellscript?

Bestimmt haben Sie das eine oder andere Mal schon ein Kommando oder eine Kommandoverkettung in der Shell eingegeben, zum Beispiel:

```
you@host > ls /usr/include | sort | less
af_vfs.h
```

```
aio.h
aliases.h
alloca.h
ansidecl.h
a.out.h
argp.h
argz.h
...
```

Tatsächlich stellt diese Kommandoverkettung schon ein Programm bzw. Script dar. Hier lenken Sie z.B. mit `ls` (womit Sie den Inhalt eines Verzeichnisses auflisten können) die Ausgabe aller im Verzeichnis */usr/include* enthaltenen Dateien mit einer Pipe an das Kommando `sort` weiter. `sort` sortiert die Ausgabe des Inhalts von */usr/include*, dessen Daten ja vom Kommando `ls` kommen, lexikografisch. Auch die Ausgabe von `sort` wird nochmals durch eine Pipe an `less`, den Pager, mit dem Sie die Ausgabe bequem nach oben bzw. unten scrollen können, weitergegeben. Zusammengefasst könnten Sie jetzt diese Befehlskette in einer Datei (Script) speichern und mit einem Aufruf des Dateinamens jederzeit wieder starten (hierauf wird noch gezielter eingegangen). Rein theoretisch hätten Sie hierbei schon ein Shellscript erstellt. Wäre dies alles, so müssten Sie kein ganzes Buch lesen und könnten gleich auf das Kommando `alias` oder ein anderes bequemeres Mittel zurückgreifen. Für solch einfache Aufgaben müssen Sie nicht extra ein Shellscript schreiben. Ein Shellscript wird allerdings u.a. dann nötig, wenn Sie

- Befehlssequenzen mehrmals ausführen wollen.
- aufgrund einer bestimmten Bedingung einen Befehl bzw. eine Befehlsfolge ausführen wollen.
- Daten für weitere Bearbeitungen zwischenspeichern müssen.
- eine Eingabe vom Benutzer benötigen.

Für diese und andere Aufgaben finden Sie bei einer Shell noch zusätzliche Konstrukte, wie sie ähnlich auch in anderen Programmiersprachen vorhanden sind.

Natürlich dürfen Sie nicht den Fehler machen, die Shellscript-Programmierung mit anderen höheren Programmiersprachen gleichzusetzen. Aufwändige und schnelle Grafiken, zeitkritische Anwendungen und eine umfangreiche Datenverwaltung (Stichwort: Datenbank) werden weiterhin mit Programmiersprachen wie C oder C++ erstellt.

Hinweis Wer jetzt denkt, die Shellscript-Programmierung sei nur eine »graue Maus«, der täuscht sich. Auch hiermit lassen sich, wie in jeder anderen Sprache auch, Scripts mit einer grafischen Oberfläche erstellen. Ein Beispiel dazu finden Sie in diesem Buch mit *Xdialog*.

Ein Shellscript ist also nichts anderes als eine mit Shell-Kommandos zusammengebastelte (Text-)Datei, bei der Sie entscheiden, wann, warum und wie welches Kommando oder welche Kommandosequenz ausgeführt wird.

Dennoch kann ein Shellscript, je länger es wird und je komplexer die Aufgaben werden, auf den ersten Blick sehr kryptisch und kompliziert sein. Dies nur für den Fall, dass Sie vorhaben, das Buch von hinten nach vorne durchzuarbeiten.

1.3.2 Vergleich mit anderen Sprachen

Das Vergleichen von Programmiersprachen war schon immer ein ziemlicher Irrsinn. Jede Programmiersprache hat ihre Vor- und Nachteile und dient letztendlich immer als Mittel, eine bestimmte Aufgabe zu erfüllen. Somit hängt die Wahl der Programmiersprache davon ab, welche Aufgabe es zu erfüllen gilt.

Zumindest kann ich ohne Bedenken sagen, dass Sie mit einem Shellscript komplexe Aufgaben erledigen können, wofür sich andere Programmiersprachen kaum bis gar nicht eignen. In keiner anderen Sprache haben Sie die Möglichkeit, die unterschiedlichsten Linux-UNIX-Kommandos zu verwenden und so zu kombinieren, wie Sie es gerade benötigen. Einfachstes Beispiel: Geben Sie den Inhalt von einem Verzeichnis in lexikografischer Reihenfolge aus. Bei einem Shellscript geht dies mit einem einfachen `ls | sort` – würden Sie selbiges in C oder C++ erstellen, wäre dies wie mit Kanonen auf Spatzen zu schießen.

Hinweis Aber das soll nicht heißen, etwas Derartiges in C zu schreiben sei sinnlos – der Lerneffekt ist hierbei sehr gut. Nur für den, der eben »nur« ans Ziel kommen will/muss, erscheint mir dieser Weg ein ziemlicher Umweg zu sein. Da ich mich selbst auch sehr viel mit C beschäftige, muss ich eingestehen, dass ich natürlich auch häufig mit »Kanonen auf Spatzen« geschossen habe und es immer noch gern tue.

Auf der anderen Seite haben auch Shellscript-Programme ihre Grenzen. Dies trifft ganz besonders bei Anwendungen zu, bei denen eine enorme Menge an Daten auf einmal verarbeitet werden muss. Werden diese Arbeiten dann auch noch innerhalb von Schleifen ausgeführt, dann kann dies schon mal recht langsam werden. Zwar werden Sie auf einem Einzelplatzrechner recht selten auf solche Engpässe stoßen, aber sobald Sie Ihre Scripts in einem Netzwerk wie bspw. einem Server schreiben, auf dem sich eine Menge weiterer Benutzer (etwa bei einem Webhoster mit SSH) befinden, sollten Sie überdenken, ob sich nicht eine andere Programmiersprache besser eignen würde. Häufig wird als nächstbessere Alternative und als mindestens genauso flexibel Perl genannt.

Der Vorteil von Perl ist, dass häufig keine Kommandos oder externe Tools gestartet werden müssen, weil Perl so ziemlich alles beinhaltet, was man braucht. Und wer in den Grundfunktionen von Perl nicht das findet, was er sucht, dem bleibt immer noch ein Blick in das mittlerweile unüberschaubare Archiv von CPAN-Modulen (CPAN = Comprehensive Perl Archive Network).

Allerdings sind Skriptsprachen immer etwas langsamer. Der Grund liegt darin, dass diese interpretiert werden müssen. Schreiben Sie bspw. ein Shellscript, so wird es beim Ausführen Zeile für Zeile analysiert. Dies beinhaltet u.a. eine Überprüfung der Syntax und zahlreiche Ersetzungen.

Wenn es auf die Performance ankommt oder zeitkritische Daten verarbeitet werden müssen, weicht man meistens auf eine »echte« Programmiersprache wie C oder C++ aus. Wobei es den Begriff »echte« Programmiersprache (auch Hochsprache genannt) ja gar nicht gibt. Häufig ist davon bei Sprachen die Rede, die kompiliert und nicht mehr interpretiert werden. Kompilierte Sprachen haben den Vorteil, dass die Abarbeitung von Daten in und mit einem einzigen (binären) Programm erfolgt.

Hinweis Genauer will ich hier gar nicht mehr auf die Unterschiede einzelner Programmiersprachen eingehen. Falls Sie trotzdem an anderen Programmiersprachen (bspw. C) interessiert sind, kann ich Ihnen mein Buch »C von A bis Z«, ebenfalls bei Galileo Press erschienen, empfehlen. Es befindet sich ebenfalls als vollständige HTML-Version auf der Buch-CD.

1.4 Kommando, Programm oder Shellscript?

Solange man nichts mit dem Programmieren am Hut hat, verwendet man alles, was irgendwie ausführbar ist (mehr oder weniger). Irgendwann hat man Feuer gefangen und in die ein oder andere Sprache geschnuppert, dann stellt sich die Frage: Was ist es denn nun ein Kommando (Befehl) – ein Programm, ein Script oder was? Die Unterschiede sind für Laien gar nicht ersichtlich. Da eine Shell als Kommando-Interpreter arbeitet, kennt diese mehrere Arten von Kommandos, welche Ihnen hier ein wenig genauer erläutert werden sollen.

1.4.1 Shell-eigene Kommandos (Builtin-Kommando)

Dies sind Kommandos, die in der Shell direkt implementiert sind und auch von dieser selbst ausgeführt werden, ohne dass dabei ein weiteres Programm gestartet werden muss. Die Arten und der Umfang dieser Builtins sind abhängig vom verwendeten Kommando-Interpreter (was meistens die Shell selbst ist). So kennt die eine Shell einen Befehl, den die andere nicht beherrscht. Einige dieser Kommandos müssen sogar zwingend Teil einer Shell sein, da diese globale Variablen verwendet (wie bspw. `cd` mit den Shell-Variablen `PWD` und `OLDPWD`). Weitere Kommandos werden wiederum aus Performance-Gründen in der Shell ausgeführt.

1.4.2 Aliase in der Shell

Ein Alias ist ein anderer Name für ein Kommando oder eine Kette von Kommandos. Solch einen Alias können Sie mit einer selbst definierten Abkürzung beschreiben, welche von der Shell während der Substitution durch den vollen Text ersetzt wird. Sinnvoll sind solche Aliase bei etwas längeren Kommandoanweisungen. Wird ein Alias aufgerufen, wird ein entsprechendes Kommando oder eine Kette von Kommandos mit allen angegebenen Optionen und Parametern ausgeführt.

```
you@host> alias gohome="cd ~"
you@host> cd /usr
you@host> pwd
/usr
you@host> gohome
you@host> pwd
/home/you
```

Im Beispiel wurde der Alias `gohome` definiert. Die Aufgabe des Alias wurde zwischen den Anführungsstrichen festgelegt – hier also ins Heimverzeichnis wechseln. Da ein Alias wiederum einen Alias beinhalten kann, wiederholen die Shells die Substitutionen so lange, bis der letzte Alias aufgelöst ist. Bspw.:

```
you@host> alias meinheim="gohome"
you@host> cd /usr
you@host> pwd
/usr
you@host> meinheim
you@host> pwd
/home/you
```

1.4.3 Funktionen in der Shell

Dabei handelt es sich um nicht fest eingebaute Funktionen der Shell (wie den Builtins), vielmehr um Funktionen, die zuvor für diese Shell definiert wurden. Solche Funktionen gruppieren meistens mehrere Kommandos als eine separate Routine.

1.4.4 Shellscripts (Shell-Prozeduren)

Dies ist Ihr zukünftiges Hauptanwendungsfeld. Ein Shellscript hat gewöhnlich das Attributrecht zum Ausführen gesetzt. Für die Ausführung eines Shellscripts wird eine weitere (Sub-)Shell gestartet, welche das Script interpretiert und die enthaltenen Kommandos ausführt.

1.4.5 Programme (binär)

Echte ausführbare Programme (bspw. erstellt in C) liegen im binären Format auf der Festplatte vor. Zum Starten eines solchen Programms erzeugt die Shell einen neuen Prozess. Alle anderen Kommandos werden innerhalb des Prozesses der Shell selbst ausgeführt. Standardmäßig wartet die Shell auf die Beendigung des Prozesses.

1.5 Die Shell-Vielfalt

Es wurde bereits erwähnt, dass eine Shell wie jede andere Anwendung durch eine andere Shell ersetzt bzw. ausgetauscht werden kann. Welche Shell der Anwender auch verwendet, jede Shell hat denselben Ursprung, die Mutter (oder auch der Vater) aller Shells ist die Bourne-Shell (`sh`), welche von S.R. Bourne 1978 entwickelt wurde und sich gleich als Standard-Shell im UNIX-Bereich durchgesetzt hat. Einige Zeit später wurde für das Berkeley-UNIX-System eine weitere Shell namens C-Shell (`csh`) entwickelt, die erheblich mehr Komfort als die Bourne-Shell bot. Leider war die C-Shell bezüglich der Syntax gänzlich inkompatibel zur Bourne-Shell und glich mehr der Syntax der Programmiersprache C.

An diese beiden Shell-Varianten, der Bourne-Shell und der C-Shell, lehnten sich alle weiteren Shells an. Aus der Sparte der Bourne-Shell gingen als etwas bekanntere Vertreter die Shell-Varianten `ksh` (Korn-Shell), `bash` (Bourne-Again-Shell), `zsh` (Z-Shell), `ash` (A-Shell) und `rbash` bzw. `rzsh` (Restricted Shell) hervor. Aus der C-Shell-Abteilung hingegen trat nur noch `tcsh` (TC-Shell) als eine Erweiterung von `csh` in Erscheinung.

Hinweis Die Bourne-Shell (`sh`) gibt es auf einem Linux-System eigentlich nicht und wird dort meistens vollständig von der `bash` (Bourne-Again-Shell) ersetzt. Wenn Sie also unter Linux die Bourne-Shell starten, führt dieser Aufruf direkt (als symbolischer Link) zur `bash`.

1.5.1 ksh (Korn-Shell)

Eine Erweiterung der Bourne-Shell ist die Korn-Shell. Hier wurden gegenüber der Bourne-Shell besonders interaktive Merkmale und auch einige Funktionalitäten der C-Shell hinzugefügt. Die Korn-Shell ist seit UNIX.4 Bestandteil eines Standard-UNIX-Systems und gewöhnlich auch die Standard-Shell in der UNIX-Welt. Was schon zur Bourne-Shell in Bezug auf Linux gesagt wurde, gilt auch für die Korn-Shell. Auch hierbei wird unter Linux ein Aufruf der Korn-Shell durch die Bash ersetzt. Für den Fall der Fälle gibt es für Linux allerdings auch eine Version der Korn-Shell, eine Public Domain Korn-Shell (`pdksh`), welche den meisten Distributionen beiliegt.

1.5.2 Bash (Bourne-Again-Shell)

Die Bash ist praktisch die Standard-Shell in der Linux-Welt und mittlerweile generell die am meisten benutzte Shell. Sie ist im Prinzip eine freie Nach-Implementierung der Bourne- und der Korn-Shell.

1.5.3 zsh (Z-Shell)

Die Z-Shell ist eine Erweiterung der Bourne-Shell, Korn-Shell und der Bash. Eine Shell mit derartiger Funktionalität müsste sich doch zu einer Art Standard-Shell etablieren!? Dass dies nicht so ist und wahrscheinlich auch nie so sein wird, liegt wohl an der mangelnden Übersichtlichkeit ihrer Funktionalität. Es stellt sich die Frage nach dem Sinn einer solchen Shell.

1.5.4 ash (A-Shell)

Bei der A-Shell handelt es sich um eine ähnliche Shell wie die Bourne-Shell, allerdings mit einigen Erweiterungen. Die A-Shell gehört eher zu einer exotischeren Spezies und gilt auch nicht als sonderlich komfortabel. Dass ich sie dennoch erwähne, liegt an der geringen Größe an Speicherplatz (60 KB), die sie benötigt (auch wenn dies heutzutage kein Thema mehr ist). Dank dieser geringen Größe kann die `ash` überall dort verwendet werden, wo an Speicherplatz gespart werden muss. Dies kann bspw. die Erstellung einer Notfall-Diskette sein, mit der man sein Linux-UNIX-System booten will. Oder man ist auf der Suche nach einer Shell, die man in die Start-RAM-Disk beim initrd-Verfahren laden will. Selbst in einer ziemlich abgeriegelten Umgebung (bspw. mit `chroot`) kommt man im lokalen Zugriffsmodus mit der `ash` sehr weit.

1.5.5 rbash, rzsh (Restricted Shell)

Hierbei handelt es sich um »erweiterte« Shell-Varianten der Bash bzw. der `zsh`. Die Erweiterung bezieht sich allerdings hier nicht auf den Funktionsumfang, sondern eher auf gewisse Einschränkungen des Benutzers in seinen Rechten und Möglichkeiten. Diese Einschränkungen können vom Systemadministrator für jeden Benutzer spezifisch gesetzt werden. Dies ist besonders bei fremden Zugriffen von außen recht sinnvoll.

1.5.6 tcsh (TC-Shell)

Hierbei handelt es sich lediglich um eine verbesserte und ein wenig erweiterte Version der C-Shell (`csh`) mit voller Kompatibilität zu dieser. Erweitert wurden allerdings nur die automatische Eingabevervollständigung, wie sie beim Betriebssystem »TENEX« (daher auch TC-Shell = TENEX C-Shell) anzutreffen war. TENEX ist allerdings wie die Dinosaurier bereits ausgestorben.

1.5.7 Welche Shell-Variante wird in diesem Buch verwendet?

Sie wissen nun, dass es zwei Linien der Shellprogrammierung gibt – die Bourne-Shell- und die C-Shell-Familie. In der heutigen Shell-Welt wird vorzugsweise die Bourne-Shell-Familie verwendet, genauer: Unter UNIX wird als Standard-Shell die Korn-Shell und unter Linux wird die Bash eingesetzt. Bei FreeBSD hingegen scheiden sich häufig die Geister – hier wird für den User die `sh` und für den Superuser häufig die `csh` als Standard gesetzt, dies lässt aber ohne Problem ändern. Die C-Shell-Familie verliert allerdings aufgrund einiger Schwächen (bspw. fehlen einige wichtige Programmier-Konstrukte) immer mehr an Boden gegenüber der Bourne-Familie.

Somit beschreibt dieses Buch die Shell-Varianten Bourne-Shell, Korn-Shell und die Bash. Die Bourne-Shell deshalb, weil immer noch die meisten Boot-Scripts (init-Scripts) mit ihr erstellt werden. Die Korn-Shell, weil diese quasi die Standard-Shell unter UNIX ist und immer noch unzählige Scripts hierfür geschrieben werden. Und die Bash, weil diese zum einen die Standard-Shell unter Linux ist und zum anderen den Großteil der Leser betrifft (da wohl die wenigsten Leser Zugang zu einem kommerziellen UNIX-System haben). Da die Unterschiede dieser drei Shells nicht sehr groß sind, werden alle drei Varianten parallel behandelt – wenn es also einen besonderen Unterschied zwischen dieser oder jener Shell gibt, so wird entsprechend darauf hingewiesen. Als Einsteiger müssen Sie sich jetzt erst mal keine Gedanken darum machen. Lernen Sie einfach Shell-Programmieren!

Hinweis Bitte verzeihen Sie mir, dass ich dauernd die Bourne-Again-Shell mit Bash abkürze und dies bei der Korn- bzw. Bourne-Shell häufig unterlasse, aber Bash ist in diesem Fall einfach geläufiger.

1.5.8 rsh und ssh

Obwohl `rsh` (Remote Shell) und `ssh` (Secure Shell) keine Shells wie bspw. die Korn-Shell bzw. die Bash sind, sollen diese hier trotzdem kurz erwähnt werden, weil es gern und häufig zu Missverständnissen bei Anfängern führt. Hierbei handelt es sich nicht – wie bei den eben vorgestellten Shells – um eine Benutzerschnittstelle zum System. Beide Kommandos werden dazu verwendet, auf einem anderen System (etwa Ihrem Webhoster) übliche Shell-Kommandos (*remote*) auszuführen. Die `ssh` ist der Sicherheit zuliebe der `rsh` vorzuziehen, da die `ssh` z.B. ein erweitertes Authentifizierungsverfahren benutzt und die Passwörter vom Login sowie die komplette Datenübertragung verschlüsselt. Dadurch ist ein Abhorchen der Daten derzeit nicht möglich (aber man sollte niemals »nie« sagen).

1.6 Betriebssysteme

Die Shellscript-Programmierung steht Ihnen unter Linux und vielen UNIX-Systemen (HP-UX, Solaris, AIX, IRIX etc.) zur Verfügung. Selbst unter MS Windows können Sie in der Cygwin-Umgebung oder gar mit dem von Microsoft selbst bereitgestellten Softwarepaket SFU (*Service for Unix*) die meisten Shells benutzen. Generell müssen Sie sich hierbei keine allzu großen Gedanken machen, da es mit den Kommandos der Shell selten Probleme gibt. Allerdings gibt es hier und da doch einige Differenzen, wenn systemspezifische Kommandos verwendet werden, die nicht der Shell angehören. Wer es bspw. gewöhnt ist, `rpm` zum Installieren seiner Software zu verwenden und dies in seinem Shellscript auch verwendet, dürfte Schwierigkeiten bekommen, wenn sein Shellscript auf einem System ausgeführt wird, auf dem es kein `rpm` gibt (und bspw. `installp` zum Einsatz kommt). Ähnlich sieht dies mit einigen Optionen aus, die man bei den Kommandos verwenden kann. Auch hier kann es passieren, dass die eine oder andere Option zwar auf anderen Systemen vorhanden ist, aber eben mit einer anderen Angabe angesprochen wird.

Zwar sind diese kleinen Unterschiede in diesem Buch recht gering, dennoch müssen sie an dieser Stelle erwähnt werden. Und es ist kein Geheimnis, dass Sie auch selten eine »perfekte« Lösung finden werden. Tritt ein solcher Fall auf, müssen Sie in Ihrem Script das Kommando Ihren Gegebenheiten (System) anpassen. Sofern ein solcher Fall gegeben ist, werde ich Sie darauf hinweisen.

1.7 Crashkurs: einfacher Umgang mit der Kommandozeile

Wahrscheinlich wird der ein oder andere im Umgang mit der Kommandozeile der Shell schon geübt sein. Trotzdem will ich hier einen kleinen »Crashkurs« zur Verwendung der Kommandozeile einer Shell geben – natürlich auf das Nötigste beschränkt. Viele dieser Kommandos werden im Laufe der Kapitel immer wieder zu Demonstrationszwecken verwendet. Noch mehr Kommandos und eventuell auch mehr zu den möglichen (wichtigsten) Optionen finden Sie in der »Linux-UNIX-Kommandoreferenz« am Ende des Buchs. Ich beschränke mich im Crashkurs nur auf die grundlegenden Befehle und das Arbeiten mit Dateien und Verzeichnissen.

1.7.1 Grundlegende Befehle

Um überhaupt einen Befehl auszuführen, muss nach dessen Eingabe die [ENTER]-Taste gedrückt werden. Danach wird das Linux-UNIX-System veranlassen, dass der Befehl das ausführt, was er eben tun soll.

Wer ist eingeloggt und wer bin ich – who und whoami

Wollen Sie wissen, wer alles auf dem System eingeloggt ist, dann kann der Befehl `who` (engl. wer) verwendet werden.

```
you@host > who
rot      tty2         Jan 30 14:14
tot      :0           Jan 30 15:02 (console)
you      tty1         Jan 30 11:14
```

Hier sind die User »rot«, »tot« und »you« eingeloggt. Neben der Benutzererkennung werden hierbei auch die Nummern der »tty« angezeigt. »tty1« und »tty2« sind beides echte Terminals ohne grafische Oberfläche. Hingegen scheint der User »tot« mit einer grafischen Oberfläche verbunden zu sein. Des Weiteren finden Sie hier das Datum und die Uhrzeit des Logins.

Wollen Sie wissen, wer davon Sie sind, dann können Sie das mit `whoami` (engl. wer bin ich) abfragen (vielleicht sind Sie ja irgendwie an Root-Rechte gekommen).

```
you@host > whoami
you
```

```
you@host > su
Password: ********
# whoami
root
```

Die Ausgabe von Zeichen – echo

Den Befehl `echo` werden Sie noch öfters einsetzen. Mit `echo` können Sie alles ausgeben, was hinter dem Befehl in der Eingabezeile folgt. Hört sich zunächst recht trivial an, aber in der Praxis (bspw. bei der Ausgabe von Shellscripts, der Ausgabe von Shell-Variablen oder zu Debugging-Zwecke etc.) ist dieser Befehl unverzichtbar.

```
you@host > echo Hallo
Hallo
you@host > echo Mehrere Worte ausgeben
Mehrere Worte ausgeben
you@host > echo

you@host > echo Mehrere Leerzeichen        werden         ignoriert
Mehrere Leerzeichen werden ignoriert
you@host > echo $SHELL
/bin/bash
```

Sicherlich ist Ihnen dabei auch aufgefallen, dass `echo` mehrere Leerzeichen zwischen den einzelnen Wörtern ignoriert. Das liegt daran, dass bei Linux/UNIX die Leerzeichen lediglich dazu dienen, mehrere Worte voneinander zu trennen – weil eben nur die Worte von Bedeutung sind. Werden mehr Leerzeichen oder Tabulatoren (siehe `IFS`) als Teil eines Befehls oder einer Befehlskette verwendet, werden diese grundsätzlich ignoriert. Wollen Sie dennoch mit `echo` mehrere Leerzeichen ausgeben, so können Sie den Text auch zwischen doppelte Anführungsstriche stellen:

```
you@host > echo "jetzt geht es auch mit mehreren     Leerzeichen"
jetzt geht es auch mit mehreren     Leerzeichen
```

1.7.2 Der Umgang mit Dateien

Der Umgang mit Dateien wird dank einfacher Möglichkeiten unter Linux/UNIX zum Kinderspiel. Hier finden Sie die wichtigsten Befehle, die im Verlauf des Kapitels zum Einsatz kommen.

Datei(en) auflisten – ls

Der Befehl ls (Abkürzung für *list* = auflisten) ist wohl der am häufigsten benutzte Befehl in einer Shell überhaupt. Damit können Sie die Dateien auflisten, die sich in einem Verzeichnis befinden.

```
you@host > ls
bin      Documents  GNUstep  new_dir          public_html
Desktop  Dokumente  Mail     OpenOffice.org1.1  Shellbuch
```

Sicherlich fällt Ihnen hierbei auf, dass ls neben gewöhnlichen Dateien auch Inhaltsverzeichnisse und Spezialdateien (Gerätedateien) mit ausgibt. Darauf möchte ich ein paar Seiten später näher eingehen.

Inhalt einer Datei ausgeben – cat

Mit dem Befehl cat (Abkürzung für *catenate* = verketten, aneinander reihen) können Sie den Inhalt einer Datei ausgeben lassen. Als Argument übergibt man dem Befehl den Namen der Datei, deren Inhalt man lesen möchte.

```
you@host > cat beispiel.txt
Dieser Text steht in der Textdatei "beispiel.txt"
Beenden kann man diese Eingabe mit Strg+D
you@host > cat >> beispiel.txt
Dieser Text wird ans Ende von "beispiel.txt" geschrieben.
you@host >  cat beispiel.txt
Dieser Text steht in der Textdatei "beispiel.txt"
Beenden kann man diese Eingabe mit Strg+D
Dieser Text wird ans Ende von "beispiel.txt" geschrieben.
```

Im Beispiel konnten Sie sehen, dass cat für mehr als nur das Ausgeben von Dateien verwendet werden kann. Hier wurde zum Beispiel mit dem Ausgabeumlenkungszeichen >> der von Ihnen darauf folgend eingegebene Text an die Datei *beispiel.txt* gehängt. Beenden können Sie die Eingabe über die Standardeingabe mit EOF (End Of File), die zugehörige Tastenkombination ist [Strg]+[D]. Mehr zur Ein-/Ausgabeumleitung erfahren Sie in Abschnitt 1.10.

Zeilen, Worte und Zeichen zählen – wc

Mit dem Kommando wc (Abkürzung für *word count* = Wörter zählen) können Sie die Anzahl der Zeilen, Worte und Zeichen einer Datei zählen.

```
you@host > wc beispiel.txt
  3  22 150 beispiel.txt
```

```
you@host > wc -l beispiel.txt
3 beispiel.txt
you@host > wc -w beispiel.txt
22 beispiel.txt
you@host > wc -c beispiel.txt
150 beispiel.txt
```

Geben Sie – wie im ersten Beispiel – `wc` nur mit dem Dateinamen als Argument an, werden Ihnen drei Zahlen ausgegeben. Die Bedeutung dieser drei Zahlen ist, der Reihe nach: die Anzahl der Zeilen, die Anzahl der Wörter und die Anzahl von Zeichen. Natürlich können Sie mit einer Angabe der entsprechenden Option auch einzeln die Anzahl von Zeilen (`-l` = *line*), Worten (`-w` = *words*) und Zeichen (`-c` = *character*) einer Datei ermitteln.

Hinweis Fast jeder Linux-UNIX-Befehl bietet Ihnen solche speziellen Optionen an. Das Format ist generell immer gleich, gefolgt von einem Minuszeichen folgt die gewünschte Option. Wollen Sie bspw. wissen, was Ihnen der ein oder andere Befehl noch so für Optionen bietet, dann hilft häufig ein Aufruf des Befehls gefolgt von der Option `--help` aus. Mehr Details zu einzelnen Optionen eines Kommandos finden Sie in der Linux-UNIX-Kommandoreferenz (siehe Kapitel 14) und natürlich auf den man-Pages. Die Verwendung der man-Pages wird ebenfalls in der Kommandoreferenz erläutert.

Datei(en) kopieren – cp

Dateien kopieren können Sie mit dem Kommando `cp` (Abkürzung für *copy* = kopieren). Als erstes Argument übergeben Sie diesem Befehl den Namen der Datei (Quelldatei), die kopiert werden soll. Das zweite Argument ist dann der Name der Kopie (Zieldatei), die Sie erstellen wollen.

```
you@host > cp beispiel.txt kopie_beispiel.txt
you@host > ls *.txt
beispiel.txt  kopie_beispiel.txt
```

Beachten Sie allerdings, wenn Sie hier als zweites Argument (im Beispiel `kopie_beispiel.txt`) den Namen einer bereits vorhandenen Datei verwenden, dass diese gnadenlos überschrieben wird.

Datei(en) umbenennen oder verschieben – mv

Eine Datei können Sie mit dem Kommando `mv` (Abkürzung für *move* = bewegen) umbenennen oder, sofern als Ziel ein anderes Verzeichnis angegeben wird, verschieben. Die Argumente entsprechen dabei demselben Prinzip wie beim Kommando cp. Das erste Argument ist der Name der Datei, die umbenannt oder verschoben werden soll, und das zweite Argument ist entweder der neue Name der Datei oder – wenn gewünscht – das Verzeichnis, wohin mv die Datei schieben soll.

```
you@host > ls
beispiel.txt  kopie_beispiel.txt
you@host > mv kopie_beispiel.txt beispiel.bak
you@host > ls
beispiel.bak  beispiel.txt
you@host > mv beispiel.bak /home/tot/ein_ordner
you@host > ls
beispiel.txt
you@host > ls /home/tot/ein_ordner
beispiel.bak
```

Wie beim cp-Befehl wird mit mv der als zweites Argument angegebene Name bzw. das Ziel überschrieben, sofern ein gleicher Name bereits existiert.

Datei(en) löschen – rm

Wollen Sie eine Datei aus Ihrem System entfernen, hilft Ihnen der Befehl rm (Abkürzung für *remove* = entfernen). Als Argument von rm geben Sie die Datei an, die Sie löschen wollen. Natürlich dürfen hierbei auch mehrere Dateien auf einmal angegeben werden.

```
you@host > rm datei.txt
you@host > rm datei1.txt datei2.txt datei3.txt datei4.txt
you@host > rm beispiel.txt /home/tot/ein_ordner/beispiel.bak
```

Leere Datei erzeugen – touch

Mit diesem Befehl können Sie eine oder mehrere Dateien als Argument mit der Größe 0 anlegen. Sofern eine Datei mit diesem Namen existiert, ändert touch nur das Datum der letzten Änderung – lässt aber den Inhalt der Datei in Ruhe. Ich verwende den Befehl gern zu Demonstrationszwecken im Buch, wenn ich mal schnell mehrere Dateien auf einmal erzeugen will und damit ohne großen Aufwand das ein oder andere Szenario darstellen kann.

```
you@host > touch datei1.txt
you@host > ls *.txt
datei1.txt
```

```
you@host > touch datei2.txt datei3.txt datei4.txt
you@host > ls *.txt
datei1.txt  datei2.txt  datei3.txt  datei4.txt
```

1.7.3 Der Umgang mit Verzeichnissen

Neben dem Umgang mit Dateien gehören der Umgang und das Verständnis von Verzeichnissen ebenso zu den grundlegenden Arbeiten. Daher hier die wichtigsten Befehle und Begriffe dazu.

Verzeichnishierarchien und Home

In jedem Linux-UNIX-System finden Sie sich nach dem Einloggen (oder beim Starten einer »xterm«) automatisch im Heim-Inhaltsverzeichnis (*home*) wieder. Geht man bspw. davon aus, dass Ihr Heim-Inhaltsverzeichnis »you« lautet und dass dieses Verzeichnis ein Unterverzeichnis des Verzeichnisses */home* ist (was gewöhnlich der Fall ist), dann lautet Ihr Heimverzeichnis */home/you*. Die Rede ist von einem Verzeichnisbaum, an dessen Spitze sich immer ein / befindet – das Wurzelinhaltsverzeichnis (Root-Verzeichnis, nicht zu verwechseln mit dem Benutzer root). Hierbei gibt es keine Laufwerksangaben, wie dies Windows-typisch der Fall ist. Das oberste Hauptverzeichnis geben Sie hier immer mit einem / an, welches Sie auch gern mit `ls` ausgeben lassen können.

```
you@host > ls /
bin   dev  home  media  opt   root  srv  tmp  var
boot  etc  lib   mnt    proc  sbin  sys  usr  windows
```

So veranlassen Sie, dass `ls` den Inhalt vom Wurzelverzeichnis in alphabetischer Reihenfolge (hier von oben nach unten; dann von links nach rechts) ausgibt. Will man an dieser Stelle wissen, wo man sich gerade befindet (das aktuelle Arbeitsverzeichnis, also das Verzeichnis, welches `ls` ohne sonstige Angaben ausgeben würde), kann man den Befehl `pwd` (Abkürzung für *print working director* = gib das Arbeitsverzeichnis aus) verwenden.

```
you@host > pwd
/home/you
```

Geben Sie also einen Pfadnamen beginnend mit einem Schrägstrich (/) an, wird versucht, eine Datei oder ein Verzeichnis vom Wurzelverzeichnis aus zu erreichen. Man spricht dabei von einer vollständigen oder absoluten Pfadangabe. Die weiteren Verzeichnisse, die Sie zur Datei oder zum Verzeichnis benötigen, werden mit einem / ohne Zwischenraum getrennt.

```
you@host > cat /home/you/Dokumente/brief.txt
```

Hier wird die Datei *brief.txt*, welche sich im Verzeichnis */home/tot/Dokumente* befindet, ausgegeben. Befindet sich diese Datei allerdings in Ihrem Heimverzeichnis (in der Annahme, es lautet hier */home/you*), dann müssen Sie keine vollständige Pfadangabe vom Wurzelverzeichnis aus vornehmen. Hier würde auch eine relative Pfadangabe genügen. Als »relativ« wird hier der Pfad vom aktuellen Arbeitsverzeichnis aus bezeichnet.

```
you@host > pwd
/home/you
you@host > cat Dokumente/brief.txt
```

Was hier angegeben wurde, wird auch als vollständige Dateiangabe bezeichnet, weil hier die Datei *brief.txt* direkt mitsamt Pfad (relativ zum aktuellen Arbeitsverzeichnis) angesprochen wird. Gibt man hingegen nur */home/you/Dokumente* an, dann spricht man von einem (vollständigen) Pfadnamen.

Früher oder später werden Sie in Ihrem Inhaltsverzeichnis auch mal auf die Punkte **.** und **..** stoßen. Die (doppelten) Punkte **..** repräsentieren immer das Inhaltsverzeichnis, das eine Ebene höher liegt. Befinden Sie sich also nach dem Einloggen im Verzeichnis */home/you*, bezieht sich **..** auf das Inhaltsverzeichnis von *you*. So können Sie bspw. beim Wechseln des Verzeichnisses jederzeit mit Angabe von **..** in das nächsthöhere Verzeichnis der Hierarchie wechseln. Selbst das höchste Verzeichnis, die Wurzel */*, besitzt solche Einträge, nur dass es sich beim Wurzelverzeichnis um einen Eintrag auf sich selbst handelt – höher geht es eben nicht mehr.

```
you@host > pwd
/home/you
you@host > ls ..
you
you@host > ls /..
bin   dev  home  media  opt   root  srv  tmp  var
boot  etc  lib   mnt    proc  sbin  sys  usr  windows
```

Der einfache Punkt hingegen verweist immer auf das aktuelle Inhaltsverzeichnis. So sind bspw. folgende Angaben absolut gleichwertig:

```
you@host > ls
you@host > ls ./
```

In Tabelle 1.1 finden Sie eine Zusammenfassung der Begriffe, die in Bezug auf Verzeichnisse wichtig sind.

Begriff	Bedeutung
Wurzelverzeichnis / (engl. root)	Höchstes Verzeichnis im Verzeichnisbaum
Aktuelles Arbeitsverzeichnis	Das Verzeichnis, in dem Sie sich im Augenblick befinden
Vollständige Pfadangabe	Ein Pfadname beginnend mit / (Wurzel); alle anderen Verzeichnisse werden ebenfalls mit einem / getrennt.
Relative Pfadangabe	Der Pfad ist relativ zum aktuellen Arbeitsverzeichnis; hierbei wird kein voranstehendes / verwendet.
Vollständiger Dateiname	Pfadangabe inklusive Angabe zur entsprechenden Datei (bspw. */home/you/Dokumente/brief.txt*)
Vollständiger Pfadname	Pfadangabe zu einem Verzeichnis, in dem sich die entsprechende Datei befindet (bspw. */home/you/Dokumente*)
.. (zwei Punkte)	Verweisen auf ein Inhaltsverzeichnis, das sich eine Ebene höher befindet
. (ein Punkt)	Verweist auf das aktuelle Inhaltsverzeichnis

Tabelle 1.1 Wichtige Begriffe im Zusammenhang mit Verzeichnissen

Inhaltsverzeichnis wechseln – cd

Das Wechseln von einem Inhaltsverzeichnis können Sie mit dem Befehl `cd` (Abkürzung für *change directory* = wechsle Verzeichnis) ausführen. Als Argument übergeben Sie diesem Befehl das Inhaltsverzeichnis, in das Sie wechseln wollen.

```
you@host > pwd
/home/you
you@host > cd Dokumente
you@host > pwd
/home/you/Dokumente
you@host > ls
Beispiele  FAQ.tmd  Liesmich.tmd
you@host > cd ..
you@host > pwd
/home/you
you@host > cd ../..
you@host > pwd
/
you@host > cd /home/you
you@host > pwd
/home/you
you@host > cd /
```

```
you@host > pwd
/
you@host > cd
you@host > pwd
/home/you
```

Mit den vorherigen Erläuterungen sollte Ihnen dieses Beispiel keine Probleme mehr bereiten. Einzig der Sonderfall sollte erwähnt werden, die Funktion `cd`. Verwenden Sie `cd` allein, so gelangen Sie immer in das Heim-Inhaltsverzeichnis zurück, egal wo Sie sich gerade befinden.

Ein Inhaltsverzeichnis erstellen – mkdir

Ein neues Inhaltsverzeichnis können Sie mit dem Befehl `mkdir` (Abkürzung *make directory* = erzeuge Verzeichnis) anlegen. Als Argument erwartet dieser Befehl den Namen des neu zu erzeugenden Verzeichnisses. Ohne Angabe eines Pfadnamens als Argument wird das neue Verzeichnis im aktuellen Arbeitsverzeichnis angelegt.

```
you@host > mkdir Ordner1
you@host > pwd
/home/you
you@host > cd Ordner1
you@host > pwd
/home/you/Ordner1
tyou@host > cd ..
you@host > pwd
/home/you
```

Ein Verzeichnis löschen – rmdir

Ein Verzeichnis können Sie mit dem Befehl `rmdir` (Abkürzung für *remove directory* = lösche Verzeichnis) wieder löschen. Um aber ein Verzeichnis wirklich löschen zu dürfen, muss dieses leer sein. Das heißt, im Verzeichnis darf sich außer den Einträgen . und .. nichts mehr befinden. Die Verwendung von `rmdir` entspricht der von `mkdir`, nur dass Sie als Argument das Verzeichnis angeben, das gelöscht werden soll.

```
you@host > cd Ordner1
you@host > touch testfile.dat
you@host > cd ..
you@host > rmdir Ordner1
rmdir: Ordner1: Das Verzeichnis ist nicht leer
```

Um also alle Dateien in einem Verzeichnis zu löschen, haben Sie ja bereits das Kommando `rm` kennen gelernt. Mit einer Datei ist das kein großer Aufwand, doch befinden sich in einem Verzeichnis mehrere Dateien, bietet Ihnen `rm` die Option `-r` zum rekursiven Löschen an.

```
you@host > rm -r Ordner1
```

Dank dieser Option werden alle gewünschten Verzeichnisse und die darin enthaltenen Dateien gelöscht, inklusive aller darin enthaltenen Unterverzeichnisse.

1.7.4 Datei- und Verzeichnisnamen

Bei der Verwendung von Datei- bzw. Verzeichnisnamen ist Linux/UNIX sehr flexibel. Hierbei ist fast alles erlaubt, dennoch gibt es auch einige Zeichen, die man in einem Dateinamen besser weglässt.

- Länge – bei modernen Dateisystemen kann rein theoretisch eine Länge von 256 bis teilweise 1024 Zeichen verwendet werden. Natürlich ist diese Länge immer abhängig vom Dateisystem.
- Sonderzeichen – als Sonderzeichen können Sie im Dateinamen `.`, `,` `-` `_` und `%` ohne Bedenken einsetzen. Die Verwendung von Leerzeichen und des Schrägstrichs `/` ist zwar auch erlaubt, aber kann Probleme verursachen – daher sei von einer Verwendung dieser Zeichen im Dateinamen abgeraten. Ebenso sieht dies mit einigen anderen Sonderzeichen wie bspw. `#` oder `*` aus. Je nachdem, an welcher Position solche Sonderzeichen verwendet werden, könnten diese von der Shell falsch interpretiert werden.
- Dateierweiterung – hier ist alles erlaubt, Sie können die wildesten Erweiterungsorgien feiern. Trotzdem sollten Sie nicht die üblichen Verdächtigen hierzu missbrauchen. Es macht recht wenig Sinn, eine reine Textdatei mit der Endung ».mp3« oder ein binäres Programm mit ».exe« zu versehen ;-).
- Nationales – gerade die vielen nationalen Sonderzeichen im Dateinamen, wie hierzulande Umlaute, können beim Wechsel auf andere Systeme erhebliche Probleme bereiten. Deshalb sollte man wenn möglich besser die Finger davon lassen.

1.7.5 Gerätenamen

Bisher haben Sie die Dateitypen der normalen Dateien und der (Datei-)Verzeichnisse kennen gelernt. Es gibt allerdings noch eine dritte Dateiart, die Gerätedateien (auch Spezialdateien genannt). Mit den Gerätedateien (*device files*) können Programme unter Verwendung des Kernels auf die Hardwarekomponenten im System zugreifen. Natürlich sind das keine Dateien, wie Sie sie eigentlich kennen, aber aus der Sicht der Programme werden diese wie gewöhnliche Dateien behandelt. Man kann daraus lesen, etwas dorthin schreiben oder sie auch für spezielle Zwecke benutzen – eben alles, was Sie mit einer Datei auch machen können (und noch mehr). Gerätedateien bieten Ihnen eine einfache Methode, um auf Systemressourcen wie bspw. den Bildschirm, den Drucker, das Diskettenlaufwerk oder die Soundkarte zuzugreifen, ohne dass Sie wissen müssen, wie dieses Gerät eigentlich funktioniert.

Auf Linux-UNIX-Systemen finden Sie die Gerätedateien fast immer im Verzeichnis */dev*. Hier finden Sie zu jedem Gerät einen entsprechenden Eintrag. */dev/ttyS0* steht bspw. für die erste serielle Schnittstelle, */dev/hda1* ist die erste Partition der ersten IDE-Festplatte. Neben echten Geräten in der Gerätedatei gibt es auch so genannte Pseudo-Gerätedateien im */dev*-Verzeichnis, wie beispielsweise den bekanntesten Vertreter */dev/null*, das häufig als Datengrab verwendet wird (dazu später mehr).

Beim Verwenden von Gerätedateinamen in Ihren Shellscripts sollten Sie allerdings Vorsicht walten lassen und wenn möglich diese Eingabe dem Anwender überlassen (etwa mit einer Konfigurationsdatei). Der Grund ist hierbei, dass viele Linux-UNIX-Systeme unterschiedliche Gerätenamen verwenden.

Hinweis Natürlich ließe sich hierzu noch viel mehr schreiben – daher sei bei Bedarf mein Buch »Linux-Unix-Programmierung« empfohlen, das Sie auch online auf der Webseite www.pronix.de vorfinden. Hier werden die Gerätedateien in einem extra Kapitel etwas umfangreicher behandelt.

1.7.6 Dateiattribute

Nachdem Sie jetzt wissen, dass Linux/UNIX zwischen mehreren Dateiarten, insgesamt sechs, unterscheidet – nicht erwähnt wurden hierbei die Sockets, Pipes (named Pipes und FIFOs) und die Links (Softlinks bzw. Hardlinks) –, sollten Sie sich auf jeden Fall noch mit den Dateiattributen auseinander setzen. Gerade als angehender oder bereits leibhaftiger Administrator hat man häufig mit unautorisierten Zugriffen auf bestimmte Dateien, Verzeichnisse oder Gerätedateien zu tun. Auch in Ihren Shellscripts werden Sie das eine oder andere Mal die Dateiattribute auswerten müssen und entsprechend darauf reagieren wollen.

Am einfachsten erhalten Sie solche Informationen mit dem Befehl `ls` und der Option `-l` (für *long*). So gelangen Sie an eine recht üppige Zahl von Informationen zu den einzelnen Dateien und Verzeichnissen.

```
you@host > ls -l
-rw-r--r--  1 you users 9689 2003-12-04 15:53 datei.dat
```

Hinweis Beachten Sie, dass die Ausgabe unter verschiedenen Betriebssystemen abweichen kann.

Hier nun zu den einzelnen Bedeutungen der Ausgabe von `ls -l`, aufgelistet von links nach rechts.

Dateiart (Dateityp)

Ganz links, beim ersten Zeichen (hier befindet sich ein Minuszeichen `-`) wird die Dateiart angegeben. Folgende Angaben können sich hier befinden (siehe Tabelle 1.2).

Zeichen	Bedeutung (Dateiart)
`-`	Normale Datei
`d`	Verzeichnis (`d` = directory)
`p`	Named Pipe; steht für eine Art Pufferungsdatei, eine Pipe-Datei.
`c`	(`c` = character oriented) steht für eine zeichenorientierte Gerätedatei.
`b`	(`b` = block oriented) steht für eine blockorientierte Gerätedatei.
`s`	(`s` = socket) steht für ein Socket (genauer einen UNIX-Domainsocket).
`l`	Symbolische Links

Tabelle 1.2 Mögliche Angaben für die Dateiart (Dateityp)

Zugriffsrechte

Die nächsten neun Zeichen, die Zugriffsrechte, sind in drei Dreiergruppen (`rwx`) aufgeteilt, von links nach rechts: Eigentümer, Gruppe und allen anderen. In Tabelle 1.3 finden Sie die einzelnen Bedeutungen.

Darstellung in `ls`	Bedeutung
`[r--------]`	read (user; Leserecht für Eigentümer)
`[-w-------]`	write (user; Schreibrecht für Eigentümer)
`[--x------]`	execute (user; Ausführrecht für Eigentümer)

Tabelle 1.3 Zugriffsrechte des Eigentümers, der Gruppe und aller anderen

Darstellung in `ls`	Bedeutung
`[rwx------]`	read, write, execute (user; Lese-, Schreib-, Ausführungsrecht für Eigentümer)
`[---r-----]`	read (group; Leserecht für Gruppe)
`[----w----]`	write (group; Schreibrecht für Gruppe)
`[-----x---]`	execute (group; Ausführungsrecht für Gruppe)
`[---rwx---]`	read, write, execute (group; Lese-, Schreib-, Ausführungsrecht für Gruppe)
`[------r--]`	read (other; Leserecht für alle anderen Benutzer)
`[-------w-]`	write (other; Schreibrecht für alle anderen Benutzer)
`[--------x]`	execute (other; Ausführungsrecht für alle anderen Benutzer)
`[------rwx]`	read, write, execute (other; Lese-, Schreib-, Ausführungsrecht für alle anderen Benutzer)

Tabelle 1.3 Zugriffsrechte des Eigentümers, der Gruppe und aller anderen (Forts.)

Sind bspw. die Rechte `rw-r--r--` für eine Datei gesetzt, so bedeutet dies, dass der Eigentümer (`rw-`) der Datei diese sowohl lesen (`r`) als auch beschreiben (`w`) darf, nicht aber ausführen (hierzu fehlt ein `x`). Die Mitglieder in der Gruppe (`r--`) und alle anderen (`r--`) hingegen dürfen diese Datei nur lesen.

Der Rest

Als Nächstes finden Sie die Verweise auf die Datei. Damit ist die Anzahl der Links (Referenzen) gemeint, die für diese Datei existieren. In diesem Fall gibt es keine Verweise auf die Datei, da hier die »1« steht. Jetzt kommt der Benutzername des Dateibesitzers (hier »you«), gefolgt vom Namen der Gruppe (hier »users«), welcher vom Eigentümer der Datei festgelegt wird. Die nächsten Werte entsprechen der Länge der Datei in Bytes (hier 9689 Bytes) und dem Datum der letzten Änderung der Datei mitsamt Uhrzeit (2003–12–04 15:53). Am Ende finden Sie den Namen der Datei wieder (hier datei.dat).

Hinweis Trotz dieser kleinen Einführung konnten viele grundlegende Dinge von Linux/UNIX nicht behandelt werden. Sollten Sie mit diesem Buch tatsächlich Ihre ersten Erfahrungen mit Linux/UNIX sammeln, so wäre die Hinzuziehung zusätzlicher Literatur sinnvoll.

1.8 Shellscripts schreiben und ausführen

Sie finden hier eine Anleitung, wie Sie gewöhnlich vorgehen können, um eigene Shellscripts zu schreiben und auszuführen.

1.8.1 Der Editor

Zu Beginn steht man immer vor der Auswahl seines Werkzeugs. In der Shell-Programmierung reicht hierfür der einfachste Editor aus. Welchen Editor Sie verwenden, hängt häufig vom Anwendungsfall ab. Obgleich ich hier ein Buch zur Shellscript-Programmierung schreibe, gestehe ich, kein großer Fan der Editoren »vi« und »emacs« zu sein. Ich verwende, wenn irgend möglich, einen Editor einer grafischen Oberfläche wie »Kate« unter KDE, »Gedit« unter dem GNOME-Desktop oder »xemacs« auf einer X11-Oberfläche.

Trotzdem habe ich die Mühe nicht gescheut, den gewöhnungsbedürftigen Umgang mit den quasi überall vorhandenen Editoren wie »vi«, »emacs«, »joe« oder »pico« zu erlernen. Der Grund ist ganz einfach: Als Systemadministrator oder Webmaster (mit Zugang über SSH) haben Sie nicht überall die Möglichkeit, auf eine grafische Oberfläche zurückzugreifen. Häufig sitzen Sie dann vor einem Rechner mit einer nackten Shell. Wenn Sie dann nicht wenigstens den grundlegenden Umgang mit (mindestens) »vi« beherrschen, sehen Sie ziemlich alt aus. Zwar besteht meistens noch die Möglichkeit eines Fernzugriffs zum Kopieren mit dem Kommando `scp`, aber macht man hier bspw. einen Tippfehler, ist dieser Vorgang auf Dauer eher ineffizient. Letztendlich ist das Ihre Entscheidung.

1.8.2 Der Name des Shellscripts

Den Namen des Shellscripts, unter dem Sie dieses mit dem Editor Ihrer Wahl abspeichern, können Sie fast willkürlich wählen. Sie müssen lediglich folgende Punkte beachten:

- Es darf kein Name verwendet werden, von dem es ein Kommando mit demselben Namen gibt (das geht, aber man sollte es nicht machen). Dies können Sie relativ einfach testen, indem Sie etwa das Kommando `which` mit dem Namen Ihres Scripts verwenden (bspw. `which scriptname`). `which` liefert, falls es ein Kommando mit dem Namen gibt, den Pfad zum entsprechenden Kommando zurück. Gibt `which` nichts zurück, scheint ein solches Kommando nicht auf dem System zu existieren. Ähnliches kann auch mit `type` oder `man` vorgenommen werden.
- Sie sollten nur die Zeichen A bis Z, a bis z, 0 bis 9 und _ verwenden. Auf jeden Fall sollten Sonderzeichen vermieden werden.

Tipp Auch wenn Sie Ihr Kommando (fast) nennen können wie Sie wollen, sollten Sie auf jeden Fall versuchen, einen Namen zu wählen, der einen Sinn ergibt.

1.8.3 Ausführen

Das folgende Listing stellt Ihr erstes Shellscript in diesem Buch dar. Es ist ein einfaches Script, welches das aktuelle Datum anzeigt, als »wer« Sie sich eingeloggt haben, wer sich noch alles zurzeit auf dem System befindet und welchen Rechnernamen (Host) Sie verwenden. Im Augenblick ist es allerdings noch nicht so wichtig für Sie zu wissen, was das Shellscript genau macht (auch wenn es eigentlich nicht kompliziert ist). Hier geht es nur um die Ausführung eines Shellscripts. Tippen Sie das Beispiel in den Editor Ihrer Wahl und speichern Sie es ab (im Beispiel wurde der Name `userinfo` verwendet).

```
# Script-Name: userinfo

# zeigt das aktuelle Datum an
date

# gibt die Textfolge "Ich bin ..." aus
echo "Ich bin ..."

# Wer bin ich ... ?
whoami

echo "Alle User, die eingeloggt sind ..."

# zeigt alle aktiven User an
who

echo "Name des Host-Systems ..."

# gibt den Hostnamen (Rechnernamen) aus
hostname
```

Hinweis Natürlich müssen Sie hier nicht alles abtippen. Sie finden alle Shellscripts auch auf der Buch-CD. Dennoch ist es aus Übungsgründen zu empfehlen, die meisten Shellscripts selbst zu schreiben, um ein Gefühl dafür zu bekommen.

Bevor Sie Ihr erstes Script ausführen können, müssen Sie gewöhnlich noch das Ausführrecht setzen. In Ihrem Fall ist dies das Ausführrecht (x) für den User (Dateieigentümer):

```
you@host > ls -l userinfo
-rw-r--r--  1 you users 286 2005-01-21 02:19 userinfo
you@host > chmod u+x userinfo
you@host > ls -l userinfo
-rwxr--r--  1 you users 286 2005-01-21 02:19 userinfo
```

Hinweis Wenn Ihnen die oktale Schreibweise etwas geläufiger ist, können Sie selbstverständlich auch `chmod` damit beauftragen, das Ausführrecht zu setzen:

```
chmod 0744 userinfo
```

Jetzt können Sie das Script beim Namen aufrufen. Allerdings werden Sie gewöhnlich den absoluten Pfadnamen verwenden müssen, es sei denn, Sie fügen das entsprechende Verzeichnis (wo sich das Script befindet) zur Umgebungsvariablen `PATH` hinzu (aber dazu später mehr). Somit lautet ein möglicher Aufruf des Scripts wie folgt:

```
you@host > ./userinfo
Fr Jan 21 02:35:06 CET 2005
Ich bin ...
you
Alle User, die eingeloggt sind ...
you    :0          Jan 20 23:06 (console)
ingo   :0          Jan 20 12:02 (console)
john   pts/0       Jan  1 16:15 (pd9e9bdc0.dip.t-dialin.net)
john   pts/2       Jan  1 16:22 (pd9e9bdc0.dip.t-dialin.net)
Name des Host-Systems ...
goliath.speedpartner.de
```

Hier wird mit `./` das aktuelle Verzeichnis verwendet. Starten Sie das Script aus einem anderen Verzeichnis, müssen Sie eben den absoluten Pfadnamen angeben:

```
you@host:~/irgend/wo > /home/tot/beispielscripte/Kap1/userinfo
```

Damit Sie verstehen, wie ein Shellscript ausgeführt wird, muss ich Ihnen leider noch ein Shellscript aufdrücken, bevor Sie mit den eigentlichen Grundlagen der Shell beginnen können. Es ist nämlich von enormer Bedeutung, dass Sie verstehen, dass nicht die aktuelle Shell das Script ausführt. Zum besseren Verständnis:

```
you@host > ps -f
UID          PID  PPID  C STIME TTY          TIME CMD
you         3672  3658  0 Jan20 pts/38   00:00:00 /bin/bash
you         7742  3672  0 03:03 pts/38   00:00:00 ps -f
```

Sie geben hier mit `ps -f` die aktuelle Prozessliste (hier unter Linux mit der Bash) der Shell auf den Bildschirm aus. Hier lautet die Prozessnummer (PID) der aktuellen Shell 3672. Die Nummer des Elternprozesses (PPID), der diese Shell gestartet hat, lautet hierbei 3658. Im Beispiel war dies der Dämon »kdeinit«, was hier allerdings jetzt nicht von Bedeutung ist. Den Prozess `ps -f` haben Sie ja soeben selbst gestartet und anhand der PPID lässt sich auch hier ermitteln, von welcher Shell dieser Prozess gestartet wurde (hier 3672, also der aktuellen Bash).

Um Ihnen jetzt zu demonstrieren, wie ein Shellscript ausgeführt wird, führen Sie bitte folgendes Script aus:

```
# Script-Name: finduser

# gibt alle Dateien des Users you auf dem Bildschirm aus
find / -user you -print 2>/dev/null
```

Ich habe hier bewusst einen Befehl verwendet, der ein wenig länger beschäftigt sein sollte. Mit dem Kommando `find` und den entsprechenden Angaben werden alle Dateien des Users »you« unterhalb des Wurzelverzeichnisses / auf dem Bildschirm ausgegeben. Fehlerausgaben (Kanal 2) wie bspw. »keine Berechtigung« werden nach */dev/null* umgeleitet und somit nicht auf dem Bildschirm ausgegeben. Auf das Thema Umleitung wird noch gezielt eingegangen. Damit uns im Beispiel hier nicht die Standardausgabe (Kanal 1) auf dem Bildschirm stört, leiten wir diese auch beim Start des Scripts nach */dev/null* (`1>/dev/null`) um. Und damit uns die Shell für weitere Eingaben zur Verfügung steht, stellen wir die Ausführung des Scripts in den Hintergrund (`&`). Somit können Sie in aller Ruhe die Prozessliste betrachten, während Sie das Script ausführen.

```
you@host > chmod u+x finduser
you@host > ./finduser 1>/dev/null &
[1] 8138
you@host > ps -f
UID   PID  PPID  C STIME TTY        TIME CMD
you  3672  3658  0 Jan20 pts/38  00:00:00 /bin/bash
you  8138  3672  0 03:26 pts/38  00:00:00 /bin/bash
```

```
you   8139   8138 10 03:26 pts/38  00:00:00 find / -user tot -print
you       8140  3672  0 03:26 pts/38   00:00:00 ps -f
you@host > kill $!
[1]+  Beendet                     ./finduser >/dev/null
```

Damit das Script nicht im Hintergrund unnötig Ressourcen verbraucht, wurde es mit `kill $!` beendet. Die Zeichenfolge »`$!`« ist eine Shell-Variable einer Prozessnummer vom zuletzt gestarteten Hintergrundprozess (auch hierauf wird noch eingegangen). Interessant ist für diesen Abschnitt nur die Ausgabe von `ps -f`:

```
UID   PID  PPID  C STIME TTY          TIME CMD
tot  3672  3658  0 Jan20 pts/38  00:00:00 /bin/bash
tot  8138  3672  0 03:26 pts/38  00:00:00 /bin/bash
tot  8139  8138 10 03:26 pts/38  00:00:00 find / -user tot -print
tot  8140  3672  0 03:26 pts/38  00:00:00 ps -f
```

Sie können hier anhand der PPID erkennen, dass von der aktuellen Shell (PID:3672) eine weitere Shell (8138) gestartet wurde. Bei dieser neuen Shell spricht man von einer Subshell. Erst diese Subshell führt anschließend das Script aus, wie unschwer anhand der PPID von `find` zu erkennen ist. Der Befehl `ps -f` hingegen wurde wiederum von der aktuellen Shell ausgeführt.

Derselbe Vorgang ist natürlich auch bei der Bourne-Shell (`sh`) und der Korn-Shell (`ksh`) möglich und nicht nur, wie hier gezeigt, unter der `bash`. Jede Shell ruft für das Ausführen eines Scripts immer eine Subshell auf. Die `bash` eine `bash` und die `sh` eine `sh`. Nur bei der Korn-Shell kann es sein, dass anstatt einer weiteren `ksh` eine `sh` aufgerufen wird! Wie Sie dies ermitteln können, haben Sie ja eben erfahren.

1.8.4 Hintergrundprozess starten

Wie Sie beim Ausführen des Beispiels eben entnehmen konnten, können Sie durch das Anhängen eines Ampersand-Zeichens (`&`) den Prozess im Hintergrund ausführen. Dies wird gerade bei Befehlen verwendet, die etwas länger im Einsatz sind. Würden Sie im Beispiel von `finduser` den Prozess im Vordergrund (also normal) ausführen, müssten Sie auf das Ende des Prozesses warten, bis Ihnen der Eingabeprompt der aktuell ausführenden Shell wieder zur Verfügung steht. Dadurch, dass der Prozess in den Hintergrund gestellt wird, können Sie weitere Prozesse quasi parallel starten.

1.8.5 Ausführende Shell festlegen

Im Beispiel konnten Sie sehen, dass ich das Script in einer Bash als (Sub-)Shell ausgeführt habe. Was aber, wenn ich das Script gar nicht in der Bash ausführen will? Schreiben Sie bspw. ein Shellscript in einer bestimmten Shell-Syntax, werden Sie wohl auch wollen, dass Ihr Script eben in der entsprechenden (Sub-)Shell ausgeführt wird. Hierbei können Sie entweder die (Sub-)Shell direkt mit dem Shellscript als Argument aufrufen oder eben die auszuführende (Sub-)Shell im Script selbst festlegen.

Aufruf als Argument der Shell

Der Aufruf eines Shellscripts als Argument der Shell ist recht einfach zu bewerkstelligen:

```
you@host > sh finduser
```

Hier wird zum Ausführen des Shellscripts die Bourne-Shell (`sh`) als Subshell verwendet. Wollen Sie hingegen das Script mit einer Korn-Shell als Subshell aufrufen, rufen Sie das Script wie folgt auf:

```
you@host > ksh finduser
```

Ebenso können Sie auch andere Shells wie bspw. `ash` oder `zsh` verwenden. Natürlich können Sie auch testweise eine C-Shell (bspw. `tcsh`) aufrufen – um festzustellen, dass hier schon erste Unstimmigkeiten auftreten.

Ausführende Shell im Script festlegen (She-Bang-Zeile)

Letztendlich besteht der gewöhnliche Weg darin, die ausführende Shell im Script selbst festzulegen. Dabei muss sich in der ersten Zeile des Shellscripts die Zeichenfolge `#!` gefolgt von der absoluten Pfadangabe der entsprechenden Shell befinden (wird auch als She-Bang-Zeile bezeichnet). Die absolute Pfadangabe können Sie einfach mittels `which` ermitteln. Gewöhnlich befinden sich alle Shell-Varianten im Verzeichnis */bin* oder in */usr/bin* (bzw. */usr/local/bin* ist auch ein Kandidat).

Wollen Sie bspw. das Shellscript `finduser` von einer Korn-(Sub-)Shell ausführen lassen, müssen Sie in der ersten Zeile Folgendes eintragen:

```
#!/bin/ksh
```

oder

```
#!/usr/bin/ksh
```

Somit sieht das komplette Script für die Korn-Shell so aus (davon ausgehend, dass sich die Korn-Shell in /bin befindet):

```
#!/bin/ksh
# Shellscript: finduser

# gibt alle Dateien des Users tot auf dem Bildschirm aus
find / -user tot -print 2>/dev/null
```

Für die Bash verwenden Sie:

```
#!/bin/bash
```

oder

```
#!/usr/bin/bash
```

Und für die Bourne-Shell:

```
#!/bin/sh
```

oder

```
#!/usr/bin/sh
```

Ähnlich wird diese erste Zeile übrigens auch bei Perl und anderen Skriptsprachen verwendet. Das dies funktioniert, ist nichts Magisches, sondern ein typischer Linux-UNIX-Vorgang. Beim Start eines neuen Programms (besser ist wohl Prozess) verwenden alle Shell-Varianten den Linux-UNIX-Systemaufruf exec. Wenn Sie aus der Login-Shell eine weitere Prozedur starten, wird ja zunächst eine weitere Subshell gestartet (wie bereits erwähnt). Durch den Systemaufruf exec wird der neue Prozess durch ein angegebenes Programm überlagert – egal ob dieses Programm jetzt in Form einer ausführbaren Datei (wie diese etwa in C erstellt werden) oder als Shellscript vorhanden ist. Im Fall eines Shellscripts startet exec standardmäßig eine Shell vom Typ Ihrer aufrufenden Shell und beauftragt diese Shell, alle Befehle und Kommandos der angegebenen Datei auszuführen. Enthält das Shellscript allerdings in der ersten Zeile eine Angabe wie

```
#! Interpreter [Argument(e)]
```

verwendet exec den vom Script angegebenen Interpreter zum Ausführen des Shellscripts. Als Interpreter können alle Ihnen bekannten Shell-Varianten (sofern auf dem System vorhanden) verwendet werden (wie bereits erwähnt, nicht nur eine Shell!).

An der Zeichenfolge #! in der ersten Zeile erkennt exec die Interpreterzeile und verwendet die dahinter stehenden Zeichen als Namen des Programms, das als Interpreter verwendet werden soll. Der Name Ihres Shellscripts wird beim Aufruf des Interpreters automatisch übergeben. Dieser `exec`-Mechanismus wird von jeder Shell zum Aufrufen eines Programms oder Kommandos verwendet. Somit können Sie sichergehen, dass der Ablauf Ihres Scripts in der richtigen Umgebung ausgeführt wird, auch wenn Sie es gewohnt sind, in einer anderen Shell zu arbeiten.

Hinweis Es sollte Ihnen klar sein, dass hinter dem Interpreternamen kein weiterer Kommentar folgen darf, weil dieser sonst als Argument verwendet würde.

Shellscript ohne Subshell ausführen

Es ist auch möglich, ein Shellscript ohne das vorherige Starten einer Subshell auszuführen, um es direkt von der aktuellen Shell ausführen zu lassen. Hierzu muss dem Shellscript beim Starten lediglich ein Punkt plus Leerzeichen vorangestellt werden. Dieser Vorgang wird bspw. verwendet, wenn Sie im Script Veränderungen an den (Umgebungs-)Variablen wollen. Würden Sie Ihr Script hierbei in der Subshell ausführen, so würden sich alle Veränderungen nur auf alle weiteren Aktionen der Subshell beziehen. Wenn sich die Subshell beendet, sind auch alle Änderungen an (Umgebungs-)Variablen weg.

Hinweis Vielleicht haben Sie schon mal gehört, dass man dem Inhalt von Umgebungsvariablen nicht unbedingt trauen sollte – denn jeder kann diese verändern. In diesem Fall ist es noch schlimmer, denn zum Ausführen eines Shellscripts mit einem Punkt davor benötigt der Benutzer nicht einmal Ausführrechte. Hierbei begnügt sich die Shell schon mit dem Leserecht, um munter mitzumachen.

Ein Beispiel, wie Sie ein Shellscript ohne Subshell ausführen können:

```
you@host > . ./script_zum_ausfuehren
```

oder mit absoluten Pfadnamen:

```
you@host > . /home/tot/beispielscripte/Kap1/script_zum_
ausfuehren
```

Hinweis Die Bash kennt als Alternative zum Punkt das interne Kommando `source`.

1.8.6 Kommentare

In den Scripts zuvor wurden Kommentare bereits reichlich verwendet, und Sie sollten dies in Ihren Scripts auch regelmäßig tun. Einen Kommentar können Sie durch ein vor dem Text stehendes Hash-Zeichen (#) erkennen. Hier ein Beispiel, wie Sie Ihre Scripts kommentieren können:

```
#!/bin/sh

# Script-Name: HalloWelt
# Version    : 0.1
# Autor      : J.Wolf
# Datum      : 20.05.2005
# Lizenz     : ...

# ... gibt "Hallo Welt" aus
echo "Hallo Welt"

echo "Ihre Shell:"
echo $SHELL           # ... gibt die aktuelle Shell aus
```

Zugegeben, für ein solch kleines Beispiel sind die Kommentare ein wenig übertrieben. Sie sehen hier, wie Sie auch Kommentare hinter einen Befehl setzen können. Alles, was hinter einem Hash-Zeichen steht, wird von der Shell ignoriert. Natürlich mit Ausnahme der ersten Zeile, wenn sich dort die Zeichenfolge »#!« befindet.

Kommentieren sollten Sie zumindest den Anfang des Scripts mit einigen Angaben zum Namen und eventuell dem Zweck, sofern dieser nicht gleich klar sein sollte. Wenn Sie wollen, können Sie selbstverständlich auch Ihren Namen, das Datum und die Versionsnummer angeben. Auch auf Besonderheiten bezüglich einer Lizenz sollten Sie hier hinweisen. Komplexe Stellen sollten auf jeden Fall ausreichend kommentiert werden. Dies hilft Ihnen, den Code nach längerer Abwesenheit schneller wieder zu verstehen. Sofern Sie die Scripts der Öffentlichkeit zugänglich machen wollen, wird man es Ihnen danken, wenn Sie Ihren »Hack« ausreichend kommentiert haben.

1.8.7 Stil

Jeder Programmierer entwickelt mit der Zeit seinen eigenen Programmierstil, dennoch gibt es einiges, was Sie vielleicht beachten sollten. Zwar ist es möglich, durch ein Semikolon getrennt mehrere Befehle in einer Zeile zu schreiben (wie dies ja in der Shell selbst auch möglich ist), doch sollten Sie dies, wenn möglich, der Übersichtlichkeit zuliebe vermeiden.

Und sollte eine Zeile doch mal ein wenig zu lang werden, dann können Sie immer noch das *Backslash*-Zeichen (\) setzen. Ein Shellscript arbeitet ja Zeile für Zeile ab. Als Zeilentrenner wird gewöhnlich das *Newline*-Zeichen (ein für den Editor nicht sichtbares Zeichen mit der ASCII-Code-Nummer 10) verwendet. Durch das Voranstellen eines *Backslash*-Zeichens wird das *Newline*-Zeichen außer Kraft gesetzt.

```
#!/bin/sh

# Script-Name: backslash

# ... bei überlangen Befehlen kann man ein Backslash setzen

echo "Hier ein solches Beispiel, wie Sie\
 ueberlange Zeilen bzw. Ketten von Befehlen\
 auf mehreren Zeilen ausführen können"
```

Bei etwas überlangen Ketten von Kommandos verhilft das Setzen eines Backslashs auch ein wenig, die Übersichtlichkeit zu verbessern:

```
ls -1 /home/tot/docs/listings/beispiele/kapitel1/final/*.sh | \
    sort -r | less
```

Wenn Sie etwas später auf Schleifen und Verzweigungen treffen, sollten Sie gerade hier mal eine Einrückung mehr als nötig vornehmen. Einmal mehr auf die [Tab]-Taste zu drücken, hat noch keinem geschadet.

1.8.8 Ein Shellscript beenden

Ein Shellscript beendet sich entweder nach Ablauf der letzten Zeile selbst oder Sie verwenden den Befehl `exit`, womit die Ausführung des Scripts sofort beendet wird. Die Syntax des Kommandos sieht wie folgt aus:

```
exit [n]
```

Der Parameter `n` ist optional. Für diesen Wert können Sie eine ganze Zahl von 0 bis 255 verwenden. Verwenden Sie `exit` ohne jeden Wert, wird der `exit`-Status des Befehls genutzt, der vor `exit` ausgeführt wurde. Mit den Werten 0 bis 255 wird angegeben, ob ein Kommando oder Script ordnungsgemäß ausgeführt wurde. Der Wert 0 steht dafür, dass alles ordnungsgemäß abgewickelt wurde. Jeder andere Wert signalisiert eine Fehlernummer.

Sie können damit auch testen, ob ein Kommando, das Sie im Script ausgeführt haben, erfolgreich ausgeführt wurde und je nach Situation das Script an einer anderen Stelle fortsetzen lassen. Hierfür fehlt Ihnen aber noch die Kenntnis der Verzweigung. Die Zahl des `exit`-Status kann jederzeit mit der Shell-Variablen `$?` abgefragt werden. Hierzu ein kurzes Beispiel:

```
#!/bin/sh

# Script-Name: ende

echo "Tick ..."

# ... Shellscript wird vorzeitig beendet
exit 5

# "Tack ..." wird nicht mehr ausgeführt
echo "Tack ...
```

Das Beispiel bei der Ausführung:

```
you@host > chmod u+x ende
you@host > ./ende
Tick ...
you@host > echo $?
5
you@host > ls -l /root
/bin/ls: /root: Keine Berechtigung
you@host > echo $?
1
you@host > ls -l *.txt
/bin/ls: *.txt: Datei oder Verzeichnis nicht gefunden
you@host > echo $?
1
you@host > ls -l *.c
-rw-r--r--  1 tot users 49 2005-01-22 01:59 hallo.c
you@host > echo $?
0
```

Im Beispiel wurden auch andere Kommandos ausgeführt. Je nach Erfolg war hierbei der Wert der Variablen `$?` 1 (bei einem Fehler) oder 0 (wenn alles in Ordnung ging) – abgesehen von unserem Beispiel, wo bewusst der Wert 5 zurückgegeben wurde.

Hinweis Beachten Sie bitte, wenn Sie den Befehl `exit` direkt im Terminal ausführen, wird dadurch auch die aktuelle Login-Shell beendet.

1.8.9 Testen und Debuggen von Shellscripts

Debuggen und Fehlersuche ist auch in der Shellscript-Programmierung von großer Bedeutung, sodass diesem Thema ein extra Abschnitt gewidmet wird. Trotzdem werden Sie auch bei Ihren ersten Scripts unweigerlich den einen oder anderen (Tipp-)Fehler einbauen (es sei denn, Sie verwenden sämtliche Listings von der Buch-CD).

Am häufigsten wird dabei in der Praxis die Option `-x` verwendet. Damit wird jede Zeile vor ihrer Ausführung auf dem Bildschirm ausgegeben. Meistens wird diese Zeile mit einem führenden Plus angezeigt (abhängig davon, was in der Variablen `PS4` enthalten ist). Als Beispiel diene folgendes Shellscript:

```
#!/bin/sh

# Script-Name: prozdat
# Listet Prozessinformationen auf

echo "Anzahl laufender Prozesse:"
# ... wc -l zählt alle Zeilen, die ps -ef ausgeben würde
ps -ef | wc -l

echo "Prozessinformationen unserer Shell:"
# ... die Shell-Variable $$ enthält die eigene Prozessnummer
ps $$
```

Normal ausgeführt ergibt dieses Script folgende Ausgabe:

```
you@host > ./prozdat
Anzahl laufender Prozesse:
76
Prozessinformationen unserer Shell:
  PID TTY      STAT   TIME COMMAND
10235 pts/40   S+     0:00 /bin/sh ./prozdat
```

Auch hier wollen wir uns zunächst nicht zu sehr mit dem Script selbst befassen. Jetzt soll die Testhilfe mit der Option `-x` eingeschaltet werden:

```
you@host > sh -x ./prozdat
+ echo 'Anzahl laufender Prozesse:'
```

```
Anzahl laufender Prozesse:
+ ps -ef
+ wc -l
76
+ echo 'Prozessinformationen unserer Shell:'
Prozessinformationen unserer Shell:
+ ps 10405
  PID TTY      STAT   TIME COMMAND
10405 pts/40   S+     0:00 sh -x ./prozdat
```

Sie sehen, wie jede Zeile vor ihrer Ausführung durch ein voranstehendes Plus ausgegeben wird. Außerdem können Sie hierbei auch feststellen, dass die Variable `$$` durch den korrekten Inhalt ersetzt wurde. Selbiges wäre übrigens auch bei der Verwendung von Sonderzeichen (Wildcards) wie `*` der Fall. Sie bekommen mit dem Schalter `-x` alles im Klartext zu sehen.

Bei längeren Scripts ist mir persönlich das Pluszeichen am Anfang nicht deutlich genug. Wenn Sie dies auch so empfinden, können Sie die Variable `PS4` gegen eine andere beliebige Zeichenkette austauschen. Ich verwende hierfür sehr gern die Variable `LINENO`, die nach der Ausführung immer durch die entsprechende Zeilennummer ersetzt wird. Die Zeilennummer hilft mir dann bei längeren Scripts, immer gleich die entsprechende Zeile zu finden. Hier ein Beispiel, wie Sie mit `PS4` effektiver Ihr Script debuggen können:

```
you@host > export PS4='[--- Zeile: $LINENO ---] '
you@host > sh -x ./prozdat
[--- Zeile: 6 ---] echo 'Anzahl laufender Prozesse:'
Anzahl laufender Prozesse:
[--- Zeile: 8 ---] ps -ef
[--- Zeile: 8 ---] wc -l
76
[--- Zeile: 10 ---] echo 'Prozessinformationen unserer Shell:'
Prozessinformationen unserer Shell:
[--- Zeile: 12 ---] ps 10793
  PID TTY      STAT   TIME COMMAND
10793 pts/40   S+     0:00 sh -x ./prozdat
```

1.8.10 Shellscript, das ein Shellscript erstellt und ausführt

Hand aufs Herz: Wie oft haben Sie bis hierher schon einen Fluch ausgestoßen, weil Sie bspw. vergessen haben, das Ausführrecht zu setzen, oder waren davon genervt, immer wiederkehrende Dinge zu wiederholen? Dazu lernen Sie ja eigentlich Shellscript-Programmierung, nicht wahr? Somit liegt nichts näher, als Ihnen hier eine kleine Hilfe mitzugeben. Ein Shellscript, welches ein neues Script erstellt oder ein bereits vorhandenes Script in den Editor Ihrer Wahl lädt. Natürlich soll auch noch das Ausführrecht für den User gesetzt werden und bei Bedarf wird das Script ausgeführt. Hier das simple Script:

```
# Ein Script zum Script erstellen ...
# Name : scripter
# Bitte entsprechend anpassen
#
# Verzeichnis, in dem sich das Script befindet
dir=$HOME
# Editor, der verwendet werden soll
editor=vi

# erstes Argument muss der Scriptname sein ...
[ -z "$1" ] && exit 1

# Editor starten und Script laden (oder erzeugen)
$editor $dir/$1

# Ausführrechte für User setzen ...
chmod u+x $dir/$1

# Script gleich ausführen? Nein? Dann auskommentieren ...
$dir/$1
```

Sie müssen bei diesem Script lediglich die Variablen »dir« und »editor« anpassen. Mit der Variable »dir« geben Sie das Verzeichnis an, wohin das Script geladen oder eventuell abgespeichert werden soll. Im Beispiel wurde einfach mit der Shell-Variablen `HOME` das Heimverzeichnis des eingeloggten Users verwendet. Als Editor verwende ich `vi`. Hier können Sie auch einen Editor Ihrer Wahl eintragen. Mit `[ -z "$1" ]` (`z` steht für zero, also leer) wird überprüft, ob das erste Argument der Kommandozeile (`$1`) vorhanden ist. Wurde hier keine Angabe gemacht, beendet sich das Script gleich wieder mit `exit 1`. Die weitere Ausführung spricht, glaube ich, erst einmal für sich. Aufgerufen wird das Script wie folgt:

```
you@host > ./scripter example
```

Natürlich ist es nicht meine Absicht, dem Einsteiger mit diesem Script eine Einführung in die Shellscript-Programmierung zu geben, sondern hier geht es nur darum, Ihnen eine kleine Hilfe an die Hand zu geben, um effektiver mit dem Buch arbeiten zu können.

Nachdem bis hierhin alle Formalitäten geklärt wurden, können Sie endlich damit loslegen, die eigentliche Shellscript-Programmierung zu erlernen. Zugegeben, es waren viele Formalitäten, aber dies war aus meiner Sicht unbedingt nötig.

1.9 Vom Shellscript zum Prozess

Ein Prozess ist nichts anderes als ein Programm bei der Ausführung. Geben Sie bspw. in einer Shell das Kommando `pwd` ein, wird Ihnen das aktuelle Verzeichnis angezeigt, in dem Sie sich gerade befinden. Zwar ist hier häufig die Rede von einem Kommando, doch letztendlich ist dies auch nur ein Prozess bei der Ausführung.

Diesem Prozess (wir bleiben einfach mal beim Kommando `pwd`) steht zur Ausführungszeit die komplette Verwaltungseinheit des Betriebssystems zur Verfügung, so als wäre dies das einzige Programm, das gerade läuft. Vereinfacht heißt dies, dass im Augenblick der Ausführung dem Kommando `pwd` die komplette Rechenleistung der CPU (Prozessor) zur Verfügung steht. Natürlich ist diese alleinige Verfügbarkeit zeitlich begrenzt, denn sonst würde es sich ja nicht um ein Multitasking-Betriebssystem handeln. Gewöhnlich werden auf einem Betriebssystem mehrere Programme gleichzeitig ausgeführt. Auch dann, wenn Sie noch gar kein Programm gestartet haben, laufen viele Dienste – und je nach Einstellung auch Programme – im Hintergrund ab (*Daemon*-Prozesse).

In der Praxis hat es den Anschein, als würden alle Prozesse zur gleichen Zeit ausgeführt. Dies ist aber nicht möglich, da ein Prozess im Augenblick der Ausführung eine CPU benötigt, und allen anderen Prozessen eben in dieser Zeit keine CPU zur Verfügung steht. Anders hingegen sieht dies natürlich aus, wenn mehrere CPUs im Rechner vorhanden sind. Dann wäre theoretisch die Ausführung von mehreren Prozessen (echtes Multithreading) gleichzeitig möglich – pro CPU eben ein Prozess.

Jeder dieser Prozesse besitzt eine eindeutige systemweite fortlaufende Prozessnummer (kurz PID für *P*rocess *Id*entification Number). Vom Betriebssystem selbst wird sichergestellt, dass hierbei keine Nummer zweimal vorkommt. Stehen bei der Vergabe von PIDs keine Nummern mehr zur Verfügung, wird wieder bei 0 angefangen (bereits vergebene Nummern werden übersprungen). Natürlich können nicht unendlich viele Prozesse ausgeführt werden, sondern dies ist abhängig von der Einstellung des Kernels (wo mindestens 32768 Prozesse garantiert werden). Dieser Wert kann zwar nach oben »gedreht« werden, das fordert dann allerdings auch mehr Hauptspeicher, da die Prozessliste nicht ausgelagert (geswapt) werden kann.

Zur Überwachung von Prozessen sind des Administrators liebste Werkzeuge die Kommandos `ps` und `top` geworden (natürlich gibt es auch grafische Alternativen zu diesen beiden System-Tools). Das Kommando `ps` liefert Ihnen Informationen über den Status von aktiven Prozessen. Mit `ps` lässt sich die aktuelle PID, die UID, der Steuerterminal, der Speicherbedarf eines Prozesses, die CPU-Zeit, der aktuelle Status des Prozesses und noch eine Menge mehr anzeigen. Da `ps` allerdings nur den momentanen Zustand von Prozessen ausgibt, kann man nie genau sagen, wo gerade wieder mal ein Prozess Amok läuft. Für eine dauerhafte Überwachung von Prozessen wurde das Kommando `top` entwickelt. Abhängig von der Einstellung aktualisiert `top` die Anzeige nach einigen Sekunden (laut Standardeinstellung meistens nach 3 Sekunden) und verwendet dazu auch noch relativ wenig Ressourcen in Ihrem System.

Ein grundlegendes Prinzip unter Linux/UNIX ist es, dass ein Prozess einen weiteren Prozess starten kann. Dieses Prinzip wurde bereits beschrieben, als es darum ging, ein Shellscript auszuführen. Dabei startet die Login-Shell eine weitere Shell (also einen weiteren Prozess). Erst die neue Shell arbeitet jetzt Zeile für Zeile das Shellscript ab. Hier haben Sie ein Eltern-Kind-Prinzip. Jeder Kindprozess (abgesehen von »init« mit der PID 1) hat einen Elternprozess, der ihn gestartet hat. Den Elternprozess kann man anhand der PPID-Nummer (PPID = *P*arent *P*rocess *Id*entifier) ermitteln. So können Sie die ganze Ahnengalerie mithilfe von `ps -f` nach oben laufen:

```
you@host > ps -f
UID        PID  PPID  C STIME TTY          TIME CMD
tot       3675  3661  0 10:52 pts/38   00:00:00 /bin/bash
tot       5576  3675  0 12:32 pts/38   00:00:00 ps -f
```

Hier wird bspw. der eben ausgeführte Prozess `ps -f` mit der PID 5576 aufgelistet. Der Elternprozess, der diesen Prozess gestartet hat, lautet 3675 (siehe PPID) – was die PID der aktuellen `bash` (hier eine Zeile höher) ist. Die komplette Ahnengalerie können Sie aber auch etwas komfortabler mit dem Kommando `pgrep` (siehe Kapitel 14, *Linux-UNIX-Kommandoreferenz*) ermitteln.

1.9.1 Ist das Shellscript ein Prozess?

Diese Frage kann man mit »Jein« beantworten. Denn schließlich startet die Login-Shell mit der Subshell schon mal einen weiteren Prozess. Und die Subshell startet mit unserem Shellscript einen oder mehrere Prozesse, also ebenfalls einen weiteren Kindprozess. Aber bedenken Sie bitte, dass ein Shellscript keine ausführbare Anwendung im eigentlichen Sinne ist, sondern eine Textdatei. Die Subshell startet gegebenenfalls weitere Prozesse, die Sie in dieser

Textdatei (Ihrem Shellscript) angeben. Am besten kann man diesen Vorgang mit dem Kommando `ps` verdeutlichen:

```
# Script-Name : myscript
ps -f
```

Führen Sie das Shellscript `myscript` aus. Hier sieht die Ausgabe wie folgt aus:

```
you@host > ./myscript
UID        PID  PPID  C STIME TTY          TIME CMD
tot       3679  3661  0 10:52 pts/40   00:00:00 /bin/bash
tot       5980  3679  0 12:50 pts/40   00:00:00 /bin/bash
tot       5981  5980  0 12:50 pts/40   00:00:00 ps -f
```

Sie finden keine Spur von einem Prozess namens `myscript`, sondern nur vom Kommando `ps -f`, welches Sie im Shellscript geschrieben haben. Hier sehen Sie, dass unsere Subshell (PID 5980) den Prozess `ps -f` aufgerufen hat. Die Subshell ist ja schließlich auch unser Interpreter, der das Script `myscript` Zeile für Zeile abarbeiten soll – was hier auch mit `ps -f` geschieht.

Beachten Sie aber, dass diese Subshell im Gegensatz zu Ihrer Login-Shell nicht interaktiv arbeitet! Die Subshell arbeitet nur das Shellscript ab und wird anschließend gleich wieder beendet. Es gibt also nach einem interpretierten Kommando keinen Prompt, sondern es wird stur Kommando für Kommando abgearbeitet, bis sich das Shellscript beendet oder mit `exit` beendet wird.

1.9.2 Echte Login-Shell?

Hier ist immer die Rede von einer Login-Shell. Da ich recht intensiv u.a. mit Linux unter einem Windowmanager (bspw. KDE) arbeite, wird vielleicht der ein oder andere leicht ergraute UNIX-Guru feststellen: Der benutzt ja gar keine echte Login-Shell. Was ist also eine Login-Shell?

Eine Login-Shell ist eine normale Shell, die als erstes Kommando (Prozess) beim Einloggen gestartet wird und beim Hochfahren der kompletten Umgebung (jede Shell hat eine Umgebung) viele andere Kommandos startet. Die Lebensdauer der Login-Shell wird meistens als Session (die Zeit, die man am Rechner eingeloggt ist) bezeichnet.

Eine echte Login-Shell erkennen Sie in der Ausgabe des Kommandos `ps` daran, dass sich vor dem Namen der Shell ein `'-'` befindet (bspw. `-bash`; `-sh` oder `-ksh`). Es verwirrt vielleicht ein bisschen, da es ja kein Kommando bzw. keine Shell mit `-sh` oder `-ksh` gibt. Dies ist allerdings wieder eine Eigenheit der Funktion `execl()` unter C, bei der eben das Argument vom Kommandonamen nicht gleich dem Argument des Dateinamens sein muss. Setzt man einen Bindestrich vor die Shell, so verhält sich die Shell eben wie eine Login-Shell. Wollen Sie die Login-Shell ändern, sollten Sie sich das Kommando `chsh` (Abkürzung für *change shell*) ansehen.

Hinweis Es ist wichtig zu wissen, dass viele Kommandos wie bspw. `logout` nur in einer echten Login-Shell funktionieren. Dies auch deshalb, weil solche Login-Shells als Eltern den Prozess mit der Nummer 1 auslösen.

Bei der Ausgabe der Scripts im Buch konnten Sie erkennen, dass ich häufig keine echte Login-Shell verwendet habe. Wollen Sie eine echte Login-Shell ausführen, müssen Sie sich im Textmodus anmelden (unter Linux finden Sie einen echten Textmodus mit der Tastenkombination [Strg]+[Alt]+[F1] bis [F6]). Beim Anmelden im Textmodus landen Sie in einer echten Login-Shell – also einer Shell, die sich unmittelbar nach dem Anmelden öffnet.

1.10 Datenstrom

Den standardmäßigen Datenstrom einer Shell kennt jeder. Man gibt einen Befehl in der Kommandozeile ein und wartet, was dabei auf der Ausgabe des Bildschirms so alles passiert (siehe Abbildung 1.1). Hierbei spricht man von Kanälen. Es gibt drei solcher Kanäle in einer Shell:

- Standardeingabe (kurz `stdin`; Kanal 0) – gewöhnlich handelt es sich dabei um eine Eingabe von der Tastatur.
- Standardausgabe (kurz `stdout`; Kanal 1) – als Standardausgabe wird normalerweise die Ausgabe auf dem Bildschirm bezeichnet.
- Standardfehlerausgabe (kurz `stderr`; Kanal 2) – wie bei der Standardausgabe erfolgt auch die Fehlerausgabe in der Regel auf dem Bildschirm.

Relativ selten will man allerdings eine Ausgabe auf dem Bildschirm erzeugen. Gerade wenn es sich dabei um Hunderte Zeilen von Log-Daten handelt, speichert man dies gern in eine Datei ab. Dies realisiert man am einfachsten mit der Umleitung der Ausgabe.

1.10.1 Ausgabe umleiten

Die Standardausgabe eines Kommandos oder eines Shellscripts wird mit dem Zeichen `>` hinter dem Kommando bzw. Shellscript in eine Datei umgeleitet. Alternativ kann hierfür auch der Kanal 1 mit der Syntax `1>` verwendet werden, was aber nicht nötig ist, da das Umleitungszeichen `>` ohne sonstige Angaben automatisch in der Standardausgabe endet, beispielsweise:

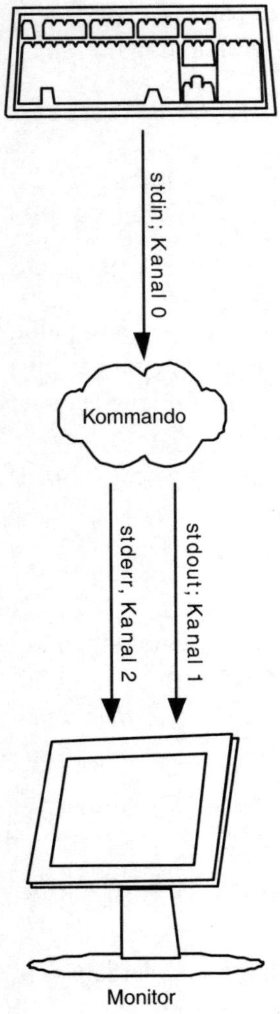

Abbildung 1.1 Der standardmäßige Datenstrom einer Shell

```
you@host > du -b /home > home_size.dat
you@host > ./ascript > output_of_ascript.dat
```

Mit `du -b /home` erfahren Sie, wie viele Bytes die einzelnen Ordner im Verzeichnis */home* belegen. Da die Ausgabe relativ lang werden kann, wird diese kurzum in eine Datei namens *home_size.dat* umgeleitet, welche Sie jetzt mit einem beliebigen Texteditor ansehen können. Sofern diese Datei noch nicht existiert, wird sie neu erzeugt. Gleiches wurde bei der zweiten Kommandoeingabe vorgenommen. Hier wird davon ausgegangen, dass ein Script namens `ascript` existiert, und die Daten dieses Scripts werden in eine Datei namens *output_of_ascript.dat* geschrieben (siehe Abbildung 1.2).

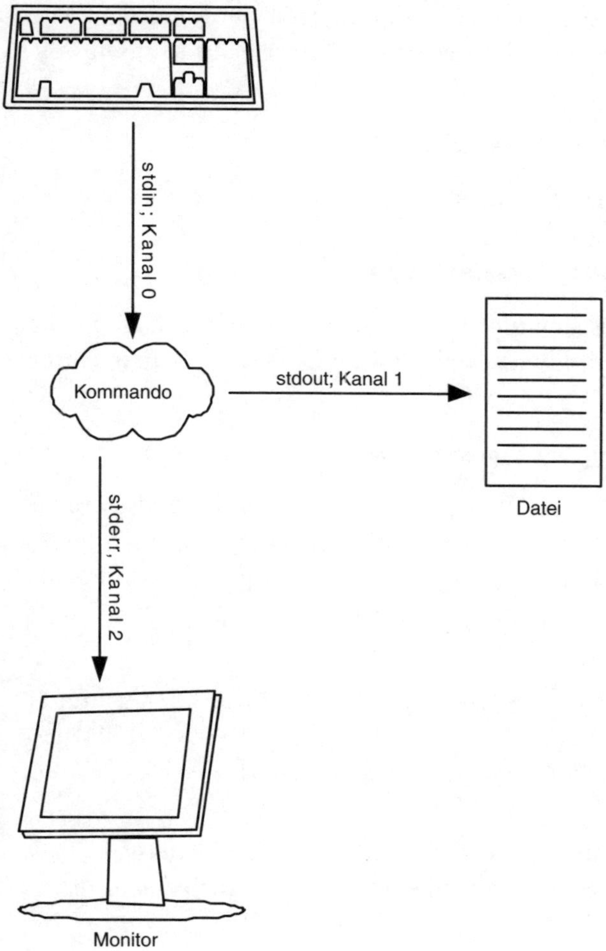

Abbildung 1.2 Umleiten der Standardausgabe (cmd > datei)

Wie bereits erwähnt, könnten Sie theoretisch den Standardausgabekanal auch bei der Nummer ansprechen:

```
you@host > du -b /home 1> home_size.dat
```

Diese Schreibweise hat allerdings gegenüber dem > allein keinen Vorteil.

Leider hat dieses Umleiten einer Ausgabe in eine Datei den Nachteil, dass bei einem erneuten Aufruf von

```
you@host > du -b /home > home_size.dat
```

die Daten gnadenlos überschrieben werden. Abhilfe schafft hier eine Ausgabeumleitung mit >>. Damit wird die Ausgabe wie gehabt in eine entsprechende

Datei umgeleitet, nur mit dem Unterschied, dass jetzt die Daten immer ans Ende der Datei angehängt werden. Existiert die Datei noch nicht, wird diese trotzdem neu erzeugt.

```
you@host > du -b /home >> home_size.dat
```

Jetzt werden die weiteren Daten immer ans Ende von *home_size.dat* angefügt.

1.10.2 Standardfehlerausgabe umleiten

So, wie Sie die Standardausgabe umleiten können, können Sie auch die Standardfehlerausgabe umleiten. Etwas Ähnliches konnten Sie ja bereits ein paar Seiten zuvor mit

```
you@host > find / -user you -print 2>/dev/null
```

sehen. Hiermit wurden alle Dateien vom User »you« auf den Bildschirm ausgegeben. Fehlermeldungen wie bspw. »Keine Berechtigung« wurden hier gewöhnlich auf die Standardfehlerausgabe geleitet. Diese Ausgabe wurde im Beispiel nach */dev/null*, dem Datengrab des Systems, umgeleitet.

> **Hinweis** */dev/null* eignet sich prima, wenn Sie beispielsweise Daten für einen Test kopieren wollen oder nicht an der Ausgabe interessiert sind. Diese Gerätedatei benötigt außerdem keinen Plattenplatz auf dem System.

Natürlich können Sie auch hierbei die komplette Standardfehlerausgabe (zu erkennen an der Syntax `2>` (Kanal 2)) von einem Befehl oder auch einem Script in eine Datei umleiten:

```
you@host > find / -user you -print 2> error_find_you.dat
```

Hiermit werden alle Fehlermeldungen in die Datei *error_find_you.dat* geschrieben. Existiert diese Datei noch nicht, wird sie angelegt. Sofern diese Datei allerdings präsent ist, wird der alte Inhalt in dieser Form komplett überschrieben. Wenn Sie dies nicht wollen, können Sie so wie schon bei der Standardausgabe mit `>>`, nur eben mit dem Kanal 2, die Standardfehlerausgabe an eine bestehende Datei anhängen (siehe Abbildung 1.3).

```
you@host > find / -user you -print 2>> error_find_you.dat
```

Sie können die Standardausgabe und Standardfehlerausgabe auch in zwei verschiedene Dateien umleiten. Dies wird recht häufig gemacht, denn oft hat man nicht die Zeit bzw. Übersicht, sämtliche Ausgaben zu überwachen (siehe Abbildung 1.4).

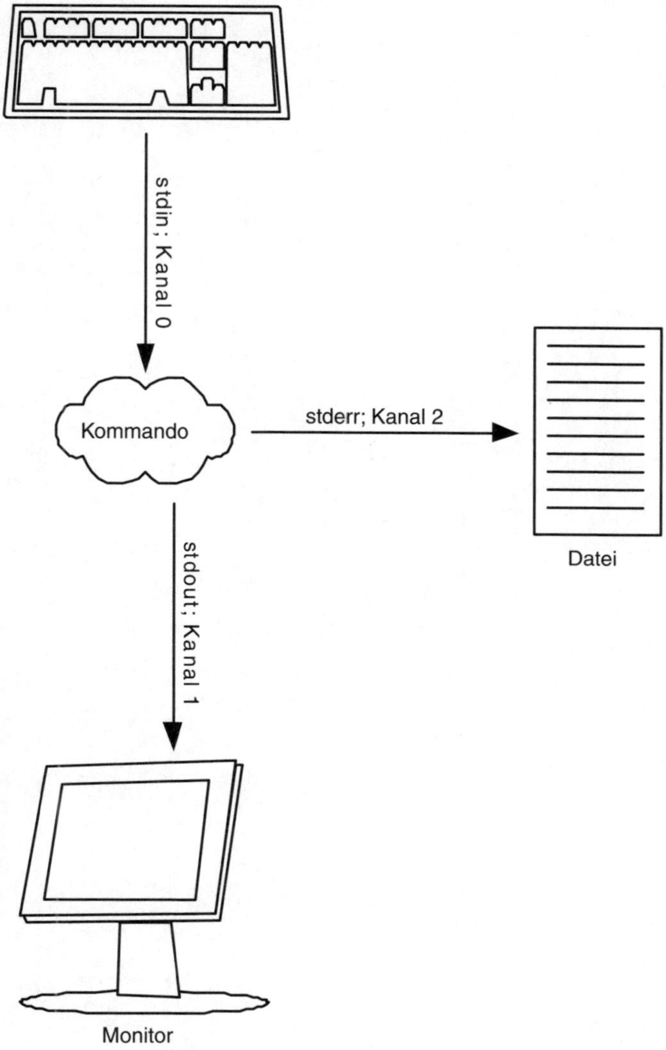

Abbildung 1.3 Umleiten der Standardfehlerausgabe (cmd 2> datei)

```
you@host > find / -user you -print >> find_you.dat 2>> \
  error_find_you.dat
```

Wollen Sie hingegen beides, also sowohl die Standardausgabe als auch die Standardfehlerausgabe in eine Datei schreiben, dann können Sie die beiden Kanäle zusammenkoppeln. Dies erledigen Sie mit der Syntax `2>&1`. Damit legen Sie Kanal 2 (Standardfehlerkanal) und Kanal 1 (Standardausgabe) zusammen. Angewandt auf unser Beispiel, sieht dies folgendermaßen aus:

```
you@host > find / -user you -print > find_you_report.dat 2>&1
```

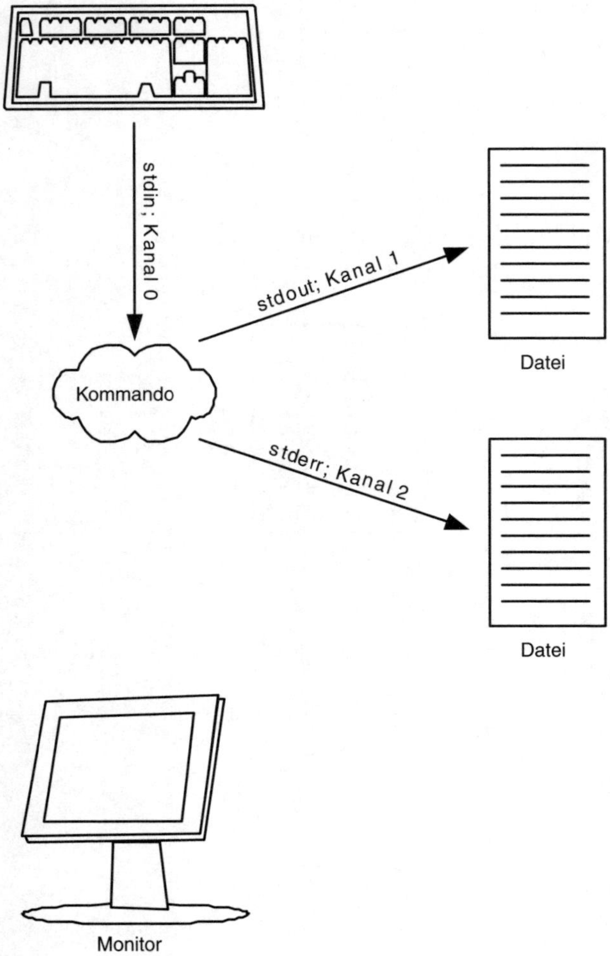

Abbildung 1.4 Beide Ausgabekanäle in eine separate Datei umleiten

So können Sie übrigens auch ein Problem mit dem Pager (`less`, `more` ...) Ihrer Wahl lösen. Testen Sie einfach Folgendes:

```
you@host > find / -user you -print | more
```

Gewöhnlich verwendet man ja einen Pager (im Beispiel `more`), um die Standardausgabe komfortabel nach oben oder unten zu scrollen, damit einem bei etwas längeren Ausgaben die Texte nicht nur so vorbeifliegen. Aber hier will das nicht so recht hinhauen, da ständig die Standardfehlerausgabe mit einer Fehlermeldung dazwischen funkt. Dies bekommen Sie einfach in den Griff, indem Sie die beiden Ausgaben zusammenlegen.

```
you@host > find / -user you -print 2>&1 | more
```

Alternativ können Sie auch die Standardfehlerausgabe ins Datengrab (*/dev/null*) befördern.

```
you@host > find / -user you -print 2>/dev/null | more
```

1.10.3 Eingabe umleiten

Das Umleiten der Standardeingabe (Kanal 0), das normalerweise von der Tastatur aus erfolgt, kann ebenfalls erreicht werden. Hier wird das Zeichen < nach einem Befehl bzw. einem Script verwendet. Nehmen wir einfach das Beispiel, in dem es darum ging, alle Dateien vom Eigentümer »you« zu suchen und diese in die Datei *find_tot.dat* zu schreiben. Wahrscheinlich befinden sich hier unendlich viele Dateien, und Sie sind auf der Suche nach einer bestimmten Datei, deren Namen Sie aber nicht mehr genau wissen. War es irgendetwas mit »audio«? Fragen Sie einfach `grep`:

```
you@host > grep audio < find_tot.dat
/dev/audio
/dev/audio0
/dev/audio1
/dev/audio2
/dev/audio3
/home/tot/cd2audio.txt
/home/you/cd2audio.txt
/home/you/Documents/Claudio.dat
/var/audio
/var/audio/audio.txt
```

Hier schieben wir `grep` einfach die Datei *find_tot.dat* von der Standardeingabe zu und werden fündig (siehe Abbildung 1.5).

Wollen Sie die Ausgabe von `grep` in eine andere Datei speichern, dann können Sie auch noch eine Umleitung der Standardausgabe einbauen.

```
you@host > grep audio < find_you.dat > audio.dat
you@host > cat audio.dat
/dev/audio
/dev/audio0
/dev/audio1
/dev/audio2
/dev/audio3
/home/tot/cd2audio.txt
/home/tot/Documents/Claudio.dat
```

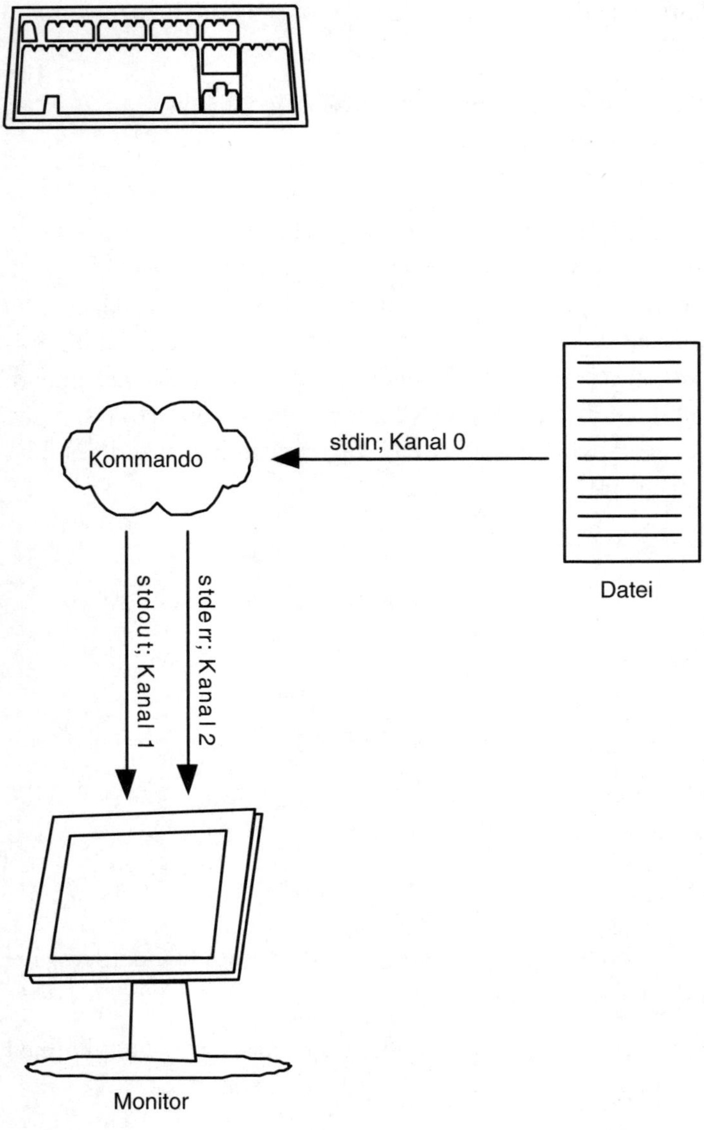

Abbildung 1.5 Umleiten der Standardeingabe (cmd < datei)

```
/var/audio
/var/audio/audio.txt
```

So haben Sie die Standardausgabe von `grep`, die Ihre Anfrage von der umgeleiteten Standardeingabe (hier der Datei *find_you.dat*) erhielt, weitergeleitet in die Datei *audio.dat*, was Ihnen die Ausgabe von `cat` anschließend auch bestätigt (siehe Abbildung 1.6).

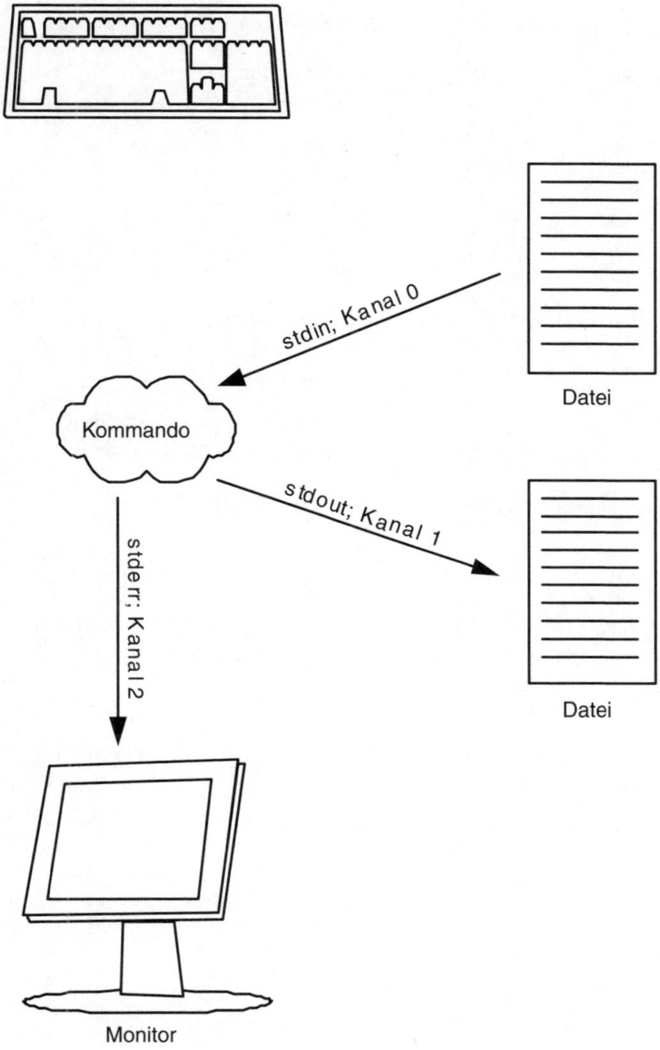

Abbildung 1.6 Umleiten von Standardeingabe und Standardausgabe

In Tabelle 1.4 sehen Sie alle Umlenkungen auf einen Blick:

Kanal	Syntax	Beschreibung
1 (Standardausgabe)	`cmd > file`	Standardausgabe in eine Datei umlenken
1 (Standardausgabe)	`cmd >> file`	Standardausgabe ans Ende einer Datei umlenken

Tabelle 1.4 Verschiedene Umlenkungen einer Shell

Kanal	Syntax	Beschreibung
2 (Standardfehlerausgabe)	`cmd 2> file`	Standardfehlerausgabe in eine Datei umlenken
2 (Standardfehlerausgabe)	`cmd 2>> file`	Standardfehlerausgabe ans Ende einer Datei umlenken
1 (Standardausgabe) 2 (Standardfehlerausgabe)	`cmd > file 2>&1`	Standardfehlerausgabe und Standardausgabe in die gleiche Datei umlenken
1 (Standardausgabe) 2 (Standardfehlerausgabe)	`cmd > file 2> file2`	Standardfehlerausgabe und Standardausgabe jeweils in eine extra Datei umlenken
0 (Standardeingabe)	`cmd < file`	Eine Datei in die Standardeingabe eines Kommandos umleiten

Tabelle 1.4 Verschiedene Umlenkungen einer Shell (Forts.)

1.10.4 Pipes

Bleiben wir doch beim Szenario vom Beispiel zuvor. Folgender Weg wurde gewählt, um alle Dateien des Users »you«, welche eine Zeichenfolge »audio« im Namen haben, zu finden.

```
you@host > find / -user you -print > find_you.dat 2>/dev/null
you@host > grep audio < find_you.dat
/dev/audio
/dev/audio0
/dev/audio1
/dev/audio2
/dev/audio3
/home/tot/cd2audio.txt
/home/you/cd2audio.txt
/home/you/Documents/Claudio.dat
/var/audio
/var/audio/audio.txt
```

Mit einer Pipe können Sie das Ganze noch abkürzen und benötigen nicht einmal eine Datei, die hierfür angelegt werden muss. Hier das Beispiel mit der Pipe, womit dieselbe Wirkung wie im Beispiel eben erreicht wird.

```
you@host >  find / -user you -print 2>/dev/null | grep audio
/dev/audio
/dev/audio0
/dev/audio1
```

```
/dev/audio2
/dev/audio3
/home/tot/cd2audio.txt
/home/you/cd2audio.txt
/home/you/Documents/Claudio.dat
/var/audio
/var/audio/audio.txt
```

Pipes werden realisiert, wenn mehrere Kommandos durch das Zeichen | miteinander verknüpft werden. Dabei wird immer die Standardausgabe des ersten Kommandos mit der Standardeingabe des zweiten Kommandos verbunden. Beachten Sie aber, dass die Standardfehlerausgabe hierbei nicht beachtet wird (siehe Abbildung 1.7).

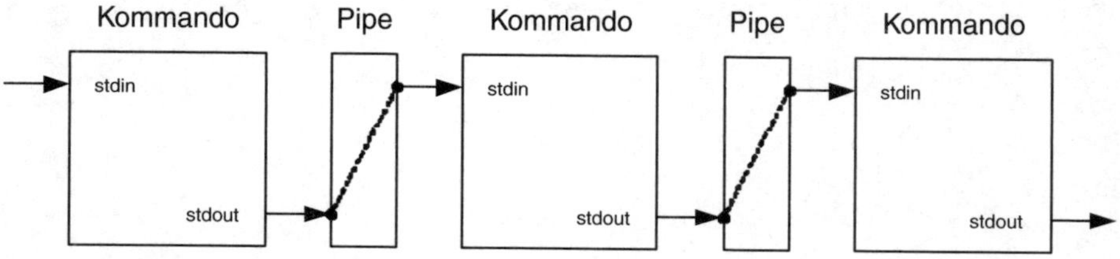

Abbildung 1.7 Verknüpfen mehrerer Kommandos via Pipe

Die Anzahl der Pipes, die Sie hierbei aneinander reihen können, ist unbegrenzt. Wollen Sie bspw. nicht wissen, welche und wo, sondern wie viele Dateien sich mit der Zeichenfolge »audio« auf Ihrem System befinden, müssen Sie dem Befehl zuvor nur das Kommando `wc` mit der Option `-l` (für *line*) »pipen«.

```
you@host > find / -user you -print 2>/dev/null | \
   grep audio | wc -l
9
```

1.10.5 Ein T-Stück mit tee

Wollen Sie die Standardausgabe eines Kommandos oder Shellscripts auf dem Bildschirm und in eine Datei oder gar mehrere Dateien gleichzeitig veranlassen, empfiehlt es sich, das Kommando `tee` zu verwenden.

```
you@host > du -bc | sort -n | tee februar05.log
8       ./bin
48       ./.dia/objects
48       ./.dia/shapes
48       ./.dia/sheets
```

```
48      ./.gconf
48      ./.gnome
...
1105091 ./OpenOffice.org1.1/user
1797366 ./OpenOffice.org1.1
1843697 ./.thumbnails/normal
1944148 ./.thumbnails
32270848        .
32270848        insgesamt
```

Im Beispiel wird die Plattenplatznutzung nach Bytes sortiert ausgegeben und, dank `tee`, in die Datei *februar05.log* geschrieben. Hier können Sie natürlich auch in mehr als einer Datei schreiben.

```
you@host > du -bc | sort -n | tee februar05.log year05.log
8       ./bin
48      ./.dia/objects
48      ./.dia/shapes
48      ./.dia/sheets
48      ./.gconf
48      ./.gnome
...
1105091 ./OpenOffice.org1.1/user
1797366 ./OpenOffice.org1.1
1843697 ./.thumbnails/normal
1944148 ./.thumbnails
32270848        .
32270848        insgesamt
```

Aber gerade, wenn Sie bei Log-Dateien einen regelmäßigen Jahresbericht erstellen wollen, sollten Sie `tee` mit der Option `-a` (*append*) verwenden. Damit wird die Ausgabe eines Kommandos bzw. des Shellscripts an die Datei(en) angefügt und nicht – wie bisher – überschrieben (siehe Abbildung 1.8).

1.10.6 Ersatzmuster (Wildcards)

Als Ersatzmuster (Wildcards) werden bestimmte Zeichen(-folgen) eines Wortes bezeichnet, die von der Shell durch eine andere Zeichenkette ersetzt werden. In der Shell werden hierzu die Zeichen `* ? [ ]` verwendet. Das heißt, findet die Shell bei der Analyse eines dieser Zeichen, geht der Interpreter davon aus, dass es sich hier um ein Ersatzmuster für andere Zeichen handelt. Die Shell sucht jetzt bspw. im Verzeichnis nach Dateien (Namen), welche auf dieses Muster (nach den von der Shell vorgegebenen Regeln) passen, und ersetzt die entspre-

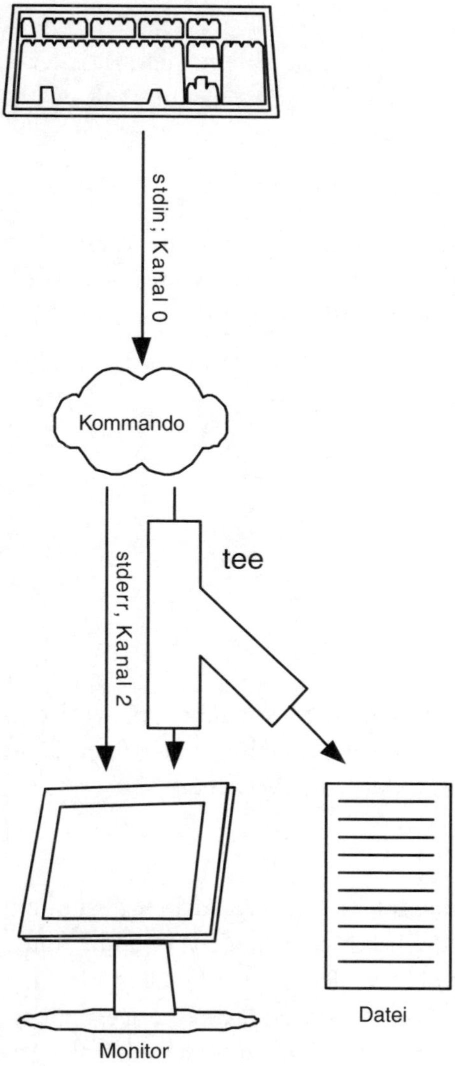

Abbildung 1.8 Das Kommando tee im Einsatz

chenden Wildcards in der Kommandozeile durch eine Liste mit gefundenen Dateien (Namen). Es wird dabei im Fachjargon von einer Dateinamen-Expansion oder auch von Globbing gesprochen.

> **Hinweis** Diese Namens-Expansion findet noch vor Ausführung des Kommandos in der Shell statt. Das Kommando selbst bekommt von diesem Vorgang nichts mehr mit. Die Argumente des Kommandos sind schon die expandierten Dateinamen.

Eine beliebige Zeichenfolge *

Das Zeichen * steht für eine beliebige Zeichenfolge im Dateinamen. Das Sternchen wurde selbst schon zu DOS-Zeiten verwendet und ist das am meisten angewandte Wildcard-Zeichen. Einfaches Beispiel:

```
you@host > grep Backup /home/tot/Mails/*.txt
```

Hier wird in allen Dateien mit der Endung ».txt« im Verzeichnis */home/tot/Mails* nach dem Wort »Backup« gesucht. Die Position des Zeichens * können Sie im Suchwort fast beliebig wählen. Hier einige Beispiele:

```
you@host > ls *ript
myscript
you@host > ls *ript*
myscript  scripter
you@host > ls ript*
/bin/ls: ript*: Datei oder Verzeichnis nicht gefunden
you@host > ls text*.txt
text1.txt text2.txt text3.txt texta.txt textb.txt textc.txt text
datei_test.txt
```

Stimmt keine der Dateien mit dem gewünschten Muster überein, wird entweder eine dem Kommando entsprechende Fehlermeldung oder (bspw. mit `echo`) die Zeichenkette des Musters unverändert zurückgegeben.

Ein beliebiges Zeichen ?

Im Gegensatz zum Zeichen * wird das Metazeichen ? als Platzhalter für nur ein beliebiges Zeichen verwendet. Das heißt, wird das Zeichen ? verwendet, muss sich an dieser Stelle ein (und wirklich nur ein) beliebiges Zeichen befinden, damit das Muster übereinstimmt. Zur Demonstration einfach eine Gegenüberstellung, bei der zuerst das Metazeichen * und gleich darauf mit denselben Angaben das Zeichen ? verwendet wird:

```
you@host > ls datei*.dat
datei1.dat datei1b.dat datei1c.dat datei2.dat datei2b.dat datei_
backup.dat datei1.dat~
you@host > ls datei?.dat
datei1.dat datei2.dat
you@host > ls datei1.dat?
datei1.dat~
```

Zeichenbereiche angeben

Meistens werden Sie wohl mit den Metazeichen `*` und `?` zufrieden sein und größtenteils auch ans Ziel kommen. Dennoch kann die Bestimmung eines Dateinamens ausgeweitet werden. Sie können zusätzlich noch definieren, welche Zeichen für eine Ersetzung in Frage kommen sollen. Hierzu werden die eckigen Klammern (`[ ]`) verwendet. Alles, was sich darin befindet, wird als gültiges Zeichen des Musters für die Ersetzung akzeptiert.

```
you@host > ls datei*.txt
datei1a.txt  datei1b.txt  datei1.txt  datei2a.txt  datei2.txt
datei3.txt
you@host > ls datei[12].txt
datei1.txt  datei2.txt
you@host >  ls datei[12]*.txt
datei1a.txt  datei1b.txt  datei1.txt  datei2a.txt  datei2.txt
you@host >  ls datei[123].txt
datei1.txt  datei2.txt  datei3.txt
you@host >  ls datei[1-3].txt
datei1.txt  datei2.txt  datei3.txt
you@host > ls datei[12][a].txt
datei1a.txt  datei2a.txt
you@host > ls datei[12][b].txt
datei1b.txt
you@host > ls datei[!12].txt
datei3.txt
```

Im Beispiel konnten Sie erkennen, dass Sie – statt alle möglichen Zeichen in eckigen Klammern aneinander zu reihen – auch mit einem Minuszeichen einen Bereich bestimmen können. Vorausgesetzt, das bzw. die Zeichen liegen in einem laufenden Bereich der ASCII-Tabelle. So passen z.B. mit `datei[0-9].txt` alle Dateinamen von 0 bis 9 in das Muster (`datei1.txt`, `datei2.txt` ... `datei9.txt`). Wird der Wert zweistellig, können Sie entweder `datei[0-9][0-9].txt` oder `datei[0-9]*.txt` verwenden. Wobei beide Versionen wieder unterschiedliche Ersetzungen durchführen, da die erste Version nur zwei dezimale Zeichen und die zweite Version beliebig viele weitere Zeichen enthalten darf.

Wollen Sie hingegen nur Dateinamen erhalten, die neben der dezimalen Zahl einen weiteren Buchstaben enthalten, können Sie auch `datei[0-9][a-z].txt` verwenden. Natürlich können Sie in den eckigen Klammern noch mehrere Bereiche (allerdings müssen diese immer fortlaufend gemäß der ASCII-Tabelle sein) verwenden. So liefert `datei[a-cg-j1-3].txt` Ihnen beispielsweise als Ergebnisse zurück, worin sich eines der Zeichen »a« bis »c«, »g« bis »j« und 1 bis 3 befindet.

Wollen Sie hingegen in den eckigen Klammern einzelne oder eine Folge von Zeichen ausschließen, dann können Sie die Expansion mittels `!` auch negieren. Bspw. liefert Ihnen `datei[!12].txt` alles zurück, was als nächstes Zeichen nicht 1 oder 2 enthält (wie im Beispiel gesehen).

Des Weiteren können Sie die Expansionen mit den Metazeichen `*` und `?` erweitern (allerdings nicht innerhalb der eckigen Klammer).

Wollen Sie die Datei-Expansionen in Aktion sehen, können Sie mit `set` die Debugging-Option `-x` setzen. Dann sehen Sie die Zeilen, nachdem eine Datei-Expansion ausgeführt wurde (Selbiges können Sie selbstverständlich auch mit den Metazeichen `*` und `?` herbeiführen), zum Beispiel:

```
you@host > set -x
you@host > ls datei[12].txt
[DEBUG] /bin/ls  datei1.txt datei2.txt
datei1.txt  datei2.txt
you@host > ls datei[!12].txt
[DEBUG]  /bin/ls  datei3.txt
datei3.txt
you@host > ls datei[1-3]*.txt
[DEBUG]  /bin/ls  datei10.txt datei1a.txt datei1b.txt datei1.txt
                  datei2a.txt datei2.txt datei3.txt
datei10.txt  datei1b.txt  datei2a.txt  datei3.txt
datei1a.txt  datei1.txt   datei2.txt
```

Die Bash und die Korn-Shell bieten hierbei außerdem vordefinierte Parameter als Ersatzmuster an. Wollen Sie etwa nur Groß- und Kleinbuchstaben zulassen, können Sie hierfür statt `[a-zA-Z]` auch `[:alpha:]` verwenden. Sollen es nur dezimale Ziffern sein, dann kann `[:digit:]` statt `[1-9]` verwendet werden. In der Praxis sieht dies folgendermaßen aus:

```
you@host > ls datei[[:digit:]].txt
datei1.txt  datei2.txt  datei3.txt
you@host > ls datei[[:digit:]][[:alpha:]].txt
datei1a.txt  datei1b.txt  datei2a.txt
```

Selbstverständlich können Sie auch hier den Wert in den eckigen Klammern mit `!` negieren. In Tabelle 1.5 finden Sie die Zeichenmengen, die Sie alternativ zur gängigen Schreibweise in den eckigen Klammern setzen können.

Zeichenmenge	Bedeutung
[:alnum:]	Buchstaben, Unterstrich und dezimale Ziffern
[:alpha:]	Groß- und Kleinbuchstaben
[:digit:]	Dezimale Ziffern
[:lower:]	Kleinbuchstaben
[:upper:]	Großbuchstaben
[:print:]	Nur druckbare Zeichen
[:space:]	Leerzeichen, Tabulator ...

Tabelle 1.5 Alternativen zu den gängigsten Zeichenmengen

Versteckte Dateien

Sollten Sie sich fragen, was mit den versteckten Dateien ist (das sind Dateien, die mit einem Punkt beginnen) bzw. wie Sie diese bei der Datei-Expansion mit einbeziehen können, so ist die Antwort nicht schwer. Sie müssen den Punkt explizit mit angeben, dann werden auch die versteckten Dateien beachtet.

```
you@host > ls *.conf
/bin/ls: *.conf: Datei oder Verzeichnis nicht gefunden
you@host > ls .*.conf
.xyz.conf .abc.conf
```

Tipp In der Bash können Sie die versteckten Dateien auch ohne explizite Angabe des Punkts verwenden. Hierbei müssen Sie einfach mit `shopt -s dotglob` die Option `glob_dot_filenames` setzen. Deaktivieren können Sie das Ganze wieder mit `shopt -u dotglob`.

1.10.7 Brace Extension (Bash und Korn-Shell only)

Mit der Brace Extension haben Sie eine weitere neue Form, um Muster formulieren zu können. Dieses Feature steht unter der Bourne-Shell nicht zur Verfügung. Das Prinzip ist recht einfach: Bei einer gültigen Brace Extension schreibt man Alternativ-Ausdrücke zwischen geschweifte Klammern getrennt von einem Komma zwischen den beiden Klammern. Die Syntax hierzu lautet:

```
präfix{ muster1, muster2 }suffix
```

Von der Shell wird dieses Muster folgendermaßen ausgewertet: Vor jeder Zeichenkette – innerhalb der geschweiften Klammern – wird das Präfix gesetzt und dahinter das Suffix angehängt. Es ist einfacher, als es sich anhört. So generiert aus der Syntaxbeschreibung die Shell zum Beispiel den Dateinamen `präfixmuster1suffix` und `präfixmuster2suffix`. Natürlich können noch weitere Alternativ-Ausdrücke in den geschweiften Klammern gesetzt werden.

Wollen Sie bspw. mehrere Dateien wie *prozess.dat*, *process.dat* und *progress.dat* gleichzeitig anlegen, dann könnten Sie hierfür die Brace Extension wie folgt einsetzen:

```
you@host > touch pro{z,c,gr}ess.dat
you@host > ls *.dat
process.dat  progress.dat  prozess.dat
```

Brace Extensions lassen sich aber auch verschachteln. Wollen Sie bspw. die Dateinamen *dateiorginal.txt*, *dateiorginal.bak*, *dateikopie.txt* und *dateikopie.bak* mit einer Brace Extension erzeugen, so wird dies folgendermaßen realisiert:

```
you@host > touch datei{orginal{.bak,.txt},kopie{.bak,.txt}}
you@host > ls datei*
dateikopie.bak  dateikopie.txt  dateiorginal.bak  dateiorginal.txt
```

Natürlich können Sie hier auch eine wilde Wildcard-Orgie veranstalten und alle bisher kennen gelernten Wildcards verwenden.

```
you@host > ls datei{*{.bak,.txt}}
dateikopie.bak  dateikopie.txt  dateiorginal.bak  dateiorginal.txt
```

1.10.8 Muster-Alternativen (Bash und Korn-Shell only)

Und es gibt noch eine weitere Möglichkeit, Muster-Alternativen für Namen zu beschreiben, die zwar eher für Muster-Vergleiche von Zeichenketten und weniger im Bereich der Datei-Expansion eingesetzt werden, allerdings auch dafür verwendet werden können. Damit Ihnen diese Muster-Alternativen auch für die Bash zur Verfügung stehen, müssen Sie die Option `extglob` mit `shopt` (Abkürzung für *sh*ell *opt*ion) ausschalten (`shopt -s extglob`).

```
you@host > ls *.dat
process.dat  progress.dat  prozess.dat
you@host > shopt -s extglob
you@host > ls @(prozess|promess|process|propan).dat
process.dat  prozess.dat
you@host > ls !(prozess|promess|process|propan).dat
progress.dat
```

In Tabelle 1.6 sind die einzelnen Möglichkeiten für solche Muster-Alternativen zusammengestellt:

Muster-Alternativen	Bedeutung
`@(pattern1 | patter2 | ... | patternN)`	Eines der Muster
`!(pattern1 | patter2 | ... | patternN)`	Keines der Muster
`+(pattern1 | patter2 | ... | patternN)`	Mindestens eines der Muster
`?(pattern1 | patter2 | ... | patternN)`	Keines oder eines der Muster
`*(pattern1 | patter2 | ... | patternN)`	Keines, eines oder mehrere Muster

Tabelle 1.6 Muster-Alternativen für die Bash und Korn-Shell

1.10.9 Tilde-Expansion (Bash und Korn-Shell only)

Das Tilde-Zeichen ~ wird von der Bash und der Korn-Shell als Heimverzeichnis des aktuellen Benutzers ausgewertet. Hier einige typische Aktionen, die mit dem Tilde-Zeichen in der Bash und Korn-Shell durchgeführt werden:

```
you@host > pwd
/home/you
you@host > cd /usr
you@host > echo ~
/home/you
you@host > cd ~
you@host > pwd
/home/you
you@host > echo ~-
/usr
you@host > echo ~+
/home/you
you@host > cd ~-
you@host > echo ~-
/home/you
you@host > cd ~-
you@host > pwd
/home/you
you@host > echo ~tot
/home/you
you@host > mkdir ~/new_dir
```

Tabelle 1.7 zeigt, wie die einzelnen Tilde-Expansionen eingesetzt werden und ihre jeweilige Bedeutung.

Angabe	Bedeutung
`~`	Heimverzeichnis des eingeloggten Benutzers
`~BENUTZERNAME`	Heimverzeichnis eines angegebenen Benutzers
`~-`	Verzeichnis, das zuvor besucht wurde
`~+`	Aktuelles Arbeitsverzeichnis (wie `pwd`)

Tabelle 1.7 Tilde-Expansionen

1.11 Empfehlung

In diesem Kapitel wurden Ihnen viele Basics um die Ohren gehauen. Es empfiehlt sich, mit den verschiedensten Optionen in der Shell zu spielen. Zwar wurde in diesem Teil vorwiegend mit dem Eingabeprompt der Shell und weniger mit »echtem« Shellscript gespielt, doch wurden die wichtigsten Grundlagen für echte »Shellscripts« geschaffen. Wer diese Grundlagen nicht beherrscht, dürfte früher oder später mit diesem Buch Verständnisprobleme bekommen.

2 Variablen

2 Variablen

Keine Programmiersprache kommt ohne Variablen aus. Variablen werden gewöhnlich dazu verwendet, Daten (Zahlen oder Zeichenketten) zu speichern, um zu einem späteren Zeitpunkt wieder darauf zurückzugreifen. Allerdings finden Sie bei der Shellscript-Programmierung im Vergleich zu vielen anderen Programmiersprachen zunächst keine speziellen Datentypen, bspw. für Zeichenketten, Fließkomma- oder Integerzahlen.

2.1 Grundlagen

Eine Variable besteht aus zwei Teilen: dem Namen der Variable und dem entsprechenden Wert, den diese Variable repräsentiert bzw. speichert. Hier die Syntax:

```
variable=wert
```

Der Variablenname kann aus Groß- und Kleinbuchstaben, Zahlen und Unterstrichen bestehen, darf allerdings niemals mit einer Zahl beginnen. Die Mindestlänge eines Variablennamens beträgt 256 Zeichen, wobei er auf vielen Systemen auch etwas länger sein darf (ob ein solch langer Name sinnvoll ist, sei dahingestellt). Wichtig ist es auch, die Lebensdauer einer Variablen zu kennen, welche nur so lange wie die Laufzeit des Scripts (genauer der ausführenden Shell) währt. Beendet sich das Script, wird auch die Variable ungültig (sofern diese nicht exportiert wurde – dazu mehr in Abschnitt 2.6). Der Wert einer Variablen wird zunächst immer als Zeichenkette abgespeichert.

2.1.1 Zugriff auf den Wert einer Variablen

Um auf den Wert einer Variablen zugreifen zu können, wird das `$`-Zeichen verwendet. Sie haben sicherlich schon das ein oder andere Mal Folgendes in einer Shell gesehen:

```
you@host > echo $HOME
/home/you
```

Hier wurde die Umgebungsvariable `HOME` auf dem Bildschirm ausgegeben (mehr zu Umgebungsvariablen weiter unten, siehe Abschnitt 2.7). Ebenso wie die Umgebungsvariable `HOME` können Sie auch eine eigene Benutzervariable definieren und darauf zurückgreifen.

```
you@host > ich=juergen
you@host > echo $ich
juergen
```

Soeben wurde eine Benutzervariable »ich« mit dem Wert »juergen« definiert. Mithilfe des $-Zeichens können Sie jetzt jederzeit wieder auf den Wert dieser Variablen zurückgreifen – natürlich nur während der Lebensdauer des Scripts oder der Shell. Sobald Sie ein Script oder eine Shell-Sitzung beenden, wird auch die Variable »ich« wieder verworfen.

2.1.2 Variablen-Interpolation

Selten werden Sie eine Variable ausschließlich zur Wiederausgabe definieren. In der Praxis setzt man Variablen meistens in Verbindung mit Befehlen ein.

```
# Ein einfaches Backup-Script
# Name : abackup

# datum hat die Form YYYY_MM_DD
datum=$(date +%Y_%m_%d)

# Ein Verzeichnis in der Form backup_YYYY_MM_DD anlegen
mkdir backup_$datum

# Alle Textdateien aus dem Heimverzeichnis sichern
cp $HOME/*.txt backup_$datum
```

Hier haben Sie ein einfaches Backup-Script, mit dem Sie sämtliche Textdateien aus Ihrem Heimverzeichnis in einen neuen Ordner kopieren. Den Ordnernamen erzeugen Sie zunächst mit

```
datum=$(date +%Y_%m_%d)
```

Damit finden Sie das aktuelle Datum in der Form »YYYY_MM_DD« in der Variablen »datum« wieder. Damit sich in »datum« nicht die Zeichenfolge »date« befindet, muss diesem Kommando selbst ein $-Zeichen vorangestellt werden. Nur so weiß die Shell, dass sie der Variablen »datum« den Wert des Ausdrucks – hier dem Kommando – in den Klammern übergeben soll. Daher muss auch das komplette Kommando in Klammern gesetzt werden. Dieser Vorgang wird auch als Kommando-Substitution bezeichnet, was allerdings in dieser Form (mit der Klammerung) nur unter der Bash und Korn-Shell, nicht aber unter der Bourne-Shell funktioniert. Bei der Bourne-Shell müssen Sie hierfür die *Backticks*-Zeichen (`) statt der Klammerung verwenden (mehr zur Kommando-Substitution in Abschnitt 2.4). Testen Sie einfach das Kommando `date` in gleicher Form in der Shell, um zu verstehen, was hier gemacht wird.

```
you@host > date +%Y_%m_%d
2005_02_03
```

In der nächsten Zeile erzeugen Sie dann ein Verzeichnis mit dem Namen *backup_YYYY_MM_DD*. Hier wird der Verzeichnisname mit einer Variablen-Interpolation interpretiert.

```
mkdir backup_$datum
```

Zum Schluss kopieren Sie dann alle Textdateien (mit der Endung ».txt«) aus dem Heimverzeichnis, welches hier mit der Umgebungsvariable `HOME` angegeben wurde, in das neu erzeugte Verzeichnis *backup_YYYY_MM_DD*.

```
cp $HOME/*.txt backup_$datum
```

So oder ähnlich werden Sie Benutzervariablen sehr häufig verwenden. Das Script bei der Ausführung:

```
you@host > ./abackup
you@host > ls
abackup
datei1.txt
datei2.txt
datei3.txt
datei4.txt
backup_2004_12_03
backup_2005_01_03
backup_2005_02_03
you@host > ls backup_2005_02_03
datei1.txt  datei2.txt  datei3.txt  datei4.txt
```

Hinweis für Anfänger Sofern Sie das ein oder andere noch nicht ganz genau verstehen, ist das nicht weiter schlimm, da es hier lediglich um den Zugriff von Variablen geht. Wenn Sie verstanden haben, wann bei der Verwendung von Variablen das Zeichen `$` benötigt wird und wann nicht, genügt dies vorerst. Dennoch hat es sich immer wieder bewährt, die Option `set -x` zu verwenden. Damit bekommen Sie das ganze Script auch noch im Klartext ausgegeben. Dies hilft beim Lernen der Shellscript-Programmierung enorm (dies kann man gar nicht oft genug wiederholen).

Nicht definierte Variablen

Verwenden Sie eine nicht definierte Variable in Ihrem Script, bspw. zur Ausgabe, wird eine leere Zeichenkette ausgegeben. Wohl kaum einer wird allerdings eine nicht definierte Variable im Shellscript benötigen. Damit die Shell diesen Umstand bemängelt, können Sie die Option -u verwenden. Dann bekommen Sie einen Hinweis, welche Variablen nicht besetzt sind. Hier ein solches Beispiel.

```
# Eine nicht definierte Variable wird verwendet
# Name : aerror

# var1 wird die Zeichenfolge 100 zugewiesen
var1=100
# var2 bekommt denselben Wert wie var1
var2=$var1
# var3 wurde nicht definiert, aber trotzdem verwendet
echo $var1 $var2 $var3
```

Hier wird bei der Ausgabe mittels `echo` versucht, den Inhalt einer Variablen namens `var3` auszugeben, welche allerdings im Script gar nicht definiert wurde.

```
you@host > ./aerror
100 100
```

Trotzdem lässt sich das Script ohne Probleme interpretieren. Selbiges soll jetzt mit der Option -u vorgenommen werden.

```
you@host > sh -u ./aerror
./aerror: line 10: var3: unbound variable
```

Variablennamen abgrenzen

Soll der Variablenname innerhalb einer Zeichenkette verwendet werden, müssen Sie diesen mit geschweiften Klammern abgrenzen. Ein Beispiel, was hiermit gemeint ist:

```
# Variablennamen einbetten bzw. abgrenzen
# Name : embeed

file=back_

cp datei.txt $filedatei.txt
```

Beabsichtigt war bei diesem Script, dass eine Datei namens *datei.txt* kopiert wird. Der neue Dateiname sollte dann *back_datei.txt* lauten. Wenn Sie das

Script ausführen, findet sich allerdings keine Spur einer solchen Datei. Dem Problem wollen wir auf den Grund gehen. Sehen wir uns das Ganze im Klartext an:

```
you@host > sh -x ./embeed
+ file=back_
+ cp datei.txt .txt
```

Hier scheint die Variablen-Interpolation versagt zu haben. Statt eines Dateinamens *back_datei.txt* wird nur der Dateiname *.txt* verwendet. Der Grund ist einfach: Die Shell kann nicht wissen, dass Sie mit `$filedatei.txt` den Wert der Variablen »file« verwenden wollen, sondern sucht hier nach einer Variablen »filedatei«, was – wie Sie ja bereits wissen –, wenn diese nicht definiert wurde, ein leerer String ist. Dieses Problem können Sie umgehen, indem Sie den entsprechenden Variablennamen mit geschweiften Klammern abgrenzen.

```
# Variablennamen einbetten bzw. abgrenzen
# Name : embeed2

file=back_

cp datei.txt ${file}datei.txt
```

Jetzt klappt es auch mit *back_datei.txt*. Die Schreibweise mit den geschweiften Klammern können Sie natürlich grundsätzlich verwenden (was durchaus gängig ist), auch wenn keine weitere Zeichenkette mehr folgt. Gewiss gibt es auch Ausnahmefälle, in denen man keine geschweiften Klammern benötigt, bspw. `$var/keinvar`, `$var$var1`, `keinevar_$var` usw. Aber ein sauberer Stil ist es trotzdem, diese zu verwenden.

Löschen von Variablen

Wenn Sie eine Variable löschen wollen, können Sie dies mit `unset` erreichen. Wollen Sie hingegen nur den Wert der Variable löschen, aber den Variablennamen selbst definiert lassen, reicht ein einfaches `var=` ohne Angabe eines Wertes aus. Hier ein Beispiel dazu im Shell-Prompt:

```
you@host > set -u
you@host > ich=juergen
you@host > echo $ich
juergen
you@host > unset ich
you@host > echo $ich
bash: ich: unbound variable
```

```
you@host > ich=juergen
you@host > echo $ich
juergen
you@host > ich=
you@host > echo $ich

you@host > set +u
```

Wert als Konstante definieren

Wollen Sie einen konstanten Wert definieren, der während der Ausführung des Scripts oder genauer der Shell nicht mehr verändert werden kann, können Sie vor dem Variablennamen ein `readonly` setzen. Damit versehen Sie eine Variable mit einem Schreibschutz. Allerdings lässt sich diese Variable zur Laufzeit des Scripts (oder genauer der (Sub-)Shell) auch nicht mehr mit `unset` löschen.

```
you@host > ich=juergen
you@host > readonly ich
you@host > echo $ich
juergen
you@host > ich=john
bash: ich: readonly variable
you@host > unset ich
bash: unset: ich: cannot unset: readonly variable
```

Hinweis Bei der Verwendung von `readonly` handelt es sich um eine Zuweisung! Daher erfolgt auch das Setzen des Schreibschutzes ohne das Zeichen `$`.

2.2 Zahlen

Wenn Mathematik nie Ihr Parade-Fach war, dann haben Sie etwas mit der Shell (und dem Autor ;-)) gemeinsam. Die Bourne-Shell kann nicht mal die einfachsten arithmetischen Berechnungen durchführen. Zur Verteidigung muss man allerdings sagen, dass der Erfinder der Shell nie im Sinn gehabt hat, eine komplette Programmiersprache zu entwickeln. Bei der Bash und der Korn-Shell hingegen wurden einfache arithmetische Operationen eingebaut, obgleich diese auch nur auf einfache Integer-Berechnungen beschränkt sind. Werden Fließkommazahlen benötigt, dann müssen Sie auf ein externes Tool umsteigen, z.B. den Rechner `bc`.

2.2.1 Integer-Arithmetik (Bourne-Shell, Bash und Korn-Shell)

Zwar bieten Ihnen die Bash und die Korn-Shell erheblich komfortablere Alternativen als die Bourne-Shell, aber wenn Sie nicht genau wissen, in welcher Shell Ihr Script verwendet wird, dann sind Sie mit der Integer-Arithmetik der Bourne-Shell gut beraten. Ihre Scripts werden dann auf jeder Shell laufen, also sowohl in der Bourne- und Korn-Shell als auch in der Bash.

Zum Rechnen in der Bourne-Shell wird der alte UNIX-Befehl `expr` verwendet. Beim Aufruf dieses Befehls können reguläre Ausdrücke, Zeichenketten-, arithmetische oder Vergleichsausdrücke als Parameter übergeben werden. Daraufhin erhalten Sie das Ergebnis des Ausdrucks auf die Standardausgabe.

```
you@host > expr 8 / 2
4
you@host > expr 8 + 2
10
```

Das Ganze lässt sich natürlich auch mit einem Shellscript nutzen:

```
# Demonstriert die Verwendung von expr
# zum Ausführen arithmetischer Ausdrücke
# Name : aexpr

var1=100
var2=50

expr $var1 + $var2
expr $var1 - $var2
```

Das Script bei der Ausführung:

```
you@host > ./aexpr
150
50
```

Hierzu gibt es eigentlich nicht viel zu sagen. Wichtig ist es jedoch, in Bezug auf `expr` noch zu erwähnen, dass beim arithmetischen Ausdruck Leerzeichen zwischen den einzelnen Operatoren und Operanden unbedingt erforderlich sind!

Wer schon weitere `expr`-Ausdrücke probiert hat, wird beim Multiplizieren auf Probleme gestoßen sein. Ähnliche Schwierigkeiten dürften auch mit den Klammern auftreten.

```
you@host > expr 8 * 5
expr: Syntaxfehler
you@host > expr ( 5 + 5 ) * 5
bash: syntax error near unexpected token `5'
```

Hier haben Sie das Problem, dass die Shell ein * eben als Datei-Expansion behandelt und bei den Klammern gern eine weitere Subshell öffnen würde. Damit beides außer Kraft gesetzt wird, müssen Sie hier nur vor den kritischen Zeichen ein *Backslash* setzen.

```
you@host > expr 8 \* 5
40
you@host > expr \( 5 + 5 \) \* 5
50
```

Wollen Sie den Inhalt einer Berechnung in einer Variablen abspeichern, benötigen Sie eine Kommando-Substitution. Was das genau ist, erfahren Sie noch in Abschnitt 2.4. Wie Sie das hier einsetzen können, soll Ihnen aber nicht vorenthalten werden.

```
# Demonstriert, wie Sie einen arithmetischen expr-Ausdruck
# in einer Variablen speichern können
# Name : aexpr2

var1=100
var2=50

# Dies wird als Kommando-Substitution bezeichnet
var3=`expr $var1 + $var2`

echo $var3
```

Durch die Klammerung des Ausdrucks rechts vom Gleichheitszeichen (hier durch zwei Gravis-Zeichen) wird das, was durch die Anweisung `expr` normalerweise auf dem Bildschirm ausgegeben wird, an der entsprechenden Stelle in der Zuweisung eingesetzt und der links stehenden Variablen zugewiesen.

```
var3=`expr $var1 + $var2`
```

Richtig befriedigend dürfte `expr` für keinen sein, denn die Verwendung bleibt ausschließlich auf Integerzahlen und die arithmetischen Operatoren +, –, *, / und % beschränkt. Als Alternative und als eine gewisse Erleichterung bietet es sich an, mit dem UNIX-Kommando `bc` zu arbeiten. Hierauf wird anschließend in Abschnitt 2.2.3 eingegangen.

2.2.2 Integer-Arithmetik (Bash und Korn-Shell only)

Klar, die Bash und die Korn-Shell können das wieder besser, schließlich stellt jede dieser Shells eine Erweiterung der Bourne-Shell dar, wobei die Bash ja ohnehin alles kann. Es stehen auf jeden Fall mehrere Möglichkeiten zur Auswahl.

```
you@host > ((z=5+5))
you@host > echo $z
10
```

Hier wurden doppelte Klammerungen verwendet, um der Shell Bescheid zu geben, dass es sich hier um einen mathematischen Ausdruck handelt. Im Beispiel haben Sie eine Variable »z« definiert, welche den Wert von 5 + 5 erhält. Hiermit können Sie jederzeit auf den Inhalt von »z« zurückgreifen. Neben dieser Möglichkeit können Sie auch eine andere Schreibweise verwenden, die allerdings denselben Effekt hat.

```
you@host > y=$((8+8))
you@host > echo $y
16
you@host > echo $((z+y))
26
```

Und zu guter Letzt hat die Bash noch einen Spezialfall der Integer-Arithmetik mit eckigen Klammern eingebaut.

```
you@host > w=$[z+y]
you@host > echo $w
26
you@host > w=$[(8+2)*4]
you@host > echo $w
40
```

Mir persönlich gefällt diese Version mit den eckigen Klammern am besten, aber wem nützt das, wenn man sein Script auch in der Korn-Shell ausführen muss. Dass die doppelte Klammerung nicht unbedingt leserlich wirkt, liegt auf der Hand. Deshalb finden Sie bei der Korn-Shell und der Bash auch das Builtin-Kommando `let`.

let

Das Kommando `let` wertet arithmetische Ausdrücke aus. Als Argumente werden hierbei mit Operatoren verbundene Ausdrücke verwendet.

```
you@host > let z=w+20
you@host > echo $z
60
```

Allerdings besteht zwischen `let` und den doppelten Klammerungen – abgesehen von der Anwendung – kein Unterschied. Die Verwendung von `let` im Beispiel oben entspricht exakt folgender Klammerung:

```
you@host > z=$((w+20))
you@host > echo $z
60
```

`let` dient hier lediglich dem Komfort. Zur Anschauung `let` in einem Shellscript:

```
# Beispiel demonstriert das Kommando let
# Name: alet

varA=100
varB=50

let varC=$varA+$varB

echo $varC
```

Was bei diesem Shellscript auffällt, ist, dass das Kommando `let` erst beim eigentlichen arithmetischen Ausdruck verwendet wird. Zwar können Sie `let` auch vor den einzelnen Variablen setzen, doch das ist im Grunde nicht nötig.

Wenn Sie mit einem `let`-Aufruf mehrere Ausdrücke gleichzeitig auswerten lassen, oder wenn Sie der besseren Lesbarkeit wegen Leerzeichen einstreuen wollen, sind die Ausdrücke jeweils in doppelte Anführungszeichen einzuschließen, wie bspw. in

```
you@host > let "a=5+5" "b=4+4"
you@host > echo $a
10
you@host > echo $b
8
```

typeset

Das Builtin-Kommando `typeset` oder `declare` kann Ihnen hier (und in vielen anderen Fällen auch) das Shell-Leben noch etwas komfortabler gestalten. Mit beiden Kommandos können Sie entweder eine Shell-Variable erzeugen und/oder die Attribute einer Variablen setzen. Verwenden Sie z.B. die Option `-i` auf einer Variablen, so werden diese in der Shell als Integer-Variable behandelt und gekennzeichnet.

```
you@host > typeset -i a b c
you@host > b=10
you@host > c=10
you@host > a=b+c
you@host > echo $a
20
```

Was hier auch gleich ins Auge sticht: Dank der Integer-Deklaration entfällt beim Rechnen mit den Integer-Variablen auch das `$`-Zeichen bei der Anwendung.

```
# Beispiel mit typeset
# Name : atypeset

typeset -i c

a=5
b=2

c=a+b
echo $c

c=a*b
echo $c

c=\(a+b\)*2
echo $c
```

Wie schon beim Kommando `let` ist es nicht nötig, alle Variablen als Integer zu deklarieren, wie Sie dies schön im Shellscript »atypeset« sehen können. Es reicht aus, wenn Sie das Ergebnis als Integer kennzeichnen. Den Rest übernimmt die Shell wieder für Sie.

Hinweis Bei jeder Version von Integer-Arithmetik, abgesehen von `expr`, wird das Sternchen auch als Rechenoperator erkannt und muss nicht erst als Expansions-Kandidat mit einem Backslash unschädlich gemacht werden. Die Klammern müssen Sie allerdings nach wie vor mit einem Backslash schützen.

<table>
<tr><th>Operator</th><th>Bedeutung</th></tr>
<tr><td>+, -, *, /</td><td>Addition, Subtraktion, Multiplikation, Divison</td></tr>
<tr><td>%</td><td>Rest einer ganzzahligen Divison (Modulo-Operator)</td></tr>
<tr><td>var+=n
var-=n
var*=n
var/=n
var%=n</td><td>Kurzformen für +, -, *, /, %

Kurzform für bspw. Addition var+=n ist gleichwertig zu var=var+n</td></tr>
<tr><td>var>>n</td><td>Bitweise Linksverschiebung um n Stellen</td></tr>
<tr><td>var<<n</td><td>Bitweise Rechtsverschiebung um n Stellen</td></tr>
<tr><td>>>=
<<=</td><td>Kurzformen für die Links- bzw. Rechtsverschiebung << und >></td></tr>
<tr><td>var1&var2</td><td>Bitweises UND</td></tr>
<tr><td>var1^var2</td><td>Bitweises exklusives ODER (XOR)</td></tr>
<tr><td>var1|var2</td><td>Bitweises ODER</td></tr>
<tr><td>~</td><td>Bitweise Negation</td></tr>
<tr><td>&=
^=
|=</td><td>Kurzformen für bitweise UND, exklusives ODER sowie ODER (&, | und ^)</td></tr>
</table>

Tabelle 2.1 Arithmetische Operatoren (Bash und Korn-Shell)

2.2.3 bc – Rechnen mit Fließkommazahlen und mathematische Funktionen

Wohl keine der oben vorgestellten Lösungen erschien Ihnen sonderlich elegant. Daher würde sich als Alternative und auf jeden Fall als Erleichterung das UNIX-Kommando bc anbieten.

bc ist ein Quasi-Tischrechner, der von der Standardeingabe (Tastatur) zeilenweise arithmetische Ausdrücke erwartet und das Ergebnis wiederum zeilenweise auf der Standardausgabe (Bildschirm) ausgibt. bc arbeitet im Gegensatz zum verwandten Programm dc mit der gewohnten Infix-Schreibweise und verlangt kein Leerzeichen zwischen Operatoren und Operanden. Außerdem muss der arithmetische Operator * vor der Shell nicht geschützt werden. Entsprechendes gilt auch für runde Klammern.

bc ist eigentlich kein Befehl, sondern eher eine Art Shell mit einer Präzisions-Kalkulationssprache. Allerdings lässt sich bc auch gut in jeder Shell als Befehl verwenden. Die Argumente schiebt man dem Befehl mithilfe einer Pipe unter.

Und gegenüber den Rechenoperationen, die sonst so in der Shell möglich sind, hat bc den Vorteil, dass es mit Fließkommazahlen rechnet.

Die Verwendung von bc ist allerdings auf den ersten Blick etwas gewöhnungsbedürftig, aber bei regelmäßiger Anwendung sollten keine größeren Probleme auftreten. Hier die Syntax:

```
Variable=`echo "[scale=n ;] Rechenoperation" | bc [-l]`
```

Angaben in eckigen Klammern sind optional. Mit scale=n können Sie die Genauigkeit (n) der Berechnung angeben. Die Rechenoperation besteht aus Ausdrücken, die verbunden sind mit Operatoren. Hierbei können alle bekannten arithmetischen Operatoren verwendet werden (inklusive der Potenzierung mit ^ und dem Bilden einer Quadratwurzel mit sqrt()).

Wird bc mit der Option -l (für *library*) aufgerufen, können Sie auch auf Funktionen einer mathematischen Bibliothek (*math library*) zugreifen. In Tabelle 2.2 finden Sie einige Funktionen (x wird dabei durch entsprechenden Wert bzw. eine Variable ersetzt).

Funktion	Bedeutung
s(x)	Sinus von x
c(x)	Cosinus von x
a(x)	Arcustangens von x
l(x)	Natürlicher Logaritmus von x
e(x)	Exponentialfunktion e hoch x

Tabelle 2.2 Zusätzliche mathematische Funktionen von bc mit der Option -l

Ihnen bc bis ins Detail zu erläutern, ist wohl zu viel des Guten, aber zumindest verfügen Sie damit über ein Werkzeug für alle wichtigen mathematischen Probleme, das Sie selbstverständlich auch für Integer-Arithmetik einsetzen können.

Hier ein Shellscript mit einigen Anwendungsbeispielen von bc (inklusive der *math library*).

```
# Demonstriert die Verwendung von bc
# Name : abc

echo Rechnen mit bc

varA=1.23
```

```
varB=2.34
varC=3.45

# Addieren, Genauigkeit 3 nach dem Komma
gesamt=`echo "scale=2 ; $varA+$varB+$varC" | bc`
echo $gesamt

# Quadratwurzel
varSQRT=`echo "scale=5 ; sqrt($varA)" | bc`
echo $varSQRT

# Einfache Integer-Arithmetik
varINT=`echo "(8+5)*2" | bc`
echo $varINT

# Trigonometrische Berechnung mit der math library -l
varRAD=`echo "scale=10 ; a(1)/45" | bc -l`
echo -e "1° = $varRAD rad"

# Sinus
varSINUS45=`echo "scale=10 ; s(45*$varRAD)" | bc -l`
echo "Der Sinus von 45° ist $varSINUS45"
```

Das Shellscript bei der Ausführung:

```
you@host > ./abc
Rechnen mit bc
7.02
1.10905
26
1° = .0174532925 rad
Der Sinus von 45° ist .7071067805
```

Zahlen konvertieren mit bc: bin/hex/dec

Zum Konvertieren von Zahlen können Sie ebenfalls auf das Kommando `bc` setzen. Hierzu finden Sie bei `bc` zwei Variablen, `ibase` und `obase`. Das `i` steht für *Input* (Eingabe der Zahlenbasis), `o` für *Output* (gewünschte Ausgabe der Zahlenbasis) und `base` für die gewünschte Zahlenbasis. Beiden Variablen kann ein Wert von 2–16 übergeben werden. Der Standardwert beider Variablen entspricht unserem Dezimalsystem, also 10. Wenn Sie `ibase` und `obase` gemeinsam benutzen, müssen Sie beim Umrechnen von bspw. binär nach dezimal die Reihenfolge beachten, weil sonst das Ergebnis nicht stimmt (siehe das folgende Beispiel).

```
# Demonstriert die Konvertierung verschiedener Zahlensysteme
# Name : aconvert

varDEZ=123

echo $varDEZ

# Dez2Hex
var=`echo "obase=16 ; $varDEZ" | bc`
echo $var

# Dez2Oct
var=`echo "obase=8 ; $varDEZ" | bc`
echo $var

# Dez2Bin
var=`echo "obase=2 ; $varDEZ" | bc`
echo $var

# Bin2Dez - Reihenfolge von obase und ibase beachten
dez=`echo "obase=10 ; ibase=2 ; $var" | bc`
echo $dez
```

Das Script bei der Ausführung:

```
you@host > ./aconvert
123
7B
173
1111011
123
```

2.3 Zeichenketten

Zum Bearbeiten von Zeichenketten werden immer noch vorrangig die alten UNIX-Tools (sofern auf dem System vorhanden) wie `tr`, `cut`, `paste`, `sed` und natürlich `awk` verwendet. Sofern Ihr Script überall laufen soll, sind Sie mit diesen Mitteln immer auf der sicheren Seite. Im Gegensatz zur Bourne-Shell bieten Ihnen hierzu die Bash und die Korn-Shell auch einige eingebaute Funktionen an.

2.3.1 Stringverarbeitung

Ich möchte Ihnen zunächst die grundlegenden UNIX-Kommandos zur Stringverarbeitung ans Herz legen, mit denen Sie auf jeder Shell arbeiten können, also auch der Bourne-Shell.

Schneiden mit cut

Müssen Sie aus einer Datei oder der Ausgabe eines Befehls bestimmte Datenfelder extrahieren (herausschneiden), leistet Ihnen das Kommando `cut` sehr gute Dienste. Die Syntax von `cut` sieht wie folgt aus:

```
cut -option datei
```

Würden Sie bspw. das Kommando folgendermaßen verwenden

```
you@host > cut -c5 gedicht.txt
```

dann würden Sie aus der Textdatei *gedicht.txt* jeweils aus jeder Zeile das fünfte Zeichen extrahieren. Die Option `-c` steht für *character* (also Zeichen). Wollen Sie hingegen aus jeder Zeile einer Datei ab dem fünften Zeichen bis zum Zeilenende alles extrahieren, dann wird `cut` wie folgt verwendet:

```
you@host > cut -c5- gedicht.txt
```

Wollen Sie aus jeder Zeile der Datei alles ab dem fünften bis zum zehnten Zeichen herausschneiden, dann sieht die Verwendung des Kommandos so aus:

```
you@host > cut -c5-10 gedicht.txt
```

Natürlich lassen sich auch mehrere einzelne Zeichen und Zeichenbereiche mit `cut` heraustrennen. Hierfür müssen Sie ein Komma zwischen den einzelnen Zeichen bzw. Zeichenbereichen setzen:

```
you@host > cut -c1,3,5,6,7-12,14 gedicht.txt
```

Hiermit würden Sie das erste, dritte, fünfte, sechste, siebte bis zwölfte und das vierzehnte Zeichen aus jeder Zeile extrahieren.

Häufig wird das Kommando `cut` in Verbindung mit einer Pipe verwendet, sprich `cut` erhält die Standardeingabe von einem anderen Kommando und nicht von einer Datei. Einfachstes Beispiel ist das Kommando `who`:

```
you@host > who
sn       pts/0    Feb  5 13:52 (p83.129.9.xxx.tisdip.tiscali.de)
mm       pts/2    Feb  5 15:59 (p83.129.4.xxx.tisdip.tiscali.de)
kd10129  pts/3    Feb  5 16:13 (pd9e9bxxx.dip.t-dialin.net)
you      tty01    Feb  5 16:13 (console)
```

```
you@host > who | cut -c1-8
sn
mm
kd10129
you
```

Hier wurden zum Beispiel aus dem Kommando `who` die Benutzer (die ersten 8 Zeichen) auf dem System extrahiert. Wollen Sie hingegen den Benutzernamen und die Uhrzeit des Logins extrahieren, so ist dies mit `cut` kein Problem:

```
you@host > who | cut -c1-8,30-35
sn       13:52
mm       15:59
kd10129  16:13
```

`cut` lässt Sie auch nicht im Stich, wenn die Daten nicht so ordentlich in Reih und Glied aufgelistet sind, wie dies eben bei `who` der Fall war. Folgendes sei gegeben:

```
you@host > cat datei.csv
tot;15:21;17:32;
you;18:22;23:12;
kd10129;17:11;20:23;
```

Dies soll eine Login-Datei darstellen, die zeigt, welcher Benutzer von wann bis wann eingeloggt war. Um hier bestimmte Daten zu extrahieren, bieten sich die Optionen `-d` (Abk. für *delimiter* = Begrenzungszeichen) und `-f` (Abk. für *field* = Feld) an. Im Beispiel besteht das Begrenzungszeichen aus einem Semikolon (`;`). Wollen Sie bspw. nur die Benutzer (Feld 1) aus dieser Datei extrahieren, gehen Sie mit `cut` so vor:

```
you@host > cut -d\; -f1 datei.csv
tot
you
kd10129
```

Um die Sonderbedeutung des Semikolons abzuschalten, wurde hier ein Backslash verwendet. Wollen Sie hingegen den Benutzer und die Auslogg-Zeit extrahieren, dann erreichen Sie dies folgendermaßen:

```
you@host > cut -d\; -f1,3 datei.csv
tot;17:32
you;23:12
kd10129;20:23
```

Hinweis Setzen Sie `cut` ohne die Option `-d` ein, wird das Tabulatorzeichen standardmäßig als Begrenzungszeichen verwendet.

Einfügen mit paste

Das Gegenstück zu `cut` ist das Kommando `paste` (*paste* = kleben), womit Sie etwas in Zeilen einfügen bzw. zusammenfügen können. Einfachstes Beispiel:

```
you@host > cat namen.txt
john
bert
erni
flip
you@host > cat nummer.txt
(123)12345
(089)234564
(432)4534
(019)311334
you@host > paste namen.txt nummer.txt > zusammen.txt
you@host > cat zusammen.txt
john    (123)12345
bert    (089)234564
erni    (432)4534
flip    (019)311334
```

Hier wurden die entsprechenden Zeilen der Dateien `namen.txt` und `nummern.txt` zusammengefügt und die Ausgabe in die Datei `zusammen.txt` umgeleitet. Natürlich können Sie auch mehr als nur zwei Dateien zeilenweise zusammenfügen. Wollen Sie auch noch ein anderes Begrenzungszeichen verwenden, kann mit der Option `-d` ein entsprechendes Zeichen eingesetzt werden.

Der Filter tr

Häufig verwendet wird der Filter `tr`, mit dem Sie einzelne Zeichen aus der Standardeingabe übersetzen können. Die Syntax:

```
tr von_Zeichen nach_Zeichen
```

Bei den Argumenten »von_Zeichen« und »nach_Zeichen« können Sie ein einzelnes oder mehrere Zeichen verwenden. Dabei wird jedes Zeichen »von_Zeichen«, das aus der Standardeingabe kommt, übersetzt in »nach_Zeichen«. Die Übersetzung erfolgt wie gehabt auf die Standardausgabe. Als Beispiel soll folgendes Gedicht verwendet werden:

```
you@host > cat gedicht.txt
Schreiben, wollte ich ein paar Zeilen.
Buchstabe für Buchstabe reihe ich aneinand.
Ja, schreiben, meine Gedanken verweilen.
Wort für Wort, es sind mir viele bekannt.

Satz für Satz, geht es fließend voran.
Aber um welchen transzendenten Preis?
Was kostet mich das an Nerven, sodann?
An Kraft, an Seele, an Geist und Fleiß?

(von Brigitte Obermaier alias Miss Zauberblume)
```

Wollen Sie jetzt hier sinnloserweise jedes »a« durch ein »b« ersetzen, geht das so:

```
you@host > tr a b < gedicht.txt
Schreiben, wollte ich ein pbbr Zeilen.
Buchstbbe für Buchstbbe reihe ich bneinbnd.
Jb, schreiben, meine Gedbnken verweilen.
Wort für Wort, es sind mir viele bekbnnt.

Sbtz für Sbtz, geht es fließend vorbn.
Aber um welchen trbnszendenten Preis?
Wbs kostet mich dbs bn Nerven, sodbnn?
An Krbft, bn Seele, bn Geist und Fleiß?

(von Brigitte Obermbier blibs Miss Zbuberblume)
```

Nun ein etwas sinnvolleres Beispiel. Erinnern Sie sich an folgenden `cut`-Befehl:

```
you@host > cut -d\; -f1,3 datei.csv
tot;17:32
you;23:12
kd10129;20:23
```

Die Ausgabe hier ist nicht unbedingt schön leserlich. Hier würde sich der Filter `tr` mit einer Pipe hervorragend eignen. Schieben wir doch einfach in die Standardeingabe von `tr` die Standardausgabe von `cut` und ersetzen das Semikolon durch ein Tabulatorzeichen (`\t`):

```
you@host > cut -d\; -f1,3 datei.csv | tr \; '\t'
tot     17:32
you     23:12
kd10129 20:23
```

Dies sieht doch schon um einiges besser aus. Natürlich muss auch hier das Semikolon mit einem Backslash ausgegrenzt werden. Ebenso können Sie hier wieder ganze Zeichenbereiche verwenden, wie Sie dies von der Shell (Stichwort: Wildcards) her kennen.

```
you@host > tr '[a-z]' '[A-Z]' < gedicht.txt
SCHREIBEN, WOLLTE ICH EIN PAAR ZEILEN.
BUCHSTABE FüR BUCHSTABE REIHE ICH ANEINAND.
JA, SCHREIBEN, MEINE GEDANKEN VERWEILEN.
WORT FüR WORT, ES SIND MIR VIELE BEKANNT.

SATZ FüR SATZ, GEHT ES FLIEßEND VORAN.
ABER UM WELCHEN TRANSZENDENTEN PREIS?
WAS KOSTET MICH DAS AN NERVEN, SODANN?
AN KRAFT, AN SEELE, AN GEIST UND FLEIß?

(VON BRIGITTE OBERMAIER ALIAS MISS ZAUBERBLUME)
```

Damit allerdings hier auch der Filter `tr` diese Zeichenbereiche erhält und nicht unsere Shell daraus eine Datei-Expansion macht, müssen Sie diese Zeichenbereiche für `tr` zwischen einfache Anführungsstriche setzen.

Wollen Sie bestimmte Zeichen aus dem Eingabestrom löschen, so können Sie die Option `-d` verwenden:

```
you@host > tr -d ' ','\n' < gedicht.txt
SchreibenwollteicheinpaarZeilen.BuchstabefürBuchstabereiheichane
inand.JaschreibenmeineGedankenverweilen.WortfürWortessindmirviel
ebekannt.SatzfürSatzgehtesfließendvoran.Aberumwelchentranszenden
tenPreis?WaskostetmichdasanNervensodann?AnKraftanSeeleanGeistund
Fleiß?(vonBrigitteObermaieraliasMissZauberblume)
```

Hier wurden alle Leer- und Newline-Zeichen (Zeilenumbrüche) gelöscht. Mehrere Zeichen werden – wie Sie sehen – mit einem Komma voneinander getrennt.

Und noch eine gern genutzte Option von `tr` ist mit `-s` gegeben. Damit können Sie mehrfach hintereinander kommende gleiche Zeichen durch ein anderes austauschen. Dies wird etwa verwendet, wenn in einer Datei unnötig viele Leerzeichen oder Zeilenumbrüche vorkommen. Kommen in einer Textdatei unnötig viele Leerzeichen hintereinander vor, so können Sie diese folgendermaßen durch ein einzelnes Leerzeichen austauschen:

```
you@host > tr -s ' ' ' ' < datei.txt
```

Gleicher Fall mit unnötig vielen Zeilenumbrüchen:

```
you@host > tr -s '\n' '\n' < datei.txt
```

Die Killer-Tools – sed, awk und reguläre Ausdrücke

Die absoluten Killer-Tools für die Textverarbeitung stehen Ihnen mit awk und sed zur Verfügung. Bei der Verwendung von sed, awk, grep und vielen anderen UNIX-Tools kommen Sie auf Dauer um die regulären Ausdrücke nicht herum. Sollten Sie also eine Einführung in diese UNIX-Tools benötigen, so sollten Sie sich die Kapitel 11, 12 und 13 ansehen.

Auf die Schnelle soll hier dennoch die Verwendung von awk und sed in der Shell demonstriert werden. Wollen Sie bspw. mit awk die Länge einer Zeichenkette ermitteln, so ist dies mit eingebauten (String-)Funktionen von awk kein Problem.

```
you@host > zeichen="juergen wolf"
you@host > echo $zeichen | awk '{print length($zeichen)}'
12
```

Hier schieben Sie über eine Pipe die Standardausgabe von echo an die Standardeingabe von awk. Im Anweisungsblock von awk wird dann der Befehl print (zur Ausgabe) verwendet. print gibt dabei die Länge (awk-Funktion length) der Variablen zeichen aus. In einem Shellscript werden Sie allerdings selten die Länge oder den Wert eines Kommandos ausgeben wollen, sondern meistens damit weiterarbeiten. Um dies zu realisieren, wird wieder die Kommando-Substitution verwendet.

```
# Demonstriert das Kommando awk im Shellscript
# Name : aawk

zeichen="juergen wolf"

laenge=`echo $zeichen | awk '{print length($zeichen)}'`

echo "$zeichen enthaelt $laenge Zeichen"
```

Das Beispiel bei der Ausführung:

```
you@host > ./aawk
juergen wolf enthaelt 12 Zeichen
```

Neben der Funktion length() stehen Ihnen noch eine Reihe weiterer typischer Stringfunktionen mit awk zur Verfügung. Aus Referenz-Gründen werden diese in Tabelle 2.3 aufgelistet. Die Anwendung dieser Funktionen entspricht im Prinzip derjenigen, die Sie eben mit `length()` gesehen haben. Sofern Ihnen `awk` noch nicht so richtig von der Hand gehen sollte, empfehle ich Ihnen, zunächst Kapitel 13, *awk-Programmierung*, zu lesen.

Funktion	Bedeutung
`tolower str`	Komplette Zeichenkette in Kleinbuchstaben
`toupper str`	Komplette Zeichenkette in Großbuchstaben
`index(str, substr)`	Gibt die Position zurück, wo `substr` in `str` anfängt
`match(str, regexpr)`	Überprüft, ob der reguläre Ausdruck `regexpr` in `str` enthalten ist
`substr(str, start, len)`	Gibt einen Teilstring ab Postion `start` mit der Länge `len` aus `str` zurück.
`split(str, array, sep)`	Teilt einen String in einzelne Felder auf und gibt diese an ein Array. `sep` dient dabei als Feldtrenner.
`gsub(alt, neu, str)`	Ersetzt in `str` den String `alt` durch `neu`
`sub(alt, neu, str)`	Ersetzt erstes Vorkommen von `alt` durch `neu` in `str`
`sprintf("fmt",expr)`	Verwendet die `printf`-Formatbeschreibung für `expr`

Tabelle 2.3 Awks Builtin-Stringfunktionen

Neben `awk` will ich Ihnen hier auch kurz den Einsatz von `sed` auf Zeichenketten zeigen. `sed` wird vorzugsweise eingesetzt, um aus ganzen Textdateien bestimmte Teile herauszufiltern, zu verändern oder zu löschen. Auch hier geht man mit einer Pipe zu Werke. Will man eine ganze Textdatei durch `sed` jagen, geht man folgendermaßen vor:

```
you@host > cat gedicht.txt | sed 's/Satz/Wort/g'
```

Hier wird die Ausgabe von `cat` durch eine Pipe an die Eingabe von `sed` weitergegeben. `sed` ersetzt jetzt jedes Wort »Satz« durch das Wort »Wort« und gibt die Ersetzung an die Standardausgabe aus. `s` steht hier für *substitute* und das Suffix `g` für *global*, was bedeutet, dass die Ersetzung nicht nur einmal, sondern im kompletten Text, also auch bei mehrfachen Vorkommen, umgesetzt wird. Natürlich wird auch hier bevorzugt die Kommando-Substitution im Shellscript verwendet.

```
# Demonstriert sed im Shellscript
# Name : ased

zeichenkette="... und sie dreht sich doch"
```

```
neu=`echo $zeichenkette | sed 's/sie/die Erde/g'`

echo $neu
```

Das Shellscript bei der Ausführung:

```
you@host > ./ased
... und die Erde dreht sich doch
```

Dies sollte als Kurzeinstieg zu den Power-Tools sed und awk genügen. Mehr dazu finden Sie in Kapitel 12, *Der Stream-Editor sed*, und 13, *awk-Programmierung*.

2.3.2 Erweiterte Funktionen für Bash und Korn-Shell

Der Bash und der Korn-Shell wurden im Gegensatz zur Bourne-Shell für die Stringverarbeitung einige extra Funktionen spendiert, welche allerdings in keiner Weise die eben vorgestellten UNIX-Tools ersetzen. Hierbei handelt es sich höchstens um einige Abkürzungen.

Länge eines Strings

Wenn Sie in der Bash oder Korn-Shell nicht auf awk zurückgreifen wollen, können Sie hier die Länge eines Strings mit folgender Syntax ermitteln:

```
${#zeichenkette}
```

In der Praxis sieht dies folgendermaßen aus:

```
you@host > zeichenkette="... keep alive"
you@host > echo "Laenge von $zeichenkette ist ${#zeichenkette}"
Laenge von ... keep alive ist 14
```

Aneinanderreihen von Strings

Die Aneinanderreihung von Strings ist recht einfach. Hier müssen Sie lediglich die einzelnen Variablen hintereinander schreiben und mit einer Begrenzung versehen.

```
you@host > user=you
you@host > login=15:22
you@host > logout=18:21
you@host > daten=${user}:${login}_bis_${logout}
you@host > echo $daten
you:15:22_bis_18:21
```

(Teil-)String entfernen

Um einen bestimmten (Teil-)String oder besser ein Muster (weil hier auch die Metazeichen `*`, `?` und `[ ]` verwendet werden können) aus einem String zu entfernen, bieten Ihnen Bash und Korn-Shell einige interessante Funktionen an. Aufgrund ihrer etwas umständlicheren Nutzung werden sie recht selten verwendet (siehe Tabelle 2.4).

Funktion	Gibt zurück ...
`${var#pattern}`	... den Wert von `var` ohne *kleinstmöglichen* durch `pattern` abgedeckten *linken* Teilstring. Bei keiner Abdeckung wird der Inhalt von `var` zurückgegeben.
`${var##pattern}`	... den Wert von `var` ohne *größtmöglichen* durch `pattern` abgedeckten *linken* Teilstring. Bei keiner Abdeckung wird der Inhalt von `var` zurückgegeben.
`${var%pattern}`	... den Wert von `var` ohne *kleinstmöglichen* durch `pattern` abgedeckten *rechten* Teilstring. Bei keiner Abdeckung wird der Inhalt von `var` zurückgegeben.
`${var%%pattern}`	... den Wert von `var` ohne *größtmöglichen* durch `pattern` abgedeckten *rechten* Teilstring. Bei keiner Abdeckung wird der Inhalt von `var` zurückgegeben.

Tabelle 2.4 Stringfunktionen von Bash und Korn-Shell

Hierzu ein Shellscript, das diese Funktionen demonstriert:

```
# Name : acut

var1="1234567890"
var2="/home/you/Dokuments/shell/kapitel2.txt"

pfad=${var2%/*}
file=${var2##*/}

echo "Komplette Angabe: $var2"
echo "Pfad            : $pfad"
echo "Datei           : $file"

# rechts 2 Zeichen abschneiden
echo ${var1%??}
# links 2 Zeichen abschneiden
echo ${var1#??}
```

```
# im Klartext ohne Metazeichen
echo ${var2%/kapitel2.txt}
```

Das Script bei der Ausführung:

```
you@host > ./acut
Komplette Angabe: /home/you/Dokuments/shell/kapitel2.txt
Pfad            : /home/you/Dokuments/shell
Datei           : kapitel2.txt
12345678
34567890
/home/you/Dokuments/shell
```

Die Metazeichen `*`, `?` und `[ ]` können Sie hierbei genauso einsetzen, wie Sie dies bereits von der Datei-Expansion her kennen. Zugegeben, sehr lesefreundlich sind diese Funktionen nicht gerade, aber in Verbindung mit einer Pfadangabe, wie im Beispiel gesehen, lässt es sich recht gut damit leben.

String rechts oder links abschneiden (Korn-Shell only)

Die Korn-Shell bietet Ihnen die Möglichkeit, bei einem String von der rechten oder linken Seite etwas abzuschneiden. Hierzu verwendet man wieder den Befehl `typeset`. Natürlich lässt `typeset` schlussfolgern, dass hierbei nicht im eigentlichen Sinneabgeschnitten wird, sondern Sie deklarieren lediglich die Länge einer Variablen, also welche Anzahl von Zeichen diese aufnehmen darf, beispielsweise:

```
you@host > typeset -L5 atext
you@host > atext=1234567890
you@host > echo $atext
12345
```

Hier definieren Sie die Länge der Variablen »atext« auf 5 Zeichen. Die Option `-L` steht dabei für eine linksbündige Ausrichtung, was allerdings bei einem leeren String keinen Effekt hat. Damit könnten Sie praktisch mit `-L` eine Zeichenkette links um *n* Zeichen abschneiden. Die Gegenoption, um von der rechten Seite etwas zu entfernen, lautet `-R`*n*. Mit *n* geben Sie die Anzahl der Zeichen an, die Sie von der rechten Seite abschneiden wollen. Hier `typset` im Einsatz:

```
you@host > zeichenkette=1234567890
you@host > typeset -L5 zeichenkette
you@host > echo $zeichenkette
12345
```

```
you@host > typeset -R3 zeichenkette
you@host > echo $zeichenkette
345
```

(Teil-)Strings ausschneiden (Bash only)

Als einzige von allen Shells bietet Ihnen die Bash eine sinnvolle Funktion an, um aus einem String Teile herauszuschneiden (ähnlich wie mit dem Kommando `cut`). Auch die Anwendung ist recht passabel und lesefreundlich. Die Syntax:

```
${var:start:laenge}
${var:start}
```

Damit schneiden Sie aus der Variablen `var` ab der Position `start`, `laenge` Zeichen heraus. Erfolgt keine Angabe zu `laenge`, wird von der Position `start` bis zum Ende alles herauskopiert.

```
you@host > zeichenkette=1234567890
you@host > echo ${zeichenkette:3:6}
456789
you@host > echo ${zeichenkette:5}
67890
you@host > neu=${zeichenkette:5:3}
you@host > echo $neu
678
you@host > mehr=${zeichenkette:5:1}_und_${zeichenkette:8:2}
you@host > echo $mehr
6_und_90
```

2.4 Quotings und Kommando-Substitution

Jetzt zu einem längst überfälligen Thema, den Quotings, zu dem die Kommando-Substitution (oder Kommandoersetzung) ebenfalls gehört. Häufiger wurden in den Beispielen zuvor Quotings eingesetzt, ohne jemals genauer darauf eingegangen zu sein.

Quoting ist die englische Bezeichnung für verschiedene Anführungszeichen (Quotes). Generell unterscheidet man dabei zwischen Single Quotes ('), Double Quotes (") und den Back Quotes (`). Siehe dazu Tabelle 2.5:

Zeichen	Bedeutung
'	Single Quote, einfaches Anführungszeichen
"	Double Quote, doppeltes Anführungszeichen (oder Gänsefüßchen)
`	Back Quote, Backtick, Gravis-Zeichen, umgekehrtes einfaches Anführungszeichen

Tabelle 2.5 Verschiedene Quotes

2.4.1 Single und Double Quotings

Um den Sinn vom Quotings zu verstehen, wird folgende echo-Ausgabe verwendet:

```
you@host > echo *** Hier wird $SHELL ausgeführt ***
aawk acut ased bin chmlib-0.35.tgz datei.csv Desktop Documents
gedicht.txt namen.txt nummer.txt OpenOffice.org1.1 public_html
Shellbuch zusammen.txt Hier wird /bin/bash ausgeführt aawk acut
ased bin chmlib-0.35.tgz datei.csv Desktop Documents gedicht.txt
namen.txt nummer.txt OpenOffice.org1.1 public_html Shellbuch
zusammen.txt
```

Das war jetzt sicherlich nicht die gewünschte und erwartete Ausgabe. Da hierbei das Metazeichen * mehrmals verwendet wurde, werden für jedes Sternchen alle Dateinamen im Verzeichnis ausgegeben. Nach Ihrem Wissensstand könnten Sie dem Problem mit mehreren Backslash-Zeichen entgegentreten.

```
you@host > echo \*\*\* Hier wird $SHELL ausgeführt \*\*\*
*** Hier wird /bin/bash ausgeführt ***
```

Aber auf Dauer ist dies wohl eher umständlich und auch sehr fehleranfällig. Testen Sie das ganze Beispiel doch einmal, indem Sie den auszugebenden Text in Single Quotes stellen.

```
you@host > echo '*** Hier wird $SHELL ausgeführt ***'
*** Hier wird $SHELL ausgeführt ***
```

Daraus können Sie nun schlussfolgern, dass bei der Verwendung von Single Quotes die Metazeichen (hier *) ausgeschaltet werden. Aber im Beispiel wurde auch die Umgebungsvariable $SHELL ausgequotet. Wenn Sie also die Variablen im Klartext ausgeben wollen (mitsamt Dollarzeichen), dann könnten Sie dies mit Single Quotes erreichen. Die Single Quotes helfen Ihnen auch beim Multiplizieren mit dem Kommando expr.

```
you@host > expr 10 * 10
expr: Syntaxfehler
```

```
you@host > expr 10 \* 10
100
you@host > expr 10 '*' 10
100
```

Zurück zu unserer Textausgabe. Wollen Sie den Wert einer Variablen (im Beispiel SHELL) ebenfalls ausgeben lassen, dann sollten Sie Double Quotes verwenden.

```
you@host > echo "*** Hier wird $SHELL ausgeführt ***"
*** Hier wird /bin/bash ausgeführt ***
```

Es mag jetzt verwirrend sein, weshalb ein Double Quoting den Inhalt einer Variablen anzeigt, aber die Sonderbedeutung des Metazeichens * ausschließt. Dies liegt daran, dass Double Quotes alle Metazeichen ausschließen, bis auf das Dollarzeichen (also auch den Variablen), das Back Quote-Zeichen und den Backslash.

Leerzeichen und Zeilenumbrüche

Damit Sie für den Fall der Fälle beim Verwenden der Single und Double Quotings keine Formatierungsprobleme bei der Ausgabe bekommen, folgen noch ein paar Hinweise. Das Thema Leerzeichen wurde bereits kurz bei der Beschreibung des Befehls echo erwähnt.

```
you@host > echo Name     ID-Nr.     Passwort
Name ID-Nr. Passwort
```

Im Beispiel wurden zwar einige Leerzeichen verwendet, welche aber bei der Ausgabe nicht erscheinen. Vielleicht mag dies den einen oder anderen verwundern, aber auch Leerzeichen haben eine Sonderbedeutung. Ein Leerzeichen mag eben in einer Shell immer gern ein Trennzeichen zwischen zwei Befehlen sein. Um vom Zeichen die Trennung als Bedeutung zu lösen, müssen Sie auch hierbei Ouotings einsetzen.

```
you@host > echo 'Name     ID-Nr.     Passwort'
Name     ID-Nr.     Passwort
you@host > echo "Name     ID-Nr.     Passwort"
Name     ID-Nr.     Passwort
```

Selbstverständlich hält Sie keiner davon ab, nur diese Leerzeichen zu quoten.

```
you@host > echo Name'     'ID-Nr.'     Passwort'
Name     ID-Nr.     Passwort
```

Ähnlich sieht dies bei einem Zeilenwechsel aus:

```
you@host > echo Ein Zeilenwechsel \
> wird gemacht
Ein Zeilenwechsel wird gemacht
you@host > echo 'Ein Zeilenwechsel \
> wird gemacht'
Ein Zeilenwechsel \
wird gemacht
you@host > echo 'Ein Zeilenwechsel
wird gemacht'
Ein Zeilenwechsel
wird gemacht
you@host > echo "Ein Zeilenwechsel
> wird gemacht"
Ein Zeilenwechsel
wird gemacht
you@host > echo "Ein Zeilenwechsel \
wird gemacht"
Ein Zeilenwechsel wird gemacht
```

Verwenden Sie bspw. das Backslash-Zeichen bei einem Zeilenwechsel in Single Quotes, so wird es außer Kraft gesetzt und wie ein normales Zeichen ausgegeben. Beim Double Quoting hingegen behält das Backslash-Zeichen weiterhin seine Sonderbedeutung beim Zeilenumbruch. Ansonsten wird bei der Verwendung von Single oder Double Quotes bei Zeilenbrüchen kein Backslash-Zeichen verwendet, um einen Zeilenumbruch auszugeben.

2.4.2 Kommando-Substitution – Back Quotes

Die Funktion einer Shell schlechthin ist die Kommando-Substitution. Ohne dieses Feature wäre die Shell-Programmierung wohl nur die Hälfte wert. Damit erst wird es möglich, das Ergebnis eines Kommandos in einer Variablen abzuspeichern statt eine Ausgabe auf dem Bildschirm (bzw. in einer Datei) vorzunehmen. In der Praxis gibt es zwei Anwendungen der Kommando-Substitution:

```
variable=`kommando`
grep `kommando` file oder grep suche `kommando`
```

Bei der ersten Variante wird die Ausgabe eines Kommandos in einer Variablen gespeichert. Bei der zweiten Version wird die Ausgabe eines Kommandos für ein weiteres Kommando verwendet. Die Shell erkennt eine solche Kommando-

Substitution, indem ein Kommando oder mehrere Kommandos zwischen Back Quotes (`) eingeschlossen ist. Einfachstes und immer wieder verwendetes Beispiel ist das Kommando `date`:

```
you@host > datum=`date`
you@host > echo $datum
Mo Feb 7 07:16:43 CET 2005
you@host > tag=`date +%A`
you@host > echo "Heute ist $tag"
Heute ist Montag
```

Die Kommando-Substitution ist für Sie als Script-Programmierer sozusagen die Luft zum Atmen, weshalb Sie sehr gut beraten sind, sich intensiv damit zu beschäftigen. Daher ist es auch unbedingt notwendig, sich bei der Shell-Programmierung auch mit den Linux-UNIX-Kommandos zu befassen. Hier ein einfaches Shellscript dazu:

```
# Demonstriert die Kommando-Substitution
# Name : asubstit

tag=`date +%A`
datum=`date +%d.%m.%Y`
count=`ls -l | wc -l`

echo "Heute ist $tag der $datum"
echo "Sie befinden sich in $HOME (Inhalt: $count Dateien)"
```

Das Script bei der Ausführung:

```
you@host > ./asubstit
Heute ist Montag der 07.02.2005
Sie befinden sich in /home/tot (Inhalt: 17 Dateien)
```

Die Kommando-Substitution wird in der Praxis aber häufig auch noch anders verwendet als eben demonstriert. Man kann mithilfe der Back Quotes auch die Ausgabe eines Kommandos für ein weiteres Kommando verwenden. Damit erhält ein Kommando den Rückgabewert eines anderen Kommandos. Hört sich schlimmer an, als es ist.

```
you@host > echo "Heute ist `date +%A`"
Heute ist Montag
```

Im Beispiel können Sie sehen, dass die Kommando-Substitution auch zwischen Double Quotes ihre Bedeutung behält. Entmachten können Sie die Back Quotes wieder mit einem Backslash-Zeichen.

```
you@host > echo "Heute ist \`date +%A\`"
Heute ist 'date +%A'
```

In welcher Reihenfolge mehrere Kommando-Substitutionen ausgeführt werden, ermitteln Sie am besten selbst mit der Option `-x` für die Shell.

```
you@host > set -x
you@host > echo "Format1: `date` Format2: `date +%d.%m.%Y`"
++ date
++ date +%d.%m.%Y
+ echo 'Format1: Mo Feb  7 12:59:53 CET 2005 Format2: 07.02.2005'
Format1: Mo Feb  7 12:59:53 CET 2005 Format2: 07.02.2005
```

Hinweis Wie bei einer Pipe, geht auch bei einer Kommando-Substitution die Fehlermeldung verloren.

Anfänger kommen schnell auf den Gedanken, Kommando-Substitutionen mit Pipes gleichzusetzen. Daher folgendes Beispiel als Gegenbeweis:

```
you@host > find . -name "*.txt" | ls -l
```

Was hier gewollt ist, dürfte schnell ersichtlich sein. Es wird versucht, aus dem aktuellen Arbeitsverzeichnis alle Dateien mit der Endung ».txt« herauszufiltern und an die Standardeingabe von `ls -l` zu schieben. Bei der Ausführung wird Ihnen jedoch auffallen, dass `ls -l` die Eingaben von `find` total ignoriert. `find` hat hierbei keinerlei Wirkung. Selbiges mit einer Kommando-Substitution zeigt allerdings dann den gewünschten Effekt.

```
you@host > ls -l `find . -name "*.txt"`
```

Wenden Sie dieses Prinzip bspw. auf das Script »asubstit« an, lässt sich dieses auf zwei Zeilen Umfang reduzieren. Hier die neue Version von »asubstit«:

```
# Demonstriert die Kommando-Substitution
# Name : asubstit2

echo "Heute ist `date +%A` der `date +%d.%m.%Y`"
echo "Sie befinden sich in $HOME " \
     "(Inhalt:`ls -l | wc -l` Dateien)"
```

Bei der Ausführung verläuft das Script »asubtit2« analog zu »asubstit«.

Erweiterte Syntax (Bash und Korn-Shell only)

Bash und Korn-Shell bieten Ihnen neben den Back Quotes außerdem noch eine andere Syntax an. Statt bspw.

```
you@host > echo "Heute ist `date`"
Heute ist Mo Feb  7 13:21:43 CET 2005
you@host > count=`ls -l | wc -l`
you@host > echo $count
18
you@host > ls -l `find . -name "*.txt"`
```

können Sie hier folgende Syntax verwenden:

```
you@host > echo "Heute ist $(date)"
Heute ist Mo Feb  7 13:24:03 CET 2005
you@host > count=$(ls -l | wc -l)
you@host > echo $count
18
you@host > ls -l $(find . -name "*.txt")
```

Die Verwendung von `$(...)` gegenüber `'...'` hat natürlich nur einen rein optischen Vorteil. Die Form `$(...)` lässt sich erheblich einfacher lesen, aber wem nützt das was, wenn es die Bourne-Shell nicht kennt. Wer sich sicher sein kann, dass seine Scripts auch immer in einer Bash oder einer Korn-Shell ausgeführt werden, der kann sich frohen Herzens damit anfreunden. Damit fällt wenigstens bei der Quoterei die Back Quote weg, und Sie müssen nur noch die Single und Double Quotes beachten.

2.5 Arrays (Bash und Korn-Shell only)

Mit Arrays haben Sie die Möglichkeit, eine geordnete Folge von Werten eines bestimmten Typs abzuspeichern und zu bearbeiten. Arrays werden auch als Vektoren, Felder oder Reihungen bezeichnet. Allerdings können Sie in der Shell-Programmierung nur eindimensionale Arrays erzeugen bzw. verwenden. Der Zugriff auf die einzelnen Elemente des Arrays erfolgt mit `${variable[x]}`. `x` steht hier für die Nummer (nicht negative, ganze Zahl) des Feldes (wird auch als Feldindex bezeichnet), welches Sie ansprechen wollen. Bevorzugt werden solche Arrays in Schleifen verwendet. Anstatt nämlich auf einen ganzen Satz von einzelnen Variablen zurückzugreifen, nutzt man hier bevorzugt Arrays.

Einige Wermutstropfen gibt es allerdings doch noch: Die Bourne-Shell kennt nichts dergleichen und auch die Korn-Shell kommt teilweise nicht mit der Bash überein. Zwar erfolgt die Anwendung von Arrays selbst bei den beiden Shells in gleicher Weise, aber bei der Zuweisung von Arrays gehen auch hier beide Vertreter in eine andere Richtung.

2.5.1 Werte an Arrays zuweisen

Wenn Sie einen Wert in ein Feld-Array schreiben wollen, müssen Sie lediglich den Feldindex angeben.

```
you@host > array[3]=drei
```

Hier haben Sie das dritte Feld von »array« mit der Zeichenkette »drei« belegt. Jetzt stellt sich bei den etwas programmiererprobten Lesern sicherlich die Frage, was mit den anderen Elementen davor ist. Hier kann ich Sie beruhigen, in der Shell-Programmierung dürfen die Felder Lücken enthalten. Zwar beginnt man der Übersichtlichkeit zuliebe bei dem Feldindex 0, aber es geht eben auch anders.

```
you@host > array[0]=null
you@host > array[1]=zwei
you@host > array[2]=zwei
you@host > array[3]=drei
...
```

Hinweis Das erste Element in einem Array hat immer den Feldindex 0!

Im Unterschied zu anderen Programmiersprachen müssen Sie in der Shell das Array nicht vor der Verwendung bekannt geben (deklarieren). Es gibt dennoch Gründe, dies trotzdem zu tun. Zum einen kann man damit angeben, dass die Werte innerhalb eines Arrays als Integer gültig sein sollen (`typeset -i array`) und zum anderen können Sie ein Array so mit Schreibschutz versehen (`typeset -r array`).

Hinweis In vielen Büchern wird in der Bash ein Array mit `typeset -a array` als ein Array ohne spezielle Typen deklariert. Da Arrays in der Bash automatisch erstellt werden, ist dies unnötig (aber nicht falsch).

Gewöhnlich werden Sie beim Anlegen eines Arrays dieses mit mehreren Werten auf einmal versehen wollen. Leider gehen hier die Shells ihre eigenen Wege.

2.5.2 Eine Liste von Werten an ein Array zuweisen (Bash)

Die Syntax:

```
array=(null eins zwei drei vier fuenf ...)
```

Bei der Zuweisung beginnt der Feldindex automatisch bei 0, somit wäre `array[0]` mit dem Inhalt »null« beschrieben. Dennoch ist es auch möglich, eine solche Zuweisung an einer anderen Position zu starten.

```
array=([2]=zwei drei)
```

Trotzdem hilft Ihnen diese Möglichkeit nicht, an das Array hinten etwas anzuhängen. Hierbei wird ein existierendes Array trotzdem komplett überschrieben. Die Anzahl der Elemente, die Sie einem Array übergeben können, ist bei der Bash beliebig. Als Trennzeichen zwischen den einzelnen Elementen fungiert ein Leerzeichen.

2.5.3 Eine Liste von Werten an ein Array zuweisen (Korn-Shell)

In der Korn-Shell bedienen Sie sich des Kommandos `set` und der Option `-A` (für *Array*), um eine ganze Liste von Werten einem Array zuzuweisen. Hier die Syntax:

```
set -A array null eins zwei drei vier fuenf ...
```

Im Gegensatz zur Bash können Sie hier allerdings keinen bestimmten Feldindex angeben, von dem aus die Zuweisung des Arrays erfolgen soll. Ebenso finden Sie in der Korn-Shell eine Einschränkung bezüglich der Anzahl von Elementen vor, die ein Array belegen darf. Gewöhnlich sind hierbei 512, 1024 oder maximal 4096 Werte möglich.

2.5.4 Zugreifen auf die einzelnen Elemente eines Arrays

Hier kommen die beiden Shells zum Glück wieder auf einen Nenner. Der Zugriff auf ein einzelnes Element im Array erfolgt über folgende Syntax:

```
${array[n]}
```

`n` entspricht dabei dem Feldindex, auf dessen Wert im Array Sie zurückgreifen wollen. Der Zugriff auf ein Array muss leider in geschweiften Klammern erfolgen, da hier ja mit den Zeichen `[ ]` Metazeichen verwendet wurden und sonst eine Expansion der Shell durchgeführt würde.

Alle Elemente eines Arrays auf einmal und die Anzahl der Elemente ausgeben

Alle Elemente eines Arrays können Sie mit folgenden Schreibweisen ausgeben lassen:

```
you@host > echo ${array[*]}
you@host > echo ${array[@]}
```

Auf den Unterschied dieser beiden Versionen (`$*` und `$@`) wird in Kapitel 3, *Parameter und Argumente*, eingegangen.

Die Anzahl der belegten Elemente im Array erhalten Sie mit:

```
you@host > echo ${#array[*]}
```

Wollen Sie feststellen, wie lang der Eintrag innerhalb eines Arrays ist, so gehen Sie genauso vor wie beim Ermitteln der Anzahl belegter Elemente im Array, nur dass Sie hierbei den entsprechenden Feldindex verwenden.

```
you@host > echo ${#array[1]}
```

Löschen einzelner Elemente oder des kompletten Arrays

Beim Löschen eines Elements im Array oder gar des kompletten Arrays wird derselbe Weg wie schon bei den Variablen beschritten. Hier hilft Ihnen das Kommando `unset` wieder aus. Das komplette Array löschen Sie mit:

```
you@host > unset array
```

Einzelne Elemente können Sie mit folgender Syntax herauslöschen (im Beispiel das zweite Element):

```
you@host > unset array[2]
```

Komplettes Array kopieren

Wollen Sie ein komplettes Array kopieren, dann können Sie entweder jedes einzelne Element in einer Schleife durchlaufen, überprüfen und einem anderen Array zuweisen. Oder aber Sie verwenden ein ähnliches Konstrukt wie beim Auflisten aller Elemente in einem Array, verbunden mit dem Zuweisen einer Liste mit Werten an ein Array – was bedeutet, dass hier wieder Bash und Korn-Shell extra behandelt werden möchten (müssen).

Bei der Bash realisieren Sie dies so:

```
array_kopie=(${array_quelle[*]})
```

Und die Korn-Shell will das so haben:

```
set -A array_kopie ${array_quelle[*]}
```

Achtung: Hierbei gibt es noch eine üble Stolperfalle. So löscht man beispielsweise in der Bash `array[1]` mit `unset` und kopiert dann das `array`, so steht in `array_kopie[1]` der Inhalt von `array[2]`.

String-Manipulationen

Selbstverständlich stehen Ihnen hierzu auch die String-Manipulationen zur Verfügung, die Sie in diesem Kapitel kennen gelernt haben. Wollen Sie diese einsetzen, müssen Sie aber überdenken, ob sich die Manipulation auf ein einzelnes Feld beziehen soll (`${array[n]}`) oder ob Sie das komplette Array (`${array[*]}`) dafür heranziehen wollen. Auch die in der Bash vorhandene `cut`-ähnliche Funktion `${array[n]1:2` (oder alle Elemente: `${array[*]1:2}`) steht Ihnen bereit.

Zugegeben, es ließe sich noch einiges mehr zu den Arrays schreiben, doch hier begnüge ich mich mit dem für den Hausgebrauch Nötigen. Auf Arrays in Zusammenhang mit Schleifen wird noch in Kapitel eingegangen.

Zum besseren Verständnis möchte ich Ihnen ein etwas umfangreicheres Script zeigen, das Ihnen alle hier beschriebenen Funktionalitäten eines Arrays nochmals in der Praxis zeigt. Vorwegnehmend wurde hierbei auch eine Schleife eingesetzt. Im Beispiel wurde der Bash-Version der Vortritt gegeben. Sofern Sie das Beispiel in einer Korn-Shell testen wollen, müssen Sie in den entsprechenden Zeilen (Zuweisung eines Arrays und das Kopieren) das Kommentarzeichen # entfernen und die entsprechenden Zeilen der Bash-Version auskommentieren.

```
# Demonstriert den Umgang mit Arrays
# Name : aarray

# Liste von Werten in einem Array speichern
# Version: Korn-Shell (auskommentiert)
set -A array null eins zwei drei vier fuenf

# Version: Bash
array=( null eins zwei drei vier fuenf )

# Zugriff auf die einzelnen Elemente
echo ${array[0]}          # null
```

```
echo ${array[1]}          # eins
echo ${array[5]}          # fuenf

# Alle Elemente ausgeben
echo ${array[*]}

# Länge von Element 3 ermitteln
echo ${#array[2]}         # 4
# Anzahl der Elemente ausgeben
echo ${#array[*]}

# Neues Element hinzufügen
array[6]="sechs"
# Anzahl der Elemente ausgeben
echo ${#array[*]}
# Alle Elemente ausgeben
echo ${array[*]}

# Element löschen
unset array[4]
# Alle Elemente ausgeben
echo ${array[*]}

# Array kopieren
# Version: ksh (auskommentiert)
#set -A array_kopie=${array[*]}

# Version: Bash
array_kopie=(${array[*]})
# Alle Elemente ausgeben
echo ${array_kopie[*]}

# Schreibschutz verwenden
typeset -r array_kopie
# Versuch, darauf zuzugreifen
array_kopie[1]=nixda

# Vorweggenommen - ein Array in einer for-Schleife
# Einen Integer machen
typeset -i i=0 max=${#array[*]}
```

```
while (( i < max ))
do
   echo "Feld $i: ${array[$i]}"
   i=i+1
done
```

Das Beispiel bei der Ausführung:

```
you@host > ./aarray
null
eins
fuenf
null eins zwei drei vier fuenf
4
6
7
null eins zwei drei vier fuenf sechs
null eins zwei drei fuenf sechs
null eins zwei drei fuenf sechs
./aarray: line 48: array_kopie: readonly variable
Feld 0: null
Feld 1: eins
Feld 2: zwei
Feld 3: drei
Feld 4:
Feld 5: fuenf
```

2.6 Variablen exportieren

Definieren Sie Variablen in Ihrem Shellscript, so sind diese gewöhnlich nur zur Ausführzeit verfügbar. Nach der Beendigung des Scripts werden die Variablen wieder freigegeben. Manches Mal ist es allerdings nötig, dass mehrere Scripts oder Subshells mit einer einzelnen Variablen arbeiten. Damit das jeweilige Script bzw. die nächste Subshell von der Variable Kenntnis nimmt, wird diese exportiert.

Exportiere Variablen, die Sie in eine neue Shell übertragen möchten, werden mit dem Kommando `export` übernommen:

```
export variable
```

Beim Start der neuen Shell steht die exportierte Variable dann auch zur Verfügung – natürlich mitsamt dem Wert, den diese in der alten Shell belegt hat. In der Bourne-Shell müssen Sie die Zuweisung und das Exportieren einer Variablen getrennt ausführen.

```
you@host > variable=1234
you@host > export variable
```

In der Bash und der Korn-Shell können Sie diesen Vorgang zusammenlegen:

```
you@host > export variable=1234
```

Natürlich können auch mehr Variablen auf einmal exportiert werden:

```
you@host > export var1 var2 var3 var4
```

Die weiteren Variablen, die Sie auf einmal exportieren wollen, müssen mit einem Leerzeichen voneinander getrennt sein.

Die Shell vererbt eine Variable an ein Script (Subshell)

Der einfachste Fall ist gegeben, wenn eine in der Shell definierte Variable auch für ein Shellscript vorhanden sein soll. Da die Shell ja zum Starten von Shellscripts in der Regel eine Subshell startet, weiß die Subshell bzw. das Shellscript nichts mehr von den benutzerdefinierten Variablen. Das Beispiel:

```
you@host > wichtig="Wichtige Daten"
```

Das Shellscript:

```
# Demonstriert den Umgang export
# Name : aexport1

echo "aexport1: $wichtig"
```

Beim Ausführen von »aexport1« wird bei Verwendung der Variablen »wichtig« ein leerer String ausgegeben. Hier sollte man in der Shell, in der das Script gestartet wird, einen Export durchführen.

```
you@host > export wichtig
you@host > ./aexport1
aexport1: Wichtige Daten
```

Und schon steht dem Script die benutzerdefinierte Variable »wichtig« zur Verfügung.

Ein Shellscript vererbt eine Variable an ein Shellscript (Sub-Subshell)

Wenn Sie aus einem Script ein weiteres Script aufrufen und auch hierbei dem aufzurufenden Script eine bestimmte Variable des aufrufenden Scripts zur

Kenntnis geben wollen, müssen Sie im aufrufenden Script die entsprechende Variable exportieren.

```
# Demonstriert den Umgang export
# Name : aexport1

wichtig="Noch wichtigere Daten"
echo "aexport1: $wichtig"

# Variable im Shellscript exportieren
export wichtig
./aexport2
```

In diesem Script »aexport1« wird ein weiteres Script namens »aexport2« aufgerufen. Damit diesem Script auch die benutzerdefinierte Variable »wichtig« zur Verfügung steht, muss diese im Script zuvor noch exportiert werden. Hier das Script »aexport2«:

```
# Demonstriert den Umgang export
# Name : aexport2

echo "aexport2: $wichtig"
```

Die Shellscripts bei der Ausführung:

```
you@host > ./aexport1
aexport1: Noch wichtigere Daten
aexport2: Noch wichtigere Daten
you@host > echo $wichtig

you@host >
```

Hier wurde außerdem versucht, in der Shell, die das Shellscript »aexport1« aufgerufen hat, die benutzerdefinierte Variable »wichtig« auszugeben. Das ist logischerweise ein leerer String, da die Shell nichts von einer Variablen wissen kann, die in einer Subshell definiert und ausgeführt wird.

Bei dem Beispiel von eben stellt sich die Frage, was passiert, wenn eine Subshell den Inhalt einer vom Elternprozess benutzerdefinierten exportierten Variable verändert und die Ausführung des Scripts in der übergeordneten Shell fortgeführt wird. Um auf das Anwendungsbeispiel zurückzukommen: Im Script »aexport2« soll die Variable »wichtig« verändert werden. Hierzu nochmals beide Shellscripts etwas umgeschrieben. Zuerst das Script »aexport1«:

```
# Demonstriert den Umgang export
# Name : aexport1

wichtig="Noch wichtigere Daten"
echo "aexport1: $wichtig"

# Variable im Shellscript exportieren
export wichtig
./aexport2

# Nach der Ausführung von aexport2
echo "aexport1: $wichtig"
```

Jetzt noch »aexport2«:

```
# Demonstriert den Umgang export
# Name : aexport2

echo "aexport2: $wichtig"
wichtig="Unwichtig"
echo "aexport2: $wichtig"
```

Die beiden Scripts wieder bei der Ausführung:

```
you@host > ./aexport1
aexport1: Noch wichtigere Daten
aexport2: Noch wichtigere Daten
aexport2: Unwichtig
aexport1: Noch wichtigere Daten
```

An der Ausführung der Scripts konnten Sie ganz klar erkennen, dass es auf herkömmlichem Weg unmöglich ist, die Variablen einer Eltern-Shell zu verändern.

Starten eines Scripts in der aktuellen Shell – Punkte-Kommando

Wollen Sie trotzdem, dass die Eltern-Shell betroffen ist, wenn Sie eine Variable in einer Subshell verändern, dann können Sie das Punkte-Kommando verwenden. Dieses wurden beim Starten von Shellscripts bereits erwähnt. Mit dem Punkte-Kommando vor dem auszuführenden Shellscript veranlassen Sie, dass das Shellscript nicht in einer Subshell ausgeführt wird, sondern von der aktuellen Shell.

Auf das Beispiel »aexport1« bezogen müssen Sie nur Folgendes ändern:

```
# Demonstriert den Umgang export
# Name : aexport1

wichtig="Noch wichtigere Daten"
echo "aexport1: $wichtig"

# Variable im Shellscript exportieren
. ./aexport2

# Nach der Ausführung von aexport2
echo "aexport1: $wichtig"
```

Beim Ausführen der Scripts ist jetzt auch die Veränderung der Variablen »wichtig« im Script »aexport2« beim Script »aexport1« angekommen.

Das Hauptanwendungsgebiet des Punkte-Kommandos ist aber das Einlesen von Konfigurationsdateien. Eine Konfigurationsdatei wird häufig verwendet, wenn Sie ein Script für mehrere Systeme oder unterschiedlichste Optionen (bspw. mehrere Sprachen, eingeschränkte oder unterschiedliche Funktionen) anbieten wollen. In solch einer Konfigurationsdatei wird dann häufig die Variablenzuweisung vorgenommen. Dadurch können die Variablen vom eigentlichen Script getrennt werden – was ein Script erheblich flexibler macht. Durch die Verwendung des Punkte-Kommandos bleiben Ihnen diese Variablen in der aktuellen Shell erhalten. Als Beispiel folgende Konfigurationsdatei:

```
# aconf.conf

lang="deutsch"
prg="Shell"
```

Und jetzt noch das entsprechende Script, das diese Konfigurationsdatei verwendet:

```
# Name : apoint

# Konfigurationsdaten einlesen
. aconf.conf

echo "Spracheinstellung: $lang; ($prg)"
```

Das Script bei der Ausführung:

```
you@host > ./apoint
Spracheinstellung: deutsch; (Shell)
```

Jetzt kann durch ein Verändern der Konfigurationsdatei *aconf.conf* die Ausgabe des Scripts nach Bedarf verändert werden. Im Beispiel ist dieser Fall natürlich recht belanglos.

Es gibt außerdem noch zwei Anwendungsfälle, wo bei einem Script die benutzerdefinierten Variablen ohne einem Export sichtbar sind. Dies geschieht durch die Verwendung von Kommando-Substitution `` `...` `` und bei einer Gruppierung von Befehlen `(...)`. In beiden Fällen bekommt die Subshell (bzw. das Shellscript) eine komplette Kopie aller Variablen der Eltern-Shell kopiert.

Hinweis Anstelle des Punkte-Operators können Sie auch den Builtin-Befehl `script` verwenden.

Variablen exportieren – extra (Bash und Korn-Shell only)

Intern wird beim Exportieren einer Variablen ein Flag gesetzt. Dank dieses Flags kann eine Variable an weitere Subshells vererbt werden, ohne dass hierbei weitere `export`-Aufrufe erforderlich sind. In der Bash oder der Korn-Shell können Sie dieses Flag mithilfe des Kommandos `typeset` setzen oder wieder entfernen. Um mit `typeset` eine Variable zu exportieren, wird die Option `-x` verwendet. Hier die Syntax:

```
typeset -x variable
```

Natürlich kann auch hier wieder mehr als nur eine Variable exportiert werden. Ebenso können Sie die Zuweisungen und das Exportieren zusammen ausführen. `typeset` ist deshalb so interessant für das Exportieren von Variablen, weil Sie hierbei jederzeit mit der Option `+x` das Export-Flag wieder löschen können.

Umgebungsvariablen exportieren (Bourne-Shell only)

Zwar werden die Umgebungsvariablen noch gesondert behandelt, doch bezüglich der Exportierung hier schon ein paar Bemerkungen. Wichtig ist vor allem zu erwähnen, dass Umgebungsvariablen bei jedem Aufruf einer Shell neu angelegt werden (natürlich als Kopie der Eltern-Shell). Des Weiteren werden bei der Bash und der Korn-Shell die Umgebungsvariablen immer automatisch exportiert und müssen somit nicht explizit angewiesen werden. Geschieht dies trotzdem, ist das kein Fehler – zum Glück, denn die Bourne-Shell exportiert die Umgebungsvariablen leider nicht automatisch.

Hier ein solcher Vorgang in der Bourne-Shell:

```
sh-2.05b$ echo $USER
you
sh-2.05b$ USER=neu
sh-2.05b$ echo $USER
neu
sh-2.05b$ sh
sh-2.05b$ echo $USER
you
```

Damit in einer Bourne-Shell auch die aktuellen Umgebungsvariablen bei einer neuen Shell gültig sind, müssen Sie diese explizit exportieren.

```
sh-2.05b$ echo $USER
you
sh-2.05b$ USER=neu
sh-2.05b$ echo $USER
neu
sh-2.05b$ export USER
sh-2.05b$ sh
sh-2.05b$ echo $USER
neu
```

Anzeigen exportierter Variablen

Wenn Sie das Kommando `export` ohne irgendwelche Argumente verwenden, bekommen Sie alle exportierten Variablen zurück. Bei der Bash und Korn-Shell finden Sie darin auch die Umgebungsvariablen wieder, weil diese hier ja immer als »exportiert« markiert sind.

Bei der Bash bzw. der Korn-Shell können Sie sich auch die exportierten Variablen mit dem Kommando `typeset` und der Option `-x` (keine weiteren Argumente) ansehen.

2.7 Umgebungsvariablen eines Prozesses

Wenn Sie ein Script, eine neue Shell oder ein Programm starten, so wird diesem Programm eine Liste von Zeichenketten (genauer Array von Zeichenketten) übergeben. Diese Liste wird als Umgebung des Prozesses bezeichnet. Gewöhnlich enthält eine solche Umgebung zeilenweise Einträge in Form von:

```
variable=wert
```

Somit sind Umgebungsvariablen zunächst nichts anderes als global mit dem Kommando `export` oder `typeset -x` definierte Variablen. Trotzdem gibt es irgendwo eine Trennung zwischen benutzerdefinierten und von der Shell vordefinierten Umgebungsvariablen. Normalerweise werden die von der Shell vordefinierten Umgebungsvariablen großgeschrieben – aber dies ist keine Regel. Eine Umgebungsvariable bleibt weiterhin eine, solange Sie der kompletten Umgebung eines Prozesses zur Verfügung steht.

Vordefinierte Umgebungsvariablen werden benötigt, um das Verhalten der Shell oder der Kommandos zu beeinflussen. Hier als Beispiel die Umgebungsvariable `HOME`, welche gewöhnlich das Heimverzeichnis des eingeloggten Benutzers beinhaltet.

```
you@host > echo $HOME
/home/you
you@host > cd /usr/include
you@host :/usr/include> cd
you@host > pwd
/home/you
you@host > backup=$HOME
you@host > HOME=/usr
you@host :/home/you> cd
you@host > pwd
/usr
you@host > echo $HOME
/usr
you@host > HOME=$backup
you@host :/usr> cd
you@host > pwd
/home/you
```

Wenn also die Rede von Umgebungsvariablen ist, dann sind wohl meistens die von der Shell vordefinierten Umgebungsvariablen gemeint und nicht die benutzerdefinierten. Selbstverständlich gilt in Bezug auf die Weitervererbung an Subshells für die vordefinierten Umgebungsvariablen dasselbe wie für die benutzerdefinierten, so wie es auf den vorherigen Seiten beschrieben wurde.

2.8 Shell-Variablen

Im Beispiel zuvor war die Rede von benutzerdefinierten und von der Shell vordefinierten Umgebungsvariablen. Die von der Shell vorgegebenen Umgebungsvariablen werden auch als Shell-Variablen bezeichnet. Shell-Variablen werden von der Shell automatisch angelegt und auch verwaltet. Zwar kann man jetzt nicht einfach behaupten, Shell-Variablen seien dasselbe wie Umgebungsvariablen, aber da die Shell-Variablen in der Regel immer in die Umgebung exportiert werden, wollen wir hier keine Haarspalterei betreiben.

Abhängig von der Shell stehen Ihnen hierzu eine Menge vordefinierter (aber veränderbarer) Variablen zur Verfügung. In Tabelle 2.6 bis Tabelle 2.9 finden Sie einen Überblick zu den gängigsten Umgebungsvariablen einer Shell und deren Bedeutungen.

Vordefinierte Shell-Variablen (für Bourne-Shell, Bash und Korn-Shell)

Shell-Variable	Bedeutung
`CDPATH`	Suchpfad für das `cd`-Kommando
`HOME`	Heimverzeichnis für den Benutzer; Standardwert für `cd`
`IFS`	Wort-Trennzeichen (`IFS` = *Internal Field Separator*); Standardwerte sind Leerzeichen, Tabulator- und Newline-Zeichen.
`LOGNAME`	Login-Name des Benutzers
`MAIL`	Pfadname der Mailbox-Datei, in der eingehende Mails abgelegt werden
`MAILCHECK`	Zeitangabe in Sekunden, wie lange die Shell wartet, bevor eine Überprüfung der Mailbox stattfindet, ob eine neue Mail eingegangen ist.
`MAILPATH`	Ist diese Variable gesetzt, wird `MAIL` unwirksam, somit eine Alternative für `MAIL`. Allerdings können hier mehrere Pfadangaben getrennt mit einem `:` angegeben werden. Die zur Pfadangabe gehörende Meldung kann mit `%` getrennt und nach diesem angegeben werden.
`MANPATH`	Pfadnamen, in denen die man-Pages (Manual-Pages) gesucht werden
`PATH`	Suchpfad für die Kommandos (Programme); meistens handelt es sich um eine durch Doppelpunkte getrennte Liste von Verzeichnissen, in denen nach einem Kommando gesucht wird, das ohne Pfadangabe aufgerufen wurde; Standardwerte: `PATH=:/bin:/usr/bin`
`PS1`	Primärer Prompt; Prompt zur Eingabe von Befehlen (im Buch lautet dies bspw. `you@host >` für den normalen und # für den Superuser).
`PS2`	Sekundärer Prompt, Prompt für mehrzeilige Befehle; im Buch und auch als Standardwert wird > verwendet.
`SHACCT`	Datei für Abrechnungsinformationen
`SHELL`	Pfadname der Shell
`TERM`	Terminal-Einstellung des Benutzers (bspw. xterm oder vt100)
`TZ`	Legt die Zeitzone fest (hierzulande MET = *Middle European Time*)

Tabelle 2.6 Vordefinierte Variablen für alle Shells

Vordefinierte Shell-Variablen (für Korn-Shell und Bash)

Shell-Variable	Bedeutung
COLUMNS	Weite des Editorfensters, das für den Kommandozeilen-Editor und die Menüs zur Verfügung steht; Standardwert 80
EDITOR	Setzt den (Builtin-)Kommandozeilen-Editor, wenn VISUAL oder set -o nicht gesetzt sind
ENV	Enthält den Pfadnamen zur Environment-Datei, die bei jedem (Neu-)Start einer (Sub-)Shell gelesen wird. Ist die reale User- und Gruppen-ID (UID/GID) ungleich der effektiven User- und Gruppen-ID (EUID/EGUID) und es wurde das su-Kommando ausgeführt, wird diese Datei nicht aufgerufen.
FCEDIT	Pfad zum Builtin-Editor für das fc-Kommando
FPATH	Verzeichnisse, in denen der Autoload-Mechanismus nach Funktionsdefinitionen durchsucht; nicht definierte Funktionen können mittels typeset -fu gesetzt werden; FPATH wird auch durchsucht, wenn diese Funktionen zum ersten Mal aufgerufen werden.
HISTFILE	Pfadname zur Befehls-Historydatei; Standardwert: $HOME/.sh_history
HISTSIZE	Hier wird festgelegt, wie viele Befehle in der Historydatei (HISTFILE) gespeichert werden.
LC_ALL	Hier findet man die aktuelle Ländereinstellung; ist diese Variable gesetzt, sind LANG und die anderen LC_*-Variablen unwirksam. de steht bspw. für den deutschen Zeichensatz, C für ASCII (was auch der Standardwert ist).
LC_COLLATE	Ländereinstellung, nach der die Zeichen bei einem Vergleich sortiert (Sortierreihenfolge) werden
LC_CTYPE	Die Ländereinstellung, welche für die Zeichenklassenfunktionen verwendet werden soll. Ist LC_ALL gesetzt, wird LC_TYPE unwirksam; LC_TYPE hingegen überdeckt wiederum LANG, falls dieses gesetzt ist.
LC_MESSAGES	Sprache, in der die (Fehler-)Meldungen ausgegeben werden sollen
LANG	Ist keine LC_*-Variable gesetzt, wird LANG als Standardwert für alle eben beschriebenen verwendet. Gesetzte LC_*-Variablen haben allerdings Vorrang vor der Variable LANG.
LINES	Gegenstück zu COLUMN; legt die Höhe (Zeilenzahl) des Fensters fest; Standardwert 24.
NLSPATH	Pfad für die (Fehler-)Meldungen von LC_MESSAGE
PS3	Prompt für Menüs (mit select); Standardwert #
PS4	Debugging-Promptstring für die Option -x; Standardwert +
TMOUT	Wird TMOUT Sekunden kein Kommando mehr eingegeben, beendet sich die Shell; Standardwert 0 steht für unendlich.

Tabelle 2.7 Vordefinierte Variablen für Bash und Korn-Shell

Vordefinierte Shell-Variablen (für die Korn-Shell only)

Shell-Variable	Bedeutung
VISUAL	Setzt den Kommandozeilen-Editor; setzt EDITOR außer Kraft, wenn gesetzt

Tabelle 2.8 Vordefinierte Variablen nur für die Korn-Shell

Vordefinierte Shell-Variablen (für die Bash only)

Shell-Variable	Bedeutung
BASH_ENV	Enthält eine Initialisierungsdatei, die beim Start von einer neuen (Sub-)Shell anstatt .bashrc für Scripts aufgerufen wird
BASH_VERSINFO	Versionsnummer der Bash
DIRSTACK	Array, um auf den Inhalt des Directory-Stacks, der mit den Kommandos pushd, popd und dirs verwaltet wird, zuzugreifen. set zeigt diesen Wert häufig als leer an, er ist aber trotzdem besetzt.
FIGNORE	Alle hier angegebenen Dateiendungen werden bei der automatischen Erweiterung (Dateinamensergänzung mit [Tab]) von Dateinamen ignoriert; mehrere Endungen werden durch : getrennt.
GLOBIGNORE	Enthält eine Liste von Mustern, die Namen definiert, welche bei der Dateinamen-Expansion mittels * ? [ ] nicht automatisch expandiert werden sollen
GROUPS	Array mit einer Liste aller Gruppen-IDs des aktuellen Benutzers. Wird ebenfalls von set als leer angezeigt, ist aber immer belegt.
HISTCONTROL	Damit können Sie steuern, welche Zeilen im History-Puffer aufgenommen werden sollen. Zeilen, die mit einem Leerzeichen beginnen, werden mit ignorespace ignoriert. Mit ignoredups werden wiederholt angegebene Befehle nur einmal im History-Puffer gespeichert. Beide Optionen (ignorespace und ignoredups) gleichzeitig können Sie mit ignoreboth verwenden.
HISTFILESIZE	Länge der Kommando-Historydatei in Zeilen; HISTSIZE hingegen gibt die Anzahl der gespeicherten Kommandos an.
HISTIGNORE	Eine weitere Variable, ähnlich wie HISTCONTROL. Nur besteht hierbei die Möglichkeit, Zeilen von der Aufnahme in den History-Puffer auszuschließen. Es können hierbei Ausschlussmuster definiert werden. Alle Zeilen, die diesem Muster entsprechen, werden nicht im History-Puffer gespeichert. Mehrere Muster werden mit einem Doppelpunkt getrennt.
HOSTFILE	Datei, die wie /etc/hosts zur Vervollständigung des Hostnamens verwendet wird

Tabelle 2.9 Vordefinierte Variablen, nur in der Bash vorhanden

Shell-Variable	Bedeutung
HOSTNAME	Name des Rechners
IGNOREEOF	Anzahl der EOFs (Strg+D), die eingegeben werden müssen, um die interaktive Bash zu beenden; Standardwert 10
INPUTRC	Befindet sich hier eine Datei, dann wird diese zur Konfiguration des Kommandozeilen-Editors statt ~/.inputrc verwendet
MATCHTYPE	Die CPU-Architektur, auf der das System läuft
OPTERR	Ist der Wert dieser Variable 1, werden die Fehlermeldungen der getopts-Shell-Funktion ausgegeben. Enthält sie eine 0, werden die Fehlermeldungen unterdrückt; Standardwert 1.
PIPESTATUS	Es ist recht kompliziert, an den Exitstatus eines einzelnen Kommandos zu kommen, das in einer Pipeline ausgeführt wurde. Ohne PIPESTATUS ist es schwierig, zu ermitteln, ob alle vorhergehenden Kommandos erfolgreich ausgeführt werden konnten. PIPESTATUS ist ein Array, welches alle Exitcodes der einzelnen Befehle des zuletzt ausgeführten Pipe-Kommandos enthält.
SHELLOPTS	Liste aller aktiven Shell-Optionen. Hier können Optionen gesetzt werden, mit denen eine neue Shell aufgerufen werden soll.
TIMEFORMAT	Ausgabeformat des time-Kommandos
allow_null_glob_expansion	Hat diese Variable den Wert 1, werden Muster, die bei der Pfadnamenserweiterung (Dateinamen-Expansion) nicht erweitert werden konnten, zu einer leeren Zeichenkette (Null-String) erweitert, anstatt unverändert zu bleiben. Der Wert 0 hebt dies auf.
cdable_vars	Ist diese Variable 1, kann dem cd-Kommando das Verzeichnis, in das gewechselt werden soll, auch in einer Variablen übergeben werden. 0 hebt dies wieder auf.
command_oriented_history	Ist der Wert dieser Variable 1, wird versucht, alle Zeilen eines mehrzeiligen Kommandos in einem History-Eintrag zu speichern. 0 hebt diese Funktion wieder auf.
glob_dot_filenames	Wird für den Wert dieser Variablen 1 eingesetzt, werden auch die Dateinamen, die mit einem Punkt beginnen, in die Pfadnamenserweiterung einbezogen. Der Wert 0 setzt dies wieder außer Kraft.
histchars	Beinhaltet zwei Zeichen zur Kontrolle der Wiederholung von Kommandos aus dem Kommandozeilenspeicher. Das erste Zeichen leitet eine Kommandozeilenerweiterung aus dem History-Puffer ein. Die Voreinstellung ist das Zeichen !. Das zweite Zeichen kennzeichnet einen Kommentar, wenn es als erstes Zeichen eines Wortes auftaucht. Ein solcher Kommentar wird bei der Ausführung eines Kommandos ignoriert.

Tabelle 2.9 Vordefinierte Variablen, nur in der Bash vorhanden (Forts.)

Shell-Variable	Bedeutung
history_control	Werte, die gesetzt werden können, siehe HISTCONTROL
hostname_completion_file	Siehe HOSTFILE
no_exit_on_failed_exec	Ist der Wert dieser Variable 1, wird die Shell nicht durch ein abgebrochenes, mit exec aufgerufenes Kommando beendet. 0 bewirkt das Gegenteil.
noclobber	Befindet sich hier der Wert 1, können bestehende Dateien nicht durch die Ausgabeumlenkungen >, >& und <> überschrieben werden. Das Anhängen von Daten an eine existierende Datei ist aber auch bei gesetzten noclobber möglich. 0 stellt den alten Zustand wieder her.
nolinks	Soll bei einem Aufruf von cd nicht den symbolischen Links gefolgt werden, setzt man den Wert dieser Variable auf 1; Standardwert 0.
notify	Soll bei einem Hintergrundprozess, der sich beendet, die Nachricht sofort und nicht erst bei der nächsten Eingabeaufforderung ausgegeben werden, dann setzt man notify auf 1; Standardwert 0.

Tabelle 2.9 Vordefinierte Variablen, nur in der Bash vorhanden (Forts.)

2.9 Automatische Variablen der Shell

Nach dem Aufruf eines Shellscripts versorgt Sie die Shell außerdem noch durch einer Reihe von Variablen mit Informationen zum laufenden Prozess.

2.9.1 Der Name des Shellscripts – $0

Den Namen des aufgerufenen Shellscripts finden Sie in der Variablen $0. Bspw. folgendes Shellscript:

```
# Name : ichbin
echo "Mein Kommandoname ist $0"
```

Führen Sie dieses Script aus, bekommen Sie folgende Ausgabe zurück:

```
you@host > ./ichbin
Mein Kommandoname ist ./ichbin
you@host > $HOME/ichbin
Mein Kommandoname ist /home/you/ichbin
```

Diese Variable wird häufig für Fehlermeldungen verwendet, zum Beispiel um anzuzeigen, wie man ein Script richtig anwendet bzw. aufruft. Dafür ist selbstverständlich auch der Kommandoname von Bedeutung.

Hinweis Die Formulierung »den Namen des aufgerufenen Shellscripts« trifft die Sache eigentlich nicht ganz genau. Wenn man bspw. den Befehl in der Konsole eingibt, bekommt man ja den Namen der Shell zurück. Somit könnte man wohl auch vom Namen des Elternprozesses des ausgeführten Befehls `echo` sprechen. Aber wir wollen hier nicht kleinlich werden.

Mit dieser Variablen können Sie übrigens auch ermitteln, ob ein Script mit einem vorangestellten Punkt gestartet wurde und entsprechend darauf reagieren:

```
you@host > . ./ichbin
Mein Kommandoname ist /bin/bash
you@host > sh
sh-2.05b$ . ./ichbin
Mein Kommandoname ist sh
sh-2.05b$ ksh
$ . ./ichbin
Mein Kommandoname ist ksh
```

Wird also ein Shellscript mit einem vorangestellten Punkt aufgerufen, so enthält die Variable `$0` den Namen des Kommando-Interpreters.

2.9.2 Die Prozessnummer des Shellscripts – $$

Die Variable `$$` wird von der Shell durch die entsprechende Prozessnummer des Shellscripts ersetzt. Bspw. folgendes Shellscript:

```
# Name : mypid
echo "Meine Prozessnummer ($0) lautet $$"
```

Das Shellscript bei der Ausführung:

```
you@host > ./mypid
Meine Prozessnummer (./mypid) lautet 4902
you@host > . ./mypid
Meine Prozessnummer (/bin/bash) lautet 3234
you@host > ps
  PID TTY          TIME CMD
 3234 pts/38   00:00:00 bash
 4915 pts/38   00:00:00 ps
```

Durch ein Voranstellen des Punkte-Operators können Sie hierbei auch die Prozessnummer der ausführenden Shell bzw. des Kommando-Interpreters ermitteln.

2.9.3 Der Beendigungsstatus eines Shellscripts – $?

Diese Variable wurde bereits in Zusammenhang mit `exit` behandelt. In dieser Variablen finden Sie den Beendigungsstatus des zuletzt ausgeführten Kommandos (oder eben auch Shellscripts).

```
you@host > cat gibtesnicht
cat: gibtesnicht: Datei oder Verzeichnis nicht gefunden
you@host > echo $?
1
you@host > ls -l | wc -l
31
you@host > echo $?
0
```

Ist der Wert der Variablen `$?` ungleich 0, ist beim letzten Kommandoaufruf ein Fehler aufgetreten. Wenn `$?` gleich 0 ist, deutet dies auf einen fehlerlosen Kommandoaufruf hin.

2.9.4 Die Prozessnummer des zuletzt gestarteten Hintergrundprozesses – $!

Wenn Sie in der Shell ein Kommando oder ein Shellscript im Hintergrund ausführen lassen (`&`), wird die Prozessnummer in die Variable `$!` gelegt. Anstatt also nach der Nummer des zuletzt gestarteten Hintergrundprozesses zu suchen, können Sie auch einfach die Variable `$!` verwenden. Im folgenden Beispiel wird diese Variable verwendet, um den zuletzt gestarteten Hintergrundprozess zu beenden.

```
you@host > find / -print > ausgabe 2> /dev/null &
[1] 5845
you@host > kill $!
you@host >
[1]+  Beendet                    find / -print >ausgabe 2>/dev/null
```

2.9.5 Weitere vordefinierte Variablen der Shell

Es gibt noch weitere automatische Variablen der Shell, die allerdings erst in Kapitel 3, *Parameter und Argumente*, ausführlicher behandelt werden. Tabelle 2.10 gibt bereits einen Überblick.

Variable(n)	Bedeutung
$1 bis $n	Argumente aus der Kommandozeile
$*	Alle Argumente aus der Kommandozeile in einer Zeichenkette
$@	Alle Argumente aus der Kommandozeile als einzelne Zeichenketten (Array von Zeichenketten)
$#	Anzahl aller Argumente in der Kommandozeile
$_	*(Bash only)* Letztes Argument in der Kommandozeile des zuletzt aufgerufenen Kommandos

Tabelle 2.10 Automatisch vordefinierte Variablen der Shell

2.9.6 Weitere automatische Variablen für Bash und Korn-Shell

In diesem Abschnitt finden Sie noch weitere automatische Variablen der Shell. Sicherlich wird sich der ein oder andere dabei fragen, warum ich diese Variablen bei den automatischen und nicht bei den vordefinierten Shell-Variablen aufführe. Der Grund ist relativ einfach: Die folgenden Variablen werden von der Shell ständig neu gesetzt. Diese Variablen stehen Ihnen aber nur für die Bash und die Korn-Shell zur Verfügung. Bestes Beispiel, Ihnen dieses »ständig neu gesetzt« zu beschreiben, ist die automatische Variable `RANDOM`, welche mit einer Zufallszahl zwischen 0 bis 32767 belegt ist. Wäre dies eine vordefinierte Shell-Variable wie bspw. `HOME`, so würde sich der Wert dieser Variable ja nicht ändern. Wenn Sie `RANDOM` erneut verwenden, werden Sie feststellen, dass sich dieser Wert beim nächsten Aufruf in der Shell verändert hat – also wird diese Variable ständig neu gesetzt.

```
you@host > echo $RANDOM
23957
you@host > echo $RANDOM
13451
you@host > echo $RANDOM
28345
you@host > RANDOM=1
you@host > echo $RANDOM
17767
```

Hierzu finden Sie im Folgenden die Tabelle 2.11 bis Tabelle 2.13, die Ihnen weitere automatische Variablen vorstellen, die ständig von der Shell neu gesetzt werden.

Automatische Variablen für Bash und Korn-Shell

Variable	Bedeutung
`LINENO`	Diese Variable enthält immer die aktuelle Zeilennummer im Shellscript. Wird die Variable innerhalb einer Scriptfunktion aufgerufen, entspricht der Wert von `LINENO` den bis zum Aufruf innerhalb der Funktion ausgeführten einfachen Kommandos. Außerhalb von Shellscripts ist diese Variable nicht sinnvoll belegt. Wird die `LINENO`-Shell-Variable mit `unset` gelöscht, kann sie nicht wieder mit ihrer automatischen Funktion erzeugt werden.
`OLDPWD`	Der Wert ist das zuvor besuchte Arbeitsverzeichnis; wird vom Kommando `cd` gesetzt.
`OPTARG`	Der Wert ist das Argument der zuletzt von `getopts` ausgewerteten Option.
`OPTIND`	Enthält die Nummer (Index) der zuletzt von `getopts` ausgewerteten Option
`PPID`	Prozess-ID des Elternprozesses (Parent Process ID = PPID); eine Subshell, die als Kopie einer Shell erzeugt wird, setzt PPID nicht.
`PWD`	Aktuelles Arbeitsverzeichnis
`RANDOM`	Pseudo-Zufallszahl zwischen 0 bis 32767; weisen Sie `RANDOM` einen neuen Wert zu, so führt dies dazu, dass der Zufallsgenerator neu initialisiert wird.
`REPLY`	Wird vom Shell-Kommando `read` gesetzt, wenn keine andere Variable als Rückgabeparameter benannt ist und bei Menüs (`select`) enthält `REPLY` die ausgewählte Nummer.
`SECONDS`	Enthält die Anzahl von Sekunden, die seit dem Start (Login) der aktuellen Shell vergangen ist. Wird `SECONDS` ein Wert zugewiesen, erhöht sich dieser Wert jede Sekunde automatisch um eins.

Tabelle 2.11 Ständig neu gesetzte Variablen (Bash und Korn-Shell)

Automatische Variablen nur für die Korn-Shell

Variable	Bedeutung
`ERRNO`	Fehlernummer des letzten fehlgeschlagenen Systemaufrufs

Tabelle 2.12 Ständig neu gesetzte Variable (Korn-Shell only)

Automatische Variablen nur für die Bash

Variable	Bedeutung
`BASH`	Kompletter Pfadname der aktuellen Shell
`BASH_VERSION`	Versionsnummer der Shell

Tabelle 2.13 Ständig neu gesetzte Variablen (Bash only)

Variable	Bedeutung
EUID	Beinhaltet die effektive Benutzerkennung des Anwenders. Diese Nummer wird während der Ausführung von Programmen, bei denen das SUID-Bit aktiviert ist, gesetzt.
HISTCMD	Enthält die Nummer des aktuellen Kommandos aus der Historydatei
HOSTTYPE	Typ des Rechners. Für Linux kommen u.a. die Typen i386 oder i486 in Frage.
OSTYPE	Name des Betriebssystems. Da allerdings die Variable OSTYPE den aktuellen Wert zum Übersetzungszeitpunkt der Bash anzeigt, ist dieser Wert nicht zuverlässig. Re-kompilieren Sie bspw. alles neu, ändert sich dieser Wert nicht mehr. Zuverlässiger ist da wohl das Kommando uname.
PROMPT_COMMAND	Hier kann ein Kommando angegeben werden, das vor jeder Eingabeaufforderung automatisch ausgeführt wird.
SHLVL	Steht für den Shell-Level. Bei jedem Aufruf einer neuen Shell in der Shell wird der Shell-Level um eins erhöht; der Wert 2 kann z.B. innerhalb eines Scripts bestehen, das aus einer Login-Shell gestartet wurde. Eine Möglichkeit, zwischen den Levels zu wechseln, gibt es nicht.
UID	Die User-ID des Anwenders. Diese Kennung ist in der Datei /etc/passwd dem Benutzernamen zugeordnet.

Tabelle 2.13 Ständig neu gesetzte Variablen (Bash only) (Forts.)

3 Parameter und Argumente

3 Parameter und Argumente

Nachdem Sie sich mit der Ausführung von Shellscripts und den Variablen vertraut machen konnten, folgt in diesem Kapitel die Übergabe von Argumenten an ein Shellscript. Damit wird Ihr Shellscript wesentlich flexibler und vielseitiger.

3.1 Einführung

Das Prinzip der Übergabe von Argumenten stellt eigentlich nichts Neues mehr für Sie dar. Sie verwenden dieses Prinzip gewöhnlich im Umgang mit anderen Kommandos, zum Beispiel:

```
you@host > ls -l /home/you/Shellbuch
```

Hier wurde das Kommando `ls` verwendet. Die Option `-l` beschreibt hierbei, in welcher Form der Inhalt von */home/you/Shellbuch* ausgegeben werden soll. Als Argumente zählen die Option `-l` und die Verzeichnisangabe */home/you/Shellbuch*. Damit legen Sie beim Aufruf fest, womit `ls` arbeiten soll. Würde `ls` kein Argument aus der Kommandozeile entgegennehmen, wäre das Kommando nur auf das aktuelle Verzeichnis anwendbar und somit recht unflexibel.

3.2 Kommandozeilenparameter $1 bis $9

Innerhalb Ihres Shellscripts können Sie ohne weiteres mit den speziellen Variablen `$1` bis `$9` (auch Positionsparameter genannt) auf die Argumente der Kommandozeile zugreifen (siehe Abbildung 3.1). Hierbei werden die Argumente in der Kommandozeile in einzelne Teil-Strings zerlegt (ohne den Scriptnamen, der befindet sich weiterhin in `$0`). Als Begrenzungszeichen wird der in der Shell-Variable `IFS` angegebene Trenner verwendet (zu `IFS` finden Sie in Abschnitt 5.3.6 mehr).

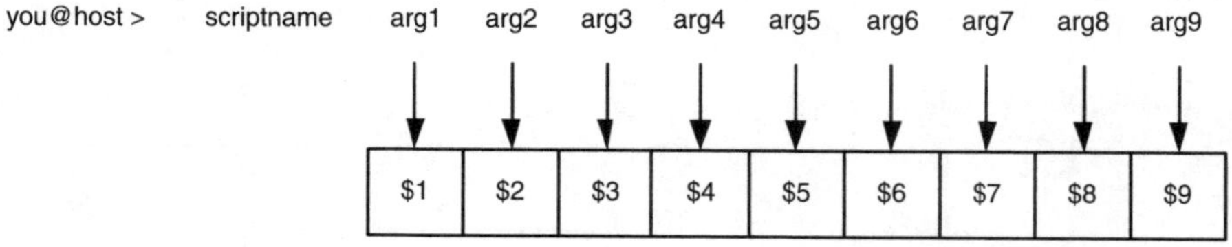

Abbildung 3.1 Die Kommandozeilenparameter (Positionsparameter)

Als Beispiel ein einfaches Shellscript, das die ersten drei Argumente in der Kommandozeile berücksichtigt:

```
# Beachtet die ersten drei Argumente der Kommandozeile
# Name: aargument

echo "Erstes Argument: $1"
echo "Zweites Argument: $2"
echo "Drittes Argument: $3"
```

Das Shellscript bei der Ausführung:

```
you@host > ./aargument
Erstes Argument:
Zweites Argument:
Drittes Argument:
you@host > ./aargument test1 test2
Erstes Argument: test1
Zweites Argument: test2
Drittes Argument:
you@host > ./aargument test1 test2 test3
Erstes Argument: test1
Zweites Argument: test2
Drittes Argument: test3
you@host > ./aargument test1 test2 test3 test4
Erstes Argument: test1
Zweites Argument: test2
Drittes Argument: test3
```

Geben Sie weniger oder gar keine Argumente an, ist der jeweilige Positionsparameter mit einem leeren String belegt. Sofern Sie mehr Argumente eingeben als vom Script berücksichtigt wird, werden die überflüssigen ignoriert.

3.3 Besondere Parameter

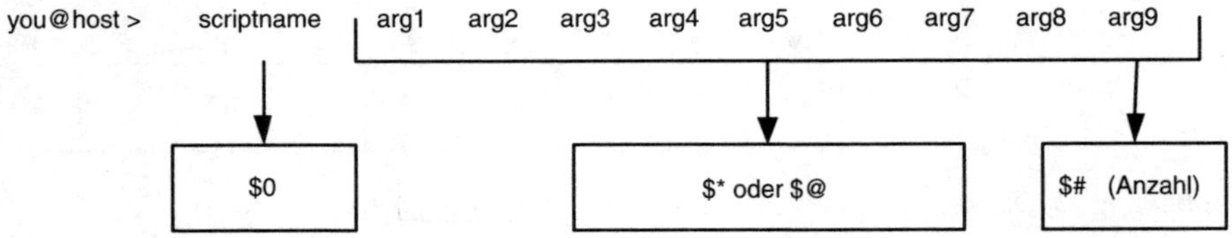

Abbildung 3.2 Weitere Kommandozeilenparameter

Die hier beschriebenen Variablen wurden zwar bereits kurz in Kapitel 2, *Variablen*, angesprochen, aber sie passen doch eher in dieses Kapitel. Daher werden diese Variablen jetzt genau erläutert.

3.3.1 Die Variable $*

In der Variablen `$*` werden alle Argumente in der Kommandozeile (ausgenommen der Scriptname = `$0`) als eine einzige Zeichenkette gespeichert.

```
# Beachtet alle Argumente der Kommandozeile
# Name: aargumstr

echo "Scriptname                : $0"
echo "Die restlichen Argumente : $*"
```

Das Script bei der Ausführung:

```
you@host > ./aargumstr test1 test2 test3
Scriptname               : ./aargumstr
Die restlichen Argumente : test1 test2 test3
you@host > ./aargumstr Viel mehr Argumente aber ein String
Scriptname               : ./aargumstr
Die restlichen Argumente : Viel mehr Argumente aber ein String
```

Die Variable `$*` wird gern bei Shellscripts verwendet, die eine variable Anzahl von Argumenten erwarten. Wenn Sie nicht genau wissen, wie viel Argumente in der Kommandozeile eingegeben werden, müssten Sie Ihr Script immer um die Anzahl der Positionsparameter (`$1` bis `$n`) erweitern. Verwenden Sie hingegen `$*`, ist die Anzahl der Argumente unwichtig, weil hierbei alle in `$*` zusammengefasst werden. Dies lässt sich z.B. hervorragend in einer `for`-Schleife verwenden.

```
# Eine variable Anzahl von Argumenten
# Name: avararg

for i in $*
   do
      echo '$*:' $i
   done
```

Das Script bei der Ausführung:

```
you@host > ./avararg eine variable Anzahl von Argumenten
$*: eine
$*: variable
```

```
$*: Anzahl
$*: von
$*: Argumenten
you@host > ./avararg egal wie viele oder wenig
$*: egal
$*: wie
$*: viele
$*: oder
$*: wenig
```

Die `for`-Schleife wird in Abschnitt 4.10 ausführlich behandelt. Beachten Sie aber bei dem Beispiel »avararg«: Wenn Sie dem Script ein Argument wie folgt übergeben

```
you@host > ./avararg "eine variable Anzahl von Argumenten"
```

sieht die Ausgabe genauso aus wie ohne die doppelten Anführungszeichen, obwohl ja eigentlich nur ein Argument (`$1`) übergeben wurde. Die Ursache ist hierbei die `for`-Schleife, welche das Argument anhand der Variablen `IFS` (hier anhand der Leerzeichen) auftrennt.

Würden Sie in der `for`-Schleife die Variable `$*` in doppelte Anführungszeichen setzen, so würde die anschließende Ausgabe wieder zu einer Zeichenkette zusammengefasst:

```
# Eine variable Anzahl von Argumenten
# Name: avararg2

for i in "$*"
   do
      echo '$*:' $i
   done
```

Wenn Sie dies nun mit `"$*"` anstatt `$*` ausführen, sieht die Ausgabe wie folgt aus:

```
you@host > ./avararg2 eine variable Anzahl von Argumenten
$*: eine variable Anzahl von Argumenten
```

3.3.2 Die Variable $@

Im Gegensatz zur Variablen `$*` fasst die Variable `$@` die Argumente in einzelne Zeichenketten zusammen. Die Funktion wird ähnlich verwendet wie `$*`, nur mit dem eben erwähnten Unterschied. Das Anwendungsgebiet dieser Variablen liegt ebenfalls vorwiegend in einer Schleife, weshalb hierauf im gegebenen Kapitel (siehe Kapitel 4, *Kontrollstrukturen*, nochmals darauf eingegangen wird.

3

Merke Alle Argumente (auch mehr als 9) sind durch `$*` oder `$@` erreichbar. `$*` liefert sie als ein Wort, verkettet mit Leerzeichen, und `$@` liefert sie als ein Argument pro Wort.

3.3.3 Die Variable $#

Die Variable `$#` enthält die Anzahl der Argumente, die beim Aufruf des Shellscripts mit angegeben wurden. Als Beispiel dient folgendes Shellscript:

```
# Anzahl von Argumenten
# Name: acountarg

echo $*
echo "Das sind $# Argumente"
```

Das Beispiel bei der Ausführung:

```
you@host > ./acountarg
Das sind 0 Argumente
you@host > ./acountarg test1 test2 test3
test1 test2 test3
Das sind 3 Argumente
```

Der häufigste Einsatz von `$#` erfolgt bei einer `if`-Entscheidungsanweisung, ob die vorgegebene Anzahl von Argumenten übergeben wurde oder nicht. Wenn nicht, können Sie mit einer Fehlermeldung antworten. Vorweggenommen, ohne genauer darauf einzugehen, finden Sie hier einen solch typischen Fall:

```
# Überprüft die Anzahl von Argumenten
# Name: achkarg

# Wurden weniger als zwei Argumente eingegeben?
if [ $# -lt 2 ]    # lt = lower then
   then
   echo "Mindestens zwei Argumente erforderlich ..."
   echo "$0 arg1 arg2 ... arg_n"
   exit 1
fi

echo "Anzahl erforderlicher Argumente erhalten"
```

Das Shellscript bei der Ausführung:

```
you@host > ./achckarg
Mindestens zwei Argumente erforderlich ...
./acheckarg arg1 arg2 ... arg_n
you@host > ./achckarg test1 test2
Anzahl erforderlicher Argumente erhalten
```

Mehr zu den Entscheidungsanweisungen mit `if` erfahren Sie im nächsten Kapitel 4, *Kontrollstrukturen*.

3.4 Der Befehl shift

Mit `shift` können Sie die Positionsparameter von `$1` bis `$n` jeweils um eine Stelle nach links verschieben. So können Sie die Argumente aus der Liste, die für weitere Verarbeitungsschritte nicht mehr benötigt werden, entfernen. Hier die Syntax zu `shift`:

```
shift [n]
```

Setzen Sie `shift` (ohne weitere Argumente) ein, wird bspw. der Inhalt von `$2` nach `$1` übertragen. Befand sich in `$3` ein Inhalt, so entspricht dieser nun dem Inhalt von `$2`. Es geht immer der erste Wert (`$1`) des Positionsparameters verloren. Sie »schneiden« quasi die Argumente der Kommandozeile von links nach rechts ab, sodass nacheinander alle Argumente zwangsläufig in `$1` landen. Geben Sie hingegen bei `shift` für `n` eine ganze Zahl an, so wird nicht um eine, sondern um `n` Anzahl von Stellen geschoben. Natürlich sind durch einen Aufruf von `shift` auch die Variablen `$*`, `$@` und `$#` betroffen. `$*` und `$@` werden um einige Zeichen erleichtert und `$#` wird um den Wert eins dekrementiert.

Eine solche Verarbeitung wird recht gern verwendet, wenn bei Argumenten optionale Parameter angegeben werden dürfen, die sich bspw. irgendwo in der Parameterliste befinden. Man kann mit `shift` dann einfach an die Position der Parameterliste verschieben.

Hierzu ein Script, welches `shift` bei seiner Ausführung demonstriert:

```
# Demonstriert das Kommando shift
# Name: ashifter

echo "Argumente (Anzahl)  : $* ($#)"
echo "Argument \$1        : $1"
shift
echo "Argumente (Anzahl)  : $* ($#)"
```

```
echo "Argument \$1          : $1"
shift
echo "Argumente (Anzahl)  : $* ($#)"
echo "Argument \$1          : $1"
shift
```

Das Script bei der Ausführung:

```
you@host > ./ashifter ein paar Argumente gefällig
Argumente (Anzahl) : ein paar Argumente gefällig (4)
Argument $1        : ein
Argumente (Anzahl) : paar Argumente gefällig (3)
Argument $1        : paar
Argumente (Anzahl) : Argumente gefällig (2)
Argument $1        : Argumente
```

Sicherlich erscheint Ihnen das Ganze nicht sonderlich elegant oder sinnvoll, aber bspw. in Schleifen eingesetzt, können Sie hierbei hervorragend alle Argumente der Kommandozeile zur Verarbeitung von Optionen heranziehen. Als Beispiel ein kurzer theoretischer Code-Ausschnitt, wie so etwas in der Praxis realisiert werden kann:

```
# Demonstriert das Kommando shift in einer Schleife
# Name: ashifter2

while [ $# -ne 0 ]  # ne = not equal
do
    # Tue was mit dem 1. Parameter
    # Hier einfach eine Ausgabe ...
    echo $1      # immer 1. Parameter verarbeiten
    shift        # weiterschieben ...
done
```

Das Beispiel bei der Ausführung:

```
you@host > ./ashifter2 wieder ein paar Argumente
wieder
ein
paar
Argumente
```

Auch hier wurde mit `while` wieder auf ein Schleifen-Konstrukt zurückgegriffen, dessen Verwendung erst in Kapitel 4, *Kontrollstrukturen*, erläutert wird.

3.5 Argumente und Leerzeichen

Die Shell erkennt anhand der Shell-Variablen `IFS`, wann ein Argument endet und das nächste beginnt. Soweit ist das kein Problem, wenn man nicht für ein Argument zwei oder mehrere Zeichenketten verwenden will. Ein einfaches Beispiel, das zeigt, worauf ich hinauswill:

```
# Argumente mit einem Leerzeichen
# Name: awhitespacer

echo "Vorname : $1"
echo "Name    : $2"
echo "Alter   : $3"
```

Das Script bei der Ausführung:

```
you@host > ./awhitespacer Jürgen von Braunschweig 30
Name    : Jürgen
Vorname : von
Alter   : Braunschweig
```

Hier war eigentlich beabsichtigt, dass beim Nachnamen (Argument `$2`) »von Braunschweig« stehen sollte. Die Shell allerdings behandelt dies richtigerweise als zwei Argumente. Diese »Einschränkung« zu umgehen, ist nicht sonderlich schwer, aber eben eine recht häufig gestellte Aufgabe. Sie müssen nur entsprechende Zeichenketten in zwei doppelte Anführungszeichen setzen. Das Script nochmals bei der Ausführung:

```
you@host > ./awhitespacer Jürgen "von Braunschweig" 30
Name    : Jürgen
Vorname : von Braunschweig
Alter   : 30
```

Jetzt werden die Daten auch korrekt am Bildschirm angezeigt.

3.6 Argumente jenseits von $9

Bisher wurde nur die Möglichkeit behandelt, wie neun Argumente in der Kommandozeile ausgewertet werden können. Eine simple Technik, die Ihnen in allen Shells zur Verfügung steht, ist der Befehl `shift`, welchen Sie ja bereits kennen gelernt haben (siehe auch das Script-Beispiel »ashifter2« aus Abschnitt 3.4).

Neben `shift` gibt es noch zwei weitere gängige Methoden, mit den Variablen `$*` oder `$@` zu arbeiten. Auch hierbei können Sie in einer `for`-Schleife sämtliche Argumente abgrasen, egal, wie viele Argumente vorhanden sind. Wenn Sie sich fragen, wozu das gut sein soll, so viele Argumente zu behandeln, kann ich Ihnen als Stichwort »Metazeichen« oder »Datei-Expansion« nennen. Als Beispiel folgendes Script:


```
# Beliebig viele Argumente in der Kommandozeile auswerten
# Name: aunlimited

i=1

for argument in $*
   do
      echo "$i. Argument : $argument"
      i=`expr $i + 1`
   done
```

Das Script bei der Ausführung:

```
you@host > ./aunlimited A B C D E F G H I J K
1. Argument  : A
2. Argument  : B
3. Argument  : C
4. Argument  : D
5. Argument  : E
6. Argument  : F
7. Argument  : G
8. Argument  : H
9. Argument  : I
10. Argument : J
11. Argument : K
```

Das Script arbeitet zwar jetzt beliebig viele Argumente ab, aber es wurde immer noch nicht demonstriert, wofür so etwas gut sein soll. Rufen Sie doch das Script nochmals folgendermaßen auf:

```
you@host > ./aunlimited /usr/include/*.h
1. Argument : /usr/include/af_vfs.h
2. Argument : /usr/include/aio.h
3. Argument : /usr/include/aliases.h
4. Argument : /usr/include/alloca.h
5. Argument : /usr/include/ansidecl.h
...
...
235. Argument : /usr/include/xlocale.h
```

```
236. Argument : /usr/include/xmi.h
237. Argument : /usr/include/zconf.h
238. Argument : /usr/include/zlib.h
239. Argument : /usr/include/zutil.h
```

Das dürfte Ihre Fragen nach dem Sinn beantworten. Durch die Datei-Expansion wurden aus einem Argument auf einmal 239 Argumente.

3.6.1 Beliebig viele Argumente (Bash und Korn-Shell only)

In der Bash und der Korn-Shell steht Ihnen noch eine weitere Alternative zur Verfügung, um auf ein Element jenseits von neun zurückzugreifen. Hierbei können Sie alles wie gehabt nutzen (also `$1`, `$2` ... `$9`), nur dass Sie nach der neunten Position den Wert in geschweifte Klammern (`${n}`) setzen müssen. Wollen Sie bspw. auf das 20. Argument zurückgreifen, gehen Sie folgendermaßen vor:

```
# Argument 20
echo "Das 20. Argument: ${20}"
# Argument 99
echo ${99}
```

3.7 Argumente setzen mit set und Kommando-Substitution

Es ist neben dem Kommandoaufruf auch noch ein anderer Weg möglich, die Positionsparameter `$1` bis `$n` mit Werten zu belegen. Dies lässt sich mit dem Kommando `set` realisieren. Vorwiegend wird diese Technik dazu benutzt, Zeichenketten in einzelne Worte zu zerlegen. Ein Aufruf von `set` überträgt die Argumente seines Aufrufs nacheinander an die Positionsparameter `$1` bis `$n`. Dies nehmen selbstverständlich auch die Variablen `$#`, `$*` und `$@` zur Kenntnis (siehe Abbildung 3.3).

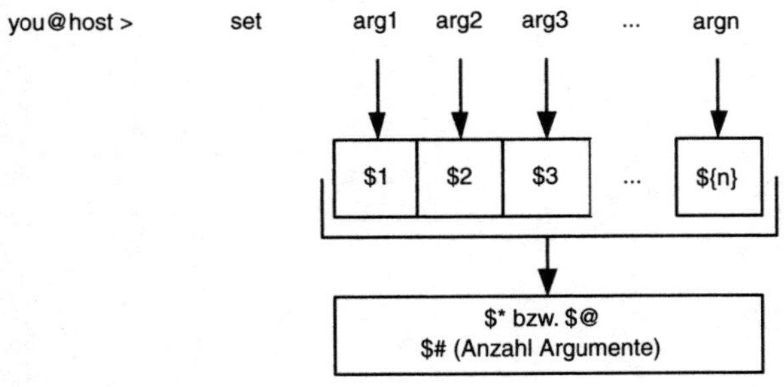

Abbildung 3.3 Positionsparameter setzen mit set

Zur Demonstration folgender Vorgang in einer Shell:

```
you@host > set test1 test2 test3 test4
you@host > echo $1
test1
you@host > echo $2
test2
you@host > echo $3
test3
you@host > echo $4
test4
you@host > echo $#
4
you@host > echo $*
test1 test2 test3 test4
```

Hier werden die einzelnen Argumente durch den Befehl `set` an die Positionsparameter `$1` bis `$4` übergeben. Als Trenner zwischen den einzelnen Argumenten muss hier mindestens ein Leerzeichen (siehe Variable `IFS`) verwendet werden.

Nun aber noch zu folgendem Problem:

```
you@host > set -a -b -c
bash: set: -c: invalid option
set: usage: set [--abefhkmnptuvxBCHP] [-o option] [arg ...]
```

Hier hätte ich gern die Optionen `-a`, `-b` und `-c` an `$1`, `$2` und `$3` übergeben. Aber die Shell verwendet hier das Minuszeichen für »echte« Optionen, also Optionen, mit denen Sie das Kommando `set` beeinflussen können. Wollen Sie dem entgegnen, müssen Sie vor den neuen Positionsparametern zwei Minuszeichen (`--`) angeben.

```
you@host > set -- -a -b -c
you@host > echo $1 $2 $3
-a -b -c
```

Hinweis Bitte beachten Sie, dass Sie mit `set --` ohne weitere Angaben von Argumenten alle Positionsparameter löschen. Dies gilt allerdings nur für die Bash und die Korn-Shell. In der Bourne-Shell können Sie hierfür einen leeren String (`set ""`) angeben.

Wie bereits erwähnt wurde, erfolgt der Einsatz von `set` eher nicht bei der Übergabe von Parametern, sondern der Zerlegung von Zeichenketten, insbesondere der Zeichenketten, die von Kommandos zurückgegeben werden. Ein einfaches Beispiel einer solchen Anwendung (natürlich wird hierzu die Kommando-Substitution herangezogen):

```
# Positionsparameter mit set und Kommando-Substitution
# auserinfo

set `who | grep $1`

echo "User          : $1"
echo "Bildschirm    : $2"
echo "Login um      : $5"
```

Das Script bei der Ausführung:

```
you@host > ./auserinfo you
User         : you
Bildschirm   : tty03
Login um     : 23:05
you@host > ./auserinfo tot
User         : tot
Bildschirm   : :0
Login um     : 21:05
```

Um zu wissen, wie die einzelnen Positionsparameter zu Stande kommen, muss man selbstverständlich mit dem entsprechenden Kommando vertraut sein. Hier wurde `who` verwendet. Mit einer Pipe wurde die Standardausgabe auf die Standardeingabe von `grep` weitergeleitet und filtert hierbei nur noch den entsprechenden String aus, den Sie als erstes Argument beim Aufruf mitgeben. Um zu sehen, welche Parameter `set` übergeben werden, können Sie einfach mal den Befehl `who | grep you` eingeben (für »you« geben Sie einen auf Ihrem Rechner vorhandenen Benutzernamen ein). Zwar wurde hierbei der Benutzername verwendet, aber es hindert Sie keiner daran, Folgendes vorzunehmen:

```
you@host > ./auserinfo 23:*
User         : you
Bildschirm   : tty03
Login um     : 23:05
```

Damit wird nach einem User gesucht, der sich ab 23 Uhr eingeloggt hat. Zurück zu den Positionsparametern; ein Aufruf von `who` verschafft Klarheit:

```
you@host > who
tot      :0              Feb 16 21:05 (console)
you      tty03           Feb 16 23:05
```

Daraus ergeben sich folgende Positionsparameter (siehe Abbildung 3.4):

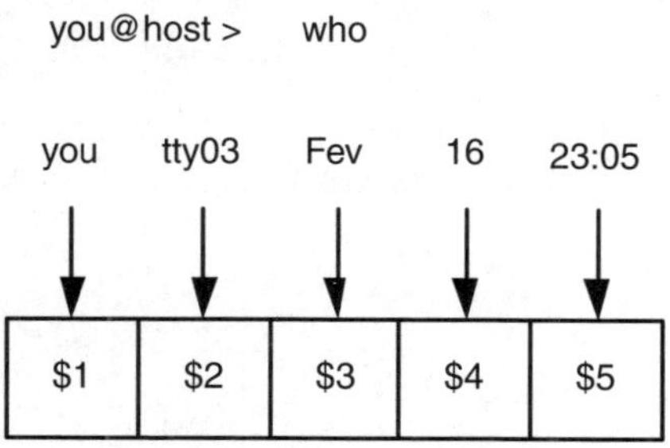

Abbildung 3.4 Positionsparameter nach einer Kommando-Substitution

Durch den Aufruf von

```
set `who | grep $1`
```

werden jetzt die einzelnen Positionsparameter den Variablen `$1` bis `$5` zugewiesen (optional könnten Sie hier mit »(console)« auch den sechsten Parameter mit einbeziehen), die Sie anschließend in Ihrem Script verarbeiten können – im Beispiel wurde eine einfache Ausgabe mittels `echo` verwendet. Dass dies derart funktioniert, ist immer der Shell-Variablen `IFS` zu verdanken, die das Trennzeichen für solche Aktionen beinhaltet. Sollten bei einem Kommando keine Leerzeichen als Trenner zurückgegeben werden, so müssen Sie die Variable `IFS` mit einem neuen Wert versehen.

Ein weiteres simples und häufig zitiertes Beispiel mit `date`:

```
you@host > date
Do Feb 17 01:05:15 CET 2005
you@host > set `date`
you@host > echo "$3.$2.$6 um $4"
17.Feb.2005 um 01:05:22
```

3.8 getopts – Kommandozeilenoptionen auswerten

Bei fast allen Linux-UNIX-Kommandos finden Sie so genannte Optionen, die mit einem Minuszeichen (`-`) eingeleitet werden. Bspw. bei `ls -l` ist `-l` die Option. Um sich um solche Optionen zu kümmern, können Sie die Argumente der

Kommandozeile entweder selbst überprüfen und auswerten oder Sie verwenden den Befehl `getopts`. Hier die Syntax zu `getopts`:

```
getopts Optionen Variable [Argumente]
```

Um die Funktion `getopts` richtig einzusetzen, müssen Sie folgende Regeln beachten:

- Auch wenn `getopts` benutzt wird, so setzt dies nicht voraus, dass unbedingt Optionen angegeben werden müssen.
- Optionen müssen vor dem Dateinamen bzw. Parameter stehen:

  ```
  kommando -o datei.txt    # Richtig
  kommando datei.txt -o    # Falsch
  ```

- Die Reihenfolge, in der die Optionen angegeben werden, ist unwichtig:

  ```
  kommando -o -x datei.txt # Richtig
  kommando -x -o datei.txt # Auch richtig
  ```

- Optionen können auch zusammengefasst werden:

  ```
  kommando -ox datei.txt # Richtig
  kommando -xo datei.txt # Richtig
  ```

Wird `getopts` aufgerufen, überprüft dieses Kommando, ob sich eine Option (eingeleitet mit einem »`-`«) in den Positionsparametern (von links nach rechts) befindet. Der Parameter, der als Nächstes bearbeitet werden soll, wird bei einer Shell in der automatischen Variable `OPTIND` verwaltet. Der Wert dieser Variablen beträgt beim Aufruf erst einmal 1 – wird aber bei jedem weiteren `getopts`-Aufruf um 1 erhöht. Wenn eine Kommandozeile mehrfach eingelesen werden soll, muss der Index manuell zurückgesetzt werden.

Wird eine Option gefunden, dann wird dieses Zeichen der Variablen »Variable« zugewiesen. In der Zeichenkette »Optionen« werden alle Schalter mit einem Kennbuchstaben angegeben. Schalter, die zusätzliche Argumente erhalten, bekommen einen Doppelpunkt dahinter angehängt. Die Optionen, die ein weiteres Argument erwarten (also die, die mit einem Doppelpunkt markiert sind), werden in der Shell-Variablen `OPTARG` gespeichert.

Wenn nicht ausdrücklich ein »Argument« beim Aufruf von `getopts` übergeben wird, verwendet das Shell-Kommando die Positionsparameter, also die Argumente von der Kommandozeile des Scripts.

Wenn getopts 0 zurückliefert, deutet dies auf eine gefundene Option hin. Bei einem Wert ungleich 0 wurde das Ende der Argumente erreicht oder es ist ein Fehler aufgetreten. Wollen Sie eine Fehlermeldungsausgabe vermeiden, können Sie einen Doppelpunkt als erstes Zeichen verwenden oder die Shell-Variable OPTERR auf 0 setzen.

Gewöhnlich wird getopts in einer Schleife mit einer case-Konstruktion ausgewertet. Zwar wurde beides bisher noch nicht behandelt (erst im nächsten Kapitel), aber trotzdem will ich es an dieser Stelle nicht bei der trockenen Theorie belassen. Hier ein mögliches Beispiel:

```
# Demonstriert getopt
# Name: agetopter

while getopts abc:D: opt
do
   case $opt in
       a) echo "Option a";;
       b) echo "Option b";;
       c) echo "Option c : ($OPTARG)";;
       D) echo "Option D : ($OPTARG)";;
   esac
done
```

Das Script bei der Ausführung:

```
you@host > ./agetopter -a
Option a
you@host > ./agetopter -b
Option b
you@host > ./agetopter -c
./agetopter: option requires an argument -- c
you@host > ./agetopter -c Hallo
Option c : (Hallo)
you@host > ./agetopter -D
./agetopter: option requires an argument -- D
you@host > ./agetopter -D Nochmals
Option D : (Nochmals)
you@host > ./agetopter -ab
Option a
Option b
you@host > ./agetopter -abD
```

```
Option a
Option b
./agetopter: option requires an argument -- D
you@host > ./agetopter -abD Hallo
Option a
Option b
Option D : (Hallo)
you@host > ./agetopter -x
./agetopter: illegal option - x
```

Im Beispiel konnten Sie außerdem auch gleich die Auswirkungen des Doppelpunktes hinter einem Optionszeichen erkennen. Geben Sie bei Verwendung einer solchen Option kein weiteres Argument an, wird eine Fehlermeldung zurückgegeben. Selbst ein falsches Argument wertet `getopts` hier aus und meldet den Fehler.

Wollen Sie die Fehlerausgabe selbst behandeln, also nicht eine von `getopts` produzierte Fehlermeldung verwenden, dann müssen Sie die Ausgabe von `getopts` in das Datengrab (*/dev/null*) schieben und als weitere Option in `case` ein Fragezeichen auswerten. Im Fehlerfall liefert Ihnen nämlich `getopts` ein Fragezeichen zurück. Dasselbe Script, jetzt ohne `getopts`-Fehlermeldungen:

```
# Demonstriert getopt
# Name: agetopter2

while getopts abc:D: opt 2>/dev/null
do
   case $opt in
       a) echo "Option a";;
       b) echo "Option b";;
       c) echo "Option c : ($OPTARG)";;
       D) echo "Option D : ($OPTARG)";;
       ?) echo "($0): Ein Fehler bei der Optionsangabe"
   esac
done
```

Das Script bei einer fehlerhaften Ausführung:

```
you@host > ./agetopter2 -D
(./agetopter2): Ein Fehler bei der Optionsangabe
you@host > ./agetopter2 -x
(./agetopter2): Ein Fehler bei der Optionsangabe
```

3.9 Vorgabewerte für Variablen

Da Sie sich nicht immer darauf verlassen können, dass die Anwender Ihrer Scrips schon das Richtige eingeben werden, gibt es so genannte Vorgabewerte für Variablen. Dass ich hier nicht »Vorgabewerte für Argumente« schreibe, deutet schon darauf hin, dass dieses Anwendungsgebiet nicht nur für die Kommandozeile gilt, sondern auch für Variablen im Allgemeinen. Neben den Positionsparametern können Sie damit also auch jegliche Art von Benutzereingaben bearbeiten.

Wenn Sie zu Kapitel 4, *Kontrollstrukturen*, kommen, wird Ihnen auffallen, dass die Verwendung von Vorgabewerten den `if-then-else`-Konstrukten ähnelt. Hierzu ein simples Beispiel. Es sollen aus einem Verzeichnis alle Verzeichnisse, die sich darin befinden, ausgegeben werden. Nehmen wir als Scriptnamen »lsdirs«. Rufen Sie dieses Script ohne ein Argument auf, wird durch einen Standardwert (im Beispiel einfach das aktuelle Arbeitsverzeichnis `pwd`) das aufzulistende Verzeichnis vorgegeben. Hier das Shellscript:

```
# Vorgabewerte setzen
# Name: lsdirs

directory=${1:-`pwd`}

ls -ld $directory | grep ^d
```

Das Script bei der Ausführung:

```
you@host > ./lsdirs
drwxr-xr-x  2 tot users     72 2005-02-07 10:29 bin
drwx------  3 tot users    424 2005-02-07 11:29 Desktop
drwxr-xr-x  2 tot users    112 2005-02-17 08:11 Documents
drwxr-xr-x  4 tot users    208 2005-02-07 10:29 HelpExplorer
drwxr-xr-x  2 tot users     80 2005-02-05 15:03 public_html
drwxr-xr-x  3 tot users    216 2004-09-04 19:55 Setup
drwxr-xr-x  4 tot users    304 2005-02-15 07:19 Shellbuch
you@host > ./lsdirs /home/tot/Shellbuch
drwxr-xr-x  2 tot users   2712 2005-02-09 03:57 chm_pdf
drwxr-xr-x  2 tot users    128 2005-02-05 15:15 Planung
you@host > ./lsdirs /home
drwxr-xr-x  27 tot users 2040 2005-02-18 00:30 tot
drwxr-xr-x  45 you users 2040 2005-01-28 02:32 you
```

Zugegeben, das mit dem `grep ^d` hätte man auch mit einem einfachen `test`-Kommando realisieren können, aber hier müsste ich wieder auf ein Thema vorgreifen, was bisher noch nicht behandelt wurde. Durch `^d` werden einfach alle Zeilen von `ls -ld` herausgezogen, die mit einem `d` (hier für die Dateiart *directory*) anfangen. Mit der Zeile

```
directory=${1:-`pwd`}
```

übergeben Sie der Variablen »directory« entweder den Wert des Positionsparameters `$1` oder – wenn diese Variable leer ist – es wird stattdessen eine Kommando-Substitution durchgeführt (hier `pwd`) und deren Wert in »directory« abgelegt. Es gibt noch mehr solcher Konstruktionen für Standardwerte von Variablen, wie sie hier mit `${var:-wort}` verwendet wurde. Tabelle 3.1 nennt alle Möglichkeiten:

Vorgabewert-Konstrukt	Bedeutung
`${var:-wort}`	Ist `var` mit einem Inhalt besetzt (nicht Null), wird `var` zurückgegeben. Ansonsten wird die Variable `wort` verwendet.
`${var:+wort}`	Hier wird `wort` zurückgegeben, wenn die `var` nicht (!) leer ist. Ansonsten wird ein Null-Wert zurückgegeben. Praktisch das Gegenteil von `${var:-wort}`.
`${var:=wort}`	Ist `var` nicht gesetzt oder entspricht `var` einem Null-Wert, dann setze `var=wort`. Ansonsten wird `var` zurückgegeben.
`${var:?wort}`	Gibt `var` zurück, wenn `var` nicht Null ist. Ansonsten: Ist ein `wort` gesetzt, dann eben `wort` ausgeben. Wenn kein `wort` angegeben wurde, einen vordefinierten Text verwenden und das Shellscript verlassen.

Tabelle 3.1 Vorgabewerte für Variablen

Anmerkung `wort` kann hier in allen Ausdrücken entweder ein String sein oder eben ein Ausdruck (wie im Beispiel eine Kommando-Substitution).

Hinweis Lassen Sie bei diesen Ausdrücken den Doppelpunkt weg, ändert sich die erste Abfrage so, dass nur überprüft wird, ob diese Variable definiert ist oder nicht.

Zu den Standardvorgabewerten soll hier auch noch ein einfaches Beispiel-Script zur Demonstration der einzelnen Funktionalitäten gezeigt werden. Das Shellscript und seine Ausführung sollten durch das eben Erläuterte selbsterklärend sein:

```
# Demonstriert Vorgabewerte
# Name: adefaultvar

var2=var2
```

```
var4=var4
var5=var5

# Erstes Argument in der Kommandozeile, falls nicht verwendet
echo ${1:-"Alternatives_erstes_Argument"}
# Hier ist var1 nicht besetzt - also Leerstring zurückgeben
echo ${var1:+"wort1"}
# var2 ist gesetzt ("var2") und wird somit von "wort2"
überschrieben
echo ${var2:+"wort2"}
# Hier ist var3 nicht gesetzt und wird vom String "wort3"
beschrieben
echo ${var3:="wort3"}
# Hier ist var4 besetzt mit "var4" und wird so auch zurückgegeben
echo ${var4:="wort4"}
# var5 ("var5") ist nicht leer und wird somit auch zurückgegeben
echo ${var5:?"wort5"}
# var6 ist leer und somit wird eine Fehlermeldung mit dem Text
"wort6" ...
# ausgegeben und das Shellscript beendet
echo ${var6:?"wort6"}

echo "Dieser String wird nie ausgegeben"
```

Das Script bei der Ausführung:

```
you@host > ./adefaultvar
Alternatives_erstes_Argument

wort2
wort3
var4
var5
./adefaultvar: line 22: var6: wort6
you@host > ./adefaultvar mein_Argument
mein_Argument

wort2
wort3
var4
var5
./adefaultvar: line 22: var6: wort6
```

4 Kontrollstrukturen

4 Kontrollstrukturen

Um aus der »Shell« eine »echte« Programmiersprache zu machen, sind so genannte Kontrollstrukturen erforderlich. Dabei handelt es sich um Entscheidungsverzweigungen oder Schleifen. Eine Programmiersprache ohne Verzweigungen wäre wohl eine Katastrophe. Mit einer Verzweigung können Sie dafür sorgen, dass die weitere Ausführung des Scripts von einer bestimmten Bedingung abhängt und eben entsprechend verzweigt wird. Ebenso sieht es mit den Schleifen aus. Anstatt immer Zeile für Zeile dieselben Anweisungen auszuführen, können Sie dies auch in einer Schleife zusammenfassen.

4.1 Bedingte Anweisung mit if

Wenn Sie überprüfen wollen, ob eine Eingabe von der Kommandozeile oder der Tastatur (egal, ob eine Zahl oder eine Zeichenkette) korrekt war, ob das Auslesen einer Datei ein entsprechendes Ergebnis beinhaltet, Sie eine Datei bzw. ein bestimmtes Attribut prüfen müssen oder den Erfolg einer Kommandoausführung testen wollen, dann können Sie hierfür die bedingte Anweisung (oder auch Verzweigung) mit `if` verwenden. Die korrekte Syntax der `if`-Verzweigung sieht wie folgt aus:

```
if Kommando_erfolgreich
then
   # Ja, Kommando war erfolgreich
   # ... hier Befehle für erfolgreiches Kommando verwenden
fi
```

Im Anschluss des Schlüsselwortes `if` muss ein Kommando oder eine Kommandofolge folgen. Wurde das Kommando (oder die Kommandofolge) erfolgreich ausgeführt, wird als Rückgabewert 0 zurückgegeben (wie dies ja bei Kommandos üblich ist). Im Fall einer erfolgreichen Kommandoausführung werden also die Befehle im darauf folgenden `then` (bis zum `fi`) ausgeführt. Bei einer fehlerhaften Kommandoausführung wird die Ausführung, sofern weitere Kommandos vorhanden sind, hinter dem `fi` fortgesetzt. Oder einfacher: Falls der Befehl einen Fehler zurückgab, wird der Anweisungsblock in der Verzweigung übersprungen. `fi` (rückwärts geschriebenes `if`) schließt eine `if`-Anweisung bzw. den Anweisungsblock ab (siehe Abbildung 4.1).

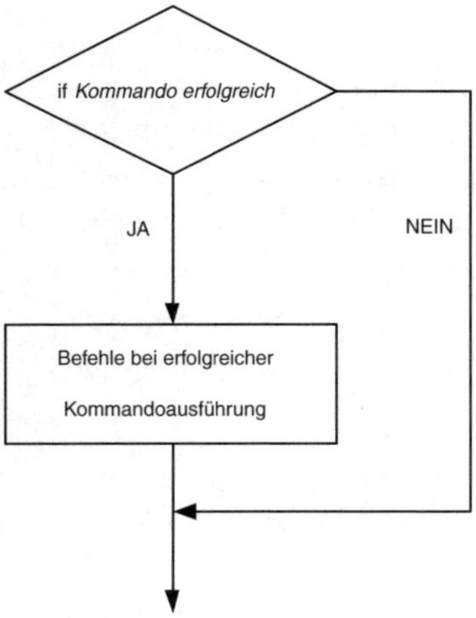

Abbildung 4.1 Bedingte Anweisung mit if

Wenn Sie sich schon mal einige Scripts angesehen haben, werden Sie feststellen, dass häufig folgende Syntax bei einer `if`-Verzweigung verwendet wird:

```
if [ bedingung ]
then
   # Ja, Bedingung war erfolgreich
   # ... hier Befehle für erfolgreiche Bedingung verwenden
fi
```

Selbstverständlich dürfen Sie die `if`-Verzweigung zu einem etwas unleserlichen Code zusammenpacken, müssen dann aber entsprechend Semikolons zur Trennung verwenden (diese Schreibweise wird gewöhnlich verwendet, um eine Verzweigung auf der Kommandozeile einzugeben):

```
if [ bedingung ]; then befehl(e) ; fi
```

Bei einer Verwendung von eckigen Klammern handelt es sich um den `test`-Befehl, dessen symbolische Form eben `[ ... ]` ist. Hierauf wird noch recht umfangreich eingegangen. Wir wollen uns jetzt weiter mit der `if`-Verzweigung ohne den `test`-Befehl befassen.

Skurriles: Wenn ich hier behaupte, dass die eckigen Klammern eine symbolische Form für `test` sind, stimmt das eigentlich nicht. Wer mal nach einem Kommando »[« sucht (`which [`), wird überrascht sein, dass es tatsächlich ein »Binary« mit diesem Namen gibt. Richtig gesehen handelt es sich somit nicht um eine andere Schreibweise von `test`, sondern um ein eigenständiges Programm, das als letzten Parameter die schließende eckige Klammer auswertet.

4.1.1 Kommandos testen mit if

Hierzu ein einfaches Shellscript, welches das Kommando `grep` auf erfolgreiche Ausführung überprüft. In der Datei */etc/passwd* wird einfach nach einem Benutzer gesucht, den Sie als erstes Argument (Positionsparameter `$1`) in der Kommandozeile angeben (siehe Abbildung 4.2). Je nach Erfolg, bekommen Sie eine entsprechende Meldung ausgegeben.

```
# Demonstriert eine Verzweigung mit if
# Name: aif1

# Benutzer in /etc/passwd suchen ...
if grep "^$1" /etc/passwd
then
   # Ja, grep war erfolgreich
   echo "User $1 ist bekannt auf dem System"
   exit 0;  # Erfolgreich beenden ...
fi

# Angegebener User scheint hier nicht vorhanden zu sein ...
echo "User $1 gibt es hier nicht"
```

Das Script bei der Ausführung:

```
you@host > ./aif1 you
you:x:1001:100::/home/you:/bin/bash
User you ist bekannt auf dem System
you@host > ./aif1 tot
tot:x:1000:100:J.Wolf:/home/tot:/bin/bash
User tot ist bekannt auf dem System
you@host > ./aif1 root
root:x:0:0:root:/root:/bin/bash
User root ist bekannt auf dem System
you@host > ./aif1 rot
User rot gibt es hier nicht
```

Findet `grep` hier den Benutzer, den Sie als erstes Argument übergeben haben, liefert es den Exit-Status 0 zurück und somit wird `then` in der `if`-Verzweigung ausgeführt. Bei erfolgloser Suche gibt `grep` einen Wert ungleich 0 zurück, womit nicht in die `if`-Verzweigung gewechselt, sondern mit der Ausführung hinter dem `fi` der `if`-Verzweigung fortgefahren wird.

Was in diesem Beispiel ein wenig stört, ist die Standardausgabe, die hier unerwünscht »hereinplappert«. Hier lässt sich aber wie in der Kommandozeile eine

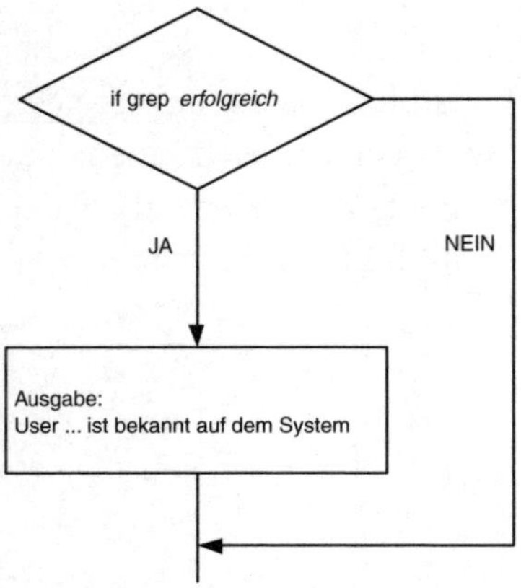

Abbildung 4.2 Bedingte if-Anweisung in der Praxis

einfache Umleitung in das Datengrab */dev/null* legen. Hierzu müssen Sie nur die Zeile

```
if grep "^$1" /etc/passwd
```

umändern in

```
if grep "^$1" /etc/passwd > /dev/null
```

Natürlich kann die Fehlerausgabe (`stderr`) auch noch unterdrückt werden:

```
if grep "^$1" /etc/passwd > /dev/null 2>&1
```

Somit würde die Ausführung des Scripts jetzt wie folgt aussehen:

```
you@host > ./aif1 you
User you ist bekannt auf dem System
you@host > ./aif1 tot
User tot ist bekannt auf dem System
you@host > ./aif1 root
User root ist bekannt auf dem System
you@host > ./aif1 rot
User rot gibt es hier nicht
```

Aus Abschnitt 1.8.8 kennen Sie ja bereits den Exit-Status und wissen, wie Sie diesen mit der Variablen `$?` abfragen können. Somit könnten Sie statt – wie im Beispiel geschehen – den Kommandoaufruf mit `if` auf Erfolg zu testen, den Rückgabewert eines Kommandos testen. Allerdings benötigen Sie hierzu wieder das `test`-Kommando oder dessen »alternative« Schreibweise in eckigen Klammern. Zwar wurde das `test`-Kommando noch nicht behandelt, aber aus Referenzgründen will ich Ihnen das Beispiel hier nicht vorenthalten:

```
# Demonstriert eine test-Verzweigung mit if
# Name: aif2

# Benutzer in /etc/passwd suchen ...
grep "^$1" /etc/passwd > /dev/null

# Ist der Exit-Status in $? nicht gleich (not equal) 0 ...
if [ $? -ne 0 ]
   then
   echo "Die Ausführung von grep ist fehlgeschlagen"
   echo "Vermutlich existiert User $1 hier nicht"
   exit 1  # Erfolglos beenden
fi

# grep erfolgreich
echo "User $1 ist bekannt auf dem System"
```

Das Script bei der Ausführung:

```
you@host > ./aif2 you
User you ist bekannt auf dem System
you@host > ./aif2 rot
Die Ausführung von grep ist fehlgeschlagen
Vermutlich existiert User rot hier nicht
```

4.1.2 Kommandoverkettung über Pipes mit if

Wenn bei einer `if`-Abfrage mehrere Kommandos mit den Pipes verwendet werden, ist der Rückgabewert immer der des letzten Kommandos. Dies scheint auch irgendwie logisch, denn es gibt nur eine Variable für den Exit-Status (`$?`). Somit wird in einer Kommandoverkettung immer die Variable `$?` mit einem neuen Exit-Status belegt – bis zum letzten Kommando in der Verkettung.

Trotzdem hat eine solche Kommandoverkettung durchaus ihre Tücken. Denn wem nützt es, wenn das letzte Kommando erfolgreich war, aber eines der vorhergehenden Kommandos einen Fehler produziert hat? Hier ein Beispiel, das zeigt, worauf ich hinaus will:

```
# Demonstriert eine Kommandoverkettung mit if
# Name: aif3

# In /usr/include nach erstem eingegebenen Argument suchen
if ls -l /usr/include | grep $1 | wc -l
```

```
   then
   echo "Suche erfolgreich"
   exit 0
fi

echo "Suche erfolglos"
```

Das Script bei der Ausführung:

```
you@host > ./aif3 l.h
15
Suche erfolgreich
you@host > ./aif3 std
5
Suche erfolgreich
you@host > ./aif3 asdfjklö
0
Suche erfolgreich
you@host > ./aif3
Aufruf: grep [OPTION]... MUSTER [DATEI]...
»grep --help« gibt Ihnen mehr Informationen.
0
Suche erfolgreich
```

Wie Sie sehen konnten, gibt es bei den letzten zwei Suchanfragen eigentlich keine erfolgreichen Suchergebnisse mehr. Trotzdem wird »Suche erfolgreich« zurückgegeben – was ja auch klar ist, weil die Ausführung des letzten Kommandos `wc -l` keinen Fehler produziert hat und 0 zurückgab. Sie haben zwar jetzt die Möglichkeit, die Standardfehlerausgabe zu überprüfen, aber dies wird mit jedem weiteren Befehl in der Pipe immer unübersichtlicher.

PIPESTATUS auswerten (Bash only)

In der Bash kann Ihnen hierbei die Shell-Variable `PIPESTATUS` helfen. Die Variable `PIPESTATUS` ist ein Array, welches die Exit-Status der zuletzt ausgeführten Kommandos enthält. Der Rückgabewert des ersten Befehls steht in `${PIPESTATUS[0]}`, der zweite in `${PIPESTATUS[1]}`, der dritte in `${PIPESTATUS[2]}` usw. Die Anzahl der Befehle, die in einer Pipe ausgeführt wurden, enthält `${#PIPESTATUS[*]}` und alle Rückgabewerte (getrennt mit einem Leerzeichen) erhalten Sie mit `${PIPESTATUS[*]}`. Hier die Verwendung von `PIPESTATUS` in der Praxis, angewandt auf das Beispiel `aif3`:

```
# Demonstriert die Verwendung von PIPESTATUS in der Bash
# Name: apipestatus

# In /usr/include suchen
ls -l /usr/include | grep $1 | wc -l

# kompletten PIPESTATUS in die Variable STATUS legen
STATUS=${PIPESTATUS[*]}

# Die Variable STATUS auf die einzelnen
# Positionsparameter aufteilen
set $STATUS

# Status einzeln zurückgeben
echo "ls    : $1"
echo "grep  : $2"
echo "wc    : $3"

# Fehlerüberprüfungen der einzelnen Werte ...
if [ $1 -ne 0 ]; then
  echo "Fehler bei ls" >&2
fi

if [ $2 -ne 0 ]; then
  echo "Fehler bei grep" >&2
fi

if [ $3 -ne 0 ]; then
  echo "Fehler bei wc" >&2
fi
```

Das Shellscript bei der Ausführung:

```
you@host > ./apipestatus std
5
ls    : 0
grep  : 0
wc    : 0
you@host > ./apipestatus
Aufruf: grep [OPTION]... MUSTER [DATEI]...
»grep --help« gibt Ihnen mehr Informationen.
```

```
0
ls    : 141
grep  : 2
wc    : 0
Fehler bei ls
Fehler bei grep
you@host > ./apipestatus asdf
0
ls    : 0
grep  : 1
wc    : 0
Fehler bei grep
```

Wichtig ist, dass Sie `PIPESTATUS` unmittelbar nach der Kommandoverkettung abfragen. Führen Sie dazwischen bspw. eine `echo`-Ausgabe durch, finden Sie im Array `PIPESTATUS` nur noch den Exit-Status des `echo`-Kommandos.

Pipestatus auswerten (für alle Shells)

Mit einigen Klimmzügen ist es auch möglich, die Auswertung der Exit-Codes aller Kommandos in einer Pipe vorzunehmen. Zuerst werden neue Ausgabekanäle angelegt und die Ausführung der Pipe muss in einen `eval`-Anweisungsblock gepackt werden. Leitet man die entsprechenden Kanäle in die richtigen Bahnen, erhält man auch hier sämtliche Exit-Codes einer Pipe. Auf die Funktion `eval` wird noch in Kapitel 9, *Nützliche Funktionen*, näher eingegangen, aber auch in diesem Fall will ich Ihnen vorab ein Beispiel anbieten (auf die `test`-Überprüfung wurde allerdings verzichtet).

```
# Demonstriert, wie man alle Kommandos einer Pipe ohne
# die Shell-Variable PIPESTATUS ermitteln kann
# Name: apipestatus2

exec 3>&1 # dritten Ausgabekanal öffnen (für stdout)
exec 4>&1 # vierten Ausgabekanal öffnen (für Exit-Status)

eval `
{
    {
        ls -l /usr/include
        echo lsexit=$? >&4;
    } | {
        grep $1
```

```
        echo grepexit=$? >&4;
    } | wc -l
} 4>&1 >&3 # Umleitung
`

echo "ls    : $lsexit"
echo "grep  : $grepexit"
echo "wc    : $?"
```

Das Shellscript bei der Ausführung:

```
you@host > ./apipestatus2
Aufruf: grep [OPTION]... MUSTER [DATEI]...
"grep --help" gibt Ihnen mehr Informationen.
0
ls   : 141
grep : 2
wc   : 0
you@host > ./apipestatus2 std
5
ls   : 0
grep : 0
wc   : 0
you@host > ./apipestatus2 asdfasf
0
ls   : 0
grep : 1
wc   : 0
```

4.2 Die else-Alternative für eine if-Verzweigung

Oft will man der `if`-Verzweigung noch eine Alternative anbieten. Das heißt, wenn die Überprüfung des Kommandos (oder auch der `test`-Aufruf) fehlgeschlagen ist, soll in einen anderen Codeabschnitt verzweigt werden. Hier die Syntax zur `else`-Verzweigung:

```
if Kommando_erfolgreich
then
   # Ja, Kommando war erfolgreich
   # ... hier Befehle für erfolgreiches Kommando verwenden
else
   # Nein, Kommando war nicht erfolgreich
```

```
   # ... hier die Befehle bei einer erfolglosen
   # Kommandoausführung setzen
fi
```

Gegenüber der `if`-Verzweigung kommt hier ein alternatives `else` hinzu. War die Kommandoausführung erfolglos, geht es hinter `else` bis `fi` mit der Programmausführung weiter (siehe Abbildung 4.3).

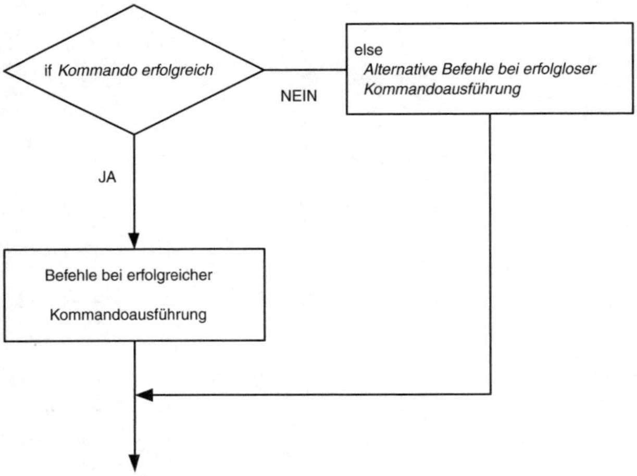

Abbildung 4.3 Die else-Alternative

Natürlich können Sie auch hier die unleserlichere Form der `if-else`-Verzweigung verwenden:

```
if Kommando_erfolgreich ; then befehl(e) ; else befehl(e) ; fi
```

Umgeschrieben auf das Beispiel »aif1« vom Anfang dieses Kapitels sieht das Script mit `else` folgendermaßen aus:

```
# Demonstriert eine alternative Verzweigung mit else
# Name: aelse

# Benutzer in /etc/passwd suchen ...
if grep "^$1" /etc/passwd > /dev/null
then
   # grep erfolgreich
   echo "User $1 ist bekannt auf dem System"
else
   # grep erfolglos
   echo "User $1 gibt es hier nicht"
fi
```

Siehe dazu auch Abbildung 4.4:

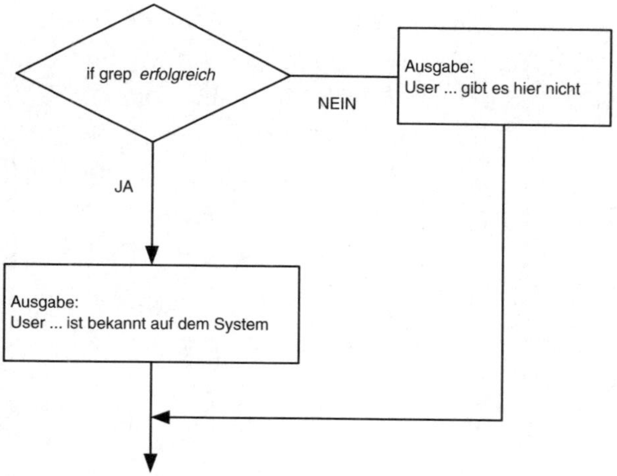

Abbildung 4.4 Die else-Alternative in der Praxis

Gegenüber dem Script `aif1` hat sich bei der Ausführung nicht viel geändert. Nur wenn `grep` erfolglos war, kann jetzt in die `else`-Alternative verzweigt werden und das Script muss nicht mehr mit `exit` beendet werden.

4.3 Mehrfache Alternative mit elif

Es ist auch möglich, mehrere Bedingungen zu testen. Hierzu verwendet man `elif`. Die Syntax:

```
if Kommando1_erfolgreich
then
   # Ja, Kommando1 war erfolgreich
   # ... hier Befehle für erfolgreiches Kommando1 verwenden
elif Kommando2_erfolgreich
then
   # Ja, Kommando2 war erfolgreich
   # ... hier Befehle für erfolgreiches Kommando2 verwenden
else
   # Nein, kein Kommando war erfolgreich
   # ... hier die Befehle bei einer erfolglosen
   # Kommandoausführung setzen
fi
```

Liefert die Kommandoausführung von `if` 0 zurück, werden wieder entsprechende Kommandos nach `then` bis zum nächsten `elif` ausgeführt. Gibt `if` hingegen einen Wert ungleich 0 zurück, dann findet die Ausführung in der nächsten Verzweigung, hier mit `elif`, statt. Liefert `elif` hier einen Wert von 0 zurück, werden die Kommandos im darauf folgenden `then` bis zu `else` ausgeführt. Gibt `elif` hingegen ebenfalls einen Wert ungleich 0 zurück, findet die weitere Ausführung in der `else`-Alternative statt. `else` ist hier optional und muss nicht verwendet werden. Selbstverständlich können Sie hier beliebig viele `elif`-Verzweigungen einbauen. Sobald eines der Kommandos erfolgreich war, wird entsprechender Zweig abgearbeitet (siehe Abbildung 4.5).

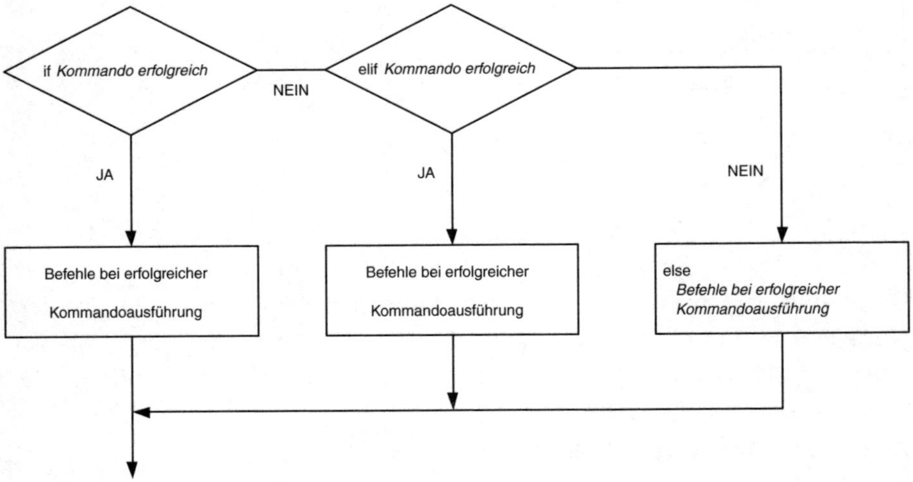

Abbildung 4.5 Mehrere Altervativen mit elif

Alternativ zu dem etwas längeren `elif`-Konstrukt wird häufig die `case`-Fallunterscheidung verwendet (sehr empfehlenswert).

Ein einfaches Anwendungsbeispiel ist es, zu ermitteln, ob ein bestimmtes Kommando auf dem System vorhanden ist. Im Beispiel soll ermittelt werden, was für ein `make` sich auf dem System befindet. Bspw. gibt es neben `make` auch `gmake`, welches von einigen Programmen benutzt wird. Auf neueren Systemen ist häufig ein entsprechender symbolischer Link gesetzt. Beim Verwenden von `gmake` etwa unter Linux wird behauptet, dass dieses Kommando hier tatsächlich existiert. Ein Blick auf dieses Kommando zeigt uns aber einen symbolischen Link auf `make`.

```
you@host > which gmake
/usr/bin/gmake
you@host > ls -l /usr/bin/gmake
lrwxrwxrwx  1 root root 4 2005-02-05 14:21 /usr/bin/gmake -
> make
```

Hier ein solches Shellscript, das testet, ob das Kommando zum Bauen hier `xmake` (erfunden), `make` oder `gmake` heißt.

```
# Demonstriert eine elif-Verzweigung
# Name: aelif

if which xmake > /dev/null 2>&1
then
   echo "xmake vorhanden"
   # Hier die Kommandos für xmake
elif which make > /dev/null 2>&1
then
   echo "make vorhanden"
   # Hier die Kommandos für make
elif which gmake > /dev/null 2>&1
then
   echo "gmake vorhanden"
   # Hier die Kommandos für gmake
else
   echo "Kein make auf diesem System vorhanden"
   exit 1
fi
```

Das Script bei der Ausführung:

```
you@host > ./aelif
make vorhanden
```

4.4 Das Kommando test

Wie Sie im Verlauf bereits festgestellt haben, scheint das `test`-Kommando das ultimative Werkzeug für viele Shellscripts zu sein. Und in der Tat wäre das Shell-Leben ohne dieses Kommando nur halb so einfach. Das `test`-Kommando wird überall dort eingebaut, wo ein Vergleich von Zeichenketten oder Zahlenwerten und eine Überprüfung von Zuständen einer Datei erforderlich sind. Da die `if`-Verzweigung eigentlich für Kommandos konzipiert wurde, ist es nicht so ohne weiteres möglich, einfach zwei Zeichenketten oder Zahlen mit einem `if` zu überprüfen. Würden Sie dies dennoch tun, würde die Shell entsprechende Zeichenketten oder Zahlenwerte als Befehl erkennen und versuchen, diesen auszuführen.

Damit Sie also solche Vergleiche durchführen können, benötigen Sie ein weiteres Kommando, das `test`-Kommando. Erst mit `test` ist es Ihnen möglich, verschiedene Ausdrücke zu formulieren und auszuwerten. Hier die Syntax des test-Kommandos:

```
if test Ausdruck
then
   # Ausdruck ist wahr, der Rückgabewert von test 0
   # hier die weiteren Kommandos bei erfolgreichem Ausdruck
fi
```

Das test-Kommando wird vorwiegend in seiner »symbolischen« Form mit den eckigen Klammern eingesetzt.

```
if [ Ausdruck ]
then
   # Ausdruck ist wahr, der Rückgabewert von test 0
   # hier die weiteren Kommandos bei erfolgreichem Ausdruck
fi
```

Hinweis Bitte beachten Sie, dass der Befehl test Leerzeichen zwischen den einzelnen Ausdrücken erwartet. Dies gilt übrigens auch hinter jedem sich öffnenden [und vor jedem schließenden].

Dass bei einem korrekten Ausdruck wieder 0 zurückgegeben wird, liegt daran, dass test letztendlich auch nichts anderes als ein Kommando ist.

4.4.1 Ganze Zahlen vergleichen

Um ganze Zahlen mit test zu vergleichen, stehen Ihnen folgende Operatoren zur Verfügung (siehe Tabelle 4.1):

Ausdruck	Bedeutung	Liefert wahr (0) zurück, wenn ...
`[ var1 -eq var2 ]`	(eq = equal)	var1 gleich var2 ist
`[ var1 -ne var2 ]`	(ne = not equal)	var1 ungleich var2 ist
`[ var1 -lt var2 ]`	(lt = less than)	var1 kleiner als var2 ist
`[ var1 -gt var2 ]`	(gt = greater than)	var1 größer als var2 ist
`[ var1 -le var2 ]`	(le = less equal)	var1 kleiner oder gleich var2 ist
`[ var1 -ge var2 ]`	(ge = greater equal)	var1 größer oder gleich var2 ist

Tabelle 4.1 Ganze Zahlen mit test vergleichen

Hier ein einfaches Script, das Ihnen die Zahlenvergleiche in der Praxis demonstriert:

```
# Demonstriert das test-Kommando mit Zahlenwerten
# Name: avalue

a=6; b=7

if [ $a -eq $b ]
then
   echo "\$a ($a) ist gleich mit \$b ($b)"
else
   echo "\$a ($a) ist nicht gleich mit \$b ($b)"
fi

if [ $a -gt $b ]
then
   echo "\$a ($a) ist größer als \$b ($b)"
elif [ $a -lt $b ]
then
   echo "\$a ($a) ist kleiner als \$b ($b)"
else
   echo "\$a ($a) ist gleich mit \$b ($b)"
fi

if [ $a -ne 5 ]
then
   echo "\$a ($a) ist ungleich 5"
fi

if [ 7 -eq $b ]
then
   echo "\$b ist gleich 7"
fi
```

Das Script bei der Ausführung:

```
you@host > ./avalue
$a (6) ist nicht gleich mit $b (7)
$a (6) ist kleiner als $b (7)
$a (6) ist ungleich 5
$b ist gleich 7
```

Dass hier tatsächlich numerische Zahlenvergleiche und keine String-Vergleiche stattfinden, ist den Ausdrücken `-eq`, `-ne`, `-lt`, `-gt`, `-le` und `-ge` zu verdanken. Steht einer dieser Ausdrücke zwischen zwei Zahlen, wandelt der Befehl `test` die Zeichenketten vorher noch in Zahlen um. Dabei ist das `test`-Kommando sehr »intelligent« und erkennt selbst folgende Werte als Zahlen an:

```
you@host > a="00001"; b=1
you@host > [ $a -eq $b ]
you@host > echo $?
0
you@host > a="        1"; b=1
you@host > [ $a -eq $b ]
you@host > echo $?
0
```

Hier wurde auch die Zeichenkette `"00001"` und `"    1"` von `test` in eine numerische 1 umgewandelt.

Argumente aus der Kommandozeile überprüfen

Eine fast immer verwendete Aktion des `test`-Kommandos ist das Überprüfen, ob die richtige Anzahl von Argumenten in der Kommandozeile eingegeben wurde. Die Anzahl der Argumente finden Sie in der Variablen `$#` – mit dem `test`-Kommando können Sie jetzt entsprechend reagieren.

```
# Überprüft die richtige Anzahl von Argumenten
# aus der Kommandozeile
# Name: atestarg

if [ $# -ne 2 ]
then
   echo "Hier sind mindestens 2 Argumente erforderlich"
   echo "usage: $0 arg1 arg2 ... [arg_n]"
   exit 1
else
   echo "Erforderliche Anzahl Argumente erhalten"
fi
```

Das Script bei der Ausführung:

```
you@host > ./atestarg
Hier sind mindestens 2 Argumente erforderlich
usage: atestarg arg1 arg2 ... [arg_n]
```

```
you@host > ./atestarg Hallo Welt
Erforderliche Anzahl Argumente erhalten
```

4.4.2 Ganze Zahlen vergleichen mit let (Bash und Korn-Shell only)

In der Bash und der Korn-Shell steht Ihnen noch eine weitere Alternative zum Vergleichen von Zahlen zur Verfügung. Hier kommen auch die programmiertypischen Operatoren für den Vergleich zum Einsatz (siehe Tabelle 4.2).

Ausdruck	Operator	Liefert wahr (0) zurück, wenn ...
`(( var1 == var2 ))`	`==`	var1 gleich var2 ist
`(( var1 != var2 ))`	`!=`	var1 ungleich var2 ist
`(( var1 < var2 ))`	`<`	var1 kleiner als var2 ist
`(( var1 > var2 ))`	`>`	var1 größer als var2 ist
`(( var1 >= var2 ))`	`>=`	var1 größer oder gleich var2 ist
`(( var1 <= var2 ))`	`<=`	var1 kleiner oder gleich var2 ist

Tabelle 4.2 Ganze Zahlen mit test vergleichen (Bash und Korn-Shell)

Wer sich vielleicht noch an den `let`-Abschnitt erinnert, dem dürfte auffallen, was wir hier haben – richtig, bei der doppelten Klammerung `(( ... ))` handelt es sich um nichts anderes als um eine symbolische Form für das `let`-Kommando, welches Sie bereits bei den Variablen mit arithmetischen Ausdrücken verwendet haben. Natürlich können Sie hierbei auch anstatt der doppelten Klammerung das Kommando `let` verwenden. So kann beispielsweise statt

```
if (( $a > $b ))
```

auch `let` verwendet werden:

```
if let "$a > $b"
```

Im Gegensatz zur Verwendung von `-eq`, `-ne` usw. sind die Leerzeichen bei den Zahlenvergleichen hier nicht von Bedeutung und können bei Bedarf unleserlich zusammengequetscht werden ;-). Des Weiteren kann, wie Sie von `let` vielleicht noch wissen, das `$`-Zeichen vor den Variablen beim Vergleich in doppelter Klammerung entfallen.

Wollen Sie bspw. aus dem Listing »atestarg« den Test, ob die richtige Anzahl von Argumenten in der Kommandozeile eingegeben wurde, umschreiben auf die alternative Schreibweise der Bash und Korn-Shell, so müssen Sie nur die Zeile

```
if [ $# -ne 2 ]
```

umschreiben in

```
if (( $# != 2 ))
```

4.4.3 Zeichenketten vergleichen

Das Vergleichen von Zeichenketten mit `test` funktioniert ähnlich wie bei Zahlenwerten. Hierbei übergeben Sie dem Kommando `test` eine Zeichenkette, einen Operanden und eine weitere Zeichenkette. Auch hier müssen Sie wieder jeweils (mindestens) ein Leerzeichen dazwischen einschieben. In Tabelle 4.3 sind die Operatoren zum Vergleichen von Zeichenketten aufgelistet:

Ausdruck	Operator	Liefert wahr (0) zurück, wenn ...
`[ "$var1" = "$var2" ]`	`=`	var1 gleich var2 ist
`[ "$var1" != "$var2" ]`	`!=`	var1 ungleich var2 ist
`[ -z "$var" ]`	`-z`	var leer ist
`[ -n "$var" ]`	`-n`	var nicht leer ist

Tabelle 4.3 Zeichenketten vergleichen

Hinweis Auch wenn es nicht vorgeschrieben ist, sollten Sie bei einem `test` mit Zeichenketten diese immer zwischen zwei doppelte Anführungszeichen setzen. Dies hilft Ihnen zu vermeiden, dass beim Vergleich einer Variable, die nicht existiert oder kein `""` enthält, Fehler auftreten.

Auch hierzu ein einfaches Shellscript, das verschiedene Vergleiche von Zeichenketten durchführt.

```
# Demonstriert einfache Zeichenkettenvergleiche
# ateststring

name1=juergen
name2=jonathan

if [ $# -lt 1 ]
then
   echo "Hier ist mindestens ein Argument erforderlich"
   echo "usage: $0 Zeichenkette"
   exit 1
```

```
fi

if [ "$1" = "$name1" ]
then
   echo "Hallo juergen"
elif [ "$1" = "$name2" ]
then
   echo "Hallo jonathan"
else
   echo "Hier wurde weder $name1 noch $name2 verwendet"
fi

if [ -n "$2" ]
then
   echo "Hier wurde auch ein zweites Argument verwendet ($2)"
else
   echo "Hier wurde kein zweites Argument verwendet"
fi

if [ -z "$name3" ]
then
   echo "Der String \$name3 ist leer oder existiert nicht"
elif [ "$name3" != "you" ]
then
   echo "Bei \$name3 handelt es sich nicht um \"you\""
else
   echo "Hier ist doch \"you\" gemeint"
fi
```

Das Script bei der Ausführung:

```
you@host > ./ateststring
Hier ist mindestens ein Argument erforderlich
usage: ./ateststring Zeichenkette
you@host > ./ateststring test
Hier wurde weder juergen noch jonathan verwendet
Hier wurde kein zweites Argument verwendet
Der String $name3 ist leer oder existiert nicht
you@host > ./ateststring juergen
Hallo juergen
Hier wurde kein zweites Argument verwendet
Der String $name3 ist leer oder existiert nicht
```

```
you@host > ./ateststring juergen wolf
Hallo juergen
Hier wurde auch ein zweites Argument verwendet (wolf)
Der String $name3 ist leer oder existiert nicht
you@host > name3=wolf
you@host > export name3
you@host > ./ateststring jonathan wolf
Hallo jonathan
Hier wurde auch ein zweites Argument verwendet (wolf)
Bei $name3 handelt es sich nicht um "you"
you@host > export name3=you
you@host > ./ateststring jonathan wolf
Hallo jonathan
Hier wurde auch ein zweites Argument verwendet (wolf)
Hier ist doch "you" gemeint
```

Wer jetzt immer noch denkt, man könne mit den bisherigen Mitteln noch kein vernünftiges Shellscript schreiben, für den soll hier ein einfaches Backup-Script geschrieben werden. Das folgende Script soll Ihnen zwei Möglichkeiten bieten. Zum einen eine Eingabe wie:

```
you@host > ./abackup1 save $HOME/Shellbuch
```

Hiermit soll der komplette Inhalt vom Verzeichnis `$HOME`*/Shellbuch* mittels `tar` archiviert werden (mitsamt den Meldungen des kompletten Verzeichnisbaums). Das Backup soll in einem extra erstellen Verzeichnis mit einem extra erstellten Namen (im Beispiel einfach *TagMonatJahr.tar*, bspw. *21Feb2005.tar*) erstellt werden (natürlich komprimiert).

Auf der anderen Seite soll es selbstverständlich auch möglich sein, den Inhalt dieser Meldungen, der archivierten Backup-Datei, zu lesen, was gerade bei vielen Backup-Dateien auf der Platte unverzichtbar ist. Dies soll mit einem Aufruf wie

```
you@host > ./abackup1 read $HOME/backup/21Feb2005.tar
```

erreicht werden. Mit `grep` hinter einer Pipe können Sie nun nach einer bestimmten Datei im Archiv suchen. Dies könnte man natürlich auch im Script extra einbauen. Aber der Umfang soll hier nicht ins Unermessliche wachsen. Hier ein einfaches, aber anspruchsvolles Backup-Script:

```
# Ein einfaches Backup-Script
# Name: abackup1
```

```
# Beispiel: ./abackup1 save Verzeichnis
# Beispiel: ./abackup1 read (backupfile).tar

BACKUPDIR=$HOME/backup
DIR=$2

if [ $# != 2 ]
then
   echo "Hier sind 2 Argumente erforderlich"
   echo "usage: $0 Option Verzeichnis/Backupfile"
   echo
   echo "Mögliche Angaben für Option:"
   echo "save = Führt Backup vom kompletten Verzeichnis durch"
   echo "       Verzeichnis wird als zweites Argument angegeben"
   echo "read = Liest den Inhalt eines Backupfiles"
   echo "       Backupfile wird als zweites Argument angegeben"
   exit 1
fi

# Falls Verzeichnis für Backup nicht existiert ...
if ls $BACKUPDIR > /dev/null
then
   echo "Backup-Verzeichnis ($BACKUPDIR) existiert"
elif mkdir $BACKUPDIR > /dev/null
then
   echo "Backup-Verzeichnis angelegt ($BACKUPDIR)"
else
   echo "Konnte kein Backup-Verzeichnis anlegen"
   exit 1
fi

# Wurde save oder read als erstes Argument verwendet ...
if [ "$1" = "save" ]
then
   set `date`
   BACKUPFILE="$3$2$6"
   if tar czvf ${BACKUPDIR}/${BACKUPFILE}.tar $DIR
   then
      echo "Backup für $DIR erfolgreich in $BACKUPDIR angelegt"
      echo "Backup-Name : ${BACKUPFILE}.tar"
   else
```

```
      echo "Backup wurde nicht durchgeführt !!!"
   fi
elif [ "$1" = "read" ]
then
   echo "Inhalt von $DIR : "
   tar tzf $DIR
else
   echo "Falsche Scriptausführung!!!"
   echo "usage: $0 option Verzeichnis/Backupfile"
   echo
   echo "Mögliche Angaben für Option:"
   echo "save = Führt ein Backup eines kompletten Verzeichnisses
 durch"
   echo "       Verzeichnis wird als zweites Argument angegeben"
   echo "read = Liest den Inhalt eines Backupfiles"
   echo "       Backupfile wird als zweites Argument angegeben"
fi
```

Das Script bei der Ausführung:

```
you@host > ./abackup1 save $HOME/Shellbuch
ls: /home/you/backup: Datei oder Verzeichnis nicht gefunden
Backup-Verzeichnis angelegt (/home/you/backup)
tar: Entferne führende `/' von Archivnamen.
home/you/Shellbuch/
home/you/Shellbuch/Planung_und_Bewerbung/
home/you/Shellbuch/Planung_und_Bewerbung/shellprogrammierung.doc
home/you/Shellbuch/Planung_und_Bewerbung/shellprogrammierung.sxw
home/you/Shellbuch/kap004.txt
home/you/Shellbuch/Kap003.txt~
home/you/Shellbuch/kap004.txt~
...
Backup für /home/you/Shellbuch erfolgreich in /home/you/backup
angelegt
Backup-Name : 21Feb2005.tar
you@host > ./abackup1 read $HOME/backup/21Feb2005.tar | \
> grep Kap002
home/tot/Shellbuch/Kap002.doc
home/tot/Shellbuch/Kap002.sxw
you@host > ./abackup1 read $HOME/backup/21Feb2005.tar | wc -l
50
```

Hier wurde ein Backup vom kompletten Verzeichnis `$HOME`*/Shellbuch* durchgeführt. Anschließend wurde mit der Option `read` und `grep` nach »Kap002« gesucht, welches hier in zweifacher Ausführung vorhanden ist. Ebenso einfach können Sie hiermit die Anzahl von Dateien in einem Archiv (hier mit `wc -l`) ermitteln.

4.4.4 Zeichenketten vergleichen (Bash und Korn-Shell only)

In der Bash und der Korn-Shell stehen Ihnen noch weitere alternative Möglichkeit zur Verfügung, um Zeichenketten zu vergleichen (siehe Tabelle 4.4). Besonders interessant erscheint mir in diesem Zusammenhang, dass hiermit jetzt auch echte Mustervergleiche möglich sind.

Ausdruck	Operator	Liefert wahr (0) zurück, wenn ...
`[[ "$var1" == "$var2" ]]`	`==`	var1 gleich var2 ist
`[[ "$var1" != "$var2" ]]`	`!=`	var1 ungleich var2 ist
`[[ -z "$var" ]]`	`-z`	var leer ist
`[[ -n "$var" ]]`	`-n`	var nicht leer ist
`[[ "$var1" > "$var2" ]]`	`>`	var1 alphabetisch größer als var2 ist
`[[ "$var1" < "$var2" ]]`	`<`	var1 alphabetisch kleiner als var2 ist
`[[ "$var" == pattern ]]`	`==`	var entspricht dem Muster pattern
`[[ "$var" != pattern ]]`	`!=`	var entspricht nicht dem Muster-Pattern

Tabelle 4.4 Zeichenketten vergleichen (Bash und Korn-Shell)

Das wirklich sehr interessante Feature bei den Vergleichen von Zeichenketten in Bash und Korn-Shell ist die Möglichkeit, Muster beim Vergleich zu verwenden. Hierbei gilt es zu beachten, dass sich das Muster auf der rechten Seite befindet und nicht zwischen Anführungsstrichen stehen darf. Zur Verwendung von Mustern stehen Ihnen wieder die Metazeichen `*`, `?` und `[ ]` zur Verfügung, deren Bedeutung und Verwendung Sie bereits in Abschnitt 1.10.6 kennen gelernt haben. Natürlich können Sie auch die Konstruktionen für alternative Muster nutzen, welche Sie in Abschnitt 1.10.8 verwendet haben. Hier ein Beispiel mit einfachen Mustervergleichen:

```
# Demonstriert erweiterte Zeichenkettenvergleiche
# ateststring2

if [ $# -lt 1 ]
```

```
then
   echo "Hier ist mindestens ein Argument erforderlich"
   echo "usage: $0 Zeichenkette"
   exit 1
fi

if [[ "$1" = *ist* ]]
then
   echo "$1 enthält die Textfolge \"ist\""
elif [[ "$1" = ?art ]]
then
   echo "$1 enthält die Textfolge \"art\""
elif [[ "$1" = kap[0-9] ]]
then
   echo "$1 enthält die Textfolge \"kap\""
else
   echo "Erfolgloser Mustervergleich"
fi
```

Das Script bei der Ausführung:

```
you@host > ./ateststring2 Bauart
Erfolgloser Mustervergleich
you@host > ./ateststring2 zart
zart enthält die Textfolge "art"
you@host > ./ateststring2 kap7
kap7 enthält die Textfolge "kap"
you@host > ./ateststring2 kapa
Erfolgloser Mustervergleich
you@host > ./ateststring2 Mistgabel
Mistgabel enthält die Textfolge "ist"
```

Eine weitere interessante Erneuerung ist der Vergleich auf größer bzw. kleiner als. Hiermit werden Zeichenketten alphabetisch in lexikografischer Anordnung verglichen. Hierzu ein Script:

```
# Demonstriert erweiterte Zeichenkettenvergleiche
# ateststring3

var1=aaa
var2=aab
var3=aaaa
var4=b
```

```
if [[ "$var1" > "$var2" ]]
then
   echo "$var1 ist größer als $var2"
else
   echo "$var1 ist kleiner als $var2"
fi

if [[ "$var2" < "$var3" ]]
then
   echo "$var2 ist kleiner als $var3"
else
   echo "$var2 ist größer als $var3"
fi

if [[ "$var3" < "$var4" ]]
then
   echo "$var3 ist kleiner als $var4"
else
   echo "$var3 ist größer als $var4"
fi
```

Das Script bei der Ausführung:

```
you@host > ./ateststring3
aaa ist kleiner als aab
aab ist größer als aaaa
aaaa ist kleiner als b
```

An diesem Script können Sie sehr gut erkennen, dass hier nicht die Länge der Zeichenkette zwischen dem größer bzw. kleiner entscheidet, sondern das Zeichen, womit die Zeichenkette beginnt. Somit ist laut Alphabet das Zeichen a kleiner als das Zeichen b. Beginnen beide Zeichenketten mit dem Buchstaben a, wird das nächste Zeichen verglichen – eben so, wie Sie dies von einem Lexikon her kennen.

4.5 Status von Dateien erfragen

Um den Status von Dateien abzufragen, bietet Ihnen `test` eine Menge Optionen an. Dies ist ebenfalls ein tägliches Geschäft in der Shell-Programmierung. Die Verwendung des `test`-Kommandos in Bezug auf Dateien sieht wie folgt aus:

```
if [ -Operator Datei ]
then
   # ...
fi
```

Die Verwendung ist recht einfach, einem Operator folgt immer genau ein Datei- bzw. Verzeichnisname. In der Tabelle 4.5 bis Tabelle 4.7 finden Sie einen Überblick zu verschiedenen Operatoren, mit denen Sie einen Dateitest durchführen können. Aufteilen lassen sich diese Tests in Dateitypen, Zugriffsrechte auf eine Datei und charakteristische Dateieigenschaften.

Operator	Bedeutung
`-b DATEI`	Datei existiert und ist ein *block special device* (Gerätedatei).
`-c DATEI`	Datei existiert und ist ein *character special file* (Gerätedatei).
`-d DATEI`	Datei existiert und ist ein Verzeichnis.
`-f DATEI`	Datei existiert und ist eine reguläre Datei.
`-h DATEI`	Datei existiert und ist ein symbolischer Link (dasselbe wie `-L`).
`-L DATEI`	Datei existiert und ist ein symbolischer Link (dasselbe wie `-h`).
`-p DATEI`	Datei existiert und ist eine *named* Pipe.
`-S DATEI`	Datei existiert und ist ein (UNIX-Domain-)Socket (Gerätedatei im Netzwerk).
`-t [FD]`	Ein Filedescriptor (FD) ist auf einem seriellen Terminal geöffnet.

Tabelle 4.5 Operatoren zum Testen des Dateityps

Operator	Bedeutung
`-g DATEI`	Datei existiert und das setgid-Bit ist gesetzt.
`-k DATEI`	Datei existiert und das sticky-Bit ist gesetzt.
`-r DATEI`	Datei existiert und ist lesbar.
`-u DATEI`	Datei existiert und das setuid-Bit ist gesetzt.
`-w DATEI`	Datei existiert und ist beschreibbar.
`-x DATEI`	Datei existiert und ist ausführbar.
`-O DATEI`	Datei existiert und der Benutzer des Scripts ist der Eigentümer (owner) der Datei.
`-G DATEI`	Datei existiert und der Benutzer des Scripts hat dieselbe GID wie die Datei.

Tabelle 4.6 Operatoren zum Testen der Zugriffsrechte auf eine Datei

Operator	Bedeutung
`-e DATEI`	Datei existiert.
`-s DATEI`	Datei existiert und ist nicht leer.
`DATEI1 -ef DATEI2`	Datei1 und Datei2 haben dieselbe Geräte- und Inodennummer und sind somit Hardlinks.
`DATEI1 -nt DATEI2`	Datei1 ist neueren Datums (Modifikationsdatum, `nt` = newer time) als Datei2.
`DATEI1 -ot DATEI2`	Datei1 ist älter (Modifikationsdatum, `ot` = older time) als Datei2.

Tabelle 4.7 Operatoren zum Testen von charakteristischen Eigenschaften

Zur Demonstration finden Sie ein Script, das Ihnen die Ausführung einiger Dateitest-Operatoren zeigen soll. Hierbei wird einmal eine Datei und einmal ein Verzeichnis angelegt. Damit werden dann einige Tests ausgeführt.

```
# Demonstriert einige Dateitests
# afiletester

file=atestfile.txt
dir=atestdir

# Ein Verzeichnis anlegen
if [ -e $dir ]  # existiert etwas mit dem Namen $dir?
then
   if [ -d $dir ]   # Ja! Und ist es auch ein Verzeichnis?
   then
      echo "$dir existiert bereits und ist auch ein Verzeichnis"
   elif [ -f $dir ] # ... oder ist es eine gewöhnliche Datei?
   then
      echo "$dir existiert bereits, ist aber eine reguläre Datei"
   else
      echo "Eine Datei namens $dir existiert bereits"
   fi
else  # $dir existiert noch nicht, also anlegen
   mkdir $dir
   if [ -e $dir ] # ... jetzt vorhanden?
   then
      echo "Verzeichnis $dir erfolgreich angelegt"
   else
      echo "Konnte Verzeichnis $dir nicht anlegen"
```

```
   fi
fi

# Eine Datei anlegen
if [ -e $file ]  # existiert etwas mit dem Namen $file?
then
   echo "$file existiert bereits"
else
   touch $file # Datei anlegen
   if [ -e $file ]
   then
      echo "$file erfolgreich angelegt"
   else
      echo "Konnte $file nicht anlegen"
      exit 1
   fi
fi

# Zugriffsrechte und Attribute der Datei ermitteln
echo "$file ist ..."
if [ -r $file ]
then
   echo "... lesbar"
else
   echo "... nicht lesbar"
fi

if [ -w $file ]
then
   echo "... schreibbar"
else
   echo "... nicht schreibbar"
fi

if [ -x $file ]
then
   echo "... ausführbar"
else
   echo "... nicht ausführbar"
fi
```

Das Script bei der Ausführung:

```
you@host > ./afiletester
Verzeichnis atestdir erfolgreich angelegt
atestfile.txt erfolgreich angelegt
atestfile.txt ist ...
... lesbar
... schreibbar
... nicht ausführbar
you@host > rm -r atestdir
you@host > touch atestdir
you@host > chmod 000 atestfile.txt
you@host > ./afiletester
atestdir exstiert bereits, ist aber eine reguläre Datei
atestfile.txt existiert bereits
atestfile.txt ist ...
... nicht lesbar
... nicht schreibbar
... nicht ausführbar
```

Hinweis In der Korn-Shell besteht auch die Möglichkeit, die doppelten eckigen Klammerungen für den Dateitest zu verwenden (`[[ -option DATEI ]]`).

4.6 Logische Verknüpfung von Ausdrücken

Wie die meisten anderen Programmiersprachen bietet Ihnen auch die Shell logische Operatoren an, mithilfe derer Sie mehrere Bedingungen miteinander verknüpfen können. Folgende logische Operatoren sind bei allen Shells vorhanden (siehe Tabelle 4.8):

Operator	Logischer Wert	Gibt wahr (0) zurück, wenn ...
`ausdruck1 -a ausdruck2`	(*and*) UND	beide Ausdrücke wahr zurückgeben.
`ausdruck1 -o ausdruck2`	(*or*) ODER	mindestens einer der beiden Ausdrücke wahr ist.
`! ausdruck`	Negation	der Ausdruck falsch ist.

Tabelle 4.8 Logische Operatoren

In der Bash und der Korn-Shell finden Sie noch eine andere Syntax für die logischen Operatoren UND und ODER (siehe Tabelle 4.9).

Operator	Logischer Wert	Gibt wahr (0) zurück, wenn ...
`ausdruck1 && ausdruck2`	(and) UND	beide Ausdrücke wahr zurückgeben.
`ausdruck1 || ausdruck2`	(or) ODER	mindestens einer der beiden Ausdrücke wahr ist.

Tabelle 4.9 Logische Operatoren (Bash und Korn-Shell)

4.6.1 Negationsoperator !

Den Negationsoperator `!` können Sie vor jeden Ausdruck setzen. Als Ergebnis des Tests erhalten Sie immer das Gegenteil. Alles, was ohne `!` wahr wäre, ist falsch und alles, was falsch ist, wäre dann wahr.

```
# Demonstriert Dateitest mit Negation
# anegation

file=atestfile.txt

# Eine Datei anlegen

if [ ! -e $file ]
then
   touch $file
   if [ ! -e $file ]
   then
      echo "Konnte $file nicht anlegen"
      exit 1
   fi
fi

echo "$file angelegt/vorhanden!"
```

Im Beispiel wird zuerst ausgewertet, ob die Datei *atestfile.txt* bereits existiert. Existiert sie nicht, wird ein Wert ungleich 0 zurückgegeben und es wird nicht in die `if`-Verzweigung gesprungen. Allerdings wurde hier durch das Voranstellen des Negationsoperators `!` der Ausdruck umgekehrt. Und somit wird in den `if`-Zweig gesprungen, wenn die Datei nicht existiert. Bei Nicht-Existenz entsprechender Datei wird diese neu erzeugt (mit `touch`). Anschließend wird selbige Überprüfung nochmals durchgeführt.

> **Hinweis** Bitte beachten Sie, dass die echte Bourne-Shell den Negationsoperator außerhalb des `test`-Kommandos nicht kennt.

4.6.2 Die UND-Verknüpfung (-a und &&)

Bei einer UND-Verknüpfung müssen alle verwendeten Ausdrücke wahr sein, damit der komplette Ausdruck ebenfalls wahr (0) wird. Sobald ein Ausdruck einen Wert ungleich 0 zurückgibt, gilt der komplette Ausdruck als falsch. Siehe Abbildung 4.6:

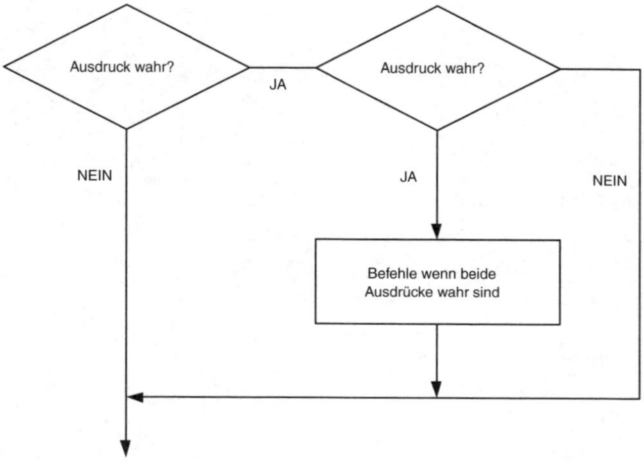

Abbildung 4.6 Die logische UND-Verknüpfung

Ein einfaches Beispiel:

```
# Demonstriert die logische UND-Verknüpfung
# aandtest

file=atestfile.txt

# Eine Datei anlegen

if [ -f $file -a -w $file ]
then
   echo "Datei $file ist eine reguläre Datei und beschreibbar"
fi
```

Hier wird überprüft, ob die Datei `atestfile.txt` eine reguläre Datei UND beschreibbar ist. Gleiches mit dem alternativen UND-Operator `&&` in der Bash oder der Korn-Shell wird wie folgt geschrieben:

```
if [ -f $file ] && [ -w $file ]
```

Wollen Sie überprüfen, ob eine Zahl einen Wert zwischen 1 und 10 besitzt, kann der UND-Operator wie folgt verwendet werden (hier kann der Wert als erstes Argument der Kommandozeile mit übergeben werden, ansonsten wird als Alternative einfach der Wert 5 verwendet):

```
# Demonstriert den UND-Operator
# aandnumber

number=${1:-"5"}

# Eine Datei anlegen

if [ $number -gt 0 -a $number -lt 11 ]
then
   echo "Wert liegt zwischen 1 und 10"
else
   echo "Wert liegt nicht zwischen 1 und 10"
fi
```

Das Script bei der Ausführung:

```
you@host > ./aandnumber 9
Wert liegt zwischen 1 und 10
you@host > ./aandnumber 0
Wert liegt nicht zwischen 1 und 10
you@host > ./aandnumber 11
Wert liegt nicht zwischen 1 und 10
you@host > ./aandnumber 10
Wert liegt zwischen 1 und 10
```

Natürlich dürfen Sie auch hier wieder die alternative Syntax der Bash bzw. der Korn-Shell verwenden:

```
if (( $number > 0 )) && (( $number < 11 ))
```

4.6.3 Die ODER-Verknüpfung (-o und ||)

Eine ODER-Verknüpfung liefert bereits wahr zurück, wenn nur einer der Ausdrücke innerhalb der Verknüpfung wahr ist. Siehe Abbildung 4.7:

```
if (( $number == 1 )) || (( $number == 2 ))
```

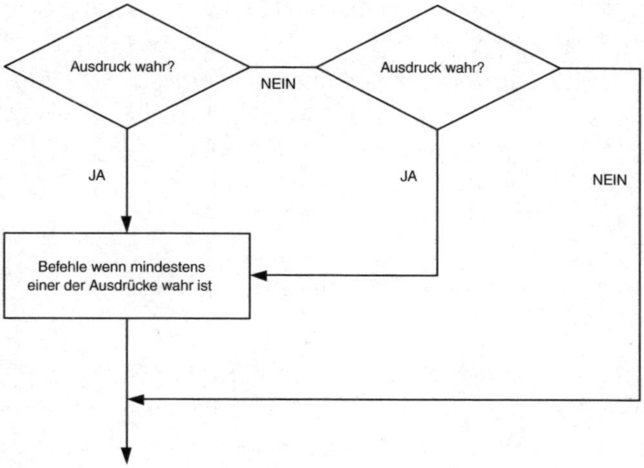

Abbildung 4.7 Die logische ODER-Verknüpfung

Hier wird bspw. wahr zurückgeliefert, wenn der Wert von »number« 1 oder 2 ist. Gleiches in der Bourne-Shell:

```
if [ $number -eq 1 -o $number -eq 2 ]
```

Ähnliches wird häufig verwendet, um zu überprüfen, ob ein Anwender »j« oder »ja« bzw. »n« oder »nein« zur Bestätigung einer Abfrage eingegeben hat:

```
if [ $answer = "j" -o $answer = "ja" ]
if [ $answer = "n" -o $answer = "nein" ]
```

Alternativ für »neuere« Shells:

```
if [[ $answer == "j" ]] || [[ $answer == "ja" ]]
if [[ $answer == "n" ]] || [[ $answer == "nein" ]]
```

4.6.4 Klammerung und mehrere logische Verknüpfungen

Die Auswertung von Ausdrücken kann entweder innerhalb oder außerhalb der Klammern erfolgen – wobei dies in der Bash bzw. der Korn-Shell das Gleiche bedeutet. Mithilfe von Klammerungen können Sie die Reihenfolge bei der Auswertung von logischen Ausdrücken bestimmen. Dies natürlich nur, solange sich die Ausdrücke innerhalb von runden `(( ))`, doppelt eckigen `[[ ]]` oder ganz außerhalb von Klammern befinden.

```
# Klammerung muss außerhalb von [[ ]] stattfinden
if ([[ $var1 == "abc" ]] && [[ $var2 == "cde" ]]) || \
   ( [[ $var3 == "abc" ]] )
```

Hier überprüfen Sie beispielsweise, ob »var1« den Wert »abc« und »var2« den Wert »cde« oder aber »var3« den Wert »abc« enthält. Hier würde also wahr zurückgegeben, wenn der erste Ausdruck, der ja aufgeteilt wurde in zwei Ausdrücke, oder der zweite Ausdruck (hinter dem ODER) wahr zurückgibt. Natürlich können Sie Gleiches auch mit der Bourne-Shell-Kompatibilität vornehmen:

```
# Innerhalb von eckigen Klammern müssen runde Klammern
# ausgeschaltet werden
if  [ \( "$var1" = "abc" -a  "$var2" = "cde" \)  -o \
    "$var3" = "abc"  ]
```

Hierbei (also innerhalb von eckigen Klammern) müssen Sie allerdings die ungeschützten runden Klammern durch einen Backslash ausschalten, denn sonst würde versucht werden, eine Subshell zu öffnen. Doch sollte nicht unerwähnt bleiben, dass die Klammerung hierbei auch entfallen könnte, da folgende Auswertung zum selben Ziel geführt hätte:

```
# Bash und Korn-Shell
if [[ $var1 == "abc" ]] && [[ $var2 == "cde" ]] || \
   [[ $var3 == "abc" ]]

# alle Shells
if  [ "$var1" = "abc" -a  "$var2" = "cde" -o  "$var3" = "abc"  ]
```

Gleiches gilt bei der Klammerung von Zahlenwerten in logischen Ausdrücken:

```
# Bash und Korn-Shell
if (( $var1 == 4 )) || ( (( $var2 == 2 )) && (( $var3 == 3 )) )

# alle Shells
if [ $var1 -eq 4 -o \( $var2 -eq 2 -a $var3 -eq 3 \) ]
```

Das Gleiche würde man hier auch ohne Klammerung wie folgt erreichen:

```
# Bash und Korn-Shell
if (( $var1 == 4 )) || (( $var2 == 2 )) && (( $var3 == 3 ))

# alle Shells
if [ $var1 -eq 4 -o $var2 -eq 2 -a $var3 -eq 3 ]
```

Hier würde der Ausdruck daraufhin überprüft, ob entweder »var1« gleich 4 ist oder »var2« gleich 2 und »var3« gleich 3. Trifft einer dieser Ausdrücke zu, wird wahr zurückgegeben. In Tabelle 4.10 nochmals die Syntax zu den verschiedenen Klammerungen:

Ausdruck für	Ohne Klammern	Klammerung	Shell
Zeichenketten	`[[ Ausdruck ]]`	`([[ Ausdruck ]])`	Bash und Korn
Zeichenketten	`[ Ausdruck ]`	`[ \( Ausdruck \) ]`	alle Shells
Zahlenwerte	`(( Ausdruck ))`	`( (( Ausdruck )) )`	Bash und Korn
Zahlenwerte	`[ Ausdruck ]`	`[ \( Ausdruck \) ]`	alle Shells
Dateitest	`[ Ausdruck ]`	`[ \( Ausdruck \) ]`	alle Shells
Dateitest	`[[ Ausdruck ]]`	`([[ Ausdruck ]])`	nur Korn

Tabelle 4.10 Verwendung von Klammern bei Ausdrücken

4.7 Short Circuit-Tests – ergebnisabhängige Befehlsausführung

Eine sehr interessante Besonderheit vieler Skriptsprachen besteht darin, dass man die logischen Operatoren nicht nur für Ausdrücke verwenden kann, sondern auch zur logischen Verknüpfung von Anweisungen. So wird zum Beispiel bei einer Verknüpfung zweier Anweisungen mit dem ODER-Operator || die zweite Anweisung nur dann ausgeführt, wenn die erste fehlschlägt. Ein einfaches Beispiel in der Kommandozeile:

```
you@host > rm afile 2>/dev/null || \
> echo "afile konnte nicht gelöscht werden"
afile konnte nicht gelöscht werden
```

Kann im Beispiel die Anweisung `rm` nicht ausgeführt werden, wird die Anweisung hinter dem ODER-Operator ausgeführt. Ansonsten wird eben nur `rm` zum Löschen der Datei *afile* ausgeführt. Man spricht hierbei von der Short-Circuit-Logik der logischen Operatoren. Beim Short-Circuit wird mit der Auswertung eines logischen Operators aufgehört, sobald das Ergebnis feststeht. Ist im Beispiel oben der Rückgabewert von `rm` wahr (0), steht das Ergebnis bei einer ODER-Verknüpfung bereits fest. Ansonsten, wenn der erste Befehl einen Fehler (ungleich 0) zurückliefert, wird im Fall einer ODER-Verknüpfung die zweite Anweisung ausgeführt – im Beispiel die Fehlermeldung mittels `echo`. Man nutzt also hier schlicht den Rückgabewert von Kommandos aus, den man benutzt, um Befehle abhängig von deren Ergebnis miteinander zu verknüpfen.

In Tabelle 4.11 finden Sie die Syntax der ereignisabhängigen Befehlsausführung:

Verknüpfung	Bedeutung
`befehl1 && befehl2`	Hier wird befehl2 nur dann ausgeführt, wenn der befehl1 erfolgreich ausgeführt wurde, sprich den Rückgabewert 0 zurückgegeben hat.
`befehl1 || befehl2`	Hier wird befehl2 nur dann ausgeführt, wenn beim Ausführen von befehl1 ein Fehler auftrat, sprich einen Rückgabewert ungleich 0 zurückgegeben hat.

Tabelle 4.11 Ereignisabhängige Befehlsausführung (Short-Circuit-Test)

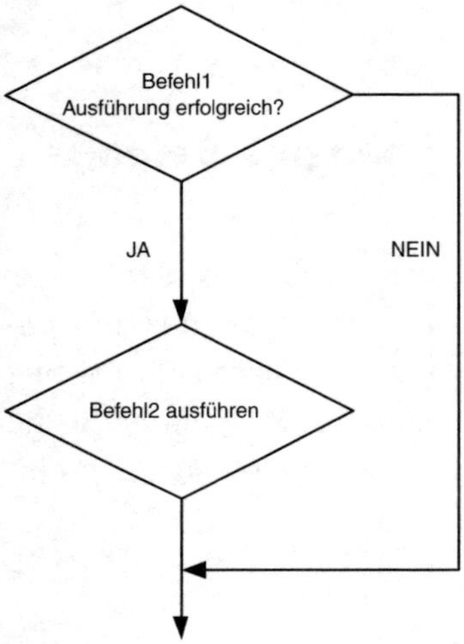

Abbildung 4.8 Ereignisabhängige Befehlsausführung (UND-Verknüpfung)

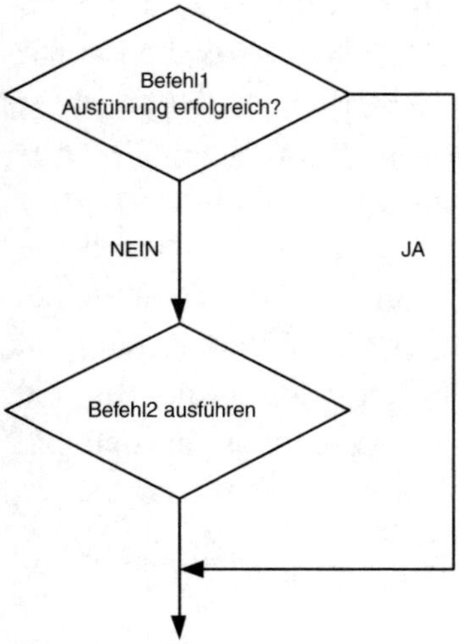

Abbildung 4.9 Ereignisabhängige Befehlsausführung (ODER-Verknüpfung)

Das Ganze dürfte Ihnen wie bei einer if-Verzweigung vorkommen. Und in der Tat können Sie dieses Konstrukt als eine verkürzte if-Verzweigung verwenden. Bspw.:

```
befehl1 || befehl2
```

entspricht

```
if befehl1
then
   # Ja, befehl1 ist es
else
   befehl2
fi
```

Und die ereignisabhängige Verknüpfung

```
befehl1 && befehl2
```

entspricht folgender if-Verzweigung:

```
if befehl1
then
   befehl2
fi
```

Ein einfaches Beispiel:

```
you@host > ls atestfile.txt > /dev/null 2>&1 && vi atestfile.txt
```

Hier »überprüfen« Sie praktisch, ob die Datei *atestfile.txt* existiert. Wenn diese existiert, gibt die erste Anweisung 0 bei Erfolg zurück, somit wird auch die zweite Anweisung ausgeführt. Dies wäre das Laden der Textdatei in den Editor vi. Dies können Sie nun auch mit dem test-Kommando bzw. seiner symbolischen Form verkürzen:

```
you@host > [ -e atestfile.txt ] && vi atestfile.txt
```

Diese Form entspricht dem Beispiel zuvor. Solche Dateitests werden übrigens sehr häufig in den Shellscripts eingesetzt. Natürlich können Sie hierbei auch eine Flut von && und || starten. Aber aus Übersichtlichkeitsgründen sei von Übertreibungen abgeraten. Meiner Meinung nach wird es bei mehr als drei Befehlen recht unübersichtlich.

```
you@host > who | grep tot > /dev/null && \
> echo "User tot ist aktiv" || echo "User tot ist nicht aktiv"
User tot ist aktiv
```

Dieses Beispiel ist hart an der Grenze des Lesbaren. Bitte überdenken Sie das, wenn Sie anfangen, ganze Befehlsketten-Orgien auszuführen. Im Beispiel haben Sie außerdem gesehen, dass Sie auch `&&` und `||` mischen können. Aber auch hier garantiere ich Ihnen, dass Sie bei wilden Mixturen schnell den Überblick verlieren werden. Das Verfahren wird auch sehr gern zum Beenden von Shellscripten eingesetzt:

```
# Datei lesbar... wenn nicht, beenden
[ -r $file ] && exit 1
# Datei anlegen ... wenn nicht, beenden
touch $file && [ -e $file ] || exit 2
```

4.8 Die Anweisung case

Die Anweisung `case` wird oft als Alternative zu mehreren `if-elif`-Verzweigungen verwendet. Allerdings überprüft `case` im Gegensatz zu `if` oder `elif` nicht den Rückgabewert eines Kommandos. `case` vergleicht einen bestimmten Wert mit einer Liste von anderen Werten. Findet hierbei eine Übereinstimmung statt, können einzelne oder mehrere Kommandos ausgeführt werden. Außerdem bietet eine `case`-Abfrage im Gegensatz zu einer `if-elif`-Abfrage erheblich mehr Übersicht (siehe Abbildung 4.10). Hier die Syntax, wie Sie eine Fallunterscheidung mit `case` formulieren:

```
case "$var" in
   muster1)   kommando
              ...
              kommando ;;
   muster2)   kommando
              ...
              kommando ;;
   mustern)   kommando
              ...
              kommando ;;
esac
```

Die Zeichenkette »var« nach dem Schlüsselwort `case` wird nun von oben nach unten mit den verschiedensten Mustern verglichen, bis ein Muster gefunden wurde, das auf »var« passt oder eben nicht. In der Syntaxbeschreibung wird bspw. zuerst »muster1« mit »var« verglichen. Stimmt »muster1« mit »var« überein, werden entsprechende Kommandos ausgeführt, die sich hinter dem betroffenen Muster befinden. Stimmt »var« nicht mit »muster1« überein, wird das nächste Muster »muster2« mit »var« verglichen. Dies geht so lange weiter, bis eine entsprechende Übereinstimmung gefunden wird. Wird keine Überein-

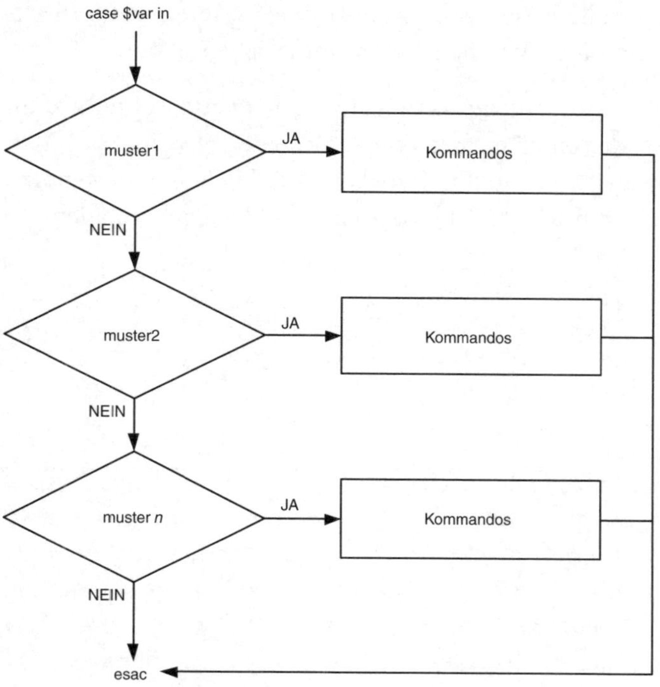

Abbildung 4.10 Die case-Anweisung

stimmung gefunden, werden alle Befehle der `case`-Anweisung ignoriert und die Ausführung hinter `esac` fortgeführt.

Eine sehr wichtige Rolle spielen auch die doppelten Semikolons (`;;`). Denn stimmt ein Muster mit »var« überein, werden die entsprechenden Befehle dahinter bis zu diesen doppelten Semikolons ausgeführt. Wenn die Shell auf diese Semikolons stößt, wird aus der `case`-Verzweigung herausgesprungen (oder der Muster-Befehlsblock beendet) und hinter `esac` mit der Scriptausführung fortgefahren. Würden hier keine doppelten Semikolons stehen, so würde die Shell weiter fortfahren (von oben nach unten), Muster zu testen. Ebenfalls von Bedeutung: Jedes Muster wird mit einer runden Klammer abgeschlossen, um es von den folgenden Kommandos abzugrenzen. Es darf aber auch das Muster zwischen zwei Klammern `( muster )` gesetzt werden. Dies verhindert, dass bei Verwendung von `case` in einer Kommando-Substitution ein Syntaxfehler auftritt. Abgeschlossen wird die ganze `case`-Anweisung mit `esac` (`case` rückwärts geschrieben).

Das Muster selbst kann ein String sein oder eines der bereits bekannten Metazeichen `*`, `?` oder `[ ]`. Ebenso können Sie eine Muster-Alternative wie `*(...|...|...)`; `@(...|...|...)` usw. der Bash und der Korn-Shell aus Abschnitt 1.10.8 einsetzen. Sollten Sie diese Sonderzeichen in Ihren Mustern setzen, so dürfen die Muster nicht zwischen Anführungszeichen stehen.

Der Wert von »var« muss nicht zwangsläufig eine Zeichenkette, sondern kann auch ein Ausdruck sein, der eine Zeichenkette zurückliefert. Es empfiehlt sich allerdings immer, »var« zwischen Double Quotes einzuschließen, um eventuell einen Syntaxfehler bei leeren oder nicht gesetzten Variablen zu vermeiden.

Ein simples Beispiel:

```
# Demonstriert die case-Anweisung
# acase1

tag=`date +%a`

case "$tag" in
  Mo)   echo "Mo : Backup Datenbank machen" ;;
  Di)   echo "Di : Backup Rechner Saurus"   ;;
  Mi)   echo "Mi : Backup Rechner Home"     ;;
  Do)   echo "Do : Backup Datenbank machen" ;;
  Fr)   echo "Fr : Backup Rechner Saurus"   ;;
  Sa)   echo "Sa : Backup Rechner Home"     ;;
  So)   echo "So : Sämtliche Backups auf CD-R sichern" ;;
esac
```

Im Beispiel wurde mit einer Kommando-Substitution der aktuelle Tag an die Variable `tag` übergeben. Anschließend wird in der `case`-Anweisung entsprechender Tag ausgewertet und ausgegeben. Hängen Sie jetzt hierbei statt einer simplen Ausgabe einige sinnvolle Befehle an und lassen jeden Tag den cron-Daemon darüber laufen, haben Sie ein echtes Backup-Script, das Ihnen Woche für Woche die ganze Arbeit abnimmt. Natürlich muss dies nicht unbedingt ein Backup-Script sein, es können auch bestimmte Log-Dateien ausgewertet werden.

4.8.1 Alternative Vergleichsmuster

Um gleich wieder auf das Script »acase1« zurückzukommen: Ein Problem, das hierbei auftreten kann, ist, dass die deutsche Schreibweise für den Wochentag verwendet wurde. Was aber, wenn die Umgebung in einer englischsprachigen Welt liegt, in der eben die Wochentage »Mon«, »Tue«, »Wed«, »Thu«, »Fri«, »Sat« und »Sun« heißen? Hierzu bietet Ihnen `case` in der Auswahlliste alternative Vergleichsmuster an. Sie können mehrere Muster zur Auswahl stellen. Die Muster werden mit dem bitweisen ODER-(|)-Operator getrennt.

```
case "$var" in
   muster1a|muster1b|muster1c)   kommando
                                 ...
                                 kommando ;;
   muster2a|muster2b|muster2c)   kommando
                                 ...
                                 kommando ;;
   muster3a|muster3b|muster3c)   kommando
                                 ...
                                 kommando ;;
esac
```

Wenden Sie dies nun auf das Script »acase1« an, so haben Sie ein Script erstellt, das sowohl die Ausgabe des deutschen als auch des englischsprachigen Wochentags akzeptiert.

```
# Demonstriert die case-Anweisung und die
# alternativen Vergleichsmuster
# acase2

tag=`date +%a`

case "$tag" in
  Mo|Mon)   echo "Mo : Backup Datenbank machen" ;;
  Di|Tue)   echo "Di : Backup Rechner Saurus"   ;;
  Mi|Wed)   echo "Mi : Backup Rechner Home"     ;;
  Do|Thu)   echo "Do : Backup Datenbank machen" ;;
  Fr|Fri)   echo "Fr : Backup Rechner Saurus"   ;;
  Sa|Sat)   echo "Sa : Backup Rechner Home"     ;;
  So|Sun)   echo "So : Sämtliche Backups auf CD-R sichern" ;;
esac
```

Das Beispiel kann man nochmals verkürzen, da ja am Montag und Donnerstag, Dienstag und Freitag sowie Mittwoch und Samstag dieselbe Arbeit gemacht wird.

```
# Demonstriert die case-
Anweisung und die alternativen Vergleichsmuster
# acase3

tag=`date +%a`
```

```
case "$tag" in
  Mo|Mon|Do|Thu)   echo "$tag : Backup Datenbank machen" ;;
  Di|Tue|Fr|Fri)   echo "$tag : Backup Rechner Saurus"   ;;
  Mi|Wed|Sa|Sat)   echo "$tag : Backup Rechner Home"     ;;
  So|Sun)   echo "So : Sämtliche Backups auf CD-R sichern" ;;
esac
```

4.8.2 case und Wildcards

Bei den Mustern der case-Anweisung sind auch alle Wildcard-Zeichen erlaubt, die Sie von der Dateinamen-Substitution her kennen. Die Muster-Alternativen wie bspw. `*(...|...|...); @(...|...|...)` bleiben weiterhin nur der Bash und der Korn-Shell vorbehalten. Auch hier kann wieder z.B. das Script »acase3« einspringen. Wenn alle Tage überprüft wurden, ist es eigentlich nicht mehr erforderlich, den Sonntag zu überprüfen. Hierfür könnte man jetzt theoretisch auch das Wildcard-Zeichen * verwenden.

```
# Demonstriert die case-Anweisung und die
# alternativen Vergleichsmuster mit Wildcards
# acase4

tag=`date +%a`

case "$tag" in
  Mo|Mon|Do|Thu)   echo "$tag : Backup Datenbank machen" ;;
  Di|Tue|Fr|Fri)   echo "$tag : Backup Rechner Saurus"   ;;
  Mi|Wed|Sa|Sat)   echo "$tag : Backup Rechner Home"     ;;
  *)   echo "So : Sämtliche Backups auf CD-R sichern" ;;
esac
```

Das Wildcard-Zeichen wird in einer case-Anweisung immer als letztes Alternativ-Muster eingesetzt, wenn bei den Mustervergleichen zuvor keine Übereinstimmung gefunden wurde. Somit führt der Vergleich mit * immer zum Erfolg und wird folglich auch immer ausgeführt, wenn keines der Mustervergleiche zuvor gepasst hat. Das * steht im Vergleich zur if-elif-Verzweigung für die else-Alternative.

Die Wildcards [] lassen sich bspw. hervorragend einsetzen, wenn Sie nicht sicher sein können, ob der Anwender Groß- und/oder Kleinbuchstaben bei der Eingabe verwendet. Wollen Sie bspw. überprüfen, ob der Benutzer für eine Ja-Antwort, »j«, »J« oder »ja« bzw. »Ja« oder »JA« verwendet hat, können Sie dies folgendermaßen mit den Wildcards [] vornehmen.

```
# Demonstriert die case-Anweisung mit Wildcards
# acase5

# Als erstes Argument angeben
case "$1" in
   [jJ] )             echo "Ja!"    ;;
   [jJ][aA])          echo "Ja!"    ;;
   [nN])              echo "Nein!"  ;;
   [nN][eE][iI][nN]) echo "Nein!"  ;;
   *)                 echo "Usage $0 [ja] [nein]" ;;
esac
```

Das Script bei der Ausführung:

```
you@host > ./acase1
Usage ./acase1 [ja] [nein]
you@host > ./acase1 j
Ja!
you@host > ./acase1 jA
Ja!
you@host > ./acase1 nEIn
Nein!
you@host > ./acase1 N
Nein!
you@host > ./acase1 n
Nein!
you@host > ./acase1 Ja
Ja!
```

Das Ganze lässt sich natürlich mit Vergleichsmustern wiederum erheblich verkürzen:

```
# Demonstriert die case-Anweisung mit Wildcards und
# alternativen Mustervergleichen
# acase6

# Als erstes Argument angeben
case "$1" in
   [jJ]|[jJ][aA])          echo "Ja!"    ;;
   [nN]|[nN][eE][iI][nN]) echo "Nein!"  ;;
   *)                      echo "Usage $0 [ja] [nein]" ;;
esac
```

4.8.3 case und Optionen

Zu guter Letzt eignet sich `case` hervorragend zum Auswerten von Optionen in der Kommandozeile. Ein einfaches Beispiel:

```
# Demonstriert die case-Anweisung zum Auswerten von Optionen
# acase7

# Als erstes Argument angeben
case "$1" in
   -[tT]|-test)        echo "Option \"test\" aufgerufen"  ;;
   -[hH]|-help|-hilfe) echo "Option \"hilfe\" aufgerufen" ;;
   *)                  echo "($1) Unbekannte Option aufgerufen!"
esac
```

Das Script bei der Ausführung:

```
you@host > ./acase1 -t
Option "test" aufgerufen
you@host > ./acase1 -test
Option "test" aufgerufen
you@host > ./acase1 -h
Option "hilfe" aufgerufen
you@host > ./acase1 -hilfe
Option "hilfe" aufgerufen
you@host > ./acase1 -H
Option "hilfe" aufgerufen
you@host > ./acase1 -zzz
(-zzz) Unbekannte Option aufgerufen!
```

Sie können hierfür wie gewohnt die Optionen der Kommandozeile mit dem Kommando `getopts` (siehe Abschnitt 3.8) auswerten, zum Beispiel:

```
# Demonstriert die case-Anweisung zum Auswerten von
# Optionen mit getopts
# acase8

while getopts tThH opt 2>/dev/null
do
   case $opt in
       t|T) echo "Option test";;
       h|H) echo "Option hilfe";;
       ?) echo "($0): Ein Fehler bei der Optionsangabe"
```

```
    esac
done
```

4.9 Schleifen

Häufig müssen Sie bei Ihren Shellscripts bestimmte Anweisungen mehrmals ausführen. Damit Sie diese Anweisungen nicht mehrfach in Ihrem Script hintereinander schreiben müssen, stehen Ihnen verschiedene Schleifen-Konstrukte zur Verfügung. Mit Schleifen können Sie Anweisungen so lange und so oft ausführen, bis eine bestimmte Bedingung nicht mehr zutrifft oder die Anzahl von Durchläufen erreicht ist. Folgende drei Schleifentypen existieren:

- `for`-Schleife (Aufzählschleife)
- `while`-Schleife (Solange-Schleife)
- `until`-Schleife (Bis-Schleife)

Jedem dieser Schleifentypen ist im Folgenden ein Abschnitt gewidmet.

4.10 for-Schleife

Die `for`-Schleife gehört zu der Familie der Aufzählschleifen. Damit wird eine Befehlsfolge für Wörter in einer angegebenen Liste ausgeführt. Das heißt, die `for`-Schleife benötigt eine Liste von Parametern. Die Anzahl der Wörter in dieser Liste bestimmt dann, wie oft die Schleife ausgeführt bzw. durchlaufen wird. Hier zunächst die Syntax der `for`-Schleife:

```
for var in liste_von_parameter
do
   kommando
   ...
   kommando
done
```

Die Funktionsweise von `for` ist folgende: Vor jedem Eintritt in die Schleife wird das nächste Wort der Parameterliste in die Variable »var« gelegt. Die Liste der Parameter hinter dem Schlüsselwort `in` besteht aus Wörtern, die jeweils von mindestens einem Leerzeichen (bzw. auch abhängig von der Variablen `IFS`) getrennt sein müssen. Dies kann bspw. so aussehen:

```
for var in wort1 wort2 wort3
do
...
done
```

Somit würde beim ersten Schleifendurchlauf der Wert von »wort1« in die Variable »var« übertragen. Jetzt werden die Kommandos zwischen den Schlüsselworten `do` und `done` ausgeführt. Wurden alle Kommandos abgearbeitet, beginnt der nächste Schleifendurchlauf, bei dem jetzt »wort2« in die Variable »var« übertragen wird. Dieser Vorgang wird so lange wiederholt, bis alle Elemente der Parameterliste abgearbeitet wurden. Anschließend wird mit der Ausführung hinter dem Schlüsselwort `done` fortgefahren (siehe Abbildung 4.11).

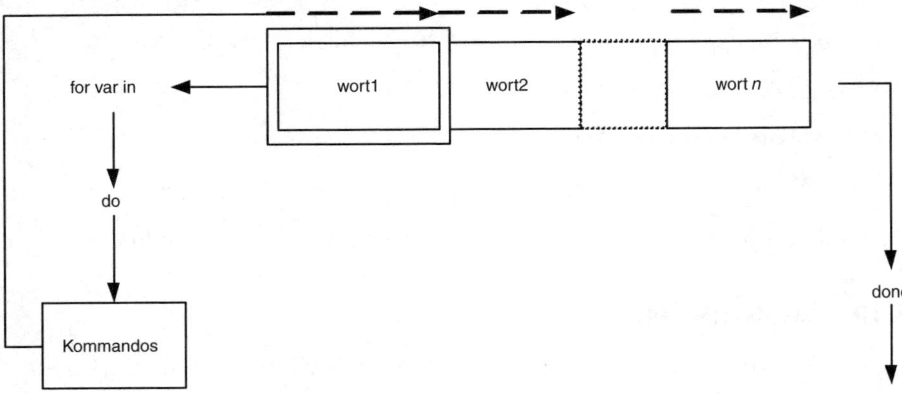

Abbildung 4.11 Die for-Schleife

4.10.1 Argumente bearbeiten mit for

Wenn Sie sich die `for`-Schleife mit der Parameterliste ansehen, dürften Sie wohl gleich auf die Auswertung der Argumente in der Kommandozeile kommen. `for` scheint wie geschaffen, diese Argumente zu verarbeiten. Hierzu müssen Sie für die Parameterliste lediglich die Variable `$@` verwenden. Das folgende Script überprüft alle Dateien, die Sie in der Kommandozeile mit angeben auf Ihren Typ.

```
# Demonstriert die Verwendung von for mit Argumenten
# afor1

for datei in "$@"
do
   [ -f $datei ] && echo "$datei: Reguläre Datei"
   [ -d $datei ] && echo "$datei: Verzeichnis"
   [ -b $datei ] && echo "$datei: Gerätedatei(block special)"
   [ -c $datei ] && echo "$datei: Gerätedatei(character special)"
   [ -t $datei ] && echo "$datei: serielles Terminal"
```

```
    [ ! -e $datei ] && echo "$datei: existiert nicht"
done
```

Das Script bei der Ausführung:

```
you@host > ./afor1 Shellbuch backup afor1 /dev/tty \
> /dev/cdrom gibtsnicht
Shellbuch: Verzeichnis
backup: Verzeichnis
afor1: Reguläre Datei
/dev/tty: Gerätedatei (character special)
/dev/cdrom: Gerätedatei (block special)
gibtsnicht: existiert nicht
```

Zwar könnten Sie in Ihrem Script auch die Positionsparameter `$1` bis `$n` verwenden, aber Sie sollten dies wenn möglich vermeiden und stattdessen die Variable `$@` benutzen. Damit können Sie sichergehen, dass kein Argument aus der Kommandozeile vergessen wurde.

Eine Besonderheit bezüglich der Variablen `$@` in der `for`-Schleife gibt es dann doch noch. Lassen Sie den Zusatz in `"$@"` weg, setzt die `for`-Schleife diesen automatisch ein:

```
# Demonstriert die Verwendung von for mit Argumenten
# afor1

for datei
do
    [ -f $datei ] && echo "$datei: Reguläre Datei"
    [ -d $datei ] && echo "$datei: Verzeichnis"
    [ -b $datei ] && echo "$datei: Gerätedatei(block special)"
    [ -
c $datei ] && echo "$datei: Gerätedatei(character special)"
    [ -t $datei ] && echo "$datei: serielles Terminal"
    [ ! -e $datei ] && echo "$datei: existiert nicht"
done
```

4.10.2 for und die Dateinamen-Substitution

Das Generieren von Dateinamen mit den Metazeichen `*`, `?` und `[]` kennen Sie ja bereits zur Genüge. Dieser Ersetzungsmechanismus wird standardmäßig von der Shell ausgeführt, sobald ein solches Sonderzeichen erkannt wird. Diese Dateinamen-Substitution können Sie auch in der `for`-Schleife verwenden. Dadurch wird eine Liste von Dateinamen für die Parameterliste der `for`-Schleife erzeugt. Die Frage, wie Sie ein ganzes Verzeichnis auslesen können, wird Ihnen hiermit so beantwortet:

```
# Demonstriert die Verwendung von for und der Datei-Substitution
# afor2

# Gibt das komplette aktuelle Arbeitsverzeichnis aus
for datei in *
do
   echo $datei
done
```

Wenn Sie das Script ausführen, wird das komplette aktuelle Arbeitsverzeichnis ausgegeben. Selbstverständlich können Sie das Ganze auch einschränken. Wollen Sie z.B. nur alle Dateien mit der Endung ».txt« ausgeben, können Sie folgendermaßen vorgehen:

```
# Demonstriert die Verwendung von for und der Datei-Substitution
# afor3

# Gibt alle Textdateien des aktuellen Arbeitsverzeichnisses aus
for datei in *.txt
do
   echo $datei
   [ -r $datei ] && echo "... ist lesbar"
   [ -w $datei ] && echo "... ist schreibbar"
done
```

Sie können alle Metazeichen `*`, `?` und `[]` verwenden, wie Sie dies von der Shell her kennen. Einige Beispiele:

```
# Nur Dateien mit der Endung *.txt und *.c berücksichtigen
for datei in *.txt *.c

# Nur die Dateien log1.txt log2.txt ... log9.txt berücksichtigen
for datei in log[1-9].txt

# Nur versteckte Dateien beachten (beginnend mit einem Punkt)
for datei in * .*
```

Kann in der `for`-Schleife ein Suchmuster nicht aufgelöst werden, führt das Script gewöhnlich keine Aktion durch. Solch einen Fall sollte man aber auch berücksichtigen, sofern Ihr Script benutzerfreundlich sein soll. Hierzu bietet sich eine `case`-Anweisung an, mit der Sie überprüfen, ob die entsprechende

Variable (die in for ihren Wert von der Parameterliste erhält) auf das gewünschte Muster (Parameterliste) passt. Ganz klar, dass auch hierbei das Wildcard-Zeichen * verwendet wird.


```
# Demonstriert die Verwendung von for und der Datei-Substitution
# afor4

# Bei erfolgloser Suche soll ein entsprechender Hinweis
# ausgegeben werden
for datei in *.jpg
do
   case "$datei" in
      *.jpg)   echo "Keine Datei zum Muster *.jpg vorhanden" ;;
      *)       echo $datei ;;
   esac
done
```

Das Script bei der Ausführung:

```
you@host > ./afor4
Keine Datei zum Muster *.jpg vorhanden
```

Die case-Verzweigung *.jpg) wird immer dann ausgeführt, wenn kein Suchmuster aufgelöst werden konnte. Ansonsten wird die Ausführung bei *) weitergeführt, was hier wieder eine simple Ausgabe des Dateinamens darstellt.

4.10.3 for und die Kommando-Substitution

Mittlerweile dürften Sie schon überzeugt sein vom mächtigen Feature der for-Schleife. Ein weiteres unverzichtbares Mittel der Shell-Programmierung aber erhalten Sie aus der for-Schleife, die ihre Parameter aus einer Kommando-Substitution erhält. Dazu könnten Sie die Ausgabe von jedem beliebigen Kommando für die Parameterliste verwenden. Allerdings setzt die Verwendung der Kommando-Substitution immer gute Kenntnisse der entsprechenden Kommandos voraus – insbesondere über deren Ausgabe.

Hier ein einfaches Beispiel, bei dem Sie mit dem Kommando find alle Grafikdateien im HOME-Verzeichnis mit der Endung ».png« suchen und in ein separat dafür angelegtes Verzeichnis kopieren. Dabei sollen auch die Namen der Dateien entsprechend neu durchnummeriert werden.

```
# Demonstriert die Verwendung von for und der Kommando-
Substitution
```

```
# afor5

count=1
DIR=$HOME/backup_png

# Verzeichnis anlegen
mkdir $DIR 2>/dev/null
# Überprüfen, ob erfolgreich angelegt oder überhaupt
# vorhanden, ansonsten Ende
[ ! -e $DIR ] && exit 1

for datei in `find $HOME -name "*.png" -print 2>/dev/null`
do
   #  Wenn Leserecht vorhanden, können wir die Datei kopieren
   if [ -r $datei ]
   then
      # PNG-Datei ins entsprechende Verzeichnis kopieren
      # Als Namen bild1.png, bild2.png ... bildn.png verwenden
      cp $datei $DIR/bild${count}.png
      # Zähler um eins erhöhen
      count=`expr $count + 1`
   fi
done

echo "$count Bilder erfolgreich nach $DIR kopiert"
```

Das Script bei der Ausführung:

```
you@host > ./afor5
388 Bilder erfolgreich nach /home/tot/backup_png kopiert
you@host > ls backup_png
bild100.png  bild15.png   bild218.png  bild277.png  bild335.png
bild101.png  bild160.png  bild219.png  bild278.png  bild336.png
...
```

Da die Parameterliste der `for`-Schleife von der Variablen `IFS` abhängt, können Sie standardmäßig hierbei auch zeilenweise mit dem Kommando `cat` etwas einlesen und weiterverarbeiten – denn in der Variable `IFS` finden Sie auch das Newline-Zeichen wieder. Es sei bspw. folgende Datei namens *.userlist* mit einer Auflistung aller User, die bisher auf dem System registriert sind, gegeben:

```
you@host > cat .userlist
tot
you
rot
john
root
martin
```

Wollen Sie jetzt an alle User, die hier aufgelistet und natürlich im Augenblick eingeloggt sind, eine Nachricht senden, gehen Sie wie folgt vor:

```
# Demonstriert die Verwendung von for und
# der Kommando-Substitution
# afor6

# Komplette Argumentenliste für News an andere User verwenden
NEU="$*"

for user in `cat .userlist`
do
   if who | grep ^$user > /dev/null
   then
      echo $NEU | write $user
      echo "Verschickt an $user"
   fi
done
```

Das Script bei der Ausführung:

```
you@host > ./afor6 Tolle Neuigkeiten: Der Chef ist weg!
Verschickt an tot
Verschickt an martin
```

Im Augenblick scheinen hierbei die User »tot« und »martin« eingeloggt zu sein. Bei diesen sollte nun in der Konsole Folgendes ausgegeben werden:

```
tot@host >
Message from you@host on pts/40 at 04:33
Tolle Neuigkeiten: Der Chef ist weg!
EOF
tot@host >
```

Wenn beim anderen User keine Ausgabe erscheint, kann es sein, dass er die entsprechende Option abgeschaltet hat. Damit andere User Ihnen mit dem write-Kommando Nachrichten zukommen lassen können, müssen Sie dies mit

```
tot@host > mesg y
```

einschalten. Mit mesg n schalten Sie es wieder ab.

Variablen-Interpolation

Häufig werden bei der Kommando-Substitution die Kommandos recht lang und kompliziert, weshalb sich hierfür eine Variablen-Interpolation besser eignen würde. Also, anstatt die Kommando-Substitution in die Parameterliste von for zu quetschen, können Sie den Wert der Kommando-Substitution auch in einer Variablen abspeichern und diese Variable an for übergeben. Um bei einem Beispiel von eben zu bleiben (*afor5*), würde man mit

```
for datei in `find $HOME -name "*.png" -print 2>/dev/null`
do
   ...
done
```

dasselbe erreichen wie mit der folgenden Variablen-Interpolation:

```
PNG=`find $HOME -name "*.png" -print 2>/dev/null`

for datei in $PNG
do
   ...
done
```

Nur hat man hier ganz klar den Vorteil, dass dies übersichtlicher ist als die »direkte« Version.

4.10.4 for und Array (Bash und Korn Shell only)

Selbstverständlich eignet sich die for-Schleife hervorragend für die Arrays. Die Parameterliste lässt sich relativ einfach mit ${array[*]} realisieren.

```
# Demonstriert die Verwendung von for und der Arrays
# afor7

# Liste von Werten in einem Array speichern
# Version: Korn-Shell (auskommentiert)
#set -A array 1 2 3 4 5 6 7 8 9
```

```
# Version: bash
array=( 1 2 3 4 5 6 7 8 9 )

# Alle Elemente im Array durchlaufen
for value in ${array[*]}
do
   echo $value
done
```

Das Script bei der Ausführung:

```
you@host > ./afor7
1
2
3
4
5
6
7
8
9
```

4.10.5 for-Schleife mit Schleifenzähler (Bash only)

Ab Version 2.0.4 wurde der Bash eine zweite Form der `for`-Schleife spendiert. Die Syntax ist hierbei an die der Programmiersprache C angelehnt.

```
for (( var=Anfangswert ; Bedingung ; Zähler ))
do
   kommando1
   ...
   kommanodn
done
```

Diese Form der `for`-Schleife arbeitet mit einem Schleifenzähler. Bei den einzelnen Parametern handelt es sich um arithmetische Substitutionen. Der erste Wert, hier »var«, wird gewöhnlich für die Zuweisung eines Anfangswertes an eine Schleifenvariable verwendet. Der Anfangswert (»var«) wird hierbei nur einmal beim Eintritt in die Schleife ausgewertet. Die Bedingung dient als Abbruchbedingung und der Zähler wird verwendet, um die Schleifenvariable zu erhöhen oder zu verringern. Die Bedingung wird vor jedem neuen Schleifendurchlauf überprüft. Der Zähler hingegen wird nach jedem Schleifendurchlauf verändert. Den Zähler können Sie folgendermaßen ausdrücken (siehe Tabelle 4.12):

Zähler verändern	Bedeutung
`var++`	Den Wert nach jedem Schleifendurchlauf um 1 erhöhen (inkrementieren)
`var--`	Den Wert nach jedem Schleifendurchlauf um 1 verringern (dekrementieren)
`((var=var+n))`	Den Wert nach jedem Schleifendurchlauf um `n` erhöhen
`((var=var-n))`	Den Wert nach jedem Schleifendurchlauf um `n` verringern

Tabelle 4.12 Zähler einer Schleifenvariablen verändern

Sie können auch andere arithmetische Ausdrücke verwenden. So toll sich das anhört, sollten Sie dennoch bedenken, dass dieses `for`-Konstrukt nur der Bash zur Verfügung steht. Hier einige Beispiele, wie Sie diese Form der `for`-Schleife in der Praxis einsetzen können:

```
# Demonstriert die Verwendung einer
# zweiten for-Form (Bash only)
# afor8

[ $# -lt 1 ] && echo "Mindestens ein Argument" && exit 1

# Liste von Argumenten in einem Array speichern
array=( $* )

for((i=0; i<$#; i++))
do
   echo "Argument $i ist ${array[$i]}"
done

# Countdown
for((i=5; i>0; i--))
do
   echo $i
   sleep 1    # Eine Sekunde anhalten
done

echo "...go"

# Auch andere arithmetische Ausdrücke als Zähler möglich
for((i=100; i>0; ((i=i/2)) ))
do
```

```
   echo $i
done
```

Das Script bei der Ausführung:

```
you@host > ./afor8 hallo welt wie gehts
Argument 0 ist hallo
Argument 1 ist welt
Argument 2 ist wie
Argument 3 ist gehts
5
4
3
2
1
...go
100
50
25
12
6
3
1
```

4.11 Die while-Schleife

Wer jetzt ein wenig neidisch auf die zweite Form der `for`-Schleife der Bash geschielt hat, dem sei gesagt, dass sich Gleiches auch mit der `while`-Schleife realisieren lässt (siehe Abbildung 4.12). Die Syntax:

```
while [bedingung] # oder natürlich auch: while-kommando
do
   kommanodo_1
   ...
   kommando_n
done
```

Oder die Kurzform:

```
while [bedingung] ; do kommando_1 ; kommando_n ; done
```

Die einzelnen Kommandos zwischen `do` und `done` werden bei der `while`-Schleife abgearbeitet, solange die Bedingung wahr (0 oder auch `true`) ist. Trifft die Bedingung nicht mehr zu und ist falsch (ungleich 0 oder `false`), wird die Schleife beendet und die Ausführung des Scripts hinter `done` fortgeführt.

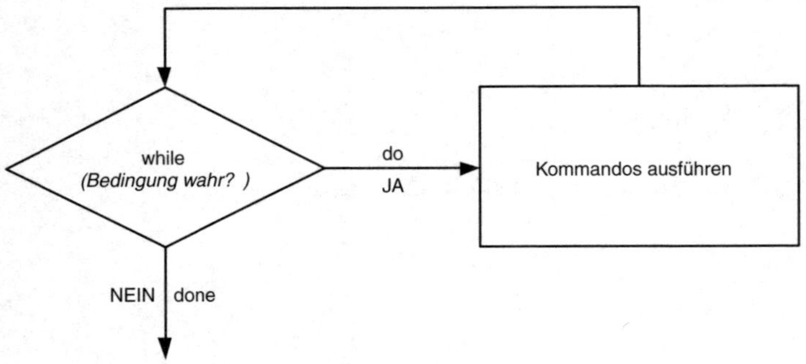

Abbildung 4.12 Die while-Schleife

Hierzu nun das Beispiel, dessen Ausführung dieselbe ist wie schon beim Script »afor8«, nur dass die Zuweisung des Anfangswerts vor der `while`-Schleife erfolgt. Die Bedingung wird bei der `while`-Schleife überprüft. Der Zähler hingegen wird im Anweisungsblock der Schleife erhöht bzw. verringert. Das Script ist allerdings, da hier ein Array verwendet wird, nur in der Bash und der Korn-Shell ausführbar.

```
# Demonstriert die Verwendung einer while-Schleife
# awhile1

[ $# -lt 1 ] && echo "Mindestens ein Argument" && exit 1

# Liste von Argumenten in einem Array speichern
# Version: Korn-Shell (auskommentiert)
#set -A array $*

# Version: bash
array=( $* )

i=0
while [ $i -lt $# ]
do
   echo "Argument $i ist ${array[$i]}"
   i=`expr $i + 1`
done

# Countdown
i=5
while [ $i -gt 0 ]
do
```

```
    echo $i
    sleep 1          # Eine Sekunde anhalten
    i=`expr $i - 1`
done

echo "...go"

# Auch andere arithmetische Ausdrücke als Zähler möglich
i=100
while [ $i -gt 0 ]
do
    echo $i
    i=`expr $i / 2`
done
```

Die Ausgabe des Scripts ist dieselbe wie schon beim Script *afor8* im Abschnitt zuvor.

Zwar liegt eines der Hauptanwendungsgebiete der `while`-Schleife im Durchlaufen eines bestimmten Zahlenbereichs, doch häufig wird eine `while`-Schleife auch für Benutzereingaben verwendet. Im folgenden Beispiel wird das Kommando `read` eingesetzt, welches in Kapitel 5, *Terminal E/A*, in dem es um die Benutzerein- und -ausgabe geht, genauer beschrieben wird.

```
# Demonstriert die Verwendung einer while-
Schleife mit Benutzereingabe
# awhile2

while [ "$input" != "ende" ]
do
  # eventuell Befehle zum Abarbeiten hierhin ...

  echo "Weiter mit ENTER oder aufhören mit ende"
  read input
done

echo "Das Ende ist erreicht"
```

Das Script bei der Ausführung:

```
you@host > ./awhile2
Weiter mit ENTER oder aufhören mit ende
[ENTER]
```

```
Weiter mit ENTER oder aufhören mit ende
ende
Das Ende ist erreicht
```

4.12 Die until-Schleife

Die `until`-Schleife wird im Gegensatz zur `while`-Schleife so lange ausgeführt, bis das Kommando in der `until`-Schleife einen Wert ungleich 0, also falsch (!) zurückgibt. Die Abbruchbedingung der Schleife ist gegeben, wenn das Kommando erfolglos war. Die Syntax:

```
until [bedingung] falsch   # oder auch: until-kommando falsch
do
   kommando1
   ...
   kommandon
done
```

So lange also die Bedingung oder die Kommandoausführung falsch (`false` oder ungleich 0) hinter `until` zurückgibt, werden die Kommandos zwischen `do` und `done` ausgeführt. Ist der Rückgabewert hingegen wahr (`true` oder 0), dann wird mit der Ausführung hinter `done` fortgefahren (siehe Abbildung 4.13).

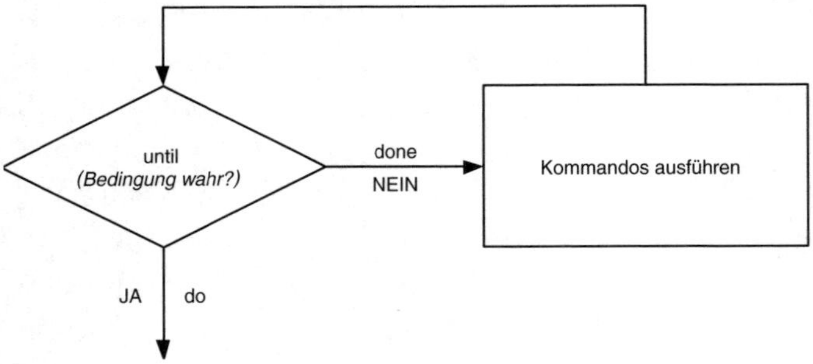

Abbildung 4.13 Die until-Schleife

Manch einer wird jetzt nach dem Sinn der `until`-Schleife fragen, denn alles, was man mit der `until`-Schleife machen kann, kann man ja auch mithilfe des Negationsoperators `!` oder durch Umstellen der Bedingung in einer `while`-Schleife erreichen, zum Beispiel im Script `awhile2`:

```
while [ "$input" != "ende" ]
do
   ...
done
```

Schreibt man hierfür

```
while [ ! "$input" = "ende" ]
do
    ...
done
```

hätte man dasselbe erreicht wie mit der folgenden `until`-Schleife:

```
until [ "$input" = "ende" ]
do
    ...
done
```

Ebenso sieht dies beim Durchzählen von Zahlenbereichen aus. Dass es die `until`-Schleife dennoch gibt und dass diese auch nötig ist, liegt daran, dass die echte Bourne-Shell kein `!` kennt. Wenn Sie in der Bourne-Shell Ausdrücke wie `[ ! "$input" = "ende" ]` ausführen, werden diese zwar funktionieren, aber dies liegt nur daran, dass Sie hier das `test`-Kommando verwenden. Und `test` wiederum kann etwas mit `!` anfangen. Überprüfen Sie allerdings den Rückgabewert eines Befehls mit `!`, wird sich die echte Bourne-Shell schon bei Ihnen melden.

Hierzu ein einfaches Beispiel: In Ihrem Script benötigen Sie ein Kommando namens »abc«, welches aber nicht standardmäßig auf jedem Rechner installiert ist. Statt jetzt nur eine Fehlermeldung auszugeben, dass auf dem System das Tool »abc« fehlt, um Ihr Script auszuführen, bieten Sie dem Anwender doch gleich eine Installationsroutine mit an, beispielsweise indem Sie entsprechendes Tool im Quellcode mitliefern und mit entsprechenden Optionen übersetzen lassen und installieren. Natürlich können Sie das Paket auch mit einem passenden Paketmanager (bspw. `rpm` oder `apt`) vom Netz holen lassen und installieren. Sie müssen aber hier nicht zwangsläufig eine neue Anwendung installieren – häufig will man auch nur ein neues Script in entsprechende Pfade legen. Hierbei sind Ihnen kaum Grenzen gesetzt. Im Script wird einfach das Kommando `cat` mit `cp` in ein Verzeichnis kopiert. Im Beispiel wurde das Verzeichnis `$HOME`*/bin* verwendet, das bei mir auch in `PATH` eingetragen ist. Dies ist Voraussetzung, wenn Sie das Kommando anschließend ohne ./ vor dem Kommandonamen aufrufen wollen.

```
# Demonstriert die Verwendung einer until-Schleife
# auntil

# Hier soll ein Kommando namens "abc" installiert werden
```

```
until abc /dev/null > /dev/null 2>&1
do
   echo "Kommando abc scheint hier nicht zu existieren"
   # Jetzt können Sie "abc" selbst nachinstallieren ...
   # Wir verwenden hierbei einfach ein Hauswerkzeug mit cat
   new=`which cat`  # kompletten Pfad zu cat
   cp $new $HOME/bin/abc
done

# ... den eigenen Quellcode ausgeben
abc $0
```

Das Script bei der Ausführung:

```
you@host > ./auntil
# Demonstriert die Verwendung einer until-Schleife
# auntil

# Hier soll ein Kommando namens "abc" installiert werden

until abc /dev/null > /dev/null 2>&1
...
you@host > abc > test.txt
Hallo ein Test
you@host > abc test.txt
Hallo ein Test
```

Dieses Beispiel können Sie auf jeden Fall nicht in einer echten Bourne-Shell mit einer `while`-Schleife nachbilden. Die Betonung liegt hier auf »echt«, weil es diese unter Linux nicht gibt. Unter Linux führt jede Verwendung der Bourne-Shell zur Bash und somit kann hierbei auch der Negationsoperator `!` verwendet werden.

Weitere typische Beispiele wie das Script »auntil« sind auch selbstentpackende Installer, die beim Aufruf den komprimierten Quellcode auspacken und installieren.

4.13 Kontrollierte Sprünge

Es gibt drei Möglichkeiten, eine Ablaufstruktur wie die Schleifen von innen (zwischen `do` und `done`) zu regulieren oder unmittelbar zu verlassen. Damit kann man allerdings nicht in eine bestimmte Anweisung verzweigen, sondern lediglich zur nächsten Ablaufstruktur springen.

- `continue` – damit wird der aktuelle Schleifenaufruf beendet und es wird mit dem nächsten Durchlauf fortgefahren.
- `break` – beendet die Schleife. Befindet sich `break` in mehreren geschachtelten Schleifen, wird nur die innerste verlassen.
- `exit` – beendet das komplette Programm.

4

Es sei angemerkt, dass `exit` keine schleifentypische Anweisung ist, im Gegensatz zu `break` und `continue`. Auf `continue` und `break` soll daher etwas genauer eingegangen werden.

4.13.1 Der Befehl continue

Der Befehl `continue` beendet nur die aktuelle Schleifenausführung. Das bedeutet, dass ab dem Aufruf von `continue` im Anweisungsblock der Schleife alle anderen Anweisungen übersprungen werden und die Programmausführung zur Schleife mit der nächsten Ausführung zurückspringt.

```
# Demonstriert die Verwendung von continue
# acontinue1

i=1
while [ $i -lt 20 ]
do
   j=`expr $i % 2`
   if [ $j -ne 0 ]
   then
      i=`expr $i + 1`
      continue
   fi
   echo $i
   i=`expr $i + 1`
done
```

Das Script bei der Ausführung:

```
you@host > ./acontinue1
2
4
6
8
10
12
```

```
14
16
18
```

Bei diesem Script wird überprüft, ob es sich bei der Variable »i« um eine ungerade Zahl handelt. Wenn »i« *modulo* 2 nicht 0 ist, also ein Rest zurückgegeben wird, handelt es sich um eine ungerade Zahl. Wir wollen aber nur gerade Zahlen ausgeben lassen, weshalb im `if`-Anweisungsblock zwischen `then` und `fi` eine `continue`-Anweisung ausgeführt wird. Dabei wird die `echo`-Ausgabe auf dem Bildschirm ausgelassen und es geht unmittelbar mit dem nächsten Schleifendurchlauf weiter (hier: die nächste Überprüfung). Hiermit haben Sie sich die `else`-Alternative erspart.

Hinweis Mit dem Modulo-Operator `%` wird der Rest einer ganzzahligen Division ermittelt.

Natürlich lässt sich `continue` auch mit jeder anderen Schleife verwenden. Wollen Sie bspw. alle Argumente der Kommandozeile darauf prüfen, ob etwas Brauchbares dabei ist, könnten Sie folgendermaßen vorgehen:

```
# Demonstriert die Verwendung von continue
# acontinue2

# Durchläuft alle Argumente der Kommandozeile nach dem Wort
"automatik"

for var in "$@"
do
   if [ "$var" != "automatik" ]
   then
      continue
   fi
   echo "Ok, \"$var\" vorhanden ...!"
done
```

Das Script bei der Ausführung:

```
you@host > ./acontinue2 test1 test2 test3 test4
you@host > ./acontinue2 test1 test2 test3 test4 automatik \
> test5 testx
Ok, "automatik" vorhanden ...!
```

In diesem Beispiel wird Argument für Argument aus der Kommandozeile durchlaufen und überprüft, ob sich eine Zeichenkette mit »automatik« darin befindet. Handelt es sich beim aktuellen Argument nicht um entsprechendes Wort, wird mittels `continue` wieder zur nächsten Schleifenanweisung hochgesprungen.

4.13.2 Der Befehl break

Im Gegensatz zu `continue` können Sie mit `break` eine Schleife vorzeitig beenden, sodass die Programmausführung unverzüglich hinter dem Schlüsselwort `done` ausgeführt wird. Man spricht hierbei von einem kontrollierten Schleifenabbruch. `break` setzt man immer dann, wenn man mit einer Schleife ein bestimmtes Ziel schon vorzeitig erreicht hat oder ein unerwarteter Fehler aufgetreten ist – sich eine weitere Ausführung des Scripts also nicht mehr lohnt – und natürlich bei einer Endlosschleife.

Um auf das Script *acontinue2* zurückzukommen, könnte man hier bspw. `break` hinter der `echo`-Ausgabe setzen, sofern man mit einer gefundenen Zeichenkette zufrieden ist. Damit kann man sich ersparen, dass alle Argumente durchlaufen werden, obwohl das benötigte längst gefunden wurde. Hier das Script mit `break`:

```
# Demonstriert die Verwendung von break
# abreak

# Durchläuft alle Argumente der Kommandozeile nach
# dem Wort "automatik"

for var in "$@"
do
   if [ "$var" = "automatik" ]
   then
      echo "Ok, \"$var\" vorhanden ...!"
      break
   fi
done

# Hier gehts nach einem break weiter ...
```

Natürlich kann `break` wie `continue` in jeglicher Art von Schleifen eingesetzt werden. Ein oft gemachter Fehler ist das Setzen von `break` in einer verschachtelten Schleife. Wenn `break` in der innersten Schleife verwendet wird, wird auch nur diese Schleife abgebrochen. Zwar ist es aus Übersichtlichkeitsgründen nicht ratsam, mehrere Schleifen zu verschachteln, aber da es sich häufig nicht vermeiden lässt, sollte dennoch darauf hingewiesen werden. Hier ein Beispiel:

```
# Demonstriert die Verwendung von break in einer Verschachtelung
# abreak2

i=1

for var in "$@"
do
   while [ $i -lt 5 ]
   do
      echo $i
      i=`expr $i + 1`
      break
      echo "Wird nie ausgegeben"
   done
   echo $var
done
```

Das Script bei der Ausführung:

```
you@host > ./abreak2 test1 test2 test3 test4
1
test1
2
test2
3
test3
4
test4
```

Obwohl hier ein `break` verwendet wurde, werden alle Kommandozeilen-Argumente ausgegeben. Dass `break` dennoch funktioniert, beweist die Nicht-Ausgabe von »Wird nie ausgegeben«. `break` gilt hier nur innerhalb der `while`-Schleife und bricht somit auch nur diese ab.

4.14 Endlosschleifen

Manchmal benötigt man ein Konstrukt, das endlos ausgeführt wird. Hierzu verwendet man gewöhnlich Endlosschleifen. In einer Endlosschleife werden die Kommandos zwischen `do` und `done` endlos ausgeführt, ohne dass die Schleife abgebrochen wird. Sie sollten also bedenken, dass hiermit das Script niemals mehr beenden wird und zur aufrufenden Shell zurückkehrt. Daher werden gewöhnlich Scripts mit einer Endlosschleife im Hintergrund mit `&` ausgeführt (`./scriptname &`).

4

Um eine Endlosschleife zu erzeugen, gibt es verschiedene Möglichkeiten. Letztendlich muss nur die Bedingung bei einer Überprüfung gegeben sein. Folglich müsste die Bedingung bei einer `while`-Schleife immer wahr und bei einer `until`-Schleife immer falsch sein. Zu diesen Zweck hat man die Kommandos `true` (für wahr) und `false` (für falsch) eingeführt. Mit `while` erreichen Sie so folgendermaßen eine Endlosschleife:

```
while true
do
   # Kommandos der Endlosschleifen
done
```

Gleiches mit `until`:

```
until false
do
   # Kommandos der Endlosschleife
done
```

Hier eine solche Endlosschleife in der Praxis:

```
# Demonstriert eine Endlosschleife mit while
# aneverending

while true
do
   echo "In der Endlosschleife"
   sleep 5    # 5 Sekunden warten
done
```

Das Script bei der Ausführung:

```
you@host > ./aneverending
In der Endlosschleife
In der Endlosschleife
In der Endlosschleife
[Strg]+[C]
you@host >
```

Dieses Script müssen Sie mit dem Signal `SIGINT`, generiert durch die Tastenkombination [Strg]+[C], quasi mit Gewalt beenden.

Richtig eingesetzt werden Endlosschleifen in Scripts, mit denen man bestimmte Dienste überwacht oder in gewissen Zeitabständen (bspw. mit `sleep`) gewisse Aktionen ausführen will, wie z.B. das Überprüfen des Mail-Postfachs oder die Verfügbarkeit eines Servers. In der Praxis werden Endlosschleifen recht gern eingesetzt, wobei hier auch mit dem Befehl `break` gearbeitet werden sollte. Sind zum Beispiel irgendwelche Grenzen oder Fehler (bzw. Bedingungen) aufgetreten, wird `break` verwendet, wodurch die Endlosschleife beendet wird. Häufig wird dies dann so erreicht:

```
while true
do
   # Viele Kommandos

   if [ Bedingung ]
   then
      break
   fi
done

# eventuell noch einige Aufräumarbeiten ...
```

Hinweis In diesem Kapitel wurden viele Beispiele verwendet, in denen Dateien kopiert oder ausgelesen werden. Es sollte noch erwähnt werden, dass es hierbei häufig zu Problemen mit der Variable `IFS` kommen kann (siehe Abschnitt 5.3.6), weil viele Benutzer gern Dateinamen oder Verzeichnisse mit einem Leerzeichen trennen. Dies ist ein Ärgernis, das schwer zu kontrollieren ist. Eine mögliche Lösung des Problems finden Sie im Praxisteil des Buchs (siehe Abschnitt 15.2.1). Das Abfangen des Fehlers ist sehr wichtig, um ein inkonsistentes Backup zu vermeiden.

5 Terminal-Ein- und Ausgabe

5 Terminal-Ein- und Ausgabe

Bisher wurde die Ausgabe auf dem Bildschirm immer verwendet, ohne jemals näher darauf eingegangen zu sein. Zur perfekten Interaktion gehört neben der Bildschirmausgabe die Benutzereingabe. In diesem Kapitel werden Sie alles Nötige zur Ein- und Ausgabe erfahren. Außerdem soll der Begriff »Terminal« ein wenig genauer erläutert werden.

5.1 Von Terminals zu Pseudo-Terminals

Obwohl in der Praxis heute eigentlich keine echten Terminals mehr verwendet werden, ist von ihnen immer noch die Rede. Terminals selbst sahen in der Regel aus wie gewöhnliche Desktop-Computer, meist mit einem schwarz-weißen (bzw. schwarz-grünen) Bildschirm, obwohl für ein Terminal nicht zwangsläufig ein Monitor genutzt werden muss. Solche Terminals waren über eine Leitung direkt mit einem UNIX-Rechner verbunden – also sind (waren) Terminals niemals Bestandteil des Betriebssystems selbst. Ein Betriebssystem lief auch ohne Terminal weiter (ähnlich, wie Ihr System auch ohne eine Internetverbindung läuft). Wenn ein solches Terminal eingeschaltet wurde, wartete schon ein Prozess namens »getty« (*Get Terminal*) »horchend« darauf und öffnete eine neue Session (Sitzung). Es wurde bereits erwähnt, dass eine Session nichts anderes ist, als die Zeit, ab der sich ein Benutzer mit einer Login-Shell eingeloggt hat, und die endet, wenn dieser sich wieder vom System verabschiedet.

Heute werden kaum noch echte Terminals (im eigentlichen Sinne) eingesetzt, sondern vorzugsweise Terminal-Emulationen. Terminal-Emulationen wiederum sind Programme, die vorgeben, ein Terminal zu sein.

Unter den meisten Linux-UNIX-Systemen stehen einem mehrere »virtuelle« Terminals zur Verfügung, die mit der Tastenkombination [Strg]+[Alt]+[F1] bis meistens [Strg]+[Alt]+[F7] erreicht werden können. Wenn Ihr System hochgefahren wird, bekommen Sie in der Regel als erstes Terminal [Strg]+[Alt]+[F1] zu Gesicht. Arbeiten Sie ohne grafische Oberfläche, so ist dies gewöhnlich auch Ihre Login-Shell. Bei einer grafischen Oberfläche wird zumeist ein anderes Terminal (unter Linux bspw. [Strg]+[Alt]+[F7]) benutzt. Trotzdem können Sie jederzeit über [Strg]+[Alt]+[Fn] eine »echte« Login-Shell verwenden.

Auf jeder dieser Textkonsolen ([Strg]+[Alt]+[F1] bis [Strg]+[Alt]+[Fn]) »horchen« die Getty-Prozesse, bis sich ein Benutzer einloggt, so zum Beispiel:

```
you@host > ps -e | grep getty
 3092 tty1     00:00:00 getty
 3093 tty2     00:00:00 getty
 3095 tty4     00:00:00 getty
 3096 tty5     00:00:00 getty
 3097 tty6     00:00:00 getty
```

Unter Linux werden Sie hierbei statt »getty« vermutlich den Namen »mingetty« vorfinden. Im Beispiel fällt außerdem auf, dass die Textkonsolen »tty0« und »tty3« fehlen. Dies kann nur bedeuten, dass sich hier jemand eingeloggt hat:

```
you@host > who | grep tty3
tot      tty3         Mar  1 23:28
```

Sobald der User »tot« seine Session wieder beendet, wird ein neuer Getty-Prozess gestartet, der horchend darauf wartet, dass sich wieder jemand in der Textkonsole »tty3« einloggt.

Die Textfenster grafischer Oberflächen werden als Pseudo-Terminal bezeichnet (Abk. »pts« oder auch »ttyp« – betriebssystemspezifisch). Im Gegensatz zu einer Terminal-Emulation verläuft die Geräteeinstellung zu den Pseudo-Terminals dynamisch – sprich, ein Pseudo-Terminal existiert nur dann, wenn eine Verbindung besteht. In welchem Pseudo-Terminal Sie sich gerade befinden, sofern Sie unter einer grafischen Oberfläche eine Konsole geöffnet haben, können Sie mit dem Kommando `tty` ermitteln:

```
[ --- Linux --- ]
you@host > tty
/dev/pts/40
[ --- oder unter FreeBSD --- ]
you@host > tty
/dev/ttyp1
```

Der Name eines solchen Pseudo-Terminals ist eine Zahl im Verzeichnis */dev/pts*. Die Namensvergabe beginnt gewöhnlich bei 0 und wird automatisch erhöht. Einen Überblick, welche Pseudo-Terminals gerade für welche User bereitgestellt werden, finden Sie im entsprechenden Verzeichnis:

```
you@host > ls -l /dev/pts
insgesamt 0
crw--w----  1 tot tty 136, 37 2005-03-01 22:46 37
crw-------  1 tot tty 136, 38 2005-03-01 22:46 38
crw-------  1 tot tty 136, 39 2005-03-01 22:46 39
crw-------  1 you tty 136, 40 2005-03-02 00:35 40
```

Hier finden Sie insgesamt vier Pseudo-Terminal-Einträge. Drei für den User »tot« und einen für »you«.

Das Gleiche finden Sie auch unter BSD-UNIX mit

```
you@host > ls -l /dev/ttyp*
crw-rw-rw-  1 root    wheel    5,   0 22 Mär 21:54 /dev/ttyp0
crw--w----  1 martin  tty      5,   1 13 Mai 08:58 /dev/ttyp1
crw--w----  1 martin  tty      5,   2 13 Mai 07:43 /dev/ttyp2
crw--w----  1 martin  tty      5,   3 13 Mai 08:48 /dev/ttyp3
crw-rw-rw-  1 root    wheel    5,   4 13 Mai 08:48 /dev/ttyp4
crw-rw-rw-  1 root    wheel    5,   5 12 Mai 16:31 /dev/ttyp5
crw-rw-rw-  1 root    wheel    5,   6 12 Mai 23:01 /dev/ttyp6
crw-rw-rw-  1 root    wheel    5,   7 12 Mai 14:37 /dev/ttyp7
crw-rw-rw-  1 root    wheel    5,   8 12 Mai 14:22 /dev/ttyp8
crw-rw-rw-  1 root    wheel    5,   9 12 Mai 14:26 /dev/ttyp9
crw-rw-rw-  1 root    wheel    5,  10 12 Mai 17:20 /dev/ttypa
crw-rw-rw-  1 root    wheel    5,  11 23 Apr 11:23 /dev/ttypb
...
```

nur mit dem Unterschied, dass bei der Namensvergabe der Wert nach 9 (»ttyp9«) nicht mehr um 1 inkrementiert wird, sondern mit dem ersten Buchstaben des Alphabets fortgefahren wird.

Pseudo-Terminals können neben den normalen Terminalverbindungen auch im Netzwerk (TCP/IP) eingesetzt werden. Dies ist möglich, weil der X-Server für grafische Anwendungen auch über ein Netzwerkprotokoll verfügt und damit verbunden ist.

5.2 Ausgabe

Auf den folgenden Seiten soll etwas umfangreicher auf die Ausgabe-Funktionen eingegangen werden, von denen Sie bei Ihren Scripts noch regen Gebrauch machen werden.

5.2.1 Der echo-Befehl

Den `echo`-Befehl haben Sie bisher sehr häufig eingesetzt, und im Prinzip gibt es auch gar nicht mehr allzu viel dazu zu sagen. Und dennoch ist der `echo`-Befehl unter den unterschiedlichen Shells inkompatibel. Die Syntax zu `echo`:

```
echo [-option] argument1 argument2 ... argument_n
```

Die Argumente, die Sie `echo` übergeben, müssen mindestens mit einem Leerzeichen getrennt werden. Bei der Ausgabe auf dem Bildschirm verwendet `echo` dann ebenfalls ein Leerzeichen als Trennung zwischen den Argumenten. Abgeschlossen wird eine Ausgabe von echo mit einem Newline-Zeichen. Wollen Sie das Newline-Zeichen ignorieren, können Sie die Option -n zum Unterdrücken verwenden:

```
# Demonstriert den echo-Befehl
# aecho1

echo -n "Hier wird das Newline-Zeichen unterdrückt"
echo ":TEST"
```

Das Script bei der Ausführung:

```
you@host > ./aecho1
Hier wird das Newline-Zeichen unterdrückt:TEST
```

Soweit ist dies in Ordnung, nur dass eben die »echte« Bourne-Shell überhaupt keine Optionen für echo kennt. Dies stellt aber kein Problem dar, denn Sie können hierfür die Escape-Sequenz \c verwenden. \c unterdrückt ebenfalls das abschließende Newline-Zeichen. Hier dasselbe Script nochmals:

```
# Demonstriert den echo-Befehl
# aecho2

echo "Hier wird das Newline-Zeichen unterdrückt\c"
echo ":TEST"
```

In der Bourne- und Korn-Shell scheint die Welt jetzt in Ordnung zu sein, nur die Bash gibt hier Folgendes aus:

```
you@host > ./aecho2
Hier wird das Newline-Zeichen unterdrückt\c
:TEST
```

Die Bash scheint die Escape-Sequenz nicht zu verstehen. Damit dies trotzdem funktioniert, müssen Sie die Option -e verwenden:

```
# Demonstriert den echo-Befehl
# aecho3

echo -e "Hier wird das Newline-Zeichen unterdrückt\c"
echo ":TEST"
```

Leider stehen Sie allerdings dann wieder vor dem Problem, dass die »echte« Bourne-Shell (also nicht der symbolische Link nach Bash!) keine Optionen kennt. Es ist also nicht möglich, auf diesem Weg ein portables `echo` für alle Shells zu verwenden. Folgende Regeln müssen Sie beachten:

- Die Bourne-Shell kennt keine Optionen wie `-e` oder `-n`, versteht aber ohne Probleme die Escape-Sequenzen.
- Die Korn-Shell kennt die Optionen `-e` und `-n` und versteht auch die Escape-Sequenzen. Beachten Sie aber, dass nur neuere Versionen der Korn-Shell die Optionen `-e` und `-n` kennen.
- Die Bash kenn die Optionen `-e` und `-n`, versteht aber die Escape-Sequenzen nur dann, wenn `echo` mit der Option `-e` verwendet wird.

Steuerzeichen und Escape-Sequenzen

Sie kennen den Vorgang, dass auf Druck einer Taste hin das Zeichen an der Position des Cursors bzw. »Prompts« ausgegeben wird. Das Terminal bzw. die Terminal-Emulation setzt den Cursor dann automatisch um eine Position weiter. Anders verhält sich das Ganze aber bspw. bei einem Zeilenwechsel oder einem Tabulatorenschritt. Solche Zeichen sind ja nicht direkt auf dem Bildschirm sichtbar, sondern steuern die Ausgabe, weshalb hier auch der Name »Steuerzeichen« einleuchtend ist. Im ASCII-Zeichencode sind diese Steuerzeichen mit den Codewerten 0 bis 31 reserviert (siehe Tabelle 5.1).

Dez	Hex	Kürzel	ASCII	Bedeutung
0	0	NUL	^@	Keine Verbindung
1	1	SOH	^A	Anfang Kopfdaten
2	2	STX	^B	Textanfang
3	3	ETX	^C	Textende
4	4	EOT	^D	Ende der Übertragung
5	5	ENQ	^E	Aufforderung
6	6	ACK	^F	erfolgreiche Antwort
7	7	BEL	^G	Signalton (Beep)
8	8	BS	^H	Rückschritt (Backspace)
9	9	HT	^I	Tabulatorenschritt (horizontal)
10	A	NL	^J	Zeilenvorschub (Newline)
11	B	VT	^K	Tabulatorenschritt (vertikal)

Tabelle 5.1 Steuerzeichen im ASCII-Zeichencode

Dez	Hex	Kürzel	ASCII	Bedeutung
12	C	NP	^L	Seitenvorschub (NewPage)
13	D	CR	^M	Wagenrücklauf
14	E	SO	^N	Dauerumschaltung
15	F	SI	^O	Rückschaltung
16	10	DLE	^P	Umschaltung der Verbindung
17	11	DC1	^Q	Steuerzeichen 1 des Gerätes
18	12	DC2	^R	Steuerzeichen 2 des Gerätes
19	13	DC3	^S	Steuerzeichen 3 des Gerätes
20	14	DC4	^T	Steuerzeichen 4 des Gerätes
21	15	NAK	^U	erfolglose Antwort
22	16	SYN	^V	Synchronmodus
23	17	ETB	^W	Blockende
24	18	CAN	^X	Zeichen für ungültig
25	19	EM	^Y	Mediumende
26	1A	SUB	^Z	Ersetzung
27	1B	ESCAPE	ESC	Umschaltung
28	1C	FS	^\	Dateitrennzeichen
29	1D	GS	^]	Gruppentrennzeichen
30	1E	RS	^~	Satztrennzeichen
31	1F	US	^/	Worttrennzeichen

Tabelle 5.1 Steuerzeichen im ASCII-Zeichencode (Forts.)

Welches Steuerzeichen hier jetzt auch wirklich die angegebene Wirkung zeigt, hängt stark vom Terminaltyp (`TERM`) und der aktuellen Systemkonfiguration ab. Wenn Sie im Text ein Steuerzeichen verwenden wollen, so ist dies mit [ENTER] und der [⇆]-Taste kein Problem, weil hierfür ja Tasten vorhanden sind. Andere Steuerzeichen hingegen werden mit einer Tastenkombination aus [Strg]+*Buchstabe* ausgelöst. So könnten Sie statt mit [ENTER] auch mit der Tastenkombination [Strg]+[J] einen Zeilenvorschub auslösen. Andererseits lösen Sie mit der Tastenkombination [Strg]+[C] das Signal `SIGINT` aus, womit Sie z.B. einen Schreibprozess abbrechen würden.

Zum Glück unterstützen Kommandos wie u.a. echo die Umschreibung solcher Steuerzeichen durch Escape-Sequenzen (was übrigens nichts mit dem Zeichen [ESC] zu tun hat). Eine Escape-Sequenz besteht aus zwei Zeichen, wovon das erste Zeichen immer mit einem Backslash beginnt (siehe Tabelle 5.2).

Escape-Sequenz	Bedeutung
\a	Alarm-Ton (Beep)
\b	Backspace; ein Zeichen zurück
\c	continue; das Newline-Zeichen unterdrücken
\f	Form Feed; einige Zeilen weiterspringen
\n	Newline; Zeilenumbruch
\r	return; zurück zum Anfang der Zeile
\t	Tabulator (horizontal)
\v	Tabulator (vertikal); meistens eine Zeile vorwärts
\\	das Backslash-Zeichen ausgeben
\0nnn	ASCII-Zeichen in oktaler Form (nur sh und ksh); z.B. aus \0102 wird B (dezimal 66)
\nnn	ASCII-Zeichen in oktaler Form (nur Bash); z.B. aus \102 wird wird B (dezimal 66)

Tabelle 5.2 Escape-Sequenzen

Hinweis Wie bereits erwähnt wurde, beachtet die Bash diese Escape-Sequenzen mit echo nur, wenn Sie die Option -e mit angeben.

Ein weiteres Beispiel zu den Escape-Sequenzen:

```
# Demonstriert den echo-Befehl
# aecho4

echo "Mehrere Newline-Zeichen\n\n\n"
echo "Tab1\tTab2\tEnde"
echo "bach\bk"
# Alternativ für die bash mit Option -e
# echo -e "Mehrere Newline-Zeichen\n\n"
# echo -e "Tab1\tTab2\tEnde"
# echo -e "bach\bk"
```

Das Script bei der Ausführung:

```
you@host > ./aecho4
Mehrere Newline-Zeichen

Tab1    Tab2    Ende
zurück
```

5.2.2 print (Korn-Shell only)

Die Korn-Shell bietet mit `print` (nicht zu verwechseln mit `printf`) eine fast gleiche Funktion wie `echo`, allerdings bietet es einige Optionen mehr an. Hier die Optionen zur Funktion `print` in der Korn-Shell (siehe Tabelle 5.3):

Option	Bedeutung
`-n`	Newline unterdrücken
`-r`	Escape-Sequenzen ignorieren
`-u` *n*	Ausgabe von `print` erfolgt auf den Filedeskriptor *n*
`-p`	Ausgabe von `print` erfolgt auf Co-Prozess
`-`	Argumente, die mit - beginnen, werden nicht als Option behandelt.
`-R`	wie -, mit Ausnahme der Angabe von `-n`

Tabelle 5.3 Optionen für den print-Befehl (Korn-Shell only)

5.2.3 Der Befehl printf

Wer schon einmal mit der C-Programmierung in Kontakt gekommen ist, der hat bereits mehr als einmal mit dem `printf`-Befehl zur formatierten Ausgabe zu tun gehabt. Allerdings ist dieses `printf` im Gegensatz zum `printf` der C-Bibliothek ein echtes Programm und unabhängig von der Shell (also kein Builtin-Kommando). Die Syntax:

```
printf format argument1 argument2 ... argument_n
```

»format« ist hierbei der Formatstring, der beschreibt, wie die Ausgaben der Argumente »argument1« bis »argument_n« zu formatieren sind. Somit ist der Formatstring im Endeffekt eine Schablone für die Ausgabe, die vorgibt, wie die restlichen Parameter (»argument1« bis »argument_n«) ausgegeben werden sollen. Befindet sich im Formatstring ein bestimmtes Zeichenmuster (bspw. `%s` für eine Zeichenkette (s = String)), wird dies durch das erste Argument (`argument1`) von `printf` ersetzt und formatiert ausgegeben. Befindet sich ein zweites Zeichenmuster im Formatstring, wird dies durch das zweite Argument

(argument2) hinter dem Formatstring von printf ersetzt usw. Werden mehr Zeichenmuster im Formatstring angegeben, als Argumente vorhanden sind, werden die restlichen Zeichenketten mit "" formatiert.

Ein Zeichenmuster wird durch das Zeichen % eingeleitet und mit einem weiteren Buchstaben abgeschlossen. Mit dem Zeichenmuster %s geben Sie etwa an, dass hier eine Zeichenkette mit beliebiger Länge ausgegeben wird. Welche Zeichenmuster es gibt und wie diese aussehen, können Sie Tabelle 5.4 entnehmen:

Zeichenmuster	Typ	Beschreibung
%c	Zeichen	Gibt ein Zeichen entsprechend dem Parameter aus.
%s	Zeichenkette	Gibt eine Zeichenkette beliebiger Länge aus.
%d oder %i	Ganzzahl	Gibt eine Ganzzahl mit Vorzeichen aus.
%u	Ganzzahl	Gibt eine positive Ganzzahl aus. Negative Werte werden dann in der positiven CPU-Darstellung ausgegeben.
%f	reelle Zahl	Gibt eine Gleitpunktzahl aus.
%e oder %E	reelle Zahl	Gibt eine Gleitpunktzahl in der Exponentialschreibweise aus.
%x oder %X	Ganzzahl	Gibt eine Ganzzahl in hexadezimaler Form aus.
%g oder %G	reelle Zahl	Ist der Exponent kleiner als –4, wird das Format %e verwendet, ansonsten %f.
%%	Prozentzeichen	Gibt das Prozentzeichen aus.

Tabelle 5.4 Zeichenmuster für printf und deren Bedeutung

Hier ein einfaches Beispiel, wie Sie eine Textdatei mit folgendem Format

```
you@host > cat bestellung.txt
J.Wolf::10::Socken
P.Weiss::5::T-Shirts
U.Hahn::3::Hosen
Z.Walter::6::Handschuhe
```

in lesbarer Form formatiert ausgeben lassen können:

```
# Demonstriert den printf-Befehl
# aprintf1

FILE=bestellung.txt
TRENNER=::
```

```
for data in `cat $FILE`
do
   kunde=`echo $data | tr $TRENNER ' '`
   set $kunde
   printf "Kunde: %-10s Anzahl: %-
5d Gegenstand: %15s\n" $1 $2 $3
done
```

Das Script liest zunächst zeilenweise mit `cat` aus der Textdatei *bestellung.txt* ein. Nach `do` werden die Trennzeichen »`::`« durch ein Leerzeichen ersetzt und mittels `set` auf die einzelnen Positionsparameter `$1`, `$2` und `$3` verteilt. Diese Positionsparameter werden anschließend mit `printf` als Argument für die Zeichenmuster verwendet. Das Script bei der Ausführung:

```
you@host > ./aprintf1
Kunde: J.Wolf     Anzahl: 10    Gegenstand:          Socken
Kunde: P.Weiss    Anzahl: 5     Gegenstand:        T-Shirts
Kunde: U.Hahn     Anzahl: 3     Gegenstand:           Hosen
Kunde: Z.Walter   Anzahl: 6     Gegenstand:      Handschuhe
```

Wie Sie im Beispiel außerdem sehen, können hierbei auch die Escape-Sequenzen wie `\n` usw. im Formatstring verwendet werden. Ein Vorteil ist es zugleich, dass Sie in der Bash die Escape-Zeichen ohne eine Option wie `-e` bei `echo` anwenden können.

Im Beispiel wurde beim Formatstring das Zeichenmuster mit einer erweiterten Angabe formatiert. So können Sie zum Beispiel durch eine Zahlenangabe zwischen `%` und dem Buchstaben für das Format die minimale Breite der Ausgabe bestimmen. Besitzt ein Argument weniger Zeichen, als Sie mit der minimalen Breite vorgegeben haben, so werden die restlichen Zeichen mit einem Leerzeichen aufgefüllt.

Auf welcher Seite hier mit Leerzeichen aufgefüllt wird, hängt davon ab, ob sich vor der Ganzzahl noch ein Minuszeichen befindet. Setzen Sie nämlich noch ein Minuszeichen vor die Breitenangabe, wird die Ausgabe linksbündig justiert.

Hier können Sie noch näher spezifizieren, indem Sie einen Punkt hinter der Feldbreite gefolgt von einer weiteren Ganzzahl verwenden. Dann können Sie die Feldbreite von der Genauigkeit trennen (siehe anschließendes Beispiel). Bei einer Zeichenkette definieren Sie dabei die Anzahl von Zeichen, die maximal ausgegeben werden. Bei einer Fließkommazahl wird hiermit die Anzahl der Ziffern nach dem Komma definiert und bei Ganzzahlen die minimale Anzahl von Ziffern, die ausgegeben werden sollen – wobei Sie niemals eine Ganzzahl wie etwa 1234 durch `%.2d` auf zwei Ziffern kürzen können. Verwenden Sie hingegen eine größere Ziffer, als die Ganzzahl Stellen erhält, werden die restlichen Ziffern mit Nullen aufgefüllt. Hier ein Script, das die erweiterten Formatierungsmöglichkeiten demonstrieren soll:

```
# Demonstriert den printf-Befehl
# aprintf2

text=Kopfstand
a=3
b=12345

printf "|01234567890123456789|\n"
printf "|%s|\n" $text
printf "|%20s|\n" $text
printf "|%-20s|\n" $text
printf "|%20.4s|\n" $text
printf "|%-20.4s|\n\n" $text

printf "Fließkommazahl: %f\n" $a
printf "gekürzt       : %.2f\n" $a
printf "Ganzzahl      : %d\n" $b
printf "gekürzt       : %.2d\n" $b
printf "erweitert     : %.8d\n" $b
```

Das Script bei der Ausführung:

```
you@host > ./aprintf2
|01234567890123456789|
|Kopfstand|
|           Kopfstand|
|Kopfstand           |
|                Kopf|
|Kopf                |

Fließkommazahl: 3,000000
gekürzt       : 3,00
Ganzzahl      : 12345
gekürzt       : 12345
erweitert     : 00012345
```

5.2.4 Der Befehl tput – Terminalsteuerung

Häufig will man neben der gewöhnlichen Ausgabe auch das Terminal oder den Bildschirm steuern: etwa den Bildschirm löschen, Farben verwenden oder die Höhe und Breite des Bildschirms ermitteln. Dies und noch vieles mehr können Sie mit `tput` realisieren. `tput` ist übrigens auch ein eigenständiges Programm (kein Builtin) und somit unabhängig von der Shell. Zum Glück kennt `tput` die Terminalbibliothek `terminfo` (früher auch */etc/termcap*), in der viele Attribute zur Steuerung des Terminals abgelegt sind. Dort finden Sie eine Menge Funktionen, von denen Sie hier nur die nötigsten kennen lernen. Einen umfassenderen Einblick können Sie über die entsprechende Manual-Page von `terminfo` gewinnen.

Wie sieht ein solcher Eintrag in `terminfo` aus? Verwenden wir doch als einfachstes Beispiel `clear`, womit Sie den Bildschirm des Terminals löschen können.

```
you@host > tput clear | tr '\033' 'X' ; echo
X[HX[2J
```

Hier erhalten Sie die Ausgabe der Ausführung von `clear` im Klartext. Es muss allerdings das Escape-Zeichen (`\033`) durch ein »X« oder Ähnliches ausgetauscht werden, weil ein Escape-Zeichen nicht darstellbar ist. Somit lautet der Befehl zum Löschen des Bildschirms hier:

```
\033[H\033[2J
```

Mit folgender Eingabe könnten Sie den Bildschirm löschen:

```
you@host > echo '\033[H\033[2J'
```

oder in der Bash:

```
you@host > echo -en '\033[H\033[2J'
```

Allerdings gilt dieses Beispiel nur, wenn »`echo $TERM`« die `xterm` ist. Es gibt nämlich noch eine Reihe weiterer Terminaltypen, weshalb Sie mit dieser Methode wohl nicht sehr weit kommen werden – und dies ist auch gar nicht erforderlich, da es hierfür ja die Bibliothek `terminfo` mit der Funktion `tput` gibt. Die Syntax von `tput` lautet:

```
tput Terminaleigenschaft
```

Wenn Sie sich die Mühe machen, die Manual-Page von `terminfo` durchzublättern, so finden Sie neben den Informationen zum Verändern von Textattributen und einigen steuernden Terminal-Eigenschaften auch Kürzel, mit denen Sie Informationen zum aktuellen Terminal abfragen können.

Kürzel	Bedeutung
cols	Aktuelle Anzahl der Spalten
lines	Aktuelle Anzahl der Zeilen
colors	Aktuelle Anzahl der Farben, die das Terminal unterstützt.
pairs	Aktuelle Anzahl der Farbenpaare (Schriftfarbe und Hintergrund), die dem Terminal zur Verfügung stehen.

Tabelle 5.5 Informationen zum laufenden Terminal

5

Diese Informationen lassen sich in einem Script folgendermaßen ermitteln:

```
# Demonstriert den tput-Befehl
# tput1

spalten=`tput cols`
zeilen=`tput lines`
farben=`tput colors`
paare=`tput pairs`

echo "Der Typ des Terminals $TERM hat im Augenblick"
echo " + $spalten Spalten und $zeilen Zeilen"
echo " + $farben Farben und $paare Farbenpaare"
```

Das Script bei der Ausführung:

```
you@host > ./tput1
Der Typ des Terminals xterm hat im Augenblick
 + 80 Spalten und 29 Zeilen
 + 8 Farben und 64 Farbenpaare
```

Zum Verändern der Textattribute finden Sie in `tput` ebenfalls einen guten Partner. Ob hervorgehoben, invers oder unterstrichen, auch dies ist mit der Bibliothek `terminfo` möglich. Tabelle 5.6 nennt hierzu einige Kürzel und deren Bedeutung.

Kürzel	Bedeutung
bold	Etwas hervorgehobenere (fette) Schrift
boldoff	Fettschrift abschalten
blink	Text blinken

Tabelle 5.6 Verändern von Textattributen

Kürzel	Bedeutung
`rev`	Inverse Schrift verwenden
`smul`	Text unterstreichen
`rmul`	Unterstreichen abschalten
`sgr0`	Alle Attribute wiederherstellen (also normale Standardeinstellung)

Tabelle 5.6 Verändern von Textattributen (Forts.)

Auch zu den Textattributen soll ein Shellscript geschrieben werden:

```
# Demonstriert den tput-Befehl
# tput2

fett=`tput bold`
invers=`tput rev`
unterstrich=`tput smul`
reset=`tput sgr0`

echo "Text wird ${fett}Hervorgehoben${reset}"
echo "Oder gerne auch ${invers}Invers${reset}"
echo "Natürlich auch mit ${unterstrich}Unterstrich${reset}"
```

Das Script bei der Ausführung:

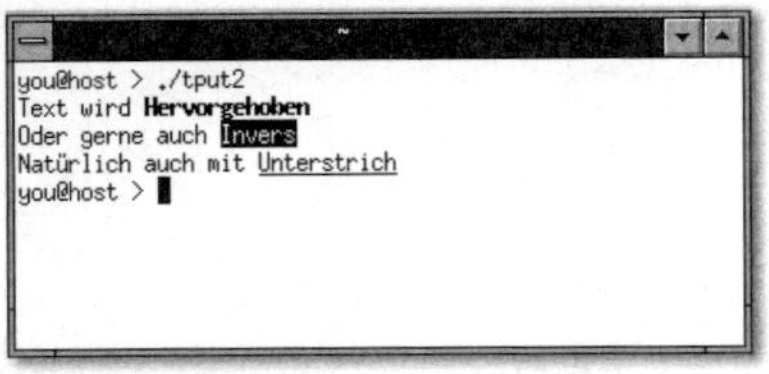

Abbildung 5.1 Ein Script mit veränderten Textattributen

Wenn Ihnen `tput colors` mehr als den Wert 1 zurückgibt, können Sie auch auf Farben zurückgreifen. Meistens handelt es sich dabei um acht Farben. Je acht Farben für den Hintergrund und acht für den Vordergrund ergeben zusammen 64 mögliche Farbenpaare, welche Sie mit

```
# Vordergrundfarbe setzen
tput setf Nummer

# Hintergrundfarbe setzen
tput setb Nummer
```

aktivieren können. Für `Nummer` können Sie einen Wert zwischen 0 und 7 verwenden, wobei die einzelnen Nummern gewöhnlich den folgenden Farben entsprechen:

Nummer	Farbe
0	Schwarz
1	Blau
2	Grün
3	Gelb
4	Rot
5	Lila
6	Cyan
7	Grau

Tabelle 5.7 Farbenwerte für den Vorder- und Hintergrund

In der Praxis können Sie die Farben zum Beispiel dann so einsetzen:

```
# Demonstriert den tput-Befehl
# tput3

Vgruen=`tput setf 2`
Vblau=`tput setf 1`
Hschwarz=`tput setb 0`
Hgrau=`tput setb 7`
reset=`tput sgr0`

# Farbenpaar Schwarz-Grün erstellen
Pschwarzgruen=`echo ${Vgruen}${Hschwarz}`

echo  $Pschwarzgruen
echo "Ein klassischer Fall von Schwarz-Grün"
echo  ${Vblau}${Hgrau}
echo "Ein ungewöhnliches Blau-Grau"
# Alles wieder Rückgängig machen
echo $reset
```

Natürlich finden Sie in der Bibliothek `terminfo` auch steuernde Terminal-Eigenschaften, nach denen häufig bevorzugt gefragt wird. Mit steuernden

Eigenschaften sind hier Kürzel in terminfo gemeint, mit denen Sie die Textausgabe auf verschiedensten Positionen des Bildschirms erreichen können.

Kürzel	Bedeutung
home	Cursor auf die linke obere Ecke des Bildschirms setzen
cup n m	Cursor auf die *n*-te Zeile in der *m*-ten Spalte setzen
dll	Aktuelle Zeile löschen
ill	Zeile an aktueller Position einfügen
dchl	Ein Zeichen in der aktuellen Position löschen
clear	Bildschirm löschen

Tabelle 5.8 Steuernde Terminal-Eigenschaften

Zu guter Letzt noch ein Shellscript, das Ihnen diese Funktionen zum Steuern des Terminals demonstrieren soll.

```
# Demonstriert den tput-Befehl
# tput4

Dline=`tput dll`     # Zeile löschen
Iline=`tput ill`     # Zeile einfügen
Dscreen=`tput clear` # Bildschirm löschen

# Bildschirm löschen
echo $Dscreen

tput cup 9 10
echo "------------------------------"
tput cup 10 10
printf "|%28s|" ""
tput cup 11 10
printf "|%5s Ein Teststring %7s|" " " " "
tput cup 12 10
printf "|%28s|" ""
tput cup 13 10
echo "------------------------------"

# Kurze Pause
sleep 2
```

```
tput cup 11 10
# Zeile löschen
echo $Dline

sleep 2

tput cup 11 10
printf "${Iline}|%7s neuer String %7s|" " " " "

sleep 2
echo $Dscreen
```

5

Hinweis Dieser Abschnitt stellt natürlich nur einen kurzen Einblick in die Funktionen von `terminfo` dar. Die Funktionsvielfalt (bei einem Blick auf die Manual-Page) ist erschlagend, dennoch werden Sie in der Praxis das meiste nicht benötigen, und für den Hausgebrauch sind Sie hier schon recht gut gerüstet.

5.3 Eingabe

Neben der Ausgabe werden Sie relativ häufig auch die Benutzereingaben benötigen, um ein Script entsprechend zu steuern. Darauf soll jetzt näher eingegangen werden.

5.3.1 Der Befehl read

Mit dem Befehl `read` können Sie die (Standard-)Eingabe von der Tastatur lesen und in einer Variablen abspeichern. Selbstverständlich wird bei einem Aufruf von `read` die Programmausführung angehalten, bis die Eingabe erfolgt ist und [ENTER] betätigt wurde. Die Syntax für `read`:

```
# Eingabe von Tastatur befindet sich in der variable
read variable
```

Beispielsweise:

```
you@host > read myname
Jürgen
you@host > echo $myname
Jürgen
you@host > read myname
Jürgen Wolf
```

```
you@host > echo $myname
Jürgen Wolf
```

Hier sehen Sie auch gleich, dass `read` die komplette Eingabe bis zum [ENTER] einliest, also inklusive Leerzeichen (Tab-Zeichen werden durch ein Leerzeichen ersetzt). Wollen Sie aber anstatt wie hier (Vorname, Nachname) beide Angaben in einer separaten Variablen speichern, müssen Sie `read` folgendermaßen verwenden:

```
read variable1 variable2 ... variable_n
```

`read` liest hierbei für Sie die Zeile ein und trennt die einzelnen Worte anhand des Trennzeichens in der Variablen `IFS` auf. Wenn mehr Wörter eingegeben wurden, als Variablen vorhanden sind, bekommt die letzte Variable den Rest einer Zeile zugewiesen, zum Beispiel:

```
you@host > read vorname nachname
Jürgen Wolf
you@host > echo $vorname
Jürgen
you@host > echo $nachname
Wolf
you@host > read vorname nachname
Jürgen Wolf und noch mehr Text
you@host > echo $vorname
Jürgen
you@host > echo $nachname
Wolf und noch mehr Text
```

Sie haben außerdem die Möglichkeit, `read` mit einer Option zu verwenden:

```
read -option variable
```

Hierzu stehen Ihnen sehr interessante Optionen zur Verfügung, die in Tabelle 5.9 aufgelistet sind.

Option	Bedeutung
`-n anzahl`	Hier muss die Eingabe nicht zwangsläufig mit [ENTER] abgeschlossen werden. Wenn die `anzahl` Zeichen erreicht wurde, wird auch ohne [ENTER] in die Variable geschrieben.
`-s`	(s = silent) Hierbei ist die Eingabe am Bildschirm nicht sichtbar, wie dies etwa bei einer Passworteingabe der Fall ist.

Tabelle 5.9 Optionen für das Kommando read

Option	Bedeutung
`-t sekunden`	Hiermit können Sie ein Timeout für die Eingabe vorgeben. Wenn `read` binnen Anzahl `sekunden` keine Eingabe erhält, wird das Programm fortgesetzt. Der Rückgabewert bei einer Eingabe ist 0. Wurde binnen vorgegebener Zeit keine Eingabe vorgenommen, wird 1 zurückgegeben. Hierfür können Sie zur Überprüfung die Variable `$?` verwenden.

Tabelle 5.9 Optionen für das Kommando read (Forts.)

Auf den folgenden Seiten werden Sie verblüfft sein, wie vielseitig das Kommando `read` wirklich ist. Für die Eingabe (nicht nur) von der Tastatur ist `read` somit fast das Nonplusultra.

5.3.2 (Zeilenweise) Lesen einer Datei mit read

Eine wirklich bemerkenswerte Funktion erfüllt `read` mit dem zeilenweisen Auslesen von Dateien, beispielsweise:

```
you@host > cat zitat.txt
Des Ruhmes Würdigkeit verliert an Wert,
wenn der Gepriesene selbst mit Lob sich ehrt.
you@host > read variable < zitat.txt
you@host > echo $variable
Des Ruhmes Würdigkeit verliert an Wert,
```

Damit hierbei allerdings auch wirklich alle Zeilen ausgelesen werden (Sie ahnen es schon), ist eine Schleife erforderlich. Trotzdem sieht die Verwendung von `read` garantiert anders aus, als Sie jetzt sicher vermuten:

```
while read var < datei
do
  ...
done
```

Würden Sie `read` auf diese Weise verwenden, so wäre es wieder nur eine Zeile, die gelesen wird. Hier müssen Sie die Datei in das komplette `while`-Konstrukt umleiten:

```
while read var
do
  ...
done < datei
```

Ohne großen Aufwand können Sie so zeilenweise eine Datei einlesen:

```
# Demonstriert den Befehl read zum zeilenweisen Lesen einer Datei
# Name : areadline

if [ $# -lt 1 ]
then
   echo "usage: $0 datei_zum_lesen"
   exit 1
fi

# Argument $1 soll zeilenweise eingelesen werden
while read variable
do
   echo $variable
done < $1
```

Das Script bei der Ausführung:

```
you@host > ./areadline zitat.txt
Des Ruhmes Würdigkeit verliert an Wert,
wenn der Gepriesene selbst mit Lob sich ehrt.
```

Diese Methode wird sehr häufig verwendet, um aus größeren Dateien einzelne Einträge herauszufiltern. Des Weiteren ist sie eine tolle Möglichkeit, um die Variable `IFS` in Schleifen zu überlisten. Damit können Sie Schleifen nicht mehr einmal pro Wort, sondern einmal pro Zeile ausführen lassen. Es ist der Hack schlechthin, wenn etwa Dateien, deren Namen ein Leerzeichen enthalten, verarbeitet werden sollen.

5.3.3 Zeilenweise mit einer Pipe aus einem Kommando lesen (read)

Wenn das Umlenkungszeichen (wie im Abschnitt zuvor gesehen) in einer Schleife mit `read` funktioniert, um zeilenweise aus einer Datei zu lesen, sollte Gleiches auch mit einer Pipe vor einer Schleife und einem Kommando gelingen. Sie schieben so quasi die Standardausgabe eines Kommandos in die Standardeingabe der Schleife – immer vorausgesetzt natürlich, hier wird `read` verwendet, das ja auch etwas von der Standardeingabe erwartet. Und auch hier funktioniert das Prinzip so lange, bis `read` keine Zeile mehr lesen kann und somit 1 zurückgibt, was gleichzeitig das Ende der Schleife bedeutet. Hier die Syntax eines solchen Konstrukts:

```
kommando | while read line
do
   # Variable line bearbeiten
done
```

Um beim Beispiel »areadline« vom Abschnitt zuvor zu bleiben, sieht das Script mit einer Pipe nun wie folgt aus:


```
# Demonstriert den Befehl read zum zeilenweisen Lesen einer Datei
# Name : areadline2

if [ $# -lt 1 ]
then
   echo "usage: $0 datei_zum_lesen"
   exit 1
fi

# Argument $1 soll zeilenweise eingelesen werden
cat $1 | while read variable
do
   echo $variable
done
```

Ausgeführt macht das Beispiel dasselbe, wie schon das Script »areadline« zuvor. Beachten Sie allerdings, dass nach jedem erneuten Schleifendurchlauf die Pipe geschlossen und die Variable somit verworfen wird.

5.3.4 Here-Dokumente (Inline-Eingabeumleitung)

Bisher wurde noch nicht auf das Umleitungszeichen << eingegangen. Sie kennen bereits das Umleitungszeichen <, mit dem Sie die Standardeingabe umlenken können. Das Umlenkungssymbol >> der Ausgabe hat ja die Ausgabedateien ans Ende einer Datei gehängt. Bei der Standardeingabe macht so etwas keinen Sinn. Mit einfachen Worten ist es kompliziert, diese Umlenkung zu beschreiben, daher hier zunächst einmal die Syntax:

```
kommando <<TEXT_MARKE
...
TEXT_MARKE
```

Das Kommando nutzt in diesem Fall durch das doppelte Umlenkungszeichen alle nachfolgenden Zeilen für die Standardeingabe. Dies geschieht so lange, bis es auf das Wort trifft, welches hinter dem Umlenkungszeichen << folgt (in der

Syntaxbeschreibung ist dies das Wort TEXT_MARKE). Beachten Sie außerdem, dass beide Textmarken absolut identisch sein müssen.

Ein Beispiel:

```
# Demonstriert die Verwendung von Here-Dokumenten
# Name : ahere1

cat <<TEXT_MARKE
Heute ist `date`,
Sie befinden sich im Verzeichnis `pwd`. Ihr
aktuelles Terminal ist `echo -n $TERM` und
Ihr Heimverzeichnis befindet sich in $HOME.
TEXT_MARKE
```

Das Script bei der Ausführung:

```
you@host > ./ahere1
Heute ist Fr Mär  4 00:36:37 CET 2005,
Sie befinden sich im Verzeichnis /home/tot. Ihr
aktuelles Terminal ist xterm und
Ihr Heimverzeichnis befindet sich in /home/you.
```

In diesem Beispiel liest das Kommando cat so lange die nachfolgenden Zeilen, bis es auf das Wort TEXT_MARKE stößt. Hierbei können auch Kommando-Substitutionen (was durchaus ein anderes Shellscript sein darf) und Variablen innerhalb des Textes verwendet werden. Die Shell kümmert sich um entsprechende Ersetzung. Der Vorteil von »Here-Dokumenten« ist, dass Sie einen Text direkt an Befehle weiterleiten können, ohne diesen vorher in einer Datei unterbringen zu müssen. Gerade bei der Ausgabe von etwas umfangreicheren Texten oder Fehlermeldungen fällt einem die Ausgabe hier wesentlich leichter.

Wollen Sie allerdings nicht, dass eine Kommando-Substitution oder eine Variable von der Shell interpretiert wird, müssen Sie nur zwischen dem Umlenkungszeichen << und der Textmarke einen Backslash setzen:

```
# Demonstriert die Verwendung von Here-Dokumenten
# Name : ahere2

cat <<\TEXT_MARKE
Heute ist `date`,
Sie befinden sich im Verzeichnis `pwd`. Ihr
aktuelles Terminal ist `echo -n $TERM` und
```

```
Ihr Heimverzeichnis befindet sich in $HOME.
TEXT_MARKE
```

Dann sieht die Ausgabe folgendermaßen aus:

```
you@host > ./ahere2
Heute ist `date`,
Sie befinden sich im Verzeichnis `pwd`. Ihr
aktuelles Terminal ist `echo -n $TERM` und
Ihr Heimverzeichnis befindet sich in $HOME.
```


Neben der Möglichkeit mit einem Backslash zwischen dem Umlenkungszeichen `<<` und der Textmarke, existiert auch die Variante, die Textmarke zwischen Single Quotes zu stellen:

```
kommando <<'MARKE'
...
MARKE
```

Befinden sich außerdem im Text führende Leer- oder Tabulatorzeichen, können Sie diese mit einem Minuszeichen zwischen dem Umlenkungszeichen und der Textmarke entfernen (`<<-MARKE`).

Nichts hält Sie übrigens davon ab, die Standardeingabe mittels `<<` an eine Variable zu übergeben:

```
# Demonstriert die Verwendung von Here-Dokumenten
# Name : ahere3

count=`cat <<TEXT_MARKE
\`ls -1 | wc -l\`
TEXT_MARKE`

echo "Im Verzeichnis $HOME befinden sich $count Dateien"
```

Das Script bei der Ausführung:

```
you@host > ./ahere3
Im Verzeichnis /home/tot befinden sich 40 Dateien
```

Damit in der Variable »count« nicht die Textfolge `ls 1 | wc -l` steht, sondern auch wirklich eine Kommando-Substitution durchgeführt wird, müssen Sie die Kommandos durch einen Backslash schützen, weil hier bereits die Ausgabe der »Textmarke« als Kommando-Substitution verwendet wird.

Ich persönlich verwende diese Inline-Eingabeumleitung gern in Verbindung mit Fließkommaberechnungen und dem Kommando `bc` (siehe auch Abschnitt 2.2.3). Verwenden Sie hierbei zusätzlich noch eine Kommando-Substitution, können Sie das Ergebnis der Berechnung in einer Variablen speichern, wie Sie dies von `expr` her kennen. Außerdem können Sie mit der Verwendung der mathematischen Bibliothek (anzugeben mit der Option `-l`) noch weitere Winkelfunktionen mit z.B. Sinus (`s()`) oder Kosinus (`c()`) nutzen. Hierzu das Script, womit jetzt Berechnungen komplexer Ausdrücke nichts mehr im Wege steht:

```
# Demonstriert die Verwendung von Here-Dokumenten
# Name : ahere4

if [ $# == 0 ]
then
   echo "usage: $0 Ausdruck"
   exit 1
fi

# Option -l für die mathematische Bibliothek
bc -l <<CALC
$*
quit
CALC
```

Das Script bei der Ausführung:

```
you@host > ./ahere4 123.12/5
24.62400000000000000000
you@host > ./ahere4 1234.3*2
2468.6
you@host > ./ahere4 '(12.34-8.12)/2'
2.11000000000000000000
you@host > ./ahere4 sqrt\(24\)
4.89897948556635619639
you@host > var=`./ahere4 1234.1234*2*1.2`
you@host > echo $var
2961.89616
```

5.3.5 Here-Dokumente mit read verwenden

Wie beim Auslesen einer Datei mit `read` können Sie selbstverständlich auch Here-Dokumente verwenden. Dies verhält sich dann so, als würde zeilenweise aus einer Datei gelesen. Und damit nicht nur die erste Zeile gelesen wird, geht man exakt genauso wie beim zeilenweise Einlesen einer Datei vor. Hier die Syntax:

```
while read line
do
   ...
done <<TEXT_MARKE
line1
line2
...
line_n
TEXT_MARKE
```

In der Praxis lässt sich diese Inline-Umlenkung mit `read` folgendermaßen einsetzen:

```
# Demonstriert die Verwendung von Here-Dokumenten und read
# Name : ahere5

i=1

while read line
do
   echo "$i. Zeile : $line"
   i=`expr $i + 1`
done <<TEXT
Eine Zeile
`date`
Homeverzeichnis $HOME
Das Ende
TEXT
```

Das Script bei der Ausführung:

```
you@host > ./ahere5
1. Zeile : Eine Zeile
2. Zeile : Fr Mär  4 03:23:22 CET 2005
3. Zeile : Homeverzeichnis /home/tot
4. Zeile : Das Ende
```

5.3.6 Die Variable IFS

Die Variable IFS (*Internal Field Separator*) aus Ihrer Shell-Umgebung wurde in den letzten Abschnitten schon öfters erwähnt. Insbesondere scheint IFS eine spezielle Bedeutung bei der Ein- und Ausgabe von Daten als Trennzeichen zu haben. Wenn Sie allerdings versuchen, den Inhalt der Variablen mit echo auszugeben, werden Sie wohl nicht besonders schlau daraus. Für Abhilfe kann hierbei das Kommando od sorgen, mit dem Sie den Inhalt der Variablen in hexadezimaler oder ASCII-Form betrachten können.

```
you@host > echo -n "$IFS" | od -x
0000000 0920 000a
0000003
```

0000000 ist hierbei das Offset der Zahlenreihe, in der sich drei hexadezimale Werte befinden, die IFS beinhaltet. Damit das Newline von echo nicht mit enthalten ist, wurde hier die Option -n verwendet. Die Werte sind:

```
09 20 00 0a
```

Der Wert 00 hat hier keine Bedeutung. Jetzt können Sie einen Blick auf eine ASCII-Tabelle werfen, um festzustellen, für welches Sonderzeichen diese hexadezimalen Werte stehen.

- 09 = Tabulator
- 20 = Leerzeichen
- 0a = Newline-Zeichen (neue Zeile)

Das Ganze gelingt mit od auch im ASCII-Format, nur dass das Leerzeichen als ein »Leerzeichen« angezeigt wird:

```
you@host > echo -n "$IFS" | od -c
0000000       \t  \n
0000003
```

Diese voreingestellten Trennzeichen der Shell dienen der Trennung der Eingabe für den Befehl read, der Variablen- sowie auch der Kommando-Substitution. Wenn Sie also z.B. read folgendermaßen verwenden

```
you@host > read nachname vorname alter
Wolf Jürgen 30
you@host > echo $vorname
Jürgen
you@host > echo $nachname
Wolf
```

```
you@host > echo $alter
30
```

so verdanken Sie es der Variablen IFS, dass hierbei die entsprechenden Eingaben an die dafür vorgesehenen Variablen übergeben wurden.

Häufig war aber in den Kapiteln zuvor die Rede davon, die Variable IFS den eigenen Bedürfnissen anzupassen – sprich: das oder die Trennzeichen zu verändern. Wollen Sie beispielsweise, dass bei der Eingabe von read ein Semikolon statt eines Leerzeichens als Trennzeichen dient, so lässt sich dies einfach erreichen:

```
you@host > BACKIFS="$IFS"
you@host > IFS=\;
you@host > echo -n "$IFS" | od -c
0000000    ;
0000001
you@host > read nachname vorname alter
Wolf;Jürgen;30
you@host > echo $vorname
Jürgen
you@host > echo $nachname
Wolf
you@host > echo $alter
30
you@host > IFS=$BACKIFS
```

Zuerst wurde eine Sicherung der Variablen IFS in BACKIFS vorgenommen. Der Vorgang, ein Backup von IFS zu erstellen, und das anschließende Wiederherstellen ist wichtiger, als dies auf den ersten Blick erscheint. Unterlässt man es, kann man sich auf das aktuelle Terminal nicht mehr verlassen, da einige Programme nur noch Unsinn fabrizieren.

Als Nächstes übergeben Sie im Beispiel der Variablen IFS ein Semikolon (geschützt mit einem Backslash). Daraufhin folgt dasselbe Beispiel wie zuvor, nur mit einem Semikolon als Trennzeichen. Am Ende stellen wir den ursprünglichen Wert von IFS wieder her.

Natürlich spricht auch nichts dagegen, IFS mit mehr als einem Trennzeichen zu versehen, beispielsweise:

```
you@host > IFS=$BACKIFS
you@host > IFS=:,
you@host > read nachname vorname alter
```

```
Wolf,Jürgen:30
you@host > echo $vorname
Jürgen
you@host > echo $nachname
Wolf
you@host > echo $alter
30
you@host > IFS=$BACKIFS
```

Im Beispiel wurde `IFS` mit den Trennzeichen `:` und `,` definiert. Wollen Sie bei einer Eingabe mit `read`, dass `IFS` nicht immer die führenden Leerzeichen (falls vorhanden) entfernt, so müssen Sie `IFS` nur mittels `IFS=` auf »leer« setzen:

```
you@host > IFS=$BACKIFS
you@host > read var
          Hier sind führende Leerzeichen vorhanden
you@host > echo $var
Hier sind führende Leerzeichen vorhanden
you@host > IFS=
you@host > read var
          Hier sind führende Leerzeichen vorhanden
you@host > echo $var
          Hier sind führende Leerzeichen vorhanden
you@host > IFS=$BACKIFS
```

Gleiches wird natürlich auch gern bei einer Variablen-Substitution verwendet. Im folgenden Beispiel wird die Variable durch ein Minuszeichen als Trenner zerteilt und mittels `set` auf die einzelnen Positionsparameter zerstückelt.

```
# Demonstriert die Verwendung von IFS
# Name : aifs1

# IFS sichern
BACKIFS="$IFS"
# Minuszeichen als Trenner
IFS=-

counter=1

var="Wolf-Jürgen-30-Bayern"
# var anhand von Trennzeichen in IFS auftrennen
set $var
```

```
# Ein Zugriff auf $1, $2, ... wäre hier auch möglich

for daten in "$@"
do
   echo "$counter. $daten"
   counter=`expr $counter + 1`
done

IFS=$BACKIFS
```

Das Script bei der Ausführung:

```
you@host > ./aifs1
1. Wolf
2. Jürgen
3. 30
4. Bayern
```

Wenn Sie das Script ein wenig umschreiben, können Sie hiermit zeilenweise alle Einträge der Shell-Variablen `PATH` ausgeben lassen, welche ja durch einen Doppelpunkt getrennt werden.

```
# Demonstriert die Verwendung von IFS
# Name : aifs2

# IFS sichern
BACKIFS="$IFS"
# Minuszeichen als Trenner
IFS=:

# PATH anhand von Trennzeichen in IFS auftrennen
set $PATH

for path in "$@"
do
   echo "$path"
done

IFS=$BACKIFS
```

Das Script bei der Ausführung:

```
you@host > ./aifs2
/home/tot/bin
```

```
/usr/local/bin
/usr/bin
/usr/X11R6/bin
/bin
/usr/games
/opt/gnome/bin
/opt/kde3/bin
/usr/lib/java/jre/bin
```

Natürlich hätte man dies wesentlich effektiver mit folgender Zeile lösen können:

```
you@host > echo $PATH | tr ':' '\n'
```

Zu guter Letzt sei erwähnt, dass die Variable `IFS` noch recht häufig in Verbindung mit einer Kommando-Substitution verwendet wird. Wollen Sie etwa mittels `grep` nach einem bestimmten User in */etc/passwd* suchen, wird meistens eine Ausgabe wie folgt genutzt:

```
you@host > grep you /etc/passwd
you:x:1001:100::/home/you:/bin/bash
```

Dies in die Einzelteile zu zerlegen, sollte Ihnen jetzt mit der Variablen `IFS` nicht mehr schwer fallen.

```
# Demonstriert die Verwendung von IFS
# Name : aifs3

# IFS sichern
BACKIFS="$IFS"
# Minuszeichen als Trenner
IFS=:

if [ $# -lt 1 ]
then
   echo "usage: $0 User"
   exit 1
fi

# Ausgabe anhand von Trennzeichen in IFS auftrennen
set `grep ^$1 /etc/passwd`

echo "User             : $1"
```

```
echo "User-Nummer       : $3"
echo "Gruppen-Nummer    : $4"
echo "Home-Verzeichnis : $6"
echo "Start-Shell       : $7"

IFS=$BACKIFS
```

Das Script bei der Ausführung:

```
you@host > ./aifs3 you
User             : you
User-Nummer      : 1001
Gruppen-Nummer   : 100
Home-Verzeichnis : /home/you
Start-Shell      : /bin/bash
you@host > ./aifs3 tot
User             : tot
User-Nummer      : 1000
Gruppen-Nummer   : 100
Home-Verzeichnis : /home/tot
Start-Shell      : /bin/ksh
you@host > ./aifs3 root
User             : root
User-Nummer      : 0
Gruppen-Nummer   : 0
Home-Verzeichnis : /root
Start-Shell      : /bin/ksh
```

5.3.7 Arrays einlesen mit read (Bash und Korn-Shell only)

Arrays lassen sich genauso einfach einlesen wie normale Variablen, nur dass man hier den Index beachten muss. Hierzu nur ein Script, da die Arrays bereits in Abschnitt 2.5 ausführlich behandelt wurden.

```
# Demonstriert die Verwendung von read mit Arrays
# Name : ararray

typeset -i i=0
while [ $i -lt 5 ]
do
   printf "Eingabe machen : "
   read valarr[$i]
```

```
   i=i+1
done

echo "Hier, die Eingaben ..."
i=0
while [ $i -lt 5 ]
do
   echo ${valarr[$i]}
   i=i+1
done
```

Das Script bei der Ausführung:

```
you@host > ./ararray
Eingabe machen : Testeingabe1
Eingabe machen : Noch eine Eingabe
Eingabe machen : Test3
Eingabe machen : Test4
Eingabe machen : Und Ende
Hier, die Eingaben ...
Testeingabe1
Noch eine Eingabe
Test3
Test4
Und Ende
```

Selbstverständlich lassen sich Arrays ganz besonders im Zusammenhang mit zeilenweisem Einlesen aus einer Datei mit `read` (siehe Abschnitt 5.3.2) verwenden:

```
typeset -i i=0

while read vararray[$i]
do
   i=i+1
done < datei_zum_einlesen
```

Damit können Sie anschließend bequem mithilfe des Feldindexes auf den Inhalt einzelner Zeilen zugreifen und diesen weiterverarbeiten.

In der Bash haben Sie außerdem die Möglichkeit, mit `read` einzelne Zeichenketten zu zerlegen und diese Werte direkt in eine Variable zu legen. Die einzelnen Zeichenketten (abhängig wieder vom Trennzeichen `IFS`) werden dann in extra Felder (einem Array) aufgeteilt. Hierfür müssen Sie `read` allerdings mit der Option `-a` aufrufen:

```
read -a array <<TEXTMARKE
$variable
TEXTMARKE
```

Mit diesem Beispiel können Sie ganze Zeichenketten in ein Array aufsplitten (immer abhängig davon, welche Trennzeichen Sie verwenden).

5.3.8 Shell-abhängige Anmerkungen zu read

Da `read` ein Builtin-Kommando der Shell ist, gibt es hier zwischen den einzelnen Shells noch einige unterschiedliche Funktionalitäten.

Ausgabetext in read integrieren (Bash)

Verwenden Sie bei der Funktion `read` die Option `-p`, können Sie den Ausgabetext (für die Frage) direkt in die `read`-Abfrage integrieren. Die Syntax:

```
read -p Ausgabetext var1 var2 var3 ... var_n
```

In der Praxis sieht dies so aus:

```
you@host > read -p "Ihr Vorname : " vorname
Ihr Vorname : Jürgen
you@host > echo $vorname
Jürgen
```

Ausgabetext in read integrieren (Korn-Shell)

Auch die Korn-Shell bietet Ihnen die Möglichkeit, eine Benutzerabfrage direkt in den `read`-Befehl einzubauen.

```
read var?"Ausgabetext"
```

In der Praxis:

```
you@host > read name?"Ihr Name bitte: "
Ihr Name bitte: Jürgen Wolf
you@host > echo $name
Jürgen Wolf
```

Default-Variable für read (Bash und Korn-Shell only)

Verwenden Sie `read`, ohne eine Variable als Parameter, wird die anschließende Eingabe in der Default-Variablen `REPLY` gespeichert.

```
you@host > read
Jürgen Wolf
you@host > echo $REPLY
Jürgen Wolf
```

5.3.9 Einzelnes Zeichen abfragen

Eine häufig gestellte Frage lautet, wie man einen einzelnen Tastendruck abfragen kann, ohne [ENTER] zu drücken. Das Problem an dieser Sache ist, dass ein Terminal gewöhnlich zeilengepuffert ist. Bei einer Zeilenpufferung wartet das Script z.B. bei einer Eingabeaufforderung mit `read` so lange mit der Weiterarbeit, bis die Zeile mit einem [ENTER] bestätigt wird.

Da ein Terminal mit unzähligen Eigenschaften versehen ist, ist es am einfachsten, all diese Parameter mit dem Kommando `stty` und der Option `raw` auszuschalten. Damit schalten Sie Ihr Terminal in einen rohen Modus, womit Sie praktisch »nackte« Zeichen behandeln können. Sobald Sie fertig sind, ein Zeichen einzulesen, sollten Sie diesen Modus auf jeden Fall wieder mit `-raw` verlassen!

Wenn Sie Ihr Terminal in einen rohen Modus geschaltet haben, benötigen Sie eine Funktion, welche ein einzelnes Zeichen lesen kann. Die Funktion `read` fällt wegen der Zeilenpufferung aus. Einzige Möglichkeit ist das Kommando `dd` (Dump Disk), worauf man zunächst gar nicht kommen würde. `dd` liest eine Datei und schreibt den Inhalt mit wählbarer Blockgröße und verschiedenen Konvertierungen. Anstatt für eine Datei kann `dd` genauso gut für das Kopieren der Standardeingabe in die Standardausgabe verwandt werden. Hierzu reicht es, die Anzahl der Datensätze (`count` hier 1) anzugeben, und welche Blockgröße Sie in Bytes verwenden wollen (`bs`, auch hier 1 Byte). Da `dd` seine Meldung auf die Standardfehlerausgabe vornimmt, können Sie diese Ausgabe ins Datengrab schicken.

Hier ein Script, das unermüdlich auf den Tastendruck »q« für Quit zum Beenden einer Schleife wartet.

```
# Demonstriert das Einlesen einzelner Zeichen
# Name : areadchar

echo "Bitte eine Taste betätigen - mit q beenden"
char=''
# Terminal in den "rohen" Modus schalten
stty raw -echo
```

```
# In Schleife überprüfen, ob 'q' gedrückt wurde
while [ "$char" != "q" ]
do
   char=`dd bs=1 count=1 2>/dev/null`
done
# Den "rohen" Modus wieder abschalten
stty -raw echo

echo "Die Taste war $char"
```

Das Script bei der Ausführung:

```
you@host > ./areadchar
Bitte eine Taste betätigen - mit q beenden [Q]
Die Taste war q
```

Hinweis In der Bash können Sie auch die Abfrage einzelner Zeichen mit `read` und der Option `-n` vornehmen. Schreiben Sie etwa `read -n 1 var`, befindet sich in `var` das einzelne Zeichen. Allerdings unterstützt dies nur darstellbare ASCII-Zeichen. Bei Zeichen mit Escape-Folgen (siehe nächster Abschnitt) taugt auch dies nicht mehr.

5.3.10 Einzelne Zeichen mit Escape-Sequenzen abfragen

Im Beispiel zuvor haben Sie gesehen, wie Sie einzelne Tastendrücke mithilfe der Kommandos `stty` und `dd` abfragen können. Aber sobald Sie hierbei Tastendrücke wie [F1], [F2], [ESC], [↑], [↓] usw. abfragen wollen, wird dies nicht mehr funktionieren. Testen Sie am besten selbst unser abgespecktes Script von eben:

```
# Demonstriert das Einlesen einzelner Zeichen
# Name : areadchar2

echo "Bitte eine Taste betätigen"

stty raw -echo
char=`dd bs=1 count=1 2>/dev/null`
stty -raw echo

echo "Die Taste war $char"
```

Das Script bei der Ausführung:

```
you@host > ./areadchar2
Bitte eine Taste betätigen [A]
Die Taste war A
you@host > ./areadchar2
Bitte eine Taste betätigen [ESC]
Die Taste war
you@host > ./areadchar2
Bitte eine Taste betätigen [F1]
Die Taste war
[A
```

Das Problem mit den Pfeil- oder Funktionstasten ist nun mal, dass hierbei Escape-Folgen zurückgegeben werden. Schlimmer noch, die Escape-Folgen sind häufig unterschiedlich lang und – um es noch schlimmer zu machen – abhängig vom Typ des Terminals und zusätzlich auch noch der nationalen Besonderheit (Umlaute und Ähnliches).

Somit scheint eine portable Lösung des Problems fast unmöglich, es sei denn, man kennt sich ein bisschen mit C aus. Da ich dies nicht voraussetzen kann, gebe ich Ihnen hier ein einfaches Rezept an die Hand, welches Sie bei Bedarf erweitern können.

Escape-Sequenzen des Terminals ermitteln

Zuerst müssen Sie sich darum kümmern, wie die Escape-Sequenzen für entsprechende Terminals aussehen. Welches Terminal Sie im Augenblick nutzen, können Sie mit `echo $TERM` in Erfahrung bringen. Im nächsten Schritt können Sie den Befehl `infocmp` verwenden, um vom entsprechenden Terminaltyp Informationen zu den Tasten zu erhalten.

```
you@host > echo $TERM
xterm
you@host > infocmp
#       Reconstructed via infocmp from file: /usr/share/terminfo/
x/xterm
xterm|xterm terminal emulator (X Window System),
        am, bce, km, mc5i, mir, msgr, npc, xenl,
        colors#8, cols#80, it#8, lines#24, pairs#64,
        bel=^G, blink=\E[5m, bold=\E[1m, cbt=\E[Z, civis=\E[?25l,
        clear=\E[H\E[2J, cnorm=\E[?12l\E[?25h, cr=^M,
        csr=\E[%i%p1%d;%p2%dr, cub=\E[%p1%dD, cub1=^H,
```

```
cud=\E[%p1%dB, cud1=^J, cuf=\E[%p1%dC, cuf1=\E[C,
cup=\E[%i%p1%d;%p2%dH, cuu=\E[%p1%dA, cuu1=\E[A,
cvvis=\E[?12;25h, dch=\E[%p1%dP, dch1=\E[P, dl=\E[%p1%dM,
dl1=\E[M, ech=\E[%p1%dX, ed=\E[J, el=\E[K, el1=\E[1K,
enacs=\E(B\E)0, flash=\E[?5h$<100/>\E[?5l, home=\E[H,
hpa=\E[%i%p1%dG, ht=^I, hts=\EH, ich=\E[%p1%d@,
il=\E[%p1%dL, il1=\E[L, ind=^J, indn=\E[%p1%dS,
invis=\E[8m, is2=\E[!p\E[?3;4l\E[4l\E>, kDC=\E[3;2~,
kEND=\E[1;2F, kHOM=\E[1;2H, kIC=\E[2;2~, kLFT=\E[1;2D,
kNXT=\E[6;2~, kPRV=\E[5;2~, kRIT=\E[1;2C, kb2=\EOE,
kbs=\177, kcbt=\E[Z, kcub1=\EOD, kcud1=\EOB, kcuf1=\EOC,
kcuu1=\EOA, kdch1=\E[3~, kend=\EOF, kent=\EOM, kf1=\EOP,
kf10=\E[21~, kf11=\E[23~, kf12=\E[24~, kf13=\EO2P,
...
```

Hierbei werden Ihnen zunächst eine Menge Informationen um die Ohren gehauen, welche auf den ersten Blick wie Zeichensalat wirken. Bei genauerem Hinsehen aber können Sie alte Bekannte aus Abschnitt 5.2.4 zur Steuerung des Terminals mit `tput` wieder entdecken.

Hinweis Wenn Sie über kein `infocmp` auf Ihrem Rechner verfügen, liegt das wahrscheinlich daran, dass das *ncurses-devel*-Paket nicht installiert ist. Diesem Paket liegt auch `infocmp` bei.

`infocmp` gibt Ihnen hier Einträge wie

```
cuu1=\E[A
```

zurück. Dass man daraus nicht sonderlich schlau wird, leuchtet ein. Daher sollten Sie die Manual-Page von `terminfo(5)` befragen (oder genauer absuchen), wofür denn hier `cuu1` steht:

```
you@host > man 5 terminfo | grep cuu1
Formatiere terminfo(5) neu, bitte warten...
       cursor_up                  cuu1   up    up one line
       key_up                     kcuu1  ku    up-arrow key
       micro_up                   mcuu1  Zd    Like cursor_up in
             kcuf1=\E[C, kcuu1=\E[A, kf1=\E[M, kf10=\E[V,
```

Also, die Pfeil-nach-oben-Taste (cursor_up) haben wir hier. Und diese wird bei der `xterm` mit `\E[A` »dargestellt«. Das `\E` ist hierbei das Escape-Zeichen und besitzt den ASCII-Codewert 27. Somit sieht der C-Quellcode zum Überprüfen der

Pfeil-nach-oben-Taste wie folgt aus (fett hervorgehoben ist hier die eigentliche Überprüfung, die Sie bei Bedarf erweitern können):

```
/* getkey.c */
#include <stdio.h>
#include <stdlib.h>
#include <string.h>
#include <unistd.h>
#include <termios.h>

enum { ERROR=-1, SUCCESS, ONEBYTE };
/*Altes Terminal wiederherstellen*/
static struct termios BACKUP_
TTY; /*Altes Terminal wiederherstellen*/

/* Eingabekanal wird so umgeändert, damit die Tasten einzeln */
/* abgefragt werden können */
int new_tty(int fd) {
   struct termios buffer;

/* Wir fragen nach den Attributen des Terminals und übergeben  */
/* diese dann an buffer. BACKUP_TTY dient bei Programmende zur */
/* Wiederherstellung der alten Attribute und bleibt unberührt. */
   if((tcgetattr(fd, &BACKUP_TTY)) == ERROR)
      return ERROR;
   buffer = BACKUP_TTY;

/* Lokale Flags werden gelöscht :                 */
/*     ECHO = Zeichenausgabe auf Bildschirm       */
/*     ICANON = Zeilenorientierter Eingabemodus */
/*     ISIG = Terminal Steuerzeichen              */
   buffer.c_lflag = buffer.c_lflag & ~(ECHO|ICANON|ISIG);

/* VMIN=Anzahl der Bytes, die gelesen werden müssen, bevor     */
/* read() zurückkehrt In unserem Beispiel 1Byte für 1 Zeichen */
   buffer.c_cc[VMIN] = 1;

/* Wir setzen jetzt die von uns gewünschten Attribute */
   if((tcsetattr(fd, TCSAFLUSH, &buffer)) == ERROR)
      return ERROR;
```

```
   return SUCCESS;
}

/* Ursprüngliches Terminal wiederherstellen */
int restore_tty(int fd) {
   if((tcsetattr(fd, TCSAFLUSH, &BACKUP_TTY)) == ERROR)
      return ERROR;
   return SUCCESS;
}

int main(int argc, char **argv) {
   int rd;
   char c, buffer[10];

/* Setzen des neuen Modus */
   if(new_tty(STDIN_FILENO) == ERROR) {
      printf("Fehler bei der Funktion new_tty()\n");
      exit(EXIT_FAILURE);
   }

/* Erste Zeichen lesen */
   if(read(STDIN_FILENO, &c, 1) < ONEBYTE) {
      printf("Fehler bei read()\n");
      restore_tty(STDIN_FILENO);
      exit(EXIT_FAILURE);
   }

/* Haben wir ein ESC ('\E') gelesen? */
   if(c == 27) {
/* Jep eine Escape-Sequenz, wir wollen den Rest */
/* der Zeichen auslesen                         */
      rd=read(STDIN_FILENO, buffer, 4);
      /*String terminieren*/
      buffer[rd]='\0';

/* Hier erfolgt die Überprüfung des Tastendrucks*/
/* Wars der Pfeil-nach-oben \E[A   */
      if(strcmp(buffer,"[A") == SUCCESS)
         printf("Pfeil-nach-oben betätigt\n");
/* Nein, keine Escape-Sequenz */
   }
```

```
    else {
        if((c < 32) || (c == 127))
            printf("--> %d\n",c); /* Numerischen Wert ausgeben */
        else
            printf("--> %c\n",c); /* Zeichen ausgeben */
    }
    restore_tty(STDIN_FILENO);
    return EXIT_SUCCESS;
}
```

Wird das Programm kompiliert, übersetzt und anschließend ausgeführt, erhalten Sie folgende Ausgabe:

```
you@host > gcc -Wall -o getkey getkey.c
you@host > ./getkey
[1] --> 1
you@host > ./getkey
[A] --> A
you@host > ./getkey
[↑] Pfeil-nach-oben betätigt
```

Wie Sie jetzt im Beispiel vorgegangen sind, können Sie auch mit anderen Pfeil- und Funktionstasten vorgehen. Den Pfeil-nach-rechts können Sie z.B. wie folgt implementieren:

```
      if(strcmp(buffer,"[D") == SUCCESS)
         printf("Pfeil-nach-rechts\n");
```

Aber anstatt einer Ausgabe empfehle ich Ihnen, einen Rückgabewert mittels `return` zu verwenden, etwa:

```
...
/* Hier erfolgt die Überprüfung des Tastendrucks*/
/* Wars der Pfeil-nach-oben \E[A   */
      if(strcmp(buffer,"[A") == SUCCESS) {
         restore_tty(STDIN_FILENO);
         return 10; /* Rückgabewert für unser Shellscript */
      }
/* Wars der Pfeil-nach-links */
      if(strcmp(buffer,"[D") == SUCCESS) {
         restore_tty(STDIN_FILENO);
         return 11;  /* Rückgabewert für unser Shellscript */
      }
...
```

Damit können Sie das Beispiel auch mit einem Shellscript verwenden, indem Sie die Variable `$?` abfragen. Hier das Script:

```
# Demonstriert das Einlesen einzelner Zeichen
# Name : areadchar3

echo "Bitte eine Taste betätigen"
./getkey
ret=$?
if [ $ret -eq 0 ]
then
   echo "Keine Pfeiltaste"
fi

if [ $ret -eq 10 ]
then
   echo "Die Pfeil-nach-oben-Taste wars"
fi

if [ $ret -eq 11 ]
then
   echo "Die Pfeil-nach-links-Taste wars"
 fi
```

Übersetzen Sie das C-Programm von Neuem mit den geänderten Zeilen Code und führen Sie das Shellscript aus:

```
you@host > ./areadchar3
Bitte eine Taste betätigen
[d]--> d
Keine Pfeiltaste
you@host > ./areadchar3
Bitte eine Taste betätigen
[↑]Die Pfeil-nach-oben-Taste wars
you@host > ./areadchar3
Bitte eine Taste betätigen
[←]Die Pfeil-nach-links-Taste wars
```

Mit dem C-Programm haben Sie quasi Ihr eigenes Tool geschrieben, welches Sie am besten in ein `PATH`-Verzeichnis kopieren und auf welches Sie somit jederzeit zurückgreifen und natürlich erweitern können/sollen.

Hinweis Natürlich wurde das Thema hier nur gestreift, aber es würde keinen Sinn ergeben, noch mehr einzusteigen, da ich von Ihnen nicht auch noch C-Kenntnisse verlangen kann. Aber Sie konnten hierbei schon sehen, dass Sie mit zusätzlichen Programmierkenntnissen noch viel weiter kommen können. Fehlt ein bestimmtes Tool, programmiert man eben selbst eins.

Und noch ein Hinweis Noch mehr Lust auf die C-Programmierung bekommen? Ich könnte Ihnen mein Buch »C von A bis Z« empfehlen oder etwas zur Linux-UNIX-Programimerung. Auch hierzu finden Sie ein Buch aus meiner Feder (»Linux-Unix-Programmierung«). Beide Bücher sind bei Galileo Press erschienen.

5.3.11 Passworteingabe

Wollen Sie in Ihrem Script eine Passworteingabe vornehmen und darauf verzichten, dass die Eingabe auf dem Bildschirm mit ausgegeben wird, können Sie auch hierfür `stty` verwenden. Hierbei reicht es aus, die Ausgabe (`echo`) abzuschalten und nach der Passworteingabe wieder zu aktivieren.

```
stty -echo
# Passwort einlesen
stty echo
```

Ein Script als Beispiel:

```
# Demonstriert das Einlesen einzelner Zeichen
# Name : anoecho

printf "Bitte Eingabe machen: "
# Ausgabe auf dem Bildschirm abschalten
stty -echo
read passwort
# Ausgabe auf dem Bildschirm wieder einschalten
stty echo
printf "\nIhre Eingabe lautete : %s\n" $passwort
```

Das Script bei der Ausführung:

```
you@host > ./anoecho
Bitte Eingabe machen:
Ihre Eingabe lautete: k3l5o6i8
```

5.4 Umlenken mit dem Befehl exec

Mit dem Befehl `exec` können Sie sämtliche Ein- bzw. Ausgaben von Kommandos eines Shellscripts umleiten. Hier die Syntax:

```
# Standardausgabe nach Ausgabedatei umlenken
exec >Ausgabedatei

# Standardausgabe nach Ausgabedatei umlenken
# und ans Ende der Datei anfügen
exec >>Ausgabedatei

# Standardfehlerausgabe nach Ausgabedatei umlenken
exec 2>Fehler_Ausgabedatei

# Standardfehlerausgabe nach Ausgabedatei umlenken
# und ans Ende der Datei anfügen
exec 2>>Fehler_Ausgabedatei

# Standardeingabe umlenken
exec <Eingabedatei
```

Hierzu ein einfaches Beispiel:

```
# Demonstriert eine Umlenkung mit exec
# aexec1

# Wird noch auf dem Bildschirm ausgegeben
echo "$0 wird ausgeführt"

exec >ausgabe.txt

# Alle Ausgaben ab hier in die Datei "ausgabe.txt"
val=`ls -l | wc -l`
echo "Im Verzeichnis $HOME befinden sich $val Dateien"
echo "Hier der Inhalt: "
ls -l
```

Das Script bei der Ausführung:

```
you@host > ./aexec1
./aexec1 wird ausgeführt
you@host > cat ausgabe.txt
Im Verzeichnis /home/tot befinden sich 44 Dateien
```

```
Hier der Inhalt:
insgesamt 1289
-rwxr--r--  1 tot users     188 2005-02-24 04:31 acase1
-rw-r--r--  1 tot users     277 2005-02-24 02:44 acase1~
-rwxr--r--  1 tot users     314 2005-03-06 11:17 aecho1
...
```

Die Ausführung des Scripts ist einfach. Die komplette Standardausgabe wird hier mittels

```
exec >ausgabe.txt
```

in die Datei *ausgabe.txt* umgeleitet. Alles, was sich vor dieser Zeile befindet, wird noch wie gewöhnlich auf dem Bildschirm ausgegeben. Wollen Sie im Beispiel eventuell auch auftretende Fehlermeldungen in eine Datei umleiten, können Sie `exec` wie folgt erweitern:

```
exec >ausgabe.txt 2>fehlerausgabe.txt
```

Jetzt werden auftretende Fehlermeldungen ebenfalls in eine separate Datei namens *fehlerausgabe.txt* geschrieben.

Die Umlenkung der Eingabe erfolgt nach demselben Schema. Alle entsprechenden Eingabekommandos erhalten dann ihre Daten aus einer entsprechenden Datei.

```
# Demonstriert eine Umlenkung mit exec
# aexec2

# Alle Eingaben im Script werden hier von data.dat entnommen
exec <data.dat

printf "%-15s %-15s %-8s\n" "Nachname" "Vorname" "Telefon"
printf "+%-15s+%-15s+%-8s\n" "--------" "-------" "-------"

while read vorname nachname telefon
do
   printf " %-15s  %-15s  %-8d\n" $nachname $vorname $telefon
done
```

Das Script bei der Ausführung:

```
you@host > cat data.dat
Jürgen Wolf 1234
Frank Zane 3213
```

```
Mike Katz 3213
Mike Mentzer 1343
you@host > ./aexec2
Nachname        Vorname         Telefon
+--------       +-------        +-------
 Wolf             Jürgen          1234
 Zane             Frank           3213
 Katz             Mike            3213
 Mentzer          Mike            1343
```

Bitte beachten Sie aber, dass jedes Kommando an der Position des letzten Lesekommandos fortfährt. Würden Sie z.B. im Script »axec2« beim ersten Schleifendurchlauf abbrechen und anschließend einen erneuten Durchlauf starten, so würde der zweite Durchlauf dort weitermachen, wo sich der erste Durchlauf beendet hat, beispielsweise würden Sie mit dem leicht modifizierten Script »axec3« dasselbe erreichen wie mit »axec2«.

```
# Demonstriert eine Umlenkung mit exec
# aexec3

# Wird noch auf dem Bildschirm ausgegeben
echo "$0 wird ausgeführt"
# Alle Eingaben im Script werden hier von data.dat entnommen
exec <data.dat

printf "%-15s %-15s %-8s\n" "Nachname" "Vorname" "Telefon"
printf "+%-15s+%-15s+%-8s\n" "--------" "-------" "-------"

while read vorname nachname telefon
do
   printf " %-15s  %-15s  %-8d\n" $nachname $vorname $telefon
   break # Hier wird testweise nach einem Durchlauf abgebrochen
done

while read vorname nachname telefon
do
   printf " %-15s  %-15s  %-8d\n" $nachname $vorname $telefon
done
```

Dass dies so ist, liegt am Filedeskriptor, welcher in seinem Dateitabelleneintrag u.a. auch die aktuelle Lese-/Schreibposition enthält. Zu den Filedeskriptoren kommen wir gleich im nächsten Abschnitt.

Den Vorteil der Verwendung von `exec` kann man hier zwar nicht auf den ersten Blick erkennen. Doch spätestens bei etwas längeren Scripts, bei denen Sie angesichts vieler Befehle eine Umlenkung der Ausgabe vornehmen müssen/wollen, wird Ihnen eine Menge Tipparbeit mit `exec` abgenommen. Anstatt hinter jede Befehlszeile das Umlenkungszeichen für die Standard- und Fehlerausgabe zu setzen, können Sie mit einem einfachen `exec`-Aufruf einen Filedeskriptor während der Scriptausführung komplett in eine andere Richtung umlenken.

5.5 Filedeskriptoren

Der `exec`-Befehl ist der Grundstein für diesen Abschnitt. Ein Filedeskriptor ist ein einfacher ganzzahliger Wert, welcher sich in einer bestimmten Tabelle von geöffneten Dateien befindet, und der vom Kernel für jeden Prozess bereitgestellt wird. Die Werte 0, 1 und 2 sind vorbelegte Filedeskriptoren und Verweise auf die Standardeingabe (`stdin`), Standardausgabe (`stdout`) und Standardfehlerausgabe (`stderr`). Diese drei Filedeskriptoren sind meist mit dem Terminal (TTY) des Anwenders verbunden und können natürlich auch umgeleitet werden, was Sie ja schon des Öfteren getan haben.

Somit haben Sie also auch schon mit Filedeskriptoren (ob nun bewusst oder unbewusst) gearbeitet. Haben Sie z.B. eine Umlenkung wie

```
ls -l > Augabedatei
```

vorgenommen, dann haben Sie praktisch den Kanal 1 oder genauer den Filedeskriptor 1 für die Standardausgabe in entsprechende Ausgabedatei umgeleitet. Ähnlich war dies auch bei der Standardeingabe mit dem Kanal 0, genauer dem Filedeskriptor mit der Nummer 0:

```
write user <nachricht
```

In beiden Fällen hätten Sie auch die alternative Schreibweise

```
ls -l 1> Ausgabedatei
write user 0<nachricht
```

verwenden können, aber dies ist bei den Kanälen 0 und 1 nicht erforderlich und optional, da diese vom System bei Verwendung ohne eine Ziffer mit entsprechenden Werten belegt werden. Aber ab dem Kanal 2, der Standardfehlerausgabe, muss schon die Filedeskriptoren-Nummer mit angegeben werden, da das System sonst statt Kanal 2 den Kanal 1 verwenden würde. Es hindert Sie aber niemand, statt der Standardausgabe (Kanal 1) die Standardfehlerausgabe (Kanal 2) zu verwenden. Hierzu müssen Sie nur den entsprechenden Ausgabebefehl anweisen, seine Standardausgabe auf den Kanal 2 vorzunehmen:

```
you@hcst > echo "Hallo Welt auf stderr" >&2
Hallo Welt auf stderr
```

Gleiches haben Sie ja schon öfter mit der Standardfehlerausgabe mittels `2>&1` vorgenommen. Hierbei wurde die Standardfehlerausgabe (Kanal 2) auf den Filedeskriptor 1 umgelenkt. Damit hatten Fehlerausgabe und Standardausgabe dasselbe Ziel. Somit lautet die Syntax, um aus einer Datei bzw. einem Filedeskriptor zu lesen oder zu schreiben, wie folgt:

```
# Lesen aus einer Datei bzw. Filedeskriptor
kommando <&fd

# Schreiben in eine Datei bzw. Filedeskriptor
kommando >&fd

# Anhängen in eine Datei bzw. Filedeskriptor
kommanod >>&fd
```

5.5.1 Einen neuen Filedeskriptor verwenden

Selbstverständlich können Sie neben den Standardkanälen weitere Filedeskriptoren erzeugen. Für die Namen stehen Ihnen hierzu die Nummern 3 bis 9 zur Verfügung. Dabei wird der `exec`-Befehl folgendermaßen verwendet (für `fd` steht Ihnen eine Zahl zwischen 3 und 9 zur Verfügung):

```
# Zusätzlicher Ausgabekanal
exec fd> ziel

# Zusätzlicher Ausgabekanal zum Anhängen
exec fd>> ziel

# Zusätzlicher Eingabekanal
exec fd< ziel
```

Im folgenden Beispiel erzeugen wir einen neuen Ausgabekanal für die aktuelle Konsole mit der Nummer 3:

```
you@host > exec 3> `tty`
you@host > echo "Hallo neuer Kanal" >&3
Hallo neuer Kanal
```

Wenn Sie einen Filedeskriptor nicht mehr benötigen, sollten Sie diesen wieder freigeben. Auch hierbei wird wieder das `exec`-Kommando genutzt:

```
exec fd>&-
```

Auf den Filedeskriptor 3 bezogen, den Sie eben erzeugt haben, sieht dieser Vorgang wie folgt aus:

```
you@host > exec 3>&-
you@host > echo "Hallo neuer Kanal" >&3
bash: 3: Ungültiger Dateideskriptor
```

Hinweis Behalten Sie immer im Hinterkopf, dass ein neu von Ihnen erzeugter Kanal auch den weiteren Subshells zur Verfügung steht.

Hinweis Verwenden Sie `exec >&-` ohne Angabe eines Kanals, wird hier die Standardausgabe geschlossen. Gleiches gilt auch für Kanal 0 und 2 mit `exec <&-` (schließt die Standardeingabe) und `exec 2>&-` (schließt die Standardfehlerausgabe).

Es wurde bereits im Abschnitt zuvor erwähnt, dass jedes Kommando an der Position des letzten Lese-/Schreibzugriffs fortfährt. Diesen Sachverhalt nutzt man in der Praxis in drei Hauptanwendungsgebieten.

Offenhalten von Dateien

Würden Sie z.B. zweimal über eine Umlenkung etwas von einer Datei oder Kommando-Substitution lesen, würde zweimal dasselbe eingelesen, beispielsweise:

```
you@host > who
you      tty2        Mar  6 14:09
tot      :0          Mar  5 12:21 (console)
you@host > who > user.dat
you@host > read user1 <user.dat
you@host > read user2 <user.dat
you@host > echo $user1
you tty2 Mar 6 14:09
you@host > echo $user2
you tty2 Mar 6 14:09
```

Hier war wohl nicht beabsichtigt, dass zweimal derselbe User eingelesen wird. Verwenden Sie hingegen einen neuen Kanal, bleibt Ihnen die aktuelle Position des Lesezeigers erhalten. Dasselbe mit einem neuen Filedeskriptor:

```
you@host > who > user.dat
you@host > exec 3< user.dat
you@host > read user1 <&3
```

```
you@host > read user2 <&3
you@host > echo $user1
you tty2 Mar 6 14:09
you@host > echo $user2
tot :0 Mar 5 12:21 (console)
```

5

Lesen aus mehreren Dateien

Das Prinzip ist recht einfach: Sie verwenden einfach mehrere Filedeskriptoren, lesen die Werte jeweils zeilenweise in eine Variable ein (am besten in einer Schleife) und werten dann entsprechende Daten aus (bspw. einen Durchschnittswert).

```
...
exec 3< file1
exec 4< file2
exec 5< file3
exec 6< file4

while true
do
   read var1 <&3
   read var2 <&4
   read var3 <&5
   read var4 <&6

   # Hier die Variablen überprüfen und verarbeiten

done
```

Lesen von der Standardeingabe und einer Datei

Dies ist ein häufiger Anwendungsfall. Wurde eine Datei zum Lesen geöffnet und stellt man gleichzeitig auch Anfragen an den Benutzer, würde bei einer Verwendung von `read` sowohl von der Datei als auch von der Benutzereingabe gelesen, z.B.:

```
# Demonstriert eine Umlenkung mit exec
# aexec4

exec 3< $1

while read line <&3
```

```
do
   echo $line
   printf "Eine weitere Zeile einlesen? [j/n] : "
   read
   [ "$REPLY" = "n" ] && break
done
```

Das Script bei der Ausführung:

```
you@host > ./aexec4 zitat.txt
Des Ruhmes Würdigkeit verliert an Wert,
Eine weitere Zeile einlesen? [j/n] : n
```

Ohne einen neuen Filedeskriptor würde im eben gezeigten Beispiel beim Betätigen von »j« immer wieder mit der ersten Zeile der einzulesenden Datei begonnen. Testen Sie es am besten selbst.

Hinweis Natürlich lässt sich mit einem Filedeskriptor noch mehr anstellen als hier beschrieben, doch dürften dies schon die Hauptanwendungsgebiete sein. Ein weiteres Beispiel habe ich Ihnen bereits bei der Fehlerauswertung von mehreren Befehlen in einer Kommandoverkettung bei einer Pipe demonstriert (siehe Abschnitt 4.1.2).

5.5.2 Die Umlenkung <>

Neben den bisher bekannten Umlenkungszeichen gibt es noch ein etwas anderes, welches sich hier in Verbindung mit den Filedeskriptoren und dem `exec`-Befehl etwas einfacher erklären lässt. Mit dieser Umlenkung wird eine Datei sowohl zum Lesen als auch zum Schreiben geöffnet, und dies ist auch das Besondere daran, die Ausgabe wird exakt an derjenigen Stelle fortgeführt, an der sich im Augenblick der Lesezeiger befindet. Ebenso sieht es beim Schreiben aus – alle geschriebenen Daten landen genau dort, wo sich der Schreibzeiger im Augenblick befindet. Und noch etwas Besonderes beim Schreiben: Alle Daten hinter den neu geschriebenen Daten bleiben bestehen.

Hier ein einfaches Beispiel, welches demonstriert, wie Sie einen Filedeskriptor mit `<>` gleichzeitig zum Lesen und Schreiben verwenden können.

```
# Demonstriert eine Umlenkung mit exec und <>
# aexec5

exec 3<> $1
```

```
while read line <&3
do
   echo $line
   printf "Hier eine neue Zeile einfügen? [j/n] : "
   read
   [ "$REPLY" = "j" ] && break
done

printf "Bitte hier die neue Zeile eingeben : "
read
echo $REPLY >&3
```

Das Script bei der Ausführung:

```
you@host > ./aexec5 zitat.txt
Des Ruhmes Würdigkeit verliert an Wert,
Hier eine neue Zeile einfügen? [j/n] : j
Bitte hier die neue Zeile eingeben : Hier eine neue Zeile
you@host > cat zitat.txt
Des Ruhmes Würdigkeit verliert an Wert,
Hier eine neue Zeile
der selbst mit Lob sich ehrt.
```

5.6 Named Pipes

Ein recht selten verwendetes Konzept steht Ihnen in der Kommandozeile der Shell mit einer Named Pipe zur Verfügung. Named Pipes sind den normalen Pipes sehr ähnlich, nur haben diese einen entscheidenden Vorteil: Hiermit kann eine schon existierende Pipe von beliebigen Prozessen genutzt werden. Vereinfacht ausgedrückt: Eine Named Pipe ist eine Konstruktion, welche die Ausgabe eines Prozesses als Eingabe zur Verfügung stellt. Bei normalen Pipes mussten die Prozesse vom selben Elternprozess abstammen (um an die Dateideskriptoren heranzukommen).

Zum Anlegen einer Named Pipe wird das Kommando `mknod` oder `mkfifo` verwendet:

```
mknod name p
mkfifo name
```

Da beim Kommando `mknod` auch mehrere Arten von Dateien angelegt werden können, muss hier die gewünschte Art durch einen Buchstaben gekennzeichnet werden. Bei einer Named Pipe ist dies ein `p`. Named Pipes werden häufig auch als FIFOs bezeichnet, weil Sie nach dem *First-In-First-Out*-Prinzip arbeiten. Jedoch tun dies normale (temporäre) Pipes auch, weshalb hier eine unterscheidende Bezeichnung nicht passen würde.

```
you@host > mknod apipe p
you@host > ls -l apipe
prw-r--r--  1 tot users 0 2005-03-07 06:10 apipe
```

Beim Dateityp taucht die Named Pipe mit einem `p` auf. In die Named Pipe können Sie etwas einfügen mit:

```
you@host > echo "Hallo User" > apipe
```

Ein anderer Prozess könnte die Pipe jetzt wie folgt wieder auslesen:

```
tot@linux > tail -f apipe
Hallo User
```

Wie Ihnen hierbei sicherlich auffällt, kann der erste Prozess, der in die Pipe schreibt, erst dann weiterarbeiten, wenn ein zweiter Prozess aus dieser Pipe liest, also ein weiterer Prozess die Leseseite einer Pipe öffnet.

Die Named Pipe existiert natürlich weiter, bis diese wie eine gewöhnliche Datei gelöscht wird. Damit neben anderen Prozessen auch noch andere User auf eine Named Pipe lesend und schreibend zugreifen können, müssen Sie die Zugriffsrechte anpassen, denn standardmäßig verfügt nur der Eigentümer über Schreibrecht (abhängig von `umask`). Im Unterschied zu einer normalen Pipe, die in einem Schritt erzeugt wird (ein Inode-Eintrag, zwei Datei-Objekte und die Speicherseite) und sofort zum Lesen und Schreiben bereitsteht, werden die Named Pipes von den Prozessen im Userspace geöffnet und geschlossen. Dabei beachtet der Kernel, dass eine Pipe zum Lesen geöffnet ist, bevor etwas hineingeschrieben wird, sowie dass eine Pipe zum Schreiben geöffnet ist, bevor sie auch zum Lesen geöffnet wurde. Auf der Kernelebene ist dies in etwa dasselbe wie beim Erzeugen einer Gerätedatei (Device File).

Zwar ist es auch hier möglich, dass mehrere Prozesse dieselbe Named Pipe benutzen, allerdings können Daten nur in einer 1:1-Beziehungen ausgetauscht werden. Das heißt, Daten, die ein Prozess in die Pipe schreibt, können nur von einem Prozess gelesen werden. Die entsprechenden Zeilen werden hierbei in der Reihenfolge der Ankunft gespeichert, die älteste Zeile wird an den nächsten lesenden Prozess vermittelt (eben das FIFO-Prinzip).

Beachten Sie außerdem, dass sich eine Pipe schließt, wenn einer der Prozesse (auch `echo` und `read`) abgeschlossen ist. Dies macht sich besonders dann bemerkbar, wenn Sie vorhaben, aus einem Script mehrere Zeilen in eine Pipe zu schieben bzw. mehrere Zeilen daraus zu lesen. Um dieses Problem zu umgehen, müssen Sie eine Umleitung am Ende einer Schleife verwenden, so zum Beispiel:

```
# Demonstriert das Lesen mehrerer Zeilen aus einer Named Pipe
# areadpipe

while read zeile
do
   echo $zeile
done < apipe
```

Das Gegenstück:

```
# Demonstriert das Schreiben mehrerer Zeilen in eine Named Pipe
# awritepipe

while true
do
   echo "Ein paar Zeilen für die Named Pipe"
   echo "Die zweite Zeile soll auch ankommen"
   echo "Und noch eine letzte Zeile"
   break
done > apipe
```

Das Script bei der Ausführung:

```
you@host > ./awritepipe
--- [Andere Konsole] ---
tot@linux > ./areadpipe
Ein paar Zeilen für die Named Pipe
Die zweite Zeile soll auch ankommen
Und noch eine letzte Zeile
```

5.7 Menüs mit select (Bash und Korn-Shell only)

Die Bash und die Korn-Shell stellen Ihnen mit der `select`-Anweisung ein bequemes Konstrukt zum Erzeugen von Auswahlmenüs zur Verfügung. Der Befehl funktioniert ähnlich wie die `for`-Schleife, nur dass hierbei statt des Schlüsselworts `for` eben `select` steht.

```
select variable in menü_punkte
do
   kommando1
```

```
   ...
   kommandon
done
```

`select` führt dabei die Anzeige der Menüpunkte und deren Auswahl automatisch durch und gibt den ausgewählten Menüpunkt zurück. Hierbei können Sie die Menüpunkte wie bei `for` entweder in einer Liste mit Werten oder direkt die einzelnen Menüpunkte angeben. Werte und Menüpunkte sollten dabei jeweils durch mindestens ein Leerzeichen getrennt aufgeführt werden (bei Werten: abhängig von `IFS`). Selbstverständlich können Sie auch die Argumente aus der Kommandozeile (`$*`) verwenden, sofern dies sinnvoll ist. Nach dem Aufruf von `select` wird eine Liste der Menüpunkte auf die Standardfehlerausgabe (!) in einer fortlaufenden Nummerierung (1 bis *n*) ausgegeben. Dann können Sie die Auswahl anhand dieser Nummerierung bestimmen. Der entsprechend ausgewählte Menüpunkt wird dann in »variable« gespeichert. Falls Sie die benötigte Nummer ebenfalls erhalten möchten, finden Sie diese in der Variablen `REPLY`. Bei einer falschen Eingabe wird »variable« auf leer gesetzt.

Wenn nach der Auswahl entsprechende Kommandos zwischen `do` und `done` ausgeführt wurden, wird die Eingabeaufforderung der `select`-Anweisung erneut angezeigt. Bei `select` handelt es sich somit um eine Endlosschleife, die Sie nur mit der Tastenkombination [Strg]+[D] (EOF) oder den Befehlen `exit` bzw. `break` innerhalb von `do` und `done` beenden können (siehe Abbildung 5.2).

Hierzu ein einfaches Script:

```
# Demonstriert die select-Anweisung
# aselect1

select auswahl in Punkt1 Punkt2 Punkt3 Punkt4
do
   echo "Ihre Auswahl war : $auswahl"
done
```

Das Script bei der Ausführung:

```
you@host > ./aselect1
1) Punkt1
2) Punkt2
3) Punkt3
4) Punkt4
#? 1
Ihre Auswahl war : Punkt1
```

```
#? 2
Ihre Auswahl war : Punkt2
#? 3
Ihre Auswahl war : Punkt3
#? 4
Ihre Auswahl war : Punkt4
#? 0
Ihre Auswahl war :
#? [Strg]+[D]
you@host >
```

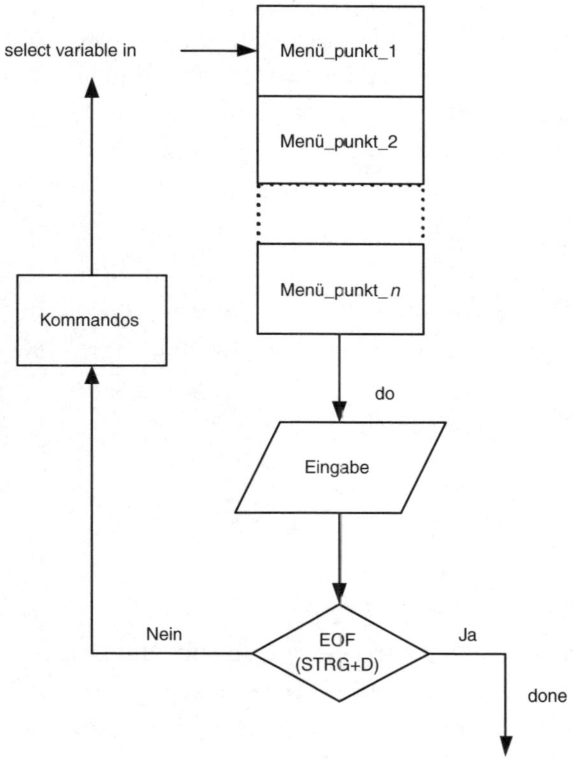

Abbildung 5.2 Der Ablauf der select-Anweisung

Als Prompt wird hier immer der Inhalt der Variablen `PS3` angezeigt, der bei den Shells meistens mit `#?` vorbelegt ist. Wollen Sie ein anderes Prompt nutzen, müssen Sie diese Variable nur neu besetzen.

Natürlich eignet sich das Script »aselect1« nur zu Demonstrationszwecken. Bei einer echten Menü-Auswahl will man schließlich die Auswahl auch auswerten und entsprechend reagieren. Was eignet sich besser als eine `case`-Anweisung?

```
# Demonstriert die select-Anweisung
# aselect2

# Ein neues Auswahl-Prompt
PS3="Ihre Wahl : "

select auswahl in Punkt1 Punkt2 Punkt3 Punkt4 Ende
do
   case "$auswahl" in
      Ende)  echo "Ende"; break ;;
        "")  echo "Ungültige Auswahl" ;;
         *)  echo "Sie haben $auswahl gewählt"
   esac
done
```

Das Script bei der Ausführung:

```
you@host > ./aselect2
1) Punkt1
2) Punkt2
3) Punkt3
4) Punkt4
5) Ende
Ihre Wahl : 1
Sie haben Punkt1 gewählt
Ihre Wahl : 4
Sie haben Punkt4 gewählt
Ihre Wahl : 5
Ende
```

Mit `select` können Sie außerdem wie bei der `for`-Schleife auch die Liste der Menüpunkte mit den Wildcard-Zeichen `*`, `?` und `[]` (Datennamengenerierung) oder mit einer Kommando-Substitution erzeugen lassen. Hier einige Beispiele:

```
# Listet alle Dateien mit der Endung *.c auf
select var in *.c
# Listet alle Dateien mit der Endung *.c, *.sh und *.txt auf
select var in *.c *.sh *.txt
# Listet alle aktiven User-Namen auf
select var in `who | cut -c1-8 | grep -v $LOGNAME`
# Listet alle Dateien im aktuellen Verzeichnis auf,
# die mit a beginnen
select var in `ls a*`
```

Hierzu noch ein relativ praktisches Beispiel. Mithilfe des Wildcard-Zeichens * werden alle sich im aktuellen Verzeichnis befindlichen Dateien ausgegeben. Anschließend werden Sie nach einer Datei gefragt, die Sie editieren wollen, welche daraufhin mit einem Editor Ihrer Wahl (hier `vi`) geöffnet wird und die Sie dann bearbeiten können. Dieses Script ist natürlich stark ausbaufähig:


```
# Demonstriert die select-Anweisung
# aselect3

# Ein neues Auswahl-Prompt
PS3="Datei zum Editieren auswählen : "
# Hier den Editor Ihrer Wahl angeben
EDIT=vi

select auswahl in * Ende
do
   case "$auswahl" in
      Ende)  echo "Ende" ; break ;;
        "")  echo "$REPLY: Ungültige Auswahl" ;;
         *)  [ -d "$auswahl" ] && \
             echo "Verzeichnis kann nicht editiert werden" &&\
             continue
             $EDIT $auswahl
             break ;;
   esac
done
```

Das Script bei der Ausführung:

```
you@host > ./aselect3
 1) 1                           27) awritepipe~
 2) acase1                      28) bestellung.txt
 3) acase1~                     29) bin
 4) aecho1                      30) data.dat
...                             ...
23) avalue~                     49) user.dat
24) awhile1                     50) zitat.txt
25) awhile1~                    51) zitat.txt~
26) awritepipe                  52) Ende
Datei zum Editieren auswählen : 2
```

Und zu guter Letzt können Sie mit `select` auch Untermenüs erzeugen, sprich mehrere `select`-Anweisungen verschachteln. Wollen Sie hierbei ein anderes

Prompt verwenden, müssen Sie allerdings PS3 in der Verschachtelung mit einem neuen Inhalt versehen. Hier ein Beispiel eines solchen Untermenüs:

```
# Demonstriert die select-Anweisung
# aselect4

# Ein neues Auswahl-Prompt
PS3="Bitte wählen : "

select auswahl in A B C Ende
do
   case "$auswahl" in
      Ende)  echo "Ende" ; break ;;
        "")  echo "$REPLY: Ungültige Auswahl" ;;
         A)  select auswahla in A1 A2 A3
             do
                echo "Auswahl $auswahla"
             done ;;
         *)  echo "Ihre Auswahl war : $auswahl" ;;
   esac
done
```

Das Script bei der Ausführung:

```
you@host > ./aselect4
1) A
2) B
3) C
4) Ende
Bitte wählen : 1
1) A1
2) A2
3) A3
Bitte wählen : 2
Auswahl A2
Bitte wählen : ...
```

5.8 dialog und Xdialog

Mit dialog und Xdialog können Sie grafische (bzw. semigrafische) Dialoge in Ihre Shellscripts mit einbauen. Die Tools dienen zur einfachen Darstellung (halb-)grafischer Dialogfenster auf dem Bildschirm, sodass Sie Benutzerabfragen in Scripts anschaulicher und einfacher gestalten können. Die Rückgabewerte der Dialoge entscheiden dann über den weiteren Verlauf des Shellscripts.

Die Tools funktionieren im Prinzip ähnlich wie die üblichen Linux-UNIX-Kommandos und werden mit Kommandozeilenparameter und Standardeingabe zur Beeinflussung von Aussehen und Inhalten gesteuert. Die Resultate (auch Fehler) der Benutzeraktionen werden über die Standardausgabe bzw. die Standardfehlerausgabe und den Exit-Status des Scripts zurückgegeben und können von demjenigen Script, von dem der Dialog gestartet wurde, weiterverarbeitet werden.

`dialog` läuft ausschließlich in einer Textkonsole und stellt eine Art halbgrafische Oberfläche (basierend auf *ncurses*) zur Verfügung. Dass `dialog` keine echte grafische Oberfläche besitzt (bzw. keinen laufenden X-Server benötigt) und somit recht anspruchslos ist, macht es zu einem komfortablen Tool zur Fernwartung über SSH. Die Steuerung von `dialog` erfolgt über die Tastatur, jedoch ist auch Maussteuerung möglich. Gewöhnlich liegt `dialog` Ihrer Distribution bei und wird eventuell auch schon über eine Standardinstallation mitinstalliert.

`Xdialog` läuft im Gegensatz zu `dialog` nur, wenn ein laufender X-Server zur Verfügung steht. Da dies bei Fernwartungen selten der Fall ist, eignet sich `Xdialog` eher für Shellscripts und Wartungsarbeiten auf dem heimischen Desktoprechner. `Xdialog` verwendet als Toolkit GTK+ und muss meistens noch separat bezogen werden (hierbei muss auch gtk-devel größer als 1.2 installiert sein). Natürlich lässt sich `Xdialog` GUI-üblich mit der Maus steuern.

Hinweis Sofern Sie eines (oder beide) der Pakete nicht auf Ihrem Rechner vorfinden, sei hier die Bezugsquelle der jeweiligen Tools genannt: **http://hightek.org/dialog/** (`dialog`) und **http://xdialog.dyns.net/** (`Xdialog`). Vermutlich werden Sie allerdings den Quellcode selbst übersetzen müssen (ggf. INSTALL lesen).

Das Tolle an `dialog` und `Xdialog` ist, dass beim Entwickeln von `Xdialog` auf Kompatibilität geachtet wurde. Sie können die mit `dialog` erstellten Scripts mit einem minimalen Aufwand in eine absolute grafische Oberfläche mit `Xdialog` umwandeln. Hierzu müssen Sie nur den Kommandoaufruf `dialog` in `Xdialog` umändern. Wobei erwähnt werden muss, dass `Xdialog` noch ein paar Features mehr anbietet als `dialog`.

Die allgemeine Syntax zu `dialog` bzw. `Xdialog` sieht wie folgt aus:

```
[X]dialog [optionen] [Art des Feldes] "Text" [breite] [höhe]
```

5.8.1 Entscheidungsfrage --yesno

Mit `--yesno` können Sie eine Entscheidungsfrage stellen, die mit »ja« oder »nein« bestätigt wird. Gibt der Benutzer »ja« ein, gibt `dialog` den Wert 0 zurück (`$?` = 0), ansonsten wird bei »nein« 1 zurückgegeben. Die Syntax:

```
dialog --yesno [Text] [Höhe] [Breite]
```

Ein Beispielscript:

```
# Demonstriert dialog --yesno
# Name : dialog1

dialog --yesno "Möchten Sie wirklich abbrechen?" 0 0
# 0=ja; 1=nein
antwort=$?
# Bildschirm löschen
clear

# Ausgabe auf die Konsole
if [ $antwort = 0 ]
then
   echo "Die Antwort war JA."
else
   echo "Die Antwort war NEIN."
fi
```

Das Script bei der Ausführung (siehe Abbildung 5.3):

Abbildung 5.3 Dialog --yesno in der Praxis

Nun wollen Sie sicherlich testen, ob die Ausführungen zu `dialog` und `Xdialog` stimmen und man tatsächlich nur ein (großes) »X« vor `dialog` stellen muss, um eine echte grafische Oberfläche zu erhalten. Ändern Sie die Zeile

```
dialog --yesno "Möchten Sie wirklich abbrechen?" 0 0
```

im Script »dialog1« um in

```
Xdialog --yesno "Möchten Sie wirklich abbrechen?" 0 0
```

und Sie erhalten folgendes, in Abbildung 5.4 gezeigtes Ergebnis (immer vorausgesetzt, Sie haben `Xdialog` installiert):

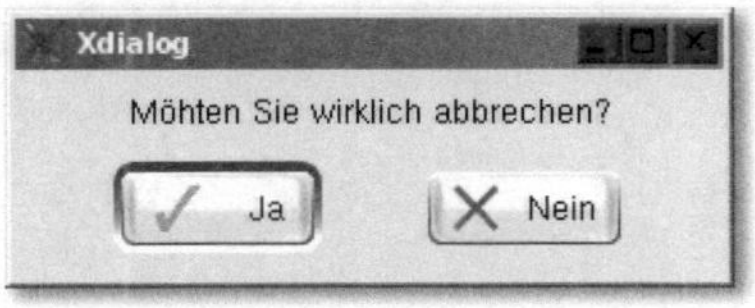

Abbildung 5.4 Dialog --yesno mit Xdialog

Hinweis Wird bei der Höhe oder Breite 0 angegeben, so werden die entsprechenden Maße automatisch an den Text angepasst.

5.8.2 Nachrichtenbox mit Bestätigung --msgbox

Mit `--msgbox` erscheint eine Informationsbox mit beliebigem Text, den der Benutzer mit »OK« bestätigen muss. Die Abarbeitung des Scripts wird so lange angehalten, bis der Benutzer den OK-Button drückt. Hierbei wird kein Rückgabewert zurückgegeben.

```
[X]dialog --msgbox [Text] [Höhe] [Breite]
```

Ein Beispielscript:

```
# Demonstriert dialog --msgbox
# Name : dialog2

dialog --yesno "Möchten Sie wirklich abbrechen?" 0 0
# 0=ja; 1=nein
antwort=$?
# Dialog-Bildschirm löschen
dialog --clear

# Ausgabe auf die Konsole
if [ $antwort = 0 ]
then
   dialog --msgbox "Die Antwort war JA." 5 40
else
   dialog --msgbox "Die Antwort war NEIN." 5 40
```

```
fi

# Bildschirm löschen
clear
```

Das Script bei der Ausführung (siehe Abbildung 5.5):

Abbildung 5.5 Dialog --msgbox in der Praxis

5.8.3 Hinweisfenster ohne Bestätigung --infobox

`--infobox` ist gleichwertig zum eben erwähnten Dialog `--msgbox`, nur mit dem Unterschied, dass dieser Dialog nicht auf die Bestätigung des Benutzers wartet und somit das Shellscript im Hintergrund weiter ausgeführt wird.

```
[X]dialog --infobox [Text] [Höhe] [Breite]
```

Ein Script als Demonstration:

```
# Demonstriert dialog --msgbox
# Name : dialog3

dialog --yesno "Möchten Sie wirklich alles löschen?" 0 0
# 0=ja; 1=nein
antwort=$?
# Dialog-Bildschirm löschen
dialog --clear

# Ausgabe auf die Konsole
if [ $antwort = 0 ]
then
   dialog --infobox "Dieser Vorgang kann ein wenig dauern" 5 50
   # Hier die Kommandos zur Ausführung zum Löschen
   sleep 5           # ... wir warten einfach 5 Sekunden
   dialog --clear    # Dialog-Bildschirm löschen
   dialog --msgbox "Done! Alle Löschvorgänge ausgeführt" 5 50
```

```
fi

# Bildschirm löschen
clear
```

5.8.4 Text-Eingabezeile --inputbox

In einer Text-Eingabezeile mit `--inputbox` können Eingaben des Benutzers erfolgen. Optional kann man hier auch einen Text vorbelegen. Die Ausgabe erfolgt anschließend auf die Standardfehlerausgabe.

```
[X]dialog --inputbox [Text] [Höhe] [Breite] [[Vorgabetext]]
```

Ein Script zu Demonstrationszwecken:

```
# Demonstriert dialog --inputbox
# Name : dialog4

name=`dialog --inputbox "Wie heißen Sie?" 0 0 "Jürgen" \
 3>&1 1>&2 2>&3`
# Dialog-Bildschirm löschen
dialog --clear

dialog --msgbox "Hallo $name, Willkommen bei $HOST!" 5 50

# Bildschirm löschen
clear
```

Das Script bei der Ausführung (siehe Abbildung 5.6):

Abbildung 5.6 Dialog --inputbox in der Praxis

Vielleicht wundern Sie sich im Script bei der Verarbeitung des Dialog-Kommandos über den Zusatz `3>&1 1>&2 2>&3` in der Kommando-Substitution. Dies ist einer der Nachteile von `dialog`, weil hierbei das Ergebnis immer auf die

Standardfehlerausgabe statt auf die Standardausgabe erfolgt. Und um die Dialogausgabe zur weiteren Verarbeitung in eine Variable zu schreiben, müssen Sie ebenso vorgehen (siehe auch Abschnitt 5.5).

5.8.5 Ein einfacher Dateibetrachter --textbox

Mit diesem Dialog kann der Inhalt einer als Parameter übergebenen Datei angezeigt werden. Enthält der Text mehr Zeilen oder Spalten als angezeigt werden können, kann der darzustellende Text mit den Pfeiltasten ([?] [?] [?] [?]) gescrollt werden.

```
[X]dialog --textbox [Datei] [Höhe] [Breite]
```

Ein Script zur Demonstration:

```
# Demonstriert dialog --textbox
# Name : dialog5

# Zeigt den Inhalt des eigenen Quelltextes an
dialog --textbox "$0" 0 0
# Dialog-Bildschirm löschen
dialog --clear

# Bildschirm löschen
clear
```

Das Script bei der Ausführung (siehe Abbildung 5.7):

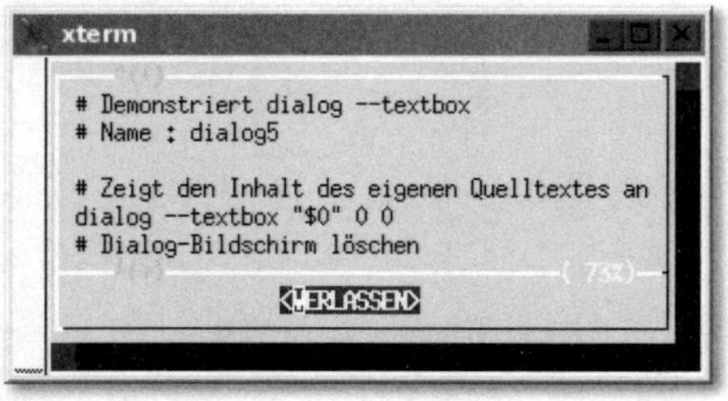

Abbildung 5.7 Dialog --textbox in der Praxis

5.8.6 Ein Menü --menu

Mit diesem Dialog verfügen Sie über eine echte Alternative zu `select`. Hierbei wird eine Liste von Einträgen (ggf. mit Scrollbalken) angezeigt, von denen jeweils einer ausgewählt werden kann. Der entsprechende Eintrag (dessen Kürzel) wird dann auf den Standardfehlerkanal zurückgegeben, ansonsten – bei Abbruch – eine leere Zeichenkette.

```
[X]dialog --menu [Text] [Höhe] [Breite] [Menühöhe] [Tag1] \
[Eintrag1] ...
```

Der »Text« wird oberhalb der Auswahlbox gesetzt. »Breite« und »Höhe« sprechen für sich, wobei die »Breite« ein etwas genaueres Augenmerk verlangt, da längere Menüeinträge einfach abgeschnitten werden. Haben Sie eine Auswahl getroffen, wird durch Betätigen von »OK« der selektierte Eintrag zurückgegeben.

Ein Script zur Demonstration:

```
# Demonstriert dialog --menu
# Name : dialog6

os=`dialog --menu "Betriebssystem wählen" 0 0 0 \
 "Linux" "" "BSD" "" "Solaris" "" 3>&1 1>&2 2>&3`
dialog --clear
dialog --yesno "Bestätigen Sie Ihre Auswahl: $os" 0 0
dialog --clear
clear
```

Das Script bei der Ausführung (siehe Abbildung 5.8):

Abbildung 5.8 Dialog --menu in der Praxis

5.8.7 Auswahlliste zum Ankreuzen --checklist

Hierbei handelt es sich um eine Liste von Einträgen, von denen Sie beliebig viele markieren (ankreuzen) können. Es werden – wie schon bei –menu – die Kürzel aller ausgewählten Einträge auf den Standardfehlerkanal zurückgegeben.

```
[X]dialog --checklist [Text] [Höhe] [Breite] [Listenhöhe] \
[Tag1] [Eintrag1] [Status1] ...
```

Auch hier wird der »Text« wieder oberhalb der Auswahlliste ausgegeben. Die »Höhe«, »Breite« und »Listenhöhe« sind eigentlich wieder selbsterklärend. Bei ihnen sollte man stets auf ein vernünftiges Maß achten. Wenn das erste Zeichen der Tags eindeutig ist, kann auch mit einem Tastendruck des entsprechenden Zeichens direkt dorthin gesprungen werden. Als »Status« können Sie den Eintrag als markiert »on« oder als deaktiviert »off« voreinstellen.

Das folgende Script soll Ihnen die Auswahlliste demonstrieren:

```
# Demonstriert dialog --checklist
# Name : dialog7

pizza=`dialog --checklist "Pizza mit ..." 0 0 4 \
 Käse "" on\
 Salami "" off\
 Schinken "" off\
 Thunfisch "" off 3>&1 1>&2 2>&3`
dialog --clear
clear
echo "Ihre Bestellung: Pizza mit $pizza"
```

Das Script bei der Ausführung (siehe Abbildung 5.9):

Abbildung 5.9 Dialog --checklist in der Praxis

5.8.8 Radiobuttons zum Auswählen --radiolist

Im Unterschied zu `--checklist` kann hier aus einer Liste von Einträgen nur eine Option mit der Leertaste markiert werden. Ansonsten entspricht dieser Dialog exakt dem von `--checklist`.

```
[X]dialog --radiolist [Text] [Höhe] [Breite] [Listenhöhe] \
[Tag1] [Eintrag1] [Status1] ...
```

Ein Script zur Demonstration:

```
# Demonstriert dialog --radiolist
# Name : dialog8
```

```
pizza=`dialog --radiolist "Pizza mit ..." 0 0 3 \
  Salami "" off\
  Schinken "" off\
  Thunfisch "" off 3>&1 1>&2 2>&3`
dialog --clear
clear
echo "Ihre Bestellung: Pizza mit $pizza"
```

Das Script bei der Ausführung (siehe Abbildung 5.10):

Abbildung 5.10 Dialog --radiolist in der Praxis

5.8.9 Fortschrittszustand anzeigen --gauge

Hiermit können Sie einen Fortschrittszustand einbauen, um etwa anzuzeigen, wie weit der Prozess des Kopierens von Dateien schon abgeschlossen ist.

```
[X]dialog --gauge [Text] [Höhe] [Breite] [Prozent]
```

Der `Text` wird wieder oberhalb des Fortschrittsbalkens angezeigt. Der Startwert des Balkens wird über Prozent angegeben. Um die Anzeige zu aktualisieren, erwartet dieser Dialog weitere Werte aus der Standardeingabe. Erst wenn hierbei auf EOF gestoßen wurde, ist `gauge` fertig. Der Fortschrittszustand ist meiner Meinung nach ohnehin nie etwas Genaues, sondern dient wohl eher dazu, dem Anwender zu zeigen, dass auf dem System noch etwas passiert. ;-)

Ein Script zur Demonstration:

```
# Demonstriert dialog --gauge
# Name : dialog9

DIALOG=dialog
(
 echo "10" ; sleep 1
 echo "XXX" ; echo "Alle Daten werden gesichert"; echo "XXX"
 echo "20" ; sleep 1
```

```
 echo "50" ; sleep 1
 echo "XXX" ; echo "Alle Daten werden archiviert"; echo "XXX"
 echo "75" ; sleep 1
 echo "XXX" ; echo "Daten werden ins Webverzeichnis hochgeladen"
;
 echo "XXX"
 echo "100" ; sleep 3
) |
$DIALOG --title "Fortschrittszustand" --gauge "Starte Backup-
Script" 8 30
$DIALOG --clear
$DIALOG --msgbox "Arbeit erfolgreich beendet ..." 0 0
$DIALOG --clear
clear
```

Das Script bei der Ausführung (siehe Abbildung 5.11):

Abbildung 5.11 Dialog --gauge in der Praxis

Tipp Beim letzten Script ist mir erst eingefallen, dass es recht umständlich ist, `dialog` immer in `Xdialog` umzubenennen. Eine globale Variable eignet sich viel besser. Soll Ihr Script für die Konsole sein, dann schreiben Sie `DIALOG=dialog`, für einen Dialog mit dem X-Server `DIALOG=Xdialog`.

Hinweis Für Scripts, die als root ausgeführt werden, sollte man möglichst kein `Xdialog` verwenden, da sich root nur mit dem X-Server verbinden kann, wenn der Server freigegeben wurde oder root grafisch eingeloggt ist, was man beides vermeiden sollte.

5.8.10 Verändern von Aussehen und Ausgabe

Es gibt noch ein paar Dialoge, mit denen Sie das Aussehen und die Ausgabe beeinflussen können. Tabelle 5.10 bietet eine kurze Übersicht.

Option	Erläuterung
`--title`	Eine Titelzeile für einen Dialog festlegen (Beschriftung für den oberen Rand)
`--backtitle`	Eine Titelzeile am Bildschirmrand festlegen (hierbei wird häufig der Scriptname verwendet, der zum jeweiligen Dialog gehört)
`--clear`	Dialog-Bildschirm löschen

Tabelle 5.10 Weitere Dialoge

5.8.11 Kleines Beispiel

`dialog` und `Xdialog` lassen sich sehr vielseitig und eigentlich überall verwenden, sodass ein Beispiel immer recht wenig Sinn ergibt. Trotzdem will ich Ihnen ein kleines Beispiel zeigen. Es soll der Befehl `find` verwendet werden, und zwar so, dass auch der unbedarfte Linux-UNIX-User sofort an sein Ziel kommt. Im Beispiel wird ein Menü verwendet, wobei der User Dateien nach Namen, User-Kennung, Größe oder Zugriffsrechten suchen kann. In der anschließenden Eingabebox können Sie das Suchmuster festlegen und am Ende wird `find` aktiv. Zwar könnte man die Ausgabe von `find` auch in eine Textbox von `dialog` packen, aber bei einer etwas längeren Ausgabe macht die Dialogbox schlapp und gibt einen Fehler aus wie: »Die Argumentliste ist zu lang«. Hier das Beispielscript:

```
# Demonstriert dialog
# Name : dialog10

myfind=`dialog --menu \
 "Suchen nach Dateien - Suchkriterium auswählen" 0 0 0 \
 "Dateinamen" "" \
 "Benutzerkennung" "" \
 "Grösse" "" \
 "Zugriffsrechte" "" \
 "Ende" "" 3>&1 1>&2 2>&3`

dialog --clear

case "$myfind" in
   Dateinamen)
      search=`dialog --inputbox \
         "Dateinamen eingeben" 0 0 "" 3>&1 1>&2 2>&3`
      command="-name $search"   ;;
```

```
   Benutzerkennung)
      kennung=`dialog --inputbox \
         "Benutzerkennung eingeben" 0 0 "" 3>&1 1>&2 2>&3`
      command="-user $kennung"   ;;
   Grösse)
      bsize=`dialog --inputbox \
         "Dateigrösse (in block size) eingeben" 0 0 "" \
         3>&1 1>&2 2>&3`
      command="-size $bsize"   ;;
   Zugriffsrechte)
      permission=`dialog --inputbox \
         "Zugriffsrechte (oktal) eingeben" 0 0 "" 3>&1 1>&2 2>&3`
      command="-perm $permission"   ;;
   Ende) dialog --clear; clear; exit 0    ;;
esac

find /home $command -print 2>/dev/null
```

Das Script bei der Ausführung (siehe Abbildung 5.12):

Abbildung 5.12 Ein kleines Beispiel zum Abschnitt dialog

5.8.12 Zusammenfassung

Sicherlich ließe sich zu `dialog` und insbesondere `Xdialog` noch einiges mehr sagen, aber die Basis haben Sie gelegt. `Xdialog` bietet Ihnen natürlich noch einige Widgets mehr an. Wenn Sie sich das Quellcode-Paket herunterladen, finden Sie im Verzeichnis *samples* eine Menge interessanter Scripts, die Ihnen zusätzliche Funktionen von `Xdialog` demonstrieren.

Eine weitere, sehr verbreitete Dialog-Schnittstelle ist `lxdialog`. Sie ist eine modifizierte Version von `dialog` und speziell für die Konfiguration des Kernels ausgelegt. `lxdialog` wird also vorwiegend von Kernel-Entwicklern eingesetzt und unterstützt im Gegensatz zu `dialog` auch Untermenüs und Abhängigkeiten zwischen Inhalten und einer Vorauswahl anderer Punkte. Leider ist `lxdialog` sehr schlecht dokumentiert, sodass schon viel Motivation dazugehört, sich damit auseinander zu setzen.

5

5.9 gnuplot – Visualisierung von Messdaten

Hinweis Zugegeben, `gnuplot` hat eigentlich nichts mit der Terminal-Ein-/Ausgabe zu tun, aber irgendwie ist es doch eine besondere »Art« der Ausgabe, weshalb ich diesen Abschnitt hier eingefügt habe. Wer schon immer mal `gnuplot` näher kennen lernen wollte, der kann die nächsten Seiten gemütlich durcharbeiten. Ansonsten können Sie sie auch einfach überspringen und bei Bedarf nachlesen. Der folgende Abschnitt ist also keine Voraussetzung für Kommendes, sondern nur als einfaches Add-on zu betrachten.

`gnuplot` ist ein Kommandozeilen-Plotprogramm, welches unter Linux/UNIX mittlerweile als das Tool für interaktive wissenschaftliche Visualisierungen von Messdaten gilt. Sowohl Kurven mit x/y-Datenpaaren als auch 3-D-Objekte lassen sich mit `gnuplot` realisieren. Wer sich schon einen kurzen Überblick verschaffen will, kann sich einige Demos unter **http://gnuplot.sourceforge.net/demo/** ansehen.

Ein weiterer Vorteil von `gnuplot` im Gegensatz zu anderen Programmen ist es, dass es auf fast jeglicher Art von Rechnerarchitektur vorhanden ist. Also ist `gnuplot` neben Linux auch für alle Arten von UNIX (IRIX, HP-UX, Solaris und Digital Unix), den BSD-Versionen und auch für Microsoft (wgnuplot)- und Macintosh-Welten erhältlich. Wenn man auch hier und da (besonders unter UNIX) manchmal kein Paket dafür vorfindet, so kann man immer noch den Quellcode passend kompilieren. Und für manche auch noch von Vorteil: `gnuplot` ist kostenlos zu beziehen (bspw. unter **www.gnu.org**; beim Schreiben des Buchs lag die Version 4.1 vor).

Hinweis Sofern Sie `gnuplot` selbst übersetzen wollen/müssen, benötigen Sie häufig die eine oder andere Bibliothek dafür, wenn Sie beispielsweise als Ausgabeformat GIF- oder PNG-Grafiken erhalten wollen. Hierbei kann es immer mal zu Problemen kommen, weil die Versionen der einzelnen Bibliotheken ebenfalls zusammenpassen müssen.

5.9.1 Wozu wird gnuplot eingesetzt?

Das Anwendungsgebiet ist gewaltig. Doch ohne auf die Fachgebiete von `gnuplot` zu kommen, ist hervorzuheben, dass `gnuplot` überall dort eingesetzt werden kann, wo Sie Funktionen bzw. Messdaten in einem zweidimensionalen kartesischen Koordinatensystem oder einem dreidimensionalen Raum darstellen wollen. Flächen können Sie hierbei als Netzgittermodell im 3-D-Raum darstellen oder in einer x/y-Ebene anzeigen.

Ihr primäres Einsatzgebiet dürfte wohl die zweidimensionale Darstellung von Statistiken sein. Hierzu stehen Ihnen zahlreiche Styles wie Linien, Punkte, Balken, Kästen, Netze, Linien-und-Punkte usw. zur Verfügung. Tortendiagramme sind zwar rein theoretisch auch möglich, aber nicht unbedingt die Stärke von `gnuplot`. Die einzelnen Kurven und Achsen lassen sich auch mit Markierungen, Überschriften oder Datums- bzw. Zeitangaben beschriften. Natürlich können Sie `gnuplot` auch für Dinge wie Polynome (mitsamt Interpolation) und trigonometrische Funktionen einsetzen, und last but not least, `gnuplot` kennt auch die polaren Koordinatensysteme.

Ebenfalls kann `gnuplot` bei 3-D-Interpolation (*gridding*) zwischen ungleichmäßigen Datenpunkten mit einem einfachen Gewichtungsverfahren verwendet werden. Allerdings muss bei Letzterem gesagt werden, dass es Software gibt, die diesen Aspekt noch etwas besser verarbeiten. Trotzdem dürfte kaum jemand so schnell an die Grenzen von `gnuplot` stoßen.

5.9.2 gnuplot starten

Da `gnuplot` ein interaktives Kommandozeilen-Tool (mit einem eigenen Prompt `gnuplot>`) ist, können Sie `gnuplot` interaktiv oder aber auch in Ihrem Shellscript verwenden. `gnuplot` wird mit seinem Namen aufgerufen und wartet anschließend im Eingabeprompt z.B.. auf seine Plotbefehle, die Definition einer Funktion oder eine Angabe zur Formatierung einer Achse. Verlassen können Sie `gnuplot` mit `quit` oder `exit`. Ein (umfangreiches) Hilfe-System erhalten Sie mit der Eingabe von `help` im `gnuplot`-Prompt.

```
you@host > gnuplot
        G N U P L O T
        Version 4.0 patchlevel 0
        last modified Thu Dec 12 13:00:00 GMT 2002
        System: Linux 2.6.4-52-default
        ...
Terminal type set to 'x11'
gnuplot> quit
you@host >
```

5.9.3 Das Kommando zum Plotten

Zum Plotten wird das Kommando `plot` (für eine 2-D-Darstellung) oder `splot` (für die 3-D-Darstellung) verwendet. `gnuplot` selbst zeichnet dann aus einer Quelle, beispielsweise einer Funktion oder numerischen Daten, welche in einer Datei gespeichert werden, einen Graphen. Einfachstes Beispiel (siehe Abbildung 5.13):

```
gnuplot> plot sin(x)
```

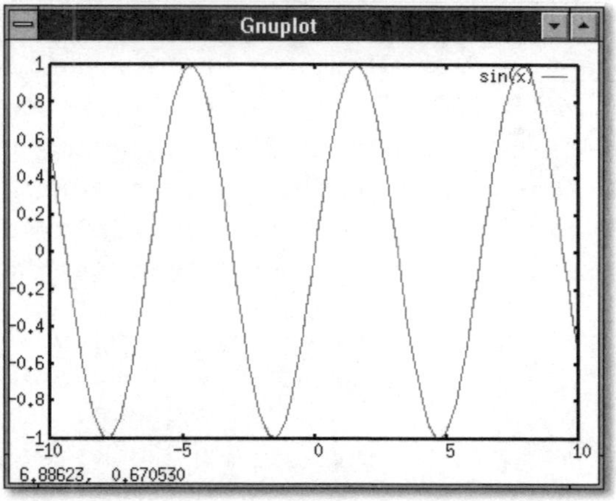

Abbildung 5.13 Ein einfacher 2-D-Plot mit sin(x)

Hier wurde ein einfacher 2-D-Graph mit x/y-Koordinaten geplottet. Im Beispiel wurde der Bezugsrahmen der x/y-Koordinaten nicht angegeben. In diesem Fall macht `gnuplot` dies automatisch. Die Standardwerte für die x-Achse lauten hier –10 bis +10 und die y-Achse wird automatisch ermittelt. Wollen Sie bspw. die x-Achse auf den Wert 0 bis 4 setzen, so können Sie dies folgendermaßen realisieren (siehe Abbildung 5.14):

```
gnuplot> plot [0:4] sin(x)
```

5.9.4 Variablen und Parameter für gnuplot

Im Beispiel oben konnten Sie sehen, wie man bei `gnuplot` den Bezugsrahmen der x-Achse verändern kann. Allerdings war diese Version nicht unbedingt eindeutig und außerdem will man die Achsen auch noch beschriften. Hier bietet Ihnen `gnuplot` natürlich wieder eine Menge Variablen, welche Sie verändern können. Hierüber können/sollten Sie sich einen Überblick mit `help set` verschaffen:

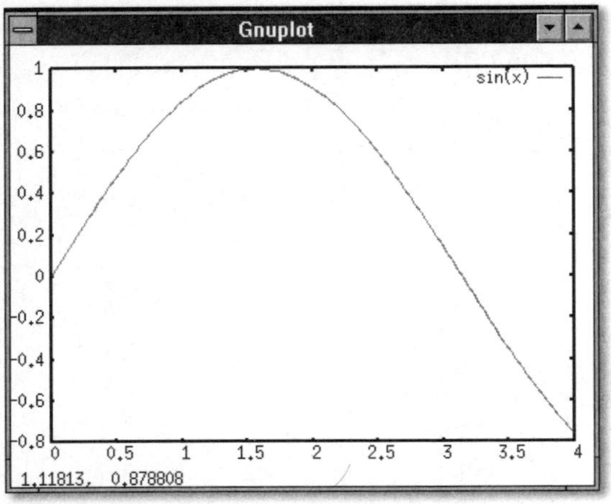

Abbildung 5.14 Derselbe Plot wie oben, nur mit veränderter x-Achse

```
gnuplot> help set
...
Subtopics available for set:
 angles              arrow               autoscale           bar
 bmargin             border              boxwidth            clabel
 clip                cntrparam           contour             data
 dgrid3d             dummy               encoding            format
 function            grid                hidden3d            isosamples
 key                 label               linestyle           lmargin
 locale              logscale            mapping             margin
 missing             multiplot           mx2tics             mxtics
 my2tics             mytics              mztics              noarrow
 noautoscale         noborder            noclabel            noclip
 ...
```

Hinweis Sie kommen mit einem einfachen [ENTER] wieder aus dem Hilfe-System-Prompt heraus (oder auch ins nächsthöhere Hilfemenü hoch).

Sie finden eine Menge Variablen wieder, die Sie jederzeit Ihren Bedürfnissen anpassen können. Uns interessieren erst einmal die Variablen `xlabel` und `ylabel` für die Beschriftung sowie `xrange` und `yrange` für den Bezugsrahmen der einzelnen Achsen. All diese Variablen können Sie mit dem Kommando `set` anpassen:

```
set variable wert
```

Um auf das erste Plot-Beispiel zurückzukommen, können Sie die einzelnen (eben genannten) Werte wie folgt verändern:

```
gnuplot> set xlabel "X-ACHSE"
gnuplot> set ylabel "Y-ACHSE"
gnuplot> set xrange [0:4]
gnuplot> set yrange [-1:1]
gnuplot> plot sin(x)
```


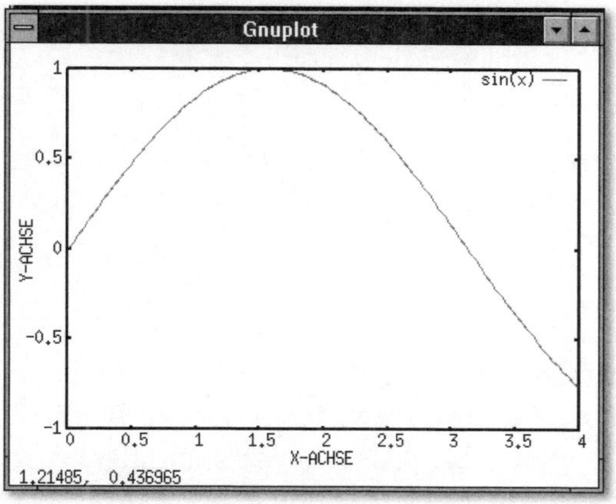

Abbildung 5.15 Label und Bezugsrahmen der x/y-Achse verwendet

5.9.5 Ausgabe von gnuplot umleiten

Im Beispiel erfolgte die Ausgabe von `gnuplot` bisher immer auf ein separat sich öffnendes Fenster (meistens ist dabei `terminal` auf »x11« eingestellt). Dieses Ziel können Sie selbstverständlich auch beispielsweise in eine Postscript-Datei oder einen (Postscript-)Drucker umleiten. `gnuplot` hat eine Menge Treiber an Bord, die plattformunabhängig sind. Die Ausgabe geben Sie mit `set terminal` *foo* an, wodurch die Ausgabe ins *foo*-Format umgewandelt wird. Welche »Terminals« Ihr `gnuplot` alle zur Anzeige bzw. Ausgabe unterstützt, können Sie mit einem einfachen `set terminal` abfragen:

```
gnuplot> set terminal
...
   kyo  Kyocera Laser Printer with Courier font
   latex  LaTeX picture environment
   mf  Metafont plotting standard
   mif  Frame maker MIF 3.00 format
   mp  MetaPost plotting standard
   nec_cp6  NEC printer CP6, Epson LQ-
```

```
800 [monocrome color draft]
   okidata  OKIDATA 320/321 Standard
   pbm  Portable bitmap [small medium large]
   pcl5  HP Designjet 750C, HP Laserjet III/IV, etc.
   png  Portable Network Graphics [small medium large]
   postscript  PostScript graphics language
   prescribe  Prescribe - for the Kyocera Laser Printer
   pslatex  LaTeX picture environment with PostScript \specials
   pstex  plain TeX with PostScript \specials
   pstricks  LaTeX picture environment with PSTricks macros
...
```

Wollen Sie, dass anstatt in einem x11-Fenster die Ausgabe im Postscript-Format erfolgen soll, müssen Sie nur den Terminaltyp mit

```
gnuplot> set terminal postscript
Terminal type set to 'postscript'
```

ändern. Die häufigsten Endgeräte (Terminals) sind hierbei die Formate: »postscript«, »latex« und »windows«, wobei »windows« wiederum für die Ausgabe auf dem Bildschirm (ähnlich wie »x11«) steht. Beachten Sie allerdings, dass wenn Sie ein anderes Format angeben (z.B. »postscript«) hierbei ein Ausgabeziel definiert sein muss, da sonst der komplette Datenfluss auf Ihren Bildschirm erfolgt. Die Ausgabe verändern Sie ebenfalls mit dem Kommando `set`:

```
set output "zieldatei.endung"
```

Um etwa aus der einfachen Sinuskurve vom Beispiel oben eine echte Postscript-Datei zu erzeugen, gehen Sie wie folgt vor:

```
gnuplot> set terminal postscript
Terminal type set to 'postscript'
gnuplot> set output "testplot.ps"
gnuplot> plot sin(x)
gnuplot>
```

Ein Blick in das Arbeitsverzeichnis sollte nun die Postscript-Datei *testplot.ps* zu Tage fördern. Selbstverständlich können Sie hier – sofern vorhanden – auch andere Formate zur Ausgabe verwenden. So z.B. für das Internet eine PNG-Datei:

```
gnuplot> set terminal png
Terminal type set to 'png'
Options are ' small color'
gnuplot> set output "testplot.png"
gnuplot> plot sin(x)
```

Wenn Sie `set output "PRN"` verwenden, werden die Daten (vorausgesetzt, es wurden zuvor mit `terminal` die richtigen Treiber angegeben) an den Drucker geschickt.

Tipp Das Drucken funktioniert auch via Rechts-Klick des Mausbuttons aus einem x11-Fenster heraus.

Tipp Wollen Sie im aktuellen Arbeitsverzeichnis schnell nachsehen, ob hier tatsächlich eine entsprechende Datei erzeugt wurde, können Sie auch sämtliche Shell-Befehle in `gnuplot` verwenden. Sie müssen nur vor dem entsprechenden Befehl ein `!` setzen, eine Leerzeile lassen und den Befehl anfügen. So listet `! ls -l` Ihnen z.B. in gnuplot das aktuelle Verzeichnis auf.

5.9.6 Variablen und eigene Funktionen definieren

Variablen können Sie mit `gnuplot` genauso definieren, wie Sie dies schon von der Shell-Programmierung her kennen:

```
variable=wert
```

Wenn Sie den Wert einer Variablen kennen oder Berechnungen mit `gnuplot` ausgeben lassen wollen, kann hierfür das `print`-Kommando verwendet werden.

```
gnuplot> var=2
gnuplot> print var
2
gnuplot> var_a=1+var*sqrt(2)
gnuplot> print var_a
3.82842712474619
```

Solche Variablen können auch als Wert für ein Plot-Kommando genutzt werden. Im folgenden Beispiel wird eine Variable `Pi` verwendet, um den Bezugsrahmen der x-Koordinate zu »berechnen«.

```
gnuplot> Pi=3.1415
gnuplot> set xrange [-2*Pi:2*Pi]
gnuplot> a=0.6
gnuplot> plot a*sin(x)
```

Hier wird ein Graph gezeichnet aus a*sin(x) von –2*Pi bis 2*Pi für den gilt a=0.5.

Das Ganze lässt sich aber auch mit einer eigenen Funktion definieren:

```
gnuplot> func(x)=var*sin(x)
```

Diese Funktion können Sie nun mit dem Namen `plot func(x)` aufrufen bzw. plotten lassen. Da diese Funktion auch eine User-definierte Variable `var` enthält, erwartet diese auch eine solche Variable von Ihnen:

```
gnuplot> var=0.5
gnuplot> plot func(x)
gnuplot> var=0.6
gnuplot> plot func(x)
gnuplot> var=0.9
gnuplot> plot func(x)
```

Hierbei wurde der Parameter `var` ständig verändert, um einige Test-Plots mit veränderten Wert durchzuführen.

5.9.7 Interpretation von Daten aus einer Datei

Im folgenden Beispiel soll eine Datei namens *messdat.dat* mit Temperaturwerten der ersten sechs Monate der letzten vier Jahre mit `gnuplot` ausgelesen und grafisch ausgegeben werden.

```
gnuplot> ! cat messdat.dat
1 -5 3 -7 4
2 8 -5 9 -6
3 10 8 13 11
4 16 12 19 18
5 12 15 20 13
6 21 22 20 15
```

Jede Zeile soll für einen Monat stehen. Die erste Zeile z.B. steht für den Januar und beinhaltet Daten von vier Jahren (wir nehmen einfach mal 1999–2002). Um jetzt diese Messdaten als eine Grafik ausgeben zu lassen, können Sie wie folgt vorgehen:

```
gnuplot> set xrange [0:6]
gnuplot> set yrange [-20:40]
gnuplot> set xlabel "Monat"
gnuplot> set ylabel "Grad/Celcius"
```

Bis hierhin nichts Neues. Jetzt müssen Sie den Zeichenstil angeben, den Sie verwenden wollen (darauf wird noch eingegangen):

```
gnuplot> set data style lp
```

Jetzt erst kommt der Plot-Befehl ins Spiel. Das Prinzip ist verhältnismäßig einfach, da `gnuplot` bestens – wie bei einer Tabellenkalkulation – mit dem spaltenorientierten Aufbau von Messdaten zurechtkommt. Die Syntax:

```
using Xachse:Yachse
```

Damit geben Sie an, dass Sie ab der Zeile `Xachse` sämtliche Daten aus der `Yachse`-Spalte erhalten wollen. Beispielsweise:

```
# alle Daten ab der ersten Zeile aus der zweiten Spalte
using 1:2

# alle Daten ab der ersten Zeile aus der vierten Spalte
using 1:4
```

Damit `using` auch weiß, von wo die Daten kommen, müssen Sie ihm diese mit `plot` zuschieben:

```
plot datei using Xachse:Yachse
```

Somit könnten Sie aus unserer Messdatei *messdat.dat* alle Daten ab der ersten Zeile in der zweiten Spalte folgendermaßen ausgeben lassen:

```
gnuplot> plot "messdat.dat" using 1:2
```

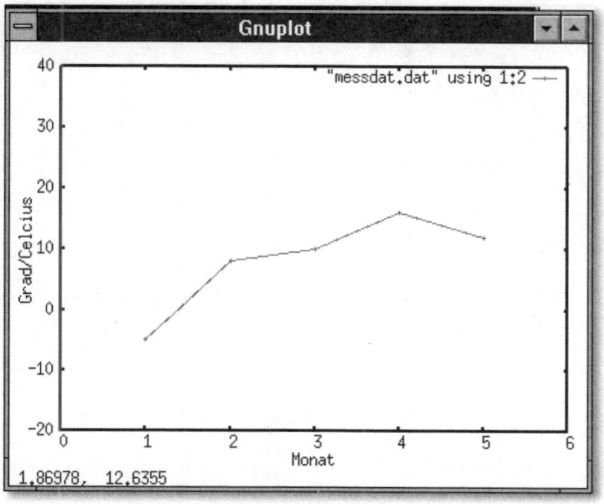

Abbildung 5.16 Interpretation von Daten aus einer Datei (1)

Die Art der Linien, die hier ausgegeben werden, haben Sie mit `set data style lp` festgelegt. Wie es sich für ein echtes Messprotokoll gehört, beschriftet man die Linien auch entsprechend – was mit einem einfachen `t` für `title` und einer Zeichenkette dahinter erledigt werden kann:

```
gnuplot> plot "messdat.dat" using 1:2 t "1999"
```

Wollen Sie dem Messprotokoll auch noch einen Titel verpassen, so können Sie diesen mit

```
set title "ein Titel"
```

angeben. Nochmals das vollständige Beispiel, welches die Datei *messdat.dat* auswertet und plottet:

```
gnuplot> set xrange [0:6]
gnuplot> set yrange [-20:40]
gnuplot> set xlabel "Monat"
gnuplot> set ylabel "Grad/Celcius"
gnuplot> set data style lp
gnuplot> set title "Temperatur-Daten 1999-2002"
gnuplot> plot "messdat.dat" using 1:2 t "1999" ,\
> "messdat.dat" using 1:3 t "2000" ,\
> "messdat.dat" using 1:4 t "2001" ,\
> "messdat.dat" using 1:5 t "2002"
```

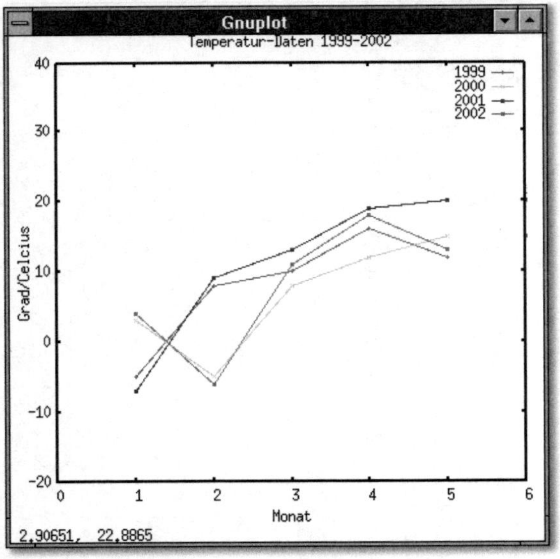

Abbildung 5.17 Interpretation von Daten aus einer Datei (2)

Im Beispiel sehen Sie außerdem, dass mehrere Plot-Anweisungen mit einem Komma und Zeilenumbrüche mit einem Backslash realisiert werden.

5.9.8 Alles bitte nochmals zeichnen (oder besser speichern und laden)

Das Beispiel zum Auswerten der Messdaten hält sich hinsichtlich des Aufwands in Grenzen, aber sofern man hier das ein oder andere ändern bzw. die Ausgabe nochmals ausgeben will, ist der `plot`-Befehl schon ein wenig lang. Zwar gibt es auch hier eine Kommando-History, doch es geht mit dem Befehl `replot` noch ein wenig schneller.

5

```
gnuplot> replot
```

Damit wird der zuvor vorgenommene `plot` nochmals geplottet. `replot` wird gewöhnlich verwendet, wenn Sie einen `plot` auf ein Fenster vorgenommen haben und diesen jetzt auch in einer Ausgabedatei speichern wollen. Im folgenden Beispiel soll der vorherige Plot in einer Postscript-Datei wieder zu sehen sein. Nichts einfacher als das:

```
gnuplot> set terminal postscript
Terminal type set to 'postscript'
gnuplot> set output "messdat.ps"
gnuplot> replot
gnuplot> ! ls *.ps
messdat.ps
```

Bevor Sie jetzt `gnuplot` beenden, können Sie auch den kompletten Plot (genauer: alle Befehle, Funktionen und Variablen) in einer Datei speichern.

```
gnuplot> save "messdat.plt"
gnuplot> quit
```

Starten Sie jetzt beim nächsten Mal `gnuplot`, können Sie mithilfe von `load` Ihre gespeicherten Plot-Daten wieder auf dem Bildschirm oder wohin Sie es angeben plotten lassen.

```
gnuplot> load "messdat.plt"
```

Tipp: Wenn Sie wissen wollen, welche Linie welche Farbe bekommt und wie sonst alles standardmäßig auf dem Terminal aussieht, genügt ein einfacher `test`-Befehl. Wenn Sie `test` in `gnuplot` eintippen, bekommen Sie die aktuelle Terminal-Einstellung von `gnuplot` in einem Fenster zurück.

5.9.9 gnuplot aus einem Shellscript heraus starten (der Batch-Betrieb)

Hierbei unterscheidet man zwischen zwei Möglichkeiten. Entweder es existiert bereits eine Batch-Datei, welche mit `save "file.dat"` gespeichert wurde und die es gilt aufzurufen, oder Sie wollen den ganzen `gnuplot`-Vorgang aus einem Shellscript heraus starten.

Batch-Datei verwenden

Eine Möglichkeit ist es, die Batch-Datei als Argument von `gnuplot` anzugeben:

```
you@host > gnuplot messdat.plt
```

`gnuplot` führt dann die angegebene Datei bis zur letzten Zeile in der Kommandozeile aus. Allerdings beendet sich `gnuplot` nach dem Lesen der letzten Zeile gleich wieder. Hier können Sie gegensteuern, indem Sie in der letzten Zeile der entsprechenden Batch-Datei (hier bspw. *messdat.plt*) `pause -1` einfügen. Die Ausgabe hält dann so lange an, bis Sie eine Taste drücken.

Allerdings ist diese Methode unnötig, weil `gnuplot` Ihnen hier mit der Option `-persist` Ähnliches anbietet. Die Option `-persist` wird verwendet, damit das Fenster auch im Script-Betrieb sichtbar bleibt.

```
you@host > gnuplot -persist messdat.plt
```

Außerdem können Sie die Ausgabe auch wie ein Shellscript von `gnuplot` interpretieren lassen. Ein Blick auf die erste Zeile der Batch-Datei bringt Folgendes ans Tageslicht:

```
you@host > head -1 messdat.plt
#!/usr/bin/gnuplot -persist
```

Also machen Sie die Batch-Datei ausführbar und starten das Script wie ein gewöhnliches:

```
you@host > chmod u+x messdat.plt
you@host > ./messdat.plt
```

gnuplot aus einem Shellscript starten

Um `gnuplot` aus einem Shellscript heraus zu starten, benötigen Sie ebenfalls die Option `-persist` (es sei denn, Sie schreiben in der letzten Zeile `pause -1`). Zwei Möglichkeiten stehen Ihnen zur Verfügung: mit `echo` und einer Pipe oder über ein Here-Dokument. Zuerst die Methode mit `echo`:

```
you@host > echo 'plot "messdat.dat" using 1:2 t "1999" with lp'\
> | gnuplot -persist
```

Wobei Sie hier gleich erkennen können, dass sich die Methode mit `echo` wohl eher für kurze und schnelle Plots eignet. Mit der Angabe `with lp` musste noch der Style angegeben werden, da sonst nur Punkte verwendet würden. Wenn Sie noch weitere Angaben vornehmen wollen, etwa den Namen der einzelnen Achsen oder den Bezugsrahmen, ist die Möglichkeit mit `echo` eher unübersichtlich. Zwar ließe sich dies auch so erreichen:

```
you@host > var='plot "messdat.dat" using 1:2 t "1999" with lp'
you@host > echo $var | gnuplot -persist
```

doch meiner Meinung nach ist das Here-Dokument die einfachere Lösung. Hier ein Shellscript für die Methode mit dem Here-Dokument:

```
# Demonstriert einen Plot mit gnuplot und dem Here-Dokument
# Name : aplot1

# Datei zum Plotten
FILE=messdat.dat

echo "Demonstriert einen Plot mit gnuplot"

gnuplot -persist <<PLOT
set xrange [0:6]
set yrange [-20:40]
set xlabel "Monat"
set ylabel "Grad/Celcius"
set data style lp
set title "Temperatur-Daten 1999-2002"

# Falls Sie eine Postscript-Datei erstellen wollen ...
# set terminal postscript
# set output "messdat.ps"

plot "$FILE" using 1:2 t "1999" ,\
"$FILE" using 1:3 t "2000" ,\
"$FILE" using 1:4 t "2001" ,\
"$FILE" using 1:5 t "2002"
quit
PLOT

echo "Done ..."
```

5.9.10 Plot-Styles und andere Ausgaben festlegen

Wollen Sie nicht, dass `gnuplot` bestimmt, welcher Plotstil (Style) verwendet wird, können Sie diesen auch selbst auswählen. Im Beispiel hatten Sie den Stil bisher mit

```
set data style lp
```

festgelegt. `lp` ist eine Abkürzung für `linepoints`. Sie können aber den Stil auch angeben, indem Sie an einen `plot`-Befehl das Schlüsselwort `with` gefolgt vom Stil Ihrer Wahl anhängen.

```
plot "datei" using 1:2 with steps
# bspw.
you@host > echo 'plot "messdat.dat" using 1:2 \
> t "1999" with steps' | gnuplot -persist
```

Hier geben Sie z. B. als Stil eine Art Treppenstufe an. Die einzelnen Stile hier genauer zu beschreiben, geht wohl ein wenig zu weit und ist eigentlich nicht nötig. Am besten probieren Sie die einzelnen Styles selbst aus. Welche möglich sind, können Sie mit einem Aufruf von

```
gnuplot> set data style
```

in Erfahrung bringen. Das folgende Script demonstriert Ihnen einige dieser Styles, wobei gleich ins Auge sticht, welche Stile für diese Statistik brauchbar sind und welche nicht.

```
# Demonstriert einen Plot mit gnuplot und dem Here-Dokument
# Name : aplotstyles1

# Datei zum Plotten
FILE=messdat.dat

# Verschiedene Styles zum Testen
STYLES="lines points linespoints dots impulses \
steps fsteps histeps boxes"

for var in $STYLES
do
   gnuplot -persist <<PLOT
   set xrange [0:6]
   set yrange [-20:40]
   set xlabel "Monat"
   set ylabel "Grad/Celcius"
```

```
    set data style $var
    set title "Temperatur-Daten 1999-2002"

    # Falls Sie eine Postscript-Datei erstellen wollen ...
    # set terminal postscript
    # set output "messdat.ps"

    plot "$FILE" using 1:2 t "1999" ,\
    "$FILE" using 1:3 t "2000" ,\
    "$FILE" using 1:4 t "2001" ,\
    "$FILE" using 1:5 t "2002"
    quit
    PLOT
done
```

Andere Styles wie

```
xerrorbars xyerrorbars boxerrorbars yerrorbars
boxxyerrorbars vector financebars candlesticks
```

wiederum benötigen zum Plotten mehr Spalten als Informationen. Näheres entnehmen Sie hierzu bitte den Hilfsseiten von `gnuplot`.

Beschriftungen

Neben Titel, Legenden und der x/y-Achse, welche Sie bereits verwendet und beschriftet haben, können Sie auch einen Label an einer beliebigen Position setzen.

```
set label "Zeichenkette" at X-Achse,Y-Achse
```

Wichtig in diesem Zusammenhang ist natürlich, dass sich die Angaben der Achsen innerhalb von `xrange` und `yrange` befinden.

Zusammenfassend finden Sie die häufig verwendeten Beschriftungen in der folgenden Tabelle 5.11:

Variable	Bedeutung
`xlabel`	Beschriftung der x-Achse
`ylabel`	Beschriftung der y-Achse
`label`	Beschriftung an einer gewünschten x/y-Position innerhalb von `xrange` und `yrange`

Tabelle 5.11 Häufig verwendete Beschriftungen von gnuplot

Variable	Bedeutung
title	In Verbindung mit `set title "abcd"` wird der Text als Überschrift verwendet oder innerhalb eines Plot-Befehls hinter der Zeile und Spalte als Legende. Kann auch mit einem einfachen `t` abgekürzt werden.

Tabelle 5.11 Häufig verwendete Beschriftungen von gnuplot (Forts.)

Ein Anwendungsbeispiel zur Beschriftung in `gnuplot`:

```
gnuplot> set xlabel "X-ACHSE"
gnuplot> set ylabel "Y-ACHSE"
gnuplot> set label "Ich bin ein LABEL" at 2,20
gnuplot> set title "Ich bin der TITEL"
gnuplot> plot "messdat.dat" using 1:2 title "LEGENDE" with impuls
```

Dies sieht dann so aus, wie in Abbildung 5.18 zu sehen.

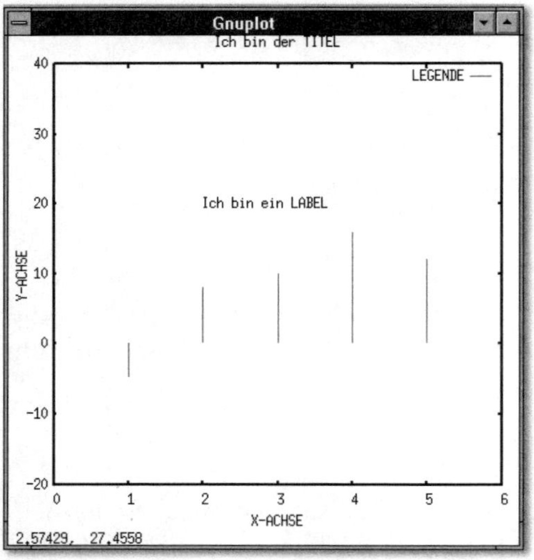

Abbildung 5.18 Beschriftungen in gnuplot

Linien und Punkte

Wenn es Ihnen nicht gefällt, wie `gnuplot` standardmäßig die Linien und Punkte auswählt, können Sie diese auch mit dem folgenden Befehl selbst festlegen:

```
set linestyle [indexnummer] {linetype} {linewidth} {pointtype} \
{pointsize}
```

Beispielsweise:

```
set linestyle 1 linetype 3 linewidth 4
```

Hier definieren Sie einen Linienstil mit dem Index 1. Er soll den linetyp 3 (in meinem Fall eine blaue Linie) und eine Dicke (linewidth) von 3 bekommen. Einen Überblick zu den Linientypen erhalten Sie mit dem Befehl test bei gnuplot:

```
gnuplot> test
```

Wollen Sie den Linienstil Nummer 1, den Sie eben festgelegt haben, beim Plotten verwenden, müssen Sie ihn hinter dem Style mit angeben:

```
plot messdat.dat using 1:2 t "1999" with lp linestyle 1
```

Tabelle 5.12 gibt einen kurzen Überblick zu den möglichen Werten, mit denen Sie die Ausgabe von Linien und Punkten bestimmen können:

Wert	Bedeutung
linetype (Kurzform lt)	Hier können Sie den Linienstil angeben. Gewöhnlich handelt es sich um die entsprechende Farbe und – falls verwendet – den entsprechenden Punkt. Welcher Linienstil wie aussieht, können Sie sich mit dem Befehl test in gnuplot anzeigen lassen.
linewidth (Kurzform lw)	Die Stärke der Line; je höher dieser Wert ist, desto dicker wird der Strich.
pointtype (Kurzform pt)	Wie linetype, nur dass Sie hierbei den Stil eines Punktes angeben. Wie die entsprechenden Punkte bei Ihnen aussehen, lässt sich auch hier mit test anzeigen.
pointsize (Kurzform ps)	Wie linewidth, nur dass Sie hierbei die Größe des Punktes angeben – je höher der Wert ist, desto größer ist der entsprechende Punktstil (pointtype).

Tabelle 5.12 Werte für Linien und Punkte in gnuplot

Hierzu nochmals das Shellscript, welches die Temperaturdaten der ersten sechs Monate in den letzten vier Jahren auswertet – jetzt mit veränderten Linien und Punkten.

```
# Demonstriert einen Plot mit gnuplot und dem Here-Dokument
# Name : aplot2

FILE=messdat.dat

gnuplot -persist <<PLOT
set linestyle 1 linetype 1 linewidth 4
set linestyle 2 linetype 2 linewidth 3 pointtype 6 pointsize 3
set linestyle 3 linetype 0 linewidth 2 pointsize 2
```

```
set linestyle 4 linetype 7 linewidth 1 pointsize 2
set xlabel "Monat"
set ylabel "Grad/Celcius"
set yrange [-10:40]
set xrange [0:7]
set label "6 Monate/1999-2003" at 1,30
set title "Temperaturdaten"
plot "$FILE" using 1:2 t "1999" with lp linestyle 1 ,\
   "$FILE" using 1:3 t "2000" with lp linestyle 2,\
   "$FILE" using 1:4 t "2001" with lp linestyle 3,\
   "$FILE" using 1:5 t "2002" with lp linestyle 4
PLOT
```

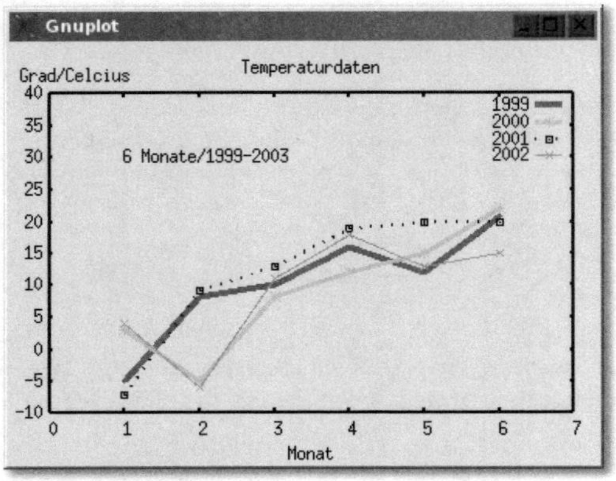

Abbildung 5.19 Ein Plot mit veränderten Linien und Punkten

Größe bzw. Abstände der Ausgabe verändern

Häufig ist die standardmäßige Einstellung der Ausgabe zu groß und manchmal (eher selten) auch zu klein. Besonders wenn man die entsprechende Ausgabe in eine Postscript-Datei für ein Latex-Dokument vornehmen will, muss man häufig etwas anpassen. Diese Angabe können Sie mittels

```
set size Xval,Yval
```

verändern (im Fachjargon »skalieren«).

```
set size 1.0,1.0
```

ist dabei der Standardwert und gibt Ihre Ausgabe unverändert zurück. Wollen Sie den Faktor (und somit auch die Ausgabe) verkleinern, müssen Sie den Wert reduzieren:

```
set size 0.8,0.8
```

Weitere Werte, die Sie zum Verändern bestimmter Abstände verwenden können, sind (siehe Tabelle 5.13):

Befehl	Bedeutung
`set offset links,rechts,oben,unten`	Hiermit stellen Sie den Abstand der Daten von den Achsen ein. Als Einheit (Wert für `links`, `rechts`, `oben` und `unten`) dient die Einheit (siehe `xrange` und `yrange`), die Sie für die jeweilige Achse verwenden.
`set lmargin [wert]`	Justiert den Abstand der Grafik vom linken Fensterrand
`set rmargin [wert]`	Justiert den Abstand der Grafik vom rechten Fensterrand
`set bmargin [wert]`	Justiert den Abstand der Grafik vom unteren Fensterrand
`set tmargin [wert]`	Justiert den Abstand der Grafik vom oberen Fensterrand

Tabelle 5.13 Verändern von Abständen in gnupot

»Auflösung« (Samplerate) verändern

Gnuplot berechnet von einer Funktion eine Menge von Stützpunkten und verbindet diese dann durch »Spline« bzw. Linienelemente. Bei 3-D-Plots ist allerdings die Darstellung oft recht grob, weshalb es sich manchmal empfiehlt, die Qualität der Ausgabe mit `set sample` *wert* (ein *wert* von bspw. 1000 ist recht fein) feiner einzustellen. Sie verändern so zwar nicht direkt die Auflösung im eigentlichen Sinne, jedoch können Sie hiermit die Anzahl von Stützpunkten erhöhen, wodurch die Ausgabe automatisch feiner wird (allerdings ggf. auch mehr Rechenzeit beansprucht).

5.9.11 Tricks für die Achsen

Offset für die x-Achse

Manchmal benötigen Sie ein Offset für die Achsen, etwa wenn Sie Impulsstriche als Darstellungsform gewählt haben. Beim Beispiel mit den Temperaturdaten würde eine Verwendung von Impulsstrichen als Style so aussehen (siehe Abbildung 5.20).

Die Striche überlagern sich alle in der x-Achse. In diesem Beispiel mag die Verwendung von Impulsstrichen weniger geeignet sein, aber wenn Sie Punkte hierfür verwenden, werden häufig viele Punkte auf einem Fleck platziert. Egal welches Anwendungsgebiet, welcher Stil und welche Achse hiervon nun betroffen ist, auch die Achsen (genauer: das Offset der Achsen) können Sie mit einem einfachen Trick verschieben. Nehmen wir z.B. folgende Angabe, die die eben gezeigte Abbildung demonstriert:

```
plot "$FILE" using 1:2 t "1999" with impuls,\
     "$FILE" using 1:3 t "2000" with impuls,\
     "$FILE" using 1:4 t "2001" with impuls,\
     "$FILE" using 1:5 t "2002" with impuls
```

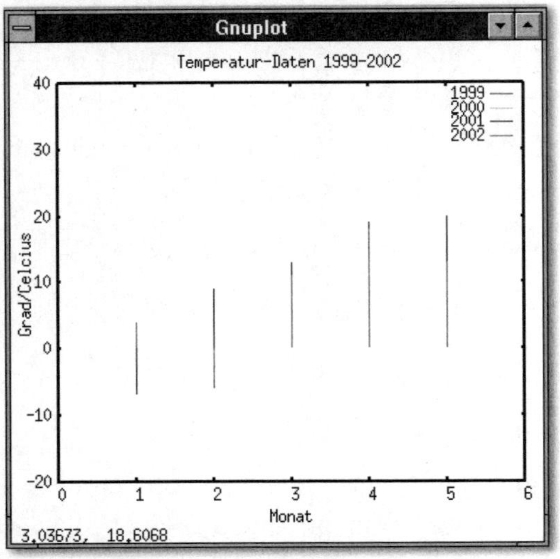

Abbildung 5.20 Verwendung von Impulsstrichen auf der x-Achse

Hier sind die Werte hinter `using` von Bedeutung:

```
using 1:2
```

Wollen Sie jetzt, dass die Impulsstriche minimal von der linken Seite der eigentlichen Position weg platziert werden, müssen Sie dies umändern in:

```
using (column(1)-.15):2
```

Jetzt wird der erste Strich um `-0.15` von der eigentlichen Position der x-Achse nach links verschoben. Wollen Sie die Impulsstriche um `0.1` nach rechts verschieben, schreiben Sie dies so:

```
using (column(1)+.1):2
```

Auf das vollständige Script angewandt sieht dies folgendermaßen aus:

```
# Demonstriert einen Plot mit gnuplot und dem Here-Dokument
# Name : aplot3

FILE=messdat.dat
```

```
gnuplot -persist <<PLOT
set xlabel "Monat"
set ylabel "Grad/Celcius"
set yrange [-10:40]
set xrange [0:7]
set label "6 Monate/1999-2002" at 2,20
set title "Temperaturdaten"
plot "$FILE" using (column(1)-.15):2 t "1999" with impuls ,\
   "$FILE" using (column(1)-.05):3 t "2000" with impuls ,\
   "$FILE" using (column(1)+.05):4 t "2001" with impuls ,\
   "$FILE" using (column(1)+.15):5 t "2002" with impuls
PLOT
```

Das Script bei der Ausführung (siehe Abbildung 5.21):

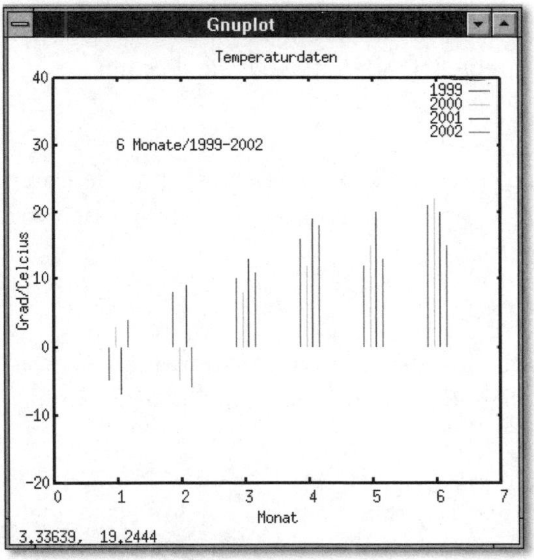

Abbildung 5.21 Mehrere Impulsstriche mit verschobener x-Achse

Zeitdaten

Wenn der Zeitverlauf irgendeiner Messung dargestellt werden soll, muss `gnuplot` die x-Werte als Datum/Stunde/Minute etc. erkennen. Gerade als (angehender) Systemadministrator bzw. Webmaster bekommen Sie es regelmäßig mit Zeitdaten zu tun. Wollen Sie dem Kunden bzw. dem Angestellten zeigen, zu welcher Uhrzeit sich etwas Besonderes ereignet hat, können Sie hierzu ebenfalls auf `gnuplot` zählen. So zeigen Sie diesen Vorgang anschaulich, statt abschreckend mit einer Kolonne von Zahlen um sich zu werfen. Hier hilft es Ihnen auch wieder weiter, wenn Sie sich mit dem Kommando `date` auseinander gesetzt haben, denn das Format und die Formatierungszeichen sind dieselben. Folgende Daten sind z.B. vorhanden:

```
you@host > cat besucher.dat
10.03.05 655 408
11.03.05 838 612
12.03.05 435 345
13.03.05 695 509
14.03.05 412 333
15.03.05 905 765
16.03.05 355 208
```

Jede dieser Zeilen soll folgende Bedeutung haben:

```
[Datum] [Besucher] [Besucher mit unterschiedlicher IP-Adresse]
```

Eine Besucherstatistik einer Webseite also. Um hierbei `gnuplot` mitzuteilen, dass Sie an Daten mit Zeitwerten interessiert sind, müssen Sie dies mit

```
set xdata time
```

angeben. Damit `gnuplot` auch das Zeitformat kennt, geben Sie ihm die Daten mit `set timefmt ' ... '` mit. Die Formatangabe entspricht hierbei der von `date`. Im Beispiel von *besucher.dat* also:

```
set timefmt '%d.%m.%y'
```

Zum Schluss müssen Sie noch angeben, welche Zeitinformationen als Achsenbeschriftung verwendet werden sollen. Dies wird mit einem einfachen

```
set format x ' ... '
```

erreicht. Soll beispielsweise das Format *Tag/Monat* auf der x-Achse erscheinen, dann schreibt man dies so:

```
set format x "%d/%m"
```

Oder das Format *Jahr/Monat/Tag*:

```
set format x "%y/%m%/%d"
```

Alles zusammengefasst: `set xdata time` definiert die x-Werte als Zeitangaben. `set timefmt` erklärt `gnuplot`, wie es die Daten zu interpretieren hat. `set format x` definiert, welche der Zeitinformationen als Achsenbeschriftung auftauchen soll.

Hier das Shellscript, welches die Besucherdaten auswertet und plottet:

```
# Demonstriert einen Plot mit gnuplot und dem Here-Dokument
# Name : aplot4

FILE=besucher.dat

gnuplot -persist <<PLOT
set xdata time
set timefmt '%d.%m.%y'
set format x "%d/%m"
set ylabel "Besucher"
set title " --- Besucherstatistik vom 10.3. bis 16.3.2003 ---"
set data style lp
plot "$FILE" using (timecolumn(1)):2 t "Besucher" pointsize 2 , \
"$FILE" using (timecolumn(1)):3 t "Besucher mit untersch. IP"
linewidth 2 pointsize 2
PLOT
```

Das Script bei der Ausführung (siehe Abbildung 5.22):

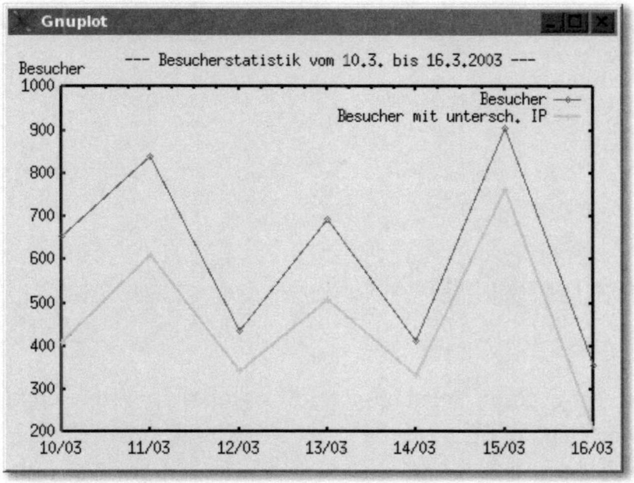

Abbildung 5.22 Ein gnuplot mit (formatierten) Zeitdaten

5.9.12 Die dritte Dimension

Zwar werden Sie als Administrator eher selten mit dreidimensionalen Plottings zu tun haben, dennoch soll dieser Punkt nicht unerwähnt bleiben. Der Schritt zur dritten Dimension ist im Grunde nicht schwer: Hier kommt eine z-Achse hinzu, weshalb Sie gegebenenfalls noch entsprechende Werte belegen müssen/können (`zrange`, `zlabel` etc.). Ebenfalls festlegen können Sie Blickwinkel und -höhe (mit `set view`). Der Befehl zum Plotten von dreidimensionalen Darstellungen lautet `splot`. Hierzu eine Datei, mit der jetzt ein dreidimensionaler Plot vorgenommen werden soll.

```
you@host > cat data.dat
1  4  4609
2  4  3534
3  4  4321
4  4  6345

1  5  6765
2  5  3343
3  5  5431
4  5  3467

1  6  4321
2  6  5333
3  6  4342
4  6  5878

1  7  4351
2  7  4333
3  7  5342
4  7  4878
```

Die Bedeutung der einzelnen Spalten sei hierbei:

```
[Woche] [Monat] [Besucher]
```

Also wieder eine Auswertung einer Besucherstatistik, wobei hier die erste Spalte der Woche, die zweite Spalte dem Monat und die dritte der Zahl der Besucher gewidmet ist, die in der *n*-ten Woche im *m*-ten Monat auf die Webseite zugegriffen haben. Hier das Script, welches diese Daten auswertet und mit einem dreidimensionalen Plot ausgibt:

```
# Demonstriert einen Plot mit gnuplot und dem Here-Dokument
# Name : aplot5

FILE=data.dat
```

```
gnuplot -persist <<PLOT
set view ,75,1,1
set xlabel "Woche"
set ylabel "Monat"
set zlabel "Besucher"
set ymtics
set title "Besucherstatistik pro Woche eines Monats"
splot "$FILE" using (column(1)+.3):2:3 t "Besucher pro Woche"
  with impuls linewidth 3
PLOT
```

Das Script bei der Ausführung (siehe Abbildung 5.23):

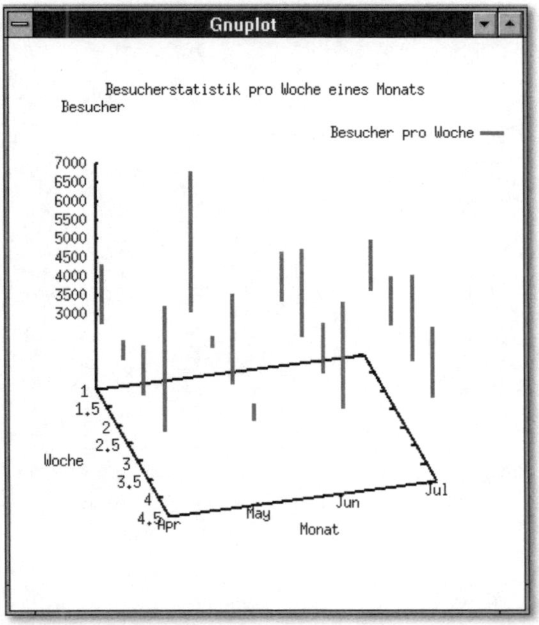

Abbildung 5.23 Ein 3-D-Plot mit gnuplot

Zuerst stellen Sie mit `set view` den Blickwinkel und die -höhe ein. Neu kommt hier die Beschriftung des `zlabel` und die Einstellung von `ymtics` hinzu. Damit wandeln Sie die Zahlen auf der Monatsachse (hier in der zweiten Spalte von *data.dat*) in eine Monatsbezeichnung um (Gleiches könnten Sie auch mit `ydtics` für Wochentage auf der y-Achse vornehmen; oder `xdtics` entspräche den Wochentagen auf der x-Achse). Natürlich setzt dies immer voraus, dass hierbei entsprechende Daten mit vernünftigen Werten übergeben werden.

5.9.13 Zusammenfassung

Für den Standardgebrauch (Systemadministration) sind Sie gerüstet. Wollen Sie allerdings wissenschaftlich mit `gnuplot` arbeiten, werden Sie noch häufiger `help` eingeben müssen. Daher hierzu noch einige Anlaufstellen im Web, über die Sie noch tiefer in die Plot-Welt einsteigen können:

- **http://www.gnuplot.info/** – die gnuplot-Homepage mit vielen interessanten Demos, der FAQ und einigen Beispielscripts.
- **http://www.cs.uni.edu/Help/gnuplot/** – gnuplot-Online-Manual vom College of Natural Sciences Computing Laboratories, University of Northern Iowa.
- **http://www.tu-chemnitz.de/urz/anwendungen/grafik/gnuplot-doc.html** – HTML-Handbuch der TU-Chemnitz.

6 Funktionen

6 Funktionen

Je länger die Shellscripts in den vorangegangenen Kapiteln wurden, umso unübersichtlicher wurden sie. Verwendete man dann auch noch die Routinen mehrmals im Script, so steigerte sich der Umfang weiter. In solch einem Fall (und eigentlich fast immer) sind Funktionen die Lösung. Mit Funktionen fassen Sie mehrere Befehle in einem Block zwischen geschweiften Klammern zusammen und rufen sie bei Bedarf mit einem von Ihnen definierten Funktionsnamen auf. Eine einmal definierte Funktion können Sie jederzeit in Ihrem Script mehrmals aufrufen und verwenden. Funktionen sind somit auch Scripts, welche in der laufenden Umgebung des Shell-Prozesses immer präsent sind, und verhalten sich folglich, als seien Sie interne Shell-Kommandos.

6.1 Definition

Wenn Sie eine Shell-Funktion schreiben, wird diese zunächst nicht vom Shell-Prozess ausgeführt, sondern zunächst in der laufenden Umgebung gespeichert (genauer, die Funktion wird hiermit definiert). Mit folgender Syntax können Sie eine Funktion definieren:

```
funktions_name() {
   kommando1
   kommando2
   ...
   kommando_n
}
```

Sie geben nach einem frei wählbaren Funktionsnamen runde Klammern an. Die nun folgenden Kommandos, welche diese Funktion ausführen soll, werden zwischen geschweifte Klammern gesetzt. Folgende Aspekte müssen Sie allerdings bei der Definition einer Funktion beachten:

- `funktions_name` und die Klammerung `()` (bzw. das gleich anschließend gezeigte Schlüsselwort `function` und `funktions_name`) müssen in einer Zeile stehen.
- Vor der sich öffnenden geschweiften Klammer »`{`« muss sich mindestens ein Leerzeichen oder ein Newline-Zeichen befinden.
- Vor einer sich schließenden geschweiften Klammer »`}`« muss sich entweder ein Semikolon oder ein Newline-Zeichen befinden.

Somit lässt sich eine Funktion wie folgt auch als Einzeiler definieren:

```
funktions_name() { kommando1 ; kommando2 ; ... ; kommando_n ; }
```

6.1.1 Definition (Bash und Korn-Shell only)

In der Bash und der Korn-Shell steht Ihnen hierzu mit dem Schlüsselwort `function` noch die folgende Syntax zur Verfügung, um eine Funktion zu definieren:

```
function funktions_name {
   kommando1
   kommando2
   ...
   kommando_n
}
```

Im Unterschied zur herkömmlichen Syntax, die für alle Shells gilt, fallen beim Schlüsselwort `function` die runden Klammern hinter dem Funktionsnamen weg.

6.1.2 Funktionsaufruf

Funktionen müssen logischerweise immer vor dem ersten Aufruf definiert sein, da ein Script ja auch von oben nach unten, Zeile für Zeile, abgearbeitet wird. Daher befindet sich die Definition einer Funktion immer am Anfang des Scripts bzw. vor dem Hauptprogramm.

Wird im Hauptprogramm die Funktion aufgerufen, was durch die Notierung des Funktionsnamens geschieht, werden die einzelnen Befehle im Funktionsblock ausgeführt.

```
# Demonstriert einen einfachen Funktionsaufruf
# Name: afunc1

# Die Funktion hallo
hallo() {
   echo "In der Funktion hallo()"
}

# Hier beginnt das Hauptprogramm
echo "Vor der Ausführung der Funktion ..."
```

```
# Jetzt wird die Funktion aufgerufen
hallo

# Nach einem Funktionsaufruf
echo "Weiter gehts im Hauptprogramm"
```

Das Script bei der Ausführung:

```
you@host > ./afunc1
Vor der Ausführung der Funktion ...
In der Funktion hallo()
Weiter gehts im Hauptprogramm
```

Die Shell-Funktion wird von der laufenden Shell ausgeführt und ist somit auch Bestandteil des aktuellen Prozesses (es wird keine Subshell verwendet). Im Unterschied zu vielen anderen Programmiersprachen ist der Zugriff auf die Variablen innerhalb eines Shellscripts auch in Funktionen möglich, obwohl sie hier nicht definiert wurden. Dies bedeutet auch: Wird eine Variable in der Funktion modifiziert, gilt diese Veränderung ebenso für das Hauptprogramm. Das folgende Script demonstriert dies:

```
# Demonstriert einen einfachen Funktionsaufruf
# Name: afunc2

# Die Funktion print_var
print_var() {
   echo $var              # test
   var=ein_neuer_Test     # var bekommt neuen Wert
}

var=test

echo $var    # test
print_var    # Funktionsaufruf
echo $var    # ein_neuer_Test
```

Das Script bei der Ausführung:

```
you@host > ./afunc2
test
test
ein_neuer_Test
```

Weil eine Shell-Funktion dem eigenen Prozess zugeteilt ist, können Sie diese genauso wie eine Variable mit `unset` wieder entfernen.

```
# Demonstriert einen einfachen Funktionsaufruf
# Name: afunc3

# Die Funktion print_var
print_var() {
   echo $var              # test
   var=ein_neuer_Test     # var bekommt neuen Wert
}

var=test

echo $var         # test
print_var         # Funktionsaufruf
echo $var         # ein_neuer_Test
unset print_var   # Funktion löschen
print_var         # Fehler!!!
```

Das Script bei der Ausführung:

```
you@host > ./afunc3
test
test
ein_neuer_Test
./afunc1: line 16: print_var: command not found
```

Hinweis Bei Korn-Shell und Bash ist mit `unset` zum Löschen der Funktionen die Option `-f` erforderlich, weil es hier erlaubt ist, dass Funktionen und Variablen denselben Namen haben dürfen. Existiert hier eine Variable mit dem gleichen Namen, wird die Variable gelöscht und nicht – wie vielleicht beabsichtigt – die Funktion. Die Bourne-Shell hingegen erlaubt keine gleichnamigen Bezeichnungen von Funktionen und Variablen.

6.1.3 Funktionen exportieren

Wenn Funktionen wie einfache Variablen mit `unset` wieder gelöscht werden können, werden Sie sich sicherlich fragen, ob man Funktionen auch in Subprozesse exportieren kann. Allgemein gibt es keine Möglichkeit, Shell-Funktionen zu exportieren. Ausnahme ist wieder die Bash: Hier können Sie mittels `export -f funktions_name` eine Funktion zum Export freigeben.

Bourne-Shell und Korn-Shell hingegen können keine Funktionen exportieren. Hierbei steht Ihnen nur der Umweg über den Punkteoperator mittels

```
. functions_name
```

zur Verfügung. Dabei muss die Funktion in einer Datei geschrieben und mittels `. functions_name` (oder auch `source functions_name`) eingelesen werden. Ein Beispiel:


```
# Name: afunc_ex

echo "Rufe eine externe Funktion auf ..."
. funktionen
echo "... ich bin fertig"
```

Im Beispiel wird die Datei »funktionen« in das Script (keiner Subshell) eingelesen und ausgeführt. Die Datei und Funktion sieht wie folgt aus:

```
# Name: funktionen

# Funktion localtest
afunction() {
   echo "Ich bin eine Funktion"
}
```

Das Script bei der Ausführung:

```
you@host > ./afunc_ex
Rufe eine externe Funktion auf ...
... ich bin fertig
```

Hinweis Auch wenn mit Bourne- und Korn-Shell keine echten Exporte umsetzbar sind, so stehen den Subshells, welche durch eine Kopie des Eltern-Prozesses entstehen, auch die Funktionen des Elternprozesses zur Verfügung und werden mitkopiert. Eine solche Subshell wird erstellt mit `` `...` ``, `(...)` und einem direkten Scriptaufruf. Natürlich setzt ein direkter Scriptaufruf voraus, dass keine Shell vorangestellt wird (bspw. `ksh scriptname`) und dass sich auch in der ersten Zeile nichts bezogen auf eine andere Shell befindet (bspw. `#!/bin/ksh`). Bei der Korn-Shell müssen Sie außerdem noch `typeset -fx functions_name` angeben, damit den Subshells auch hier die aktuellen Funktionen des Eltern-Prozesses zur Verfügung stehen. Denn dies geschieht im Gegensatz zur Bourne-Shell bei der Korn-Shell nicht automatisch.

Funktionsbibliotheken

Der Vorgang, der Ihnen eben mit dem Punkteoperator demonstriert wurde, wird ebenso verwendet, wenn Sie eine Funktionsbibliothek erstellen wollen, in der sich immer wiederkehrende kleine Routinen ansammeln. Damit können Sie mit Ihrem Script die gewünschte Bibliotheksdatei einlesen und so auf alle darin enthaltenen Funktionen zugreifen. Der Aufruf erfolgt dabei aus Ihrem Script mit (der Bibliotheksname sei *stringroutinen.bib*):

```
. stringroutinen.bib
```

Hier wird natürlich davon ausgegangen, dass sich die Script-Bibliotheksdatei im selben Verzeichnis wie das laufende Script befindet. Nach diesem Aufruf im Script stehen Ihnen die Funktionen von *stringroutine.bib* zur Verfügung.

> **Hinweis** Wenn Sie jetzt motiviert sind, eigene Bibliotheken zu schreiben, so bedenken Sie bitte den Umfang einer solchen Datei. Schließlich muss die komplette Bibliotheksdatei eingelesen werden, nur um meistens ein paar darin enthaltene Funktionen auszuführen. Daher kann es manchmal ratsam sein, eher über *Copy & Paste* die nötigen Funktionen in das aktuelle Script einzufügen – was allerdings dann wiederum den Nachteil hat, dass Änderungen an der Funktion an mehreren Orten vorgenommen werden müssen.

6.1.4 Aufrufreihenfolge

Sollten Sie einmal aus Versehen oder mit Absicht eine Funktion schreiben, zu der es ebenfalls ein internes Shell-Kommando oder gar ein externes Kommando gibt, richtet sich die Shell nach folgender Aufrufreihenfolge: Existiert eine selbst geschriebene Shell-Funktion mit entsprechenden, aufgerufenen Namen, wird sie ausgeführt. Gibt es keine Shell-Funktion, wird das interne Shell-Kommando (Builtin) bevorzugt. Gibt es weder eine Shell-Funktion noch ein internes Shell-Kommando, wird nach einem externen Kommando in den Suchpfaden (`PATH`) gesucht. Also nochmals die Reihenfolge:

1. Shell-Funktion
2. Internes Shell-Kommando
3. Externes Kommando (in PATH)

6.1.5 Who is who

Wissen Sie nicht genau, um was es sich bei einem Kommando denn nun handelt, können Sie dies mit `type` abfragen, beispielsweise:

```
you@host > hallo() {
> echo "Hallo"
> }
you@host > type hallo
hallo is a function
hallo ()
{
    echo "Hallo"
}
you@host > type echo
echo is a shell builtin
you@host > type ls
ls is aliased to `/bin/ls $LS_OPTIONS`
you@host > type ps
ps is hashed (/bin/ps)
you@host > type type
type is a shell builtin
```

6.1.6 Aufruf selbst bestimmen

Haben Sie zum Beispiel eine Funktion, von der Sie eine Shell-Funktion, ein internes Shell-Kommando und ein externes Kommando auf Ihrem Rechner kennen, so können Sie auch hierbei selbst bestimmen, was ausgeführt werden soll. Einfachstes Beispiel ist `echo`, von dem sowohl ein Shell-internes als auch ein externes Kommando existiert. Schreiben Sie bspw. noch eine eigene `echo`-Funktion, dann hätten Sie hierbei drei verschiedene Varianten auf Ihrem System zur Verfügung.

Der Aufrufreihenfolge nach wird ja die selbst geschriebene Shell-Funktion bevorzugt, sodass Sie diese weiterhin mit dem einfachen Aufruf ausführen können. Wollen Sie allerdings jetzt das interne Shell-Kommando (Builtin) verwenden, müssen Sie dies der Shell mit dem Schlüsselwort `builtin` mitteilen, damit nicht die Shell-Funktion ausgeführt wird:

```
you@host > builtin echo "Hallo Welt"
Hallo Welt
```

Wollen Sie hingegen das externe Kommando `echo` aufrufen, müssen Sie den absoluten Pfad zu `echo` verwenden:

```
you@host > /bin/echo "Hallo Welt"
Hallo Welt
```

Warum sollten Sie bei `echo` das externe Kommando verwenden, wo beide doch dieselbe Funktionalität haben? Versuchen Sie einmal, das interne Kommando mit `--help` um Hilfe zu bitten, versuchen Sie es dann beim externen.

6.1.7 Funktionen auflisten

Wollen Sie auflisten, welche Funktionen in der laufenden Shell zurzeit definiert sind, können Sie sich mit `set` oder `typeset` einen Überblick verschaffen (siehe Tabelle 6.1).

Kommando	Shells	Bedeutung
`set`	sh, bash	Gibt alle Variablen und Funktionen mit kompletter Definition aus
`typeset -f`	ksh, bash	Listet alle Funktionen mit kompletter Definition auf
`typeset -F`	ksh, bash	Listet alle Funktionen ohne Definition auf

Tabelle 6.1 Auflisten definierter Funktionen

6.2 Funktionen, die Funktionen aufrufen

Selbstverständlich kann eine Funktion auch eine andere Funktion aufrufen – man spricht auch vom Schachteln der Funktionen. Es spielt dabei eigentlich keine Rolle, in welcher Reihenfolge Sie die einzelnen Funktionen aufrufen, da alle Funktionen ohnehin erst vom Hauptprogramm aufgerufen werden. Die Hauptsache ist (wie gehabt), dass alle Funktionen vor der Hauptfunktion definiert sind.

```
# Demonstriert verschachtelte Funktionsaufrufe
# Name: afunc4

# Die Funktion func1
func1() {
   echo "Ich bin func1 ..."
}

# Die Funktion func2
func2() {
   echo "Ich bin func2 ..."
}

# Die Funktion func3
func3() {
```

```
    echo "Ich bin func 3 ..."
    func1
    func2
    echo "func3 ist fertig"
}

# Das Hauptprogramm
func3
```

Das Script bei der Ausführung:

```
you@host > ./afunc4
Ich bin func 3 ...
Ich bin func1 ...
Ich bin func2 ...
func3 ist fertig
```

Natürlich können Sie in der Shell auch Funktionen schreiben, die sich wieder selbst aufrufen. Bei diesem Konzept handelt es sich nicht um eines der Shell, sondern um ein Konzept der Programmierung im Allgemeinen. Dies wird als Rekursion bezeichnet. Eine Rekursion verwendet man, indem man mehrmals einen Codeabschnitt (genauer eine Funktion) wiederholt. Hierbei übergibt man das Ergebnis eines Funktionsaufrufs als Argument an den nächsten sich selbst aufrufenden Funktionsaufruf. Allerdings werden Sie als Systemadministrator wohl eher selten auf Rekursionen treffen. Vorwiegend werden mit Rekursionen mathematische Probleme aller Art gelöst. Das folgende Beispiel demonstriert die Berechnung der Fakultät in rekursiver Form (hier werden wieder einige Dinge vorweggenommen, welche Ihnen aber in diesem Kapitel noch näher erläutert werden).

```
# Demonstriert die Verwendung von Rekursionen
# Name: afakul

fakul() {
   value=$1  # erstes Argument des Funktionsaufrufs an value
   # Wenn value kleiner als 1, den Wert 1 ausgeben und beenden
   [ $((value)) -le 1 ] && { echo 1; return; }
   # Ansonsten mit einem rekursiven Aufruf fortfahren
   echo $(($value * `fakul $value-1` ))
}

fakul $1
```

Das Script bei der Ausführung:

```
you@host > ./afakul 20
200
you@host > ./afakul 9
45
```

6.3 Parameterübergabe

Da Sie nun wissen, dass Funktionen wie gewöhnliche Kommandos ausgeführt werden, stellt sich die Frage, ob dies auch für die Argumente gilt. Und in der Tat erfolgt die Übergabe von Argumenten an eine Funktion nach demselben Schema wie schon bei den gewöhnlichen Kommandos bzw. Scriptaufrufen.

```
functions_name arg1 arg2 arg3 ... arg_n
```

Und, so wie Sie es schon von den Argumenten aus der Kommandozeile her kennen, können Sie auch in der Funktion auf die einzelnen Variablen mit den Positionsparametern `$1`, `$2` bis `$9` bzw. `${n}` zugreifen. Genauso sieht dies auch mit `$@` und `$*` aus, worin Sie alle übergebenen Argumente in Form einer Liste bzw. Zeichenkette wieder finden. Die Anzahl der Parameter finden Sie in der Funktion ebenfalls wieder mit der Variable `$#`. Allerdings bleibt der Positionsparameter `$0` weiterhin dem Scriptnamen vorbehalten und nicht dem Funktionsnamen.

```
# Demonstriert die Verwendung von Parametern
# Name: afunc5

# Funktion readarg
readarg() {
   i=1

   echo "Anzahl der Parameter, die übergeben wurden : $#"

   for var in $*
   do
      echo "$i. Parameter : $var"
      i=`expr $i + 1`
   done

   # Oder via Positionsparameter; die ersten drei
   echo $1:$2:$3
}
```

```
# Hauptprogramm
printf "Ein paar Argumente bitte : "
read
readarg $REPLY
```

Das Script bei der Ausführung:

```
you@host > ./afunc5
Ein paar Argumente bitte : eins zwei drei vier
Anzahl der Parameter, die übergeben wurden : 4
1. Parameter : eins
2. Parameter : zwei
3. Parameter : drei
4. Parameter : vier
eins:zwei:drei
```

Um keine Missverständnisse aufkommen zu lassen: Die Parameter, die Sie an die Funktionen übergeben, haben nichts mit den Kommandozeilenparametern des Scripts zu tun, auch wenn eine Funktion nach demselben Schema arbeitet. Würden Sie die Kommandozeilenparameter eines Scripts einfach in einer Funktion verwenden, so würde die Funktion diese nicht sehen, weil sie von den eigentlichen Funktionsparametern überdeckt werden. Hier ein Beispiel, das zeigt, worauf ich hinaus will:

```
# Demonstriert die Verwendung von Parametern
# Name: afunc6

# Funktion readcmd
readcmd() {
   echo "Anzahl der Parameter in der Kommandozeile : $#"

   for var in $*
   do
      echo "$i. Parameter : $var"
      i=`expr $i + 1`
   done
}

# Hauptprogramm
echo "Vor der Funktion ..."
readcmd
echo "... nach der Funktion"
```

Das Script bei der Ausführung:

```
you@host > ./afunc6 eins zwei drei vier
Vor der Funktion ...
Anzahl der Parameter in der Kommandozeile : 0
... nach der Funktion
```

Wollen Sie die Kommandozeilenparameter in einer Funktion verwenden, müssen Sie die entsprechenden Parameter auch als Argument beim Funktionsaufruf mit angeben:

```
# Demonstriert die Verwendung von Parametern
# Name: afunc7

# Funktion readcmd
readcmd() {
   echo "Anzahl der Parameter in der Kommandozeile : $#"

   for var in $*
   do
      echo "$i. Parameter : $var"
      i=`expr $i + 1`
   done
}

# Hauptprogramm
echo "Vor der Funktion ..."
readcmd $*
echo "... nach der Funktion"
```

Das Script bei der Ausführung:

```
you@host > ./afunc7 eins zwei drei vier
Vor der Funktion ...
Anzahl der Parameter in der Kommandozeile : 4
. Parameter : eins
1. Parameter : zwei
2. Parameter : drei
3. Parameter : vier
... nach der Funktion
```

Natürlich können Sie auch einzelne Kommandozeilenparameter an eine Funktion übergeben, z. B.:

```
# Positionsparameter 1 und 3 an die Funktion übergeben
readcmd $1 $3
```

6.3.1 FUNCNAME (Bash only)

In der Bash ab Version 2.04 wird Ihnen eine Variable namens `FUNCNAME` angeboten, in der sich der Name der aktuell ausgeführten Funktion befindet.

```
# Demonstriert die Verwendung von Parametern
# Name: afunc8

# Funktion myname
myname() {
   echo "Ich bin die Funktion: $FUNCNAME"
}

# Funktion andmyname
andmyname() {
   echo "Und ich heiße $FUNCNAME"
}

# Hauptprogramm
echo "Vor der Funktion ..."
myname
andmyname
echo "... nach der Funktion"
```

Das Script bei der Ausführung:

```
you@host > ./afunc8
Vor der Funktion ...
Ich bin die Funktion: myname
Und ich heiße andmyname
... nach der Funktion
```

Im Hauptprogramm des Scripts ist diese Variable allerdings leer (`""`). Hierbei steht Ihnen ja weiterhin `$0` zur Verfügung. Wollen Sie den Funktionsnamen innerhalb der Funktion löschen (warum auch immer), können Sie dies mit `unset $FUNCNAME` erreichen.

6.4 Rückgabewert aus einer Funktion

Sie haben verschiedene Möglichkeiten, ein Ergebnis von einer Funktion zu erhalten:

- mit dem Schlüsselwort `return`
- mit globalen Variablen
- mittels `echo` wird das Ergebnis in die Standardausgabe ausgegeben und in der Hauptfunktion eine Kommando-Substitution vorgenommen.

6.4.1 Rückgabewert mit return

Wird der Befehl `return` innerhalb einer Funktion ausgeführt, wird die Funktion verlassen und der Wert *n* als Ganzzahl zurückgegeben. Die Syntax:

```
return [n]
```

Wird hierbei nicht der Parameter *n* verwendet, dann wird der Rückgabewert des zuletzt ausgeführten Kommandos zurückgegeben. Für *n* können Sie einen Wert zwischen 0 bis 255 angeben. Negative Werte sind ebenfalls möglich. Den Rückgabewert von `return` kann man dann im Hauptprogramm des Scripts mit der Variablen `$?` auswerten.

> **Hinweis** Verwendet man kein `return` innerhalb einer Funktion, kann man dennoch die Variable `$?` auswerten. Allerdings befindet sich darin dann der Exit-Status des zuletzt ausgeführten Kommandos in der Funktion.

```
# Demonstriert die Verwendung von Parametern
# Name: afunc9

# Funktion usage
usage() {
   if [ $# -lt 1 ]
   then
      echo "usage: $0 datei_zum_lesen"
      return 1    # return-Code 1 zurückgeben : Fehler
   fi
   return 0       # return-Code 0 zurückgeben : Ok
}

# Hauptprogramm
usage $*
```

```
# Wurde 1 aus usage zurückgegeben ...
if [ $? -eq 1 ]
then
   printf "Bitte Datei zum Lesen eingeben : "
   read file
else
   file=$1
fi

echo "Datei $file wird gelesen"
```

Das Script bei der Ausführung:

```
you@host > ./afunc9
usage: ./afunc1 datei_zum_lesen
Bitte Datei zum Lesen eingeben : testfile.dat
Datei testfile.dat wird gelesen
you@host > ./afunc9 testfile.dat
Datei testfile.dat wird gelesen
```

Im folgenden Script gibt die Funktion usage den Rückgabewert 1 zurück, wenn keine Datei als Argument zum Lesen angegeben wurde. Im Hauptprogramm werten wir dann die Variable $? aus. Befindet sich hier der Wert 1 (von der Funktion usage), wird der Anwender erneut aufgefordert, eine Datei zum Lesen einzugeben.

6.4.2 Rückgabewert mit echo und einer Kommando-Substitution

Sicherlich wird sich der ein oder andere hier fragen, wie man denn nun tatsächlich »echte« Werte wie Ergebnisse mathematischer Berechnungen oder Zeichenketten aus einer Funktion zurückgeben kann. Hierfür kommt nur die bereits bekannte Kommando-Substitution in Frage. Das Prinzip ist einfach: Sie geben das Ergebnis in der Funktion mittels echo auf die Standardausgabe aus und im Hauptprogramm leiten Sie diese Daten mit einer Kommando-Substitution in eine Variable um.

```
variable=`functions_name arg1 arg2 ... arg_n`
```

Hierzu ein Beispiel:

```
# Demonstriert die Verwendung von Parametern
# Name: afunc10

# Funktion verdoppeln
```

```
verdoppeln() {
   val=`expr $1 \* 2`
   echo $val
}

#Funktion halbieren
halbieren() {
   val=`expr $1 / 2`
   echo $val
}

# Alle Kleinbuchstaben zu Grossbuchstaben
upper() {
   echo $string | tr 'a-z' 'A-Z'
}

# Alle Grossbuchstaben zu Kleinbuchstaben
lower() {
   echo $string | tr 'A-Z' 'a-z'
}

# Hauptprogramm

val=`verdoppeln 25`
echo "verdoppeln 25 = $val"

# So geht es auch ...
echo "halbieren  20 = `halbieren 20`"

string="Hallo Welt"
ustring=`upper $string`
echo "upper $string = $ustring"

string="Hallo Welt"
echo "lower $string = `lower $string`"
```

Das Script bei der Ausführung:

```
you@host > ./afunc10
verdoppeln 25 = 50
halbieren  20 = 10
```

```
upper Hallo Welt = HALLO WELT
lower Hallo Welt = hallo welt
```

Rückgabe mehrerer Werte aus einer Funktion

Mit derselben Methode, die eben verwendet wurde, ist es auch möglich, mehrere Werte aus einer Funktion zurückzugeben. Hierzu müssen Sie nur alle Variablen als eine Zeichenkette mittels `echo` auf die Standardausgabe schreiben und in der Hauptfunktion diese Zeichenkette mittels `set` wieder auf die einzelnen Positionsparameter aufsplitten. Das Beispiel dazu:

```
# Demonstriert die Verwendung von Parametern
# Name: afunc11

# Funktion verdoppeln
verdoppeln_und_halbieren() {
   val1=`expr $1 \* 2`
   val2=`expr $1 / 2`
   echo $val1 $val2
}

# Hauptprogramm
val=`verdoppeln_und_halbieren 20`

# Aufsplitten auf die einzelnen Positionsparameter
set $val

echo "verdoppeln 20 = $1"
echo "halbieren  20 = $2"
```

Das Script bei der Ausführung:

```
you@host > ./afunc11
verdoppeln 20 = 40
halbieren  20 = 10
```

6.4.3 Rückgabewert ohne eine echte Rückgabe (lokale Variable)

Die letzte Methode besteht darin, eine Variable aus einer Funktion, also auch in der Hauptfunktion, zu verwenden. Für jemanden, der schon in anderen Programmiersprachen Erfahrung gesammelt hat, dürfte dies recht ungewöhnlich sein, weil es von der üblichen Struktur der Programmierung abweicht. Da aber alle Funktionen auf alle Variablen des Hauptprogramms zugreifen können, ist dies hier möglich. Ein Beispiel:

```
# Demonstriert die Verwendung von Parametern
# Name: afunc12

# Funktion verdoppeln
verdoppeln_und_halbieren() {
   val1=`expr $1 \* 2`
   val2=`expr $1 / 2`
}

# Hauptprogramm
verdoppeln_und_halbieren 20

echo "verdoppeln 20 = $val1"
echo "halbieren  20 = $val2"
```

6.4.4 Funktionen und exit

Beachten Sie bitte: Wenn Sie eine Funktion mit `exit` beschließen, beenden Sie hiermit das komplette Script bzw. die Subshell. Der `exit`-Befehl reißt das komplette Script in den Beendigungsstatus. Dies kann bspw. gewollt sein, wenn eine Funktion bzw. ein Script nicht die Daten (Argumente) erhält, die für ein sinnvolles Weiterarbeiten erforderlich wären. Ein Beispiel ist die Übergabe von Argumenten aus der Kommandozeile.

```
# Demonstriert die Verwendung von Parametern
# Name: afunc13

# Funktion usage
usage() {
   if [ $# -lt 1 ]
   then
      echo "usage: $0 datei_zum_lesen"
   exit 1
   fi
}

# Hauptprogramm
echo "Vor der Funktion ..."
usage $*
echo "... nach der Funktion"
```

Das Script bei der Ausführung:

```
you@host > ./afunc13
Vor der Funktion ...
usage: ./afunc12 datei_zum_lesen
you@host > echo $?
1
you@host > ./afunc13 test
Vor der Funktion ...
... nach der Funktion
you@host > echo $?
0
```


6.5 Lokale contra globale Variablen

In Abschnitt 6.4.3 konnten Sie bereits sehen, dass man ohne Probleme von der Hauptfunktion aus auf Variablen einer Funktion zugreifen kann. Dabei handelt es sich um globale Variablen. Aber wie »global« eigentlich globale Variablen in einer Funktion sind, soll Ihnen das folgende Beispiel zeigen:

```
# Demonstriert die Verwendung von Parametern
# Name: afunc14

# Funktion value1
value1() {
   val1=10
}

# Hauptprogramm
echo $val1
```

In diesem Beispiel wird nicht wie erwartet der Wert 10 von »val« ausgegeben, sondern ein leerer String. Die globale Variable »val1« steht Ihnen erst zur Verfügung, wenn Sie die Funktion »value1« aufrufen, da erst durch den Aufruf der Funktion »value1« die Variable »val1« mit einem Wert belegt wird.

```
# Demonstriert die Verwendung von Parametern
# Name: afunc15

# Funktion value1
value1() {
   val1=10
}
```

```
# Hauptprogramm
value1
echo $val1
```

Jetzt wird auch der Wert von »val1« gleich 10 ausgegeben. Wünschen Sie aber eine globale Variable, die auch sofort der Hauptfunktion zur Verfügung steht, müssen Sie diese eben noch vor der ersten Verwendung außerhalb einer Funktion definieren.

```
# Demonstriert die Verwendung von Parametern
# Name: afunc16

# Globale Variable
val1=11

# Funktion value1
value1() {
   val1=10
}

# Hauptprogramm
echo $val1
value1
echo $val1
```

Das Script bei der Ausführung:

```
you@host > ./afunc16
11
10
```

Sie müssen sich immer vor Augen halten, dass sich jede Veränderung einer globalen Variablen auch auf diese Variable bezieht. Des Weiteren sind globale Variablen bei immer länger werdenden Scripts eher kontraproduktiv, da man schnell die Übersicht verlieren kann. Besonders bei häufig verwendeten Variablennamen wie »i«, »var«, »file«, »dir« usw. kann es schnell passieren, dass man dieselbe Variable im Script in einer anderen Funktion nochmals verwendet. Solche Doppelungen wurden früher (und heute immer noch) in den Shells mit speziellen Variablennamen vermieden. Hieß bspw. die Funktion »readcmd«, verwendete man Variablen mit dem Präfix »read_var1«, »read_var2« usw. Dadurch, dass man im Variablennamen ein paar Buchstaben des Funktionsnamens voranstellt, lassen sich viele Fehler vermeiden. Ein Beispiel:

```
# Funktion connect
connect {
   con_file=$1
   con_pass=$2
   con_user=$3
   con_i=0
   ...
}

# Funktion insert
insert {
   ins_file=$1
   ins_pass=$2
   ins_user=$3
   ins_i=0
   ...
}
...
```

6.5.1 Lokale Variablen (Bash und Korn-Shell only)

In Bash und Korn-Shell können Sie lokale Variablen innerhalb von Funktionen (und nur dort) definieren. Hierzu müssen Sie nur der Variablen bei der Definition das Schlüsselwort `local` voranstellen.

```
local var=wert
```

Eine so definierte Variable hat Ihre Lebensdauer somit auch nur innerhalb der Funktion, in der diese erzeugt wurde. Beendet sich die Funktion, verliert auch die Variable ihre Gültigkeit und zerfällt. Da macht es auch nichts mehr aus, wenn Sie in Ihrem Script eine globale Variable mit demselben Namen verwenden, wie ihn die lokale Variable hat. Mithilfe von lokalen Variablen können Sie eine Variable in einer Funktion vor dem Rest des Scripts verstecken.

Hier ein Beispiel, das den Einsatz von lokalen Variablen demonstriert:

```
# Demonstriert die Verwendung von Parametern
# Name: afunc17

# Globale Variable
var="ich bin global"
```

```
# Funktion localtest
localtest() {
   local var="ich bin local"
   echo $var
}

# Hauptfunktion
echo $var
localtest
echo $var
```

Das Script bei der Ausführung:

```
you@host > ./afunc17
ich bin global
ich bin local
ich bin global
```

Hätten Sie das Schlüsselwort `local` nicht verwendet, so würde die Ausgabe des Scripts wie folgt aussehen:

```
you@host > ./afunc17
ich bin global
ich bin local
ich bin local
```

Rufen Sie aus einer Funktion eine weitere Funktion auf, steht dieser Funktion ebenfalls die lokale Variable zur Verfügung – auch wenn eine gleichnamige globale Variable hierzu existieren würde.

```
# Demonstriert die Verwendung von Parametern
# Name: afunc18

# Globale Variable
var="ich bin global"

# Funktion localtest
localtest() {
   local var="ich bin local"
   alocaltest
}
```

```
#Funktion alocaltest
alocaltest() {
   echo $var
}

# Hauptfunktion
localtest
```

Das Script bei der Ausführung:

```
you@host > ./afunc18
ich bin local
```

6.6 alias und unalias

In den Shells gibt es die Möglichkeit, einen Alias für beliebige Befehle zu erteilen. Mit einem Alias teilt man dem System mit, dass ein Befehl auch unter einem anderen Namen ausgeführt werden soll. Aliase werden eigentlich nicht direkt in der Shell-Programmierung verwendet, aber sie stellen doch irgendwie kleine Funktionen dar. Die Syntax:

```
# Definition eines Alias
alias name definition

# Löschen einer Alias-Definition
unalias name

# Anzeigen aller gesetzten Aliase
alias
```

Durch Eingabe von »name« werden die in der »definition« enthaltenen Kommandos ausgeführt. Meistens finden Sie auf den Systemen schon eine Menge vordefinierter Aliase, die Sie mit einem einfachen `alias` auflisten lassen können:

```
you@host > alias
alias +='pushd .'
alias -='popd'
alias ..='cd ..'
alias ...='cd ../..'
...
alias which='type -p'
```

Eigene Aliase werden vorwiegend erzeugt, wenn der Befehl zu lang oder zu kryptisch erscheint. Einfaches Beispiel:

```
you@host > alias xpwd="du -sh ."
you@host > xpwd
84M     .
you@host > cd $HOME
you@host > xpwd
465M    .
```

Anstatt ständig die Befehlsfolge `du -sh .` einzugeben, um die Größe des aktuellen Arbeitsverzeichnisses anzuzeigen, haben Sie einen Alias mit `xpwd` angelegt. Durch den Aufruf von `xpwd` wird nun die Befehlsfolge `du -sh .` gestartet. Wollen Sie den Alias wieder entfernen, müssen Sie nur `unalias` verwenden.

```
you@host > unalias xpwd
you@host > xpwd
bash: xpwd: command not found
```

Auf der einen Seite mögen solche Aliase sehr bequem sein, aber bedenken Sie, dass Ihnen der ein oder andere Befehl nicht zur Verfügung steht, wenn Sie auf verschiedenen Systemen arbeiten. Auf der anderen Seite können solche Aliase gerade über System- und Distributionsgrenzen sehr nützlich sein. So befindet sich z.B. die Stelle für das Einhängen (*mounten*) diverser Datenträger – etwa von CD-ROMs – bei vielen Systemen ganz woanders. Bei Debian ist dies im Verzeichnis */cdrom*, bei SuSE unter */media/cdrom* und bei anderen Systemen kann es wieder anders sein. Hier ist ein Alias der folgenden Art sehr nützlich:

```
you@host > alias mcdrom="mount /media/cdrom"
you@host > alias ucdrom="umount /media/cdrom"
```

Hinweis Aliase sind abhängig vom Benutzer und dessen Account. Somit kann nur der Eigentümer eines Accounts auf seine Aliase zugreifen, keine andere Person. Dies sollte aus Sicherheitsgründen erwähnt werden, da so kein anderer User den Alias eines Benutzers manipulieren kann, etwa um böswillige Absichten auszuführen. Ein weiterer Grund übrigens, ein gutes Passwort zu verwenden und es niemandem weiterzugeben. Dies ist auch die Grundlage vieler Rootkits. Oft wird ein Alias auf `ls` oder ähnlich definiert oder – noch schlimmer – das `ls`-Binary mit einem anderen überschrieben. Bei Letzterem wurde das System schon übernommen, und dem Angreifer geht es nur noch darum, möglichst lange unentdeckt zu bleiben.

Natürlich kann man mit Aliasen auch eine Folge von Befehlen verwenden. Mehrere Befehle werden hierbei mit einem Semikolon getrennt in einer Zeile geschrieben. Sie können auch eine Pipe oder die Umleitungszeichen verwenden:

```
you@host > alias sys="ps -ef | more"
```

Sind Sie sich nicht ganz sicher, ob Sie ein Kommando oder nur einen Alias verwenden, können Sie mit `type` nachfragen:

```
you@host > type dir
dir is aliased to `ls -l'
```

Wollen Sie Ihre alten DOS-Gewohnheiten ablegen:

```
you@host > alias dir="echo Dies hier ist kein DOS, verwenden \
> Sie ls :-\)"
you@host > dir
Dies hier ist kein DOS, verwenden Sie ls :-)
```

Alias-Definitionen werden außerdem immer als Erstes interpretiert, also noch vor den eingebauten Shell-Kommandos (Builtins) und den externen Kommandos in `PATH`. Dadurch können Sie gegebenenfalls auch ein mit gleichem Namen existierendes Kommando umdefinieren. Alias-Definitionen, die Sie zur Laufzeit festlegen, sind nach einem Neustart des Systems allerdings nicht mehr vorhanden. Die Aliase, die Ihnen nach dem Einloggen in der untergeordneten Shell zur Verfügung stehen, sind meistens in Dateien wie bspw. `.bashr`, `.cshrc`, `.kshrc` oder `.myalias` eingetragen. Wollen Sie einen Alias definieren, der Ihnen gleich nach dem Einloggen zur Verfügung steht, müssen Sie ebenfalls hier Ihren Eintrag hinzufügen. Auf Dateien, bei denen Sie etwas finden und verändern können, wird noch in Abschnitt 8.9 eingegangen.

6.7 Autoload (Korn-Shell only)

In der Korn-Shell (in der Z-Shell übrigens auch) steht Ihnen eine Möglichkeit zur Verfügung, aus jeder Funktion, die Sie erstellt haben, eine Datei zu erstellen, ohne dass diese Datei ausführbar sein muss. Wo ist hier der Vorteil gegenüber dem Starten einer Funktion mit dem Punkteoperator? Vorwiegend geht es hier um die Geschwindigkeit. Bisher konnten Sie Funktionsbibliotheken nur komplett einlesen – auch wenn Sie aus einer Bibliothek nur eine Funktion benötigten. Mit dem Autoload-Mechanismus können Sie wirklich nur diese eine Funktion laden, egal, ob sich Hunderte anderer Funktionen in der Datei aufhalten.

Hierzu müssen Sie lediglich die Variable FPATH auf das oder die Verzeichnisse lenken, in denen die Funktionsdateien enthalten sind. Anschließend müssen Sie FPATH exportieren.

```
FPATH="$FPATH:/pfad/zur/funktionsdatei"
export FPATH
```

Als Beispiel verwenden wir einfach folgende Datei mit einigen Funktionen:

```
# Name: funktionen

afunction1() {
   echo "Ich bin eine Funktion"
}

afunction2() {
   echo "Ich bin auch eine Funktion"
}
```

Diese Datei müssen Sie nun der Variablen FPATH bekannt machen und exportieren:

```
you@host > FPATH=$HOME/funktionen
you@host > export FPATH
```

Jetzt müssen Sie diesen Dateinamen nur noch mit

```
autoload funktionen
```

bekannt geben. Nun stehen Ihnen nach einmaligem Aufruf des Namens der Funktionen alle Funktionen zur Verfügung. Verwenden Sie beim Schreiben nur den Funktionsrumpf allein, dann haben Sie gegenüber dem Schreiben von Funktionen den Vorteil, dass diese sofort ausgeführt werden können. autoload-Funktionen müssen nämlich zunächst ein Mal aufgerufen werden, damit ihr Rumpf bekannt ist.

7 Signale

7 Signale

Signale werden zur Steuerung von Prozessen verwendet. Wie ein Prozess auf ein bestimmtes Signal reagiert, können Sie entweder dem System überlassen oder selbst festlegen.

7.1 Grundlagen zu den Signalen

Bei Signalen handelt es sich um asynchrone Ereignisse, die eine Unterbrechung (genauer eine Interrupt-Anforderung) auf der Prozessebene bewirken können. Dabei handelt es sich um ein einfaches Kommunikationsmittel zwischen zwei Prozessen (Interprozesskommunikation), bei dem ein Prozess einem anderen eine Nachricht senden kann. Bei den Nachrichten selbst handelt es sich wiederum um einfache Ganzzahlen, welche aber auch mit einem symbolischen (aussagekräftigen) Namen verwendet werden können (auch Macro genannt).

Vorwiegend werden Signale verwendet zur Synchronisation, zum Ausführen von vordefinierten Aktionen oder zum Beenden bzw. Unterbrechen von Prozessen. Generell lassen sich die Signale in drei Kategorien einordnen (die Bedeutung der einzelnen Signale erfahren Sie am Abschnittsende):

- Systemsignale (Hardware- und Systemfehler, `ILL`, `TRAP`, `BUS`, `FPE`, `KILL`, `SEGV`, `XCPU`, `XFSZ`, `IO`)
- Gerätesignale (`HUP`, `INT`, `PIPE`, `ALRM`, `CHLD`, `CONT`, `STOP`, `TTIN`, `TTOU`, `URG`, `WINCH`, `IO`)
- Benutzerdefinierte Signale (`QUIT`, `ABRT`, `USR1`, `USR2`, `TERM`)

Wenn ein Prozess ein bestimmtes Signal erhält, wird dieses Signal in einen so genannten Prozesstabelleneintrag hinterlegt. Sobald diesem Prozess Rechenzeit der CPU zur Verfügung steht, um seine Befehle abzuarbeiten, wird der Kernel aktiv und sieht nach, wie auf das Signal reagiert werden soll (alles natürlich ein wenig vereinfacht erklärt). Hier können Sie jetzt ins Geschehen eingreifen und auf das Eintreten eines Signals reagieren. Sofern Sie gar nichts unternehmen, führt der Kernel die Standardaktion für das entsprechende Signal aus. Was die Standardaktion ist, hängt vom jeweiligen Signal ab. Meistens handelt es sich dabei um die Beendigung des Prozesses. Einige Signale erzeugen auch einen Core-Dump (Speicherabbild eines Prozesses), welcher zum Debuggen verwendet werden kann.

Sofern Sie nicht wollen, dass die Standardaktion beim Auftreten eines Signals ausgeführt wird (und darum geht es auch in diesem Kapitel), können Sie das Signal abfangen und entsprechend darauf reagieren oder es gar vollständig ignorieren. Wenn Sie ein Signal ignorieren, kommt es gar nicht erst bei dem Prozess an.

Für die Reaktion auf Signale stehen Ihnen drei Möglichkeiten zur Verfügung, von denen Sie zwei selbst beeinflussen können (siehe Abbildung 7.1):

- Sie reagieren gar nicht und lassen die vom Kernel vordefinierte Standardaktion ausführen.
- Sie ignorieren das Signal, damit es gar nicht erst beim Prozess ankommt (was allerdings bei den Signalen `SIGKILL` und `SIGSTOP` nicht möglich ist).
- Sie fangen das Signal ab und reagieren mit einer entsprechenden Routine darauf.

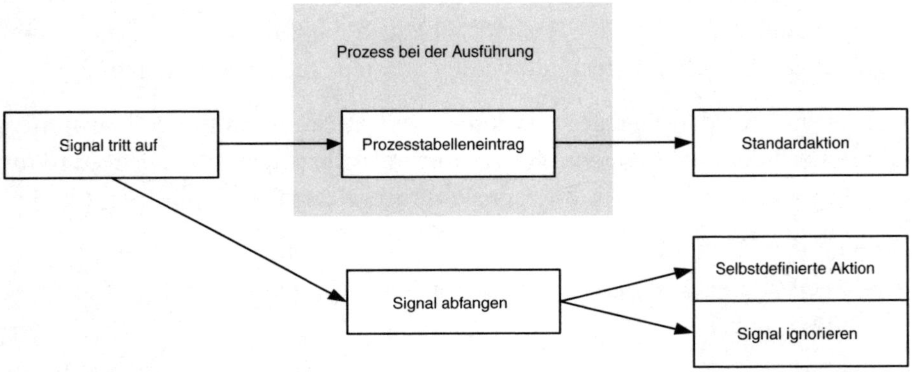

Abbildung 7.1 Mögliche Reaktionen beim Auftreten eines Signals

Signale treten vorwiegend bei Programmfehlern (unerlaubter Speicherzugriff mit einem Zeiger, ungültige Instruktionen, Division durch null ...) auf oder werden vom Benutzer selbst ausgelöst. Bspw. können Sie mit der Tastenkombination [Strg]+[C] (= `SIGINT`) oder [Strg]+[Z] (= `SIGTSTP`) einen Prozess in der aktuellen Shell beenden bzw. anhalten.

Einen Überblick zu den Signalen auf Ihrem System erhalten Sie in der Kommandozeile mit `kill -l` (kleines L). In der Tabelle 7.1 bis Tabelle 7.7 (aufgeteilt nach Themen der Signale) finden Sie eine Auflistung der Signale (mitsamt deren Nummern und Standardaktionen) und ihrer Bedeutung. Allerdings gilt die hier gezeigte Übersicht nur für Intel- und PPC-Prozessor-Systeme. Sparc- und Alpha- oder MIPS-Prozessor-basierte Systeme haben zumindest zum Teil eine andere Signalnummer. Die Nummern weichen auch unter FreeBSD ab – hier scheinen die Systeme eigene Süppchen zu kochen. Ein weiterer Grund, den symbolischen Namen statt der Nummer zu verwenden.

Name	Nr.	Aktion	Verfügbar	Bedeutung
SIGILL	4	Core & Ende	POSIX	Ungültige Instruktion wurde ausgeführt.
SIGTRAP	5	Core & Ende		Unterbrechung (Einzelschrittausführung)
SIGABRT	6	Core & Ende	POSIX	Abnormale Beendigung
SIGBUS	7	Core & Ende		Fehler auf dem System-Bus
SIGFPE	8	Core & Ende	POSIX	Problem bei einer Gleitkommaoperation (z. B. Teilung durch null)
SIGSEGV	11	Core & Ende	POSIX	Speicherzugriff auf unerlaubtes Speichersegment
SIGSYS	31	Core & Ende		Ungültiges Argument bei System-Call
SIGEMT		Ende		Emulations-Trap
SIGIOT		Core & Ende		Wie `SIGABRT`

Tabelle 7.1 Signale, die meist bei Programmfehlern auftreten

Name	Nr.	Aktion	Verfügbar	Bedeutung
SIGHUP	1	Ende	POSIX	Abbruch einer Dialogstationsleitung bzw. Konfiguration neu laden für Dämonen
SIGINT	2	Ende	POSIX	Interrupt der Dialogstation ([Strg]+[C])
SIGQUIT	3	Core & Ende	POSIX	Das Signal `quit` von einer Dialogstation
SIGKILL	9	Ende	POSIX	Das Signal `kill`
SIGTERM	15	Ende	POSIX	Programme, die `SIGTERM` abfangen, bieten meistens einen »Soft Shutdown« an.

Tabelle 7.2 Signale, die den Prozess beenden

Name	Nr.	Aktion	Verfügbar	Bedeutung
SIGALRM	14	Ende	POSIX	Zeituhr ist abgelaufen – `alarm()`.
SIGVTALRM	26	Ende	BSD, SVR4	Der virtuelle Wecker ist abgelaufen.
SIGPROF	27	Ende		Timer zur Profileinstellung ist abgelaufen.

Tabelle 7.3 Signale, die bei Beendigung eines Timers auftreten – Alarm

Name	Nr.	Aktion	Verfügbar	Bedeutung
SIGURG	23	Ignoriert	BSD, SVR4	Dringender Socketstatus ist eingetreten.
SIGIO	29	Ignoriert	BSD, SVR4	Socket E/A ist möglich.
SIGPOLL		Ende	SVR4	Ein anstehendes Ereignis bei Streams wird signalisiert.

Tabelle 7.4 Asynchrone E/A-Signale

Name	Nr.	Aktion	Verfügbar	Bedeutung
SIGCHLD	17	Ignoriert	POSIX	Der Kind-Prozess wurde beendet oder angehalten.
SIGCONT	18	Ignoriert	POSIX	Ein angehaltener Prozess soll weiterlaufen.
SIGSTOP	19	Anhalten	POSIX	Der Prozess wurde angehalten.
SIGTSTP	20	Anhalten	POSIX	Der Prozess wurde »von Hand« mit STOP angehalten.
SIGTTIN	21	Anhalten	POSIX	Prozess wollte aus einem Hintergrundprozess der Kontroll-Dialogstation lesen.
SIGTTOU	22	Anhalten	POSIX	Prozess wollte in einem Hintergrundprozess der Kontroll-Dialogstation schreiben.
SIGCLD		Ignoriert		Wie SIGCHLD

Tabelle 7.5 Signale zur Prozesskontrolle

Name	Nr.	Aktion	Verfügbar	Bedeutung
SIGPIPE	13	Ende	POSIX	Es wurde in eine Pipe geschrieben, aus der niemand liest. Es wurde versucht, in eine Pipe mit O_NONBLOCK zu schreiben, aus der keiner liest.
SIGLOST		Ende		Eine Dateisperre ging verloren.
SIGXCPU	24	Core & Ende	BSD, SVR4	Maximale CPU-Zeit wurde überschritten.
SIGXFSZ	25	Core & Ende	BSD, SVR4	Maximale Dateigröße wurde überschritten.

Tabelle 7.6 Signale, die bei Fehlern einer Operation ausgelöst werden

Name	Nr.	Aktion	Verfügbar	Bedeutung
SIGUSR1 SIGUSR2	10, 12	Ende	POSIX	Frei zur eigenen Benutzung
SIGWINCH	28	Ignoriert	BSD	Window-Größe hat sich verändert.

Tabelle 7.7 Die restlichen Signale

7.2 Signale senden – kill

Mit dem Kommando `kill` können Sie einem oder mehreren Prozessen aus der Kommandozeile oder einem Script heraus ein Signal senden.

```
kill -SIGNAL PID [ PID ... ]
```

Als `SIGNAL` verwendet man entweder den Namen wie z.B. `HUP` oder (sofern man diese kennt) die entsprechende Nummer (unter Linux bspw. hat `HUP` = 1). Den Signalnamen können Sie entweder in vorschriftsmäßiger Form (ohne `SIG`) oder mit dem Präfix `SIG` verwenden. Der Signalname muss hierbei in Großbuchstaben gesetzt werden. Dahinter wird der Prozess (oder die Prozesse) mit seiner Prozess-ID (`PID`) angegeben. Somit sind folgende Angaben identisch und erfüllen denselben Zweck:

```
kill -9 1234
kill -KILL 1234
kill -SIGKILL 1234
```

Alle hier verwendeten Angaben beenden den Prozess mit der ID 1234 mit dem Signal `SIGKILL`. Verwenden Sie hingegen `kill` ohne Angabe eines Signals bzw. einer Signalnummer, wird standardmäßig das Signal `SIGTERM` (Nr. 15) an den angegebenen Prozess gesendet.

Hinweis Sofern Sie beabsichtigen, einen Prozess mit `SIGKILL` (bzw. Nr. 9) »abzuschießen«, sei Ihnen empfohlen, es doch lieber zunächst etwas sanfter mit `SIGTERM` (bzw. Nr. 15) zu versuchen. Empfängt ein Prozess das Signal `SIGTERM`, versucht dieser, all seine Ressourcen wieder freizugeben und sich normal zu beenden. Zeigt `SIGTERM` keine Wirkung mehr, können Sie immer noch den Holzhammer (`SIGKILL`) auspacken.

Des Weiteren können Sie nur denjenigen Prozessen ein Signal senden, deren Eigentümer Sie sind (bzw. die Sie gestartet haben). Sie können also nicht einfach den Prozess eines anderen Benutzers auf dem Rechner abschießen – es sei denn, Sie haben Superuser- bzw. Root-Rechte auf dem System, was gewöhnlich nur beim Systemadministrator der Fall sein sollte.

7.3 Eine Fallgrube für Signale – trap

Das Kommando `trap` ist das Gegenstück zu `kill`. Damit können Sie in Ihren Shellscripts auf Signale reagieren (bzw. sie abfangen), um so den Programmabbruch zu verhindern.

```
trap 'kommando1; ... ; kommaond_n' Signalnummer
```

Dem Kommandonamen `trap` folgt hier ein Befehl oder eine Liste von Befehlen, die ausgeführt werden sollen, wenn das Signal mit »Signalnummer« eintrifft. Die Befehle werden zwischen einfache Single Quotes geschrieben. Trifft beim ausführenden Script ein Signal ein, wird die Ausführung an der aktuellen Position unterbrochen und die angegebenen Befehle der `trap`-Anweisung werden ausgeführt. Danach wird mit der Ausführung des Scripts an der unterbrochenen Stelle wieder fortgefahren (siehe Abbildung 7.2).

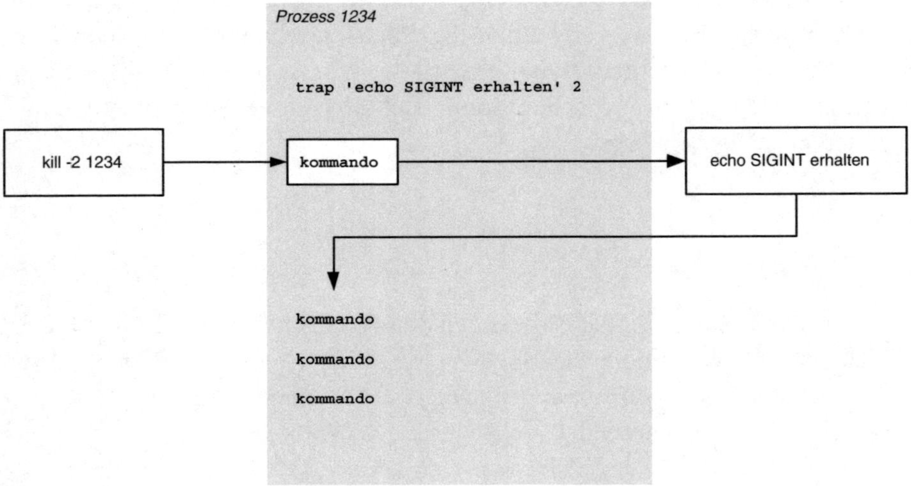

Abbildung 7.2 Abfangen von Signalen mit trap

Ein einfaches Beispiel:

```
# Demonstriert die Funktion trap zum Abfangen von Signalen
# Name: trap1

# Signal SIGINT (2) (Strg+C)
trap 'echo SIGINT erhalten' 2

i=0
while [ $i -lt 5 ]
do
   echo "Bitte nicht stören!"
   sleep 2
   i=`expr $i + 1`
done
```

Das Script bei der Ausführung:

```
you@host > ./trap1
Bitte nicht stören!
Bitte nicht stören! [Strg]+[C]
SIGINT erhalten
Bitte nicht stören!
Bitte nicht stören! [Strg]+[C]
SIGINT erhalten
Bitte nicht stören!
you@host >
```

Mit der `trap`-Anweisung zu Beginn des Scripts sorgen Sie dafür, dass beim Eintreffen des Signals `SIGINT` – entweder durch die Tastenkombination [Strg]+[C] oder mit `kill -SIGINT PID_von_trap1` ausgelöst – der `echo`-Befehl ausgeführt wird. Würden Sie hier keine `trap`-Anweisung verwenden, so würde das Script beim ersten [Strg]+[C] (`SIGINT`) beendet werden.

Natürlich können Sie in einem Script auch mehrere Signale abfangen:

```
# Demonstriert die Funktion trap zum Abfangen von Signalen
# Name: trap2

# Signal SIGINT (2) (Strg+C)
trap 'echo SIGINT erhalten' 2
# Signal SIGTERM (15) kill -TERM PID_of_trap2
trap 'echo SIGTERM erhalten' 15

i=0
while [ $i -lt 5 ]
do
   echo "Bitte nicht stören! ($$)"
   sleep 5
   i=`expr $i + 1`
done
```

Das Script bei der Ausführung:

```
you@host > ./trap2
Bitte nicht stören! (10175) [Strg]+[C]
SIGINT erhalten
Bitte nicht stören! (10175)
Bitte nicht stören! (10175)
```

```
SIGTERM erhalten
Bitte nicht stören! (10175)
Bitte nicht stören! (10175)
you@host >
```

Bei der Ausführung von »trap2« wurde das Signal `SIGTERM` hier aus einer anderen Konsole wie folgt an das Script gesendet:

```
you@host > kill -TERM 10175
```

Sie müssen allerdings nicht für jedes Signal eine extra `trap`-Anweisung verwenden, sondern Sie können hinter der Signalnummer weitere Signalnummern – getrennt mit mindestens einem Leerzeichen – anfügen und somit auf mehrere Signale mit denselben Befehlen reagieren.

```
# Demonstriert die Funktion trap zum Abfangen von Signalen
# Name: trap3

# Signale SIGINT und SIGTERM abfangen
trap 'echo Ein Signal (SIGINT/SIGTERM) erhalten' 2 15

i=0
while [ $i -lt 5 ]
do
   echo "Bitte nicht stören! ($$)"
   sleep 5
   i=`expr $i + 1`
done
```

In diesem Beispiel können Sie auch erkennen, warum es nicht möglich ist und auch niemals möglich sein darf, dass das Signal `SIGKILL` (Nr. 9) ignoriert oder als nicht unterbrechbar eingerichtet wird. Stellen Sie sich jetzt noch eine Endlosschleife vor, die ständig Daten in eine Datei schreibt. Würde hierbei das Signal `SIGKILL` ausgeschaltet, so würden ewig Daten in die Datei geschrieben, bis das System oder der Plattenplatz schlapp macht, und nicht mal mehr der Systemadministrator könnte das Script unterbrechen.

7.3.1 Einen Signalhandler (Funktion) einrichten

In der Praxis werden Sie beim Auftreten eines bestimmten Signals gewöhnlich keine einfache Ausgabe vornehmen. Meistens werden Sie mit Dingen wie dem »Saubermachen« von Datenresten beschäftigt sein – oder aber, Sie richten sich hierzu einen eigenen Signalhandler (Funktion) ein, welcher auf ein bestimmtes Signal reagieren soll:

```
# Demonstriert die Funktion trap zum Abfangen von Signalen
# Name: trap4

sighandler_INT() {
   printf "Habe das Signal SIGINT empfangen\n"
   printf "Soll das Script beendet werden (j/n) : "
   read
   if [[ $REPLY = "j" ]]
   then
      echo "Bye!"
      exit 0;
   fi
}

# Signale SIGINT abfangen
trap 'sighandler_INT' 2

i=0
while [ $i -lt 5 ]
do
   echo "Bitte nicht stören! ($$)"
   sleep 3
   i=`expr $i + 1`
done
```

Das Script bei der Ausführung:

```
you@host > ./trap4
Bitte nicht stören! (4843)
Bitte nicht stören! (4843) [Strg]+[C]
Habe das Signal SIGINT empfangen
Soll das Script beendet werden (j/n) : n
Bitte nicht stören! (4843)
Bitte nicht stören! (4843)
Bitte nicht stören! (4843)
you@host > ./trap4
Bitte nicht stören! (4854) [Strg]+[C]
Habe das Signal SIGINT empfangen
Soll das Script beendet werden (j/n) : n
Bitte nicht stören! (4854) [Strg]+[C]
Habe das Signal SIGINT empfangen
```

```
Soll das Script beendet werden (j/n) : j
Bye!
you@host >
```

Hinweis Verwenden Sie in der Korn-Shell innerhalb von Funktionen die `trap`-Anweisung, dann sind die mit ihr eingerichteten Signale nur innerhalb dieser Funktion gültig.

Ein eigener Signalhandler (bzw. eine Funktion) wird häufig eingerichtet, um eine Konfigurationsdatei neu einzulesen. Bestimmt haben Sie schon einmal bei einem Dämon- oder Serverprogramm die Konfigurationsdatei Ihren Bedürfnissen angepasst. Damit die aktuellen Änderungen aktiv werden, mussten Sie die Konfigurationsdatei mittels

```
kill -HUP PID_of_dämon_oder_server
```

neu einlesen. Wie Sie dies in Ihrem Script erreichen können, haben Sie eben mit dem Script »trap4« in ähnlicher Weise gesehen. Ein einfaches Beispiel auch hierzu:

```
# Demonstriert die Funktion trap zum Abfangen von Signalen
# Name: trap5

# Signal SIGHUP empfangen
trap 'readconfig' 1

readconfig() {
   . aconfigfile
}

a=1
b=2
c=3

# Endlosschleife
while [ 1 ]
do
   echo "Werte (PID:$$)"
   echo "a=$a"
   echo "b=$b"
   echo "c=$c"
```

```
   sleep 5
done
```

Die Datei *aconfigfile* sieht wie folgt aus:

```
# Konfigurationsdatei für trap5
# Name: aconfigfile
# Hinweis: Um hier vorgenommene Änderungen umgehend zu
# aktivieren, müssen Sie lediglich die
# Konfigurationsdatei aconfigfile mittels
# kill -HUP PID_of_trap5
# neu einlesen.

a=3
b=6
c=9
```

Das Script bei der Ausführung:

```
###--- tty1 ---###
you@host > ./trap5
Werte (PID:6263)
a=1
b=2
c=3
Werte (PID:6263)
a=1
b=2
c=3

###--- tty2 ---###
you@host > kill -HUP 6263

###--- tty1 ---###
Werte (PID:6263)
a=3
b=6
c=9 [Strg]+[C]
you@host >
```

7.3.2 Mit Signalen Schleifendurchläufe abbrechen

Genauso einfach können Sie auch Signale verwenden, um Schleifen abzubrechen. Hierzu müssen Sie nur in den Befehlen von `trap` die Anweisung `break` eintragen, dann wird bei Auftreten eines gewünschten Signals eine Schleife abgebrochen:

```
# Demonstriert die Funktion trap zum Abfangen von Signalen
# Name: trap6

# Signale SIGINT und SIGTERM abfangen
trap 'break' 2

i=1
while [ $i -lt 10 ]
do
   echo "$i. Schleifendurchlauf"
   sleep 1
   i=`expr $i + 1`
done

echo "Nach dem $i Schleifendurchlauf abgebrochen"
echo "--- Hinter der Schleife ---"
```

Das Script bei der Ausführung:

```
you@host > ./trap6
1. Schleifendurchlauf
2. Schleifendurchlauf
3. Schleifendurchlauf
4. Schleifendurchlauf
5. Schleifendurchlauf [Strg]+[C]
Nach dem 5. Schleifendurchlauf abgebrochen
--- Hinter der Schleife ---
you@hcst >
```

7.3.3 Mit Signalen das Script beenden

Bitte beachten Sie, dass Sie mit einem abgefangenen Signal keinen Programmabbruch erreichen. Haben Sie zunächst mit der `trap`-Anweisung ein Signal abgefangen, müssen Sie sich gegebenenfalls selbst um die Beendigung eines Prozesses kümmern. Diese Methode wird recht häufig eingesetzt, wenn der Anwender ein Signal an den Prozess sendet, dieser aber den Datenmüll vorher noch entsorgen soll. Hierzu setzen Sie den Befehl `exit` an das Ende der Kommandofolge, die Sie in der `trap`-Anweisung angegeben haben, beispielsweise:

```
trap 'rm atempfile.tmp ; exit 1' 2
```

Hier wird beim Auftreten des Signals `SIGINT` zunächst die temporäre Datei *atempfile.tmp* gelöscht, bevor im nächsten Schritt mittels `exit` das Script beendet wird.

7.3.4 Das Beenden der Shell (oder eines Scripts) abfangen

Wollen Sie, dass beim Verlassen der Shell oder eines Scripts noch eine andere Datei bzw. Script ausgeführt wird, können Sie das Signal 0 (`EXIT`) abfangen. Dieses Signal wird beim normalen Beenden einer Shell oder eines Scripts oder über den Befehl `exit` gesendet, mit dem ein Script oder eine Shell vorzeitig beendet wird. Nicht abfangen können Sie hingegen mit dem Signal 0 Abbrüche, die durch `kill` von außen herbeigeführt wurden. Ein einfaches Beispiel, welches das Ende einer (echten) Shell abfängt:

```
# Name: dasEnde
# Befehle, die beim Beenden einer Shell ausgeführt werden

cat <<MARKE
********************************************
*   Hier könnten noch einige nützliche     *
*   zur Beendigung der Shell stehen.       *
********************************************
MARKE
echo "Alles erledigt - Shell mit ENTER beenden"
read
```

Zunächst müssen Sie in Ihrer Shell das Signal `EXIT` abfangen und die Datei »dasEnde« aufrufen. Steht die »Falle« für das Signal `EXIT`, können Sie die Shell verlassen:

```
you@host > trap '$SHELL $HOME/dasEnde' 0
you@host > exit
logout
********************************************
*   Hier könnten noch einige nützliche     *
*   zur Beendigung der Shell stehen.       *
********************************************
Alles erledigt - Shell mit ENTER beenden
```

```
ENTER

login :
```

Damit die Datei »dasEnde« mit wichtigen Hinweisen in Zukunft nach jedem Verlassen einer Shell dauerhaft zur Verfügung steht, sollten Sie die Zeile

```
trap '$SHELL $HOME/dasEnde' 0
```

in die Datei `.profile` eintragen.

Gleiches lässt sich auch in einem Shellscript verwenden:

```
# Demonstriert die Funktion trap zum Abfangen von Signalen
# Name: trap7

# Signal EXIT abfangen
trap 'exithandler' 0

exithandler() {
   echo "Das Script wurde vorzeitig mit exit beendet!"
   # Hier noch anfallende Aufräumarbeiten ausführen
}

# Hauptfunktion
echo "In der Hauptfunktion" && exit 1
echo "Wird nicht mehr ausgeführt"
```

Das Script bei der Ausführung:

```
you@host > ./trap7
In der Hauptfunktion
Das Script wurde vorzeitig mit exit beendet!
you@host >
```

Im Gegensatz zum Vorgehen in Abschnitt 7.3.3 müssen Sie hierbei kein zusätzliches `exit` bei den Kommandos von `trap` angeben. Hier halten Sie das Script nur beim wirklichen Ende kurz auf.

7.3.5 Signale ignorieren

Wenn Sie in der Liste von Befehlen bei `trap` keine Angaben vornehmen, also leere Single Quotes verwenden, werden die angegebenen Signale (bzw. Signalnummern) ignoriert. Die Syntax:

```
trap '' Signalnummer
```

Somit würden Sie praktisch mit der Angabe von

```
trap '' 2
```

das Signal SIGINT beim Auftreten ignorieren. Das völlige Ignorieren von Signalen kann bei extrem kritischen Datenübertragungen sinnvoll sein. So können Sie zum Beispiel verhindern, dass beim Schreiben kritischer Systemdaten der Anwender mit einem unbedachten SIGINT reinpfuscht. Natürlich gilt hier weiterhin, dass die Signale SIGKILL und SIGSTOP nicht ignoriert werden können.

Hinweis Laut POSIX ist das weitere Verhalten von Prozessen undefiniert, wenn die Signale SIGFPE, SIGILL oder SIGSEGV ignoriert werden und diese auch nicht durch einen manuellen Aufruf von kill ausgelöst wurden.

7.3.6 Signale zurücksetzen

Wenn Sie die Reaktion von Signalen mittels trap einmal verändert haben, können Sie durch einen erneuten Aufruf von trap den Standardzustand der Signale wiederherstellen. Hierbei reicht lediglich der Aufruf von trap und der (bzw. den) Signalnummer(n), die Sie wieder auf den ursprünglichen Zustand zurücksetzen wollen. Mehrere Signalnummern werden wieder mit mindestens einem Leerzeichen von der vorangegangenen Signalnummer getrennt.

```
trap Signalnummer
```

Das Zurücksetzen von Signalen ist sinnvoll, wenn man die Signale nur bei einem bestimmten Codeausschnitt gesondert behandeln will.

```
# Demonstriert die Funktion trap zum Abfangen von Signalen
# Name: trap8

# Signal SIGINT ignorieren
trap '' 2

i=0
while [ $i -lt 5 ]
do
   echo "Hier kein SIGINT möglich ..."
   sleep 1
   i=`expr $i + 1`
done
```

```
# Signal SIGINT wieder zurücksetzen
trap 2

i=0
while [ $i -lt 5 ]
do
   echo "SIGINT wieder möglich ..."
   sleep 1
   i=`expr $i + 1`
done
```

Das Script bei der Ausführung:

```
you@host > ./trap8
Hier kein SIGINT möglich ...
Hier kein SIGINT möglich ... Strg+C
Hier kein SIGINT möglich ... Strg+C
Hier kein SIGINT möglich ...
Hier kein SIGINT möglich ...
SIGINT wieder möglich ...
SIGINT wieder möglich ...  Strg+C
you@host >
```

Hinweis Wollen Sie wissen, welche Signale für eine bestimmte Routine mit `trap` abgefangen werden, können Sie das Kommando `trap` ohne jegliches Argument verwenden.

8 Rund um die Ausführung von Scripts und Prozessen

8 Rund um die Ausführung von Scripts und Prozessen

Es reicht einfach nicht aus, nur zu wissen, wie man ein Shellscript schreibt, man muss auch wissen, wie man ein Shellscript ausführen kann. Ein Script ausführen im herkömmlichen Sinn kann jeder – doch gibt es verschiedene Möglichkeiten, wie ein oder mehrere Scripts ausgeführt werden können. Viele der hier genannten Themen wurden zwar bereits das ein oder andere Mal angesprochen, jedoch ohne ins Detail zu gehen.

8.1 Prozessprioritäten

Bei einem modernen Multitasking-Betriebssystem sorgt ein so genannter Scheduling-Algorithmus (gewöhnlich ein prioritätsgesteuerter Algorithmus) dafür, dass jedem Prozess eine gewisse Zeit die CPU zur Verfügung steht, um seine Arbeit auszuführen – schließlich kann eine CPU letztendlich nur einen Prozess gleichzeitig bearbeiten (auch wenn der Eindruck entsteht, hier würden unzählig viele Prozesse auf einmal verarbeitet). Natürlich hat nicht jeder Prozess die gleiche Priorität. Wenn zum Beispiel ein Prozess eine Systemfunktion aufruft, so besitzt dieser immer eine höhere Priorität. Wobei es sich hierbei um Systemprozesse handelt, auf die Sie keinen Einfluss haben.

Neben den Systemprozessen, deren Priorität Sie nicht beeinflussen können, gibt es noch die Timesharing-Prozesse. Hierbei wird versucht, die CPU-Zeit möglichst gleichmäßig auf alle anderen Prozesse – unter Beachtung der Priorität – zu verteilen. Damit es keine Ungerechtigkeiten gibt, wird die Priorität der Prozesse nach einer gewissen Zeit neu berechnet. Beeinflussen können Sie die Scheduling-Priorität mit dem Kommando `nice` oder `renice`. Wenn Sie bspw. die Prozesse mit `ps -l` auflisten lassen, finden Sie darin einen Wert `NI` (*nice*). Diesen Wert können Sie mit einer Priorität belegen: –20 bedeutet die höchste und +19 die niedrigste Priorität. Bei einer Priorität von –20 bedeutet dies, dass der Prozess die CPU bedeutend länger in Anspruch nimmt als ein Prozess mit der Priorität +19. Befehle, die von der Shell gestartet werden, übernehmen dieselbe Priorität wie die Shell.

Wollen Sie bspw. dem Prozess »ein_prozess«, der die PID 1234 besitzt, eine niedrigere Priorität vergeben, können Sie wie folgt vorgehen:

```
you@host > renice +10 1234
1234: Alte Priorität: 0, neue Priorität: 10
```

Um dem Prozess eine höhere Priorität zuzuweisen (egal, ob man ihn vorher selbst heruntergesetzt hat), benötigt man Superuser-Rechte. Man kann sich selbst degradieren, aber nicht wieder aufsteigen. Dazu fehlt dem Linux-Kernel ein Feld in der Prozesstabelle, das es erlauben würde, wieder bis zur Originalpriorität aufzusteigen. Wollen Sie den Prozess 1234 wieder erhöhen, könnten Sie so vorgehen (Superuser-Rechte vorausgesetzt):

```
you@host > su -c 'renice -5 1234'
Password:********
1234: Alte Priorität: 10, neue Priorität: -5
```

Hinweis Neben der aktuellen Priorität ist die Rechenzeit, die ein Prozess zur Ausführung erhält, auch abhängig von der Anzahl der Prozesse, die »gleichzeitig« auf dem Rechner ausgeführt werden, und natürlich von der Leistung der CPU.

Hinweis Neben den Systemprozessen und den Timesharing-Prozessen gibt es noch die Echtzeit-Prozesse (Real-Time). Diese werden bei besonders zeitkritischen Prozessen eingesetzt, sodass diese dann eine höhere Priorität als die Timesharing-Prozesse besitzen.

8.2 Warten auf andere Prozesse

Wollen Sie mit Ihrem Script auf die Beendigung eines anderen Prozesses warten, können Sie die Funktion `wait` verwenden.

```
wait PID
```

Bauen Sie `wait` in Ihr Script ein, wird die Ausführung so lange angehalten, bis ein Prozess mit der Prozess-ID `PID` beendet wurde. Außerdem können Sie aus `wait` gleich den Rückgabewert des beendeten Prozesses entnehmen. Ist der Rückgabewert von `wait` gleich 127, so bedeutet dies, dass auf einen Prozess gewartet wurde, der nicht mehr existiert. Ansonsten ist der Rückgabewert gleich der `PID` des Prozesses, auf den `wait` gewartet hat. Rufen Sie `wait` ohne einen Parameter auf, wartet `wait` auf aktive Kindprozesse. Hierbei ist der Rückgabewert dann immer 0.

8.3 Hintergrundprozess wieder hervorholen

Was ein Hintergrundprozess ist und wie Sie einen solchen starten können, wurde bereits beschrieben. Der Vorteil eines Hintergrundprozesses ist, dass der laufende Prozess die Shell nicht mehr blockiert. Allerdings ist es auch nicht mehr möglich, die Standardeingabe bei Hintergrundprozessen zu verwenden.

Die Standardeingabe wird hierbei einfach ins Datengrab (*/dev/null*) gelenkt. Zwar können Sie den Inhalt einer Datei umlenken

```
kommando < file &
```

aber sobald hier etwas von der Tastatur gelesen werden soll, hält der Prozess an und wartet korrekterweise auf eine Eingabe. Ein einfaches Beispiel:

```
# Name bg1

printf "Eingabe machen : "
read
echo "Ihre Eingabe lautet $REPLY"
```

8

Führen Sie dieses Script jetzt im Hintergrund aus, passiert Folgendes:

```
you@host > ./bg1 &
[1] 7249
you@host > Eingabe machen :

[1]+  Stopped                    ./bg1
```

Das Script wird angehalten, denn es wartet ja auf eine Eingabe von der Tastatur. Ein Blick auf die laufenden Prozesse mit `ps` bestätigt dies auch:

```
7249 pts/41    T       0:00 /bin/bash
```

Ein gestoppter Prozess hat das `T` (*traced*) in der Prozessliste stehen. Damit Sie diesen Prozess jetzt weiterarbeiten lassen können, müssen Sie ihn in den Vordergrund holen. Dies können Sie mit dem Kommando `fg %1` (für *foreground*) erreichen.

```
you@host > fg %1
./bg1
hallo
Ihre Eingabe lautet hallo
you@host >
```

Genaueres zu `fg` (und zum Gegenstück `bg`) erfahren Sie in Abschnitt 8.7, wenn es um die Jobverwaltung geht.

8.4 Hintergrundprozess schützen

Wenn Sie Ihre Shell-Sitzung beenden, wird den Prozessen häufig ein `SIGHUP`-Signal gesendet. Bei Prozessen, die Sie im Hintergrund gestartet haben, bedeutet dies, dass der Prozess unweigerlich abgeschossen wird.

Hinweis Beim Testen auf verschiedenen Systemen ist mir allerdings aufgefallen, dass dieser Effekt nicht überall auftrat. Bei SuSE 9.1 bspw. liefen nach der Abmeldung und dem Anmelden die Hintergrundprozesse immer noch. Im Gegensatz dazu wurde bei einem Solaris-System der Kind-Prozess (hier der Hintergrundprozess) beim Beenden der laufenden Shell mitgerissen und beendet.

Somit scheint diese Schwierigkeit ein wenig system- bzw. distributionsabhängig zu sein. Sofern Sie das Problem haben, dass Prozesse, die im Hintergrund laufen, beendet werden, wenn sich der Benutzer ausloggt oder ein Eltern-Prozess an alle Kind-Prozesse das Signal `SIGHUP` sendet und diese somit beendet werden, können Sie das Kommando `nohup` verwenden. Allerdings scheint es auch hier wieder keine Einheitlichkeit zu geben, auf dem einen System ist `nohup` ein binäres Programm und auf den anderen wiederum ein einfaches Shellscript, welches das Signal 1 (`SIGHUP`) mit `trap` auffängt. Die Syntax:

```
nohup Kommando [Argument ...]
```

Natürlich wird mit der Verwendung von `nohup` der Prozess hier nicht automatisch in den Hintergrund gestellt, sondern Sie müssen auch hier wieder am Ende der Kommandozeile das `&` setzen. Und das passiert, wenn Sie einen Prozess mit `nohup` in den Hintergrund schicken:

- Der Prozess erhält ausreichend Priorität, um im Hintergrund zu laufen. Genauer, der Prozess wird bei `nohup` um den Prioritätswert 5 erhöht.
- Der Prozess wird vor dem `SIGHUP`-Signal geschützt. Gleiches könnten Sie auch realisieren, indem Sie mit `trap` das Signal 1 abfangen.
- Wenn das Kommando die Standardausgabe und Standardfehlerausgabe auf das laufende Terminal benutzt, so wird diese in die Datei *nohup.out* umgeleitet. Sollte das nicht funktionieren, wird versucht, die Ausgabe in die Datei `$HOME`*/nohup.out* umzuleiten (meistens der Fall). Lässt sich die Datei *nohup.out* überhaupt nicht anlegen, verweigert `nohup` seine Ausführung.

Als Rückgabewert liefert Ihnen die Funktion `nohup` den Fehlercode des Kommandos zurück. Sollte der Fehlercode allerdings den Wert 126 oder 127 haben, so bedeutet dies, dass `nohup` das Kommando gefunden hat, aber nicht starten konnte (126), oder dass `nohup` das Kommando gar nicht finden konnte (127).

Hier einige Beispiele:

```
you@host > find / -user $USER -print > out.txt 2>&1 &
[2] 4406
you@host > kill -SIGHUP 4406
```

```
you@host >
[2]+  Aufgelegt            find / -user $USER -print >out.txt 2>&1
you@host > nohup find / -user $USER -print > out.txt 2>&1 &
[1] 4573
you@host > kill -SIGHUP 4573
you@host > ps | grep find
 4573 pts/40   00:00:01 find
you@host > nohup find / -user $USER -print &
[1] 10540
you@host > nohup: hänge Ausgabe an nohup.out an
you@host > exit

### --- Nach neuem Login ---- ####
you@host > cat nohup.out
...
/home/tot/HelpExplorer/uninstall.sh
/home/tot/HelpExplorer/EULA.txt
/home/tot/HelpExplorer/README
/home/tot/HelpExplorer/starthelp
/home/tot/.fonts.cache-1
...
```

8.5 Subshells

Zwar war schon häufig die Rede von einer Subshell, aber es wurde nie richtig darauf eingegangen, wie Sie explizit eine Subshell in Ihrem Script starten können. Die Syntax:

```
(
   kommando1
   ...
   kommando_n
)
```

oder auch als Einzeiler (aber dann bitte die Leerzeichen beachten):

```
( kommando1 ; ... ; kommando_n )
```

Eine Subshell erstellen Sie, wenn Sie Kommandos zwischen runden Klammern gruppieren. Hierbei startet das Script einfach eine neue Shell, welche die aktuelle Umgebung mitsamt den Variablen übernimmt, führt die Befehle aus und beendet sich dann bei Ausführung des letzten Kommandos wieder und kehrt zum Script zurück. Als Rückgabewert wird der Exit-Code des zuletzt ausgeführten Kommandos zurückgegeben. Die Variablen, die Sie in einer Subshell verändern oder hinzufügen, haben keine Auswirkungen auf die Variablen des laufenden Scripts. Sobald sich die Subshell also verändert, verlieren die Werte in der Subshell ihre Bedeutung und dem laufenden Script (bzw. der laufenden Shell) steht nach wie vor die Umgebung zur Verfügung, die vor dem Starten der Subshell vorlag. Diese Technik nutzt die Shell u.a. auch mit dem Here-Dokument aus.

Ein einfaches Beispiel:

```
# Name: subshell

a=1
b=2
c=3

echo "Im Script: a=$a; b=$b; c=$c"

# Eine Subshell starten
(
   echo "Subshell : a=$a; b=$b; c=$c"
   # Werte verändern
   a=3 ; b=6 ; c=9
   echo "Subshell : a=$a; b=$b; c=$c"
)

# Nach der Subshell wieder ...
echo "Im Script: a=$a; b=$b; c=$c"
```

Das Script bei der Ausführung:

```
you@host > ./subshell
Im Script: a=1; b=2; c=3
Subshell : a=1; b=2; c=3
Subshell : a=3; b=6; c=9
Im Script: a=1; b=2; c=3
```

Aber Achtung: Häufig wird eine Subshell, die zwischen runden Klammern steht, irrtümlicherweise mit den geschweiften Klammern gleichgestellt. Kommandos, die zwischen geschweiften Klammern stehen, werden als eine Gruppe zusammengefasst, wodurch Funktionen ja eigentlich erst ihren Sinn bekommen. Befehlsgruppen, die in geschweiften Klammern stehen, laufen in derselben Umgebung (also auch Shell) ab, in der auch das Script ausgeführt wird.

8.6 Mehrere Scripts verbinden und ausführen (Kommunikation zwischen Scripts)

Im Laufe der Zeit werden Sie eine Menge Scripts schreiben und sammeln. Häufig will man hierbei gern das ein oder andere von einem anderen Script verwenden. Entweder man verwendet dann »Copy & Paste« oder man ruft das Script aus dem Haupt-Script auf. Da es nicht immer ganz einfach ist, Scripts miteinander zu verbinden und die Datenübertragung zu behandeln, soll im folgenden Abschnitt ein wenig genauer darauf eingegangen werden.

8.6.1 Datenübergabe zwischen Scripts

Zur Übergabe von Daten an das neue Script gibt es mehrere gängige Möglichkeiten. Eine einfache ist das Exportieren der Daten, bevor das zweite Script aufgerufen wird. Der Einfachheit halber werden wir hier von »script1« und »script2« reden und diese in der Praxis auch mehrmals verwenden. Hier die Möglichkeit, Daten an ein anderes Script mittels `export` zu übergeben:

```
# Name script1

a=1
b=2
c=3

export a b c
./script2
```

Jetzt das `script2`:

```
# Name : script2

echo "$0 : a=$a; b=$b; c=$c"
```

Die Datenübergabe bei der Ausführung:

```
you@host > ./script1
./script2 : a=1; b=2; c=3
```

Eine weitere Möglichkeit ist die Übergabe als Argument, wie Sie dies von der Kommandozeile her kennen. Dem aufgerufenen Script stehen dann die einzelnen Variablen mit den Positionsparametern `$1` bis `$9` bzw. `${n}` zur Verfügung. Auch hierzu wieder die beiden Scripts.

```
# Name script1

a=1
```

```
b=2
c=3

./script2 $a $b $c
```

Und `script2`:

```
# Name : script2

echo "$0 : a=$1; b=$2; c=$3"
```

Die Ausführung entspricht der im Beispiel mittels `export`.

Sobald allerdings der Umfang der Daten zunimmt, werden Sie mit diesen beiden Möglichkeiten recht schnell an Grenzen stoßen. Hierzu würde sich die Verwendung einer temporären Datei anbieten: Ein Prozess schreibt etwas in die Datei und ein anderer liest wieder daraus.

```
# Name script1

IFS='\n'
for var in `ls -1`
do
   echo $var
done > file.tmp
./script2
```

Das »script2«:

```
# Name : script2

while read line
do
   echo $line
done < file.tmp
```

Im Beispiel liest »script1« zeilenweise von `` `ls -1` `` ein und lenkt die Standardausgabe von `echo` auf die temporäre Datei *file.tmp* um. Am Ende wird »script2« gestartet. »script2« wiederum liest zeilenweise über eine Umlenkung von der Datei *file.tmp* ein und gibt dies auch zeilenweise mit `echo` auf dem Bildschirm aus. Das Ganze könnten Sie auch ohne eine temporäre Datei erledigen, indem Sie beide Scripts mit einer Pipe starten, da hier ja ein Script die Daten auf die Standardausgabe ausgibt und ein anderes Script die Daten von der Standardeingabe erhält:

```
you@host > ./script1 | ./script2
```

Damit dies auch funktioniert, müssen Sie in den beiden Scripts lediglich die Umlenkungen und den Scriptaufruf entfernen. Somit sieht »script1« wie folgt aus:

```
# Name script1

IFS='\n'
for var in `ls -1`
do
   echo $var
done
```

Und gleiches Bild bei »script2«:

```
# Name : script2

while read line
do
   echo $line
done
```

8.6.2 Rückgabe von Daten an andere Scripts

Der gängigste Weg, Daten aus einem Script an ein anderes zurückzugeben, ist eigentlich die Kommando-Substitution. Ein simples Beispiel:

```
# Name : script1

var=`./script2`
echo "var=$var"
```

Und das »script2«:

```
# Name : script2

echo "Hallo script1"
```

»script1« bei der Ausführung:

```
you@host > ./script1
var=Hallo script1
```

Gleiches funktioniert auch, wenn das Script mehrere Werte zurückgibt. Hierzu würde sich etwa das Aufsplitten der Rückgabe mittels `set` anbieten:

```
# Name script1
```

```
var=`./script2`
set $var

echo "$1; $2; $3"
```

Jetzt noch »script2«:

```
# Name : script2

var1=wert1
var2=wert2
var3=wert3

echo $var1 $var2 $var3
```

»script1« bei der Ausführung:

```
you@host > ./script1
wert1; wert2; wert3
```

Sollten Sie allerdings nicht wissen, wie viele Werte ein Script zurückgibt, können Sie das Ganze auch in einer Schleife abarbeiten:

```
# Name script1

var=`./script2`

i=1
for wert in $var
do
   echo "$i: $wert"
   i=`expr $i + 1`
done
```

Trotzdem sollte man auch bedenken, dass mit steigendem Umfang der anfallenden Datenmenge auch hier nicht so vorgegangen werden kann. In einer Variablen Daten von mehreren Megabytes zu speichern, ist nicht mehr sehr sinnvoll. Hier bleibt Ihnen nur noch die Alternative, eine temporäre Datei zu verwenden, wie Sie sie schon in Abschnitt 8.6.2 verwendet haben. Allerdings besteht auch hier ein Problem, wenn bspw. »script1« die Daten aus der temporären Datei lesen will, die »script2« hineinschreibt, aber »script2« die Daten nur scheibchenweise oder eben permanent in die temporäre Datei hineinschreibt. Dann wäre eine Lösung mit einer Pipe die bessere Alternative. Auch hierzu müssten Sie nur »script1« verändern:

```
# Name script1

./script2 | while read wert
do
   for val in $wert
   do
      echo "$val"
   done
done
```

Named Pipe

Ein weiteres sehr interessantes Mittel zur Datenübertragung zwischen mehreren Scripts haben Sie in Abschnitt 5.6 mit der Named Pipe (FIFOs) kennen gelernt. Der Vor- bzw. auch Nachteil (je nach Anwendungsfall) ist hierbei, dass ein Prozess, der etwas in eine Pipe schreibt, so lange blockiert wird, bis auf der anderen Seite ein Prozess ist, der etwas daraus liest. Umgekehrt natürlich derselbe Fall. Ein typischer Anwendungsfall wäre ein so genannter Server, der Daten von beliebigen Clients, die ihm etwas durch die Pipe schicken, einliest:

```
# Name: PipeServer

mknod meine_pipe p

while true
do
   # Wartet auf Daten aus der Pipe
   read zeile < meine_pipe
   echo $zeile
done
```

Statt einer Ausgabe auf dem Bildschirm können Sie mit diesem Server munter Daten von beliebig vielen anderen Scripts sammeln. Der Vorteil: Die anderen Scripts, die Daten in diese Pipe schicken, werden nicht blockiert, weil immer auf der anderen Seite des Rohrs der Server »PipeServer« darauf wartet.

8.6.3 Scripts synchronisieren

Spätestens, wenn Ihre Scripts dauerhaft laufen sollen, benötigen Sie eine Prozess-Synchronisation. Fallen hierbei dann mehr als zwei Scripts an und wird außerdem in eine Datei geschrieben und gelesen, haben Sie schnell Datensalat. Eine recht einfache und zuverlässige Synchronisation zweier oder auch mehrerer Scripts erreichen Sie bspw. mit den Signalen. Richten Sie hierzu einfach einen Signalhandler mit `trap` ein, der auf ein bestimmtes Signal reagiert und ein weiteres Script aufruft. Bspw.:

```
# Name: script1

trap './script2' SIGUSR1

while true
do
   echo "Lese Daten ..."
   sleep 5
   echo "Starte script2 ..."
   kill -SIGUSR1 $$
done
```

Und das »script2«:

```
# Name: script2

trap './script1' SIGUSR2

while true
do
   echo "Schreibe Daten ..."
   sleep 5
   echo "Starte script1 ..."
   kill -SIGUSR2 $$
done
```

Die Scripts bei der Ausführung:

```
you@host > ./script1
Lese Daten ...
Starte script2 ...
Schreibe Daten ...
Starte script1 ...
Lese Daten ...
Starte script2 ...
Schreibe Daten ...
Starte script1 ...
Lese Daten ...
Starte script2 ...
Schreibe Daten ...
```

Eine weitere Möglichkeit zur Synchronisation von Scripts besteht darin, eine Datei zu verwenden. Hierbei wird in einer Endlosschleife immer überprüft, ob eine bestimmte Bedingung erfüllt ist. Je nach Bedingung wird dann ein entsprechendes Script ausgeführt. Hierzu werden alle Scripts aus einem Haupt-Script gesteuert. Was Sie dabei alles überprüfen, bleibt Ihnen überlassen. Häufig verwendet werden die Existenz, das Alter, die Größe oder die Zugriffsrechte auf eine Datei. Eben alles, was sich mit dem Kommando `test` realisieren lässt. Natürlich sollten Sie in einem Haupt-Script weiterhin die Steuerung übernehmen. Ein Beispiel:

```
# Name: mainscript

FILE=tmpfile.tmp
rm $FILE
touch $FILE

while true
do
  # Ist die Datei lesbar
  if [ -r $FILE ]
  then
     echo "Datei wird gelesen ..."
     sleep 1
     #./script_zum_Lesen
     # Freigeben zum Schreiben
     chmod 0200 $FILE;
  fi
  if [ -w $FILE ]
  then
     echo "Datei ist bereit zum Schreiben ..."
     sleep 1
     #./script_zum_Shreiben
     # Freigeben zum Lesen
     chmod 0400 $FILE
  fi
  sleep 1
done
```

Hier wird in einer Endlosschleife immer überprüft, ob eine Datei lesbar oder schreibbar ist und dann eben entsprechende Aktionen ausgeführt. Selbiges könnten Sie übrigens auch ohne eine extra Datei mit einer globalen Variablen erledigen. Sie überprüfen in einer Endlosschleife ständig den Wert der globalen Variablen und führen entsprechende Aktionen aus. Nach der Ausführung einer Aktion verändern Sie die globale Variable so, dass eine weitere Aktion ausgeführt werden kann.

8.7 Jobverwaltung

Mit dem Job-Control-System können Sie Prozesse, die im Hintergrund laufen, in den Vordergrund holen. Dadurch können Sie Prozesse, die eventuell im Hintergrund »Amok« laufen (und die kompletten Ressourcen aufbrauchen) oder etwa auf eine Eingabe von `stdin` warten, hervorholen und unterbrechen oder gegebenenfalls wieder in den Hintergrund schicken und weiterlaufen lassen. Sie kennen das ja mittlerweile zuhauf: Wenn Sie einen Hintergrundprozess gestartet haben, wird die PID und eine Nummer in eckigen Klammern angezeigt. Bei dieser Nummer handelte es sich stets um die Jobnummer.

```
you@host > sleep 10 &
[1] 5915
you@host > sleep 5 &
[2] 5916
```

Hier wurden mit `sleep` also zwei Prozesse in den Hintergrund geschickt. Der Prozess mit der Nummer 5915 hat hier die Jobnummer 1 und 5916 die Nummer 2. Um sich jetzt einen Überblick zu allen sich im Hintergrund befindlichen Prozessen zu verschaffen, können Sie das Kommando `jobs` verwenden:

```
you@host > jobs
[1]-  Running                     sleep 10 &
[2]+  Running                     sleep 5 &
```

Das Kommando `jobs` zeigt Ihnen neben den Prozessen, die im Hintergrund laufen, auch den aktuellen Zustand an (hier mit `Running`). Ein Beispiel:

```
you@host > du /
...
...
[Strg]+[Z]
[1]+  Stopped                     du /
```

Der Prozess hat Ihnen einfach zu lange gedauert und Sie haben diesem zwangsläufig mit [Strg]+[Z] das Signal `SIGSTOP` geschickt, womit der Prozess kurzum angehalten wurde. Jetzt haben Sie einen gestoppten Prozess in Ihrer Prozessliste:

```
you@host > ps -l | grep du
+0 T  1000  6235  3237  0  78   0 -   769 pts/40   00:00:00 du
```

Anhand des `T` (für *Traced*) können Sie den Prozess erkennen. Auch ein Blick mit `jobs` zeigt Ihnen den Zustand des gestoppten Prozesses an:

```
you@host > jobs
[1]+  Stopped                     du /
```

Hinweis Natürlich hat man gerade bei einem Hintergrundprozess keine Möglichkeit mehr, mit der Tastatur das Signal `SIGSTOP` (mit [Strg]+[Z]) an den laufenden Hintergrundprozess zu schicken, weil hier ja die Standardeingabe nach */dev/null* umgelenkt wird. Hierbei können Sie von der Kommandozeile das Signal mittels `kill` an den entsprechenden Prozess schicken, sofern Sie diesen nicht gleich ganz beenden wollen.

8

Da Sie jetzt einen angehaltenen Prozess haben, können Sie unterschiedlich darauf reagieren:

- Sie senden dem angehaltenen Prozess das Signal `SIGCONT`, mit dem dieser seine Ausführung fortsetzt. Allerdings müssen Sie hier nicht zwangsläufig die Prozess-ID mit angeben, sondern können auch das Prozentzeichen `%` gefolgt von der Jobnummer verwenden:

  ```
  you@host > kill -SIGCONT %1
  ```

  Damit wird der Job mit der Nummer »1« wieder fortgesetzt (`SIGCONT` = *continue*).
- Sie beenden den angehaltenen Prozess. Hier gehen Sie ebenso vor wie schon mit `SIGCONT` gezeigt, nur dass Sie eben das Signal `SIGTERM` oder, falls das nicht mehr geht, `SIGKILL` schicken:

  ```
  you@host > kill %1
  [1]+  Beendet                     du /
  ```

- Sie schieben einen angehaltenen Job mit `bg` (*background*) in den Hintergrund, wo dieser dann munter weiterläuft. Auch hierzu müssen Sie das Prozentzeichen und die entsprechende Jobnummer verwenden:

  ```
  you@host > bg %1
  ```

  Geben Sie `bg` ohne Prozentzeichen an, wird der einzige Job, der möglich ist, in den Hintergrund geschickt. Verwenden Sie das Prozentzeichen ohne Jobnummer, bezieht sich die Angabe immer auf den aktuellen Job (*current job*).
- Sie lassen den Job mit `fg` (*foreground*) im Vordergrund weiterlaufen. Dies würde in etwa dem Fall von `SIGCONT` entsprechen, nur wäre es eben etwas komfortabler (kürzer). `fg` verwendet man genauso wie `bg`. Der Angabe des

Prozentzeichens folgt die Jobnummer oder auch abgekürzt nur das Prozentzeichen, was den aktuellen Job (*current job*) im Vordergrund weiterlaufen lässt.

Tabelle 8.1 gibt nochmals einen Überblick zu den Funktionen der Jobverwaltung:

Job-Befehl	Bedeutung
`fg %jobnr`	Holt sich einen Job in den Vordergrund, wo dieser weiterläuft
`bg %jobnr`	Schiebt einen angehaltenen Job in den Hintergrund, wo dieser weiterläuft
[Ctrl]+[Z]	Hält einen sich im Vordergrund aufhaltenden Prozess auf (suspendiert diesen)
`kill %jobnr`	Beendet einen Prozess
`kill -SIGCONT %jobnr`	Setzt die Ausführung eines angehaltenen Prozesses fort (egal, ob im Hinter- oder Vordergrund)

Tabelle 8.1 Kommandos zur Jobverwaltung

Das folgende Script soll Ihnen den Sinn von `fg` näher demonstrieren.

```
# Name: ascript

echo "Das Script wird gestartet ..."
printf "Warte auf Eingabe: "
read input
echo "Script ist fertig ..."
```

Das Script bei einer Ausführung im Hintergrund:

```
you@host > ./ascript &
[1] 7338
[1]+  Stopped                 ./script1
you@host > fg %
./script1
Das Script wird gestartet ...
Warte auf Eingabe: Hallo
Script ist fertig ...
you@host >
```

Hier hat das Script von selbst angehalten, weil sich darin eine Eingabeaufforderung mittels `read` befand. Deshalb wurde das Script mittels `fg` in den Vordergrund geholt, um dieser Aufforderung nachzukommen. Anschließend wurde das Script weiter abgearbeitet.

8.8 Shellscripts zeitgesteuert ausführen

Als Systemadministrator oder Webmaster werden Sie zwangsläufig mit folgenden Wartungstätigkeiten konfrontiert:

- Sichern von Daten (Backup)
- Konsistenzüberprüfung
- »Rotieren« von Logfiles

Solange Sie auf einem Einzelplatz-Rechner arbeiten, können Sie hin und wieder solche Scripts, die diese Aufgaben erledigen, selbst von Hand starten (wobei dies auf Dauer auch sehr mühsam erscheint). Allerdings hat man es in der Praxis nicht nur mit einem Rechner zu tun, sondern mit einer ganzen Horde. Sie werden sich wohl kaum auf einem Dutzend Rechner einloggen, um jedes Mal ein Backup-Script von Hand zu starten.

Für solche Aufgaben wurden unter Linux/UNIX *Daemons* (Abkürzung für **d**isk **a**nd **e**xecution **mon**itor**s**) eingeführt. *Daemons* (auch gern als Dämonen oder Geister bezeichnet) sind Prozesse, die zyklisch oder ständig im Hintergrund ablaufen und auf Aufträge warten. Auf Ihrem System laufen wahrscheinlich ein gutes Dutzend solcher *Daemons*. Die meisten werden beim Start des Systems vom Übergang in den Multi-User-Modus automatisch gestartet. In unserem Fall geht es vorwiegend um den cron-*daemon*.

»cron« kommt aus dem Griechischen (*chronos*) und bedeutet Zeit. Bei diesem cron-*daemon* definieren Sie eine Aufgabe und delegieren diese dann an den *Daemon*. Dies realisieren Sie durch einen Eintrag in `crontab`, einer Tabelle, in der festgelegt wird, wann welche Jobs ausgeführt werden sollen. Es ist logisch, dass der Rechner (und der cron-*daemon*) zu der Zeit laufen muss, zu der ein entsprechender Job ausgeführt wird. Dass dies nicht immer möglich ist, leuchtet ein (besonders bei einem Heimrechner). Damit aber trotzdem gewährleistet wird, dass die Jobs in der Tabelle `crontab` ausgeführt werden, bieten einige Distributionen zusätzlich den *Daemon* `anacron` an. Dieser tritt immer an die Stelle von `cron` und stellt sicher, dass die Jobs regelmäßig zu einer bestimmten Zeit ausgeführt werden – also auch, wenn der Rechner nicht eingeschaltet ist.

crond macht also in der Praxis nichts anderes, als in bestimmten Zeitintervallen (Standard eine Minute) die Tabelle `crontab` einzulesen und entsprechende Jobs auszuführen. Somit müssen Sie, um den cron-*daemon* zu verwenden, nichts anderes tun, als in `crontab` einen entsprechenden Eintrag zu hinterlegen. Bevor

Sie erfahren, wie Sie dies praktisch anwenden, muss ich noch einige Anmerkungen zu Ihren Scripts machen, die mit dem cron-*daemon* gestartet werden sollen.

Wenn Sie ein Script mit dem cron-*daemon* starten lassen, sollten Sie sich immer vor Augen halten, dass Ihr Script keine Verbindung mehr zum Bildschirm und zur Tastatur hat. Damit sollte Ihnen klar sein, dass eine Benutzereingabeaufforderung mit `read` genauso sinnlos ist wie eine Ausgabe mittels `echo`. In beiden Fällen sollten Sie die Ein- bzw. Ausgabe umlenken. Die Ausgaben werden meist per Mail an den Eigentümer der `crontab` geschickt.

Ebenso sieht dies mit den Umgebungsvariablen aus. Sie haben in den Kapiteln zuvor recht häufig die Umgebungsvariablen verändert und verwendet, allerdings können Sie sich niemals zum Zeitpunkt der Ausführung eines Scripts, das vom cron-*daemon* gestartet wurde, darauf verlassen, dass die Umgebung derjenigen entspricht, wie sie vielleicht beim Testen des Shellscripts vorlag. Daher werden auch in der `crontab`-Datei entsprechende Umgebungsvariablen belegt. Wird ein cron-Job ausgeführt, wird die Umgebung des cron-*daemons* verwendet. `LOGNAME` (oder auch `USER`) wird auf den Eigentümer der `crontab`-Datei gesetzt und `HOME` auf dessen Verzeichnis, so wie dies bei `/etc/passwd` der Fall ist. Allerdings können Sie nicht alle Umgebungsvariablen in der `crontab`-Datei neu setzen. Was mit `SHELL` und `HOME` kein Problem ist, ist mit `LOGNAME` bzw. `USER` nicht möglich. Sicherstellen sollten (müssen) Sie auch, dass `PATH` genauso aussieht wie in der aktuellen Shell – sonst kann es passieren, dass einige Kommandos gar nicht ausgeführt werden können. Programme und Scripts sollten bei cron-Jobs möglichst mit absoluten Pfaden angegeben werden, um den etwaigen Problemen mit `PATH` vorzubeugen.

Wollen Sie wissen, ob Ihr Script jetzt im Hintergrund läuft oder nicht (wegen der Ein-/Ausgabe), können Sie dies im Script `tty` überprüfen. Wenn das Script nicht im Hintergrund läuft, gibt `tty /dev/tty` oder Ähnliches zurück. Läuft das Script allerdings im Hintergrund, gibt es keinen Bildschirm zur Ausgabe und `tty` gibt einen Fehlerstatus (ungleich 0) wie 1 zurück. Natürlich sollten Sie diese Überprüfung im Stillen ausführen, damit im Fall der Fälle keine störende Ausgabe auf dem Bildschirm erfolgt. Dies können Sie mit der Option `-s` (*silence*) erreichen:

```
you@host > tty
/dev/pts/39
you@host > tty -s
you@host > echo $?
0
```

Ebenso können Sie die Shell-Variable `PS1` überprüfen, welche gewöhnlich nur bei der interaktiven Shell gesetzt wird.

Der cron-*daemon* speichert seine Einträge in der `crontab`-Datei. Dieser Pfad befindet sich gewöhnlich im */etc*-Verzeichnis. Allerdings handelt es sich hierbei um die cron-Jobs von root. Natürlich hat auch jeder andere Benutzer auf dem System seine eigene `crontab`-Datei, welche sich für gewöhnlich im Verzeichnis */var/spool/cron/* befindet.

Zum Modifizieren der `crontab`-Datei genügt ein einfaches `crontab` mit der Option `-e` (*edit*). Normalerweise öffnet sich die `crontab`-Datei mit dem Standardeditor (meistens `vi`). Wollen Sie einen anderen Editor verwenden (bspw. `nano`, `pico`, `joe` ...), müssen Sie die Variable `VISUAL` oder `EDITOR` ändern und exportieren (`export VISUAL='`*editor_ihrer_wahl*`'`). Gewöhnlich ist die Datei, die sich in `vi` öffnet, leer (bei der ersten Verwendung von `cron` als normaler Benutzer).

Was aber schreibt man in eine solche `crontab`-Datei? Natürlich die Jobs, und zwar mit folgender einfacher Syntax:

Minuten	Stunden	Tage	Monate	Wochentage	[*User*]	Befehl
0–59	0–23	1–31	1–12	0–7	*Name*	kommando_oder_script

Tabelle 8.2 Ein Eintrag in die crontab-Datei

Praktisch besteht jede einzelne Zeile aus 6 (bzw. 7) Spalten, in denen ein Auftrag festgelegt wird. Die Spalten werden durch ein Leer- bzw. ein Tabulatorzeichen voneinander getrennt. In der ersten Spalte werden die Minuten (0–59), in der zweiten die Stunden (0–23), in der dritten die Tage (1–31), in der vierten die Monate (1–12), in der fünften die Wochentage (0–7; 0 und 7 stehen hierbei für Sonntag) und in der sechsten Spalte wird das Kommando bzw. Script angegeben, welches zum gegebenen Zeitpunkt ausgeführt werden soll. In der Syntax finden Sie noch eine Spalte »User« (die sechste), welche allerdings beim normalen User entfällt. Diese Spalte ist dem root vorbehalten, in dem dieser einen cron-Job für bestimmte User einrichten kann. Somit besteht eine Zeile (Auftrag) einer `crontab`-Datei für den normalen Benutzer aus sechs und für den root aus sieben Spalten.

Natürlich können Sie auch Kommentare bei der `crontab`-Datei hinzufügen. Diese werden mit der Shellscript-üblichen # eingeleitet. Sie können bei den Zeitangaben statt Zahlen auch einen Stern (`*`) verwenden, was für »Erster-Letzter« steht – also »immer«. Somit würde folgender Eintrag das Script »meinscript« jede Minute ausführen:

```
# Führt das Script jede Minute aus
* * * * * $HOME/meinscript
```

Es sind auch Zahlenbereiche erlaubt, so kann z.B. ein Bereich durch einen Bindestrich von einem anderen getrennt werden. Die Zahlen zwischen den Bereichen sind immer inklusive. Somit bedeutet folgender Eintrag, dass das Script »meinscript« jeden Tag um 10, 11, 12, 13 und 14 Uhr ausgeführt wird:

```
0 10-14 * * * $HOME/meinscript
```

Es können auch Listen verwendet werden, bei denen Nummern oder auch ein Zahlenbereich von Nummern durch Kommata getrennt werden:

```
0 10-12,16,20-23 * * * $HOME/meinscript
```

Hier würde jeden Tag um 10, 11, 12, 16, 20, 21, 22 und 23 Uhr das Script »meinscript« ausgeführt. Es dürfen keine Leerzeichen in der Liste vorkommen, da das Leerzeichen ja das Trennzeichen für den nächsten Eintrag ist.

Es sind außerdem Aufträge in bestimmten Schritten möglich. So könnten Sie statt der Angabe, alle 4 Stunden ein bestimmtes Script auszuführen, mit

```
0 0,4,8,12,16,20 * * * $HOME/meinscript
```

dies mit `0-23/4` oder `*/4` verkürzen:

```
0 */4 * * * $HOME/meinscript
```

Hier einige Beispiele zum besseren Verständnis:

```
# Jeden Tag um 11 Uhr das Script meinscript ausführen
0 11 * * * $HOME/meinscript
# Jeden Dienstag und Freitag um 23 Uhr das Script
# meinscript ausführen
0 23 * * 2,5 $HOME/meinscript
# Jeden zweiten Tag das Script meinscript um 23 Uhr ausführen
0 23 * * 0-6/2 $HOME/meinscript
# Achtung: Das Script wird jeden 15. eines Monats UND jeden
# Samstag um 23 Uhr ausgeführt
0 23 15 * 6 $HOME/meinscript
```

Gewöhnlich wird Ihre `crontab`-Datei auf Dauer immer umfangreicher. Sofern Sie `crontab` zur Fernwartung einsetzen, können Sie sich die Ausgabe Ihres Scripts per E-Mail zuschicken lassen. Hierzu müssen Sie die Variable `MAILTO` (per Standard meist auf *user@host* gesetzt) in `crontab` mit Ihrer E-Mail-Adresse versehen. Mit einem leeren `MAILTO` (`""`) können Sie dies wieder abschalten. Es kann auch sinnvoll sein, die `SHELL` entsprechend zu verändern, da standardmäßig häufig die Bourne-Shell verwendet wird. Da die Korn-Shell bzw. die Bash oft beim Thema »Builtins« und einigen weiteren Funktionen überlegen ist, sollten Sie hier entsprechende Shell eintragen, da ansonsten die Scripts nicht richtig laufen könnten. Unter Linux ist dies allerdings – wie schon einige Mal erwähnt – zweitrangig, da es hier keine echte Bourne-Shell gibt und alles ein Link auf die Bash ist. Hierzu soll eine einfach `crontab`-Datei erstellt werden:

```
you@host > crontab -e

### ---vi startet--- ###
SHELL=/bin/ksh
MAILTO=tot
# Alle zwei Minuten "Hallo Welt" an die Testdatei hängen
*/2 * * * * echo "Hallo Welt" >> $HOME/testdatei

###--- Abspeichern und Quit (:wq)---###
crontab: installing new crontab
you@host >
```


Wollen Sie einen Überblick aller cron-Jobs gewinnen, müssen Sie nur `crontab` mit der Option `-l` (für *list*) aufrufen. Die vollständige Tabelle können Sie mit der Option `-r` (*remove*) löschen.

```
you@host > crontab -l
# DO NOT EDIT THIS FILE - edit the master and reinstall.
# (/tmp/crontab.8999 installed on Mon Mar 28 19:07:50 2005)
# (Cron version --
 $Id: crontab.c,v 2.13 1994/01/17 03:20:37 vixie Exp $)
SHELL=/bin/bash
MAILTO=tot
# Alle zwei Minuten "Hallo Welt" an die Testdatei hängen
*/2 * * * * echo "Hallo Welt" >> $HOME/testdatei
you@host > crontab -r
you@host > crontab -l
no crontab for you
```

Aufruf	Bedeutung
`crontab -e`	Die crontab-Datei editieren
`crontab -l`	Alle cron-Jobs auflisten
`crontab -r`	Alle cron-Jobs löschen

Tabelle 8.3 Optionen für crontab und deren Bedeutung

Soweit so gut, alles hier Beschriebene (siehe Tabelle 8.3) gilt für den cron-*daemon* unter Linux. Es gibt allerdings drei Versionen des cron-*daemons* (eine BSD-Variante, eine SYS-V-Version und die Linux-Variante). So ist bspw. `MAILTO` rein Linux-spezifisch und funktioniert eventuell nirgendwo anders sonst. Auch ist die Zuweisung von Variablen in der `crontab`-Datei kein Standard, der überall funktionieren muss. Und das Wichtigste: Es kann sein, dass auf einigen Systemen die einzelnen Spalten mit einem Tabulatorzeichen getrennt sein müssen, auf einem anderen aber mit einem Leerzeichen. Linux wiederum kennt beides. Daher sollte immer erst die Manual-Page angesteuert werden, um hundertprozentig sicher zu gehen.

8.9 Startprozess- und Profildaten der Shell

> **Hinweis** Hier gleich zu Beginn der Hinweis, dass das Thema »Konfigurationsdateien« eine ziemlich knifflige Sache ist, da viele Distributionen hier ihr eigenes Süppchen kochen. »Knifflig« sind die Standardeinstellungen, die sich bei den Distributionen unterscheiden. Es handelt sich dabei aber um ein grundsätzliches Prinzip, anhand dessen Sie bestimmte Funktionsweisen einer Shell verstehen können.

Beim Start liest die Shell – noch vor der ersten Benutzereingabe – eine Reihe von Konfigurationsdateien ein, interpretiert den Inhalt und übernimmt bestimmte Einstellungen. Mit einer solchen Konfigurationsdatei wird das Verhalten einer Shell eingestellt, Voreinstellungen werden getroffen und die Benutzerumgebung wird individuell konfiguriert. Allerdings kann der Start einer Shell auf viele unterschiedliche Arten erfolgen.

- Eine Shell kann interaktiv (interaktive Subshell) sein und Eingaben von der Kommandozeile lesen und ausführen (wie Sie dies vom täglichen Gebrauch Ihrer Shell her kennen).
- Eine Shell kann nicht interaktiv (nicht interaktive Subshell) sein, so wie dies bspw. beim Starten Ihrer Shellscripts der Fall ist.
- Eine Shell kann als Login-Shell gestartet werden (wird für den Benutzer als Erstes nach seiner Anmeldung gestartet).
- Eine Shell kann als zusätzliche Shell gestartet werden.

Da hier viele verschiedene Start- bzw. Anwendungsformen vorhanden sind, durchläuft die Shell für jeden Modus unterschiedliche Konfigurationsdateien, sofern diese vorhanden sind.

Hinweis Mittlerweile gibt es eine Menge Linux-UNIX-Systeme (Distributionen) und auch Shells, sodass diese Shell-Initialisierungsdateien recht unterschiedlich sein können. Dies kann bedeuten, dass auf manchen Systemen noch mehr solcher Konfigurationsdateien vorhanden sind als hier beschrieben oder sich diese eventuell in einem anderen Verzeichnis (gar mit anderem Namen) befindet.

8.9.1 Arten von Initialisierungsdateien

Das Einlesen von Initialisierungsdateien wird häufig recht komplex und umständlich erklärt, aber im Prinzip müssen Sie hierbei nur zwei unterschiedliche Arten solcher Dateien auseinander halten:

8

- Systemweite Initialisierungsdateien – systemweite Einstellungen finden Sie gewöhnlich im Verzeichnis */etc* (bspw. */etc/profile*) oder manchmal noch in */usr/etc*. Einige Programme (nicht nur Shells verwenden Initialisierungsdateien) legen ihre systemweiten Konfigurationsdateien auch in */usr/share/packet/xxxxxrc* ab (Endung `rc` steht für *read command*).
- Benutzer/individuelle Initialisierungsdateien – diese Initialisierungsdateien finden Sie für gewöhnlich im `HOME`-Verzeichnis des Benutzers als versteckte Datei (beginnend mit einem Punkt).

8.9.2 Ausführen von Profildateien beim Start einer Login-Shell

Beim Ausführen von Profildateien gehen die Shells teilweise unterschiedliche Wege (abgesehen von der systemweiten Initialisierungsdatei */etc/profile*), weshalb hier auch die einzelnen Shells berücksichtigt werden.

Systemweite Einstellungen (Bourne-Shell, Korn-Shell und Bash)

Beim Anmelden einer interaktiven Login-Shell wird die systemweite Profildatei */etc/profile* ausgeführt. Diese systemweiten Einstellungen sind allerdings vom normalen Benutzer nicht editierbar. Hier kann bspw. der Systemadministrator weitere Shell-Variablen definieren oder Umgebungsvariablen überschreiben. Meistens werden aus */etc/profile* weitere Initialisierungsdateien aufgerufen.

Hinweis Woher kommen bei einer Login-Shell die Umgebungsvariablen? Wenn Sie sich als Benutzer anmelden, startet `login` eine Shell. Welche das ist, steht in der *passwd*-Datei im letzten Feld. Diese Shell erzeugt nun eine Umgebung mit einer Reihe von Variablen.

Die meisten dieser Werte werden automatisch auf einen Standardwert gesetzt, trotzdem gibt es auch einige benutzerspezifische Werte wie etwa `HOME`, in denen sich das Heimverzeichnis des eben eingeloggten Benutzers befindet.

Benutzerspezifische Einstellungen

Wurden die systemspezifischen Konfigurationsdateien abgearbeitet, haben Sie die Möglichkeit, die Umgebung an die eigenen Bedürfnisse (bzw. für jeden Benutzer auf dem System) anzupassen. Hier enden dann auch die Gemeinsamkeiten der verschiedenen Shells, im Folgenden muss also auf die einzelnen Parteien eingegangen werden.

Bourne-Shell

In der Bourne-Shell wird die lokale benutzerindividuelle Konfigurationsdatei *.profile* (im Heimverzeichnis des Benutzers `$HOME`*/.profile*) für eine interaktive Login-Shell eingelesen und interpretiert. Für die Bourne-Shell wäre der Login-Prozess somit abgeschlossen (siehe Abbildung 8.1).

Hinweis Wenn Sie in der Bash die Bourne-Shell (`sh`) aufrufen, so wird nach */etc/profile* nur noch die Datei *.profile* durchlaufen.

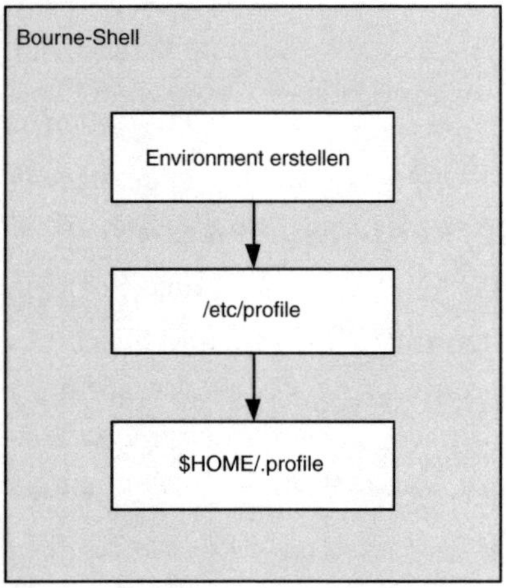

Abbildung 8.1 Start einer Login-Shell (Bourne-Shell)

Bash

In der Bash wird im Heimverzeichnis des Benutzers zunächst nach der Datei *.bash_profile* gesucht. *.bash_profile* ist die lokale benutzerindividuelle Konfigurationsdatei für eine interaktive Login-Shell in der Bash. Existiert die Datei *.bash_profile* nicht, wird nach der Datei *.bash_login* (ebenfalls im Heimverzeichnis) gesucht. Konnte weder eine *.bash_profile* noch eine *.bash_login*-Datei gefunden werden, wird wie schon bei der Bourne-Shell nach *.profile* Ausschau gehalten und ausgeführt (siehe Abbildung 8.2). Als Alternative für *.bash_profile* findet man auf vielen Systemen auch die Datei *.bashrc* (mehr zu *.bashrc* in Kürze).

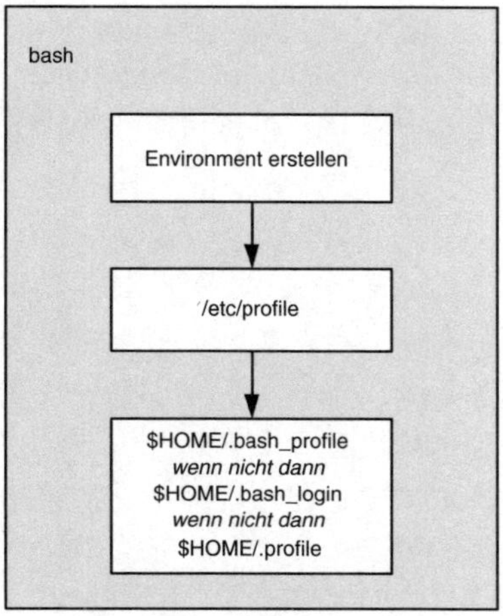

Abbildung 8.2 Start einer Login-Shell (Bash)

Korn-Shell

Die Korn-Shell startet zunächst wie die Bourne-Shell die Datei *.profile* (`$HOME`*/.profile*) aus dem Heimverzeichnis des Benutzers. Jetzt wird noch eine weitere Datei ausgeführt, welche zusätzliche Parameter für die laufende Sitzung setzt. Diese Datei startet die Shell jedes Mal neu, wenn Sie eine weitere Shell aufrufen. Die Datei, die ausgeführt werden soll, findet die Korn-Shell in der Umgebungsvariablen `ENV`, welche bei einer der Profildateien zuvor (*/etc/profile* oder *.profile*) definiert und exportiert wurde. In der Regel handelt es sich hierbei um die Datei *.kshrc* im Heimverzeichnis des Benutzers. In dieser Datei findet man typischerweise alle Shell-Optionen, Funktionen, Aliase, die man nicht exportieren kann – daher wird auch bei jeder neuen Shell diese Datei neu ausgeführt (siehe Abbildung 8.3). Sie werden anschließend gleich feststellen, dass die Bash ohne eine Login-Shell auch nichts anderes macht und ebenfalls eine weitere Datei beim Start einer neuen Subshell aufruft.

Hinweis Hierbei handelt es sich wieder um das knifflige Thema, das am Anfang des Abschnitts angesprochen wurde.

Auf einer BSD-Maschine findet man hier nur *.cshrc*, auf Debian wiederum findet man weder *.cshrc* noch *.kshrc* – ebenso wenig wie unter anderen Linux-Systemen (Fedora, SuSE). Aber auf einem Solaris-Rechner scheint die Welt wieder in Ordnung zu sein, hier ist *.kshrc* vorhanden (weil ja auch per Standard die Korn-Shell installiert wird).

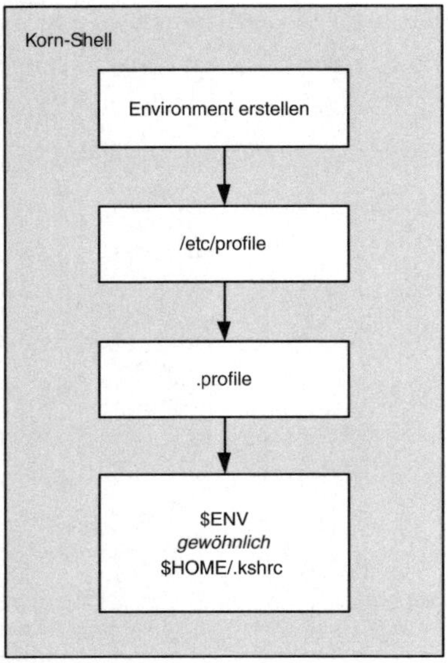

Abbildung 8.3 Start einer Login-Shell (Korn-Shell)

8.9.3 Ausführen von Profildateien beim Start einer Nicht-Login-Shell (Bash und Korn-Shell)

Gerade *Linux-Us*er, die den Abschnitt oben zu den Profildateien zur geliebten Bash gelesen haben, werden sich fragen, wo denn nun entsprechende Dateien sind. Häufig findet der User beim Hausgebrauch gerade mal die Datei *.profile* wieder. Ein Eintrag in diese Datei zeigt zunächst, dass sich in einer »xterm« hier gar nichts rührt. Sie können testweise eine einfache `export`-Anweisung in die Profildateien einfügen und mittels `echo` ausgeben lassen. Erst wenn eine echte Login-Shell (bspw. mit [Strg]+[Alt]+[F1]) geöffnet wird und sich der Benutzer in diese einloggt, werden die Einträge in *.profile* aktiv. Das ist auch kein Wunder, denn alles zuvor Beschriebene galt für eine echte Login-Shell (das Thema wurde bereits in Abschnitt 1.9.2 behandelt).

Sobald Sie allerdings ein Pseudo-Terminal (pts bzw. ttyp) öffnen, haben Sie aber keine Login-Shell mehr, sondern eine neue Subshell (bzw. eine interaktive Shell). Eine Subshell starten Sie ...

- beim Aufruf des Scripts mit `sh ascript`, `ksh ascript`, `bash ascript` oder einfach nur mit `ascript` und natürlich mit der Angabe der Shell in der ersten Zeile des Shellscripts (bspw. `#!/bin/ksh` ...).
- beim direkten Aufruf einer Shell mit `sh`, `ksh` oder `bash`.

Nun benötigt auch die Bash eine Startdatei, wie dies bei der Korn-Shell mit *.kshrc* standardmäßig der Fall ist. Der Grund ist hier derselbe wie schon bei der Korn-Shell. Auch hier ist es unmöglich, die Aliase, Shell-Optionen und Funktionen zu exportieren. Beim Starten einer Subshell zeigen also die Profildateien keine Wirkung mehr. Ganz einfach: Gäbe es hier keine weitere Startdatei, so gäbe es in der Subshell keine Aliase, Shell-Optionen und Funktionen, die Sie vielleicht sonst so regelmäßig einsetzen.

8

In der Korn-Shell, das haben Sie bereits erfahren, lautet die Startup-Datei *.kshrc* bzw. es ist die Datei, die in der Variablen `ENV` abgelegt wurde. Die Bash geht denselben Weg und führt gewöhnlich die Datei *.bashrc* im Heimverzeichnis des Benutzers aus. Allerdings gibt es in der Bash zwei Möglichkeiten. Wird eine neue Subshell im interaktiven Modus erzeugt (also einfach in der Arbeits-Shell durch einen Aufruf von `bash`), so wird die Datei *.bashrc* ausgeführt. Wird hingegen ein neues Script gestartet, wird die Datei gestartet, die sich in der Umgebungsvariablen `BASH_ENV` befindet. Sofern Sie allerdings `BASH_ENV` nicht selbst anpassen und eine andere Datei starten wollen, wird `BASH_ENV` gewöhnlich auch nur mit *.bashrc* belegt.

Hinweis Die Bourne-Shell ruft keinerlei Startdatei beim Aufrufen einer neuen Subshell auf.

Ausnahmen

Es gibt allerdings noch zwei Ausnahmen, bei denen zwar eine Subshell erzeugt, aber nicht die Startup-Datei *.bashrc* bzw. *.kshrc* ausgeführt wird. Und zwar ist dies der Fall beim Starten einer Subshell zwischen runden Klammern `( ... )` (siehe Abschnitt 8.5) und bei der Verwendung einer Kommando-Substitution. Hierbei erhält die Subshell immer jeweils eine exakte Kopie der Eltern-Shell mit allen Variablen. Und natürlich wird auch keine Startup-Datei ausgeführt (auch keine Subshell), wenn Sie ein Script in der aktuellen Shell mit einem Punkt aufrufen.

8.9.4 Zusammenfassung alle Profil- und Startup-Dateien

Tabelle 8.4 bietet zum Schluss noch einen kurzen Überblick zu den Dateien (und Variablen), die bezüglich der Initialisierung für Shells und Shellscripts bedeutend sind.

Datei	sh	ksh	bash	Bedeutung
/etc/profile	x	x	x	Diese Datei wird von einer interaktiven Login-Shell abgearbeitet und setzt systemweite, vom normalen Benutzer nicht veränderbare Einstellungen. Hier werden häufig weitere Initialisierungsdateien aufgerufen.
`$HOME`/*.profile*	x	x	x	Diese Datei ist die lokale benutzerdefinierte Konfigurationsdatei für eine interaktive Login-Shell, welche der Benutzer an die eigenen Bedürfnisse anpassen kann.
`$HOME`/*.bash_profile*			x	Diese Datei ist die lokale benutzerdefinierte Konfigurationsdatei für eine interaktive Login-Shell, welche der Benutzer an die eigenen Bedürfnisse anpassen kann (wird gegenüber *.profile* bevorzugt behandelt und verwendet).
`$HOME`/*.bash_login*			x	Wie *.bash_profile*. Wird verwendet, wenn *.bash_profile* nicht existiert, ansonsten danach ausgeführt.
`$HOME`/*.bashrc*			x	Diese Datei ist die lokale benutzerdefinierte Konfigurationsdatei für jede interaktive Shell, die keine Login-Shell ist, welche der Benutzer den eigenen Bedürfnissen entsprechend anpassen kann.
`$HOME`/*.kshrc*		x		Diese Datei ist die lokale benutzerdefinierte Konfigurationsdatei für jede interaktive Shell, die keine Login-Shell ist, welche der Benutzer an die eigenen Bedürfnisse anpassen kann.
`$BASH_ENV`			x	Die Startup-Datei, welche beim Ausführen einer nicht interaktiven Shell (bspw. Shellscript) zusätzlich ausgeführt wird. Meistens mit *.bashrc* belegt.
`$ENV`		x		Die Startup-Datei, welche von der Korn-Shell bei jeder weiteren Shell gestartet wird. Der Wert ist meistens mit der Datei *.kshrc* belegt.
`$HOME`/*.bash_logout*			x	Diese Datei kann bei einer Beendigung bzw. Abmeldung aus einer Login-Shell für Aufräumarbeiten verwendet werden.

Tabelle 8.4 Wichtige Profil- und Startup-Dateien

Datei	sh	ksh	bash	Bedeutung
/etc/inputrc			x	In dieser Datei wird die systemweite Vorbelegung der Tastatur für die Bash und andere Programme definiert, welche die C-Funktion `readline` zum Lesen der Eingabe verwenden. Veränderungen sind dem Systemadministrator (root) vorbehalten.
`$HOME`*/.inputrc*			x	Wie */etc/inputrc*, nur dass hier der normale Benutzer eigene Einstellungen vornehmen darf.

Tabelle 8.4 Wichtige Profil- und Startup-Dateien (Forts.)

8.10 Ein Shellscript bei der Ausführung

8

In diesem Abschnitt soll kurz zusammengefasst werden, wie ein Shellscript arbeitet. Gewöhnlich starten Sie ein Shellscript so, dass die aktuelle Shell eine neue Subshell eröffnet. Diese Subshell ist für die Ausführung des Shellscripts verantwortlich. Sofern das Script in der aktuellen Shell nicht im Hintergrund ausgeführt wird, wartet die Shell auf die Beendigung der Subshell. Ansonsten, also bei einem im Hintergrund gestarteten Script, steht die aktuelle Shell gleich wieder zur Verfügung. Wird das Script hingegen mit einem Punkt gestartet, wird keine Subshell gestartet, sondern dann ist die laufende Shell verantwortlich für die Ausführung des Scripts. Grob läuft die Ausführung eines Scripts in drei Schritten ab, und zwar:

- Syntaxüberprüfung
- Expansionen
- Kommandoausführungen

8.10.1 Syntaxüberprüfung

Bei der Syntaxüberprüfung wird das Shellscript Zeile für Zeile eingelesen. Daraufhin wird jede einzelne Zeile auf die richtige Syntax überprüft. Ein Syntaxfehler tritt auf, wenn ein Schlüsselwort oder eine Folge von Schlüsselworten und weitere Tokens nicht der Regel entsprechen.

8.10.2 Expansionen

Jetzt folgt eine Reihe von verschiedenen Expansionen:

- Aliase- und Tilde-Expansion
- Kommando-Substitution
- Variablen-Interpolation

- Berechnungen (nur Bash und Korn-Shell)
- Dateinamen-Expansionen

8.10.3 Kommandos

Zu guter Letzt werden die Kommandos ausgeführt. Hier gibt es auch eine bestimmte Reihenfolge, die einzuhalten ist:

1. Builtins-Kommandos der Shell (Shell-Funktionen)
2. Funktionen
3. Externes Kommando (in `PATH`) oder ein binäres Programm

Und natürlich können auch noch weitere Shellscripts aus einem Script gestartet werden (siehe Abbildung 8.4).

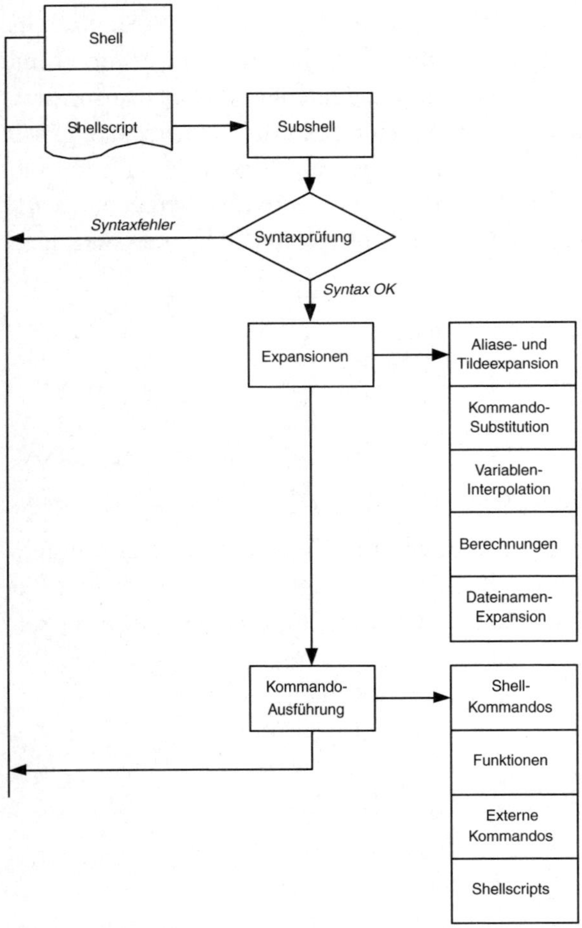

Abbildung 8.4 Ein Shellscript bei der Ausführung

8.11 Shellscripts optimieren

Diese Überschrift täuscht ein wenig. Im Gegensatz zu anderen Programmiersprachen ist es schwer, ein Shellscript bzw. eine interpretierte Programmiersprache während der Laufzeit zu optimieren. Trotzdem gibt es einige Ratschläge, die Sie befolgen können, damit Ihre Scripts mindestens doppelt bis teilweise zehnmal so schnell laufen können.

Verwenden Sie wenn möglich Builtin-Kommandos (Übersicht siehe Anhang A) der Shell statt externer Kommandos, da diese immer wesentlich schneller interpretiert werden können als externe Kommandos (da in der Shell eingebaut). Dies führt auch gleich zu der Empfehlung, wenn möglich die Korn-Shell bzw. die Bash der Bourne-Shell vorzuziehen, da Ihnen bei den »moderneren« Shells zahlreichere eingebaute Builtin-Kommandos zur Verfügung stehen als bei der Bourne-Shell.

Hinweis Allerdings sollten Sie immer bedenken, dass die Bash nicht überall verfügbar ist. Die portabelsten Scripts schreiben Sie immer noch mit der Bourne-Shell, weil diese überall vorhanden ist (wenn nicht, dann immer noch als symbolischer Link). Außerdem liegen auf Schlankheit getrimmte Linux-Distributionen auf einem USB-Stick derzeit im Trend (bspw. »Damnsmall Linux«). Und solch leichte Distributionen verwenden von Haus aus keine Bash mehr als Shell.

Des Weiteren sollten Sie bei der Auswahl des Kommandos immer auf die einfachere Version zurückgreifen. So ist zum Beispiel das Lesen von Daten mit `cat` fast zehnmal so schnell wie das Lesen von Daten mit `awk` und hundertmal (!) schneller als das Einlesen mir `read`. Hier gilt es, zwischendurch mal einen Vergleich anzustellen und die Performance der einzelnen Kommandos zu testen.

Grundsätzlich ist das Einlesen einer großen Datenmenge über `read` zu vermeiden – ganz besonders in einer Schleife. `read` eignet sich hervorragend zur Benutzereingabe oder vielleicht noch für eine kleine Datei, aber ansonsten sind hier Kommandos wie `cat`, `grep`, `sed` oder `awk` zu bevorzugen. Allerdings sollten Sie überdenken, ob Sie eigentlich alle Daten, die sich in einer sehr großen Datei befinden, benötigen. Wenn nicht, sollten Sie über `grep`, `sed` oder `awk` die für Sie wichtigen Zeilen herausfiltern und in einer temporären Datei für die spätere Weiterarbeit abspeichern. Auch bei der Verwendung von `awk` in Schleifen sollten Sie eher ein komplettes `awk`-Script in Erwägung ziehen. Dabei muss `awk` nicht jedes Mal von Neuem aufgerufen und gestartet werden.

Alle Goodies zusammengefasst:

- Builtin-Kommandos bevorzugen gegenüber externen Kommandos
- Korn-Shell und Bash gegenüber der Bourne-Shell bevorzugen
- Immer die einfachste Version eines Kommandos verwenden
- `read` beim Einlesen größerer Datenmengen vermeiden
- Immer nur die benötigten Daten aus einer Datei herausfiltern
- `awk` nicht in umfangreichen Schleifen verwenden, stattdessen ein `awk`-Script einsetzen

9 Nützliche Funktionen

9 Nützliche Funktionen

Dieses Kapitel zeigt Ihnen einige sehr hilfreiche »Funktionen«, auf die bisher noch nicht eingegangen werden konnte. Natürlich stellt dies noch lange nicht den kompletten Funktionsumfang der Shell-Funktionen dar, weshalb Sie neben der Linux-UNIX-Kommandoreferenz (Kapitel 14) in diesem Buch im Anhang noch einen Überblick zu allen »Builtins« für die jeweilige Shell finden.

9.1 Der Befehl eval

Ein auf den ersten Blick etwas ungewöhnliches Kommando lautet `eval`. Die Syntax:

```
eval Kommandozeile
```

Mit `eval` können Sie Kommandos ausführen, als würden Sie diese in der Kommandozeile von Tastatur eingeben. Schreiben Sie `eval` vor einem Kommando in die Kommandozeile, wird das Kommando oder die Kommandofolge zweimal ausgeführt. Im Fall einer einfachen Kommandoausführung oder -folge ohne `eval` ist eine doppelte Bewertung nicht sinnvoll:

```
you@host > eval ls -l | sort -r
...
```

Anders hingegen sieht dies aus, wenn Sie eine Befehlsfolge in einer Variablen abspeichern wollen, um diese daraufhin ausführen zu lassen:

```
you@host > LSSORT="ls -l | sort -r"
you@host > $LSSORT
ls: |: Datei oder Verzeichnis nicht gefunden
ls: sort: Datei oder Verzeichnis nicht gefunden
```

Sicherlich haben Sie etwas Derartiges schon einmal ausprobiert. Wollen Sie die Befehlsfolge, die Sie in der Variablen `LSSORT` gespeichert haben, jetzt ausführen, ist das Kommando `eval` erforderlich. Die anschließende Fehlermeldung sagt alles. Verwenden Sie hier am besten mal `set -x` und sehen Sie sich an, was die Shell aus der Variablen `$LSSORT` macht:

```
you@host > set -x
you@host > $LSSORT
+ ls -l '|' sort -r
ls: |: Datei oder Verzeichnis nicht gefunden
ls: sort: Datei oder Verzeichnis nicht gefunden
```

Das Problem ist hierbei also das Pipe-Zeichen. Dieses müsste von der Shell ein zweites Mal bewertet werden, aber stattdessen wird die Befehlsfolge gleich ausgeführt, sodass hier das Pipe-Zeichen als Argument von `ls` bewertet wird. Sie können die Variable `LSSORT` drehen und wenden wie Sie wollen, die Shells verwenden grundsätzlich einen Ausdruck nur einmal. Hier greift `eval` mit seiner doppelten Ausführung ein:

```
you@host > eval $LSSORT
...
```

Schalten Sie wieder die Option `-x` ein, können Sie erkennen, dass mithilfe von `eval` die Variable `LSSORT` zweimal ausgeführt wird:

```
you@host > eval $LSSORT
+ eval ls -l '|' sort -r
++ /bin/ls -l
++ sort -r
...
```

`eval` eignet sich also in Shellscripts für die Ausführung von Kommandos, die nicht im Script enthalten sind, sondern erst während der Laufzeit des Scripts festgelegt werden. Sinnvoll ist dies beispielsweise, wenn Sie in Ihrem Script ein Kommando verwenden, das es auf einem bestimmten System nicht gibt. So können Sie dem etwas erfahreneren Anwender eine Möglichkeit geben, sich sein Kommando selbst zusammenzubasteln:

```
# Name: aeval

while true
do
   printf "Kommando(s) : "
   read
   eval $REPLY
done
```

Das Script bei der Ausführung:

```
you@host > ./aeval
Kommando(s) : var=hallo
Kommando(s) : echo $var
hallo
Kommando(s) : who
you      :0           Mar 30 14:45 (console)
Kommando(s) : echo `expr 5 + 11`
16
```

```
Kommando(s) : asdf
./script1: line 1: asdf: command not found
Kommando(s) : ps
  PID TTY          TIME CMD
 3242 pts/41   00:00:00 bash
 4719 pts/41   00:00:00 bash
 4720 pts/41   00:00:00 ps
Kommando(s) : echo $$
4719
Kommando(s) : exit
you@host > echo $$
3242
```

Man könnte meinen, man hat eine eigene Shell vor sich.

Es gibt noch einen besonders überzeugenden Anwendungsfall von `eval`. Mit `eval` haben Sie die Möglichkeit, indirekt auf eine Variable zuzugreifen. Alte C-Fanatiker werden feuchte Augen bekommen, da sich das Ganze wie bei den Zeigern in C anhört. Das Prinzip ist eigentlich einfach, aber nicht gleich durchschaubar. Daher ein Beispiel:

```
# Name: aeval_cool

Mo=backup1
Di=backup2
Mi=backup3
Do=backup4
Fr=backup5
Sa=backup6
So=backup7

tag=`date +"%a"`

eval backup=\$$tag

echo "Heute wird das Backup-Script $backup ausgeführt"
./$backup
```

Das Script bei der Ausführung (an einem Mittwoch):

```
you@host > ./aeval_cool
Heute wird das Backup-Script backup3 ausgeführt
./backup3
```

Durch die Kommando-Substitution wurde veranlasst, dass sich in der Variable »tag« die ersten zwei Zeichen des Wochentags befinden. Im Beispiel war es Mittwoch, daher ist `tag=Mi`. Danach wird es ein wenig seltsam, aber durchaus logisch:

```
eval backup=\$$tag
```

Wollen Sie wissen, was da in den zwei Durchläufen passiert, verwenden Sie doch einfach wieder die Option `-x`:

```
set -x
eval backup=\$$tag
set +x
```

Ein erneuter Aufruf des Shellscripts:

```
you@host > ./aeval_cool
++ eval 'backup=$Mi'
+++ backup=backup3
...
```

Im ersten Durchlauf wird aus `\$$tag` die Zeichenfolge `$Mi`. Die Variable »Mi« hat ja den Wert »backup3«, was korrekterweise im zweiten Durchlauf an die Variable »backup« übergeben wird. Also wird im ersten Durchlauf der Ausdruck `backup=\$$tag` zu `backup=$Mi`. Die Zeichenfolge »Mi« hatten Sie ja zuvor aus der Kommando-Substitution erhalten. Anschließend durchläuft `eval` den Ausdruck `backup=$Mi` nochmals, sodass daraus `backup=backup3` wird. Das erste Dollarzeichen wurde im ersten Durchlauf mit einem Backslash maskiert und somit vor einem Zugriff der Shell geschützt. Dadurch blieb im zweiten Durchlauf das Dollarzeichen bestehen, sodass hier tatsächlich eine Variable an eine andere Variable überwiesen wurde. Versuchen Sie doch einmal, das Ganze ohne `eval`-Anweisung so kurz und bündig zu gestalten.

9.2 xargs

Unter Linux/UNIX kann man fast alle Befehle auf einzelne oder auch eine ganze Liste von Dateien anwenden. Wenn dies nicht möglich sein sollte oder sich eine Dateiliste nicht mit einer Wildcard erstellen lässt, könnten Sie das Kommando `xargs` verwenden. `xargs` erwartet als Parameter ein Kommando, welches dann auf alle Dateien einer Liste angewandt wird, die von der Standardeingabe gelesen werden. Die Syntax:

```
kommando1 xargs kommando2
```

Hierbei rufen Sie praktisch »kommando2« mit den Argumenten auf, die »kommando1« in der Standardausgabe erstellt. Das Prinzip ist recht einfach. Das Script sucht in einer Schleife mit `find` nach allen Dateien im aktuellen Arbeitsverzeichnis (mit Unterverzeichnissen) mit der Endung ».tmp«.

```
# Name: aremover1

for var in `find . -name "*.tmp"`
do
   rm $var
done
```

Der Shell-Guru wird hier gleich Einspruch erheben und sagen, das geht noch kürzer:

```
find . -name "*.tmp" -exec rm {} \;
```

Ich erhebe auch keinen Anspruch, beide Lösungen dürften bezüglich der Laufzeit gleich schlecht sein. Was aber ist so schlecht an diesem Beispiel? Stellen Sie sich vor, Ihr Script findet eine Datei mit der Endung ».tmp« gleich 1000 Mal im aktuellen Arbeitsverzeichnis. Dann wird nach jedem gefundenen Ergebnis das `rm`-Kommando gestartet. Es werden also 1000 Prozesse hintereinander gestartet und wieder beendet. Für einen Multi-User-Rechner kann das eine ziemliche Last sein. Besser wäre es doch, wenn man dem Kommando `rm` all diese Dateien als Argument übergibt und somit einen einzigen `rm`-Aufruf vornimmt. Und genau das ist der Sinn von `xargs`. Also sieht die Verwendung mit `xargs` wie folgt aus:

```
you@host > find . -name "*.tmp" -print | xargs rm
```

Jetzt werden alle aufgelisteten Files auf einmal über die Pipe an `xargs` weitergeleitet. `xargs` übernimmt diese Argumente in einer Liste und verwendet sie wiederum für den `rm`-Aufruf. Leider treten hier gleich wieder Probleme auf, wenn in einem Dateinamen Leerzeichen enthalten sind, wie dies häufig bspw. bei MP3-Musik- und MS-Windows-Dateien der Fall ist. Das Problem ist hier nämlich, dass `xargs` die Dateien anhand der Leerzeichen teilt.

Hierzu können Sie `xargs` mit dem Schalter `-0` verwenden, dann wird die Zeichenfolge nicht mehr wegen eines Leerzeichens getrennt, sondern nach einer binären 0. Allerdings wäre dann noch das Problem mit `find`, welches Sie ebenfalls mit einem Schalter `-print0` vermeiden können. So werden mit folgender Kommandoangabe auch diejenigen Dateien gelöscht, bei denen sich ein Leerzeichen im Namen befindet:

```
you@host > find . -name "*.tmp" -print0 | xargs -0 rm
```

Aber nicht immer stehen – wie hier bei `rm` – die eingelesenen Listen, die in den Linux-UNIX-Befehl eingefügt werden sollen, an der richtigen Stelle. So lautet z.B. die Syntax zum Verschieben von Dateien mittels `mv`:

```
mv Dateiname Zielverzeichnis
```

Hierzu können Sie die Zeichenkette »`{}`« für die Dateinamen verwenden. Diese Zeichenfolge wird als Platzhalter für die Liste von Argumenten genutzt. Wollen Sie also, wie im Beispiel oben, nicht die Dateien mit der Endung ».tmp« löschen, sondern diese zur Sicherheit erst einmal in ein separates Verzeichnis verschieben, so lässt sich dies mit dem Platzhalterzeichen wie folgt erledigen:

```
you@host > find . -name "*.tmp" -print0 | \
> xargs -0 mv {} $HOME/backups
```

Natürlich lässt sich mit `xargs` und den entsprechenden Optionen noch eine Menge mehr anfangen, weshalb das Lesen der Manual-Page sehr empfehlenswert ist.

9.3 dirname und basename

Mit dem Kommando `dirname` können Sie von einem Dateinamen den Pfadanteil lösen und mit `basename` – das Gegenstück zu `dirname` – können Sie den reinen Dateinamen ohne Pfadanteil ermitteln. Die Syntax:

```
basename Dateiname [Suffix]
dirname  Dateiname
```

Geben Sie bei `basename` noch ein »Suffix« an, können Sie auch eine eventuell vorhandene Dateiendung entfernen. Ein einfaches Beispiel:

```
# Name: abasedir

echo "Scriptname : $0"
echo "basename   : `basename $0`"
echo "dirname    : `dirname $0`"

# ... oder die Endung entfernen
basename $HOME/Kap005graf.zip .zip
basename $HOME/meinText.txt .txt
```

Das Script bei der Ausführung:

```
you@host > $HOME/abasedir
Scriptname : /home/tot/abasedir
```

```
basename   : abasedir
dirname    : /home/tot
Kap005graf
meinText
```

9.4 umask

Das Kommando umask wird verwendet, um die Benutzerrechte (Lesen (r), Schreiben (w) und Ausführen (x)) für den Benutzer (der ersten drei rwx), die Gruppe (die nächsten drei rwx) und allen anderen (die letzten drei rwx) einzuschränken, denn standardmäßig würden Dateien mit den Rechten rw-rw-rw (oktal 666) und Verzeichnisse mit rwxrwxrwx (oktal 0777) erstellt.

```
umask MASKE
```

Mit dem Kommando umask schränken Sie diese Rechte ein, indem vom Standardwert ein entsprechender umask-Wert abgezogen (subtrahiert) wird. Hierbei gilt es zu beachten, dass keine Ziffer in umask den Wert 7 überschreitet. Ist etwa eine umask von 26 gesetzt, so würde sich dies beim Erzeugen einer Datei wie folgt auswirken:

```
Datei    :  666
umask    :  026
---------------
Rechte   :  640
```

Die Datei würde hier praktisch mit den Rechten 640 (rw-r-----) erzeugt. Bitte beachten Sie außerdem, dass immer nur der Wert des zugehörigen oktalen Satzes subtrahiert wird. Eine umask von 27 hat also nicht den Effekt, dass der Rest von 6 minus 7 von den Rechten für alle anderen in die Gruppe übertragen wird. Bei einer umask von 27 wären die Rechte, mit der die Datei angelegt wird, dieselben wie mit 26.

Standardmäßig ist umask auf 0022 bei vielen Distributionen eingestellt. Mittlerweile gibt es aber schon Distributionen, die den Benutzer bei der Installation nach einem umask-Wert fragen. Selbstverständlich kann der Wert auch zur Laufzeit auf Benutzerebene verändert werden:

```
you@host > umask
0022
you@host > touch afil1
you@host > ls -l afil1
-rw-r--r--  1 tot users 0 2005-03-31 07:51 afil1
you@host > umask 0177
```

```
you@host > umask
0177
you@host > touch afil2
you@host > ls -l afil2
-rw------- 1 tot users 0 2005-03-31 07:52 afil2
```

Hinweis Wenn Sie beim Anlegen eines Verzeichnisses zuvor die `umask` verändert haben, setzen Sie beim Verzeichnis die Ausführrechte (`x`), da Sie sonst nicht mehr auf das Verzeichnis zugreifen können.

Die Veränderung der `umask` gilt allerdings nur für die Sitzung der laufenden Shell (oder auch des laufenden Pseudo-Terminals). Wollen Sie die Maske dauerhaft verändern, müssen Sie die entsprechende Profil- bzw. Startprozedurdatei verändern. Finden Sie nirgendwo anders einen Eintrag, gilt der Eintrag in */etc/profile* (bei FreeBSD */etc/login.conf*):

```
you@host > grep umask /etc/profile
umask 022
```

Ansonsten hängt es davon ab, ob Sie eine echte Login-Shell verwenden (*.profile*) oder eben ein »xterm« mit der Bash (bspw. *.bashrc*) bzw. mit der Korn-Shell (*.kshrc*).

9.5 ulimit (Builtin)

Mit `ulimit` können Sie den Wert einer Ressourcengrenze ausgeben lassen oder neu setzen. Die Syntax:

```
ulimit [Optionen] [n]
```

Wird `n` angegeben, wird eine Ressourcengrenze auf `n` gesetzt. Hierbei können Sie entweder harte (`-H`) oder weiche (`-S`) Ressourcengrenzen setzen. Standardmäßig setzt `ulimit` beide Grenzen fest oder gibt die weiche Grenze aus. Mit »Optionen« legen Sie fest, welche Ressource bearbeitet werden soll. Tabelle 9.1 nennt die Optionen, die hierzu verwendet werden können.

Option	Bedeutung
`-H`	Harte Grenze. Alle Benutzer dürfen eine harte Grenze herabsetzen, aber nur privilegierte Benutzer können sie erhöhen.
`-S`	Weiche Grenze. Sie muss unterhalb der harten Grenze liegen.

Tabelle 9.1 Optionen für ulimit

Option	Bedeutung
-a	Gibt alle Grenzwerte aus
-c	Maximale Größe der Speicherabzüge (core-File)
-d	Maximale Größe eines Datensegments oder Heaps in Kilobyte
-f	Maximale Anzahl an Dateien (Standardoption)
-m	Maximale Größe des physischen Speichers in Kilobyte (Bash und Korn-Shell only)
-n	Maximale Anzahl Filedeskriptoren (plus 1)
-p	Größe des Pipe-Puffers (Bash und Korn-Shell only, meistens 512 Bytes)
-s	Maximale Größe eines Stacksegments in Kilobyte
-t	Maximale CPU-Zeit in Sekunden
-u	Maximale Anzahl von User-Prozessen
-v	Maximale Größe des virtuellen Speichers in Kilobyte

Tabelle 9.1 Optionen für ulimit (Forts.)

Einen Überblick, welche Grenzen auf Ihrem System vorhanden sind, können Sie sich mit `ulimit` und der Option `-a` verschaffen:

```
you@host > ulimit -a
core file size        (blocks, -c) 0
data seg size         (kbytes, -d) unlimited
file size             (blocks, -f) unlimited
max locked memory     (kbytes, -l) unlimited
max memory size       (kbytes, -m) unlimited
open files                    (-n) 1024
pipe size          (512 bytes, -p) 8
stack size            (kbytes, -s) unlimited
cpu time             (seconds, -t) unlimited
max user processes            (-u) 2046
virtual memory        (kbytes, -v) unlimited
```

Folgende `ulimit`-Werte werden z.B. gern eingesetzt, um primitive DOS-(*Denial of Service-)*Angriffe zu erschweren (natürlich sind die Werte auch abhängig von der Anwendung eines Rechners). Am besten trägt man solche Werte in */etc/profile* ein (hierbei sind auch die anderen Profil- und Startup-Dateien in Erwägung zu ziehen). Hier also ein Eintrag in */etc/profile*, um dem DOS-Angreifer eine höhere Hürde zu setzen:

```
# Core Dumps verhindern
ulimit -c 0
# keine Dateien größer 512 MB zulassen
ulimit -f 512000
# weiches Limit von max. 250 Filedeskriptoren
ulimit -S -n 250
# weiches Maximum von 100 Prozessen
ulimit -S -u 100
# Speicherbenutzung max. 50 MB
ulimit -H -v 50000
# weiches Limit der Speichernutzung 20 MB
ulimit -S -v 20000
```

9.6 time

Mit dem Kommando `time` können Sie die Zeit ermitteln, die ein Script oder ein Kommando zur Ausführung benötigt hat.

```
time Kommando
```

Ein Beispiel:

```
you@host > time sleep 3

real    0m3.029s
user    0m0.002s
sys     0m0.002s
you@host > time find $HOME  -user tot
...
real    0m1.328s
user    0m0.046s
sys     0m0.113s
```

Die erste Zeit (`real`) zeigt Ihnen die komplette Zeit vom Start bis zum Ende eines Scripts bzw. Kommandos an. Die zweite Zeit (`user`) zeigt die Zeit an, die das Script bzw. das Kommando im eigentlichen User-Modus verbracht hat, und die dritte Zeit (`sys`) ist die CPU-Zeit, die der Kommandoaufruf oder das Script im Kernel-Modus (Festplattenzugriff, System-Calls usw.) benötigt hat. Beide Zeiten zusammen (`user+sys`) ergeben die Gesamtzeit (`real`).

9.7 typeset

Das Kommando `typeset` hatten wir ja bereits mehrfach eingesetzt. Trotzdem will ich es nicht versäumen, es hier nochmals mitsamt seinen Optionen zu erwähnen. Sie wissen ja aus Kapitel 2, *Variablen*, dass diese zunächst immer vom Typ *String*, also eine Zeichenkette sind, und dass es egal ist, ob Sie jetzt Zahlen speichern oder nicht.

```
typset [option] [variable] [=wert]
```

`typeset` definiert dabei die Eigenschaft »option« für die Variable »variable« und setzt gegebenenfalls gleich auch den Wert, sofern dieser angegeben wurde. Die Bash bietet auch das Kommando `declare` an, welches denselben Zweck wie `typeset` erfüllt. `declare` ist nicht in der Korn-Shell vorhanden, weshalb man allein schon aus Kompatibilitätsgründen dem Kommando `typeset` den Vorzug lassen sollte. Um die entsprechende Eigenschaft für eine Variable zu setzen, muss man das Minuszeichen verwenden. Bspw. mit

```
typeset -i var=1
```

definieren Sie die Variable »var« als eine Integer-Variable. Abschalten können Sie das Ganze wieder mit dem Pluszeichen:

```
typeset +i var
```

Nach dieser Kommandoausführung wird »var« wieder wie jede andere normale Variable behandelt und ist kein Integer mehr. Tabelle 9.2 listet die Optionen auf, die Ihnen hierbei zur Verfügung stehen.

Option	Bash	ksh	Bedeutung
`A`	X		Array
`I`	X	x	Integer-Variable
`R`	X	x	Konstante (readonly-Variable)
`X`	X	x	Variable exportieren
`F`	X	x	Zeigt Funktionen mit ihrer Definition an
`fx`	X	x	Exportiert eine Funktion
`+f`		x	Zeigt Funktionen ohne ihre Definition an
`F`	X		Zeigt Funktionen ohne ihre Definition an
`fu`		x	Deklariert Funktionen im Autoload-Mechanismus

Tabelle 9.2 Optionen für typeset

Option	Bash	ksh	Bedeutung
l		x	Inhalt von Variablen in Kleinbuchstaben umwandeln.
u		x	Inhalt von Variablen in Großbuchstaben umwandeln.
Ln		x	Linksbündige Variable der Länge n
Rn		x	Rechtsbündige Variable der Länge n
Zn		x	Rechtsbündige Variable der Länge n. Leerer Raum wird mit Nullen gefüllt.

Tabelle 9.2 Optionen für typeset (Forts.)

10 Fehlersuche und Debugging

10 Fehlersuche und Debugging

Sicherlich haben Sie im Verlauf der vielen Kapitel beim Tippen und Schreiben von Scripts genauso viele Fehler gemacht wie ich und sich gefragt: Was passt denn jetzt wieder nicht? Auch hier gilt, dass Fehler beim Lernen nichts Schlechtes sind. Aber sobald Sie Ihre Scripts auf mehreren oder fremden Rechnern ausführen, sollte dies nicht mehr vorkommen. Daher finden Sie in diesem Kapitel einige Hinweise, wie Sie Fehler vermeiden können und, wenn sie bereits aufgetreten sind, wie Sie diesen auf die Schliche kommen.

10.1 Strategien zum Vermeiden von Fehlern

Sicherlich, Fehler gänzlich vermeiden können Sie wohl nie, aber es gibt immer ein paar grundlegende Dinge, die Sie beherzigen können, um wenigstens den Überblick zu behalten.

10.1.1 Planen Sie Ihr Script

Zugegeben, bei einem Mini-Script von ein paar Zeilen werden Sie wohl kaum das Script planen. Wobei ich persönlich schon die Erfahrung gemacht habe, dass ein geplantes Script wesentlich schneller erstellt ist als ein aus dem Kopf geschriebenes. Eine solche Planung hängt natürlich vom entsprechenden »Kopf« ;-) und dem Anwendungsfall ab. Aber das Prinzip ist einfach. Zuerst schreiben (oder kritzeln) Sie auf, was das Script machen soll.

Ein Beispiel: Das Script soll auf mehreren Rechnern eingesetzt werden und ein Backup der Datenbank erstellen. Das Backup soll hierbei in einem separaten Verzeichnis gespeichert und bei mehr als zehn Backup-Dateien soll immer die älteste gelöscht werden.

Auch wenn man sich bei den ersten Gedanken noch gar nicht vorstellen kann, wie das Script funktionieren bzw. aussehen soll, kann man trotzdem schon mit der Planung beginnen.

```
#------------------------------------------------------------#
Plan zum Backup-Script:

1.) Prüfen, ob das Verzeichnis für das Backup existiert (test) und
    ggf. das Verzeichnis neu anlegen (mkdir)-
2.) Da mehrere Dateinamen (zehn) in einem Verzeichnis verwendet
    werden, einen entsprechenden Namen zur Laufzeit mit 'date'
```

```
    erstellen und in einer Variablen speichern (date).
3.) Einen Dump der Datenbank mit mysqldump und den entsprechenden
    Optionen erstellen (mysqldump).
4.) Den Dump gleich in das entsprechende Verzeichnis packen und
    archivieren (tar oder cpio).     !!! Dateinamen beachten !!!
5.) Ggf. Datenreste löschen.
6.) Verzeichnis auf Anzahl von Dateien überprüfen (ls -1 | wc -1)
    und ggf. die älteste Datei löschen.

Notizen: Bei Fertigstellung crontab aktivieren - täglich um
         01.00 Uhr ein Backup erstellen.
#-----------------------------------------------------------------#
```

Zwar haben Sie jetzt noch keine Zeile Code geschrieben, doch Sie werden feststellen, dies ist schon die halbe Miete. Und wenn Sie merken, dass Sie das Script mit dem derzeitigen Wissensstand nicht realisieren können, wissen Sie wenigstens, wo sich Ihre Wissenslücken befinden und können entsprechend nachhelfen.

10.1.2 Testsystem bereitstellen

Bevor Sie Ihr Script nach der Fertigstellung dem Ernstfall überlassen, sollten Sie auf jeden Fall das Script lokal oder auf einem Testsystem testen. Gerade Operationen auf einer Datenbank oder schreibende Zugriffe auf Dateien sollte man möglichst vorsichtig behandeln. Denn wenn irgendetwas schief läuft, ist dies auf Ihrem Testsystem nicht so schlimm, aber bei einem oder gar mehreren Rechnern könnte Ihnen solch ein Fehler eine Menge Ärger, Zeit und vor allem Nerven kosten. Es wäre auch sinnvoll, wenn Sie mehrere verschiedene Testsysteme zum Ausprobieren hätten – denn was auf Ihrer Umgebung läuft, muss nicht zwangsläufig auch in einer anderen Umgebung laufen. Gerade wenn man häufig zwischen Linux und UNIX wechselt, gibt es hie und da doch einige Differenzen.

10.1.3 Ordnung ist das halbe Leben

Hierzu gleich am Anfang folgendes Script:

```
# Eine Datei anlegen
# Name: creatfile

CreatFile=atestfile.txt

if [ ! -e $CreatFile ]
```

```
then
touch $CreatFile
if [ ! -e $CreatFile ] ; then
echo "Konnte $CreatFile nicht anlegen" ; exit 1
fi
fi

echo "$CreatFile angelegt/vorhanden!"
```

Zugegeben, das Script ist kurz und im Prinzip auch verständlich, doch wenn Sie solch einen Programmierstil über längere Scripts beibehalten, werden Sie allein bei der Fehlersuche keine große Freude haben. Was auf den ersten Blick negativ auffällt:

- Keine Einrückungen bei den `if`-Anweisungen; es fehlt einfach an Struktur.
- Mehrere Befehle in einer Zeile. Bei einer Fehlermeldung wird die Zeilennummer mit ausgegeben. Befinden sich darin mehrere Kommandos, wird die Fehlersuche erschwert.
- Hier wurde die MS-übliche »ungarische Notation« verwendet, welche in der Praxis sehr fehleranfällig sein kann. Hat man vergessen, wie die Variable »CreatFile« geschrieben wurde und man schreibt »creatfile« oder »creat_file«, ergibt sich schon ein Fehler. Wer schon einmal die Win32-API zur Programmierung verwendet hat, weiß, was ich meine.
- Die Faulheit hat gesiegt, der Anwender weiß nach dem Script immer noch nicht, ob eine Datei angelegt wurde oder bereits vorhanden ist.
- Kommentarlose Scripts sind schwer zu pflegen, besser den ein oder anderen (vielleicht überflüssigen) Kommentar hinschreiben als gar keinen.

Hier das Script jetzt in einem etwas lesbareren Stil:

```
# Eine Datei anlegen
# Name: creatfile2

# Datei, die angelegt werden soll
creatfile=atestfile.txt

# Existiert diese Datei bereits ...
if [ ! -e $creatfile ]
then                       # Nein ...
   touch $creatfile        # Datei anlegen ...
   # Jetzt nochmals überprüfen ...
   if [ ! -e $creatfile ]
```

```
   then
      echo "Konnte $creatfile nicht anlegen"
      exit 1   # Script erfolglos beenden
   else
      echo "$creatfile erfolgreich angelegt"
   fi
fi

echo "$creatfile vorhanden!"
```

Das sieht doch schon viel besser aus. Natürlich kann Ihnen niemand vorschreiben, in welchem Stil Sie Ihre Scripts schreiben, dennoch will ich Ihnen hier einige Hinweise ans Herz legen, mit denen Sie (gerade, wenn Sie vielleicht noch Anfänger sind) ein friedlicheres Shell-Leben führen können.

Variablen und Konstanten

Verwenden Sie einen sinnvollen Namen für eine Variable – mit »x«, »y« oder »z« kann keiner so recht was anfangen. Verwenden Sie bspw. Variablen in einer Funktion namens `removing()`, könnten Sie Variablen wie »rem_source«, »rem_dest« oder »rem_temp« verwenden. Hier gibt es viele Möglichkeiten, nur sollten Sie immer versuchen, dass Sie einer Variablen einen Namen geben, an dem man erkennt, was sie bedeutet – eine Variable benötigt also ein klar zu erkennendes Merkmal.

Außerdem sollten Sie Konstanten und Variablen auseinander halten. Ich bezeichne hier Konstanten nicht als Variablen, die mit `typeset` als »readonly« markiert wurden, sondern meine einfach Variablen, die sich zur Laufzeit des Scripts nicht mehr ändern. Ein guter Stil wäre es bspw., Variablen, die sich im Script nicht mehr ändern, großzuschreiben (wer hat hier was von C gesagt ;-)) und normale Variablen klein. So kann man im Script schnell erkennen, welche Werte sich ohnehin nicht verändern und welche Werte variabel sind. Dies kann die Fehlersuche eingrenzen, weil konstante Variablen nicht verändert werden und man in diesen auch keine falschen Werte vermutet (es sei denn, man gibt diesen Variablen gleich zu Beginn einen falschen Wert).

Stil und Kommentare

Hier gibt es nur eines zu sagen: Einmal mehr auf [ENTER] und eventuell mal auf die (häufig noch wie neue) Tabulatortaste zu drücken, hat noch keinem geschadet. Ich empfehle Ihnen, eine Anweisung bzw. ein Schlüsselwort pro Zeile zu verwenden. Dies hilft Ihnen, bei einer Fehlermeldung gleich die entsprechende Zeile anzuspringen und zu lokalisieren. Ebenfalls sollten Sie der Übersichtlichkeit zuliebe Anweisungs- oder Funktionsblöcke einrücken.

Das Problem mit einen kaum kommentierten Code kennt man zur Genüge. Ich hatte zum Beispiel früher sehr viel mit Perl zu tun. Nach einem Jahr Abstinenz (und vielen anderen Programmiersprachen) benötigte ich nur ein paar Zeilen aus einem Script, das ich mal geschrieben hatte. Leider habe ich den Code nicht kommentiert und so gestaltete sich das »Entschlüsseln« etwas längerer bzw. ich benötigte wieder den Rat anderer Personen. Mit der Verwendung von Kommentaren hätte ich mir einiges an Zeit gespart. Ebenso ist dies mit der Shellscript-Programmierung. Sie werden schließlich noch was anderes zu tun haben, als immer nur Shellscripts zu schreiben.

Und: Es gibt auch noch das Backslash-Zeichen, von dem Sie immer dann Gebrauch machen sollten, wenn eine Zeile mal zu lang wird oder wenn Sie Ketten von Kommandos mit Pipes verwenden. Dies erhöht die Übersicht ebenfalls enorm.

10.2 Fehlerarten

Wenn das Script fertig gestellt ist und es treten Fehler auf, unterscheidet man gewöhnlich zwischen mehreren Fehlerarten:

- Syntaxfehler – der wohl am häufigsten auftretende Fehler ist ein Syntaxfehler. Hierbei reicht ein einfacher Tippfehler bspw. in einem Schlüsselwort aus. Schreiben Sie einmal `thn` statt `then`, haben Sie schon einen Syntaxfehler. Leider lassen sich solche Fehler häufig nicht so einfach finden. Bspw. gibt bei mir ein Script, in dem `then` falsch geschrieben ist, folgende Fehlermeldung aus:

  ```
  you@host > ./script1
  ./script1: line 19: syntax error near unexpected token `fi'
  ./script1: line 19: `fi'
  ```

  Zu einem sehr gern gemachten Syntaxfehler gehört auch die Verwendung von `'` anstelle eines `` ` `` bei einer Kommando-Substitution.

- Logische Fehler – bei diesem Fehler hat sich ein Denkfehler eingeschlichen. Das Script wird zwar ohne eine Fehlermeldung ausgeführt, führt aber nicht zum gewünschten Ergebnis. Ein einfaches Beispiel:

  ```
  if [ ! -e $creatfile ]
  then                          # Nein ...
     touch $creatfile           # Datei anlegen ...
     # Jetzt nochmals überprüfen ...
     if [ -e $creatfile ]
     then
  ```

```
        echo "Konnte $creatfile nicht anlegen"
        exit 1   # Script erfolglos beenden
    else
        echo "$creatfile erfolgreich angelegt"
    fi
fi
```

Sofern die Datei `$creatfile` nicht existiert, gibt das Script Folgendes aus:

```
you@host > ./createfile2
Konnte atestfile.txt nicht anlegen
```

Und das, obwohl die Datei angelegt wurde. Hier haben Sie es nicht – wie man häufig vermutet – mit mangelnden Rechten zu tun, sondern mit einem vergessenen Negationszeichen (`!`) in der zweiten `if`-Anweisung.

```
# Jetzt nochmals überprüfen ...
if [ ! -e $creatfile ]
```

Ein einfacher Fehler, der aber häufig nicht gleich gefunden wird.

- Fehler der Shell oder der Kommandos – dies wird wohl der seltenste Fall eines Fehlers sein. Dabei handelt es sich um einen Fehler, der nicht Ihre Schuld ist, sondern die des Programmierers der Shell oder des Kommandos. Hier bleibt Ihnen nichts anderes übrig, als den Autor des Kommandos zu kontaktieren und ihm diesen Fehler mitzuteilen oder auf ein anderes Kommando auszuweichen.

10.3 Fehlersuche

Wenn der Fehler aufgetreten ist, dann bietet Ihnen die Shell einige Optionen, die Ihnen bei der Fehlersuche helfen. Aber egal, welche Fehler denn nun aufgetreten sind, als Erstes sollten Sie die Fehlermeldung lesen und auch verstehen können. Plausibel, aber leider werden immer wieder Fragen gestellt, warum dies oder jenes falsch läuft, obwohl die Antwort zum Teil schon eindeutig der Fehlermeldung zu entnehmen ist. Ganz klar im Vorteil ist hier derjenige, der das Buch durchgearbeitet, die Scripts abgetippt und ausprobiert hat. Durch »Trial and error« hat derjenige eine Menge Fehler produziert, aber auch gelernt, wann welche Fehlermeldung ausgegeben wird.

10.3.1 Tracen mit set -x

Der Trace-Modus (*trace* = verfolgen, untersuchen), den man mit `set -x` setzt, haben Sie schon des Öfteren in diesem Buch eingesetzt, etwa als es darum ging, zu sehen, wie das Script bzw. die Befehle ablaufen. Die Option `set -x` wurde bereits in Abschnitt 1.8.9 ausführlich behandelt. Trotzdem muss noch erwähnt werden, dass die Verwendung der Trace-Option nur in der aktuellen Shell und den Subshells aktiv ist. Zum Beispiel wollen Sie wissen, was beim folgenden Script passiert:

```
# Name: areweroot

if [ $UID = 0 ]
then
   echo "Wir sind root!"
   renice -5 $$
else
   echo "Wir sind nicht root!"
   su -c 'renice -5 $$'
fi
```

Wenn Sie das Script jetzt tracen wollen, genügt es nicht, einfach vor seiner Verwendung die Option -x zu setzen:

```
you@host > ./areweroot
+ ./areweroot
Wir sind nicht root!
Password:********
8967: Alte Priorität: 0, neue Priorität: -5
```

Das ist ein häufiges Missverständnis. Sie müssen die Option selbstverständlich an der entsprechenden Stelle (oder am Anfang des Scripts) setzen:

```
# Name: areweroot2

# Trace-Modus einschalten
set -x

if [ $UID = 0 ]
then
   echo "Wir sind root!"
   renice -5 $$
else
   echo "Wir sind nicht root!"
   su -c 'renice -5 $$'
fi
```

Das Script bei der Ausführung:

```
you@host > ./areweroot2
+ ./areweroot
++ '[' 1000 = 0 ']'
++ echo 'Wir sind nicht root!'
Wir sind nicht root!
++ su -c 'renice -5 $$'
Password:*******
9050: Alte Priorität: 0, neue Priorität: -5
you@host > su
Password:********
# ./areweroot2
++ '[' 0 = 0 ']'
++ echo 'Wir sind root!'
Wir sind root!
++ renice -5 9070
9070: Alte Priorität: 0, neue Priorität: -5
```

Hinweis Alternativ bietet sich hier auch die Möglichkeit, die Option `-x` an das Script mit einem Shell-Aufruf zu übergeben, z.B. `bash -x ./script` oder `ksh -x ./script`, wodurch sich eine Modifikation am Script vermeiden lässt. Oder Sie verwenden die She-Bang-Zeile: `#!/usr/bin/bash –x`.

Häufig finden Sie mehrere Pluszeichen am Anfang einer Zeile. Dies zeigt an, wie tief die Verschachtelungsebene ist, in der die entsprechende Zeile ausgeführt wird. Jedes weitere Zeichen bedeutet eine Ebene tiefer. So verwendet beispielsweise folgendes Script drei Schachtelungsebenen:

```
# Name: datum

# Trace-Modus einschalten
set -x

datum=`date`
echo "Heute ist $datum
```

Das Script bei der Ausführung:

```
you@host > ./datum
+./script1
+++ date
```

```
++ datum=Fr Apr  1 10:26:25 CEST 2005
++ echo 'Heute ist Fr Apr  1 10:26:25 CEST 2005'
Heute ist Fr Apr  1 10:26:25 CEST 2005
```

10.3.2 DEBUG und ERR-Signal

Für Bash und Korn-Shell gibt es eine echte Debugging-Alternative mit dem DEBUG-Signal. Das ERR-Signal hingegen ist nur der Korn-Shell vorbehalten. Angewendet werden diese Signale genauso, wie Sie dies von den Signalen her kennen. Sie richten sich hierbei einen Handler mit `trap` ein.

```
trap 'Kommando(s)' DEBUG
# nur für die Korn-Shell
trap 'Kommando(s)' ERR
```

Im folgenden Beispiel haben wir ein Script, welches ständig in einer Endlosschleife läuft, aber wir sind zu blind, den Fehler zu erkennen:

```
# Name: debug1

val=1

while [ "$val" -le 10 ]
do
   echo "Der ${val}. Schleifendurchlauf"
   i=`expr $val + 1`
done
```

Jetzt wollen wir dem Script einen »Entwanzer« mit `trap` einbauen:

```
# Name: debug1

trap 'printf "$LINENO :-> " ; read line ; eval $line' DEBUG

val=1

while [ "$val" -le 10 ]
do
   echo "Der ${val}. Schleifendurchlauf"
   i=`expr $val + 1`
done
```

Beim Entwanzen wird gewöhnlich das Kommando `eval` verwendet, mit dem Sie im Script Kommandos so ausführen können, als wären diese Teil des Scripts (siehe Abschnitt 9.1).

```
trap 'printf "$LINENO :-> " ; read line ; eval $line' DEBUG
```

Mit `DEBUG` wird nach jedem Ausdruck ein `DEBUG`-Signal gesendet, welches Sie »trap(pen)« können, um eine bestimmte Aktion auszuführen. Im Beispiel wird zunächst die Zeilennummer des Scripts gefolgt von einem Prompt ausgegeben. Anschließend können Sie einen Befehl einlesen und mit `eval` ausführen lassen (bspw. Variablen erhöhen oder reduzieren, Datei(en) anlegen, löschen, verändern, auflisten, überprüfen etc). Das Script bei der Ausführung:

```
you@host > ./debug1
5 :->[ENTER]
7 :->[ENTER]
9 :->[ENTER]
Der 1. Schleifendurchlauf
10 :-> echo $val
1
7 :->[ENTER]
9 :->[ENTER]
Der 1. Schleifendurchlauf
10 :-> echo $val
1
7 :->[ENTER]
9 :->[ENTER]
Der 1. Schleifendurchlauf
10 :-> val=`expr $val + 1`
7 :-> echo $val
2
9 :->[ENTER]
Der 2. Schleifendurchlauf
10 :->[ENTER]
7 :->[ENTER]
9 :->[ENTER]
Der 2. Schleifendurchlauf
10 :-> exit
```

Der Fehler ist gefunden, die Variable »val« wurde nicht hochgezählt, und ein Blick auf die Zeile 10 zeigt Folgendes:

```
i=`expr $val + 1`
```

Hier haben wir »i« statt »val« verwendet. Etwas störend ist allerdings, dass nur die Zeilennummer ausgegeben wird. Bei längeren Scripts ist es schwer bzw. umständlich, die Zeilennummer parallel zum Debuggen zu behandeln. Daher macht es Sinn, wenn auch hier die entsprechende Zeile mit ausgegeben wird, die ausgeführt wird bzw. wurde. Dies ist im Grunde kein Problem, da hier die DEBUG-Signale nur in der Bash bzw. der Korn-Shell vorhanden sind, weshalb auch gleich das komplette Script in ein Array eingelesen werden kann. Für den Index verwenden Sie einfach wieder die Variable LINENO. Die Zeile eval zum Ausführen von Kommandos packen Sie einfach in eine separate Funktion, die beliebig viele Befehle aufnehmen kann, bis eben [ENTER] gedrückt wird.

```
# Name: debug2

# ------- DEBUG Anfang --------- #

# Die übliche eval-Funktion
debugging() {
   printf "STOP > "
   while true
   do
      read line
      [ "$line" = "" ] && break
      eval $line
      printf " > "
   done
}

typeset -i index=1

# Das komplette Script in ein Array einlesen
while read zeile[$index]
do
   index=index+1
done<$0

trap 'echo "${zeile[$LINENO]}" ; debugging' DEBUG

# ------- DEBUG Ende    --------- #

typeset -i val=1

while (( $val <= 10 ))
do
   echo "Der $val Schleifendurchlauf"
```

```
  val=val+1
done
```

Das Script bei der Ausführung:

```
you@host > ./debug2
typeset -i val=1
STOP >[ENTER]
while (( $val <= 10 ))
STOP > echo $val
1
 > val=7
 > echo $val
7
 >[ENTER]
echo "Der $val Schleifendurchlauf"
STOP >[ENTER]
Der 7 Schleifendurchlauf
val=val+1
STOP >[ENTER]
while (( $val <= 10 ))
STOP >[ENTER]
echo "Der $val Schleifendurchlauf"
STOP >[ENTER]
Der 8 Schleifendurchlauf
val=val+1
STOP >[ENTER]
while (( $val <= 10 ))
STOP >[ENTER]
echo "Der $val Schleifendurchlauf"
STOP >[ENTER]
Der 9 Schleifendurchlauf
val=val+1
STOP >exit
you@host >
```

Hinweis Auch in der Bourne-Shell oder anderen Shells, die eben nicht das `DEBUG`-Signal unterstützen, können Sie die Funktion `debugging()` hinzufügen.

Nur müssen Sie diese Funktion mehrmals hinter oder/und vor den Zeilen einsetzen, von denen Sie vermuten, dass das Script nicht richtig funktioniert. Natürlich sollten Sie es nicht versäumen, dies aus Ihrem fertigen Script wieder zu entfernen.

In der Korn-Shell finden Sie des Weiteren das Signal `ERR`, welches Sie ebenfalls mit `trap` einfangen können. Allerdings handelt es sich hierbei eher um ein Pseudo-Signal, denn das Signal bezieht sich immer auf den Rückgabewert eines Kommandos. Ist dieser ungleich 0, wird das Signal `ERR` gesendet. Allerdings lässt sich dies nicht dort verwenden, wo bereits der Exit-Code eines Kommandos abgefragt wird (bspw. `if`, `while` ...). Auch hierzu ein simples Script, welches das Signal `ERR` abfängt:

```
# Name: debugERR

error_handling() {
   echo "Fehler: $ERRNO Zeile: $LINENO"
   printf "Beenden (j/n) : " ; read
   [ "$REPLY" = "j" ] && exit 1
}

trap 'error_handling' ERR

echo "Testen des ERR-Signals"
# Sollte dem normalen Benutzer untersagt sein
cat > /etc/profile
echo "Nach dem Testen des ERR-Signals"
```

Das Script bei der Ausführung:

```
you@host > ksh ./debugERR
Testen des ERR-Signals
Fehler: Permission denied  Zeile: 4
Beenden (j/n) : j
```

Hinweis Zwar wird die Bash beim Signal `ERR` in den Dokumentationen nicht erwähnt, aber beim Testen hat dies auch unter der Bash zu funktionieren, nur dass es eben in der Bash nicht die Variable `ERRNO` gibt.

10.3.3 Variablen und Syntax überprüfen

Um wirklich sicherzugehen, dass Sie nicht auf eine nicht gesetzte Variable zugreifen, können Sie `set` mit der Option `-u` verwenden. Wird hierbei auf eine nicht definierte Variable zugegriffen, wird eine entsprechende Fehlermeldung ausgegeben. Mit `+u` schalten Sie diese Option wieder ab.

```
# Name: aunboundvar

# Keine undefinierten Variablen zulassen
set -u

var1=100
echo $var1 $var2
```

Das Script bei der Ausführung:

```
you@host > ./aunboundvar
./aunboundvar: line 7: var2: unbound variable
```

Wollen Sie ein Script nicht ausführen, sondern nur dessen Syntax überprüfen lassen, können Sie die Option `-n` verwenden. Mit `+n` schalten Sie diese Option wieder aus.

10.3.4 Eine Debug-Ausgabe hinzufügen

Die primitivste Form aller Debugging-Techniken ist gleichzeitig wohl die meisteingesetzte Variante – nicht nur in der Shell-Programmierung. Sie setzen überall dort, wo Sie einen Fehler vermuten, eine `echo`-Ausgabe über den Zustand der Daten (bspw. welchen Wert hat eine Variable). Gibt das Script sehr viel auf dem Bildschirm aus, kann man auch einfach hie und da mal ein einfaches `read` einbauen, wodurch auf einen [ENTER]-Tastendruck gewartet wird, ehe die Ausführung des Scripts weiter fortfährt, oder man kann auch die ein oder andere störende Ausgabe kurzeitig ins Datengrab */dev/null* schicken. Ein einfaches Beispiel:

```
# Name: maskieren

nobody() {
   echo "Die Ausgabe wollen wir nicht!!!"
}

echo "Ausgabe1"
exec 1>/dev/null
```

```
nobody
exec 1>`tty`
echo "Ausgabe2"
```

Hier interessieren wir uns nicht für die Ausgabe der Funktion »nobody« und schicken die Standardausgabe ins Datengrab. Natürlich müssen Sie das Ganze wieder rückgängig machen. Hier erreichen wir dies mit einer Umleitung auf das aktuelle Terminal (das Kommando `tty` übernimmt das für uns).

10.3.5 Debugging-Tools

Wer ein fertiges Debugging-Tool sucht, dem seien für die Bash der Debugger `bashdb` (**http://bashdb.sourceforge.net/**) und für die Korn-Shell `kshdb` ans Herz gelegt. Der Bash-Debugger ist nichts anderes als eine gepatchte Version der Bash, welche ein besseres Debugging, ebenso wie eine verbesserte Fehlerausgabe unterstützt.

11 Reguläre Ausdrücke und grep

1 2 3 4 5 6 7 8 9 10 11 12 13 14 15

11 Reguläre Ausdrücke und grep

Die Verwendung von regulären Ausdrücken und grep ist Grundlage eines jeden Linux-UNIX-Anwenders. Und für einen Systemadministrator ist sie sowieso unerlässlich, denn es gibt kein vernünftiges System, in dem sie nicht vorkommen. Eine kurze Einführung zu den regulären Ausdrücken wie auch zum Tool grep (und seinen Nachkommen wie bspw. egrep und fgrep) erscheint daher notwendig.

11.1 Reguläre Ausdrücke – die Theorie

Reguläre Ausdrücke (engl. *regular expression*) sind eine leistungsfähige formale Sprache, mit der sich eine bestimmte (Unter-)Menge von Zeichenketten beschreiben lässt. Es muss allerdings gleich erwähnt werden, dass reguläre Ausdrücke kein Tool oder eine Sammlung von Funktionen sind, die von einem Betriebssystem abhängig sind, sondern es handelt sich in der Tat um eine echte Sprache mit einer formalen Grammatik, in der jeder Ausdruck eine präzise Bedeutung hat.

11

Regulären Ausdrücke werden von sehr vielen Texteditoren und Programmen eingesetzt. Meistens verwendet man sie, um bestimmte Muster zu suchen und diese dann durch etwas anderes zu ersetzen. In der Linux-UNIX-Welt werden reguläre Ausdrücke vorwiegend bei Programmen wie `grep`, `sed` und `awk` oder den Texteditoren `vi` und `Emacs` verwendet. Aber auch viele Programmiersprachen, u.a. Perl, Java, Python, Tcl, PHP oder Ruby, bieten reguläre Ausdrücke an.

Die Entstehungsgeschichte der regulären Ausdrücke ist schnell erzählt. Den Ursprung hat ein Mathematiker und Logiker, Stephen Kleene, gelegt. Er gilt übrigens auch als Mitbegründer der theoretischen Informatik, besonders der hier behandelten formalen Sprachen und der Automatentheorie. Stephen Kleene verwendete eine Notation, die er selbst reguläre Menge nannte. Später verwendete dann Ken Thompson (der Miterfinder der Programmiersprache C) diese Notationen für eine Vorgänger-Version des UNIX-Editors `ed` und für das Werkzeug `grep`. Nach der Fertigstellung von `grep` wurden die regulären Ausdrücke in sehr vielen Programmen implementiert. Viele davon benutzen die mittlerweile sehr bekannte Bibliothek `regex` von Henry Spencer.

Hinweis Sofern Sie Erweiterungen wie Rückwärtsreferenzen verwenden wollen, sei Perl empfohlen, weil grep hier leistungsmäßig »ins Gras beißt«.

Wobei inzwischen ja verschiedene regexes (POSIX-RE, Extended-RE und pcre) unterschieden werden. Die Unterschiede sind in den Manuals regex und perlre zu finden. Ein Großteil der Scriptsprachen und Programme stützt sich auf die pcre (Perl Compatible Regular Expression), welche mittlerweile als die leistungsfähigste gilt.

11.1.1 Elemente für reguläre Ausdrücke (POSIX-RE)

Vorwiegend werden reguläre Ausdrücke dazu verwendet, bestimmte Zeichenketten in einer Menge von Zeichen zu suchen und zu finden. Die nun folgende Beschreibung ist eine sehr häufig verwendete Konvention, welche von fast allen Programmen, die reguläre Ausdrücke verwenden, so eingesetzt wird. Gewöhnlich wird dabei ein regulärer Ausdruck aus den Zeichen des Alphabets in Kombination mit den Metazeichen (die hier gleich vorgestellt werden) gebildet.

Zeichenliterale

Als Zeichenliterale bezeichnet man die Zeichen, die wörtlich übereinstimmen müssen. Diese werden im regulären Ausdruck direkt (als Wort) notiert. Hierbei besteht je nach System auch die Möglichkeit, alles in hexadezimaler oder oktaler Form anzugeben.

Beliebiges Zeichen

Für ein einzelnes, beliebiges Zeichen verwendet man einen Punkt. Dieser Punkt kann dann für ein fast beliebiges Zeichen stehen.

Zeichenauswahl

Die Zeichenauswahl kennen Sie ebenfalls bereits aus der Shell mit den eckigen Klammern `[auswahl]` (siehe Abschnitt 1.10.6). Alles, was Sie in den eckigen Klammern schreiben, gilt dann exakt für ein Zeichen aus dieser Auswahl. Bspw. `[axz]` steht für eines der Zeichen »a«, »x« oder »z«. Dies lässt sich natürlich auch in Bereiche aufteilen. Bspw. bei der Angabe von `[2-7]` besteht der Bereich aus den Ziffern 2 bis 7. Mit dem Zeichen ^ innerhalb der Zeichenauswahl können Sie auch Zeichen ausschließen. Bspw. mit `[^a-f]` schließen Sie die Zeichen »a«, »b«, »c«, »d«, »e« oder »f« aus.

Vordefinierte Zeichenklassen

Manche Implementationen von regulären Ausdrücken bieten auch vordefinierte Zeichenklassen an. Sofern Sie keine solch vordefinierten Zeichenklassen finden, lässt sich dies auch selbst durch eine Zeichenauswahl in eckigen Klammern beschreiben. Die vordefinierten Zeichenklassen sind letztendlich auch nur eine Kurzform der Zeichenklassen. Tabelle 11.1 nennt einige bekannte vordefinierte Zeichenklassen:

Vordefiniert	Bedeutung	Selbstdefiniert
`\d`	eine Zahl	`[0-9]`
`\D`	keine Zahl	`[^0-9]`
`\w`	ein Buchstabe, eine Zahl oder der Unterstrich	`[a-zA-Z_0-9]`
`\W`	kein Buchstabe, keine Zahl und kein Unterstrich	`[^a-zA-Z_0-9]`
`\s`	Whitespace-Zeichen	`[ \f\n\r\t\v]`
`\S`	alle Zeichen außer Whitespace-Zeichen	`[^\f\n\r\t\v]`

Tabelle 11.1 Vordefinierte Zeichenklassen

Quantifizierer

Als Quantifizierer bzw. Quantoren bezeichnet man Elemente, die es erlauben, den vorherigen Ausdruck in unterschiedlicher Vielfalt in einer Zeichenkette zuzulassen (siehe Tabelle 11.2).

Quantifizierer	Bedeutung
`?`	Der Ausdruck, der voransteht, ist optional, d.h., er kann ein Mal vorkommen, muss aber nicht. Der Ausdruck kommt also entweder null oder ein Mal vor.
`+`	Der Ausdruck muss mindestens ein Mal vorkommen, darf aber auch mehrmals vorhanden sein.
`*`	Der Ausdruck darf beliebig oft oder auch gar nicht vorkommen.
`{min,}`	Der voranstehende Ausdruck muss mindestens *min*-mal vorkommen.
`{min,max}`	Der voranstehende Ausdruck muss mindestens *min*-mal, darf aber nicht mehr als *max*-mal vorkommen.
`{n}`	Der voranstehende Ausdruck muss genau *n*-mal vorkommen.

Tabelle 11.2 Quantifizierer

Gruppierung

Ausdrücke können auch zwischen runden Klammern gruppiert werden. Einige Tools speichern diese Gruppierung ab und ermöglichen so eine Wiederverwendung im regulären Ausdruck bzw. der Textersetzung über `\1`. Es lassen sich hiermit bis zu neun Muster abspeichern (`\1`, `\2` ... `\9`). Bspw. würde man mit

```
s/\(string1\) \(string2\) \(string3\)/\3 \2 \1/g
```

erreichen, dass in einer Textdatei alle Vorkommen von

```
string1 string2 string3
```

umgeändert werden in

```
string3 string2 string1
```

`\1` bezieht sich also immer auf das erste Klammernpaar, `\2` auf das zweite usw.

Alternativen

Selbstverständlich lassen sich auch Alternativen definieren. Hierfür wird das Zeichen | verwendet. Bspw.:

```
(asdf|ASDF)
```

bedeutet, dass nach »asdf« oder »ASDF« gesucht wird, nicht aber nach »AsDf« oder »asdF«.

Sonderzeichen

Da viele Tools direkt auf Textdateien zugreifen, finden Sie gewöhnlich noch folgende Sonderzeichen definiert (siehe Tabelle 11.3):

Sonderzeichen	Bedeutung
`^`	Steht für den Zeilenanfang.
`$`	Steht für das Zeilenende.
`\b`	Steht für die leere Zeichenkette am Wortanfang oder am Wortende.
`\B`	Steht für die leere Zeichenkette, die nicht den Anfang oder das Ende eines Wortes bildet.
`\<`	Steht für die leere Zeichenkette am Wortanfang.
`\>`	Steht für die leere Zeichenkette am Wortende.
`\d`	Ziffer
`\D`	Keine Ziffer
`\s`	Whitespace
`\S`	Kein Whitespace
`.`	Zeichen

Tabelle 11.3 Sonderzeichen bei regulären Ausdrücken

Sonderzeichen	Bedeutung
+	Voriger Ausdruck mindestens ein Mal.
*	Voriger Ausdruck beliebig oft.
?	Voriger Ausdruck null oder ein Mal.

Tabelle 11.3 Sonderzeichen bei regulären Ausdrücken (Forts.)

Jedes dieser Metazeichen lässt sich auch mit dem Backslash (\) maskieren.

Zusammenfassung

Grau ist alle Theorie und trotzdem ließe sich zu den regulären Ausdrücken noch viel mehr schreiben. Damit das hier Beschriebene für Sie kein Buch mit sieben Sigeln bleibt, soll im nächsten Abschnitt mit `grep` darauf zurückgegriffen werden. Auch in den Abschnitten zu `sed` und `awk` hilft Ihnen das Wissen über reguläre Ausdrücke weiter. Mehr zu den regulären Ausdrücken finden Sie im Internet unter **http://www.lrz-muenchen.de/services/schulung/unterlagen/regul/**. Wollen Sie gar wissen, wie man reguläre Ausdrücke selbst programmieren kann, finden Sie in »C von A bis Z« einen kleinen Abschnitt dazu, welchen Sie auch online auf meiner Webseite unter **www.pronix.de** einsehen können.

11

11.2 grep

Zum Suchen nach bestimmten Mustern in Dateien wird häufig `grep` verwendet. `grep` steht für »**G**lobal search for a **R**egular **E**xpression and **P**rint out matched lines«. Es gibt mittlerweile vier verschiedene solcher `grep`-Kommandos:

- `grep` – der Klassiker
- `egrep` – Kurzform für »Extended Grep«, also ein erweitertes `grep`, welches im Gegensatz zu `grep` noch mehr reguläre Ausdrücke versteht.
- `fgrep` – Kurzform für »Fixed Grep« (oder gern auch »Faster Grep«), welches weniger reguläre Ausdrücke als `grep` versteht und dadurch erheblich schneller bei der Suche in großen Dateien ist als `grep` oder `egrep`.
- `rgrep` – Kurzform für »Rekursive Grep«. `rgrep` wird für die rekursive Suche in Unterverzeichnissen verwendet. Es muss allerdings erwähnt werden, dass `rgrep` die Unterverzeichnisse auch komplett durchläuft.

11.2.1 Wie arbeitet grep?

Das `grep`-Kommando sucht nach einem Muster von Zeichen in einer oder mehreren Datei(en). Enthält das Muster ein *Whitespace*, muss es entsprechend gequotet werden. Das Muster ist also entweder eine gequotete Zeichenkette oder ein einfaches Wort. Alle anderen Worte hinter dem Muster werden von `grep` dann als Datei(en) verwendet, in denen nach dem Muster gesucht wird. Die Ausgabe sendet `grep` an die Standardausgabe (meistens dem Bildschirm) und nimmt auch keinerlei Änderung an der Eingabedatei vor. Die Syntax:`grep wort datei1 [datei2] ... [datein]`

Ein viel zitiertes Beispiel:

```
you@host > grep john /etc/passwd
john:x:1002:100:Jonathan Wolf:/home/john:/bin/csh
```

`grep` sucht hier nach dem Muster »john« in der Datei */etc/passwd*. Bei Erfolg wird die entsprechende Zeile auf dem Bildschirm ausgegeben. Wird das Muster nicht gefunden, gibt es keine Ausgabe und auch keine Fehlermeldung. Existiert die Datei nicht, wird eine Fehlermeldung auf dem Bildschirm ausgegeben.

Als Rückgabewert von `grep` erhalten Sie bei einer erfolgreichen Suche den Wert 0. Wird ein Muster nicht gefunden, gibt `grep` 1 als Exit-Code zurück, und wird die Datei nicht gefunden, wird 2 zurückgegeben. Der Rückgabewert von `grep` ist in den Shellscripts häufig von Bedeutung, da Sie relativ selten die Ausgaben auf dem Bildschirm machen werden. Und vom Exit-Code hängt es häufig auch ab, wie Ihr Script weiterlaufen soll.

`grep` gibt den Exit-Code 0 zurück, also wurde ein Muster gefunden:

```
you@host > grep you /etc/passwd > /dev/null
you@host > echo $?
0
```

`grep` gibt den Exit-Code 1 zurück, somit wurde kein übereinstimmendes Muster gefunden:

```
you@host > grep gibtsnicht /etc/passwd > /dev/null
you@host > echo $?
1
```

`grep` gibt den Exit-Code 2 zurück, die Datei scheint nicht zu existieren (oder wurde, wie hier, falsch geschrieben):

```
you@host > grep you /etc/PASSwd > /dev/null 2>&1
you@host > echo $?
2
```

grep kann seine Eingabe neben Dateien auch von der Standardeingabe oder einer Pipe erhalten.

```
you@host > grep echo < script1
echo "Ausgabe1"
echo "Ausgabe2"
you@host > cat script1 | grep echo
echo "Ausgabe1"
echo "Ausgabe2"
```

Auch grep kennt eine ganze Menge regulärer Ausdrücke. Metazeichen helfen Ihnen dabei, sich mit grep ein Suchmuster zu erstellen. Und natürlich unterstützt auch grep viele Optionen, die Sie dem Kommando mitgeben können. Auf einige dieser Features wird in den folgenden Abschnitten eingegangen.

11.2.2 grep mit regulären Ausdrücken

Das grep eines der ältesten Programme ist, das reguläre Ausdrücke kennt, wurde bereits beschrieben. Welche regulären Ausdrücke grep so alles kennt, wird in Tabelle 11.4 aufgelistet. Allerdings kennt grep nicht alle regulären Ausdrücke, weshalb es außerdem das Kommando egrep gibt, das noch einiges mehr versteht (siehe Tabelle 11.5).

11

Zeichen	Funktion	Beispiel	Bedeutung
^	Anfang der Zeile	'^wort'	Gibt alle Zeilen aus, die mit »wort« beginnen.
$	Ende der Zeile	'wort$'	Gibt alle Zeilen aus, die mit »wort« enden.
^$	komplette Zeile	'^wort$'	Gibt alle vollständige Zeilen mit dem Muster »wort« aus.
.	beliebiges Zeichen	'w.rt'	Gibt alle Zeilen aus, die ein »w«, einen beliebigen Buchstaben und »rt« enthalten (bspw. »wort«, »wert«, »wirt«, »wart«).
*	beliebig oft	'wort*'	Gibt alle Zeilen aus mit beliebig vielen (oder auch gar keinen) des vorangegangenen Zeichens.
.*	beliebig viele	'wort.*wort'	Die Kombination .* steht für beliebig viele Zeichen.
[]	ein Zeichen aus dem Bereich	'[Ww]ort'	Gibt alle Zeilen aus, welche Zeichen in dem angegebenen Bereich (im Beispiel nach »Wort« oder »wort«) enthalten.

Tabelle 11.4 Reguläre Ausdrücke von grep

Zeichen	Funktion	Beispiel	Bedeutung
`[^]`	kein Zeichen aus dem Bereich	`'[^A-VX-Za-z]ort'`	Die Zeichen, die im angegebenen Bereich stehen, werden nicht beachtet (im Beispiel kann »Wort« gefunden werden, nicht aber »Tort« oder »Sort« und auch nicht »wort«).
`\<`	Anfang eines Wortes	`'\<wort'`	Findet hier alles, was mit »wort« beginnt (bspw. »wort«, »wortreich« aber nicht »Vorwort« oder »Nachwort«).
`\>`	Ende eines Wortes	`'wort\>'`	Findet alle Zeilen, welche mit »wort« enden (bspw. »Vorwort« oder »Nachwort«, nicht aber »wort« oder »wortreich«).
`\<\>`	ein Wort	`'\<wort\>'`	Findet exakt »wort« und nicht »Nachwort« oder »wortreich«.
`\(...\)`	Backreferenz	`'\(wort\)'`	Merkt sich die eingeschlossenen Muster vor, um darauf später über `\1` zuzugreifen. Bis zu neun Muster können auf diese Weise gespeichert werden.
`x\{m\}`	exakte Wiederholung des Zeichens	`x\{3\}`	Exakt 3-maliges Auftreten des Zeichens »x«.
`x\{m,\}`	mindestens Wiederholung des Zeichens	`x\{3,\}`	Mindestens ein 3-maliges Auftreten des Zeichens »x«.
`x\{m,n\}`	mindestens bis maxmiale Wiederholung des Zeichens	`x\{3,6\}`	Mindestens ein 3-maliges Auftreten des Zeichens »x« bis maximal 6-maliges Auftreten (nicht mehr).

Tabelle 11.4 Reguläre Ausdrücke von grep (Forts.)

Zu diesen regulären Ausdrücken kennt `egrep` noch folgende:

<table>
<tr><th>Zeichen</th><th>Funktion</th><th>Beispiel</th><th>Bedeutung</th></tr>
<tr><td><code>+</code></td><td>mindestens ein Mal</td><td><code>'wort[0-9]+'</code></td><td>Es muss mindestens eine Ziffer aus dem Bereich vorkommen.</td></tr>
<tr><td><code>?</code></td><td>null oder ein Mal</td><td><code>'wort[0-9]?'</code></td><td>Eine Ziffer aus dem Bereich darf, muss aber nicht vorkommen.</td></tr>
<tr><td><code>|</code></td><td>Alternativen</td><td><code>'worta|wort'</code></td><td>Das Wort »worta« oder »wortb«.</td></tr>
</table>

Tabelle 11.5 Weitere reguläre Ausdrucke von egrep

Hier jetzt einige Beispiele zu den regulären Ausdrücken mit `grep`. Folgende Datei mit folgendem Muster sei hierfür gegeben:

```
you@host > cat mrolymia.dat
Larry Scott USA 1965 1966
Sergio Oliva USA 1967 1968 1969
Arnold Schwarzenegger Österreich 1970 1971 1972 1973 1974 1975
Franco Columbu Argentinien 1976 1981
Chris Dickerson USA 1982
Samir Bannout Libanon 1983
Lee Haney USA 1984 1985 1986 1987 1988 1989 1990 1991
Dorian Yates Grossbritannien 1992 1993 1994 1995 1996 1997
Ronnie Coleman USA 1998 1999 2000 2001 2002 2003 2004
```

Einfachstes Beispiel:

```
you@host > grep Libanon mrolymia.dat
Samir Bannout Libanon 1983
```

Hierbei werden alle Zeilen ausgegeben, die den regulären Ausdruck »Libanon« in der Datei *mrolympia.dat* enthalten. Nächstes Beispiel:

```
you@host > grep '^S' mrolymia.dat
Sergio Oliva USA 1967 1968 1969
Samir Bannout Libanon 1983
```

Hiermit werden alle Zeilen ausgegeben, die mit dem Zeichen »S« beginnen. Das Caret-Zeichen (^) steht immer für den Anfang einer Zeile. Nächstes Beispiel:

```
you@host > grep '1$' mrolymia.dat
Franco Columbu Argentinien 1976 1981
Lee Haney USA 1984 1985 1986 1987 1988 1989 1990 1991
```

Hiermit werden alle Zeilen ausgegeben, die mit dem Zeichen »1« enden. Das Dollarzeichen steht hierbei für das Ende einer Zeile. Nächstes Beispiel:

```
you@host > grep Sergio Yates mrolymia.dat
grep: Yates: Datei oder Verzeichnis nicht gefunden
mrolymia.dat:Sergio Oliva USA 1967 1968 1969
```

Hier wurde ein Fehler gemacht, da `grep` das dritte Argument bereits als eine Dateiangabe, in der nach einem Muster gesucht wird, behandelt. Einen Namen wie »Sergio Yates« gibt es nämlich nicht in dieser Datei. Damit das Muster auch komplett zum Vergleich für `grep` verwendet wird, müssen Sie es zwischen Single Quoten stellen.

```
you@host > grep 'Sergio Yates' mrolymia.dat
you@host > echo $?
1
```

Das nächste Beispiel:

```
you@host > grep '197.' mrolymia.dat
Arnold Schwarzenegger Österreich 1970 1971 1972 1973 1974 1975
Franco Columbu Argentinien 1976 1981
```

Wer war hier in den 70-ern am besten. Damit geben Sie alle Zeilen aus, in denen sich das Muster »197« und ein weiteres beliebiges einzelnes Zeichen befindet. Sofern Sie wirklich nach einem Punkt suchen, müssen Sie ein Backslash davor setzen. Dies gilt übrigens für alle Metazeichen. Nächstes Beispiel:

```
you@host > grep '^[AS]' mrolymia.dat
Sergio Oliva USA 1967 1968 1969
Arnold Schwarzenegger Österreich 1970 1971 1972 1973 1974 1975
Samir Bannout Libanon 1983
```

Hier wird jede Zeile ausgegeben, die mit dem Zeichen »A« und »S« beginnt. Nächstes Beispiel:

```
you@host > grep '^[^AS]' mrolymia.dat
Larry Scott USA 1965 1966
Franco Columbu Argentinien 1976 1981
Chris Dickerson USA 1982
Lee Haney USA 1984 1985 1986 1987 1988 1989 1990 1991
Dorian Yates Grossbritannien 1992 1993 1994 1995 1996 1997
Ronnie Coleman USA 1998 1999 2000 2001 2002 2003 2004
```

Jetzt werden alle Zeilen ausgegeben, die nicht (`[^AS]`) mit dem Zeichen »A« oder »S« beginnen. Nächstes Beispiel:

```
you@host > grep '^S.*Libanon' mrolymia.dat
Samir Bannout Libanon 1983
```

Hier liefert `grep` die Zeile zurück, die mit einem Zeichen »S« beginnt, gefolgt von beliebig vielen Zeichen und die Zeichenfolge »Libanon« enthält. Nächstes Beispiel:

```
you@host > grep '^S.*196.' mrolymia.dat
Sergio Oliva USA 1967 1968 1969
```

Ähnlich wie im Beispiel zuvor werden die Zeilen ausgegeben, die mit dem Zeichen »S« beginnen und die Textfolge »196« mit einem beliebigen weiteren Zeichen enthalten. Nächstes Beispiel:

```
you@host > grep '[a-z]\{14\}' mrolymia.dat
Arnold Schwarzenegger Österreich 1970 1971 1972 1973 1974 1975
Dorian Yates Grossbritannien 1992 1993 1994 1995 1996 1997
```

Gibt alle Zeilen aus, in denen 14 Buchstaben hintereinander Kleinbuchstaben sind. Nächstes Beispiel:

```
you@host > grep '\<Col' mrolymia.dat
Franco Columbu Argentinien 1976 1981
Ronnie Coleman USA 1998 1999 2000 2001 2002 2003 2004
```

Hier werden alle Zeilen ausgegeben, in denen sich ein Wort befindet, das mit »Col« beginnt. Nächstes Beispiel:

```
you@host > grep 'A\>' mrolymia.dat
Larry Scott USA 1965 1966
Sergio Oliva USA 1967 1968 1969
Chris Dickerson USA 1982
Lee Haney USA 1984 1985 1986 1987 1988 1989 1990 1991
Ronnie Coleman USA 1998 1999 2000 2001 2002 2003 2004
```

Das Gegenteil vom Beispiel zuvor. Hier werden alle Zeilen ausgegeben, in denen sich ein Wort befindet, welches mit »A« endet. Nächstes Beispiel:

```
you@host > grep '\<Coleman\>' mrolymia.dat
Ronnie Coleman USA 1998 1999 2000 2001 2002 2003 2004
```

Hierbei wird nach einem vollständigen Wort »Coleman« gesucht. Also kein »AColeman« und auch kein »Colemann«. Nächstes Beispiel:

```
you@host > grep '\<.*ien.*\>' mrolymia.dat
Franco Columbu Argentinien 1976 1981
Dorian Yates Grossbritannien 1992 1993 1994 1995 1996 1997
```

Hier werden alle Zeilen ausgegeben, die ein Wort mit der Zeichenfolge »ien« enthalten. Davor und danach können sich beliebig viele Zeichen befinden. Nächstes Beispiel:

```
you@host > grep '\<[G].*ien\>' mrolymia.dat
Dorian Yates Grossbritannien 1992 1993 1994 1995 1996 1997
```

Hier wird nach einem Wort gesucht, das mit dem Großbuchstaben »G« beginnt und mit der Zeichenfolge »ien« endet. Dazwischen können sich beliebig viele Zeichen befinden.

Natürlich können Sie `grep` auch dazu verwenden, in einem ganzen Verzeichnis die Dateien nach einem bestimmten Muster abzusuchen. Hier können Sie wieder das Metazeichen `*` als Platzhalter für alle Dateien im Verzeichnis verwenden:

```
you@host > grep 'echo' *
...
```

Hier werden im aktuellen Arbeitsverzeichnis alle Dateien nach dem Muster »echo« durchsucht.

11.2.3 grep mit Pipes

Häufig wird `grep` in Verbindung mit einer Pipe verwendet. Hierbei übergeben Sie `grep` dann statt einer Datei als drittes Argument für die Eingabe die Daten durch eine Pipe von der Standardausgabe eines anderen Kommandos. Bspw.:

```
you@host > ps -ef | grep $USER
```

Hiermit bekommen Sie alle Prozesse aufgelistet, deren Eigentümer der aktuelle User ist bzw. die dieser gestartet hat. Dabei gibt `ps` seine Ausgabe durch die Pipe an die Standardeingabe von `grep`. `grep` wiederum sucht dann in der entsprechenden Ausgabe nach dem entsprechenden Muster und gibt gegebenenfalls die Zeile(n) aus, die mit dem Muster übereinstimmen. Natürlich können Sie hierbei auch, wie schon gehabt, die regulären Ausdrücke verwenden. Die Syntax:

```
kommando | grep muster
```

Ebenfalls relativ häufig wird `grep` mit `ls` zur Suche bestimmter Dateien verwendet:

```
you@host > ls | grep '^scr.*'
script1
script1~
script2
script2~
```

Im Abschnitt zuvor haben Sie mit

```
you@host > grep 'echo' *
```

alle Dateien nach dem Muster »echo«' durchsucht. Meistens, mir ging es zumindest so, haben Sie neben einfachen Scripts auch noch eine Menge Dokumentationen im Verzeichnis herumliegen. Wollen Sie jetzt auch noch die Dateinamen mithilfe regulärer Ausdrücke eingrenzen, können Sie die Ausgabe von `grep` an die Eingabe eines weiteren `grep`-Aufrufs hängen:

```
you@host > grep 'echo' * | grep 'scrip.*'
...
```

Jetzt wird in allen Dateien des aktuellen Verzeichnisses nach dem Muster »echo« gesucht (erstes `grep`) und anschließend (zweites `grep`) werden nur die Dateien berücksichtigt, die mit der Zeichenfolge »scrip« beginnen, gefolgt von beliebig vielen weiteren Zeichen.

11.2.4 grep mit Optionen

Natürlich bietet Ihnen `grep` neben den regulären Ausdrücken auch noch eine Menge weiterer Optionen an, mit denen Sie das Verhalten, insbesondere der Standardausgabe steuern können. Im folgenden Abschnitt finden Sie eine Liste mit den interessantesten und gängigsten Optionen (was bedeutet, dass dies längst nicht alle sind). Reichen Ihnen diese Optionen nicht aus, müssen Sie in den Manual-Page blättern. Als Beispiel dient wieder unsere Datei *mrolympia.dat*:

```
you@host > cat mrolymia.dat
Larry Scott USA 1965 1966
Sergio Oliva USA 1967 1968 1969
Arnold Schwarzenegger Österreich 1970 1971 1972 1973 1974 1975
Franco Columbu Argentinien 1976 1981
Chris Dickerson USA 1982
Samir Bannout Libanon 1983
Lee Haney USA 1984 1985 1986 1987 1988 1989 1990 1991
Dorian Yates Grossbritannien 1992 1993 1994 1995 1996 1997
Ronnie Coleman USA 1998 1999 2000 2001 2002 2003 2004
```

-*n* – damit wird die Zeile zurückgegeben, in der das Suchmuster gefunden wurde, und zwar mit zusätzlich *n* Zeilen vor und nach dieser Zeile. In der Praxis:

```
you@host > grep -1 Sergio mrolymia.dat
Larry Scott USA 1965 1966
Sergio Oliva USA 1967 1968 1969
Arnold Schwarzenegger Österreich 1970 1971 1972 1973 1974 1975
```

Hierbei wurde vor und nach der gefundenen Zeile jeweils eine zusätzliche Zeile ausgegeben. Dies ist in der Praxis bei einen etwas längeren Text mit mehreren Abschnitten sehr sinnvoll, da man häufig mit einem ausgegebenen Teilsatz aus der Zeile 343 nicht viel anfangen kann.

`-A` ***anzahl*** – ähnlich wie *-n*, nur dass noch zusätzlich »anzahl« Zeilen mit ausgegeben werden, die nach der Zeile enthalten sind.

`-B` ***anzahl*** – wie `-A` *anzahl*, nur dass »anzahl« Zeilen ausgegeben werden, die vor der Zeile enthalten sind, in welcher der reguläre Ausdruck abgedeckt wurde.

`-c` – (für *count*) hiermit wird nur die Anzahl von Zeilen ausgegeben, die durch den regulären Ausdruck abgedeckt werden.

```
you@host > grep -c '.*' mrolymia.dat
9
you@host > grep -c 'USA' mrolymia.dat
5
```

Hier wurden zum Beispiel die Daten aller Sportler ausgegeben und beim nächsten Ausdruck nur noch die Teilnehmer aus den »USA«. 5 von den 9 ehemaligen Titelträgern kamen also aus den USA.

`-h` – bei dieser Option wird der Dateiname, in dem der Suchstring gefunden wurde, nicht vor den Zeilen mit ausgegeben:

```
you@host > grep 'Ausgabe1' *
script1:echo "Ausgabe1"
script1~:echo "Ausgabe1"
you@host > grep -h 'Ausgabe1' *
echo "Ausgabe1"
echo "Ausgabe1"
```

`-i` – es wird nicht zwischen Groß- und Kleinschreibung unterschieden. Ein Beispiel:

```
you@host > grep 'uSa' mrolymia.dat
you@host > grep -i 'uSa' mrolymia.dat
Larry Scott USA 1965 1966
Sergio Oliva USA 1967 1968 1969
Chris Dickerson USA 1982
Lee Haney USA 1984 1985 1986 1987 1988 1989 1990 1991
Ronnie Coleman USA 1998 1999 2000 2001 2002 2003 2004
```

-l – bei dieser Option werden nur die Dateinamen aufgelistet, in denen eine Zeile mit dem entsprechenden Suchmuster gefunden wurde:

```
you@host > grep -l echo *
Kap 1 bis 9.doc
ksh.2005-02-02.linux.i386
script1
script1~
script2
script2~
```

-n – hiermit wird vor jeder gefundenen Zeile in der Datei die laufende Zeilennummer mit ausgegeben. Bspw.:

```
you@host > grep -n echo *
script1:4:   echo "Die Ausgabe wollen wir nicht!!!"
script1:7:echo "Ausgabe1"
script1:11:echo "Ausgabe2"
...
script2:9:   echo "Starte script1 ..."
script2~:7:   echo "Warte ein wenig ..."
script2~:9:   echo "Starte script1 ..."
```

-q – bei Verwendung dieser Option erfolgt keine Ausgabe, sondern es wird 0 zurückgegeben, wenn ein Suchtext gefunden wurde, oder 1, wenn Suche erfolglos war. Diese Option wird gewöhnlich in Shellscripts verwendet, bei denen man sich meistens nur dafür interessiert, ob eine Datei einen Suchtext enthält oder nicht.

-s – mit dieser Option werden keine Fehlermeldungen ausgegeben, wenn eine Datei nicht existiert.

```
you@host > grep test /etc/gibtsnicht
grep: /etc/gibtsnicht: Datei oder Verzeichnis nicht gefunden
you@host > grep -s test /etc/gibtsnicht
you@host >
```

-v – damit werden alle Zeilen ausgegeben, die nicht durch den angegebenen regulären Ausdruck abgedeckt werden:

```
you@host > grep -v 'USA' mrolymia.dat
Arnold Schwarzenegger Österreich 1970 1971 1972 1973 1974 1975
Franco Columbu Argentinien 1976 1981
```

```
Samir Bannout Libanon 1983
Dorian Yates Grossbritannien 1992 1993 1994 1995 1996 1997
```

-w – eine Abkürzung für `\<wort\>`. Damit wird nach ganzen Wörtern im Suchtext gesucht:

```
you@host > grep 'Lib' mrolymia.dat
Samir Bannout Libanon 1983
you@host > grep -w 'Lib' mrolymia.dat
you@host >
```

11.2.5 egrep (extended grep)

Wie Sie bereits erfahren haben, lassen sich mit `egrep` erweiterte und weitaus komplexere reguläre Ausdrücke bilden. Allerdings wird Otto Normalverbraucher (wie auch die meisten Systemadministratoren) mit `grep` mehr als zufrieden sein. Komplexere reguläre Ausdrücke gehen natürlich enorm auf Kosten der Ausführgeschwindigkeit. Übrigens können Sie einen `egrep`-Aufruf auch mit `grep` und der Option `-E` realisieren:

```
grep -E regex Datei
```

Einige Beispiele mit `egrep`:

```
you@host > egrep 'Colombo|Columbu' mrolymia.dat
Franco Columbu Argentinien 1976 1981
you@host > egrep 'Colombo|Columbu|Col' mrolymia.dat
Franco Columbu Argentinien 1976 1981
Ronnie Coleman USA 1998 1999 2000 2001 2002 2003 2004
```

Wissen Sie nicht genau, wie man einen bestimmten Namen schreibt, können Sie mit | mehrere Suchmuster miteinander verknüpfen. Im Beispiel wird nach »Colombo« oder »Columbu« und im zweiten Beispiel noch zusätzlich nach einer Zeichenfolge »Col« gesucht. Kennen Sie mehrere Personen mit dem Namen »Olivia« und wollen nach einem »Sergio Olivia« und »Gregor Olivia« suchen, können Sie das Ganze folgendermaßen definieren:

```
egrep '(Sergio|Gregor) Olivia' mrolympia.dat
```

Nächstes Beispiel:

```
you@host > egrep 'y+' mrolymia.dat
Larry Scott USA 1965 1966
Lee Haney USA 1984 1985 1986 1987 1988 1989 1990 1991
```

Mit dem + wird nach mindestens einem »y«-Zeichen gesucht. Wollen Sie bspw. alle Zeilen einer Datei ausgeben, die mit mindestens einem oder mehreren Leerzeichen beginnen, können Sie dies folgendermaßen definieren:

```
you@host > egrep '^ +' mrolymia.dat
```

Nächstes Beispiel:

```
you@host > egrep 'US?' mrolymia.dat
Larry Scott USA 1965 1966
Sergio Oliva USA 1967 1968 1969
Chris Dickerson USA 1982
Lee Haney USA 1984 1985 1986 1987 1988 1989 1990 1991
Ronnie Coleman USA 1998 1999 2000 2001 2002 2003 2004
```

Wissen Sie jetzt nicht, ob die Zeichenfolge für die USA »USA« oder »US« lautet, können Sie das Fragezeichen verwenden. Damit legen Sie fest, dass hier ein Zeichen sein darf, aber nicht muss. Somit wird sowohl die Zeichenfolge »US« als auch »USA« gefunden.

11.2.6 fgrep (fixed oder fast grep)

`fgrep` wird vorwiegend für »schnelle greps« verwendet (`fgrep` = *fast grep*). Allerdings ist nur eine Suche nach einfachen Zeichenketten möglich. Reguläre Ausdrücke gibt es hierbei nicht – ein Vorteil, wenn Sie nach Zeichenfolgen suchen, die Metazeichen enthalten.

11.2.7 rgrep

Weil `grep` nur im aktuellen Verzeichnis sucht, wurde `rgrep` entwickelt. `rgrep` sucht mit einer rekursiven Suche in Unterverzeichnissen nach entsprechenden Mustern. Bei einer großen Verzeichnistiefe kann dies allerdings problematisch werden. Wenn Sie bspw. nur das aktuelle Verzeichnis und die direkten Unterverzeichnisse durchsuchen wollen, so würde auch ein `grep` wie

```
grep regex */*
```

ausreichen. Mehr zu `rgrep` entnehmen Sie bitte der Manual-Page.

12 Der Stream-Editor sed

12 Der Stream-Editor sed

sed ist ein relativ altes Tool, wird aber immer noch vielfach eingesetzt, etwa um Zeilen einer Datei oder eines Datenstroms zu manipulieren. Besonders häufig und gern wird sed zum Suchen und Ersetzen von Zeichenfolgen verwendet.

12.1 Funktions- und Anwendungsweise von sed

Bevor Sie sich mit dem Editor `sed` auseinander setzen, möchte Ich Ihnen zunächst die grundlegende Funktionsweise des `sed`-Kommandos beschreiben. `sed` wurde bereits in den 70-ern von Lee E. McMahon in den Bell Labs entwickelt. Der Name sed steht für **S**tream **ED**itor. Natürlich ist sed kein Editor in dem Sinne, wie Sie es vielleicht von »vim« oder »Emacs« her kennen.

Mittlerweile hat jede Linux- bzw. UNIX-Distribution eine eigene `sed`-Version. Linux verwendet gewöhnlich GNU-`sed`, was eine erweiterte Variante des Ur-`sed` ist. Bspw. bietet GNU-`sed` »in-place-editing«, womit eine Änderung direkt im Eingabefilter möglich ist. Solaris wiederum bietet gleich drei Versionen von `sed` an, eine von AT&T-abgeleitete, eine von BSD UNIX und eine weitere, die dem XPG4-Standard entspricht (natürlich kann unter Solaris und BSD auch GNU-`sed` verwendet werden). Generell unterscheiden sich die einzelnen Versionen in der Funktionsvielfalt, was hier allerdings kein Problem sein sollte, da vorwiegend auf die grundlegenden Funktionen von `sed` eingegangen wird, die jedes `sed` kennen sollte.

`sed` bekommt seine Kommandos entweder aus einer Datei oder von der Kommandozeile. Meistens handelt es sich aber um eine Datei. Diese Datei (bzw. das Kommando aus der Kommandozeile) liest `sed` Zeile für Zeile von der Standardeingabe ein, kopiert diese in einen extra dafür angelegten Puffer (in den so genannten Patternspace), bearbeitet diesen Puffer nach einer von Ihnen bestimmten Regel und gibt den veränderten Puffer anschließend wieder auf die Standardausgabe aus. Bei dem Puffer handelt es sich um eine Kopie einer jeden Zeile, das heißt, jegliche Kommandoausführung von `sed` bezieht sich von nun an auf diesen Puffer. Die Quelldatei bleibt hierbei immer unverändert. Es sollte hier klar geworden sein, dass `sed` zeilenweise arbeitet – eine Zeile wird eingelesen, bearbeitet und wieder ausgegeben. Natürlich findet dieser ganze Arbeitsvorgang in einer Schleife statt (siehe Abbildung 12.1).

Hinweis Dass die Quelldatei unverändert bleibt, sorgt immer wieder für Verwirrung.

Aber eigentlich ist dies logisch, denn es ist nun mal nicht möglich, gleichzeitig aus einer Datei zu lesen und in sie hineinzuschreiben. Man muss also die Ausgabe in einer temporären Datei speichern, zurückkopieren und die temporäre Datei wieder löschen.

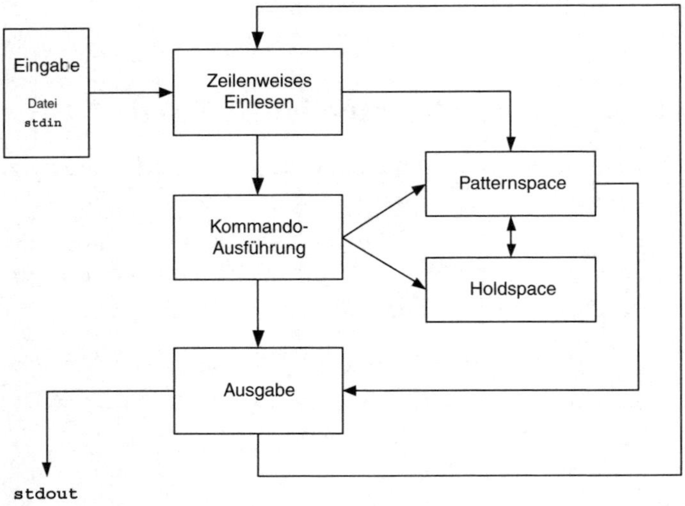

Abbildung 12.1 Die Arbeitsweise von sed

Neben dem Puffer Patternspace gibt es noch einen zweiten Puffer, den Holdspace. Diesen können Sie mit speziellen Kommandos verwenden, um Daten untereinander (zwischen dem Pattern- und Holdspace) auszutauschen. Die Puffergröße (oder auch die Zeichen, die pro Zeile aufgenommen werden können) ist bei moderneren `sed`-Versionen unbegrenzt. Bei älteren Versionen gibt es häufig noch eine Begrenzung auf 8192 Zeichen.

Die Syntax zu `sed` lautet:

```
sed [-option] Kommando [Datei] ... [Datei_n]
sed -f Kommandodatei [Datei] ... [Datei_n]
```

Damit die Kommandos nicht mit der fleißigen Shell und deren Mühen, Metazeichen vorher zu interpretieren, kollidieren, sollten Sie die `sed`-Kommandos zwischen Single Quotes setzen.

```
sed [-option] 'Kommando' [Datei] ... [Datei_n]
```

Natürlich können Sie auch mehrere Kommandos auf einmal verwenden. Hierzu müssen Sie entweder die einzelnen Kommandos mit einem Semikolon voneinander trennen oder aber Sie schreiben in jeder Zeile ein Kommando.

```
sed 'Kommando1 ; Kommando2 ; Kommando3' Date

sed 'Kommando1
> Kommando2
> Kommando3' Datei
```

Hier als Beispiel drei verschiedene sed-Kommandos, welche alle drei zum selben Ziel führen:

```
you@host > sed -n  '/Scott/p' mrolympia.dat
Larry Scott USA 1965 1966
you@host > sed -n  '/Scott/p' < mrolympia.dat
Larry Scott USA 1965 1966
you@host > cat mrolympia.dat | sed -n '/Scott/p'
Larry Scott USA 1965 1966
```

sed liest immer von der Standardeingaben und schreibt standardmäßig auf die Standardausgabe. Mit dem letzten Parameter können Sie einen oder auch mehrere Dateinamen angeben, von denen sed aus dem Eingabestrom lesen soll. Wie Sie im Beispiel sehen konnten, können Sie sich hier auch der Umlenkungszeichen (<, >, |) bedienen. Die nähere Bedeutung der sed-Befehle, die im Beispiel eben verwendet wurden, werden Sie in den folgenden Abschnitten näher kennen lernen.

12

12.1.1 Wohin mit der Ausgabe?

Wenn Sie den sed-Editor verwenden, werden Sie wohl im seltensten Fall eine Ausgabe auf dem Bildschirm machen wollen. Hierzu gibt es drei gängige Anwendungsmöglichkeiten, die Ausgabe von sed in die richtigen Bahnen zu lenken. Hier werden erst mal die gängigsten Methoden von sed behandelt, ohne jetzt auf die einzelnen Optionen bzw. Features von sed einzugehen.

Hinweis Die Ausgabe von sed erfokgt auf den Standardausgabekanal, Fehlermeldungen erfolgen auf den Standardfehlerkanal. Der Rückgabewert von sed ist dabei ungleich (meistens größer als) 0.

Mehrere Dateien bearbeiten

Wenn Sie mehrere Dateien auf einmal mit sed bearbeiten wollen bzw. müssen, kann es sinnvoll sein, anstatt eines Kommandos eine Kommandodatei zu verwenden – man darf hierzu gern auch sed-Script sagen. Der Vorteil: Diese Kommandodatei können Sie jederzeit wieder verwenden. Also, statt eine Datei wie folgt mit sed zu bearbeiten

```
sed -n 'kommando ; kommando; kommando' Datei > Zieldatei
```

können Sie ein sed-Script verwenden:

```
sed -f ased_script.sed Datei > Zieldatei
```

Damit können Sie de facto mehrere Dateien komfortabel mit einem sed-Script bearbeiten. Theoretisch könnten Sie hierbei vorgefertigte sed-Scripts einsetzen, ohne dass Sie überhaupt Kenntnisse von sed haben (was allerdings nicht sehr empfehlenswert ist). Wie Sie eigene sed-Scripts schreiben, erfahren Sie in Abschnitt 12.5. Gewöhnlich werden Sie das sed-Script auf mehrere Dateien auf einmal in einem Shellscript ansetzen. Dies können Sie dann bspw. folgendermaßen machen:

```
# Alle Dateien im aktuellen Verzeichnis
for file in *
do
   sed -f ased_script.sed $file > temp
   # Achtung, hier wird das Original verändert!!!
   mv tmp $file
done
```

Direkt aus einem Kommando bearbeiten

Im Beispiel oben wurden mehrere Dateien neu bearbeitet. Wenn Sie ein wenig vorausschauender arbeiten, könnten Sie diesen Schritt auch auslassen, indem Sie gleich von vorn herein darauf achten, dass man die Datei gar nicht bearbeiten muss (natürlich ist dies nicht immer möglich). Dies lässt sich wieder mit einer Pipe realisieren:

```
kommando | sed -f ased_script.sed > Datei
kommando | sed -n 'kommando' > Datei
shellscript | sed -f ased_script.sed > Datei
shellscript | sed -f 'Kommando' > Datei
```

Hierbei schreibt ein Prozess (ein Kommando oder auch ein Shellscript) seine Daten in die Standardausgabe durch die Pipe. Auf der anderen Seite der Pipe wartet sed mit der Standardeingabe auf diese Daten und verarbeitet sie zeilenweise mit dem sed-Script. Die Ausgabe wird mit einer Umlenkung in eine Datei geschrieben.

Direkt aus einer Datei bearbeiten

Selbstverständlich können Sie mit sed auch einen Text aus einer Datei extrahieren, zerlegen und in eine neue Zieldatei speichern, ohne die Originaldatei zu verändern.

```
sed -n '/ein_wort/p' Datei > Zieldatei
```

Damit extrahiert sed alle Zeilen mit dem Wort »ein_wort« aus *Datei* und schreibt diese Zeilen in die *Zieldatei*.

12.2 Der sed-Befehl

Ein sed-Befehl sieht auf den ersten Blick etwas undurchsichtig aus, ist aber einfacher, als man vermuten würde. Hier ein solcher typischer sed-Befehl im Rohformat:

```
sed '[adresse1[,adresse2]]kommando' [datei(en)]
```

Alle Argumente, bis auf »kommando«, sind erst mal optional. Jeder sed-Aufruf benötigt also mindestens einen Kommandoaufruf. Die Operation »kommando« bezieht sich auf einen bestimmten Bereich bzw. eine bestimmte Adresse einer Datei (solche Adressen werden im nächsten Abschnitt behandelt). Den Bereich können Sie mit »addresse1« bestimmen. Geben Sie hierbei noch »adresse2« an, so bezieht sich der Bereich von der Zeile »addresse1« bis zur Zeile »addresse2«. Sie können diesen Bereich auch negieren, indem Sie hinter »addresse1« und »addresse2« ein !-Zeichen setzen. Dann bezieht sich »kommando« nur auf den Bereich, der nicht von »addresse1« bis »addresse2« abgedeckt wird. Ein einfaches Beispiel:

```
you@host > sed -n 'p' file.dat
```

Hiermit geben Sie praktisch die komplette Datei *file.dat* auf dem Bildschirm aus. Das Kommando p steht für *print*, also Ausgabe (auf dem Bildschirm). Damit sed die Zeile(n) nicht doppelt ausgibt, wurde die Option -n verwendet. Näheres dazu später.

12.3 Adressen

Adressen sind, wie eben erwähnt, entweder fixe Zeilen, ganze Bereiche oder aber Zeilen, die auf einen bestimmten regulären Ausdruck passen. Hier einige Beispiele, wie Sie bestimmte Adressen definieren und welche Zeilen Sie damit selektieren. Zur Demonstration wird immer die Option -n verwendet, mit der Sie den Default-Output von sed abschalten, und das Kommando p, mit dem Sie die selektierte(n) Zeile(n) auf dem Bildschirm ausgeben lassen können.

Nur die vierte Zeile der Datei *file.dat* selektieren und ausgeben:

```
you@host > sed -n '4p' file.dat
```

Die Zeilen 4, 5, 6 und 7 aus der Datei *file.dat* selektieren und ausgeben. Geben Sie für die »bis«-Adresse einen niedrigeren Wert an als für die »von«-Adresse, so wird dieser Wert ignoriert:

```
you@host > sed -n '4,7p' file.dat
```

Hiermit werden alle Zeilen von Zeile 4 bis zum Ende der Datei ausgegeben – das Dollarzeichen steht für die letzte Zeile:

```
you@host > sed -n '4,$p' file.dat
```

Damit werden alle Zeilen selektiert, in denen sich das Wort »wort« befindet und ausgegeben:

```
you@host > sed -n '/wort/p' file.dat
```

Hier werden alle Zeilen ausgegeben, welche die Zeichenfolge »197« und eine beliebige Zahl von 0 bis 9 enthalten (1970, 1971 ... 1979):

```
you@host > sed -n '/197[0-9]/p' file.dat
```

Neben den Möglichkeiten

```
[Adresse1, Adresse2]Kommando
```

und

```
[Adresse]Kommando
```

gibt es auch noch eine dritte Möglichkeit, wie Sie Adressen angeben können. Man kann nämlich durch die Verwendung von geschweiften Klammern mehrere Kommandos zusammenfassen:

```
Adresse{
   Kommando1
   Kommando2
}
```

Oder auch als Einzeiler:

```
Adresse{ Kommando1 ;  Kommando2 ; ... }
```

Bspw.:

```
you@host > sed -n '1{p ; s/USA/ASU/g ; p }' mrolympia.dat
Larry Scott USA 1965 1966
Larry Scott ASU 1965 1966
```

Hiermit bearbeiten Sie die erste Zeile der Datei *mrolympia.dat*. Zuerst geben Sie diese Zeile aus, anschließend führen Sie mit `s/.../.../g` eine globale (g) Ersetzung mittels s (*substitute*) der Zeichenfolge »USA« durch »ASU« durch und geben daraufhin diese Zeile (ggf. verändert) nochmals aus. Natürlich können Sie eine solche Ersetzung auch ohne Angabe einer Adresse auf die ganze Datei machen:

```
you@host > sed -
n '{/USA/p ; s/USA/ASU/g ; /ASU/p }' mrolympia.dat
```

Da hierbei keine direkte Adressierung verwendet wird, können Sie das Ganze auch gleich ohne geschweifte Klammern machen:

```
you@host > sed -n '/USA/p ; s/USA/ASU/g ; /ASU/p' mrolympia.dat
```

Natürlich können Sie auch mit den geschweiften Klammern einen Adressbereich verwenden:

```
you@host > sed -n '1,5{/USA/p ; s/USA/ASU/g ; /ASU/p }' \
> mrolympia.dat
```

Hierbei wurden die Zeilen 1 bis 5 zusammengefasst, um alle Kommandos in den geschweiften Klammern darauf auszuführen.

12.4 Kommandos, Substitutionsflags und Optionen von sed

In den obigen Beispielen hatten Sie bisher immer die Option -n und das Kommando p verwendet. sed bietet neben p eine interessante Fülle von Kommandos an. Bevor Sie die einzelnen Kommandos und Optionen in der Praxis einsetzen, folgen hierzu die Tabellen 12.1 bis 12.3, welche die Optionen, Kommandos und so genannten Substitutionsflags zusammenfassen.

Zuerst die wichtigsten Kommandos von sed:

Kommando	Bedeutung
a	(für *append*) Fügt eine oder mehrere Zeilen an die selektierte Zeile an.
c	(für *change*) Ersetzt die selektierte Zeile durch eine oder mehrere neue.
d	(für *delete*) Löscht Zeile(n).
g	(für *get »buffer«*) Kopiert den Inhalt des temporären Puffers (*Holdspace*) in den Arbeitspuffer (*Patternspace*).
G	(für *GetNewline*) Fügt den Inhalt des temporären Puffers (*Holdspace*) an den Arbeitspuffer (*Patternspace*) an.

Tabelle 12.1 Gängige Basiskommandos von sed

Kommando	Bedeutung
`h`	(für *hold »buffer«*) Gegenstück zu `g`; kopiert den Inhalt des Arbeitspuffers (*Patternspace*) in den temporären Puffer (*Holdspace*).
`H`	(für *HoldNewline*) Gegenstück zu `G`; fügt den Inhalt des Arbeitspuffers (*Patternspace*) an den temporären Puffer (*Holdspace*) an.
`i`	(für *insert*) Fügt eine neue Zeile vor der selektierten Zeile ein.
`l`	(für *listing*) Zeigt nicht druckbare Zeichen an.
`n`	(für *next*) Verwendet das nächste Kommando statt des aktuellen auf die nächste Zeile an.
`p`	(für *print*) Gibt die Zeilen aus.
`q`	(für *quit*) Beendet `sed`.
`r`	(für *read*) Datei integrieren; liest Zeilen aus einer Datei ein.
`s`	(für *substitute*) Ersetzen einer Zeichenfolge durch eine andere.
`x`	(für *Xchange*) Vertauschen des temporären Puffers (*Holdspace*) mit dem Arbeitspuffer (*Patternspace*).
`y`	(für *yank*) Zeichen aus einer Liste ersetzen; Ersetzen eines Zeichens durch ein anderes.
`w`	(für *write*) Schreibt Zeilen in eine Datei.
`!`	Negation; wendet die Kommandos auf Zeilen an, die nicht zutreffen.

Tabelle 12.1 Gängige Basiskommandos von sed (Forts.)

Bei Verwendung einer Substitution mittels `s/.../.../` können noch zusätzliche Flags (Substitutionsflags) angegeben werden, die am Ende des Befehls notiert werden. Bspw. findet mit `s/.../.../g` eine globale Ersetzung statt, das heißt, es werden alle Vorkommen eines Musters in einer Zeile ersetzt. Ohne `g` würde nur das erste Vorkommen ersetzt. Hier einige dieser Flags und deren Bedeutung:

Flag	Bedeutung
`g`	Globale Ersetzung (aller Vorkommen eines Musters in der Zeile).
`p`	Ausgabe der Zeile.
`w`	Tauscht den Inhalt des Zwischenspeichers mit der aktuell selektierten Zeile aus.

Tabelle 12.2 Einige Substitutionsflags

Die Schalter-Optionen, die Sie mit sed verwenden können, lauten:

Option	Bedeutung
-n	Schaltet »Default Output« aus; mit dem Default Output ist die Ausgabe des Puffers (*Patternspace*) gemeint.
-e	Mehrere Befehle nacheinander ausführen; man gibt praktisch ein Script bzw. die Kommandos direkt in der Kommandozeile ein.
-f	Die sed-Befehle in einem Script (sed-Script) zusammenfassen und dieses Script mittels -f übergeben; praktisch wie die Option -e, nur dass hier anstatt des Scripts bzw. Kommandos in der Kommandozeile der Name eines Scriptfiles angegeben wird.

Tabelle 12.3 Gängige Schalter-Optionen für sed

Hinweis Die meisten sed-Versionen (GNU-sed, BSD-sed, FreeBSD-sed und ssed) bieten neben diesen Optionen noch einige weitere an, dessen Bedeutung Sie bei Bedarf der Manual-Page von sed entnehmen können.

Wie grep versteht auch sed eine Menge regulärer Ausdrücke. Auch hier bieten die unterschiedlichen sed-Versionen die ein oder andere Erweiterung an. Allerdings begnügen wir uns hier wieder mit den Basic-Ausdrücken. Die regulären Ausdrücke, die sed versteht, finden Sie in Tabelle 12.4 aufgelistet:

Ausdruck	Bedeutung	Beispiel	Erklärung
^	Anfang einer Zeile	/^wort/	Behandelt alle Zeilen, die mit der Zeichenfolge wort beginnen.
$	Ende einer Zeile	/wort$/	Behandelt alle Zeilen, die mit der Zeichenfolge wort enden.
.	Ein Zeichen	/w.rt/	Behandelt alle Zeilen mit den Zeichenfolgen wort, wert, wirt, wart etc. (Ausname ist das Newline-Zeichen).
*	keine, eine oder mehrere Wiederholungen des vorhergehenden Zeichens (oder Gruppe)	/*wort/	Behandelt alle Zeilen, in denen vor wort kein, ein oder mehrere Zeichen stehen.

Tabelle 12.4 Grundlegende reguläre Ausdrücke, die sed versteht

Ausdruck	Bedeutung	Beispiel	Erklärung
[]	ein Zeichen aus der Menge	/[Ww]ort/	Behandelt alle Zeilen mit der Zeichenfolge wort oder Wort.
[^]	Kein Zeichen aus der Menge	/[^Ww]ort/	Behandelt alle Zeilen die nicht die Zeichenfolge wort oder Wort enthalten.
\(...\)	Speichern eines enthaltenen Musters	S/\(wort\)a/\1b/	Die Zeichenfolge wort wird in \1 gespeichert. Diese Referenz auf das Muster wort verwenden Sie nun, um in der Zeichenfolge worta das Wort wortb zu ersetzen. Damit lassen sich bis zu 9 solcher Referenzen definieren, worauf Sie mit \1, \2 ... \9 zugreifen können.
&	enthält das Suchmuster	S/wort/Ant&en/	Das Ampersand-Zeichen repräsentiert den Suchstring. Im Beispiel wird jeder Suchstring wort durch das Wort Ant**wort**en ersetzt.
\<	Wortanfang	/\<wort/	Findet alle Zeilen mit einem Wort, das mit wort beginnt, also wortreich, wortarm, nicht aber Vorwort oder Nachwort.
\>	Wortende	/wort\>/	Findet alle Zeilen mit einem Wort, das mit wort endet, also Vorwort, Nachwort, nicht aber wortreich oder wortarm.
x\{m\} x\{m,\} x\{m,n\}	m-fache Wiederholung des Zeichens x mindestens m-fache Wiederholung des Zeichens x mindestens m-, maximal n-fache Wiederholung des Zeichens x		

Tabelle 12.4 Grundlegende reguläre Ausdrücke, die sed versteht (Forts.)

Nachdem Sie jetzt eine Menge Theorie und viele Tabellen gesehen haben, folgt nun ein Praxisteil zu der Verwendung der einzelnen Kommandos von sed. Als Beispiel soll wieder die Datei *mrolympia.dat* verwendet werden:

```
you@host > cat mrolympia.dat
Larry Scott USA 1965 1966
Sergio Oliva USA 1967 1968 1969
Arnold Schwarzenegger Österreich 1970 1971 1972 1973 1974 1975
Franco Columbu Argentinien 1976 1981
Chris Dickerson USA 1982
Samir Bannout Libanon 1983
Lee Haney USA 1984 1985 1986 1987 1988 1989 1990 1991
Dorian Yates Grossbritannien 1992 1993 1994 1995 1996 1997
Ronnie Coleman USA 1998 1999 2000 2001 2002 2003 2004
```

Des Weiteren muss erwähnt werden, dass alle Beispiele auf dem Patternspace-Puffer ausgeführt werden. Somit bezieht sich die Änderung nur auf die Ausgabe auf dem Bildschirm (Standardausgabe). Sofern Sie hier gern eine bleibende Änderung vornehmen wollen (was in der Regel der Fall sein sollte), können Sie sich auf Abschnitt 12.1.1 beziehen. Die einfachste Lösung dürfte hier wohl die Verwendung des Umlenkungszeichens am Ende des `sed`-Befehls sein.

12.4.1 Das a-Kommando – Zeile(n) anfügen

Die Syntax:

```
a\
neue Zeile
# oder in neueren sed-Versionen auch
a neue Zeile
```

Mit dem `a`-Kommando (*append*) können Sie eine neue Zeile hinter einer gefundenen Zeile einfügen. Bspw.:

```
you@host > sed '/2004/ a Jay Cutler 2005' mrolympia.dat
...
Samir Bannout Libanon 1983
Lee Haney USA 1984 1985 1986 1987 1988 1989 1990 1991
Dorian Yates Grossbritannien 1992 1993 1994 1995 1996 1997
Ronnie Coleman USA 1998 1999 2000 2001 2002 2003 2004
Jay Cutler 2005
```

Sollte die Zeile länger werden, können Sie der Übersichtlichkeit zuliebe ein Backslash verwenden:

```
you@host > sed '/2004/ a\
> Prognosse für 2005: J.Cutler; R.Coleman; M.Rühl' mrolympia.dat
...
```

```
Dorian Yates Grossbritannien 1992 1993 1994 1995 1996 1997
Ronnie Coleman USA 1998 1999 2000 2001 2002 2003 2004
Prognosse für 2005: J.Cutler; R.Coleman; M.Rühl'
```

Hinweis Dass das Kommando a und die neue Zeile in derselben Zeile stehen, ist eine Erweiterung neuerer sed-Versionen. Ältere sed-Programme kennen häufig nur das a-Kommando gefolgt von einem Backslash und die *neue Zeile* dann in der nächsten Zeile. Dies sollten Sie wissen, falls Sie auf einem etwas betagteren Rechner mit sed arbeiten müssen.

Beachten Sie außerdem, dass jedes Whitespace nach dem a-Kommando hinter dem Backslash ebenfalls als ein Zeichen interpretiert und verwendet wird.

12.4.2 Das c-Kommando – Zeilen ersetzen

Die Syntax:

```
c\
neuer Text
# oder in neueren sed-Versionen
c neuer Text
```

Wollen Sie eine gefundene Zeile komplett durch eine neue Zeile ersetzen, können Sie das c-Kommando (*change*) verwenden. Die Funktionsweise entspricht der des a-Kommandos.

```
you@host > sed '/\<Oliva\>/ c \
> Sergio Oliva Cuba 1967 1968 1969' mrolympia.dat
Larry Scott USA 1965 1966
Sergio Oliva Cuba 1967 1968 1969
...
```

Im Beispiel wurden alle Zeilen mit dem Vorkommen des Wortes »Oliva« durch die in der darauf folgenden Zeile vorgenommene Eingabe ersetzt. Hier wurde bspw. die Nationalität verändert. Dem c-Kommando muss wie beim a-Kommando ein Backslash und ein Newline-Zeichen folgen – obgleich auch hier die neueren sed-Versionen ohne Backslash und Newline-Zeichen auskommen.

12.4.3 Das d-Kommando – Zeilen löschen

Zum Löschen von Zeilen wird das d-Kommando (*delete*) verwendet. Damit wird die entsprechende Adresse im Puffer gelöscht. Ein paar Beispiele.

Löscht die fünfte Zeile:

```
you@host > sed '5d' mrolympia.dat
```

Löscht ab der fünften bis zur neunten Zeile:

```
you@host > sed '5,9d' mrolympia.dat
```

Löscht alle Zeilen ab der fünften Zeile bis zum Ende der Datei:

```
you@host > sed '5,$d' mrolympia.dat
```

Löscht alle Zeilen, welche das Muster »USA« enthalten:

```
you@host > sed '/USA/d' mrolympia.dat
```

Löscht alle Zeilen, die nicht das Muster »USA« enthalten:

```
you@host > sed '/!USA/d' mrolympia.dat
```

12.4.4 Die Kommandos h, H, g, G und x – Arbeiten mit den Puffern

Mit den Kommandos `g` (*get*), `G` (*GetNewline*), `h` (*hold*), `H` (*HoldNewline*) und `x` (*Xchange*) können Sie mit den Puffern (Patternspace und Holdspace) arbeiten.

Mit dem Kommando `h` können Sie den aktuellen Inhalt des Zwischenpuffers (Patternspace) in einen anderen Puffer (Holdspace) sichern. Mit `H` hängen Sie ein Newline-Zeichen an das Ende des Puffers, gefolgt vom Inhalt des Zwischenpuffers.

Mit `g`, dem Gegenstück zu `h`, ersetzen Sie die aktuelle Zeile des Zwischenpuffers durch den Inhalt des Puffers, den Sie zuvor mit `h` gesichert haben. Mit `G` hängen Sie ein Newline-Zeichen an das Ende des Zwischenpuffers, gefolgt vom Inhalt des Puffers.

Mit dem Kommando `x` hingegen tauschen Sie den Inhalt des Zwischenpuffers mit dem Inhalt des anderen Puffers aus.

Ein Beispiel:

```
you@host > sed -e '/Sergio/{h;d}' -e '$G' mrolympia.dat
```

Hierbei führen Sie zunächst eine Suche nach dem Muster »Sergio« in der Datei *mrolympia.dat* durch. Wird eine entsprechende Zeile gefunden, legen Sie diese in den Holdspace zum Zwischenspeichern (Kommando `h`). Im nächsten Schritt löschen Sie diese Zeile (Kommando `d`). Anschließend führen Sie (Option `-e`) das nächste Kommando aus. Hier hängen Sie praktisch die Zeile im Holdspace (`G`) mit einem beginnenden Newline-Zeichen an das Ende des Patternspace. Diese

Zeile wird an das Ende angehängt ($-Zeichen). Wollen Sie diese Zeile bspw. in die fünfte Zeile platzieren, gehen Sie wie folgt vor:

```
you@host > sed -e '/Sergio/{h;d}' -e '5G' mrolympia.dat
Larry Scott USA 1965 1966
Arnold Schwarzenegger Österreich 1970 1971 1972 1973 1974 1975
Franco Columbu Argentinien 1976 1981
Chris Dickerson USA 1982
Sergio Oliva USA 1967 1968 1969
Samir Bannout Libanon 1983
Lee Haney USA 1984 1985 1986 1987 1988 1989 1990 1991
Dorian Yates Grossbritannien 1992 1993 1994 1995 1996 1997
Ronnie Coleman USA 1998 1999 2000 2001 2002 2003 2004
```

Bitte beachten Sie, dass hierbei die gelöschte Zeile beim Einfügen mit berechnet wird. Was passiert nun, wenn Sie die Zeile im Holdspace ohne Newline-Zeichen, wie dies mit g der Fall ist, im Patternspace einfügen? Folgendes:

```
you@host > sed -e '/Sergio/{h;d}' -e '5g' mrolympia.dat
Larry Scott USA 1965 1966
Arnold Schwarzenegger Österreich 1970 1971 1972 1973 1974 1975
Franco Columbu Argentinien 1976 1981
Sergio Oliva USA 1967 1968 1969
Samir Bannout Libanon 1983
Lee Haney USA 1984 1985 1986 1987 1988 1989 1990 1991
Dorian Yates Grossbritannien 1992 1993 1994 1995 1996 1997
Ronnie Coleman USA 1998 1999 2000 2001 2002 2003 2004
```

Hier wird praktisch gnadenlos eine Zeile (hier »Chris Dickerson«) überschrieben. Beachten Sie dies bitte bei der Verwendung von g und G bzw. h und H.

Noch ein Beispiel zum Kommando x:

```
you@host > sed -e '/Sergio/{h;d}' -e '/Dorian/x' \
> -e '$G' mrolympia.dat
Larry Scott USA 1965 1966
Arnold Schwarzenegger Österreich 1970 1971 1972 1973 1974 1975
Franco Columbu Argentinien 1976 1981
Chris Dickerson USA 1982
Samir Bannout Libanon 1983
Lee Haney USA 1984 1985 1986 1987 1988 1989 1990 1991
Sergio Oliva USA 1967 1968 1969
Ronnie Coleman USA 1998 1999 2000 2001 2002 2003 2004
```

```
Jay Cutler 2005
Dorian Yates Grossbritannien 1992 1993 1994 1995 1996 1997
```

Hier suchen Sie zunächst nach dem Muster »Sergio«, legen dies in den Holdspace (Kommando h) und löschen daraufhin die Zeile im Patternspace (Kommando d). Jetzt suchen Sie nach dem Muster »Dorian« und tauschen den Inhalt des Patternspace (Zeile mit »Dorian«) mit dem Inhalt des Holdspace (Zeile »Sergio«). Jetzt befindet sich im Holdspace die Zeile mit »Dorian«, diese hängen Sie mit einem weiteren Befehl (Option -e) an das Ende des Patternspace.

12.4.5 Das Kommando i – Einfügen von Zeilen

Die Syntax:

```
i\
text zum Einfügen
# oder bei neueren sed-Versionen
i text zum Einfügen
```

Bei diesem Kommando gilt all das, was schon zum Kommando a gesagt wurde. Damit können Sie eine neue Zeile vor der gefundenen Zeile einfügen.

```
you@host > sed '/Franco/ i \
> ---Zeile---' mrolympia.dat
Larry Scott USA 1965 1966
Sergio Oliva USA 1967 1968 1969
Arnold Schwarzenegger Österreich 1970 1971 1972 1973 1974 1975
---Zeile---
Franco Columbu Argentinien 1976 1981
Chris Dickerson USA 1982
...
```


12.4.6 Das p-Kommando – Patternspace ausgeben

Dieses Kommando wurde schon zur Genüge verwendet. Mit p geben Sie den Patternspace aus. Wollen Sie bspw. einfach eine komplette Datei ausgeben lassen, können Sie folgendermaßen vorgehen:

```
you@host > sed -n 'p' mrolympia.dat
```

Die Option -n ist hierbei nötig, da sonst neben dem Patternspace-Puffer auch noch der Default Output mit ausgegeben würde und Sie somit eine doppelte Ausgabe hätten. Mit -n schalten Sie den Default Output aus. Dies wird gern vergessen und führt zu Fehlern. Wollen Sie bspw. die letzte Zeile in einer Datei ausgeben lassen und vergessen dabei, den Default Output abzuschalten, bekommen Sie folgende Ausgabe zurück:

```
you@host > sed '$p' mrolympia.dat
Larry Scott USA 1965 1966
Sergio Oliva USA 1967 1968 1969
Arnold Schwarzenegger Österreich 1970 1971 1972 1973 1974 1975
Franco Columbu Argentinien 1976 1981
Chris Dickerson USA 1982
Samir Bannout Libanon 1983
Lee Haney USA 1984 1985 1986 1987 1988 1989 1990 1991
Dorian Yates Grossbritannien 1992 1993 1994 1995 1996 1997
Ronnie Coleman USA 1998 1999 2000 2001 2002 2003 2004
Ronnie Coleman USA 1998 1999 2000 2001 2002 2003 2004
```

Hier wird trotzdem die komplette Datei ausgegeben, da der Default Output weiterhin über den Bildschirm rauscht. Die letzte Zeile hingegen ist doppelt vorhanden, weil hier zum einen der Default Output seine Arbeit gemacht hat und zum anderen das p-Kommando auch noch einmal die letzte Zeile mit ausgibt. Richtig wäre hier also:

```
you@host > sed -n '$p' mrolympia.dat
Ronnie Coleman USA 1998 1999 2000 2001 2002 2003 2004
```

Noch einige typische Beispiele mit dem p-Kommando:

```
you@host > sed -n '4p' mrolympia.dat
Franco Columbu Argentinien 1976 1981
```

Hier wurde die vierte Zeile ausgegeben.

```
you@host > sed -n '4,6p' mrolympia.dat
Franco Columbu Argentinien 1976 1981
Chris Dickerson USA 1982
Samir Bannout Libanon 1983
```

Hiermit werden die Zeilen 4 bis 6 ausgegeben.

```
you@host > sed -n '/USA/p' mrolympia.dat
Larry Scott USA 1965 1966
Sergio Oliva USA 1967 1968 1969
Chris Dickerson USA 1982
Lee Haney USA 1984 1985 1986 1987 1988 1989 1990 1991
Ronnie Coleman USA 1998 1999 2000 2001 2002 2003 2004
```

Hierbei werden alle Zeilen mit der Textfolge »USA« ausgegeben.

12.4.7 Das Kommando q – Beenden

Mit dem Kommando q können Sie das laufende sed-Script durch eine Verzweigung zum Scriptende beenden. Vorher wird aber noch der Patternspace ausgegeben. Ein einfaches Beispiel:

```
you@host > sed -n '/USA/{p;q}' mrolympia.dat
Larry Scott USA 1965 1966
```

Hier wird der sed-Befehl nach dem ersten gefundenen Muster »USA« beendet. Zuvor wird noch der Inhalt des Patternspace ausgegeben.

12.4.8 Die Kommandos r und w

Mit dem Kommando r können Sie aus einer Datei einen Text einschieben. In den seltensten Fällen werden Sie einen Text in nur einer Datei einfügen wollen. Hierzu sei folgende einfache Textdatei gegeben:

```
you@host > cat header.txt
---------------------------------
Vorname Name Nationalität Jahr(e)
---------------------------------
```

Der Inhalt dieser Datei soll jetzt mit dem Kommando r in die letzte Zeile eingefügt werden:

```
you@host > sed '$r header.txt' mrolympia.dat
Larry Scott USA 1965 1966
Sergio Oliva USA 1967 1968 1969
Arnold Schwarzenegger Österreich 1970 1971 1972 1973 1974 1975
...
Dorian Yates Grossbritannien 1992 1993 1994 1995 1996 1997
Ronnie Coleman USA 1998 1999 2000 2001 2002 2003 2004
Jay Cutler 2005
---------------------------------
Vorname Name Nationalität Jahr(e)
---------------------------------
```

Natürlich können Sie auch die Zeilennummer oder ein Muster als Adresse für das Einfügen verwenden:

```
you@host > sed -e '/Arnold/r header.txt' mrolympia.dat
Larry Scott USA 1965 1966
Sergio Oliva USA 1967 1968 1969
Arnold Schwarzenegger Österreich 1970 1971 1972 1973 1974 1975
```

```
--------------------------------
Vorname Name Nationalität Jahr(e)
--------------------------------
Franco Columbu Argentinien 1976 1981
Chris Dickerson USA 1982
Samir Bannout Libanon 1983
...
```

Ebenso können Sie auch mehr als nur eine Datei mithilfe der -e-Option aus einer Datei einlesen lassen und in die entsprechenden Zeilen einfügen.

```
you@host > sed -e '3r file1.dat' -e '7r file2.dat' mrolympia.dat
Larry Scott USA 1965 1966
Sergio Oliva USA 1967 1968 1969
Arnold Schwarzenegger Österreich 1970 1971 1972 1973 1974 1975
----------Ich bin file1------------
Franco Columbu Argentinien 1976 1981
Chris Dickerson USA 1982
Samir Bannout Libanon 1983
Lee Haney USA 1984 1985 1986 1987 1988 1989 1990 1991
----------Ich bin file2------------
Dorian Yates Grossbritannien 1992 1993 1994 1995 1996 1997
Ronnie Coleman USA 1998 1999 2000 2001 2002 2003 2004
```

Das entsprechende Gegenstück zum Kommando r erhalten Sie mit dem Kommando w, mit dem Sie das Ergebnis von sed in einer Datei speichern können:

```
you@host > sed -n '/USA/w USA.dat' mrolympia.dat
you@host > cat USA.dat
Larry Scott USA 1965 1966
Sergio Oliva USA 1967 1968 1969
Chris Dickerson USA 1982
Lee Haney USA 1984 1985 1986 1987 1988 1989 1990 1991
Ronnie Coleman USA 1998 1999 2000 2001 2002 2003 2004
```

12.4.9 Das Kommando s – substitute

Bei dem s-Kommando handelt sich wohl um das meistverwendete Kommando in sed und es ist auch einer der Hauptgründe, sed überhaupt zu verwenden. Die Syntax:

```
sed -e 's/altes_Muster/neues_Muster/flag' datei
sed -e 's?altes_Muster?neues_Muster?flag' datei
```

Damit können Sie das Muster »altes_Muster« (im Patternspace) von *datei* durch »neues_Muster« ersetzen. Als Trennzeichen (hier einmal mit / und ?) können Sie praktisch jedes beliebige Zeichen verwenden (außer Backslash und Newline-Zeichen), es darf nur nicht Bestandteil des Musters sein.

In der Grundform, ohne Angabe von »flag«, ersetzt das Kommando s nur das erste Vorkommen eines Musters pro Zeile. Somit können Sie mit der Angabe von »flag« auch das Verhalten von s verändern. Am häufigsten verwendet wird wohl das Flag g, mit dem alle Vorkommen eines Musters in einer Zeile nacheinander ersetzt werden – also eine globale Ersetzung. Mit dem Flag q wird nach der letzten Ersetzung der Patternspace ausgegeben, mit dem Flag w können Sie den Patternspace in die angegebene Datei schreiben. Allerdings muss diese Option die letzte im Flag sein, da der Dateiname bis zum Ende der Zeile geht. Selbstverständlich werden gerade zu diesem Kommando jetzt massenhaft Beispiele folgen.

```
you@host > sed 's/USA/Amerika/g' mrolympia.dat
Larry Scott Amerika 1965 1966
Sergio Oliva Amerika 1967 1968 1969
Arnold Schwarzenegger Österreich 1970 1971 1972 1973 1974 1975
Franco Columbu Argentinien 1976 1981
Chris Dickerson Amerika 1982
Samir Bannout Libanon 1983
Lee Haney Amerika 1984 1985 1986 1987 1988 1989 1990 1991
Dorian Yates Grossbritannien 1992 1993 1994 1995 1996 1997
Ronnie Coleman Amerika 1998 1999 2000 2001 2002 2003 2004
```

Hier wurden global alle Zeichenfolgen »USA« durch »Amerika« ersetzt. Natürlich können Sie hierbei auch einzelnen Zeilen mithilfe einer Adresse verändern:

```
you@host > sed '/Oliva/ s/USA/Cuba/' mrolympia.dat
Larry Scott USA 1965 1966
Sergio Oliva Cuba 1967 1968 1969
Arnold Schwarzenegger Österreich 1970 1971 1972 1973 1974 1975
Franco Columbu Argentinien 1976 1981
...
```

Hier wurde nur die Zeile ersetzt (»USA« durch »Cuba«), in der sich die Textfolge »Olivia« befindet. Wollen Sie nicht, dass hier die komplette Datei ausgegeben wird, sondern nur die Zeile(n), die ersetzt wurde(n), müssen Sie das Flag p (mit der Option -n) verwenden:

```
you@host > sed -n '/Oliva/ s/USA/Cuba/p' mrolympia.dat
Sergio Oliva Cuba 1967 1968 1969
```

Das nächste Beispiel:

```
you@host > sed 's/[12][90]/-/' mrolympia.dat
Larry Scott USA -65 1966
Sergio Oliva USA -67 1968 1969
Arnold Schwarzenegger Österreich -
70 1971 1972 1973 1974 1975 1980
Franco Columbu Argentinien -76 1981
Chris Dickerson USA -82
Samir Bannout Libanon -83
Lee Haney USA -84 1985 1986 1987 1988 1989 1990 1991
Dorian Yates Grossbritannien -92 1993 1994 1995 1996 1997
Ronnie Coleman USA -98 1999 2000 2001 2002 2003 2004
```

Hier konnten Sie zum ersten Mal den Einfluss des g-Flags erkennen. Es sollten wohl alle Zeichenfolgen »19« und »20« durch ein Minuszeichen ersetzt werden. Dasselbe nochmals mit dem Flag g:

```
you@host > sed 's/[12][90]/-/g' mrolympia.dat
Larry Scott USA -65 -66
Sergio Oliva USA -67 -68 -69
Arnold Schwarzenegger Österreich -70 -71 -72 -73 -74 -75 -80
Franco Columbu Argentinien -76 -81
Chris Dickerson USA -82
Samir Bannout Libanon -83
Lee Haney USA -84 -85 -86 -87 -88 -89 -90 -91
Dorian Yates Grossbritannien -92 -93 -94 -95 -96 -97
Ronnie Coleman USA -98 -99 -00 -01 -02 -03 -04
```

Hier werden auch die Zeichenfolgen »10«, »20« und »29« beachtet. Wollen Sie statt einer Ersetzung eine Ergänzung machen, können Sie das Ampersand-Zeichen (&) beim Ersetzungsstring verwenden:

```
you@host > sed -n 's/Franco Columbu/Dr. &/p' mrolympia.dat
Dr. Franco Columbu Argentinien 1976 1981
```

Hier wurde der Suchstring »Franco Columbu« exakt an der Position des »Ampersand-Zeichens« beim Ersetzungsstring verwendet und ein Titel davor gesetzt. Sofern Sie etwas Derartiges global durchführen müssen und nur die ersetzten Pattern ausgeben wollen, können Sie auch die Flags g und p gleichzeitig verwenden:

```
you@host > sed -n 's/USA/& (Amerika)/gp' mrolympia.dat
Larry Scott USA (Amerika) 1965 1966
Sergio Oliva USA (Amerika) 1967 1968 1969
Chris Dickerson USA (Amerika) 1982
Lee Haney USA (Amerika) 1984 1985 1986 1987 1988 1989 1990 1991
Ronnie Coleman USA (Amerika) 1998 1999 2000 2001 2002 2003 2004
```

Mit der Option `-e` können Sie auch mehrere Ersetzungen auf einmal durchführen lassen:

```
you@host > sed -e 's/USA/& (Amerika)/g' \
> -e 's/[12][90]/-/g'  mrolympia.dat
Larry Scott USA (Amerika) -65 -66
Sergio Oliva USA (Amerika) -67 -68 -69
Arnold Schwarzenegger Österreich -70 -71 -72 -73 -74 -75 -80
Franco Columbu Argentinien -76 -81
Chris Dickerson USA (Amerika) -82
Samir Bannout Libanon -83
Lee Haney USA (Amerika) -84 -85 -86 -87 -88 -89 -90 -91
Dorian Yates Grossbritannien -92 -93 -94 -95 -96 -97
Ronnie Coleman USA (Amerika) -98 -99 -00 -01 -02 -03 -04
```

Gleiches können Sie übrigens auch mit einer Referenz wie folgt machen:

```
you@host > sed -n 's/\(USA\)/\1 (Amerika)/gp' mrolympia.dat
Larry Scott USA (Amerika) 1965 1966
Sergio Oliva USA (Amerika) 1967 1968 1969
Chris Dickerson USA (Amerika) 1982
Lee Haney USA (Amerika) 1984 1985 1986 1987 1988 1989 1990 1991
Ronnie Coleman USA (Amerika) 1998 1999 2000 2001 2002 2003 2004
```

Hier wird `\1` als Referenz auf »USA« beim Ersetzungsstring verwendet.

Betrachten Sie mal folgendes Beispiel:

```
you@host > sed -n 's/\([12][90]\)\(..\)/\/\1\2\//gp' \
> mrolympia.dat
```

Beim Anblick dieser Zeile fällt es schon schwer, den Überblick zu behalten. Hier sollen alle Jahreszeiten zwischen zwei Schrägstrichen gesetzt werden (/2000/, /2001/ etc). Bei der Verwendung solcher Zeichen-Orgien empfiehlt es sich, häufiger mal ein anderes Trennzeichen zu verwenden:

```
you@host > sed -n 's#\([12][90]\)\(..\)#\/\1\2\/#gp' \
> mrolympia.dat
```

Jetzt kann man wenigstens leichter zwischen dem Such- und Ersetzungsstring unterscheiden.

Man könnte noch extremere Auswüchse zum Suchen und Ersetzen mit `sed` schreiben, doch erscheint es mir an dieser Stelle wichtiger, ein Problem mit den regulären Ausdrücken zu erwähnen, das mich zur Weißglut beim Schreiben eines Artikels zur Verwendung von `sed` in Verbindung mit HTML-Seiten gebracht hat. Erst ein Artikel im Internet von Thomas Pircher hat dann für klare Verhältnisse gesorgt. Das Problem: Ein regulärer Ausdruck sucht sich immer den längsten passenden String. Bspw. folgende Textfolge in einem HTML-Dokument:

```
Dies ist ein <strong>verflixte</strong> Stelle in einem <strong>
verflixten</strong> HTML-Dokument.
```

Ich wollte alle HTML-Tags aus dem Dokument entfernen, um so eine normale Textdatei daraus zu machen. Mit folgendem Konstrukt wollte ich dies realisieren:

```
sed -e 's/<.*>//g' index.html
```

Mit folgendem Ergebnis:

```
Das ist ein HTML-Dokument.
```

Leider war mir nicht (mehr) klar, dass `.*` so gefräßig ist (eigentlich war es mir aus Perl bekannt) und die längste Zeichenfolge sucht, also von

```
<strong>verflixte</strong> Stelle in einem <strong>verflixten
</strong>
```

haben will. Um aber nur die Zeichen bis zum ersten Auftreten des Zeichens > zu löschen, muss man mit folgender Bereichsangabe arbeiten:

```
sed -e 's/<[^>]*>//g' index.html
```

Hieran können Sie erkennen, dass die Verwendung regulärer Ausdrücke recht kompliziert werden kann und man häufig um eine intensivere Beschäftigung mit ihnen nicht herumkommt. Gerade, wenn Sie reguläre Ausdrücke beim Suchen und Ersetzen mehrerer Dateien verwenden, sollten Sie sich sicher sein, was Sie tun und gegebenenfalls einen Probelauf vornehmen bzw. ein Backup zur Hand haben. Zum Glück – und vielleicht auch deswegen – wurde `sed` so konzipiert, dass die Manipulation erst mal nicht an der Originaldatei gemacht wird.

Manch einer mag jetzt fragen, wie man Dateien vom DOS-Format ins UNIX-Format und umgekehrt konvertieren kann. Mit `sed` ist dies leichter als man denkt. Man gehe davon aus, dass eine DOS-Zeile mit CR und LF endet. Ich habe das Beispiel der `sed`-FAQ von Eric Pement entnommen:

```
# 3. Under UNIX: convert DOS newlines (CR/LF) to Unix format
sed 's/.$//' file    # assumes that all lines end with CR/LF
sed 's/^M$// file    # in bash/tcsh, press Ctrl-V then Ctrl-M
```

Allerdings stellt sich die Frage, ob man hierbei nicht auf die Tools `dos2unix` bzw. `unix2dos` zurückgreifen will. Beim `vim` können Sie auch mittels `set` (`set fileformat=dos` oder `set fileformat=unix`) das Dateiformat angeben.

> **Hinweis** Man könnte fragen, warum in diesem Beispiel zur Konvertierung von DOS-Zeilen in UNIX-Zeilen nicht folgendes Konstrukt verwendet wurde:
>
> `'s/\r\n/\n/g'`
>
> Weil es so nicht überall (bspw. Debian) zu funktionieren scheint.

12.4.10 Das Kommando y

Ein weiteres Kommando, das neben dem Kommando `s` gern verwendet wird, ist `y` (*yank*), mit dem Sie eine Ersetzung von Zeichen aus einer Liste vornehmen können. Die Syntax:

```
y/Quellzeichen/Zielzeichen/
```

Hiermit werden alle Zeichen in »Quellzeichen« in die entsprechenden Zeichen in »Zielzeichen« umgewandelt. Ist eine der Listen leer oder unterschiedlich lang, wird `sed` mit einem Fehler beendet. Natürlich können Sie auch (wie schon beim Kommando `s`) als Trenner ein anderes Zeichen als / verwenden. Bspw. können Sie mit folgendem `sed`-Befehl eine Datei nach der »rot-13«-Methode verschlüsseln (hier nur auf die Kleinbuchstaben beschränkt):

```
you@host > cp mrolympia.dat mrolympia.bak
you@host > sed -e \
> 'y/abcdefghijklmnopqrstuvwxyz/nopqrstuvwxyzabcdefghijklm/' \
> mrolympia.bak > mrolympia.dat
you@host > cat mrolympia.dat
Lneel Spbgg USA 1965 1966
Sretvb Oyvin USA 1967 1968 1969
Aeabyq Spujnemrarttre Öfgrervpu 1970 1971 1972 1973 1974 1975
Fenapb Cbyhzoh Aetragvavra 1976 1981
...
```

Hiermit werden alle (Klein-)Buchstaben um 13 Zeichen verschoben, aus »a« wird »n«, aus »b« wird »o«, aus »c« wird »p« usw. Wollen Sie das Ganze wieder rückgängig machen, brauchen Sie »Quellzeichen« und »Zielzeichen« aus dem Beispiel nur auszutauschen:

```
you@host > cp mrolympia.dat mrolympia.bak
you@host > sed -e \
> 'y/nopqrstuvwxyzabcdefghijklm/abcdefghijklmnopqrstuvwxyz/' \
> mrolympia.bak > mrolympia.dat
you@host > cat mrolympia.dat
Larry Scott USA 1965 1966
Sergio Oliva USA 1967 1968 1969
Arnold Schwarzenegger Österreich 1970 1971 1972 1973 1974 1975
Franco Columbu Argentinien 1976 1981
...
```

12.5 sed-Scripts

Neben der Methode, den sed-Befehl in den Shellscripts wie übliche Befehle oder sed in der Kommandozeile zu verwenden, haben Sie noch eine dritte Möglichkeit, nämlich echte sed-Scripts zu schreiben. Der Vorteil ist, dass Sie so immer wieder verwendete sed-Kommandos gleich zur Hand haben und vor allem bei etwas längeren sed-Kommandos den Überblick behalten. Das sed-Script können Sie natürlich trotzdem in einem Shellscript verwenden, nur benötigen Sie dann neben dem Shellscript auch noch das sed-Script.

Damit sed weiß, dass es sein Kommando aus einer Datei erhält, müssen Sie die Option -f (*file*) verwenden. Die Syntax:

```
sed -f sed_script.sed Datei
```

Folgendes müssen Sie beim Verwenden von sed-Scripts beachten:

- Mehrere Kommandos in einer Zeile müssen durch ein Semikolon getrennt werden.
- Keine Leerzeichen, Tabulatoren etc. vor und nach den Kommandos
- Eine Zeile, die mit # beginnt, wird als Kommentar behandelt.

Hier ein einfaches sed-Script, mit dem Sie eine Textdatei in eine HTML-Datei einbetten können:

```
# Name: text2html.sed

# Sonderzeichen '<', '>' und '&' ins HTML-Format
s/&/\&amp;/g
s/</\&lt;/g
```

```
s/>/\&gt;/g

# Zeile 1 selelektieren wir mit insert für den HTML-Header
1 i\
<!DOCTYPE html PUBLIC "-//W3C//DTD XHTML 1.0 Transitional//EN"\
"http://www.w3.org/TR/xhtml1/DTD/xhtml1-transitional.dtd">\
<html>\
<head>\
<title>\
Converted with txt2html.sed\
</title>\
</head>\
<body>\
<pre>

# Hier kommt der Text der Datei hin

# Mit append hängen wir den Footer ans Ende
$ a\
</pre>\
</body>\
</html>
```

Dieses Script können Sie nun wie folgt anwenden:

```
you@host > sed -f text2html.sed mrolympia.dat > mrolympia.html
you@host > cat mrolympia.html
<head>
<title>
Converted with txt2html.sed
</title>
</head>
<body>
<pre>
Larry Scott USA 1965 1966
Sergio Oliva USA 1967 1968 1969
Arnold Schwarzenegger Österreich 1970 1971 1972 1973 1974 1975
Franco Columbu Argentinien 1976 1981
Chris Dickerson USA 1982
Samir Bannout Libanon 1983
Lee Haney USA 1984 1985 1986 1987 1988 1989 1990 1991
Dorian Yates Grossbritannien 1992 1993 1994 1995 1996 1997
```

```
Ronnie Coleman USA 1998 1999 2000 2001 2002 2003 2004
</pre>
</body>
</html>
```

Dieses HTML-Dokument können Sie sich nun mit einem beliebigen Webbrowser Ihrer Wahl ansehen. In einem Shellscript mit vielen Dateien auf einmal können Sie das Ganze wie folgt realisieren:

```
# Alle Dateien aus der Kommandozeile; alternativ könnte hier auch
# das Metazeichen * verwendet werden, sodass alle Dateien aus dem
# aktuellen Verzeichnis bearbeitet werden
for file in "$@"
do
   sed -f txt2html.sed $file > temp
   # Achtung, hier wird das Original verändert!!!
   mv tmp $file
done
```

Hinweis An dieser Stelle muss ich nochmals darauf hinweisen, dass eine Umleitung wie `sed -f script datei > datei` deshalb nicht funktioniert, weil die Eingabe die Ausgabe überschreiben würde.

Jetzt haben Sie noch eine weitere Möglichkeit, `sed` zu verwenden und zwar als eigenständiges Programm. Hierzu müssen Sie nur die Ausführrechte entsprechend setzen und in der ersten Zeile Folgendes eingeben:

```
#!/usr/bin/sed -f
```

Jetzt können Sie (im Beispiel nochmals das `text2html`-Script) das `sed`-Script wie ein gewöhnliches Shellscript ausführen:

```
you@host > chmod u+x text2html.sed
you@host > ./text2html.sed mrolympia.dat > mrolympia.html
```

Hinweis Eine interessante Sammlung von `sed`-Scripts (auch von weiteren Dokumentationen, Links etc.) finden Sie unter **http://sed.sourceforge.net/grabbag/**.

Hinweis `sed` unterstützt übrigens auch Sprungziele (`label`) – einen unbedingten Sprung (es wird also immer gesprungen). Diesen Hinweis wollte ich geben, falls Sie sich noch intensiver mit den `sed`-Scripts auseinander setzen wollen.

13 awk-Programmierung

13 awk-Programmierung

Zwar haben Sie mit der Shell-Programmierung einen Trumpf in der Hand, mit dem Sie wohl fast alle Probleme lösen können. Trotzdem kommt man manchmal an einen Punkt, an dem sich die Lösung als nicht mehr so einfach und relativ umständlich erweist. Hier empfiehlt es sich häufig, auf andere Werkzeuge umzusteigen oder – sofern die Kenntnisse vorhanden sind – sich ein solches Werkzeug (bspw. in C) selbst zu programmieren. Allerdings hat man oft nicht die Zeit und Lust, gleich wieder etwas Neues zu erfinden. Wenn Sie also mit der Shell am Limit sind, ist ein Umstieg auf andere »Werkzeuge« wie awk oder auch Perl sinnvoll.

13.1 Einführung und Grundlagen von awk

Ich will es gar nicht leugnen, mit Perl hätten Sie die ultimativste Waffe für eigentlich (fast) alle Probleme, aber auch hier ist die Einarbeitungsphase und erforderliche Lernzeit relativ lange, wenn man von null anfangen muss (auch wenn bei Perl die Lernkurve recht steil ist). Mit `awk` hingegen haben Sie einen »kleineren«, aber schnell erlernbaren Interpreter. Ich fasse mich kurz, für eine Einführung in `awk` genügen 50 Seiten, für eine solche in Perl wäre dieser Umfang ein Witz.

Die Hauptaufgaben von `awk` glichen zu Beginn der Entwicklung denen von `sed`. `awk` wurde als ein Programm entwickelt, das als Reportgenerator dienen sollte. Allerdings hatte sich `awk` binnen kurzer Zeit zu einer echten Programmiersprache entwickelt. Die Syntax von `awk` gleicht der von C, ja man kann fast meinen, einen C-Interpreter vor sich zu haben. Allerdings hat `awk` gegenüber C den Vorteil, dass Sie sich nicht mit all den ungemütlichen Features von C befassen müssen.

Somit wurde `awk` im Anfangsstadium als Programm eingesetzt, mit dem Dateien zeilenweise eingelesen und in einzelne Felder (bzw. Wörter) zerlegt wurden. Daraus entstand dann eine benutzerdefinierte Ausgabe – im Prinzip also wie bei `sed`. Allerdings wurde `awk` in kurzer Zeit enorm erweitert. Heute bietet `awk` alle Konstrukte an, die von (fast) jeder modernen Programmiersprache verwendet werden: angefangen von einfachen Variablen, Arrays, den verschiedenen Kontrollstrukturen bis hin zu Funktionen (auch den benutzerdefinierten).

13.1.1 History und Versionen von awk

Der Name awk stammt von den Anfangsbuchstaben der Entwickler (aus dem Jahre 1977) **A**ho, **W**einberger und **K**erninghan. Allerdings existieren mittlerweile drei Hauptzweige von awk-Versionen. Das Ur-awk (auch unter dem Namen oawk (für *old awk*) bekannt) von den eben besagten Entwicklern, das erweiterte nawk (*new awk*) von 1985 und die GNU-Version gawk (GNU awk), das wiederum eine Erweiterung von nawk darstellt. Linux, FreeBSD und NetBSD benutzen hierbei standardmäßig gawk und die meisten UNIX-Varianten (Solaris, HP-UX etc.) in der Regel nawk, wobei auch hier GNU-awk nachinstalliert werden kann. Das Ur-awk wird eigentlich nicht mehr genutzt und es gibt auch keinen Grund mehr, es zu verwenden, da hier die Unterschiede zu nawk und gawk erheblich sind. Dies fängt damit an, dass beim Ur-awk einige Schlüsselwörter (delete, do, function, return), vordefinierte Funktionen, spezielle Variablen und noch einiges mehr fehlen. Sofern Sie irgendwo einen Uralt-Rechner verwalten müssen, sei trotzdem in einer Liste aufgeführt, was das Ur-awk nicht kann oder kennt:

- Die Schlüsselwörter delete, do, function und return.
- Die vordefinierten Funktionen atan2, close, cos, gsub, match, rand, sin, srand, sub, system, tolower und toupper.
- Die speziellen Variablen ARGC, ARGV, FNR, FS, RSTART, RLENGTH und SUBSEP. Die spezielle Variable ENVIRON ist beim alten awk nicht vordefiniert.
- Operatoren für Ausdrücke ?, :, , und ^.
- Es sind nicht mehrere -f Schalter erlaubt.

Aber eigentlich müssen Sie sich keine Gedanken darüber machen, so lange Sie nawk bzw. gawk verwenden. Allerdings erscheint es mir sinnvoll, dass Sie hier für einen gleichen Kommandoaufruf sorgen. Meistens (unter Linux) ist dies allerdings von Haus aus der Fall. Ein Aufruf von awk führt unter Linux beispielsweise dank eines symbolischen Links zu gawk.

```
you@host > ls -l /usr/bin/awk
lrwxrwxrwx  1 root root 8 2005-02-05 /usr/bin/awk -> /bin/awk
you@host > ls -l /bin/awk
lrwxrwxrwx  1 root root 4 2005-02-05 /bin/awk -> gawk
```

Unter diversen UNIX-Varianten werden Sie nicht so komfortabel weitergeleitet. Allerdings können Sie auch hier selbst einen symbolischen Link setzen:

```
you@host > ln -s /bin/nawk /bin/awk
```

Damit führt jeder Aufruf von awk nach nawk. Wenn Sie hierbei auf mehreren Systemen arbeiten, müssen Sie sich zumindest keine Gedanken um den Aufruf von awk machen, weil Sie so immer awk eingeben und dadurch entsprechende awk-Variante nutzen.

Hinweis Sie sollten aber bedenken, dass wenn Sie einen symbolischen Link auf ein anderes Programm (wie hier mit awk auf nawk) erstellen und wirklich einmal ein entsprechendes Paket nachinstallieren sollten, wäre die Folge, dass das Originalprogramm (hier bspw. nawk) überschrieben würde. Schlimmer noch, dass System registriert beide Pakete als installiert und wäre somit inkonsistent.

Hinweis Im weiteren Verlauf des Buches werde ich immer awk nutzen bzw. den Aufruf oder die Syntaxbeschreibung awk verwenden. Dabei ist immer von nawk oder gawk die Rede (abhängig vom System), aber niemals vom alten Ur-awk (*oawk*)!

13.1.2 Die Funktionsweise von awk

awk wartet auf Daten vom Eingabestrom, welche von der Standardeingabe oder von Dateien kommen können. Gewöhnlich werden hierbei die Dateien, die in der Kommandozeile angegeben wurden, eine nach der anderen geöffnet. Anschließend arbeitet awk Zeile für Zeile bis zum Dateiende ab oder – falls die Daten von der Standardeingabe kommen – bis [Strg]+[D] (EOF) gedrückt wurde. Bei der Abarbeitung werden die einzelnen Zeilen in einzelne Felder (bzw. Wörter) zerlegt. Als Trennzeichen gilt hier meistens auch dasjenige, was in der Variablen IFS (wobei diese Variable in awk FS lautet) steht, ein Leerzeichen oder/und ein Tabulatorzeichen.

Anschließend wird für gewöhnlich jede Zeile mit einem Muster bzw. regulären Ausdruck verglichen und bei gefundenen Übereinstimmungen eine bestimmte Aktion ausgeführt – eben ähnlich wie bei sed, nur dass die Aktionen hier wesentlich komplexer sein können/dürfen.

Hinweis Natürlich führt awk auch eine Syntaxanalyse durch, ob die Kommandos sprachlich korrekt verwendet wurden, und gibt bei einem Fehler eine entsprechende Meldung aus.

13.2 Aufruf von awk-Programmen

Auch hier stellt sich die Frage, wie man awk aufrufen kann. Zunächst empfiehlt es sich, hierbei den Programmteil von awk in einzelne Anführungsstriche zu setzen, um Konflikte mit der Shell zu vermeiden. Die Syntax:

```
awk 'Programm' Datei [Datei] ...

awk 'Programm
Programm
Programm' Datei [Datei] ...

awk -f Programmdatei Datei [Datei]
```

Sie haben wieder die beiden Möglichkeiten, entweder alle awk-Kommandos direkt zwischen die Single Quotes zu schreiben oder Sie verwenden auch hier die Option -f (für *file*, wie bei sed), um alle Befehle von awk in eine Programmdatei (awk-Script) zu schreiben, um diese Programmdatei beim Start von awk auf die Datei(en) bzw. den Eingabestrom anzuwenden.

13.2.1 Grundlegender Aufbau eines awk-Kommandos

Im Abschnitt zuvor war die Rede von awk-Kommandos. Wie sehen denn nun solche Befehle aus? Ein reguläres awk-Kommando besteht aus mindestens einer Zeile.

```
Muster { Aktion }
```

Der Aktionsteil kann hierbei mehrere Befehle beinhalten und muss in geschweifte Klammern gesetzt werden. Nur so kann awk den Muster- und Aktionsteil voneinander unterscheiden. Beim Vergessen der geschweiften Klammern erhalten Sie ohnehin eine Fehlermeldung.

Wenn nun eine Datei geladen wurde, wird diese zeilenweise eingelesen und anhand eines Musters verglichen. Trifft entsprechendes Muster zu, wird der Aktionsteil ausgeführt. Beachten Sie bitte, dass nicht zwangsläufig ein Muster und ein Aktionsteil angegeben werden muss. Ein einfaches Beispiel (ich hoffe, Sie haben noch die Datei *mrolympia.dat*):

```
you@host > awk '$1 ~ "Samir"' mrolympia.dat
Samir Bannout Libanon 1983
```

Hier wurde als Muster der Name »Samir« verwendet, der im ersten Feld einer Zeile stehen muss ($1). Findet awk ein entsprechendes Muster, wird die Zeile ausgegeben. Wollen Sie hier nur die Nationalität ausgeben, benötigen Sie auf jeden Fall einen Aktionsteil:

```
you@host > awk ' $1 ~ "Samir" { print $3 }' mrolympia.dat
Libanon
```

Hier wird wiederum nach dem Muster »Samir« gesucht, das sich im ersten Feld einer Zeile befinden muss (`$1`). Aber anstatt die komplette Zeile auszugeben, wird hier nur das dritte Feld (bzw. Wort) ausgegeben (`$3`).

Andererseits müssen Sie auch nicht unbedingt ein Muster verwenden, um mit `awk` irgendetwas bewirken zu können. Sie können hierbei auch Folgendes schreiben:

```
you@host > awk '{ print }' mrolympia.dat
Larry Scott USA 1965 1966
Sergio Oliva USA 1967 1968 1969
Arnold Schwarzenegger Österreich 1970 1971 1972 1973 1974 1975
...
```

Damit gibt `awk` den vollständigen Inhalt einer Datei aus. Wollen Sie nur die Nationalität (drittes Feld) ausgeben, so müssen Sie nur Folgendes schreiben:

```
you@host > awk '{ print $3 }' mrolympia.dat
USA
USA
Österreich
Argentinien
USA
Libanon
USA
Grossbritannien
USA
```

In der Praxis könnten Sie die einzelnen Nationalitäten jetzt zählen und der Rangfolge oder dem Alphabet nach ausgeben lassen. Aber bis dahin ist es noch ein etwas längerer (Lern-)Weg.

Natürlich ist es auch möglich, dass ein `awk`-Kommando aus mehreren Muster- und Aktionsteilen besteht. Jedes dieser Teile wird pro eingelesene Zeile einmal ausgeführt, wenn ein Muster zutrifft – vorausgesetzt, es wurde ein Muster angegeben.

```
Muster { Aktion }
Muster { Aktion }
Muster { Aktion }
```

Wurden alle Muster-Aktions-Teile ausgeführt, liest `awk` die nächste Zeile ein und beginnt wieder von vorn, alle Muster-Aktions-Teile zu durchlaufen.

13.2.2 Die Kommandozeilen-Optionen von awk

`awk` bietet nicht sehr viele Kommandozeilen-Optionen an. Wenn Sie wissen wollen, welche dies sind, müssen Sie `awk` ohne jegliche Argumente in der Kommandozeile eingeben:

```
you@host > awk
Anwendung: awk [POSIX- oder GNU-Optionen] -f PROGRAM [--] Datei
Anwendung: awk [POSIX- oder GNU-Optionen] -- 'PROGRAM' Datei ...
POSIX-Optionen          GNU-Optionen (lang):
        -f PROGRAM              --file=PROGRAM
        -F Feldtrenner          --field-separator=Feldtrenner
        -v var=Wert             --assign=var=Wert
        -W compat               --compat
        -W copyleft             --copyleft
...
```

`awk` selbst verfügt eigentlich nur über die drei Optionen `-F`, `-f` und `-v`. Alle anderen Optionen mit `-W` sind GNU-spezifische Optionen, die eben nur `gawk` zur Verfügung stehen. Wobei es hier jedoch zwei sehr interessante Schalter gibt (sofern Sie `gawk` verwenden), mit denen Sie einen Kompatibilitätsmodus einschalten können:

Option	Bedeutung
`-W compat`	`gawk` verhält sich wie ein UNIX-`awk`; damit werden alle GNU-Erweiterungen ausgeschaltet.
`-W posix`	`gawk` hält sich an den POSIX-Standard.

Tabelle 13.1 GNU-spezifische Optionen für gawk (nicht nawk)

Die weiteren Optionen, die allen »awks« zur Verfügung stehen, lauten:

Option	Bedeutung
`-F`	Damit können Sie das/die Trennzeichen angeben, anhand dessen awk eine Zeile in einzelne Felder zerlegen soll. So verändern Sie die spezielle Variable `FS`.
`-f`	Angabe einer Datei (`awk`-Script) mit `awk`-Anweisungen
`-v`	Damit erzeugen Sie eine Variable mit einem vorbelegten Wert, der dem `awk`-Programm gleich zum Programmstart zu Verfügung steht.

Tabelle 13.2 Standard-Optionen für awk

13.2.3 awk aus der Kommandozeile aufrufen

Die einfachste Methode, awk zu verwenden, ist gleichzeitig auch die unpraktischste – nämlich aus der Kommandozeile. Unpraktisch dann, wenn Sie regelmäßig diverse Kommandos wiederholen bzw. immer wieder verwenden. Auch so genannte Einzeiler lohnt es, in einer Programmdatei abzuspeichern.

awk wurde bereits aus der Kommandozeile verwendet:

```
you@host > awk -F: '{print $3}' /etc/passwd
```

So legen Sie zuerst mit -F als Trennzeichen den Doppelpunkt fest. Anschließend filtern Sie mit awk alle User-IDs aus der Datei */etc/passwd* aus und geben diese auf die Standardausgabe aus.

Damit können Sie wohl in der Praxis nicht viel anfangen. Warum also nicht die User-ID eines bestimmten Users ausfiltern? Mit grep und einer Pipe sollte dies nicht schwer sein:

```
you@host > grep you /etc/passwd | awk -F: '{print $3}'
1001
```

Sie haben erst mit grep nach einer Zeile in */etc/passwd* mit der Textfolge »you« gesucht und die Ausgabe durch die Pipe an die Eingabe von awk weitergeleitet. awk filtert aus dieser Zeile nur noch die User-ID (Feld $3) aus.

13

13.2.4 awk in Shellscripts aufrufen

Die für Sie als Shell-Programmierer wohl gängigste Methode dürfte die Verwendung von awk in Shellscripts sein. Hierbei werden Sie entweder die einzelnen Befehle von awk direkt ins Script schreiben oder aber wiederum ein weiteres awk-Script mit dem Schalter -f ausführen lassen. Ein einfaches Beispiel:

```
# Name : who_uid

# Argumente vorhanden ... ?
usage() {
   if [ $# -lt 1 ]
   then
      echo "usage: $0 user"
      exit 1
   fi
}

usage $*
```

```
uid=`grep $1 /etc/passwd | awk -F: '{ print $3 }'`
echo "Der User $1 hat die ID $uid"
```

Das Script bei der Ausführung:

```
you@host > ./who_uid tot
Der User tot hat die ID 1000
you@host > ./who_uid you
Der User you hat die ID 1001
you@host > ./who_uid root
Der User root hat die ID 0
```

Hier wurde mit einer einfachen Kommando-Substitution die User-ID wie im Abschnitt zuvor ermittelt und an eine Variable übergeben. Natürlich lassen sich auch ohne weiteres Shell-Variablen in `awk` verwenden:

```
# Name : readfield

printf "Welche Datei wollen Sie verwenden : "
read datei
printf "Welches Feld wollen Sie hierbei ermitteln : "
read feld

awk '{ print $'$feld' }' $datei
```

Das Script bei der Ausführung:

```
you@host > ./readfield
Welche Datei wollen Sie verwenden : mrolympia.dat
Welches Feld wollen Sie hierbei ermitteln : 2
Scott
Oliva
Schwarzenegger
...
```

13.2.5 awk als eigenes Script ausführen

`awk`-Scripts können Sie – wie auch viele andere Programme – mit der She-Bank-Zeile (`#!`) selbstständig laufen lassen. Sie müssen nur am Anfang Ihres `awk`-Scripts folgende Zeile einfügen:

```
#!/usr/bin/gawk -f
```

Wichtig ist hierbei die Option `-f`, denn nur dadurch wird das Script als auszuführende Programmdatei an `awk` übergeben. Hierzu ein simples `awk`-Script:

```
#!/usr/bin/awk -f

# Name :  awkargs

 BEGIN   {
        print "Anzahl Argumente: ", ARGC;
        for (i=0; i < ARGC; i++)
            print i, ". Argument: ", ARGV[i];
 }
```

Das awk-Script (der Name sei »awkargs«) bei der Ausführung:

```
you@host > chmod u+x awkargs
you@host > ./awkargs Hallo awk wie gehts
Anzahl Argumente:  5
0 . Argument:  awk
1 . Argument:  Hallo
2 . Argument:  awk
3 . Argument:  wie
4 . Argument:  gehts
```

Nachdem Sie das awk-Script ausführbar gemacht haben, zählt dieses Script alle Argumente der Kommandozeile zusammen und gibt die einzelnen Argumente auf dem Bildschirm aus. Natürlich können Sie awk-Scripts auch aus Ihren Shellscripts heraus starten. Dabei ist wie bei einem gewöhnlichen Kommando vorzugehen.

13

13.3 Grundlegende awk-Programme und -Elemente

Wenn man noch nie einen Baum gepflanzt hat, wird man keine ganzen Wälder anlegen. Daher folgen hier zunächst die grundlegenden Elemente bzw. die einfachen Anwendungen von awk. Was man für awk zuallererst benötigt, das ist die Ausgabe von Zeilen und alles, was mit den Zeilen zu tun hat, die Verwendung von Feldern (bzw. Wörtern) und die formatierte Ausgabe bzw. die Ausgabe in einer Datei.

13.3.1 Ausgabe von Zeilen und Zeilennummern

Am besten fängt man mit dem Einfachsten an:

```
you@host > awk '{print}'
Ein Test
Ein Test
Noch einer
Noch einer
```

Dieser Einzeiler macht nichts anderes, als alle Eingaben, die Sie mit [ENTER] abgeschlossen haben, wieder auf dem Bildschirm auszugeben. Und zwar so lange, bis Sie die Tastenkombination [Strg]+[D] (für EOF) drücken. Im Prinzip funktioniert dies wie bei einem einfachen `cat`. Schreiben Sie jetzt einen Dateinamen hinter dem `awk`-Programm

```
you@host > awk '{print}' mrolympia.dat
...
```

erhält `awk` seine Eingabe nicht mehr von der Tastatur, sondern entnimmt diese zeilenweise der Datei. Aber, so ein einfaches `cat` ist `awk` auch wieder nicht. Wollen Sie, dass `awk` bestimmte Wörter von der Tastatur herausfiltert, können Sie hierzu ein Muster verwenden:

```
you@host > awk '!/mist/ {print}'
Die ist kein Mist
Die ist kein Mist
Aber hier ist ein mist!
Ende
Ende
```

Hiermit wird jede Zeile, welche die Textfolge »mist« enthält, nicht ausgegeben.

Benötigen Sie die laufende Zeilennummer, steht Ihnen die `awk`-interne Variable `NR` zur Verfügung, die sich immer die aktuelle Nummer der Eingabezeile merkt.

```
you@host > awk '{print NR " : " $0}' mrolympia.dat
1 : Larry Scott USA 1965 1966
2 : Sergio Oliva USA 1967 1968 1969
...
...
8 : Dorian Yates Grossbritannien 1992 1993 1994 1995 1996 1997
9 : Ronnie Coleman USA 1998 1999 2000 2001 2002 2003 2004
```

Hiermit geben Sie die komplette Datei *mrolympia.dat* mitsamt der Zeilennummern auf dem Bildschirm aus. Eine weitere Besonderheit ist hier die Variable `$0`, die immer automatisch mit der gesamten eingelesenen Zeile belegt ist. Wollen Sie mit `awk` nach einem bestimmten Muster suchen und hierbei die entsprechende Zeile bei Übereinstimmung mit ausgeben, kann dies wie folgt realisiert werden:

```
you@host > awk '/Lee/ {print NR " : " $0}' mrolympia.dat
7 : Lee Haney USA 1984 1985 1986 1987 1988 1989 1990 1991
```

Es wird nach dem Muster »Lee« in der Datei *mrolympia.dat* gesucht und dann mitsamt der Zeilennummer ausgegeben.

Hinweis Sie können mit awk noch einen Schritt weiter gehen, wenn Sie nicht die Variablen NR verwenden wollen, indem Sie die Zeilen selbst hochzählen. Hierzu müssen Sie nur eine extra Variable einsetzen und diese hochzählen: `awk '{print ++i, " : " $0}' mrolympia.dat`

13.3.2 Felder

Die nächst kleinere Einheit nach den Zeilen sind die einzelnen Felder bzw. Wörter (abhängig von FS), in die jede Eingabezeile zerlegt wird. Allerdings ist es im Grunde falsch, bei awk von Wörtern zu sprechen, vielmehr sind es Felder. Standardmäßig werden die einzelnen Zeilen durch Leerzeichen und Tabulatorzeichen aufgetrennt und jeweils in eine eigene Variable gespeichert. Die Namen der Variablen entsprechen den Positionsparametern der Shell: $1, $2, $3 ...

Damit ist es ohne größeren Umweg möglich, einzelne Spalten aus einer Datei zu extrahieren, was u.a. auch ein Hauptanwendungsgebiet von awk ist. So können Sie z.B. ohne Probleme den Inhalt der Spalte 3 und 2 einer Datei ausgeben lassen:

```
you@host > awk '{print $3, $2}' mrolympia.dat
USA Scott
USA Oliva
Österreich Schwarzenegger
Argentinien Columbu
USA Dickerson
Libanon Bannout
USA Haney
Grossbritannien Yates
USA Coleman
```

Wollen Sie jetzt noch wissen, wie viele Titel einer der Teilnehmer gewonnen hat, können Sie die Variable NF (*Number of Fields*) verwenden:

```
you@host > awk '{print $3, $2, NF-3}' mrolympia.dat
USA Scott 2
USA Oliva 3
Österreich Schwarzenegger 7
Argentinien Columbu 2
USA Dickerson 1
Libanon Bannout 1
USA Haney 8
Grossbritannien Yates 6
USA Coleman 7
```

13

Hier wurde von NF der Wert 3 subtrahiert, da die ersten drei Spalten eine andere Bedeutung haben. Ich kann mir schon denken, wie die nächste Frage lauten könnte: Wie kann man dies jetzt noch nach der Anzahl von Titeln sortieren? Hier gibt es immer mehrere Wege – ich könnte folgenden anbieten:

```
you@host > awk '{print NF-3, $3, $2}' mrolympia.dat | sort -r
8 USA Haney
7 USA Coleman
7 Österreich Schwarzenegger
6 Grossbritannien Yates
3 USA Oliva
2 USA Scott
2 Argentinien Columbu
1 USA Dickerson
1 Libanon Bannout
```

Verwenden Sie NF mit einem Dollarzeichen davor ($NF), befindet sich darin immer das letzte Wort der Zeile. Das Vorletzte würden Sie mit $(NF-1) erreichen:

```
you@host > awk '{print $NF, $(NF-1)}' mrolympia.dat
1966 1965
1969 1968
1980 1975
1981 1976
1982 USA
1983 Libanon
1991 1990
1997 1996
2004 2003
you@host > awk '{print "Zeile " NR, "enhält " NF " Worte \
> (letztes Wort: " $NF "; vorletztes: " $(NF-1) ")"}' \
> mrolympia.dat
Zeile  1 enhält 5 Worte (letztes Wort: 1966 ; vorletztes: 1965)
Zeile  2 enhält 6 Worte (letztes Wort: 1969 ; vorletztes:1968
Zeile  3 enhält 10 Worte (letztes Wort: 1980 ; vorletztes: 1975)
Zeile  4 enhält 5 Worte (letztes Wort: 1981 ; vorletztes: 1976)
Zeile  5 enhält 4 Worte (letztes Wort: 1982 ; vorletztes: USA)
Zeile  6 enhält 4 Worte (letztes Wort: 1983 ; vorletztes:Libanon)
Zeile  7 enhält 11 Worte (letztes Wort: 1991 ; vorletztes: 1990)
Zeile  8 enhält 9 Worte (letztes Wort: 1997 ; vorletztes: 1996)
Zeile  9 enhält 10 Worte (letztes Wort: 2004 ; vorletztes: 2003)
```

Und natürlich gehört es zu den Grundlagen von Feldern, den Feldtrenner zu verändern. Dies kann über den Schalter `-F` oder in einem `awk`-Script über die Variable `FS` geschehen.

Formatierte Ausgabe und Dateiausgabe

Zur formatierten Ausgabe wurde bisher immer `print` verwendet, welches ähnlich wie `echo` in der Shell funktioniert. Da ja die einzelnen Felder anhand von Leerzeichen und Tabulatorzeichen getrennt werden, sollte es einleuchtend sein, dass bei der folgenden Ausgabe die Wörter nicht voneinander getrennt werden:

```
you@host > awk '{print $1 $2 }' mrolympia.dat
LarryScott
SergioOliva
...
...
DorianYates
RonnieColeman
```

Man kann entweder das Leerzeichen (oder auch ein anderes Zeichen bzw. andere Zeichenfolge) in Double Quotes eingeschlossen einfügen:

```
you@host > awk '{print $1 " " $2 }' mrolympia.dat
```

Oder aber man trennt die einzelnen Felder voneinander mit einem Komma:

```
you@host > awk '{print $1, $2 }' mrolympia.dat
```

Meistens reicht die Ausgabe von `print`. Aber auch hier haben Sie mit `printf` die Möglichkeit, Ihre Ausgabe erweitert zu formatieren. `printf` funktioniert hier genauso, wie es schon für die Shell beschrieben wurde, weshalb ich hier auf Tabellen mit den Typezeichen (`s` für String, `d` für Dezimal, `f` für Float usw.) verzichten kann. Bei Bedarf werfen Sie bitte einen Blick in Abschnitt 5.2.3. Gleiches gilt übrigens auch für die Escapesequenzen (alias Steuerzeichen) (siehe Tabelle 5.2). Einziger Unterschied im Gegensatz zum `printf` der Shell: Die Argumente am Ende müssen durch ein Komma getrennt werden. Ein einfaches Beispiel der formatierten Ausgabe mit `printf`:

```
you@host > awk ' \
> {printf "%-2d Titel\tLand: %-15s\tName: %-15s\n",NF-3,$3,$2}'\
> mrolympia.dat | sort -r
8  Titel        Land: USA              Name: Haney
7  Titel        Land: USA              Name: Coleman
7  Titel        Land: Österreich        Name: Schwarzenegger
```

13

```
6  Titel        Land: Grossbritannien   Name: Yates
3  Titel        Land: USA               Name: Oliva
2  Titel        Land: USA               Name: Scott
2  Titel        Land: Argentinien       Name: Columbu
1  Titel        Land: USA               Name: Dickerson
1  Titel        Land: Libanon           Name: Bannout
```

Zur Ausgabe in einer Datei wird für gewöhnlich eine Umlenkung verwendet:

```
you@host > awk \
> '{printf "%-2d Titel\tLand: %-15s\tName: %-15s\n",NF-
3,$3,$2}'\
> mrolympia.dat > olymp.dat
you@host > cat olymp.dat
2  Titel        Land: USA               Name: Scott
3  Titel        Land: USA               Name: Oliva
7  Titel        Land: Österreich        Name: Schwarzenegger
2  Titel        Land: Argentinien       Name: Columbu
1  Titel        Land: USA               Name: Dickerson
1  Titel        Land: Libanon           Name: Bannout
8  Titel        Land: USA               Name: Haney
6  Titel        Land: Grossbritannien   Name: Yates
7  Titel        Land: USA               Name: Coleman
```

Es ist aber auch möglich, innerhalb von awk – im Aktionsteil – in eine Datei zu schreiben:

```
you@host > awk '/USA/{ print > "usa.dat"}' mrolympia.dat
you@host > cat usa.dat
Larry Scott USA 1965 1966
Sergio Oliva USA 1967 1968 1969
Chris Dickerson USA 1982
Lee Haney USA 1984 1985 1986 1987 1988 1989 1990 1991
Ronnie Coleman USA 1998 1999 2000 2001 2002 2003 2004
```

Im Beispiel wurden alle Zeilen mit einer Zeichenfolge »USA« in die Datei *usa.dat* geschrieben. Dies ist zum Beispiel sinnvoll, wenn Sie mehrere Muster-Aktions-Teile verwenden und nicht jede Ausgabe gleich in eine Datei geschrieben werden soll.

Um dem Ganzen die Krone aufzusetzen, folgendes Beispiel:

```
you@host > awk '$3 {print >> $3}' mrolympia.dat
```

Hier schreiben Sie für jedes Land den Inhalt des entsprechenden Eintrags ans Ende einer Datei mit dem entsprechenden Landesnamen. Genauer: Für jedes Land wird eine extra Datei angelegt, worin die einzelnen Teilnehmer immer ans Ende der Datei gehängt werden. Führen Sie das einmal in einer anderen Sprache mit einer Zeile durch.

```
you@host > ls -1
-rw-------  1 tot users     37 2005-04-11 15:34 Argentinien
-rw-------  1 tot users     58 2005-04-11 15:34 Grossbritannien
-rw-------  1 tot users     27 2005-04-11 15:34 Libanon
-rw-------  1 tot users    381 2005-04-08 07:32 mrolympia.dat
-rw-------  1 tot users     68 2005-04-11 15:34 Österreich
-rw-------  1 tot users    191 2005-04-11 15:34 USA
you@host > cat Libanon
Samir Bannout Libanon 1983
you@host > cat Österreich
Arnold Schwarzenegger Österreich 1970 1971 1972 1973 1974 1975
```

Natürlich können Sie das noch ganz anders erreichen:

```
you@host > awk '$3 {print $2, $1, $3 >> $3}' mrolympia.dat
```

Hier machen Sie das Gleiche, hängen jedoch nur den Inhalt der Felder `$2`, `$3` und `$1` an entsprechende Landesdatei. In Verbindung mit einer umfangreichen Datenbank ist das wirklich mächtig. Doch im Prinzip ist das noch gar nichts, `awk` ist bei richtiger Anwendung zu viel mehr im Stande.

13

Natürlich können Sie `awk` auch `cat`-ähnlich verwenden, um alle Eingaben von der Tastatur in eine Datei zu schreiben:

```
you@host > awk '{print > "atextfile"}'
Hallo Textdatei
Das steht drin
[Strg]+[D]
you@host > cat atextfile
Hallo Textdatei
Das steht drin
```

13.4 Muster (bzw. Adressen) von awk-Scripts

Wie schon bei `sed` können Sie mit `awk` Adressen bzw. Muster bennen, die als Suchkriterium angegeben werden. Ein Muster dient auch hier dazu, den Programmfluss von `awk` zu steuern. Stimmt der Inhalt mit der zu bearbeitenden Zeile mit dem angegebenen Muster überein, wird der entsprechende Aktionsteil ausgeführt. Um solche Muster in awk darzustellen, haben Sie mehrere Möglichkeiten. Welche dies sind und wie Sie diese verwenden können, erfahren Sie in den folgenden Unterabschnitten.

13.4.1 Zeichenkettenvergleiche

Am einfachsten und gleichzeitig auch häufigsten werden Muster bei Zeichenvergleichen eingesetzt. Diese Verwendung sieht folgendermaßen aus:

```
you@host > awk '/Jürgen Wolf/'
Hallo Jürgen
Hallo Wolf
Mein Name ist Jürgen Wolf
Mein Name ist Jürgen Wolf
[Strg]+[D]
```

Hier wird nur die Eingabe von der Tastatur wiederholt, wenn in $0 die Textfolge »Jürgen Wolf« enthalten ist. Auf eine Datei wird der Zeichenkettenvergleich ähnlich ausgeführt:

```
you@host > awk '/Samir/' mrolympia.dat
Samir Bannout Libanon 1983
```

Hier erhält awk die Eingabezeile aus der Datei *mromypia.dat*, sucht nach einem Muster und gibt gegebenenfalls die komplette Zeile der Fundstelle auf den Bildschirm aus. Hier fällt außerdem auf, dass awk auch ohne den Aktionsteil und den Befehl print die komplette Zeile auf dem Bildschirm ausgibt. Natürlich werden auch Teil-Textfolgen gefunden, sprich es müssen nicht zwangsläufig ganze Wörter sein:

```
you@host > awk '/ie/' mrolympia.dat
Franco Columbu Argentinien 1976 1981
Dorian Yates Grossbritannien 1992 1993 1994 1995 1996 1997
Ronnie Coleman USA 1998 1999 2000 2001 2002 2003 2004
```

13.4.2 Vergleichsausdrücke

awk bietet auch Vergleichsausdrücke in den Mustern an. Hierzu werden die in vielen Programmiersprachen üblichen Vergleichsoperatoren verwendet. Ist ein Vergleichsausdruck (also das Muster) wahr, wird der entsprechende Aktionsteil ausgeführt. In der folgenden Tabelle finden Sie alle Vergleichsoperatoren aufgelistet.

Operator	Bedeutung	Beispiel
<	Kleiner als	x < y
<=	Kleiner als oder gleich	x <= y
==	Gleichheit	x == y
!=	Ungleichheit	x != y
>=	Größer als oder gleich	x >= y
>	Größer als	x > y
~	Mustervergleich	x ~ /y/
!~	Negierter Mustervergleich	x !~ /y/

Tabelle 13.3 Vergleichsoperatoren von awk

Ein Vergleichsausdruck lässt sich dabei sowohl auf Zahlen als auch auf Zeichenketten anwenden. Ein Beispiel:

```
you@host > awk '$4 > 1990' mrolympia.dat
Dorian Yates Grossbritannien 1992 1993 1994 1995 1996 1997
Ronnie Coleman USA 1998 1999 2000 2001 2002 2003 2004
```

Hier geben Sie alle Teilnehmer aus, die Ihren ersten Wettkampf nach 1990 gewonnen haben. Es werden also sämtliche Zeilen ausgegeben, bei denen der Wert des vierten Feldes größer als 1990 ist. Ein weiteres Beispiel:

```
you@host > awk '$2 < "H"' mrolympia.dat
Franco Columbu Argentinien 1976 1981
Chris Dickerson USA 1982
Samir Bannout Libanon 1983
Ronnie Coleman USA 1998 1999 2000 2001 2002 2003 2004
```

Hiermit werden alle Werte (Namen) der zweiten Spalte ausgegeben, deren Anfangsbuchstabe kleiner als »H«' ist. Gemeint ist hier der ASCII-Wert! »C« ist zum Beispiel kleiner als »H« in der ASCII-Tabelle usw. Natürlich lässt sich dies auch auf eine ganze Zeichenkette anwenden:

```
you@host > awk '$1 > "Dorian" ' mrolympia.dat
Larry Scott USA 1965 1966
Sergio Oliva USA 1967 1968 1969
Franco Columbu Argentinien 1976 1981
Samir Bannout Libanon 1983
Lee Haney USA 1984 1985 1986 1987 1988 1989 1990 1991
Ronnie Coleman USA 1998 1999 2000 2001 2002 2003 2004
```

Hier werden alle Vornamen ausgegeben, deren Name im ersten Feld größer als (heißt: nicht länger) der von »Dorian« ist – auch wenn es in diesem Beispiel wenig Sinn macht. Interessant ist auch der Vergleichsoperator für Mustervergleiche, beispielsweise:

```
you@host > awk '$3 ~ /USA/ ' mrolympia.dat
Larry Scott USA 1965 1966
Sergio Oliva USA 1967 1968 1969
Chris Dickerson USA 1982
Lee Haney USA 1984 1985 1986 1987 1988 1989 1990 1991
Ronnie Coleman USA 1998 1999 2000 2001 2002 2003 2004
```

Hier werden alle Zeilen selektiert, in denen sich in der dritten Spalte das Muster »USA« befindet. Damit können Sie das exakte Vorkommen eines Musters in der entsprechenden Spalte bestimmen. Natürlich können Sie dies auch negieren (verneinen):

```
you@host > awk '$3 !~ /USA/ ' mrolympia.dat
Arnold Schwarzenegger Österreich 1970 1971 1972 1973 1974 1975
Franco Columbu Argentinien 1976 1981
Samir Bannout Libanon 1983
Dorian Yates Grossbritannien 1992 1993 1994 1995 1996 1997
```

Jetzt werden alle Zeilen ausgegeben, bei denen sich in der dritten Spalte nicht das Muster »USA« befindet.

Wissen Sie jetzt zum Beispiel, dass 1988 ein US-Amerikaner den Wettkampf gewonnen hat, aber nicht genau welcher, formulieren Sie dies mit `awk` folgendermaßen:

```
you@host > awk '$3 ~ /USA/ && /1988/' mrolympia.dat
Lee Haney USA 1984 1985 1986 1987 1988 1989 1990 1991
```

Damit wählen Sie die Zeile(n) aus, bei denen sich in der dritten Spalte das Muster »USA« befindet und irgendwo in der Zeile das Jahr 1988. Hier wurde mit dem `&&` eine logische UND-Verknüpfung vorgenommen, worauf noch in einem extra Abschnitt eingegangen wird.

Wollen Sie nur die ersten fünf Zeilen einer Datei ausgeben lassen? Nichts ist leichter als das:

```
you@host > awk 'NR <=5' mrolympia.dat
Larry Scott USA 1965 1966
Sergio Oliva USA 1967 1968 1969
Arnold Schwarzenegger Österreich 1970 1971 1972 1973 1974 1975
```

```
Franco Columbu Argentinien 1976 1981
Chris Dickerson USA 1982
```

Wenn Sie jeden Datensatz ausgeben lassen wollen, der weniger als 5 Felder enthält, dann machen Sie dies mit awk so:

```
you@host > awk 'NF < 5' mrolympia.dat
Chris Dickerson USA 1982
Samir Bannout Libanon 1983
```

13.4.3 Reguläre Ausdrücke

Natürlich stehen Ihnen auch mit awk wieder die regulären Ausdrücke zur Verfügung, mit denen Sie Ihre Muster formulieren können. Hierzu ein kurzer Überblick zu den Metazeichen und ihren Bedeutungen, die Sie für reguläre Ausdrücke mit awk heranziehen können. Da die regulären Ausdrücke ja bereits einige Mal behandelt wurden, finden Sie hier allerdings nur einen kurzen Überblick, da die meisten Zeichen auch hier ihre bereits bekannte Funktion erfüllen.

Zeichen	Bedeutung
^	Anfang einer Zeile oder Zeichenkette
$	Ende einer Zeile oder Zeichenkette
.	Jedes Zeichen außer einem Zeilenumbruch
*	Null, eines oder mehrere Vorkommen
[]	Ein Zeichen aus der Menge enthalten
[^]	Kein Zeichen aus der Menge enthalten
re1|re2	ODER; entweder Muster re1 oder re2 enthalten
re1&re2	UND; Muster re1 und Muster re2 enthalten
+	Eines oder mehrere Vorkommen
(ab)+	Mindestens ein Auftreten der Menge »ab«
?	Null oder einmaliges Vorkommen
&	Enthält das Suchmuster des Ersetzungsstrings

Tabelle 13.4 Metazeichen für reguläre Ausdrücke in awk

Auch zur Verwendung muss wohl nicht mehr allzu viel geschrieben werden, da Sie ja bereits zuhauf Beispiele in sed gesehen haben. Trotzdem hierzu einige Beispiele mit regulären Ausdrücken.

```
you@host > awk '/[0-9]+/ { print $0 ": eine Zahl" } \
> /[A-Za-z]+/ { print $0 ": ein Wort" }'
Hallo
Hallo: ein Wort
1234
1234: eine Zahl
```

Hier können Sie ermitteln, ob es sich bei der Eingabe von der Tastatur um ein Wort oder um eine Zahl handelt. Allerdings funktioniert dieses Script nur so lange, wie es in einer Umgebung eingesetzt wird, in der sich derselbe Zeichensatz befindet wie beim Entwickler. Um hier wirklich Kompatibilität zu erreichen, sollten Sie in einem solchen Fall vordefinierte Zeichenklassen verwenden (siehe Abschnitt 1.10.6, Tabelle 1.5). In der Praxis sollte diese Zeile daher folgendermaßen aussehen:

```
you@host > awk '/[[:digit:]]+/ { print $0 ": eine Zahl" } \
> /[[:alpha:]]+/ { print $0 ": ein Wort" }'
```

Im Zusammenhang mit den regulären Ausdrücken wird zudem häufig der Match-Operator (~) eingesetzt, womit Sie ermitteln, ob ein bestimmtes Feld in einer Zeile einem bestimmten Muster (regulären Ausdruck) entspricht.

```
you@host > awk '$1 ~ /^[A-D]/' mrolympia.dat
Arnold Schwarzenegger Österreich 1970 1971 1972 1973 1974 1975
Chris Dickerson USA 1982
Dorian Yates Grossbritannien 1992 1993 1994 1995 1996 1997
```

Hier werden zum Beispiel alle Zeilen ausgegeben, bei denen in der ersten Spalte der erste Buchstabe in der Zeile ein »A«, »B«, »C« oder »D« ist. Das Gegenteil erreichen Sie mit:

```
you@host > awk '$1 ~ /^[^A-D]/' mrolympia.dat
Larry Scott USA 1965 1966
Sergio Oliva USA 1967 1968 1969
Franco Columbu Argentinien 1976 1981
...
```

Hierbei lässt sich allerdings auch erkennen, dass reguläre Ausdrücke in Verbindung mit awk zum einen sehr leistungsstark sind, aber auch sehr »kryptisch« werden können. Hier zu Rezept-Zwecken einige weitere awk-Beispiele mit regulären Ausdrücken.

```
awk '$0 !~ /^$/' datei.dat
```

Damit »löschen« Sie alle leeren Zeilen in einer Datei (*datei.dat*) (»Löschen« trifft die Sache eigentlich nicht genau, vielmehr löscht man die Zeilen nicht in einer Datei, sondern gibt alles, was nicht leer ist, auf dem Bildschirm aus). `$0` steht für die komplette Zeile und schließt alle Muster aus (`!~`), die eine leere Zeile enthalten. `^` steht für den Anfang und `$` für das Ende einer Zeile.

Nächstes Beispiel:

```
you@host > awk '$2 ~ /^[CD]/ { print $3 }' mrolympia.dat
Argentinien
USA
USA
```

Hier suchen Sie nach allen Zeilen, bei denen sich in der zweiten Spalte ein Wort befindet, das mit den Buchstaben »C« oder »D« beginnt, und geben bei Erfolg das dritte Feld der Zeile aus.

Noch ein Beispiel:

```
you@host > awk '$3 ~ /Argentinien|Libanon/' mrolympia.dat
Franco Columbu Argentinien 1976 1981
Samir Bannout Libanon 1983
```

Hier werden alle Zeilen ausgegeben, die in der dritten Spalte die Textfolge »Argentinien« oder »Libanon« enthalten.

13.4.4 Zusammengesetzte Ausdrücke

Es ist ebenso möglich, mehrere Ausdrücke zu einem Ausdruck zusammenzusetzen. Hierzu werden die üblichen Verknüpfungen *UND* (`&&`) und *ODER* (`||`) zwischen den Ausdrücken verwendet. So gilt bei einer *UND*-Verknüpfung von zwei Ausdrücken, dass der Aktionsteil bzw. der Ausdruck wahr ist, wenn beide Ausdrücke zutreffen, zum Beispiel:

```
you@host > awk '$3 ~ /USA/ && $2 ~ /Dickerson/' mrolympia.dat
Chris Dickerson USA 1982
```

Hier wird nur die Zeile ausgegeben, welche die Textfolge »USA« in der dritten Spalte als Ausdruck *UND* die Textfolge »Dickerson« in der zweiten Spalte enthält. Wird keine Zeile gefunden, die mit beiden Ausdrücken übereinstimmt, wird nichts ausgegeben.

Auf der anderen Seite können Sie mit einer *ODER*-Verknüpfung dafür sorgen, dass nur einer der Ausdrücke zutreffen muss:

```
you@host > awk '$3 ~ /USA/ || $2 ~ /Yates/' mrolympia.dat
Larry Scott USA 1965 1966
Sergio Oliva USA 1967 1968 1969
Chris Dickerson USA 1982
Lee Haney USA 1984 1985 1986 1987 1988 1989 1990 1991
Dorian Yates Grossbritannien 1992 1993 1994 1995 1996 1997
Ronnie Coleman USA 1998 1999 2000 2001 2002 2003 2004
```

Hierbei werden alle Zeilen ausgegeben, bei denen das Muster »USA« in der dritten Spalte *ODER* das Muster »Yates« in der zweiten Spalte enthalten ist.

Natürlich lassen sich mehr als nur zwei Ausdrücke verknüpfen und auch die *ODER*- bzw. *UND*-Verknüpfungen mischen. Doch es gilt, nicht zu übertreiben, um den Überblick zu wahren.

13.4.5 BEGIN und END

Mit `BEGIN` und `END` haben Sie zwei Muster, die vollkommend unabhängig von der Eingabezeile sind. Man kann sich dies wie bei einer Schleife vorstellen. Alles, was sich vor dem eigentlichen `awk`-Script noch abspielen soll, können Sie in einen `BEGIN`-Block schreiben:

```
BEGIN { Aktionsteil }
```

Hier können Sie bspw. eine Vorverarbeitung für den eigentlichen Hauptteil von `awk` festlegen. Allerdings ist damit nicht die Vorverarbeitung der Eingabezeile gemeint, da diese zu dem Zeitpunkt, wenn der `BEGIN`-Block ausgeführt wird, noch gar nicht eingelesen wurde. Der Aktionsteil kann genauso wie schon bei den »normalen« Mustern verwendet werden.

```
you@host > awk 'BEGIN { print "Vorname    Name       Land" }
> /USA/ { printf "%-10s %-10s %-5s\n", $1, $2, $3 }' \
> mrolympia.dat
Vorname    Name       Land
Larry      Scott      USA
Sergio     Oliva      USA
Chris      Dickerson  USA
Lee        Haney      USA
Ronnie     Coleman    USA
```

Wenn der `BEGIN`-Block vor der Verarbeitung der Eingabezeile ausgeführt wird, werden Sie sich sicherlich wohl denken können, dass sich der `END`-Block auf die Ausführung nach der Verarbeitung einer Eingabezeile bezieht. Wenn also alle Zeilen im Hauptblock ausgeführt wurden, kann am Ende noch zur Nachbearbeitung ein END-Block angehängt werden. Der END-Block wird ausgeführt, nachdem die letzte Zeile einer Datei abgearbeitet wurde oder bei Eingabe von der Tastatur [Strg]+[D] gedrückt wurde. Hier das Beispiel mit dem BEGIN-Block, erweitert um einen END-Block:

```
you@host > awk 'BEGIN { print "\nVorname    Name        Land" } \
> /USA/ { printf "%-10s %-10s %-5s\n", $1, $2, $3 } \
> END { print "---------Ende------------" } ' mrolympia.dat

Vorname    Name       Land
Larry      Scott      USA
Sergio     Oliva      USA
Chris      Dickerson  USA
Lee        Haney      USA
Ronnie     Coleman    USA
---------Ende------------
```

Hier wird zuerst der BEGIN-Block ausgeführt – im Beispiel nichts anderes als eine einfache Ausgabe auf dem Bildschirm. Anschließend werden die einzelnen Zeilen der Datei *mrolympia.dat* eingelesen und alle Zeilen mit dem Muster »USA« formatiert mit printf ausgegeben. Am Ende wird der END-Block ausgeführt, was hier nur eine einfache Textausgabe auf dem Bildschirm bedeutet. Ein END-Block setzt übrigens in keiner Weise einen BEGIN-Block voraus und kann immer auch nach einem Hauptteil verwendet werden – oder natürlich ganz alleine:

13

```
you@host > awk '{ print } END { print "Tschüssss..." }'
Hallo
Hallo
Welt
Welt
[Strg]+[D]
Tschüssss...
```

Hier liest awk Zeile für Zeile von der Kommandozeile ein und gibt diese im Hauptblock mit print zurück. Dies geht so lange, bis Sie [Strg]+[D] drücken. Nach dem Beenden mit [Strg]+[D] wird noch der END-Block ausgeführt.

13.5 Die Komponenten von awk-Scripts

Die Verwendung von awk wurde bisher vorwiegend mit Einzeilern demonstriert, was häufig für den Hausgebrauch in Shellscripts ausreicht. So haben Sie die Mächtigkeit von awk schon näher kennen gelernt. Allerdings wurde bereits erwähnt, dass awk eher eine Programmiersprache als ein Tool ist, weshalb hier nun näher auf die Eigenheiten von awk als Programmiersprache eingegangen werden soll. Natürlich können Sie die awk-Scripts auch in Ihren Shellscripts einsetzen, womit Sie sich bedeutendes Know-how aneignen und sich gern als Guru bezeichnen dürfen.

Gewöhnlich verwendet man beim Erstellen eigener awk-Scripts das Verfahren mit der She-Bang-Zeile (#!) in der ersten Zeile:

```
#!/usr/bin/awk -f
```

Kommentare können Sie in gleicher Weise – wie schon bei den Shellscripts – mit # kennzeichnen.

```
#!/usr/bin/awk -f
#
# Programmname: programmname.awk
# Erstellt    : J.Wolf
# Datum       : ...
# ...
```

Eine Dateiendung ist genauso unnötig wie in Shellscripts. Trotzdem wird hierbei relativ häufig die Endung ».awk« verwendet, damit der Anwender weiß, worum es sich bei diesem Script handelt. Man kann die Aktionen in einem awk-Script in einer Zeile schreiben, wobei hier dann jede Aktion durch ein Semikolon getrennt werden muss:

```
# Anfang Haupt-Aktionsteil eines awk-Scripts
{
   aktion ; aktion ; aktion
}
# Ende Haupt-Aktionsteil eines awk-Scripts
```

Oder aber, was empfehlenswerter ist, man schreibt jede Aktion in eine extra Zeile:

```
# Anfang Haupt-Aktionsteil eines awk-Scripts
{
   aktion
   aktion
   aktion
}
# Ende Haupt-Aktionsteil eines awk-Scripts
```

13.5.1 Variablen

Neben den dynamisch angelegten Feldvariablen stehen Ihnen in `awk` auch benutzerdefinierte Variablen zur Verfügung. Die Variablen werden mit derselben Syntax wie schon in der Shell definiert und behandelt. Bei der Verwendung wird jedoch vor die Variable kein Dollarzeichen (`$`) gestellt, weil dieses Zeichen für die einzelnen Felder (bzw. Wörter) reserviert ist. Zahlen können Sie ohne weitere Vorkehrungen übergeben:

```
# val1 mit dem Wert 1234 definieren
val1=1234
# val2 mit dem Wert 1234.1234 definieren
val2=1234.1234
```

Zeichenketten müssen Sie allerdings zwischen doppelte Hochkommata schreiben:

```
# string1 mit einer Zeichenkette belegen
string1="Ich bin ein String"
```

Machen Sie dies nicht wie im folgenden Beispiel

```
string2=teststring
```

weist `awk` der Variablen »string2« nicht die Zeichenkette »teststring« zu, sondern die Variable »teststring« – was allerdings hier keinen Fehler auslöst, da auch hier, wie schon in der Shell, nicht definierte Werte automatisch mit 0 bzw. `""` vorbelegt sind. Ein einfaches Beispiel, in dem die Anzahl der Zeilen einer Datei hochgezählt wird, die Sie als Argumente in der Kommandozeile mit angeben:

```
#!/usr/bin/awk -f
#
# Programmname: countline.awk

BEGIN {
   count=0
}

# Haupt-Aktionsteil
{
  count++
}
```

13

```
END {
   printf "Anzahl Zeilen : %d\n" count
}
```

Das Script bei der Ausführung:

```
you@host > chmod u+x countline.awk
you@host > ./countline.awk countline.awk
Anzahl Zeilen : 15
```

Zwar lässt sich dieses Beispiel einfacher mit der Variablen NR ausführen, aber hier geht es um die Demonstration von Variablen. Zuerst wird der BEGIN-Block ausgeführt, in dem die Variable »count« mit dem Wert 0 definiert wurde. Variablen, die Sie mit dem Wert 0 vorbelegen, könnten Sie sich sparen, da diese bei der ersten Verwendung automatisch mit 0 (bzw. ""; abhängig vom Kontext) definiert würden. Allerdings ist es hilfreich, eine solche Variable trotzdem im BEGIN-Block zu definieren – der Übersichtlichkeit zuliebe.

Im Haupt-Aktionsteil wird nur der Wert der Variablen »count« um 1 inkrementiert (erhöht). Hierzu wird der Inkrement-Operator (++) in der Postfix-Schreibweise verwendet. Wurden alle Zeilen der als erstes Argument angegebenen Datei durchlaufen (wo jeweils pro Zeile der Haupt-Aktionsteil aktiv war), wird der END-Block ausgeführt und gibt die Anzahl der Zeilen aus. Hier kann übrigens durchaus mehr als nur eine Datei in der Kommandozeile angegeben werden:

```
you@host > ./countline.awk countline.awk mrolympia.dat
Anzahl Zeilen : 25
```

Das awk-Script können Sie übrigens auch wie ein wc -l benutzen. Beispiel:

```
you@host > ls -l | wc -l
26
you@host > ls -l | ./counterline.awk
Anzahl Zeilen : 26
```

Aber wie bereits erwähnt, Sie können dieses Script mit der Variablen NR erheblich abkürzen, und zwar bis auf den END-Block:

```
#!/usr/bin/awk -f
#
# Programmname: countline2.awk

END {
   printf "Anzahl Zeilen : %d\n", NR
}
```

Kommandozeilen-Argumente

Für die Argumente aus der Kommandozeile stehen Ihnen ähnlich wie in C die beiden Variablen ARGC und ARGV zur Verfügung. ARGC (**ARG*ument Counter***) enthält immer die Anzahl der Argumente in der Kommandozeile (inklusive) dem Programmnamen awk (!) und ARGV (**ARG*umenten Vector***) ist ein Array, worin sich die einzelnen Argumente der Kommandozeile befinden (allerdings ohne Optionen von awk). Hierzu nochmals ein Script, welches die Anzahl der Argumente und jedes einzelne davon ausgibt (im Beispiel wurde die for-Schleife vorgezogen, die gleich näher beschrieben wird).

```
#!/usr/bin/awk -f
#
# Programmname: countarg.awk

BEGIN {
   print "Anzahl Argumente in ARGC : " , ARGC
   # einzelne Argumente durchlaufen
   for(i=0; i < ARGC; i++)
      printf "ARGV[%d] = %s\n", i, ARGV[i]
}
```

Das Script bei der Ausführung:

```
you@host > ./countarg.awk eine Zeile mit vielen Argumenten
Anzahl Argumente in ARGC :  6
ARGV[0] = awk
ARGV[1] = eine
ARGV[2] = Zeile
ARGV[3] = mit
ARGV[4] = vielen
ARGV[5] = Argumenten
```

Vordefinierte Variablen

In awk existiert eine interessante Auswahl von vordefinierten Variablen, wovon Sie ja bereits mit NR, NF, ARGC, ARGV, FS, $0, $1 ... schon einige kennen gelernt haben. In der folgenden Tabelle finden Sie einen kurzen Überblick zu den vordefinierte Variablen sowie ein kurze Beschreibung ihrer Funktionen.

Variable	Bedeutung
ARGC	Anzahl der Argumente aus der Kommanodzeile (+1)
ARGV	Array mit dem Inhalt der Kommandozeilen-Argumente
ENVIRON	Enthält ein Array mit allen momentanen Umgebungsvariablen
FILENAME	Name der aktuellen Eingabedatei. Bei einer Eingabe von der Tastatur steht hier der Wert '-'.
FNR	Zeilennummer der Eingabe aus der aktuellen Datei
FS	Das oder die Trennzeichen für die Zerlegung der Eingabezeile. Standardmäßig befindet sich hier das Leerzeichen.
NF	Anzahl der Felder der aktuellen Zeile. Felder werden anhand von FS getrennt.
NR	Anzahl der bisher eingelesenen Zeilen
OFMT	Ausgabeformat für Fließkommazahlen
OFS	Ausgabetrennzeichen für einzelne Felder; auch hier standardmäßig das Leerzeichen
ORS	Das Ausgabetrennzeichen für neue Datensätze (Zeilen). Standardmäßig wird hierbei das Newline-Zeichen verwendet.
RLENGTH	Gibt im Zusammenhang mit der Funktion match die Länge der übereinstimmenden Teilzeichenkette an
RS	Das Eingabetrennzeichen für neue Datensätze (Zeilen), standardmäßig das Newline-Zeichen
RSTART	Gibt im Zusammenhang mit der Zeichenkettenfunktion match den Index des Beginns der übereinstimmenden Teilzeichenkette an
SUBSEP	Das Zeichen, das in Arrays die einzelnen Elemente trennt (\034)
$0	Enthält immer den kompletten Datensatz (Eingabezeile)
$1, $2, ...	Die einzelnen Felder (Worte) der Eingabezeile, die nach dem Trennzeichen in der Variablen FS getrennt wurden

Tabelle 13.5 Vordefinierte Variablen in awk

Hierzu ein einfaches Beispiel, das einige der vordefinierten Variablen demonstrieren soll:

```
#!/usr/bin/awk -f
#
# Programmname: vars.awk

BEGIN {
   count=0
```

```
   # Ausgabetrennzeichen: Minuszeichen
   OFS="-"
}

/USA/ {
 print $1, $2, $3
 count++
}

END {
   printf "%d Ergebnisse (von %d Zeilen) gefunden in %s\n",
      count, NR, FILENAME
   printf "Datei %s befindet sich in %s\n",
      FILENAME, ENVIRON["PWD"]
}
```

Das Script bei der Ausführung:

```
you@host > ./vars.awk mrolympia.dat
Larry-Scott-USA
Sergio-Oliva-USA
Chris-Dickerson-USA
Lee-Haney-USA
Ronnie-Coleman-USA
5 Ergebnisse (von 9 Zeilen) gefunden in mrolympia.dat
Datei mrolympia.dat befindet sich in /home/you
```

13.5.2 Arrays

Arrays stehen Ihnen in awk gleich in zweierlei Formen zur Verfügung, zum einen die »gewöhnlichen« Arrays und zum anderen assoziative Arrays. Die »normalen« Arrays werden genauso verwendet, wie Sie dies schon in Abschnitt 2.5 bei der Shell-Programmierung gesehen haben. Verwenden können Sie die Arrays wie gewöhnliche Variablen, nur benötigen Sie hier den Indexwert (eine Ganzzahl), um auf die einzelnen Elemente zuzugreifen. Ein einfaches Script zur Demonstration:

```
#!/usr/bin/awk -f
#
# Programmname: playarray.awk

{
   # komplette Zeile in das Array mit dem Index NR ablegen
```

```
    line[NR]=$0
    # Anzahl der Felder (Wörter) in das Array
    # fields mit dem Index NR ablegen
    fields[NR]=NF
}

END {
    for(i=1; i <=NR; i++) {
        printf "Zeile %2d hat %2d Felder:\n", i, fields[i]
        print line[i]
    }
}
```

Das Script bei der Ausführung:

```
you@host > ./playarray.awk mrolympia.dat
Zeile  1 hat  5 Felder:
Larry Scott USA 1965 1966
Zeile  2 hat  6 Felder:
Sergio Oliva USA 1967 1968 1969
...
Zeile  9 hat 10 Felder:
Ronnie Coleman USA 1998 1999 2000 2001 2002 2003 2004
```

Hier wurden im Haupt-Aktionsteil die einzelnen Zeilen im Array »line« gespeichert. Als Indexnummer wird hier die vordefinierte Variable `NR` verwendet. Ebenfalls wurde die Anzahl von Feldern (Wörtern) dieser Zeile in einem extra Array (»fields«) gespeichert.

Neben den »gewöhnlichen« Arrays kennt `awk` auch noch assoziative Arrays. Dies sind Arrays, die neben Zahlen als Indexwert auch Zeichenketten zulassen. Somit sind folgende Werteübergaben möglich:

```
array["Wolf"]=10
array["ION"]=1234

array["WION"] = array["Wolf"]
array["GESAMT"] = array["Wolf"] + array["ION"]
```

Diese Variante der Arrays zu verwenden, ist wirklich außergewöhnlich. Allerdings stellen Sie sich sicherlich zunächst die Frage, wie kommt man wieder an die einzelnen Werte, also welchen Index verwendet man hierzu? Zum einen haben Sie natürlich die Möglichkeit, auf die einzelnen Werte zuzugreifen, wenn Sie das `["Wort"]` des Indexwertes kennen. Aber wenn Sie nicht vorhersehen können, welche Worte hier stehen, hilft Ihnen eine spezielle, zum Arbeiten mit assoziativen Arrays gedachte Variante der for-Schleife:

```
for (indexwort in array)
```

Mit diesem Konstrukt wird das komplette assoziative Array durchlaufen. Und was eignet sich besser zur Demonstration von assoziativen Arrays als das Zählen von Wörtern einer Datei bzw. Eingabe?

```
#!/usr/bin/awk -f
#
# Programmname: countwords.awk

{
   # Durchläuft alle Felder einer Zeile
   for(f=1; f <= NF; ++f)
     field[$f]++
}

END {
   for(word in field)
      print word, field[word]
}
```

Das Script bei der Ausführung:

```
you@host > ./countwords.awk mrolympia.dat
Dorian 1
2000 1
2001 1
USA 5
...
```

Im Beispiel durchlaufen wir mit einer for-Schleife die komplette Zeile anhand der einzelnen Felder (NF). Jedes Wort wird hier als Wortindex für ein Array benutzt und inkrementiert (um eins erhöht). Existiert ein solcher Index noch nicht, wird dieser neu erzeugt und um den Wert eins erhöht. Existiert bereits ein entsprechender »Wortindex«, so wird nur die Speicherstelle zum zugehörigen Wort um eins erhöht. Im END-Block wird dann das spezielle for-Konstrukt der assoziativen Arrays für die Ausgabe verwendet. Dabei wird zuerst der Indexname (also das Wort selber) und dann dessen Häufigkeit ausgegeben.

Die Zuweisung von Werten eines Arrays ist etwas umständlich, da die Werte häufig einzeln übergeben werden müssen. Einfacher gelingt dies mit der Funktion `split`. `split` zerlegt ein Array automatisch in die einzelnen Bestandteile (anhand der Variablen `FS`). Ein Beispiel:

```
#!/usr/bin/awk -f
#
# Programmname: splitting.awk

/Coleman/ {
   # Durchläuft alle Felder einer Zeile
   split($0, field)
}

END {
   for(word in field)
      print field[word]
}
```

Das Script bei der Ausführung:

```
you@host > ./splitting.awk mrolympia.dat
1998
1999
2000
2001
2002
2003
2004
Ronnie
Coleman
USA
```

Hier wird die Zeile mit der Textfolge »Coleman« in die einzelnen Bestandteile zerlegt und an das assoziative Array »field« übergeben. Sofern Sie ein anderes Zeichen zur Trennung verwenden wollen, müssen Sie die vordefinierte Variable `FS` entsprechend anpassen.

13.5.3 Operatoren

Im Großen und Ganzen werden Sie in diesem Kapitel nicht viel Neues erfahren, da Operatoren meistens in allen Programmiersprachen dieselbe Bedeutung haben. Trotzdem stellt sich hierbei zunächst die Frage, wie `awk` einen Wert einer Variablen oder Konstante typisiert. In der Regel versucht `awk`, bei einer Berechnung beispielsweise die Typen aneinander anzupassen. Somit hängt der Typ eines Ausdrucks vom Kontext der Benutzung ab. So kann ein String `"100"` einmal als String verwendet werden und ein anderes Mal als die Zahl 100. Zum Beispiel stellt

```
print "100"
```

eine Ausgabe einer Zeichenkette dar. Hingegen wird

```
print "100"+0
```

als Zahl präsentiert – auch wenn jeweils immer »nur« 100 ausgegeben wird. Man spricht hierbei vom Erzwingen eines numerischen bzw. String-Kontexts.

Einen numerischen Kontext können Sie erzwingen, wenn der Typ des Ergebnisses eine Zahl ist. Befindet sich ein String in der Berechnung, wird dieser in eine Zahl umgewandelt. Ein Beispiel:

```
print "100Wert"+10
```

Hier ist das Ergebnis der Ausgabe 110 – das Suffix »Wert« wird ignoriert. Würde sich hier ein ungültiger Wert befinden, so wird dieser in 0 umgewandelt:

```
print "Wert"+10
```

Als Ergebnis würden Sie den Wert 10 zurückbekommen.

Einen String-Kontext erzwingen Sie, wenn der Typ des Ergebnisses ein String ist. Somit könnten Sie z.B. eine Zahl in einen String umwandeln, wenn Sie etwa eine »Konkatenation« (Anhängen mehrere Zeichenketten) vornehmen oder Vergleichsoperatoren einen String erwarten.

Leider ist es nicht immer so eindeutig, ob ein String als fester String oder als eine Zahl repräsentiert wird. So würde beispielsweise folgender Vergleich fehlschlagen:

```
if( 100=="00100" )
        ...
```

Und zwar deshalb, weil hier die Regel in Kraft tritt: Sobald eines der Argumente ein String ist, wird auch das andere Argument als String behandelt. Daher würden Sie hier folgenden Vergleich durchführen:

```
if ( "100"=="00100" )
...
```

Anders hingegen sieht dies aus, wenn Sie z.B. eine Feldvariable (bspw. `$1`) mit dem Wert »00100« vergleichen würden:

```
if (100==$1)
...
```

Hier würde der Vergleich »wahr« zurückgeben. Wie dem auch sei, Sie sehen, dass es hier zu einigen Ungereimtheiten kommen kann. Zwar könnte ich Ihnen jetzt eine Liste anführen, in welchem Fall ein String als numerischer und wann als nicht numerischer String behandelt wird. Allerdings ist es mühsam, sich dies zu merken, weshalb man – sofern man Strings mit Zahlen vermischt – hier auf Nummer sicher gehen und die Umwandlung in eine Zahl bzw. in einen String selbst vornehmen sollte. Eine erzwungene Umwandlung eines Strings können Sie wie folgt durchführen:

```
variable = variable ""
```

Jetzt können Sie sicher sein, dass »variable« ein String ist. Wollen Sie hingegen, dass »variable« eine Zahl ist, so können Sie diese Umwandlung wie folgt erzwingen:

```
variable = variable + 0
```

Hiermit haben Sie in »variable« immer eine Zahl. Befindet sich in Variable ein sinnloser Wert, so wird durch die erzwungene Umwandlung eben der Wert 0 aus der Variablen. Zugegeben, viel Theorie, aber sie ist erforderlich, um auch zu den gewünschten Ergebnissen zu kommen.

Arithmetische Operatoren

Hier finden Sie ebenfalls wieder die üblichen arithmetischen Operatoren, wie in anderen Programmiersprachen auch. Ebenso existieren hier die kombinierten Zuweisungen, mit denen Sie Berechnungen wie »var=var+5« durch »var+=5« abkürzen können. Hier eine Tabelle mit allen arithmetischen Operatoren in awk:

Operator	Bedeutung
+	Addition
-	Subtraktion
*	Multiplikation
/	Division
%	Modulo (Rest einer Division)
^	Exponentation bspw. x^y ist x hoch y

Tabelle 13.6 Arithmetische Operatoren

Operator	Bedeutung
+=	Abkürzung für `var=var+x` gleichwertig zu `var+=x`
-=	Abkürzung für `var=var-x` gleichwertig zu `var-=x`
*=	Abkürzung für `var=var*x` gleichwertig zu `var*=x`
/=	Abkürzung für `var=var/x` gleichwertig zu `var/=x`
%=	Abkürzung für `var=var%x` gleichwertig zu `var%=x`
^=	Abkürzung für `var=var^x` gleichwertig zu `var^=x`

Tabelle 13.6 Arithmetische Operatoren (Forts.)

Ein einfaches Beispiel:

```
#!/usr/bin/awk -f
#
# Programmname: countfields.awk

{
   field[FILENAME]+=NF
}

END {
   for(word in field)
      print "Anzahl Felder in " word " : " field[word]
}
```

Das Script bei der Ausführung:

```
you@ghost > ./countfields.awk mrolympia.dat USA.dat Argentinien
Anzahl Felder in Argentinien : 5
Anzahl Felder in USA.dat : 15
Anzahl Felder in mrolympia.dat : 64
```

In diesem Beispiel werden alle Felder einer Datei gezählt. Da wir nicht wissen können, wie viele Dateien der Anwender in der Kommandozeile eingibt, verwenden wir gleich ein assoziatives Array mit dem entsprechenden Dateinamen als Feldindex.

Logische Operatoren

Die logischen Operatoren wurden bereits verwendet. Hier haben Sie die Möglichkeit einer logischen *UND*- und einer logischen *ODER*-Verknüpfung. Das Prinzip der beiden Operatoren wurde schon bei der Shell-Programmierung erklärt. Auch hier gilt: Verknüpfen Sie zwei Ausdrücke mit einem logischen *UND*, wird wahr zurückgegeben, wenn beide Ausdrücke zutreffen. Bei einer logischen *ODER*-Verknüpfung hingegen genügt es, wenn einer der Ausdrücke wahr zurückgibt. Und natürlich steht Ihnen in awk auch der Negationsoperator (!) zur Verfügung, womit Sie alles Wahre unwahr und alles Unwahre wahr machen können.

Operator	Bedeutung
||	Logisches ODER
&&	Logisches UND
!	Logische Verneinung

Tabelle 13.7 Logische Operatoren in awk

Das folgende Script gibt alle Gewinner der 80er-Jahre der Datei *mrolympia.dat* zurück:

```
#!/usr/bin/awk -f
#
# Programmname: winner80er.awk

{
   for(i=4; i<=NF; i++) {
      if( $i >= 1980 && $i < 1990 ) {
         print $0
         # gefunden -> Abbruchbedingung für for
         i=NF;
      }
   }
}
```

Das Script bei der Ausführung:

```
you@host > ./winner80er.awk mrolympia.dat
Arnold Schwarzenegger Österreich 1970 1971 1972 1973 1974 1980
Franco Columbu Argentinien 1976 1981
Chris Dickerson USA 1982
Samir Bannout Libanon 1983
Lee Haney USA 1984 1985 1986 1987 1988 1989 1990 1991
```

Bedingungsoperator

Auch awk unterstützt den ternären Bedingungsoperator ?: von C. Dieser Operator stellt eine verkürzte if-Anweisung dar. So können Sie statt

```
if ( Bedingung )
   anweisung1
else
   anweisung2
```

den ternären Operator ?: wie folgt einsetzen:

```
Bedingung ?anweisung1 :anweisung2
```

Auch hier gilt wie in der if-Anweisung: Ist die Bedingung wahr, wird »anweisung1« ausgeführt, ansonsten wird »anweisung2« verwendet. Zwar mag dieser ternäre Operator eine Verkürzung des Programmcodes bedeuten, doch aus Übersichtlichkeitsgründen verwende ich persönlich immer noch lieber das if-else-Konstrukt (auch in C) – aber dies ist letztendlich Geschmackssache.

Inkrement- und Dekrementoperator

Den Inkrementoperator ++ haben Sie bereits verwendet. Dabei handelt es sich um einen Zähloperator, der den Inhalt einer Variablen um 1 erhöht – also eine Abkürzung für »var=var+1« ist »var++«. Gleiches erreichen Sie mit dem Dekrementoperator --. Damit reduzieren Sie den Wert einer Variablen um 1. Allerdings ist es entscheidend, ob Sie den Operator vor oder nach der Variablen schreiben. In Verbindung mit einer Variablen kann dabei folgender (Neben-)Effekt auftreten:


```
var=1
wert=var++
print wert i # wert=1, i=2
```

Hier wurde die Postfixschreibweise mit »var++« verwendet. In diesem Beispiel wird zuerst der Variablen »wert« der Inhalt von »var« zugewiesen und anschließend inkrementiert. Somit bekommt »wert« den Inhalt 1. Wollen Sie, dass »wert« hier 2 erhält, müssen Sie »var« in der Präfixschreibweise erhöhen.

```
var=1
wert=++var
print wert i # wert=2, i=2
```

Jetzt wird der Inhalt von »var« zuerst inkrementiert und dann an »wert« übergeben. Gleiches gilt natürlich auch bei dem Dekrementoperator. Relativ häufig werden diese Operatoren in Zählschleifen verwendet.

Leerzeichen- und Feldoperator

Zwar würde man das Leerzeichen nicht als Operator bezeichnen, aber zwischen zwei Strings dient es dazu, diese miteinander zu verbinden – sprich zu einer neuen Zeichenkette zu verbinden. Folgendes Script als Beispiel:

```
#!/usr/bin/awk -f
#
# Programmname: names.awk

{
   string = string $2 " "
}

END {
   print string
}
```

Das Script bei der Ausführung:

```
you@host > ./names.awk mrolympia.dat
Scott Oliva Schwarzenegger Columbu Dickerson Bannout Haney Yates
```

In diesem Script wurden alle Nachnamen (zweite Spalte – `$2`) zu einem String verbunden, ohne das Leerzeichen wäre dies nicht möglich.

Des Weiteren steht Ihnen noch der Feldzugriffsoperator `$` zur Verfügung. Sie können ihn, im Gegensatz zum Positionsparameter der Shell, relativ flexibel einsetzen:

```
#!/usr/bin/awk -f
#
# Programmname: names2.awk

BEGIN {
   i=2
}

{
   string = string $i " "
}

END {
   print string
}
```

Das Script macht dasselbe wie schon das Script zuvor, es verwendet alle Felder der zweiten Spalte und fügt Sie zu einem String zusammen. Allerdings wurde hier der Feldzugriffsoperator mit `$i` verwendet. »i« wurde im `BEGIN`-Block mit dem Wert 2 belegt. Dies macht den Zugriff auf die einzelnen Felder erheblich flexibler, besonders in Verbindung mit einer Schleife:

```
#!/usr/bin/awk -f
#
# Programmname: winner.awk

{
   for(i=4; i<=NF; i++)
      string[$2]= string[$2] $i "-"
}

END {
   for(word in string)
      print "Titel von " word " in den Jahren : " string[word]
}
```

Das Script bei der Ausführung:

```
you@host > ./winner.awk mrolympia.dat
Titel von Bannout in den Jahren : 1983-
Titel von Columbu in den Jahren : 1976-1981-
...
Titel von Yates in den Jahren : 1992-1993-1994-1995-1996-1997-
Titel von Dickerson in den Jahren : 1982-
```

Hier wurden alle Jahre, in denen ein Wettkämpfer gesiegt hat, in ein assoziatives Array gespeichert. Die einzelnen Jahre wurden mit dem Zugriffsoperator auf Felder (`$`) dem Array zugewiesen.

13.5.4 Kontrollstrukturen

Mit den Kontrollstrukturen lernen Sie eigentlich nichts mehr Neues, da Sie hier auf alle alten Bekannten wie `if`, `for`, `while` und Co. stoßen werden, die Sie bereits in Kapitel 4, *Kontrollstrukturen*, zur Shell-Programmierung kennen gelernt haben. Leider kann ich das Thema nicht ganz so schnell überfliegen, weil hier die Syntax im Gegensatz zur Shell-Programmierung ein wenig anders ist. Derjenige, der bereits C-erprobt ist (oder sich mit den C-Shells befasst hat), ist fein raus, weil die Syntax der Kontrollstrukturen in `awk` exakt derjenigen von C entspricht.

if-Verzweigungen

Mit der `if`-Verzweigung können Sie (wie gewohnt) eine bestimmte Bedingung testen. Trifft die Bedingung zu, wird wahr (TRUE), ansonsten falsch (FALSE) zurückgegeben. Optional können Sie auch hier einer `if`-Verzweigung ein `else`-Konstrukt folgen lassen. Die Syntax:

```
if( Bedingung )
   # Bedingung-ist-wahr-Zweig
else
   # Bedingung-ist-falsch-Zweig (optional)
```

Besteht die Anweisung einer Verzweigung aus mehr als nur einer Anweisung, müssen Sie diese in einem Anweisungsblock zwischen geschweiften Klammern zusammenfassen:

```
if( Bedingung ) {
   # Bedingung-ist-wahr-Zweig
   anweisung1
   anweisung2
}
else {
   # Bedingung-ist-falsch-Zweig (optional)
   anweisung1
   anweisung2
}
```

Und selbstverständlich gibt es in `awk` auch das `else if`-Konstrukt (gleich mehr zu `elif` in der Shell-Programmierung):

```
if( Bedingung1 ) {
   # Bedingung-ist-wahr-Zweig
   anweisung1
   anweisung2
}
else if( Bedingung2 ) {
   # Bedingung2-ist-wahr-Zweig (optional)
   anweisung1
   anweisung2
}
else {
   # Bedingung1-und-Bedingung2-ist-falsch-Zweig (optional)
   anweisung1
   anweisung2
}
```

Ein einfaches Bespiel:

```
#!/usr/bin/awk -f
#
# Programmname: findusa.awk

{
   if( $0 ~ /USA/ )
      print "USA gefunden in Zeile " NR
   else
      print "USA nicht gefunden in Zeile "   NR
}
```

Das Script bei der Ausführung:

```
you@host > ./findusa.awk mrolympia.dat
USA gefunden in Zeile 1
USA gefunden in Zeile 2
USA nicht gefunden in Zeile 3
...
```

for-Schleifen

`for`-Schleifen wurden auf den vorangegangenen Seiten recht häufig eingesetzt. Die Syntax zur klassischen `for`-Schleife sieht wie folgt aus:

13

```
for( Initialisierung; Bedingung; Zähler )
   anweisung
```

Folgen auch hierbei mehrere Anweisungen, müssen Sie diese in einem Anweisungsblock zwischen geschweiften Klammern zusammenfassen:

```
for( Initialisierung; Bedingung; Zähler ) {
   anweisung1
   anweisung2
}
```

Der erste Ausdruck (Initialisierung) der `for`-Schleife wird nur ein einziges Mal beim Starten der `for`-Schleife ausgeführt. Hier wird häufig eine Variable mit Startwerten initialisiert. Anschließend folgt ein Semikolon, gefolgt von einer Überprüfung der Bedingung. Ist diese wahr, so werden die Anweisungen ausgeführt. Ist die Bedingung nicht wahr, wird die Schleife beendet und das Script fährt mit seiner Ausführung hinter der Schleife fort. Sofern die Bedingung wahr ist und die Anweisungen ausgeführt wurden, wird der dritte Ausdruck in der `for`-Schleife – hier der Zähler – aktiv. Hierbei wird häufig ein bestimmter

Wert, der entscheidend für die Abbruchbedingung des zweiten Ausdrucks der for-Schleife ist, erhöht bzw. erniedrigt. Anschließend wird wieder die Bedingung überprüft usw.

Auch die zweite Form der for-Schleife haben Sie schon des Öfteren verwendet. Sie wird in Verbindung mit assoziativen Arrays eingesetzt (siehe Abschnitt 13.5.2). Die Syntax:

```
for(indexname in array)
   anweisung
```

oder bei mehreren Anweisungen:

```
for(indexname in array) {
   anweisung1
   anweisung2
}
```

Mit dieser for-Schleife wird das assoziative Array Element für Element durchlaufen. Das Indexwort steht Ihnen hierbei in »indexname« zur Verfügung, sodass es im Schleifenkörper weiterverwendet werden kann.

while- und do-while-Schleifen

Die while-Schleife kennen Sie ebenfalls aus der Shell-Programmierung. Sie führt die Anweisungen in einem Befehlsblock so lange aus, wie die Bedingung zwischen den runden Klammern erfüllt wird. Die Syntax:

```
while( Bedingung )
  anweisung
```

Oder, wenn mehrere Anweisungen folgen:

```
while( Bedingung ) {
   anweisung1
   anweisung2
}
```

Ein einfaches Anwendungsbeispiel zur while-Schleife:

```
#!/usr/bin/awk -f
#
# Programmname: countfl.awk

{
   while( i <=NF  ) {
```

```
        fields++
        i++
    }
    i=0
    lines++
}

END {
    print "Anzahl Felder in " FILENAME ": " fields
    print "Anzahl Zeilen in " FILENAME ": " lines
}
```

Das Script bei der Ausführung:

```
you@host > ./countfl.awk mrolympia.dat
Anzahl Felder in mrolympia.dat: 73
Anzahl Zeilen in mrolympia.dat: 9
```

Das Script macht nichts anderes, als die Anzahl der Felder und Zeilen zu zählen. Die `while`-Schleife durchläuft hierbei jedes einzelne Feld einer Zeile. In der `while`-Schleife wird die Variable »field« und »i« (welche als Abbruchbedingung für die `while`-Schleife dient) inkrementiert. Am Ende einer Zeile trifft die Abbruchbedingung zu und die `while`-Schleife ist fertig. Daher wird hinter der `while`-Schleife »i« wieder auf 0 gesetzt und der Zähler für die Zeilen inkrementiert. Jetzt ist die `while`-Schleife für die neue Zeile bereit, da »i« wieder 0 ist.

In `awk` steht Ihnen auch eine zweite Form der `while`-Schleife mit `do-while` zur Verfügung. Der Unterschied zu herkömmlichen `while`-Schleife besteht darin, dass die `do-while`-Schleife die Bedingung erst nach der Ausführung alle Anweisungen überprüft. Die Syntax:

```
do {
   anweisung1
   anweisung2
} while( Bedingung)
```

Umgeschrieben auf das Beispiel der `while`-Schleife, würde dieselbe Programmausführung wie folgt aussehen:

```
#!/usr/bin/awk -f
#
# Programmname: countfl2.awk

{
```

```
   do {
      fields++
      i++
   } while (i<=NF)
   i=0
   lines++
}

END {
   print "Anzahl Felder in " FILENAME ": " fields
   print "Anzahl Zeilen in " FILENAME ": " lines
}
```

Sprungbefehle – break, continue, exit, next

Zur Steuerung von Schleifen können Sie auch bei awk auf die Befehle `break` und `continue` (siehe Abschnitte 4.13.1 und 4.13.2) wie in der Shell-Programmierung zurückgreifen. Mit `break` können Sie somit aus einer Schleife herausspringen und mit `continue` den aktuellen Schleifendurchgang abbrechen und mit dem nächsten fortsetzen.

`exit` ist zwar nicht direkt ein Sprungbefehl im Script, aber man kann es hier hinzufügen. Mit `exit` beenden Sie das komplette `awk`-Script. Gewöhnlich wird `exit` in `awk`-Scripts verwendet, wenn die Weiterarbeit keinen Sinn mehr ergibt oder ein unerwarteter Fehler aufgetreten ist. `exit` kann hier mit oder ohne Rückgabewert verwendet werden. Der Rückgabewert kann dann in der Shell zur Behandlung des aufgetretenen Fehlers bearbeitet werden.

```
while ( Bedingung ) {
   ...
   if( Bedingung )
      break    # while-Schleife beenden
   if( Bedingung )
      continue # hochspringen zum nächsten Schleifendurchlauf
   if( Bedingung )
      exit 1   # Schwerer Fehler - Script beenden
   ...
}
```

Ein für Sie wahrscheinlich etwas unbekannterer Befehl ist `next`. Mit ihm können Sie die Verarbeitung der aktuellen Zeile unterbrechen und mit der nächsten Zeile fortfahren. Dies kann zum Beispiel sinnvoll sein, wenn Sie eine Zeile bearbeiten, die zu wenig Felder enthält:

```
...
# weniger als 10 Felder -> überspringen
if( NF < 10 ) next
```

13.6 Funktionen

awk ist ohnehin ein mächtiges Werkzeug. Doch mit den Funktionen, die awk Ihnen jetzt auch noch anbietet, können Sie awk noch mehr erweitern. Und sollten Ihnen die Funktionen, die awk mitliefert, nicht ausreichen, können Sie immer noch eigene benutzerdefinierte Funktionen hinzufügen.

13.6.1 Mathematische Funktionen

Hier zunächst ein Überblick aller arithmetischen Funktionen, die Ihnen awk zur Verfügung stellt.

Funktion	Bedeutung
atan2(x,y)	Arcustangens von x/y in Radian
cos(x)	Liefert den Cosinus in Radian
exp(x)	Exponentialfunktion
int(x)	Abschneiden einer Zahl zu einer Ganzzahl
log(x)	Natürlicher Logarithmus zur Basis *e*
rand()	(Pseudo-)Zufallszahl zwischen 0 und 1
sin(x)	Liefert den Sinus in Radian
sqrt(x)	Quadratwurzel
srand(x)	Setzt Startwert für Zufallszahlen. Bei keiner Angabe wird die aktuelle Zeit verwendet.

Tabelle 13.8 Mathematische Builtin-Funktionen von awk

Zwar werden Sie als Systemadministrator seltener mit komplizierten arithmetischen Berechnungen konfrontiert sein, dennoch soll hier auf einige Funktionen eingegangen werden, mit denen Sie es als Nicht-Mathematiker häufiger zu tun bekommen. So zum Beispiel die Funktion int, womit Sie aus einer Gleitpunktzahl eine Ganzzahl machen, indem die Nachkommastellen abgeschnitten werden. Ein Beispiel:

```
you@host > awk 'END { print 30/4 }' datei
7,5
you@host > awk 'END { print int(30/4) }' datei
7
```

Neben dem Abschneiden von Gleitpunktzahlen benötigt man manchmal auch Zufallszahl. Hier bieten Ihnen die Funktionen rand und srand eine Möglichkeit an, solche zu erzeugen.

```
you@host > awk 'END { print rand() }' datei
0,237788
```

Hier haben Sie mit der Verwendung von rand eine Zufallszahl zwischen 0 und 1 erzeugt. Wenn Sie allerdings rand erneut aufrufen, ergibt sich dasselbe Bild:

```
you@host > awk 'END { print rand() }' datei
0,237788
```

Die Zufallsfunktion rand bezieht sich auf einen Startwert, mit dem sie eine (Pseudo-)Zufallszahl generiert. Diesen Startwert können Sie mit der Funktion srand verändern:

```
you@host > awk 'BEGIN { print srand() }; { print rand() }' datei
0,152827
you@host > awk 'BEGIN { print srand() }; { print rand() }' datei
0,828926
```

Mit der Funktion srand ohne Angabe eines Parameters wird jedes Mal zum Setzen eines neuen Startwerts für die Funktion rand die aktuelle Zeit verwendet. Dadurch ist die Verwendung von rand schon wesentlich effektiver und zufälliger (wenn auch nicht perfekt).

13.6.2 Funktionen für Zeichenketten

Die Funktionen für Zeichenketten dürften die am häufigsten eingesetzten Funktionen für Sie als Shell-Programmierer sein. Oft werden Sie hierbei kein extra awk-Script schreiben, sondern die allseits beliebten Einzeiler verwenden. Trotzdem sollten Sie immer bedenken, dass wenn Sie awk-Einzeiler in Ihrem Shellscript in einer Schleife mehrmals aufrufen, dies jedes Mal den Start eines neuen (awk-)Prozesses bedeutet. Die Performance könnte darunter erheblich leiden. Bei häufigen awk-Aufrufen in Schleifen sollten Sie daher in Erwägung ziehen, ein awk-Script zu schreiben. Wie dies geht, haben Sie ja in diesem Kapitel erfahren. Die Syntax eines solchen Einzeilers in einem Shellscript sieht häufig wie folgt aus:

```
echo string | awk '{ print string_funktion($0) }'
```

oder

```
cat datei | awk '{ print string_funktion($0) }'
```

(Globale) Ersetzung mit sub und gsub

Die Syntax:

```
sub (regulärer_Ausdruck, Ersetzungs_String);
sub (regulärer_Ausdruck, Ersetzungs_String, Ziel_String)

gsub (regulärer_Ausdruck, Ersetzungs_String);
gsub (regulärer_Ausdruck, Ersetzungs_String, Ziel_String)
```

Mit beiden Funktionen wird das Auftreten von »regulärer_Ausdruck« durch »Ersetzungs_String« ersetzt. Wird kein »Ziel_String« mit angegeben, so wird `$0` verwendet. Der Rückgabewert ist die Anzahl erfolgreicher Ersetzungen. Der Unterschied zwischen `gsub` und `sub` liegt darin, dass mit `gsub` (*global substitution*) eine globale Ersetzung und mit `sub` eine Ersetzung des ersten Vorkommens durchgeführt wird.

```
you@host > awk '{ gsub(/USA/, "Amerika"); print }' mrolympia.dat
Larry Scott Amerika 1965 1966
Sergio Oliva Amerika 1967 1968 1969
...
```

Hier werden alle Textfolgen »USA« der Datei *mrolympia.dat* durch »Amerika« ersetzt. Wollen Sie nur das erste Vorkommen ersetzen, so müssen Sie `sub` verwenden. Es kann aber nun sein, dass sich in einer Zeile mehrmals die Textfolge »USA« befindet, Sie aber nur eine bestimmte Spalte ersetzen wollen. Dann können Sie das dritte Argument von `gsub` bzw. `sub` verwenden:

```
you@host > awk '{ gsub(/USA/, "Amerika", $3); print }' mrolympia
.dat
Larry Scott Amerika 1965 1966
Sergio Oliva Amerika 1967 1968 1969
...
```

Hier weisen Sie explizit an, dass nur wenn die dritte Spalte die Textfolge »USA« enthält, diese durch die Textfolge »Amerika« zu ersetzen ist.

Hinweis Zu Demonstrationszwecken werden keine komplizierten regulären Ausdrücke verwendet, sondern immer einfache Textfolgen. Hier geht es lediglich um eine Funktionsbeschreibung der Zeichenketten-Funktionen von awk.

13

Position einer Zeichenkette ermitteln – index

Die Syntax:

```
index(string, substring)
```

Diese Funktion gibt die erste Position der Zeichenkette »substring« in »string« zurück. 0 wird zurückgegeben, wenn keine Übereinstimmung gefunden wurde. Folgendes Beispiel gibt alle Zeilen mit der Textfolge »USA« mitsamt ihren Positionen zurück:

```
you@host > awk '{ i=index($0, "USA"); if(i) print NR ":" i }' \
> mrolympia.dat
1:13
2:14
5:17
7:11
9:16
```

Länge einer Zeichenkette ermitteln – length

Die Syntax:

```
length(string)
```

Mit dieser Funktion können Sie die Länge der Zeichenkette »string« ermitteln. Nehmen Sie für »string« keine Angabe vor, wird `$0` verwendet.

Folgendes Beispiel gibt die Länge der jeweils ersten Spalten einer jeden Zeile aus und das darauf folgende Beispiel, die Länge einer kompletten Zeile (`$0`):

```
you@host > awk '{ print NR ":" length($1) }' mrolympia.dat
1:5
2:6
3:6
...
you@host > awk '{ print NR ":" length }' mrolympia.dat
1:25
2:31
3:67
...
```

Suchen nach Muster – match

Die Syntax:

```
match(string, regulärer_Ausdruck)
```

Mit match suchen Sie nach dem Muster »regulärer_Ausdruck« in »string«. Wird ein entsprechender Ausdruck gefunden, wird die Position zurückgegeben, ansonsten bei erfolgloser Suche lautet der Rückgabewert 0. Die Startposition des gefundenen (Teil-)Strings »regulärer_Ausdruck« finden Sie in RSTART und die Länge des Teilstücks in RLENGTH. Ein Beispiel:

```
you@host > awk '{ i=match($0, "Yates"); \
> if(i) print NR, RSTART, RLENGTH }' mrolympia.dat
8 8 5
```

Hier wird nach der Zeichenfolge »Yates« *gematcht* und bei Erfolg werden die Zeile, die Position in der Zeile und die Länge zurückgegeben.

Zeichenkette zerlegen – split

Die Syntax:

```
split (string, array, feld_trenner)
split (string, array)
```

Mit dieser Funktion zerlegen Sie die Zeichenkette »string« und teilen die einzelnen Stücke in das Array »array« auf. Standardmäßig werden die einzelnen Zeichenketten anhand von FS (standardmäßig ein Leerzeichen) »zersplittet«. Allerdings können Sie dieses Verhalten optional über den dritten Parameter mit »feld_trenner« verändern. Als Rückgabewert erhalten Sie die höchste Indexnummer des erzeugten Arrays. Ein Beispiel zu dieser Funktion wurde bereits in Abschnitt 13.5.2 gegeben.

13

Eine Zeichenkette erzeugen – sprintf

Die Syntax:

```
string=sprintf(fmt, exprlist)
```

Mit sprintf erzeugen Sie eine Zeichenkette und liefern diese zurück. Der Formatstring »fmt« und die Argumente »exprlist« werden genauso verwendet wie bei printf für die Ausgabe. Ein einfaches Beispiel:

```
you@host > awk '{ \
> line=sprintf("%-10s\t%-15s\t%-
15s", $1, $2, $3); print line }'\
> mrolympia.dat
Larry         Scott           USA
Sergio        Oliva           USA
Arnold        Schwarzenegger  Österreich
Franco        Columbu         Argentinien
...
```

Teilstück einer Zeichenkette zurückgegeben – substr

Die Syntax:

```
substr(string, start_position)
substr(string, start_position, länge)
```

Die Funktion gibt einen Teil einer Zeichenkette »string« ab der Position »start_position« entweder bis zur Länge »länge« oder bis zum Ende zurück.

```
you@host > awk '{ print substr($0, 5, 10)}' mrolympia.dat
y Scott US
io Oliva U
ld Schwarz
co Columbu
...
```

In diesem Beispiel wird (auch wenn es hier keinen Sinn macht) aus jeder Zeile der Datei *mrolympia.dat* eine Textfolge ab der Position 5 bis 10 ausgegeben (oder auch ausgeschnitten).

Groß- und Kleinbuchstaben – toupper und tolower

Die Syntax:

```
toupper(string)
tolower(string)
```

Mit der Funktion `toupper` werden alle Kleinbuchstaben in »string« in Großbuchstaben und mit `tolower` alle Großbuchstaben in Kleinbuchstaben umgewandelt. Ein Beispiel:

```
you@host > awk '{ print toupper($0)}' mrolympia.dat
LARRY SCOTT USA 1965 1966
SERGIO OLIVA USA 1967 1968 1969
ARNOLD SCHWARZENEGGER ÖSTERREICH 1970 1971 1972 1973 1974 1975
...
you@host > awk '{ print tolower($0)}' mrolympia.dat
larry scott usa 1965 1966
sergio oliva usa 1967 1968 1969
arnold schwarzenegger österreich 1970 1971 1972 1973 1974 1975
...
```

13.6.3 Funktionen für die Zeit

In `awk` existieren auch zwei Funktionen für eine Zeitangabe: zum einen die Funktion `systime` (der UNIX-Timestamp), welche die aktuelle Tageszeit als Anzahl Sekunden zurückgibt, die seit dem 1.1.1970 vergangen sind. Zum anderen existiert noch die Funktion `strftime`, welche einen Zeitwert nach Maßangaben einer Formatanweisung (ähnlich wie bei dem Kommando `date`) formatiert. Diese Funktion ist außerdem der Funktion `strftime()` aus C nachgebildet und auch die Formatanweisungen haben dieselbe Bedeutung. Die Syntax zu `strftime` lautet:

```
strftime( format, timestamp );
```

Die möglichen Formatanweisungen von »format« finden Sie in der folgenden Tabelle. Den »timestamp« erhalten Sie aus dem Rückgabewert der Funktion `systime`. Hier zunächst die Formatanweisungen für `strftime`:

Format	... wird ersetzt durch ...	Beispiel
%a	Wochenname (gekürzt)	Sat
%A	Wochenname (ausgeschrieben)	Saturday
%b	Monatsname (gekürzt)	Jan
%B	Monatsname (ausgeschrieben)	January
%c	Entsprechende lokale Zeit- und Datumsdarstellung	Sat Jan 22 22:22:22 MET 2003
%d	Monatstag (1–31)	22
%H	Stunde im 24-Stunden-Format (0–23)	23
%I	Stunde im 12-Stunden-Format (1–12)	5
%j	Tag des Jahres (1–366)	133
%m	Monat (1–12)	5
%M	Minute (0–59)	40
%p	AM- oder PM-Zeitangabe; Indikator für das 12-Stunden-Format (USA)	PM
%S	Sekunden (0–69)	55
%U	Wochennummer (0–53) (Sonntag als erster Tag der Woche)	33
%w	Wochentag (0–6, Sonntag = 0)	3
%W	Wochennummer (0–53) (Montag als erster Tag der Woche)	4
%x	Lokale Datumsdarstellung	02/20/02

Tabelle 13.9 (Zeit-)Formatanweisungen für strftime

Format	... wird ersetzt durch ...	Beispiel
%X	Lokale Zeitdarstellung	20:15:00
%y	Jahreszahl (ohne Jahrhundertzahl 0–99)	01 (2001)
%Y	Jahreszahl (mit Jahrhundertzahl YYYY)	2001
%Z, %z	Zeitzone (gibt nichts aus, wenn Zeitzone unbekannt)	MET
%%	Prozentzeichen	%

Tabelle 13.9 (Zeit-)Formatanweisungen für strftime (Forts.)

Hierzu ein simples Anwendungsbeispiel, welches alle Zeilen einer Datei auf dem Bildschirm und am Ende einen Zeitstempel ausgibt – eine einfache Demonstration der Funktionen `systime` und `strftime`:

```
#!/usr/bin/awk -f
#
# Programmname: timestamp.awk

BEGIN {
    now = systime()
    # macht eine Ausgabe ala date
    timestamp = strftime("%a %b %d %H:%M:%S %Z %Y", now)
}

{
   print
}

END {
   print timestamp
}
```

Das Script bei der Ausführung:

```
you@host > ./timestamp.awk mrolympia.dat
Larry Scott USA 1965 1966
Sergio Oliva USA 1967 1968 1969
...
...
Ronnie Coleman USA 1998 1999 2000 2001 2002 2003 2004
Fr Apr 15 07:48:35 CEST 2005
```

13.6.4 Systemfunktionen

Sofern Sie reine awk-Scripts schreiben und awk nicht in ein Shellscript einbauen, aber einen UNIX-Befehl ausführen wollen, gibt es hierfür die Funktion system:

```
system("Befehl")
```

Damit können Sie jeden »Befehl« wie in der Kommandozeile ausführen. Sofern Sie die Ausgabe des Befehls abfangen wollen, müssen Sie getline (siehe Abschnitt 13.6.6) dazu verwenden:

```
"Befehl" | getline
```

13.6.5 Ausgabefunktionen

Die eigentlichen Ausgabefunktionen print und printf haben Sie bereits kennen gelernt. Trotzdem soll hier noch eine Tabelle erstellt werden, worin Sie aufgelistet finden, wie Sie die Ausgabe anwenden können.

Verwendung	Bedeutung
`print`	Ausgabe der aktuellen Zeile (Datensatz); gleichwertig mit `print $0`.
`print /reguläerer Ausdruck/`	Hier können Sie bspw. testen, ob der Ausdruck in der entsprechenden Zeile zutrifft. Trifft der Ausdruck nicht zu, wird 0, ansonsten 1 zurückgegeben. Bspw.: `awk '{ print /USA/ }' mrolympia.dat` gibt in jeder Zeile, in der die Textfolge »USA« enthalten ist, 1 und sonst 0 zurück.
`print Ausdrucksliste`	Ausgabe aller in »Ausdrucksliste« angegebenen Werte. Hierbei können Konstanten, berechnete Werte, Variablen- oder Feldwerte enthalten sein.
`print Ausdrucksliste > datei`	Die Ausgabe aller in »Ausdrucksliste« angegebenen Werte wird in *datei* geschrieben. Dabei kann es sich durchaus um einen berechneten Wert handeln.
`print Ausdrucksliste >> datei`	Wie eben, nur dass hierbei die Ausgabe aller in »Ausdrucksliste« enthaltenen Werte ans Ende von *datei* gehängt wird.

Tabelle 13.10 Mögliche print-Ausgaben

Für printf gilt das Gleiche, nur dass die Ausgabe formatiert erfolgt.

13.6.6 Eingabefunktion

Der eine oder andere mag jetzt ganz verwundert sein, aber awk unterstützt auch eine Eingabefunktion mit getline. getline ist ein sehr vielseitiges Kommando. Diese Funktion liefert im Fall eines Fehlers –1, bei Dateiende oder

[Strg]+[D] 0 und bei erfolgreichem Lesen 1 zurück. Sie liest eine Zeile von der Eingabezeile, was `stdin` oder eine Datei sein kann, und speichert diese entweder in `$0` oder in einer separat angegebenen Variablen.

Verwendung	Bedeutung
`getline`	Verwenden Sie `getline` ohne Argumente, wird vom aktuellen Eingabekanal der nächste Datensatz (Zeile) eingelesen und in `$0` gespeichert.
`getline var`	Liest die nächste Zeile vom aktuellen Eingabekanal und speichert diese Zeile in »var«. Wichtig, `NR` und `FNR` werden hochgezählt, aber `NF` wird nicht belegt, weil hier keine Auftrennung in Worten (Feldern) erfolgt!
`getline < datei`	Liest die nächste Zeile von einer Datei, welche geöffnet wird und am Ende mittels `close()` selbst geschlossen werden muss! Die Zeile befindet sich in `$0`.
`getline var < datei`	Liest die nächste Zeile von einer Datei, welche geöffnet wird und am Ende mittels `close()` selbst geschlossen werden muss, in die Variable »var« ein. Hierbei werden allerdings `NF`, `NR` und `FNR` nicht verändert!
`string | getline`	Liest die nächste Zeile von der Pipe (hier dem String »string«) ein. Die eingelesene Zeile wird in `$0` gespeichert.
`"kommando" | getline var`	Hier wird die nächste Zeile von einem Kommando eingelesen und die eingelesene Zeile befindet sich in »var«.

Tabelle 13.11 Die getline-Eingabefunktion

Bei der Verwendung von `getline` war auch die Rede von der Funktion `close`, mit der Sie eine Datei oder eine geöffnete Pipe wieder schließen müssen.

```
close(Dateinamen)
```

Der Dateiname kann hierbei als eine Stringkonstante vorliegen oder eine Variable sein.

Hinweis Möglicherweise ist dies etwas verwirrend, weil in `awk` die Datei zwar automatisch geöffnet wird, aber sobald man mit `getline` etwas daraus liest, diese wieder von Hand mit `close` geschlossen werden soll. Gerade wenn man andere Programmiersprachen verwendet, kennt man doch die Logik, ein Programm manuell zu öffnen und diese auch wieder manuell zu schließen.

Hierzu ein einfaches Beispiel. Im Script werden Sie gefragt, wonach und in welcher Datei Sie suchen wollen. Mit `getline` lesen Sie dann Zeile für Zeile in die while-Schleife ein. Anschließend wird die Zeile mit dem eingegebenen Suchstring verglichen und bei Übereinstimmung ausgegeben.

```
#!/usr/bin/awk -f
#
# Programmname: search.awk

BEGIN {
   # Suchstring eingeben
   print "Wonach suchen Sie : "
   getline searchstring
   # Datei zum Suchen eingeben
   print "In welcher Datei  : "
   getline file
   # Zeilenweise aus der Datei lesen
   while( getline < file ) {
      if($0 ~ searchstring) {
         print
      }
   }
   close(file)
}
```

13

Hinweis In der Praxis sollten Sie natürlich überprüfen, ob die Datei zum Öffnen überhaupt existiert oder/und lesbar ist und gegebenenfalls abbrechen.

Das Script bei der Ausführung:

```
you@host > ./search.awk
Wonach suchen Sie : USA
In welcher Datei  : mrolympia.dat
Larry Scott USA 1965 1966
Sergio Oliva USA 1967 1968 1969
Chris Dickerson USA 1982
Lee Haney USA 1984 1985 1986 1987 1988 1989 1990 1991
Ronnie Coleman USA 1998 1999 2000 2001 2002 2003 2004
you@host > ./search.awk
Wonach suchen Sie : ien
In welcher Datei  : mrolympia.dat
Franco Columbu Argentinien 1976 1981
```

```
Dorian Yates Grossbritannien 1992 1993 1994 1995 1996 1997
you@host > ./search.awk
Wonach suchen Sie : Samir
In welcher Datei  : mrolympia.dat
Samir Bannout Libanon 1983
```

Hier soll auch noch ein weiteres gängiges und mächtiges Feature von `getline` vorgestellt werden, und zwar die Möglichkeit, ein (Linux-/UNIX-)Kommando nach `getline` zu »pipen«. Das folgende Script gibt die größte Datei aus. Die Größe einer Datei finden Sie mit `ls -l` in der fünften Spalte.

```
#!/usr/bin/awk -f
#
# Programmname: bigfile.awk

{
   my_ls="/bin/ls -ld '" quoting($0) "' 2>/dev/null"
   if( my_ls | getline ) {
      if( $5 > filesize ) {
         filename=$8
         filesize=$5
      }
   }
   close(my_ls)
}

END {
   if( filename )
     print "Größte Datei ist " filename " mit " filesize " Bytes"
   else
      print "Konnte keine größte Datei ermitteln?!?"
}

function quoting(s, n) {
   n=s
   gsub(/'/, "'\"'\"'", n)
   return n
}
```

Das Script bei der Ausführung:

```
you@host > find $HOME -print | ./bigfile.awk
Größte Datei ist ~/Desktop/Trash/Trailer.mpg mit 91887620 Byte
```

Im Script wurde auch eine Funktion zum Schutz für Dateien mit einfachen Anführungszeichen (Single Quotes) verwendet. Mehr zu den selbst definierten Funktionen erfahren Sie gleich.

13.6.7 Benutzerdefinierte Funktionen

Als Programmierer von Shellscripts dürften Sie mit dem awk-Wissen, das Sie jetzt haben, mehr als zufrieden sein. Aber neben der Verwendung von Builtin-Funktionen von awk haben Sie außerdem noch die Möglichkeit, eigenen Funktionen zu schreiben. Daher hier noch eine kurze Beschreibung, wie Sie auch dies realisieren können. Der Ort einer Funktionsdefinition ist nicht so wichtig, obgleich es sich eingebürgert hat, diese am Ende des Scripts zu definieren.

```
function functions_name( parameter ) {
   # Anweisungen
}
```

Dem Schlüsselwort `function`, welches Sie immer verwenden müssen, folgt der Funktionsname. Erlaubt sind hier alle Kombinationen aus Buchstaben, Ziffern und einem Unterstrich – einzig am Anfang darf keine Ziffer stehen. Variablen und Funktion dürfen in einem Script allerdings nicht denselben Namen haben. Als Argumente können Sie einer Funktion beliebig viele oder auch gar keine Parameter angeben. Mehrere Argumente werden mit einem Komma getrennt. Die Anweisungen einer Funktion werden zwischen geschweiften Klammern (dem Anweisungsblock) zusammengefasst.

Zum Aufruf einer Funktion müssen Sie den Funktionsnamen gefolgt von runden Klammern und eventuell den einzelnen Parametern angeben. Beachten Sie außerdem, dass sich zwischen dem Funktionsnamen und der sich öffnenden Klammer kein Leerzeichen befinden darf. Werden weniger Parameter als in der Funktionsdefinition definiert angegeben, so führt dies nicht zu einem Fehler. Nicht angegebene Parameter werden – abhängig vom Kontext – als 0 oder eine leere Zeichenkette interpretiert.

Anders sieht dies allerdings aus, wenn Sie einer Funktion einen Parameter übergeben, obwohl in der Funktionsdefinition keinerlei Argumente enthalten sind. Dann wird Ihnen awk das Script mit einer Fehlermeldung abbrechen.

Alle Variablen einer Funktion sind global, abgesehen von den Variablen in den runden Klammern. Deren Gültigkeitsbereich ist nur auf die Funktion allein beschränkt.

Um Werte aus einer Funktion zurückzugeben, wird auch hierbei der `return`-Befehl gefolgt vom Wert verwendet. Beispielsweise:

```
function functions_name( parameter ) {
   # Anweisungen
   ...
   return Wert
}
```

Mehrere Werte können Sie auch hier, wie in der Shell, zu einem String zusammenfassen und im Hauptteil wieder splitten:

```
function functions_name( parameter ) {
   # Anweisungen
   ...
   return Wert1 " " Wert2 " " Wert3
}

...

ret=functions_name( param )
split(ret, array)
...
print array[1]
```

Hier konnten Sie auch gleich sehen, wie Sie im Hauptteil den Rückgabewert auffangen können.

Die Übergabe von Variablen erfolgt in der Regel »by-value«, sprich: Die Werte des Funktionsaufrufs werden in die Argumente der Funktion kopiert, sodass jede Veränderung des Werts nur in der Funktion gültig ist. Anders hingegen werden Arrays behandelt, diese werden »by-reference«, also als Speicheradresse auf den ersten Wert des Arrays übergeben. Dies erscheint sinnvoll, denn müsste ein Array mit mehreren hundert Einträgen erst kopiert werden, wäre ein Funktionsaufruf wohl eine ziemliche Bremse. Somit bezieht sich allerdings eine Veränderung des Arrays in der Funktion auch auf das Original.

Hierzu ein einfaches Beispiel mit einer selbst definierten Funktion:

```
#!/usr/bin/awk -f
#
# Programmname: FILEprint.awk

{
  FILEprint($0)
}
```

```
function FILEprint( line ) {
   if(length(line) == 0)
      return "Leerer String"
   else
      print FILENAME "(" NR ") : " line

}
```

Das Script bei der Ausführung:

```
you@host > ./FILEprint.awk mrolympia.dat
mrolympia.dat(1) : Larry Scott USA 1965 1966
mrolympia.dat(2) : Sergio Oliva USA 1967 1968 1969
mrolympia.dat(3) : Arnold Schwarzenegger Österreich 1970 1971 19
72
...
...
```

Hier haben Sie eine einfache benutzerdefinierte `print`-Funktion, welche am Anfang einer Zeile jeweils den Dateinamen und die Zeilennummer mit ausgibt.

13.7 Empfehlung

Sie habe in diesem Kapitel eine Menge zu `awk` gelernt und doch lässt sich nicht alles hier unterbringen. Gerade was die Praxis betrifft, musste ich Sie leider das ein oder andere Mal mit einem extrem kurzen Code abspeisen. Allerdings würde eine weitere Ausweitung des Kapitels dem eigentlichen Thema des Buches nicht gerecht.

Wenn Sie sich wirklich noch intensiver mit `awk` befassen wollen oder müssen, sei hierzu das Original-`awk`-Buch von Aho, Weinberger und Kernighan empfohlen, worin Sie einen noch tieferen und fundierteren Einblick in `awk` erhalten. Hierbei wird u.a. auch demonstriert, wie man mit `awk` eine eigene Programmiersprache realisieren kann.

14 Linux-UNIX-Kommandoreferenz

14 Linux-UNIX-Kommandoreferenz

Zwar besitzen Sie nun sehr fundierte Kenntnisse rund um die Shell-Programmierung – doch benötigt man für den Feinschliff auch noch die Möglichkeit, sein Wissen umzusetzen. Sie haben im Verlauf des Buchs viele Kommandos kennen gelernt, Linux/UNIX bietet jedoch noch eine Menge mehr.

Wie Sie dieses Kapitel verwenden, bleibt zunächst Ihnen überlassen. Sie können entweder alle Kommandos durcharbeiten und am besten ein wenig damit herumexperimentieren oder aber Sie kommen zu gegebener Zeit (wenn Sie ein Kommando verwenden) hierauf zurück. Alle Kommandos sind nach Themengebiet sortiert. Fakt ist auf jeden Fall, ohne Kenntnis dieser Kommandos werden Sie in der Shell-Programmierung nicht sehr weit kommen bzw. der Weg wird häufig umständlicher sein als nötig.

Die Beschreibung der einzelnen Kommandos beschränkt sich auf das Nötigste bzw. Gängigste. Sofern es sinnvoll erscheint, finden Sie hier und da einige Beispiele zum entsprechenden Kommando, wie dies recht häufig in der Praxis verwendet wird. Auf Kommandos, die im Buch schon intensiver verwendet wurden, wird nur noch in einer kurzen Form eingegangen (mit einem entsprechenden Querverweis). Die Beschreibung der einzelnen Tools stellt in keiner Weise einen Ersatz für die unzähligen Manual- und Info-Seiten dar, die sich auf jedem Linux-UNIX-Rechner befinden. Für tiefgründige Recherchen sind die Manual- und Info-Seiten nicht wegzudenken. Besonders auf die vielen Optionen und Schalter der einzelnen Kommandos kann hier aus Platzgründen kaum eingegangen werden.

Des Weiteren ist anzumerken, dass viele Befehle zum Teil betriebssystem- oder distributionsspezifisch sind. Andere Kommandos wiederum unterscheiden sich hier und da geringfügig von der Funktionalität und der Verwendung der Optionen. Einzig unter Linux kann man behaupten, dass all die hier erwähnten Kommandos auf jeden Fall vorhanden sind und auch so funktionieren wie beschrieben.

14.1 Kurzübersicht

Hier eine Übersicht aller Kommandos, die in diesem Kapitel kurz beschrieben werden (in alphabetischer Reihenfolge).

Kommando	Bedeutung
a2ps	Textdatei umwandeln nach Postscript
accept	Druckerwarteschlange auf emfangsbereit setzen
afio	Ein cpio mit zusätzlicher Komprimierung
alias	Kurznamen für Kommandos vergeben
apropos	Nach Schlüsselwörtern in man-Seiten suchen
arp	Ausgeben von MAC-Adressen
at	Kommando zu einem bestimmten Zeitpunkt ausführen lassen
badblocks	Überprüft, ob ein Datenträger defekte Sektoren beinhaltet (betriebssystemspezifisch)
basename	Gibt den Dateianteil eines Pfadnamens zurück
batch	Kommando irgendwann später ausführen lassen
bc	Taschenrechner
bg	Einen angehaltenen Prozess im Hintergrund fortsetzen
bzcat	Ausgabe von bzip2-komprimierten Dateien
bzip2 bunzip2	(De-)Komprimieren von Dateien
cal	Zeigt einen Kalender an
cancel	Druckaufträge stornieren
cat	Datei(en) nacheinander ausgeben
cdrecord	Daten auf eine CD brennen
cd	Verzeichnis wechseln
cfdisk	Partitionieren von Festplatten (betriebssystemspezifisch)
chgrp	Gruppe von Dateien oder Verzeichnissen ändern
cksum sum	Eine Prüfsumme für eine Datei ermitteln
chmod	Zugriffsrechte von Dateien oder Verzeichnissen ändern
chown	Eigentümer von Dateien oder Verzeichnissen ändern
clear	Löschen des Bildschirms
cmp	Dateien miteinander vergleichen

Tabelle 14.1 Kurzüberblick zu vielen gängigen Kommandos

Kommando	Bedeutung
`comm`	Zwei sortierte Textdateien miteinander vergleichen
`compress` `uncompress`	(De-)Komprimieren von Dateien
`cp`	Dateien kopieren
`cpio`	Dateien und Verzeichnisse archivieren
`cron` `crontab`	Programme in bestimmten Zeitintervallen ausführen lassen
`crypt`	Dateien verschlüsseln
`csplit`	Zerteilen von Dateien (kontextabhängig)
`cut`	Zeichen oder Felder aus Dateien herausschneiden
`date`	Datum und Uhrzeit
`dd`	Datenblöcke zwischen Device (Low Level) kopieren (und konvertieren); natürlich nicht nur zwischen *devices*
`dd_rescue`	Datenblöcke fehlertolerant (Low Level) kopieren (und konvertieren)
`df`	Erfragen, wie viel Speicherplatz die Filesysteme benötigen
`diff`	Vergleicht zwei Dateien
`diff3`	Vergleicht drei Dateien
`dig`	DNS-Server abfragen
`dircmp`	Verzeichnisse rekursiv vergleichen
`dirname`	Verzeichnisanteil eines Pfadnamens zurückgeben
`disable`	Drucker deaktivieren
`dos2unix`	Dateien vom DOS ins UNIX-Format umwandeln
`du`	Größe eines Verzeichnisbaums ermitteln
`dumpe2fs`	Zeigt Informationen über ein ext2/ext3-Dateisystem an (betriebssystemspezifisch)
`dump`	Vollsicherung eines Dateisystems
`dvips`	DVI-Dateien umwandeln nach Postscript
`e2fsck`	Repariert ein ext2/ext3-Dateisystem
`enable`	Drucker aktivieren
`enscript`	Textdatei umwandeln nach Postscript

Tabelle 14.1 Kurzüberblick zu vielen gängigen Kommandos (Forts.)

Kommando	Bedeutung
`exit`	Eine Session (Sitzung) beenden
`expand`	Tabulatoren in Leerzeichen umwandeln
`fdformat`	Formatiert eine Diskette
`fdisk`	Partitionieren von Festplatten (unterschiedliche Verwendung bei verschiedenen OS)
`fg`	Einen angehaltenen Prozess im Vordergrund fortsetzen
`file`	Den Dateityp ermitteln
`find`	Suchen nach Dateien und Verzeichnissen
`finger`	Informationen zu anderen Benutzern abfragen
`fold`	Einfaches Formatieren von Dateien
`free`	Verfügbaren Speicherplatz (RAM und Swap) anzeigen (betriebssystemspezifisch)
`fsck`	Reparieren und Überprüfen von Dateisystemen (unterschiedliche Verwendung bei verschiedenen OS)
`ftp`	Dateien von und zu einem anderen Rechner übertragen
`groupadd`	Eine neue Gruppe anlegen (distributionsabhängig)
`groupdel`	Löschen einer Gruppe (distributionsabhängig)
`groupmod`	Group-ID und/oder Name ändern (distributionsabhängig)
`groups`	Gruppenzugehörigkeit ausgeben
`growisofs`	Frontend für mkisofs zum Brennen von DVDs
`gs`	PostScript- und PDF-Dateien konvertieren
`gzip` `gunzip`	(De-)Komprimieren von Dateien
`halt`	Alle laufenden Prozesse beenden (Shortcut auf `shutdown`, wobei die Argumente unter verschiedenen OS differieren)
`hd`	Datei hexadezimal bzw. oktal ausgeben
`head`	Anfang einer Datei ausgeben
`hostname`	Name des Rechners ausgeben
`html2ps`	Umwandeln von HTML-Dateien nach PostScript
`id`	Eigene Benutzer- und Gruppen-ID ermitteln

Tabelle 14.1 Kurzüberblick zu vielen gängigen Kommandos (Forts.)

Kommando	Bedeutung
`ifconfig`	Netzwerkzugang konfigurieren
`info`	GNU-Online-Manual
`jobs`	Anzeigen angehaltener bzw. im Hintergrund laufender Prozesse
`killall`	Signale an Prozesse mit einem Prozessnamen senden
`kill`	Signale an Prozesse mit einer Prozessnummer senden
`last`	An- und Abmeldezeit eines Benutzers ermitteln
`less`	Datei(en) seitenweise ausgeben
`line`	Eine Zeile von der Standardeingabe einlesen
`ln`	Links auf eine Datei erzeugen
`logname`	Name des aktuellen Benutzers anzeigen
`logout`	Beenden einer Session (Sitzung)
`lpadmin`	Verwaltungsprogramm für das CUPS-Print-Spooler-System
`lp`	Ausgabe auf dem Drucker mit dem Print-Spooler (drucksystemabhängig)
`lpc`	Steuerung von Druckern (drucksystemabhängig)
`lphelp`	Optionen eines Druckers ausgeben (drucksystemabhängig)
`lpmove`	Druckerauftrag zu einem anderen Drucker verschieben (drucksystemabhängig)
`lpq`	Druckerwarteschlange anzeigen (drucksystemabhängig)
`lpr`	Dateien auf den Drucker ausgeben (drucksystemabhängig)
`lprm`	Druckaufträge in der Warteschlange stornieren (drucksystemabhängig)
`lpstat`	Status der Aufträge anzeigen (drucksystemabhängig)
`ls`	Verzeichnisinhalt auflisten
`mail` `mailx`	E-Mails schreiben und empfangen (und auswerten)
`man`	Die traditionelle Online-Hilfe für Linux
`md5sum`	Eine Prüfsumme für eine Datei ermitteln (unter FreeBSD lautet der Name `md5`)
`mesg`	Nachrichten auf die Dialogstation zulassen oder unterbinden
`mkdir`	Ein Verzeichnis anlegen

Tabelle 14.1 Kurzüberblick zu vielen gängigen Kommandos (Forts.)

Kommando	Bedeutung
mkfs	Dateisystem einrichten (betriebssystemabhängig; bei FreeBSD heißt es bspw. newfs)
mkisofs	Erzeugt ISO9660/JOLIET/HFS-Dateisystem
mkreiserfs	Ein ReiserFS-Dateisystem anlegen (betriebssystemabhängig)
mkswap	Eine Swap-Partition einrichten (betriebssystemabhängig)
more	Datei(en) seitenweise ausgeben
mount	Einbinden eines Dateisystems
mt	Streamer steuern
mv	Datei(en) und Verzeichnisse verschieben oder umbenennen
netstat	Statusinformationen über das Netzwerk
newgrp	Gruppenzugehörigkeit kurzzeitig wechseln
nice	Prozesse mit anderer Priorität ausführen lassen
nl	Datei mit Zeilennummer ausgeben
nohup	Prozesse beim Beenden einer Sitzung weiterlaufen lassen
notify	Meldung bei neuer eingehender E-Mail
nslookup	DNS-Server abfragen (künftig dig verwenden)
od	Datei(en) hexadezimal bzw. oktal ausgeben
pack unpack	(De-)Komprimieren von Dateien
parted	Partitionen anlegen, verschieben, vergrößern oder verkleinern
passwd	Passwort ändern bzw. vergeben
paste	Dateien spaltenweise verknüpfen
patch	Pakete upgraden
pcat	Ausgabe von pack-komprimierten Dateien
pdf2ps	Umwandeln von PDF nach PostScript
ping	Verbindung zu anderem Rechner testen
printenv	Umgebungsvariablen anzeigen
ps2ascii	Umwandeln von PostScript nach ASCII
ps2pdf	Umwandeln von PostScript nach PDF

Tabelle 14.1 Kurzüberblick zu vielen gängigen Kommandos (Forts.)

Kommando	Bedeutung
psgrep	Prozesse über ihren Namen finden (unterschiedliche Verwendung bei verschiedenen OS)
ps	Prozessinformationen anzeigen (unterschiedliche Verwendung bei verschiedenen OS)
pstree	Prozesshierachie in Baumform ausgeben
psutils	Paket zur Bearbeitung von PostScript-Dateien
pwd	Ausgeben des aktuellen Arbeitsverzeichnisses
rcp	Dateien im Netz kopieren
rdev	Kernel-Datei verändern (betriebssystemspezifisch)
reboot	Alle laufenden Prozesse beenden und System neu starten (Abkürzung auf `shutdown -r`)
reiserfsck	Reparieren und Überprüfen von Dateisystemen (betriebssystemabhängig)
reject	Warteschlange für weitere Aufträge sperren
renice	Priorität laufender Prozesse verändern
reset	Zeichensatz für ein Terminal wiederherstellen
restore	Wiederherstellen einzelner Dateien oder ganzer Dateisysteme
rlogin	Auf anderem Netzrechner einloggen
rmail	Eingeschränkte Form von `mail`
rm	Dateien und Verzeichnisse löschen
rmdir	Ein leeres Verzeichnis löschen
rsh	Programme auf entferntem Rechner ausführen
rsync	Replizieren von Dateien und Verzeichnissen
ruptime	Alle Systeme im Netz auflisten
rwho	Aktive Benutzer im Netz auflisten
init	Runlevel wechseln (SystemV-Systeme)
setterm	Terminal-Einstellung verändern
shutdown	System herunterfahren
sleep	Prozesse suspendieren (schlafen legen)
sort	Dateien sortieren
split	Dateien in mehrere Teile zerlegen

Tabelle 14.1 Kurzüberblick zu vielen gängigen Kommandos (Forts.)

Kommando	Bedeutung
`ssh`	Sichere Shell auf anderem Rechner starten
`stty`	Terminal-Einstellung abfragen oder setzen
`su`	Ändern der Benutzerkennung (ohne Neuanmeldung)
`sudo`	Ein Programm als anderer Benutzer ausführen
`swapoff`	Swap-Datei oder Partition deaktivieren (betriebssystemabhängig)
`swapon`	Swap-Datei oder Partition aktivieren (betriebssystemabhängig)
`swap`	Swap-Space anzeigen (betriebssystemabhängig)
`sync`	Alle gepufferten Schreiboperationen ausführen
`tac`	Dateien rückwärts ausgeben
`tail`	Ende einer Datei ausgeben
`tar`	Dateien und Verzeichnisse archivieren
`tee`	Ausgabe duplizieren
`time`	Zeitmessung für Prozesse
`top`	Prozesse nach CPU-Auslastung anzeigen (unterschiedliche Verwendung bei verschiedenen OS)
`touch`	Anlegen von Dateien oder Zeitstempel verändern
`tput`	Terminal- und Cursorsteuerung
`traceroute`	Route zu einem Rechner verfolgen
`tr`	Zeichen ersetzen bzw. Umformen von Dateien
`tsort`	Dateien topologisch sortieren
`tty`	Terminal-Name erfragen
`type`	Kommandos bzw. Dateien klassifizieren
`ufsdump` `ufsrestore`	Sichern und Wiederherstellen ganzer Dateisysteme (betriebssystemspezifisch)
`umask`	Dateierstellungsmaske ändern bzw. ausgeben
`umount`	Ausbinden eines Dateisystems
`unalias`	Einen Kurznamen löschen
`uname`	Rechnername, Architektur und OS ausgeben
`uniq`	Doppelte Zeilen nur ein Mal ausgeben

Tabelle 14.1 Kurzüberblick zu vielen gängigen Kommandos (Forts.)

Kommando	Bedeutung
`unix2dos`	Dateien vom UNIX- ins DOS-Format umwandeln
`uptime`	Laufzeit des Rechners
`useradd` `adduser`	Einen neuen Benutzer anlegen (distributionsspezifisch)
`userdel`	Einen Benutzer löschen (distributionsspezifisch)
`usermod`	Eigenschaften eines Benutzers ändern (distributionsspezifisch)
`uuncode`	Textdatei nach Binärdatei konvertieren
`uudecode`	Binärdatei nach Textdatei konvertieren
`wall`	Nachrichten an alle Benutzer verschicken
`wc`	Zeichen, Wörter und Zeichen einer Datei zählen
`whatis`	Kurzbeschreibung zu einem Kommando
`whereis`	Suchen nach Dateien innerhalb von `PATH`
`whoami`	Name des aktuellen Benutzers anzeigen
`who`	Eingeloggte Benutzer anzeigen
`write`	Nachrichten an andere Benutzer verschicken
`zcat`	Ausgabe von gunzip-komprimierten Dateien
`zip` `unzip`	(De-)Komprimieren von Dateien
`zless`	gunzip-komprimierte Dateien seitenweise ausgeben
`zmore`	gunzip-komprimierte Dateien seitenweise ausgeben

Tabelle 14.1 Kurzüberblick zu vielen gängigen Kommandos (Forts.)

Auf den kommenden Seiten sind diese Kommandos nach folgenden Themenschwerpunkte aufgeteilt:

- Dateiorientierte Kommandos
- Verzeichnisorientierte Kommandos
- Verwaltung von Benutzern und Gruppe
- Programm- und Prozessverwaltung
- Speicherplatzinformationen
- Dateisystem-Kommandos
- Archivierung und Backup

- Systeminformationen
- System-Kommandos
- Druckeradministration
- Netzwerkbefehle
- Benutzerkommunikation
- Bildschirm- und Terminal-Kommandos
- Online-Hilfen
- Alles rund um PostScript-Kommandos
- Gemischte Kommandos

14.2 Dateiorientierte Kommandos

bzcat – Ausgabe von bzip2-komprimierten Dateien

Mit `bzcat` können Sie die Inhalte von bzip2-komprimierten Dateien ausgeben, ohne dass Sie hierbei die komprimierte Datei dekomprimieren müssen. Dies ist z.B. auch ein Grund, warum Sie mit einem Dateibrowser den Inhalt einer Datei sehen und sogar lesen können, obwohl Sie diese noch gar nicht dekomprimiert haben. Ansonsten funktioniert `bzcat` wie `cat`.

cat – Datei(en) nacheinander ausgeben

`cat` wurde bereits mehrfach in diesem Buch verwendet und auch beschrieben. Mit diesem Kommando werden gewöhnlich Dateien ausgegeben. Geben Sie `cat` beim Aufruf keine Dateien zum Lesen als Argument mit, liest `cat` so lange aus der Standardeingabe, bis [Strg]+[D] (EOF) betätigt wurde.

Verwendung	Bedeutung
`cat file`	Gibt den Inhalt von `file` aus
`cat file | kommando`	Gibt den Inhalt von `file` via Pipe an die Standardeingabe von `kommando` weiter
`cat file1 file2 > file_all`	Dateien aneinander hängen
`cat > file`	Schreibt alle Zeilen, die von der Tastatur eingegeben wurden, in die Datei `file`, bis [Strg]+[D] betätigt wurde

Tabelle 14.2 Anwendungen von cat

Hinweis `cat` wurde bereits separat in Abschnitt 1.7.2 behandelt.

chgrp – Gruppe von Dateien oder Verzeichnissen ändern

Mit `chgrp` ändern Sie die Gruppenzugehörigkeit einer Datei oder eines Verzeichnisses. Dieses Kommando bleibt somit nur dem Eigentümer einer Datei/Verzeichnis oder dem Superuser vorbehalten. Als Eigentümer können Sie außerdem nur diejenigen Dateien oder Verzeichnisse einer bestimmten Gruppe zuordnen, der Sie selbst auch angehören. Wollen Sie die Gruppenzugehörigkeit aller Dateien in einem Verzeichnis mit allen Unterverzeichnissen ändern, dann bietet sich hierzu die Option `-R` (für rekursiv) an.

cksum/md5sum/sum – eine Prüfsumme für eine Datei ermitteln

Mit diesen Funktionen errechnet man die CRC-(*cyclic redundancy check*)-Prüfsumme und die Anzahl Bytes (Anzahl Bytes gilt nur für `cksum`) für eine Datei. Wird keine Datei angegeben, liest `cksum` diejenige aus der Standardeingabe, bis [Strg]+[D] betätigt wurde, und berechnet hieraus die Prüfsumme.

Diese Kommandos werden häufig eingesetzt um festzustellen, ob zwei Daten identisch sind. So kann z.B. überprüft werden, ob eine Datei, die Sie aus dem Netz geladen haben, auch korrekt übertragen wurde. Voraussetzung hierfür ist natürlich, dass Sie die Prüfsumme der Quelle kennen. Häufig findet man dies beim Herunterladen von ISO-Distributionen. Ein anderer Anwendungsfall wäre das Überprüfen auf Virenbefall. Hiermit kann ermittelt werden, ob sich jemand an einer Datei zu schaffen gemacht hat, beispielsweise:

```
you@host > cksum data.conf
2935371588 51 data.conf
you@host > cksum data.conf
2935371588 51 data.conf
you@host > echo Hallo >> data.conf
you@host > cksum data.conf
966396470 57 data.conf
```

14

Hier eine Konfigurationsdatei *data.conf*, bei der zweimal mit `cksum` derselbe Wert berechnet wurde (nur zur Demonstration). Kurz darauf wurde am Ende dieser Datei ein Text angehängt und erneut `cksum` ausgeführt. Jetzt erhalten Sie eine andere Prüfsumme. Voraussetzung, dass dieses Prinzip funktioniert, ist natürlich auch eine Datei oder Datenbank, die solche Prüfsummen zu den entsprechenden Dateien speichert. Dabei können Sie auch zwei Dateien auf einmal eingeben, um die Prüfsummen zu vergleichen:

```
you@host > cksum data.conf data.conf~bak
966396470 57 data.conf
2131264154 10240 data.conf~bak
```

cksum ist gegenüber sum zu bevorzugen, da diese Version neuer ist und auch dem POSIX.2-Standard entspricht. Beachten Sie allerdings, dass alle drei Versionen zum Berechnen von Prüfsummen (sum, cksum und md5sum) untereinander inkompatibel sind und andere Prüfsummen als Ergebnis berechnen:

```
you@host > sum data.conf
20121     1
you@host > cksum data.conf
966396470 57 data.conf
you@host > md5sum data.conf
5a04a9d083bc0b0982002a2c8894e406  data.conf
```

Hinweis md5sum gibt es unter FreeBSD nicht, hier heißt es md5.

Noch ein beliebter Anwendungsfall von md5sum (bzw. md5):

```
cd /bin; md5 `ls -R /bin` | md5
```

Wenn sich jetzt jemand am Verzeichnis */bin* zu schaffen gemacht hat, merkt man dies relativ schnell. Am besten lässt man hierbei einen cron-Job laufen und sich gegebenenfalls täglich per E-Mail benachrichtigen.

chmod – Zugriffsrechte von Dateien oder Verzeichnissen ändern

Mit chmod setzen oder verändern Sie die Zugriffsrechte auf Dateien oder Verzeichnisse. Die Benutzung von chmod ist selbstverständlich nur dem Dateieigentümer und dem Superuser gestattet. Die Bedienung von chmod muss eigentlich jedem Systemadministrator geläufig sein, weil es ein sehr häufig verwendetes Kommando ist. chmod kann zum Glück sehr flexibel eingesetzt werden. Man kann einen numerischen Wert wie folgt verwenden:

```
chmod 755 file
```

oder

```
chmod 0755 file
```

Einfacher anzuwenden ist chmod über eine symbolische Angabe wie:

```
chmode u+x file
```

Hier bekommt der User (u; Eigentümer) der Datei *file* das Ausführrecht (+x) erteilt.

```
chmod g-x file
```

Damit wurde der Gruppe (g) das Ausführrecht entzogen (-x). Wollen Sie hingegen allen Teilnehmern (a) ein Ausführrecht erteilen, dann geht dies so:

```
chmod a+x file
```

Mit `chmod` können Sie auch die Spezialbits setzen (SUID=4000; SGUID=2000 oder Sticky=1000). Wollen Sie z.B. für eine Datei das setuid-(*Set-User-ID*)-Bit setzen, funktioniert dies folgendermaßen:

```
chmod 4744 file
```

Das setgid-(*Set Group ID*)-Bit hingegen setzen Sie mit »2xxx«.

Zu erwähnen ist auch die Option `-R`, mit der Sie ein Verzeichnis rekursiv durchlaufen und alle Dateien, die sich darin befinden, entsprechend den neu angegebenen Rechten ändern.

chown – Eigentümer von Dateien oder Verzeichnissen ändern

Mit `chown` können Sie den Eigentümer von Dateien oder Verzeichnissen ändern. Als neuen Eigentümer kann man entweder den Login-Namen oder die User-ID angeben. Name oder Zahl müssen selbstverständlich in der Datei */etc/passwd* vorhanden sein. Dieses Kommando kann wiederum nur vom Eigentümer selbst oder dem Superuser aufgerufen und auf Dateien bzw. Verzeichnisse angewendet werden.


```
chown john file1 file2
```

Hier wird der User »john« Eigentümer der Datei *file1* und *file2*. Wollen Sie auch hier ein komplettes Verzeichnis mitsamt den Unterverzeichnissen erfassen, so kann auch hierbei die Option `-R` verwendet werden.

Wollen Sie sowohl den Eigentümer als auch die Gruppe einer Datei ändern, nutzen Sie folgende Syntax:

```
chown john:user file1 file2
```

cmp – Dateien miteinander vergleichen

Mit der Funktion `cmp` vergleichen Sie zwei Dateien Byte für Byte miteinander und erhalten die dezimale Position und Zeilennummer vom ersten Byte zurück, bei dem sich beide Dateien unterscheiden. cmp vergleicht auch Binärdateien. Sind beide Dateien identisch, erfolgt keine Ausgabe.

```
you@host > cmp out.txt textfile.txt
out.txt textfile.txt differieren: Byte 52, Zeile 3.
```

comm – zwei sortierte Textdateien miteinander vergleichen

Mit comm vergleichen Sie zwei sortierte Dateien und geben die gemeinsamen und die unterschiedlichen Zeilen jeweils in Spalten aus, indem die zweite und dritte Spalte von einem bzw. zwei Tabulatorenvorschüben angeführt werden.

```
comm [-123] file1 file2
```

Die erste Spalte enthält die Zeilen, die nur in der Datei *file1* enthalten sind. Die zweite Spalte hingegen beinhaltet die Zeilen, die in der zweiten Datei *file2* enthalten sind, und die dritte Spalte die Zeilen, die in beiden Dateien enthalten sind.

```
you@host > cat file1.txt
# wichtige Initialisierungsdatei
# noch eine Zeile
Hallo
you@host > cat file2.txt
# wichtige Initialisierungsdatei
# noch eine Zeile
Hallo
you@host > comm file1.txt file2.txt
                # wichtige Initialisierungsdatei
                # noch eine Zeile
                Hallo
you@host > echo "Neue Zeile" >> file2.txt
you@host > comm file1.txt file2.txt
                # wichtige Initialisierungsdatei
                # noch eine Zeile
                Hallo
        Neue Zeile
you@host > comm -3 file1.txt file2.txt
        Neue Zeile
```

In der letzten Zeile ist außerdem zu sehen, wie Sie mit dem Schalter -3 die Ausgabe der dritten Spalte ganz abschalten, um nur die Differenzen beider Dateien zu erkennen. comm arbeitet zeilenweise, weshalb hier keine Vergleiche mit binären Dateien möglich sind. Weitere Schalterstellungen und ihre Bedeutung sind:

Verwendung	Bedeutung
`-23 file1 file2`	Es werden nur Zeilen ausgegeben, die in *file1* vorkommen.
`-123 file1 file2`	Es wird keine Ausgabe erzeugt.

Tabelle 14.3 Optionen für comm

cp – Dateien kopieren

Den Befehl `cp` zum Kopieren von Dateien und Verzeichnissen haben Sie schon des Öfteren verwendet, daher hier nur noch eine Auflistung der gängigsten Verwendungen.

Verwendung	Bedeutung
`cp file newfile`	Es wird mit *newfile* eine Kopie von *file* erzeugt.
`cp -p file newfile`	*newfile* erhält dieselben Zugriffsrechte, Eigentümer und Zeitstempel.
`cp -r dir newdir`	Es wird ein komplettes Verzeichnis rekursiv (`-r`) kopiert.
`cp file1 file2 file3 dir`	Es werden mehrere Dateien in ein Verzeichnis kopiert.

Tabelle 14.4 Anwendungen von cp

Hinweis cp wurde bereits separat in Abschnitt 1.7.2 beschrieben.

csplit – Zerteilen von Dateien (kontextabhängig)

Mit `csplit` können Sie eine Datei in mehrere Teile aufteilen. Als Trennstelle kann hierbei ein Suchmuster, also auch ein regulärer Ausdruck angegeben werden. Dabei werden aus einer Eingabedatei mehrere Ausgabedateien erzeugt, deren Inhalt vom Suchmuster abhängig gemacht werden kann. Ein Beispiel:

```
csplit Kapitel20.txt /Abschnitt 1/ /Abschnitt 2/ /Abschnitt 3/
```

Hier wird das *Kapitel20.txt* in vier Teile aufgeteilt. Zunächst vom Anfang bis zum »Abschnitt 1«, als Nächstes von »Abschnitt 1« bis »Abschnitt 2«, dann »Abschnitt 2« bis »Abschnitt 3« und zu guter Letzt »Abschnitt 3« bis »Abschnitt4«. Hier können Sie allerdings auch einzelne Zeilen angeben, ab denen Sie eine Datei teilen wollen:

```
csplit -f Abschnitt Kapitel20.txt 20 40
```

Hier haben Sie mit der Option `-f` veranlasst, dass statt eines Dateinamens wie »xx01«, »xx02« usw. dem darauf folgenden Namen eine Datei wie »Abschnitt01«, »Abschnitt02« usw. erzeugt wird. Hier zerteilen Sie die Datei *Kapitel20.txt* in drei Dateien: »Abschnitt01« (Zeile 1–20), »Abschnitt02« (Zeile 21–40) und »Abschnitt03« (Zeile 41 bis zum Ende). Sie können mit `{n}` am Ende auch angeben, dass ein bestimmter Ausdruck *n*-mal angewendet werden soll. Beispielsweise:

```
csplit -k /var/spool/mail/$LOGNAME /^From / {100}
```

Hier zerteilen Sie in Ihrer Mailbox die einzelnen E-Mails in die einzelnen Dateien »xx01«, »xx02« ... »xx99«. Jeder Brief einer E-Mail im mbox-Format beginnt mit »From«, weshalb dies als Trennzeichen für die einzelnen Dateien dient. Weil Sie wahrscheinlich nicht genau wissen, wie viele Mails in Ihrer Mailbox liegen, können Sie durch die Angabe einer relativ hohen Zahl zusammen mit der Option `-k` erreichen, dass alle Mails getrennt und nach einem eventuell vorzeitigen Scheitern die bereits erzeugten Dateien nicht wieder gelöscht werden.

cut – Zeichen oder Felder aus Dateien herausschneiden

Mit `cut` schneiden Sie bestimmte Teile aus einer Datei heraus. Dabei liest `cut` von der angegebenen Datei und gibt die Teile auf dem Bildschirm aus, die Sie als gewählte Option und per Wahl des Bereichs verwendet haben. Ein Bereich ist eine durch ein Komma getrennte Liste von einzelnen Zahlen bzw. Zahlenbereichen. Diese Zahlenbereiche werden in der Form »a-z« angegeben. Wird a oder z weggelassen, so wird hierzu der Anfang bzw. das Ende einer Zeile verwendet.

Hinweis `cut` wurde bereits in Abschnitt 2.3.1 ausführlich beschrieben und demonstriert.

diff – Vergleichen zweier Dateien

`diff` vergleicht den Inhalt von zwei Dateien. Da `diff` zeilenweise vergleicht, sind keine binären Dateien erlaubt. Ein Beispiel:

```
you@host > diff file1.txt file2.txt
2a3
> neueZeile
```

Hier wurden die Dateien *file1.txt* und *file2.txt* miteinander verglichen. Die Ausgabe »2a3« besagt lediglich, dass Sie in der Datei *file1.txt* zwischen der Zeile 2 und 3 die Zeile »neueZeile« einfügen (a = *append*) müssten, damit die Datei exakt mit der Datei *file2.txt* übereinstimmt. Noch ein Beispiel:

```
you@host > diff file1.txt file2.txt
2c2
< zeile2
---
> zeile2 wurde verändert
```

Hier bekommen Sie mit »2c2« die Meldung, dass die zweite Zeile unterschiedlich (c = *change*) ist. Die darauf folgende Ausgabe zeigt auch den Unterschied dieser Zeile an. Eine sich öffnende spitze Klammer (<) zeigt *file1.txt* und die sich schließende spitze Klammer bezieht sich auf *file2.txt*. Und eine dritte Möglichkeit, die Ihnen diff meldet, wäre:

```
you@host > diff file1.txt file2.txt
2d1
< zeile2
```

Hier will Ihnen diff sagen, dass die zweite Zeile in *file2.txt* fehlt (d = *delete*) bzw. gelöscht wurde. Daraufhin wird die entsprechende Zeile auch ausgegeben. Natürlich beschränkt sich die Verwendung von diff nicht ausschließlich auf Dateien. Mit der Option -r können Sie ganze Verzeichnisse miteinander vergleichen:

```
diff -r dir1 dir2
```

diff3 – Vergleich von drei Dateien

Die Funktion entspricht etwa der von diff, nur dass Sie hierbei drei Dateien Zeile für Zeile miteinander vergleichen können. Folgendes besagt die Ausgabe von diff3:

```
diff file1 file2 file3
```

Ausgabe	Bedeutung
====	Alle drei Dateien sind unterschiedlich.
====1	file1 ist unterschiedlich.
====2	file2 ist unterschiedlich.
====3	file3 ist unterschiedlich.

Tabelle 14.5 Bedeutung der Ausgabe von diff3

dos2unix – Dateien vom DOS- in UNIX-Format umwandeln

Mit dos2unix können Sie Textdateien vom DOS- in das UNIX-Format umwandeln. Alternativ gibt es außerdem noch den Befehl mac2unix, mit dem Sie Textdateien vom MAC- in das UNIX-Format konvertieren können.

```
you@host > dos2unix file1.txt file2.txt
dos2unix: converting file file1.txt to UNIX format ...
dos2unix: converting file file2.txt to UNIX format ...
```

expand – Tabulatoren in Leerzeichen umwandeln

expand ersetzt alle Tabulatoren einer Datei durch eine Folge von Leerzeichen. Standardmäßig sind dies acht Leerzeichen, allerdings kann dieser Wert explizit mit einem Schalter verändert werden. Wollen Sie z.B., dass alle Tabulatorzeichen mit nur drei Leerzeichen ersetzt werden, erreichen Sie dies folgendermaßen:

```
you@host > expand -3 file
```

Allerdings erlaubt expand nicht das vollständige Entfernen von Tabulatorenzeichen – sprich ein Schalter mit -0 gibt eine Fehlermeldung zurück. Hierzu können Sie alternativ z.B. das Kommando tr verwenden.

file – den Inhalt von Dateien analysieren

Das Kommando file versucht, die Art oder den Typ einer von Ihnen angegebenen Datei zu ermitteln. Hierzu führt file einen Dateisystemtest, einen Kennzahlentest und einen Sprachtest durch. Je nach Erfolg wird eine entsprechende Ausgabe des Tests vorgenommen. Der Dateisystemtest wird mithilfe des Systemaufrufes stat(2) ausgeführt. Dieser Aufruf erkennt viele Arten von Dateien. Der Kennzahlentest wird anhand von festgelegten Kennzahlen (der Datei */etc/magic* oder */etc/usr/share/magic*) durchgeführt. In dieser Datei steht beispielsweise geschrieben, welche Bytes einer Datei zu untersuchen sind und auf welches Muster man dann den Inhalt dieser Datei zurückführen kann. Am Ende erfolgt noch ein Sprachtest. Hier versucht *file*, eine Programmiersprache anhand von Schlüsselwörtern zu erkennen.

```
you@host > cat > hallo.c
#include <stdio.h>

int main(void) {
   printf("Hallo Welt\n");
   return 0;
}
```

```
[Strg]+[D]
you@host > file hallo.c
hallo.c: ASCII C program text
you@host > gcc -o hallo hallo.c
you@host > ./hallo
Hallo Welt
you@host > file hallo
hallo: ELF 32-
bit LSB executable, Intel 80386, version 1 (SYSV), for GNU/Linux
 2.2.5, dynamically linked (uses shared libs), not stripped
you@host > file file1.txt
file1.txt: ASCII text
you@host > mkfifo abc
you@host > file abc
abc: fifo (named pipe)
...
```

find – Suchen nach Dateien

Zum Suchen nach Dateien wird häufig auf das Kommando `find` zurückgegriffen. `find` durchsucht eine oder mehrere Verzeichnisebenen nach Dateien mit einer bestimmten vorgegebenen Eigenschaft. Die Syntax zu `find`:

```
find [Verzeichnis] [-Option ...] [-Test ...] [-Aktion ...]
```

Die Optionen, Tests und Aktionen können Sie mit Operatoren zusammenfassen. Dabei wertet `find` jede Datei in den Verzeichnissen hinsichtlich der Optionen, Tests und Aktionen von links nach rechts aus, bis ein Wert unwahr ist oder die Kommandozeilenargumente zu Ende sind. Wenn kein Verzeichnis angegeben wird, wird das aktuelle Verzeichnis verwendet – allerdings gilt dies nur bei GNU-`find`. Von daher sollte man aus Kompatibilitätsgründen möglichst das Verzeichnis angeben. Wenn keine Aktion angegeben ist, wird meistens `-print` (abhängig von einer eventuell angegebene Option) für die Ausgabe auf dem Bildschirm verwendet. Hierzu einige Beispiele.

Alle Verzeichnisse und Unterverzeichnisse ab dem Heimverzeichnis ausgeben:

```
find $HOME -print
```

Gibt alle Dateien mit dem Namen »kapitel« aus dem Verzeichnis (und dessen Unterverzeichnisse) */dokus* aus:

```
find /dokus -name kapitel -print
```

Gibt alle Dateien aus dem Verzeichnis (und dessen Unterverzeichnisse) *dokus* mit dem Namen »kap...«, bei denen »you« der Eigentümer ist, aus:

```
find /dokus /usr -name 'kap*' -user you -print
```

Damit durchsuchen Sie ab dem Wurzelverzeichnis nach einem Verzeichnis (`-type d` = *directory*) mit dem Namen »dok...« und geben dies auf dem Bildschirm aus:

```
find / -type d -name 'dok*' -print
```

Sucht leere Dateien (`size` = 0) und löscht diese nach einer Rückfrage (`-ok`):

```
find / -size 0 -ok rm {} \;
```

Gibt alle Dateien ab dem Wurzelverzeichnis aus, die in den letzten sieben Tagen verändert wurden:

```
find / -mtime -7 -print
```

fold – einfaches Formatieren von Dateien

Mit `fold` können Sie Textdateien ab einer bestimmten Zeilenlänge umbrechen. Standardmäßig sind hierbei 80 Zeichen pro Zeile eingestellt. Da `fold` die Bildschirmspalten und nicht die Zeichen zählt, werden auch Tabulatorzeichen korrekt behandelt. Wollen Sie etwa eine Textdatei nach 50 Zeichen umbrechen, gehen Sie folgendermaßen vor:

```
you@host > fold -50 Kap003.txt
...
Sicherlich erscheint Ihnen das Ganze nicht sonderl
ich elegant oder sinnvoll, aber bspw. in Schleifen
 eingesetzt, können Sie hierbei hervorragend alle A
rgumente der Kommandozeile zur Verarbeitung von Op
tionen heranziehen. Als Beispiel ein kurzer theoreti
scher Code-Ausschnitt, wie so etwas in der Praxis
realisiert werden kann.
```

Allerdings kann man an der Ausgabe erkennen, dass einfach die Wörter abgeschnitten und in der nächsten Zeile fortgeführt werden. Wollen Sie dies unterbinden, können Sie die Option `-s` verwenden. Damit findet der Zeilenumbruch beim letzten Leerzeichen der Zeile statt, wenn in der Zeile ein Leerzeichen vorhanden ist.

```
you@host > fold -s -50 Kap003.txt
...
```

```
Sicherlich erscheint Ihnen das Ganze nicht
sonderlich elegant oder sinnvoll, aber bspw. in
Schleifen eingesetzt, können Sie hierbei
hervorragend alle Argumente der Kommandozeile zur
Verarbeitung von Optionen heranziehen. Als Beispiel
ein kurzer theoretischer Code-Ausschnitt, wie so
etwas in der Praxis realisiert werden kann.
```

Ein recht typischer Anwendungsfall ist es, Text für eine E-Mail zu formatieren:

```
you@host > fold -s -72 text.txt | mail -s "Betreff" name@host.de
```

head – Anfang einer Datei ausgeben

Mit der Funktion `head` geben Sie immer die ersten Zeilen einer Datei auf dem Bildschirm aus. Standardmäßig werden dabei die ersten zehn Zeilen ausgegeben. Wollen Sie selbst bestimmen, wie viele Zeilen vom Anfang der Datei ausgegeben werden sollen, können Sie dies explizit mit -*n* angeben:

```
you@host > head -5 file
```

Hier werden die ersten fünf Zeilen von *file* auf dem Bildschirm ausgegeben.

less – Datei(en) seitenweise ausgeben

Mit `less` geben Sie eine Datei seitenweise auf dem Bildschirm aus. Der Vorteil von `less` gegenüber `more` ist, dass Sie mit `less` auch zurückblättern können. Da `less` von der Standardeingabe liest, ist so auch eine Umleitung eines anderen Kommandos mit einer Pipe möglich. Mit der [Leertaste] blättern Sie eine Seite weiter und mit [B] können Sie jeweils eine Seite zurückblättern. Die meisten `less`-Versionen bieten außerdem das Scrollen nach unten bzw. oben mit den Pfeiltasten an. Mit [Q] wird `less` beendet. `less` bietet außerdem eine Unmenge von Optionen und weiterer Features an, über die Sie sich durch Drücken von [H] informieren können.

ln – Links auf eine Datei erzeugen

Wenn eine Datei erzeugt wird, werden im Verzeichnis der Name, ein Verweis auf eine Inode, die Zugriffsrechte, der Dateityp und gegebenenfalls die Anzahl der belegten Blöcke eingetragen. Mit `ln` wiederum wird ein neuer Eintrag im Verzeichnis abgelegt, der auf die Inode einer existierenden Datei zeigt. Man spricht dabei von einem Hardlink. Er wird standardmäßig ohne weitere Angaben angelegt. Es ist allerdings nicht möglich, diese Hardlinks über Dateisystemgrenzen hinweg anzulegen. Hierzu müssen Sie einen symbolischen Link mit der Option `-s` erzeugen.

```
ln -s filea fileb
```

Damit haben Sie einen symbolischen Link auf die bestehende Datei *filea* mit dem Namen *fileb* angelegt.

Wollen Sie hingegen einen Hardlink auf die bestehende Datei *filea* mit dem Namen *fileb* anlegen, so gehen Sie wie folgt vor:

```
ln filea fileb
```

Smalltalk Mit den Hardlinks kann man unter BSD und Jails nette Sachen machen. Unter BSD gibt es ja das »imutable flag« für Dateien, das das Schreiben auch für root verbietet. Nur root kann das Flag verändern. Man kann aber mit »make world« ein Betriebssystem in einem Verzeichnis für eine Jail bauen. Das Verzeichnis kann man dann rekursiv mit dem »imutable flag« versehen und per Hardlink in die Jail verlinken. Das »imutable flag« kann nur root vom Hostsystem aus verändern, Nicht-root aus der Jail. Somit kann man das root-Passwort im Internet bekannt geben (wurde auch schon oft gemacht) und es hat bisher noch nie jemand geschafft, solch eine Jail zu knacken.

ls – Verzeichnisinhalt auflisten

Mit `ls` wird der Inhalt eines Verzeichnisses auf dem Dateisystem angezeigt. Da `ls` bereits in Abschnitt 1.7.2 behandelt wurde, wird hier nicht mehr näher darauf eingegangen.

more – Datei(en) seitenweise ausgeben

`more` wird genauso eingesetzt wie `less`, und zwar zum seitenweisen Lesen von Dateien. Allerdings bietet `less` gegenüber `more` erheblich mehr Features und Funktionalitäten an.

mv – Datei(en) und Verzeichnisse verschieben oder umbenennen

Mit `mv` können Sie eine oder mehrere Dateien bzw. Verzeichnisse verschieben oder umbenennen.

Verwendung	Bedeutung
`mv file filenew`	Eine Datei umbenennen
`mv file dir`	Eine Datei in ein Verzeichnis verschieben

Tabelle 14.6 Anwendungen von mv

Verwendung	Bedeutung
mv dir dirnew	Ein Verzeichnis in ein anderes Verzeichnis verschieben

Tabelle 14.6 Anwendungen von mv (Forts.)

Hinweis mv wurde bereits in Abschnitt 1.7.2 behandelt.

nl – Datei mit Zeilennummer ausgeben

Mit nl geben Sie die Zeilen einer Datei mit deren Nummer auf dem Bildschirm aus. Dabei ist nl nicht nur ein »dummer« Zeilenzähler, sondern kann die Zeilen einer Seite auch in einen Header, Body und einen Footer unterteilen und in unterschiedlichen Stilen nummerieren, zum Beispiel:

```
you@host > ls | nl -w3 -s') '
  1) abc
  2) bin
  3) cxoffice
  4) Desktop
  5) Documents
  6) file1.txt
...
```

Wenn Sie mehrere Dateien verwenden, beginnt die Nummerierung allerdings nicht mehr neu, dann werden mehrere Dateien wie eine behandelt. Die Zeilennummer wird nicht zurückgesetzt. Ein weiteres Beispiel:

```
you@host > nl hallo.c -s' : ' > hallo_line
you@host > cat hallo_line
     1 : #include <stdio.h>

     2 : int main(void) {
     3 :    printf("Hallo Welt\n");
     4 :    return 0;
     5 : }
```

Mit der Option -s (optional) geben Sie das Zeichen an, das zwischen der Zeilennummer und der eigentlichen Zeile stehen soll.

od – Datei(en) hexadezimal bzw. oktal ausgeben

od liest von der Standardeingabe eine Datei ein und gibt diese – Byte für Byte – formatiert und kodiert auf dem Bildschirm aus. Standardmäßig wird dabei die siebenstellige Oktalzahl in je acht Spalten zu zwei Bytes verwendet:

```
you@host > od file1.txt
0000000 064546 062554 035061 062572 066151 030545 063012 066151
0000020 030545 075072 064545 062554 005062 064546 062554 035062
0000040 062572 066151 031545 000012
0000047
```

Jede Zeile enthält in der ersten Spalte die Positionsnummer in Bytes vom Dateianfang an. Mit der Option -h erfolgt die Ausgabe in hexadezimaler und mit -c in ASCII-Form.

paste – Dateien spaltenweise verknüpfen

Mit paste führen Sie Zeilen von mehreren Dateien zusammen. Das Kommando wurde bereits in Abschnitt 2.3.1 behandelt, weshalb Sie gegebenenfalls hierhin zurückblättern sollten.

pcat – Ausgabe von pack-komprimierten Dateien

Mit pcat kann man den Inhalt von pack-komprimierten Dateien ausgeben, ohne dass man die komprimierte Datei dekomprimieren muss. Ansonsten funktioniert pcat wie cat.

rm – Dateien und Verzeichnisse löschen

Mit dem Kommando rm können Sie Dateien und Verzeichnisse löschen.

Verwendung	Bedeutung
rm datei	Löscht eine Datei
rm dir	Löscht ein leeres Verzeichnis
rm -r dir	Löscht ein Verzeichnis rekursiv
rm -rf dir	Erzwingt rekursives Löschen, ohne eine Warnung auszugeben

Tabelle 14.7 Anwendungen von rm

Hinweis Das Kommando rm wurde bereits in den Abschnitten 1.7.2 und 1.7.3 (rmdir) behandelt.

sort – Dateien sortieren

Gewöhnlich wird `sort` zum Sortieren einzelner Zeilen einer Datei oder der Standardeingabe verwendet. `sort` kann aber auch Dateien überprüfen, ob diese sortiert sind und mehrere sortierte oder auch unsortierte Dateien zu einer sortierten zusammenfügen. Ohne Angabe einer Option sortiert `sort` eine Datei zeilenweise in alphabetischer Reihenfolge:

```
you@host > sort kommandos.txt
a2ps - Textdatei umwandeln nach Postscript
accept - Druckerwarteschlange auf empfangsbereit setzen
afio - Ein cpio mit zusätzlicher Komprimierung
alias - Kurznamen für Kommandos vergeben
...
you@host > ls | sort
abc
bin
cxoffice
Desktop
Documents
...
```

Häufig verwendete Optionen zum Sortieren, die mit `sort` benutzt werden:

Option	Bedeutung
`-n`	Sortiert eine Datei numerisch
`-f`	Unterscheidet nicht zwischen Klein- und Großbuchstaben
`-r`	Sortiert nach Alphabet in umgekehrter Reihenfolge
`-n -r`	Sortiert numerisch in umgekehrter Reihenfolge
`-c`	Überprüft, ob die Dateien bereits sortiert sind. Wenn nicht, wird mit einer Fehlermeldung und dem Rückgabewert 1 abgebrochen.
`-u`	Gibt keine doppelt vorkommenden Zeilen aus

Tabelle 14.8 Optionen für das Kommando sort

Alternativ gibt es hierzu noch das Kommando `tsort`, welches Dateien topologisch sortiert.

split – Dateien in mehrere Teile zerlegen

Mit `split` teilen Sie eine Datei in mehrere Teile auf. Ohne Angabe einer Option wird eine Datei in je 1000 Zeilen aufgeteilt. Die Ausgabe erfolgt in Dateien mit »x...« oder einem entsprechenden Präfix, wenn eines angegeben wurde:

```
you@host > split -50 kommandos.txt
you@host > ls x*
xaa  xab  xac  xad  xae
```

Die Datei können Sie folgendermaßen wieder zusammensetzen:

```
for file in `ls x* | sort`; do cat $file >> new.txt; done
```

Hier wurde z.B. die Textdatei *kommandos.txt* in je 50-zeilige Häppchen aufgeteilt. Wollen Sie den Namen der neu erzeugten Datei verändern, gehen Sie wie folgt vor:

```
you@host > split -50 kommandos.txt kommandos
you@host > ls komm*
kommandosaa  kommandosab  kommandosac
kommandosad  kommandosae  kommandos.txt
```

Das Kommando `split` wird häufig eingesetzt, um große Dateien zu splitten, die nicht auf ein einzelnes Speichermedium passen.

tac – Dateien rückwärts ausgeben

Vereinfacht ausgedrückt ist `tac` wie `cat` (daher auch der rückwärts geschriebene Kommandoname), nur dass `tac` die einzelnen Zeilen rückwärts ausgibt. Es wird somit zuerst die letzte Zeile ausgegeben, dann die vorletzte usw. bis zur ersten Zeile.

```
you@host > cat file1.txt
file1:zeile1
file1:zeile2
file2:zeile3
you@host > tac file1.txt
file2:zeile3
file1:zeile2
file1:zeile1
```

tail – Ende einer Datei ausgeben

`tail` gibt die letzten Zeilen (standardmäßig, ohne spezielle Angaben die letzten zehn) einer Datei aus.

```
you@host > tail -5 kommandos.txt
write - Nachrichten an andere Benutzer verschicken
zcat - Ausgabe von gunzip-komprimierten Dateien
zip/unzip - (De-) Komprimieren von Dateien
zless - gunzip-komprimierte Dateien seitenweise ausgeben
zmore - gunzip-komprimierte Dateien seitenweise ausgeben
```

Hier gibt `tail` die letzten fünf Zeilen der Datei *kommandos.txt* aus. Wollen Sie eine Datei ab einer bestimmten Zeile ausgeben lassen, gehen Sie wie folgt vor:

```
you@host > tail +100 kommandos.txt
```

Hier werden alle Zeilen ab Zeile 100 ausgegeben. Wollen Sie `tail` wie `tac` verwenden, können Sie die Option `-r` verwenden:

```
you@host > tail -r kommandos.txt
```

Hiermit wird die komplette Datei zeilenweise rückwärts, von der letzten zur ersten Zeile ausgegeben. Häufig verwendet wird auch die Option `-f` (*follow*), die immer wieder das Dateiende ausgibt. Dadurch kann man eine Datei beim Wachsen beobachten, da jede neu hinzugekommene Zeile angezeigt wird. Natürlich lässt sich diese Option nur auf eine Datei gleichzeitig anwenden.

tee – Ausgabe duplizieren

Mit `tee` lesen Sie von der Standardeingabe und verzweigen die Ausgabe auf die Standardausgabe und Datei. Da `tee` ein eigener Abschnitt (1.10.5) im Buch gewidmet ist, sei hier auf diesen verwiesen.

14

touch – Anlegen von Dateien oder Zeitstempel verändern

Mit `touch` verändern Sie die Zugriffs- und Änderungszeit einer Datei auf die aktuelle Zeit. Existiert eine solche Datei nicht, wird diese angelegt. `touch` wurde bereits in Abschnitt 1.7.2 behandelt, aber dennoch sollen hier noch einige Optionen zu `touch` und ihre jeweilige Bedeutung erwähnt werden:

Option	Bedeutung
`-a`	Damit ändern Sie nur die Zugriffszeit.
`-c`	Falls eine Datei nicht existiert, wird diese trotzdem nicht erzeugt.
`-m`	Ändert nur die Änderungszeit

Tabelle 14.9 Optionen für das Kommando touch

tr – Zeichen ersetzen bzw. Umformen von Dateien

Mit `tr` können Zeichen durch andere Zeichen ersetzt werden. Dies gilt auch für nicht druckbare Zeichen.

```
tr str1 str2 file
```

Wird in der Datei *file* ein Zeichen aus »str1« gefunden, wird es durch das entsprechende Zeichen in »str2« ersetzt.

Hinweis `tr` wurde bereits in Abschnitt 2.3.1 behandelt.

type – Kommandos klassifizieren

Mit `type` können Sie klassifizieren, wie die Shell den angegebenen Namen interpretieren würde, wenn Sie diesen in der Kommandozeile verwenden. `type` unterscheidet hierbei zwischen einem Alias, einem Builtin (Shellfunktion), einer Datei oder einer Scriptfunktion. Kann `type` nichts mit dem Namen anfangen, wird auch nichts ausgegeben.

```
you@host > type ls echo ./hallo
ls is aliased to `/bin/ls $LS_OPTIONS'
echo is a shell builtin
./hallo is ./hallo
```

Hinweis `type` selbst ist ein Builtin und daher nicht in jeder Shell verfügbar.

umask – Dateierstellungsmaske ändern bzw. ausgeben

Mit der Shell-Funktion `umask` setzen Sie eine Maske, mit der die Zugriffsrechte auf eine Datei bzw. auf Verzeichnisse direkt nach der Erzeugung durch einen von der Shell kontrollierten Prozess bestimmt wird. Die in der Maske gesetzten Bits werden bei den Zugriffsrechten für die neue Datei bzw. das Verzeichnis gelöscht (man spricht auch von: Sie werden maskiert). Mehr zu diesem Kommando entnehmen Sie bitte dem Abschnitt 9.4, wo es näher behandelt wurde.

uniq – doppelte Zeilen nur einmal ausgeben

Mit `uniq` können Sie doppelt vorhandene Zeilen löschen. Voraussetzung ist allerdings, dass die Datei sortiert ist und die doppelten Zeilen direkt hintereinander folgen. Beispielsweise:

```
you@host > cat file1.txt
file1:zeile1
file1:zeile2
file1:zeile2
file2:zeile3
you@host > uniq file1.txt
file1:zeile1
file1:zeile2
file2:zeile3
```

unix2dos – Dateien vom UNIX- in DOS-Format umwandeln

Das Gegenstück von `dos2unix`. Damit wandeln Sie eine Textdatei vom Unix-Format wieder zurück in das DOS-Format um.

```
unix2dos fileunix filedos
```

wc – Zeilen, Wörter und Zeichen einer Datei zählen

Mit `wc` können Sie die Zeichen, Wörter und/oder Zeilen einer Datei zählen. Ohne spezielle Optionen wird eine Zeile mit den folgenden Zahlen ausgegeben:

```
you@host > wc file1.txt
 4  4 52 file1.txt
```

Die erste Spalte enthält die Anzahl der Zeilen, gefolgt von der Anzahl der Worte und am Ende die Anzahl der Zeichen. Einzeln können Sie dies mit der Option `-l` (*lines* = Zeilen), `-w` (*words* = Wörter) und `-c` (*characters* = Zeichen) ermitteln.

Hinweis `wc` wurde bereits in Abschnitt 1.7.2 behandelt.

whereis – Suche nach Dateien

Mit dem Kommando `whereis` wird vorwiegend in wichtigen Pfaden (meistens allen Einträge in `PATH`) nach Binärdateien oder `man`-Dateien gesucht. `whereis` ist nicht so flexibel wie `find`, aber dafür erheblich schneller.

```
you@host > whereis ls
/bin/ls /usr/share/man/man1/ls.1.gz /usr/share/man/man1p/ls.1p.gz
you@host > whereis -b ls
/bin/ls
```

```
you@host > whereis -m ls
/usr/share/man/man1/ls.1.gz /usr/share/man/man1p/ls.1p.gz
```

Zuerst wurde der Pfad zum Programm ls ermittelt. Hierbei werden allerdings auch gleich die Pfade zu den man-Seiten mit ausgegeben. Wollen Sie nur den Pfad zum Binärprogramm erhalten, müssen Sie die Option -b verwenden. Wünschen Sie nur den Pfad zu den man-Seiten, so verwenden Sie die Option -m, wie im Beispiel gesehen.

zcat, zless, zmore – (seitenweise) Ausgabe von gunzip-komprimierten Dateien

Alle drei Funktionen haben dieselbe Funktionsweise wie Ihre Gegenstücke ohne »z«, nur dass hiermit gzip- bzw. gunzip-komprimierte Dateien gelesen und ausgegeben werden können, ohne dass diese dekomprimiert werden müssen. Auf manchen Systemen gibt es mit zgrep auch noch eine entsprechende grep-Version.

14.3 Verzeichnisorientierte Kommandos

basename – gibt den Dateianteil eines Pfadnamens zurück

basename liefert den Dateiname ohne den Pfadnamen zurück, indem dieser abgeschnitten wird. Geben Sie ein Suffix an, wird auch die Dateiendung abgeschnitten. basename wurde bereits in Abschnitt 9.3 behandelt.

cd – Verzeichnis wechseln

Das Shellkommando cd wird zum Wechseln des aktuellen Verzeichnisses verwendet. Wird kein Verzeichnis angegeben, wird in das Heimverzeichnis gewechselt. Das Kommando wurde bereits ausführlich in Abschnitt 1.7.3 beschrieben.

dircmp – Verzeichnisse rekursiv vergleichen

Mit dem Kommando dircmp vergleichen Sie zwei Verzeichnisse mit allen ihren Dateien und Unterverzeichnissen auf Gleichheit.

```
dircmp dir1 dir2
```

Auf der ersten Seite gibt dircmp die Dateinamen aus, die nur in einem der Verzeichnisse vorkommen. Auf der zweiten Seite werden die Dateinamen aufgelistet, die zwar in beiden Verzeichnissen vorhanden sind, aber unterschiedliche Inhalte aufweisen. Auf der dritten Seite werden alle Dateien mit dem gleichen

Inhalt aufgelistet. Die Namen der identischen Dateien können Sie mit der Option `-s` unterdrücken.

dirname – Verzeichnisanteil eines Pfadnamens zurückgeben

`dirname` ist das Gegenstück zu `basename` und gibt den Verzeichnisanteil zurück. Es wird hierbei also der Dateiname aus der absoluten Pfadangabe »ausgeschnitten«. `dirname` wurde bereits in Abschnitt 9.3 behandelt.

mkdir – ein Verzeichnis anlegen

Mit `mkdir` legen Sie ein leeres Verzeichnis an. Wollen Sie gleich beim Anlegen die Zugriffsrechte erteilen, können Sie dies mit der Option `-m` vornehmen:

```
you@host > mkdir -m 600 mydir
```

Wollen Sie ein neues Verzeichnis mitsamt Elternverzeichnissen anlegen, können Sie die Option `-p` verwenden:

```
you@host > mkdir doku/neu/buch
mkdir: kann Verzeichnis doku/neu/buch nicht anlegen:
       Datei oder Verzeichnis nicht gefunden
you@host > mkdir -p doku/neu/buch
```

Hinweis `mkdir` wurde bereits ausführlich in Abschnitt 1.7.3 behandelt.

pwd – Ausgeben des aktuellen Arbeitsverzeichnisses

Mit `pwd` lassen Sie das aktuelle Arbeitsverzeichnis ausgeben, in dem Sie sich gerade befinden.

rmdir – ein leeres Verzeichnis löschen

Mit der Funktion `rmdir` können Sie ein leeres Verzeichnis löschen. Nicht leere Verzeichnisse können Sie mit `rm -r` rekursiv löschen. Etwas, was `rm -r` allerdings nicht kann, ist Verzeichnisse zu löschen, für die kein Ausführrecht vorhanden ist. Irgendwie ist dies auch logisch, weil ja `rm` mit der Option `-r` im Verzeichnis enthalten sein muss. `rmdir` hingegen verrichtet hierbei seine Arbeit klaglos:

```
you@host > mkdir -m 600 mydir
you@host > rm -r mydir
rm: kann nicht aus Verzeichnis . in mydir wechseln:
    Keine Berechtigung
you@host > rmdir mydir
```

Hinweis Beide Befehle wurde bereits in den Abschnitten 1.7.2 (`rm`) und 1.7.3 (`rmdir`) behandelt.

14.4 Verwaltung von Benutzern und Gruppe

exit, logout – eine Session (Sitzung) beenden

Mit beiden Befehlen beenden Sie eine Shellsitzung (eine Textkonsole bzw. ein Shell-Fenster). Gleiches würde man auch mit [Strg]+[D] erreichen.

finger – Informationen zu anderen Benutzern abfragen

Mit `finger` können Sie detaillierte Informationen zu momentan angemeldeten Benutzern abfragen (ähnlich wie mit `who`, nur dass die Terminals nicht einzeln aufgelistet werden):

```
you@host > finger
Login      Name              Tty        Idle  Login Time   Where
john       Jonathan Wolf     3            2     Thu 02:31
tot        J.Wolf            :0         14d     Wed 22:30 console
you        Dr.No             2            2     Thu 02:31
```

Ohne irgendwelche Optionen gibt `finger` zu allen aktiven Benutzern eine Informationszeile aus. Geben Sie einen Benutzernamen ein, bekommen Sie eine detailliertere Auskunft (im Langformat):

```
you@host > finger you
Login: you                              Name:
Directory: /home/you                    Shell: /bin/bash
On since Thu Apr 21 02:31 (CEST) on tty2, idle 0:04
Mail last read Fri Feb 25 04:21 2005 (CET)
No Plan.
```

Natürlich können Sie auch zu allen anderen aktiven Benutzern dieses Langformat mit der Option `-l` ausgeben lassen. Wollen Sie einen Benutzer auf einem entfernten System suchen, müssen Sie »benutzername@hostname« für den Benutzer angeben.

groupadd, groupmod, groupdel – Gruppenverwaltung (distributionsabhängig)

Eine neue Gruppe können Sie mit `groupadd` anlegen:

```
groupadd [-g GID] gruppenname
```

Die ID einer Gruppe (gid) können Sie mit `groupmod` verändern:

```
groupmod [-g neueGID] gruppenname
```

Eine Gruppe wieder löschen können Sie mit `groupdel`:

```
groupdel gruppenname
```

groups – Gruppenzugehörigkeit ausgeben

Um alle Gruppen eines Benutzers zu ermitteln, wird `groups` verwendet. Wird `groups` ohne Angabe eines bestimmten Benutzers ausgeführt, werden alle Gruppen des aktuellen Benutzers ausgegeben.

id – eigene Benutzer- und Gruppen-ID ermitteln

Mit `id` können Sie die User- und Gruppen-ID eines Benutzers ermitteln. Geben Sie keinen bestimmten Benutzer an, so wird die UID und GID des aktuellen Benutzers ermittelt und ausgegeben.

last – An- und Abmeldezeit eines Benutzers ermitteln

Einen Überblick zu den letzten An- und Abmeldezeiten von Benutzern können Sie mit `last` erhalten:

```
you@host > last
john     tty3                          Thu Apr 21 02:31   still logged in
you      tty2                          Thu Apr 21 02:31   still logged in
tot      :0    console                 Wed Apr 20 22:30   still logged in
reboot   system boot  2.6.4-52-default Wed Apr 20 22:30  (04:42)
tot      :0    console                 Wed Apr 20 06:40 - 07:42  (01:02)
reboot   system boot  2.6.4-52-default Wed Apr 20 06:39  (01:03)
wtmp begins Wed Apr 20 05:26:11 2005
```

Wollen Sie nur die Login-Zeiten eines einzelnen Users ermitteln, so müssen Sie diesen als Argument angeben.

logname – Name des aktuellen Benutzers anzeigen

Mit `logname` erhalten Sie den Benutzernamen, der von getty in der Datei */var/run/utmp* gespeichert wird. Hierzu muss man allerdings auch in einem echten Terminal mit `getty` angemeldet sein. Unter einem Konsolenfenster wie dem `xterm` werden Sie hier keinen Namen erhalten.

newgrp – Gruppenzugehörigkeit kurzzeitig wechseln (betriebssystemspezifisch)

Mit `newgrp` kann ein Benutzer während einer Sitzung in eine andere Gruppe wechseln (in der er ebenfalls Mitglied ist). Wird keine Gruppe als Argument verwendet, wird in eine Standardgruppe von */etc/passwd* gewechselt. Als Argument wird der Gruppenname – wie dieser in */etc/group* eingetragen ist – erwartet, nicht die Gruppen-ID.

passwd – Passwort ändern bzw. vergeben

Mit dem Kommando `passwd` können Sie die Passwörter aller Benutzer in der Datei */etc/passwd* ändern. Damit hierbei wenigstens der Benutzer selbst (nicht root) die Möglichkeit hat, sein eigenes Passwort zu ändern, läuft `passwd` als SUID root. Damit hat der Anwender für kurze Zeit root-Rechte und kann somit sein Passwort ändern und darf in die Datei schreiben. Alle Passwörter darf nur root verändern.

```
linux:/home/you # passwd john
Changing password for john.
New password:********
Re-enter new password:********
Password changed
```

Wenn Sie der allmächtige root auf dem Rechner sind, haben Sie noch folgende Optionen, einen Benutzer mit den Passworteinstellungen zu verwalten:

Verwendung	Bedeutung
`passwd -l benutzername`	Den Benutzer sperren (`-l` = *lock*)
`passwd -f benutzername`	Den Benutzer dazu zwingen, beim nächsten Anmelden das Passwort zu verändern
`passwd -d benutzername`	Passwort eines Benutzers löschen (dannach kann sich ein Benutzer ohne Passwort anmelden, bspw. für eingeschränkte Test-Accounts geeignet)

Tabelle 14.10 Optionen für das Kommando passwd

Hinweis Diese Erläuterungen gelten zumindest für Linux. Unter FreeBSD bedeutet der Schalter `-l` z.B., dass das Passwort in der lokalen Passwortdatei geändert wird, in der Kerberos DB aber erhalten bleibt. Somit scheinen die Optionen von `passwd` betriebssystem- bzw. distributionsspezifisch zu sein. Hier sollte ein Blick in die man-Page für Klarheit sorgen.

useradd/adduser, userdel, usermod – Benutzerverwaltung (distributionsabhängig)

Einen neuen Benutzer anlegen können Sie mit `useradd` bzw. `adduser`:

```
# useradd testuser
 # passwd testuser
Changing password for testuser.
New password:********
Re-enter new password:********
Password changed
```

Die Eigenschaften eines Users können Sie mit `usermod` modifizieren.

```
# usermod -u 1235 -c "Test User" \
> -s /bin/bash -d /home/testdir testuser
```

Hier haben Sie z.B. einem User die ID 1235, den Kommentar bzw. Namen »Test User«, die Bash als Shell und als Verzeichnis */home/testdir* zugewiesen. Hierzu gibt es noch eine Menge Optionen mehr, die Sie mit `usermod` einstellen können (siehe auch man-Seite zu `usermod`).

Wollen Sie einen Benutzer wieder entfernen, können Sie dies mit `userdel` erreichen:

```
# userdel testuser
```

Beim Löschen wird eventuell noch überprüft, ob sich in *crontab* ein Eintrag für diesen User befindet. Dies ist sinnvoll, da der `cron`-Daemon sonst unnötig ins Leere laufen würde.

14

who – eingeloggte Benutzer anzeigen

Mit dem Kommando `who` werden alle angemeldeten Benutzer mitsamt dem Namen, der Login-Zeit und dem Terminal ausgegeben.

```
you@host > who
you      tty2         Apr 21 22:41
john     tty3         Apr 21 22:42
tot      :0           Apr 21 22:38 (console)
```

whoami – Name des aktuellen Benutzers anzeigen

Mit `whoami` können Sie ermitteln, unter welchem Namen Sie gerade arbeiten. Dies wird oft verwendet, um zu überprüfen, ob man als root oder »normaler« User arbeitet.

```
you@host > su
Password:********
linux:/home/you # whoami
root
linux:/home/you # exit
exit
you@host > whoami
you
```

14.5 Programm- und Prozessverwaltung

at – Kommando zu einem bestimmten Zeitpunkt ausführen lassen

Mit dem Kommando `at` können Sie ein Kommando zum angegebenen Zeitpunkt ausführen lassen, auch wenn der Benutzer zu diesem Zeitpunkt nicht angemeldet ist. Beispielsweise können Sie mit

```
at 2130 -f myscript
```

das Script »myscript« um 21:30 Uhr ausführen lassen. Natürlich lassen sich mehrere solcher zeitgesteuerten Kommandos einrichten. Jeder dieser `at`-Aufrufe wird an die at-Queue (`atq`) angehängt. Natürlich funktioniert dies auch mit Datum:

```
at 2200 apr 21 -f myscript
```

So würde das Script »myscript« am 2. April um 22 Uhr ausgeführt. Wollen Sie sich alle Aufträge der `atq` auflisten lassen, müssen Sie die Option `-l` verwenden:

```
at -l
```

Wollen Sie den Status des Auftrags mit der Nummer 33 anzeigen lassen, geben Sie Folgendes ein:

```
at -l 33
```

Soll dieser Auftrag gelöscht werden, so kann die Option `-d` verwendet werden:

```
at -d 33
```

batch – Kommando irgendwann später ausführen lassen

Mit `batch` lesen Sie Kommandos von der Kommandozeile, welche zu einem späteren Zeitpunkt ausgeführt werden, sobald das System Zeit hat. Dies wird bei extrem belasteten Rechnern gern verwendet, wenn man das Kommando bzw. Script zu einer Zeit ausführen lassen will, in der die Systemlast definitiv niedrig ist, und dies nicht nur zu vermuten ist. Die angegebenen Kommandos werden auch dann ausgeführt, wenn der Benutzer nicht angemeldet ist. Um `batch` auszuführen, muss auch hier der `at`-Daemon, der auch für das Kommando `at` verantwortlich ist, laufen.

```
you@host > batch
warning: commands will be executed using /bin/sh
at> ls -l
at> ./myscript
at> sleep 1
at> Strg+D
job 1 at 2005-04-21 23:30
```

Das Ende der Kommandozeileneingabe von `batch` müssen Sie mit Strg+D angeben.

bg – einen angehaltenen Prozess im Hintergrund fortsetzen

Mit dem Kommando `bg` können Sie einen (z.B. mit Strg+Z) angehaltenen Prozess im Hintergrund fortsetzen. `bg` wurde bereits in Abschnitt 8.7 behandelt.

cron/crontab – Programme in bestimmten Zeitintervallen ausführen lassen

Mit `cron` können Sie beliebig viele Kommandos automatisch in bestimmten Zeitintervallen ausführen lassen. Einmal pro Minute sieht dieser Dämon in einen Terminkalender (*crontab*) nach und führt gegebenenfalls darin enthaltene Kommandos aus. `cron` wurde bereits ausführlich in Abschnitt 8.8 behandelt.

fg – einen angehaltenen Prozess im Vordergrund fortsetzen

Mit dem Kommando `fg` können Sie einen (z.B. mit Strg+Z) angehaltenen Prozess im Vordergrund fortsetzen. `fg` wurde bereits in Abschnitt 8.7 behandelt.

jobs – Anzeigen angehaltener bzw. im Hintergrund laufender Prozesse

Mit `jobs` bekommen Sie eine Liste mit den aktuellen Jobs zurückgegeben. Neben der Jobnummer steht bei jedem Job der Kommandoname, der Status und eine Markierung. Die Markierung »+« steht für den aktuellen Job, »-« für den vorhergehenden Job. Das Kommando `job` wurde bereits in Abschnitt 8.7 behandelt.

kill – Signale an Prozesse mit einer Prozessnummer senden

Mit `kill` senden Sie den Prozessen durch Angabe der Prozessnummer ein Signal. Standardmäßig wird das Signal `SIGTERM` zum Beenden des Prozesses gesendet. Es lassen sich aber auch beliebige andere Signale senden. Das Signal wird dabei als Nummer oder als Name übermittelt. Einen Überblick zu den möglichen Signalnamen finden Sie mit der Option `-l`. Das Kommando `kill` wurde bereits ausführlicher in Abschnitt 7.2 beschrieben.

killall – Signale an Prozesse mit einem Prozessnamen senden

Der Name `killall` führt schnell in die Irre. Damit lassen sich nicht etwa alle Prozesse »killen«, sondern `killall` stellt eher eine Erleichterung für `kill` dar. Anstatt wie mit `kill` einen Prozess mit der Prozessnummer zu beenden bzw. ein Signal zu senden, kann mit `killall` der Prozessname verwendet werden. Was gerade bei unzählig vielen gleichzeitig laufenden Prozessen eine erhebliche Erleichterung darstellt, weil man hier nicht mühsam erst nach der Prozessnummer (z.B. mit dem Kommando `ps`) suchen muss. Ansonsten lässt sich `killall` ähnlich wie `kill` verwenden, nur dass der Signalname ohne das vorangestellte `SIG` angegeben wird. Eine Liste aller Signale erhalten Sie auch hier mit der Option `-l`.

```
you@host > sleep 60 &
[1] 5286
you@host > killall sleep
[1]+  Beendet                  sleep 60
```

nice – Prozesse mit anderer Priorität ausführen lassen

Mit `nice` können Sie veranlassen, dass ein Kommando mit einer niedrigeren Priorität ausgeführt wird.

```
nice [-n] kommando [argumente]
```

Für *n* können Sie dabei eine Ziffer angeben, um wie viel die Priorität verändert werden soll. Der Standardwert, falls keine Angabe erfolgt, lautet 10 (-20 ist die höchste und 19 die niedrigste Priorität). Prioritäten höher als 0 darf ohnehin nur root starten. Häufig wird man das Kommando mit `nice` im Hintergrund starten wollen.

```
nice find / -name document -print > /home/tmp/find.txt &
```

Hier wird mit `find` nach einer Datei »document« gesucht und die Ausgabe in die Datei *find.txt* geschrieben. Der Hintergrundprozess `find` wird dabei von `nice` mit einer niedrigen (10) Priorität gestartet. Dies stellt eine gängige Verwendung von `nice` dar.

nohup – Prozesse beim Beenden einer Sitzung weiterlaufen lassenHH

Mit `nohup` schützen Sie Prozesse vor dem HANGUP-Signal. Dadurch ist es möglich, dass ein Prozess im Hintergrund weiterlaufen kann, auch wenn sich ein Benutzer abmeldet. Ohne `nohup` würden sonst alle Prozesse einer Login-Shell des Anwenders durch das Signal `SIGHUP` beendet. Allerdings tritt dieses Verhalten nicht auf allen Systemen auf. Mehr zu `nohup` finden Sie in Abschnitt 8.4, wo dieses Kommando ausführlicher behandelt wurde.

ps – Prozessinformationen anzeigen

Hinweis `ps` ist eines dieser Kommandos, welches vollkommen unterschiedliche Optionen auf den unterschiedlichen Betriebssystemen bietet. Die folgenden Beschreibung bezieht sich daher auf Linux.

`ps` ist wohl das wichtigste Kommando für Systemadministratoren, um an Informationen zu aktiven Prozessen zu gelangen (neben `top`). Rufen Sie `ps` ohne irgendwelche Argumente auf, werden Ihnen die zum jeweiligen Terminal gestarteten Prozesse aufgelistet. Zu jedem Prozess erhalten Sie die Prozessnummer (PID), den Terminal-Namen (TTY), die verbrauchte Rechenzeit (TIME) und den Kommandonamen (COMMAND). Aber neben diesen Informationen lassen sich über Optionen noch viele weitere Informationen entlocken. Häufig verwendet wird dabei der Schalter `-e`, womit Informationen zu allen Prozessen zu gewinnen sind (also nicht nur zum jeweiligen Terminal), und ebenso der Schalter `-f`, womit Sie noch vollständigere Informationen bekommen:

```
you@host > ps -ef
UID        PID  PPID  C STIME TTY          TIME CMD
root         1     0  0 Apr21 ?        00:00:04 init [5]
root         2     1  0 Apr21 ?        00:00:00 [ksoftirqd/0]
root         3     1  0 Apr21 ?        00:00:00 [events/0]
root        23     3  0 Apr21 ?        00:00:00 [kblockd/0]
...
postfix   5942  2758  0 00:17 ?        00:00:00 pickup -l -t fifo -u
you       6270     1  0 00:26 ?        00:00:00 /opt/kde3/bin/kdesud
you       7256  3188  0 01:50 pts/36 00:00:00 ps -ef
```

14

Mittlerweile beinhaltet das Kommando ps unglaublich viele Optionen, die zum Teil systemabhängig sind, weshalb auf jeden Fall die man-Seite von ps zur Rate gezogen werden sollte. Häufig sucht man in der Liste von Prozessen nach einem bestimmten. Diesen können Sie folgendermaßen »herauspicken«:

```
you@host > ps -ef | grep kamix
tot       3171     1  0 Apr21 ?          00:00:00 kamix
```

Damit noch nicht zufrieden, will man gern auch gleich die Prozessnummer (PID) erhalten:

```
you@host > ps -ef | grep kamix | awk '{ print $2; exit }'
3171
```

Aber so umständlich muss dies nicht sein. Sie können hierzu auch pgrep (sofern vorhanden) verwenden.

pgrep – Prozesse über ihren Namen finden

Im Abschnitt zuvor wurde pgrep kurz angesprochen. Sofern Sie die Prozessnummer eines Prozessnamens benötigen, ist pgrep das Kommando der Wahl.

```
you@host > pgrep kamix
3171
```

pgrep liefert zu jedem Prozessnamen die Prozessnummer, sofern ein entsprechender Prozess gerade aktiv ist und in der Prozessliste (ps) auftaucht.

pstree – Prozesshierachie in Baumform ausgeben

Mit pstree können Sie die aktuelle Prozesshierarchie in Baumform ausgeben lassen. Ohne Angabe von Argumenten zeigt pstree alle Prozesse an, angefangen vom ersten Prozess *init* (PID=1). Geben Sie hingegen eine PID oder einen Loginnamen an, so werden nur die Prozesse des Benutzers oder der Prozessnummer hierarchisch angezeigt.

renice – Priorität laufender Prozesse verändern

Mit dem Kommando renice können Sie im Gegensatz zu nice die Priorität von bereits laufenden Prozessen verändern. Ansonsten gilt auch hier alles schon beim Kommando nice Gesagte. Das Kommando renice wurde bereits in Abschnitt 8.1 beschrieben.

Tipp für Linux Komfortabler können Sie die Priorität laufender Prozesse mit dem Kommando `top` verändern. Ein Tastendruck [R] fragt Sie nach der Prozessnummer und dem `nice`-Wert, von welchem Prozess Sie die Priorität verändern wollen.

sleep – Prozesse suspendieren (schlafen legen)

Mit `sleep` legen Sie einen Prozess für *n* Sekunden schlafen. Voreingestellt sind zwar Sekunden, aber über Optionen können Sie hierbei auch Minuten, Stunden oder gar Tage verwenden.

su – Ändern der Benutzerkennung (ohne Neuanmeldung)

Dieses Kommando wird irrtümlicherweise immer als ***SuperUser*** abgekürzt, heißt aber in Wirklichkeit ***SwitchUser***. `su` hat also zunächst überhaupt nichts mit dem »Superuser« (alias root) zu tun. Dieses Missverständnis resultiert daraus, dass die meisten Anwender dieses Kommando dazu verwenden, sich kurz die Root-Rechte (sofern diese vorhanden sind) anzueignen. Durch die Angabe ohne Argumente wird hierbei gewöhnlich auch nach dem Passwort des Superusers gefragt.

```
you@host > whoami
you
you@host > su
Password:********
linux:/home/you # whoami
root
linux:/home/you # exit
exit
you@host > whoami
you
you@host > su john
Password:********
you@linux:/home/john> whoami
john
you@linux:/home/john> exit
exit
```

`su` startet immer eine neue Shell mit der neuen Benutzer- (UID) und Gruppenkennung (GID). Wie bei einem neuen Login wird nach einem Passwort gefragt. Geben Sie keinen Benutzernamen an, versucht `su` zu UID 0 zu wechseln, was ja der Superuser ist. Sofern Sie »Superuser« sind, können Sie auch die Identität eines jeden Benutzers annehmen, ohne ein entsprechendes Passwort zu kennen.

sudo – Programm als anderer Benutzer ausführen

`sudo` ist ein Kommando, womit ein bestimmter Benutzer ein Kommando ausführen kann, wozu er normalerweise nicht die Rechte hat (bspw. für administrative Aufgaben). Dazu legt root gewöhnlich in der Datei */etc/sudoers* folgenden Eintrag ab:

```
john ALL=/usr/bin/kommando
```

Jetzt kann der User »john« das Kommando mit folgendem Aufruf starten:

```
you@host > sudo /usr/bin/kommando
Passwort: *********
```

Nachdem »john« sein Passwort eingegeben hat, wird das entsprechende Kommando ausgeführt, wozu er normalerweise ohne den Eintrag in */etc/sudoers* nicht im Stande wäre. Der Eintrag wird gewöhnlich mit dem Editor vi mit dem Aufruf `visudo` vorgenommen.

Natürlich können Sie als normaler Benutzer auch mittels `sudo` Programme unter einem anderen Login-Namen ausführen. Dies erledigen Sie mit folgendem Aufruf (hier bspw. das Kommando `whoami` ausgeführt):

```
you@host > whoami
you
you@host > sudo -u john whoami
Password:********
john
you@host >
```

Das Kommando `sudo` hat bei mir bis vor kurzem eine Art Schattendasein geführt. Wenn ich ein Kommando benötigt habe, dass root-Rechte erfordert, habe ich mich schnell mit `su` befördert. Mittlerweile allerdings, seitdem ich das immer beliebter werdende »(k)ubuntu« verwende, bei dem es gar keinen root mehr gibt, sondern `sudo` für solche Zwecke verwendet wird, hat sich das Kommando einen »Stammplatz« erobert. Darauf wollte ich kurz hinweisen, bevor Sie auf die Idee kommen, »(k)ubuntu« nochmals zu installieren, weil Sie vielleicht vermuten, irgendwo das root-Passwort vergessen zu haben. »(k)ubuntu« ist da einfach anders als andere Distributionen.

time – Zeitmessung für Prozesse

Mit `time` führen Sie das in der Kommandozeile angegebene Kommando bzw. Script aus und bekommen die Zeit, die dafür benötigt wurde zurück. Diese Zeit wird dabei aufgeteilt in die tatsächlich benötigte Zeit (real), die Rechenzeit im Usermodus (user) und diejenige im Kernelmodus (sys). Das Kommando `time` wurde bereits in Abschnitt 9.6 behandelt.

top – Prozesse nach CPU-Auslastung anzeigen (betriebssystemspezifisch)

Mit `top` bekommen Sie eine Liste der gerade aktiven Prozesse angezeigt. Die Liste wird nach CPU-Belastung sortiert. Standardmäßig wird `top` alle fünf Sekunden aktualisiert; beendet wird `top` mit [Q]. `top` kann aber noch mehr, als die Auslastung der einzelnen Prozesse anzuzeigen, beispielsweise können Sie mit dem Tastendruck [K] (kill) einem bestimmten Prozess ein Signal senden oder mit `r` (renice) die Priorität eines laufenden Prozesses verändern. Ein Blick auf die man-Seite von `top` bringt außerdem noch einen gewaltigen Überblick zu diesem auf den ersten Blick einfachen Kommando zum Vorschein.

14.6 Speicherplatzinformationen

df – Abfrage des benötigten Speicherplatzes für die Dateisysteme

`df` zeigt Ihnen den freien Festplattenplatz für das Dateisystem an, wenn Sie einen Pfad als Verzeichnis angegeben haben. Wird kein Verzeichnis angegeben, dann wird der freie Plattenplatz für alle montierten Dateisysteme angezeigt.

```
you@host > df
Dateisystem      1K-
Blöcke   Benutzt Verfügbar Ben% Eingehängt auf
/dev/hda6         15528224   2450788  13077436  16% /
tmpfs               128256        16    128240   1% /dev/shm
/dev/hda1         13261624   9631512   3630112  73% /windows/C
```

Die erste Spalte stellt hierbei den Montierpunkt da, gefolgt von der Anzahl 1K-Blöcken, dann wie viel Speicherplatz benutzt wird und anschließend, wie viel noch verfügbar ist. Die Prozentangabe gibt den prozentualen Wert der Plattennutzung an. Am Ende finden Sie noch die Gerätedatei, über die die Platte im Dateisystem eingehängt ist.

du – Größe eines Verzeichnisbaums ermitteln

du zeigt die Belegung (Anzahl von KByte-Blöcken) durch die Dateien an. In Verzeichnissen wird dabei die Belegung der darin enthaltenen Dateibäume ausgegeben. Um den Wert der Ausgabe zu steuern, können folgende Optionen verwendet werden:

Option	Bedeutung
-b	Ausgabe in Bytes
-k	Ausgabe in Kilobytes
-m	Ausgabe in Megabytes
-h	(*human-readable*) vernünftige Ausgabe in Byte, KB, MB oder GB

Tabelle 14.11 Optionen für das Kommando du

Häufig will man nicht, dass bei umfangreichen Verzeichnissen jede Datei einzeln ausgegeben wird, sondern nur die Gesamtzahl der Blöcke. Dann verwendet man den Schalter -s (man nutzt diesen praktisch immer).

```
you@host > du -s /home
582585  /home
you@host > du -sh /home
569M    /home
```

Wollen Sie nicht der kompletten Tiefe eines Verzeichnisses folgen, so können Sie sie auch mittels --max-depth=*n* festlegen:

```
you@host > du --max-depth=1 -m /home
519      /home/tot
25       /home/you
26       /home/john
569      /home
```

free – verfügbaren Speicherplatz (RAM und Swap) anzeigen (betriebssystemabhängig)

Den verfügbaren Speicherplatz (RAM und Swap-Speicher, also Arbeitsspeicher und Auslagerungsspeicher auf der Festplatte) können Sie sich mit free anzeigen lassen:

```
you@host > free
       total     used      free    shared   buffers    cached
Mem:  256516   253820      2696         0     38444     60940
Swap: 512024       24    512000
```

swap – Swap-Space anzeigen (nicht Linux)

Hiermit können Sie die Swap-Belegung (Auslagerungsspeicher) unter Nicht-Linux-Sytemen ermitteln.

14.7 Dateisystem-Kommandos

Bei den Kommandos zu den Dateisystemen handelt es sich häufig um Kommandos für Linux-Systeme, welche zumeist auch nur als root ausführbar sind. Aus Erfahrung weiß ich aber, dass man schnell gern mit root-Rechten spielt, um mit solchen Kommandos zu experimentieren. Hiervor möchte ich Sie aber warnen, sofern Sie nicht sicher sind, was Sie da tun. Mit zahlreichen dieser Kommandos verlieren Sie häufig nicht nur ein paar Daten, sondern können z.T. ein ganzes Dateisystem korrumpieren – was sich so weit auswirken kann, dass Ihr Betriebssystem nicht mehr startet.

badblocks – überprüft, ob ein Datenträger defekte Sektoren hat

Mit dem Kommando `badblocks` testen Sie den physischen Zustand eines Datenträgers. Dabei sucht `badblocks` auf einer Diskette oder Festplatte nach defekten Blöcken.

```
# badblocks -s -o block.log /dev/fd0 1440
```

Hier wird z.B. bei einer Diskette (1,44 MB) nach defekten Blöcken gesucht. Das Fortschreiten der Überprüfung wird durch die Option `-s` simuliert. Mit `-o` schreiben Sie das Ergebnis defekter Blöcke in die Datei *block.log*, welche wiederum von anderen Programmen verwendet werden kann, damit diese beschädigten Blöcke nicht mehr genutzt werden. Die Syntax sieht somit wie folgt aus:

```
badblocks [-optionen] gerätedatei [startblock]
```

Die »gerätedatei« ist der Pfad zum entsprechenden Speichermedium (bspw. */dev/hda1* = erste Festplatte). Es kann außerdem auch optional der »startblock« festgelegt werden, von dem mit dem Testen angefangen werden soll. Die Ausführung dieses Kommandos bleibt selbstverständlich nur dem Superuser überlassen.

cfdisk – Partitionieren von Festplatten

Mit `cfdisk` teilen Sie eine formatierte Festplatte in verschiedene Partitionen ein. Natürlich kann man auch eine bestehende Partition löschen oder eine vorhandene verändern (bspw. eine andere Systemkennung geben). Man kann mit `cfdisk` allerdings auch eine »rohe«, ganze Festplatte bearbeiten (nicht nur einzelne Partitionen). Die Gerätedatei ist also */dev/hda* für die erste IDE-Festplatte,

/dev/hdb für die zweite Festplatte, */dev/sda* für die erste SCSI-Festplatte, */dev/sdb* für die zweite SCSI-Festplatte ... usw.

Starten Sie `cfdisk`, werden alle gefundene Partitionen mitsamt deren Größe angezeigt. Mit den Pfeiltasten »nach-oben« und »nach-unten« können Sie sich hierbei eine Partition auswählen und mit den Pfeiltasten »nach-rechts« bzw. »nach-links« ein Kommando. Mit [Q] können Sie `cfdisk` beenden.

Achtung Selbstverständlich ist `cfdisk` nur als root ausführbar. Sollten Sie solche Rechte haben und ohne Vorwissen mit `cfdisk` herumspielen, ist Ihnen mindestens ein Datenverlust sicher. Wenn Sie Ihre Festplatte wirklich »zerschneiden« wollen, so sollten Sie vor dem Partitionieren die alte Partitionstabelle sichern. Im Fall eines Missgeschicks kann so die alte Partitionstabelle wieder hergestellt werden, wodurch auf die Daten dann noch zugegriffen werden kann.

dd – Datenblöcke zwischen Device (Low Level) kopieren (und konvertieren)

Mit `dd` können Sie eine Datei lesen und den Inhalt in einer bestimmten Blockgröße mit verschiedenen Konvertierungen zwischen verschiedenen Speichermedien (Festplatte, Diskette usw.) übertragen. Damit lassen sich neben einfachen Dateien auch ganze Festplattenpartitionen kopieren. Ein komplettes Backup kann mit diesem Kommando realisiert werden. Ein Beispiel:

```
# dd if=/dev/hda bs=512 count=1
```

Damit geben Sie den Bootsektor (nur als root möglich) auf dem Bildschirm aus. Wollen Sie jetzt auch noch ein Backup des Bootsektors auf einer Diskette sichern, dann gehen Sie folgendermaßen vor:

```
# dd if=/dev/hda of=/dev/fd0 bs=512 count=1
```

Bevor Sie jetzt noch weitere Beispiele zum mächtigen Werkzeug `dd` sehen werden, müssen Sie sich zunächst mit den Optionen vertraut machen – im Beispiel mit `if`, `of`, `bs` und `count` verwendet.

Option	Bedeutung
`if=`*Datei*	(input file) Hier gibt man den Namen der Eingabedatei (Quelldatei) an – ohne Angaben wird die Standardeingabe verwendet.

Tabelle 14.12 Optionen zur Steuerung des Kommandos dd

Option	Bedeutung
`of=`*Datei*	(output file) Hier kommt der Name der Ausgabedatei (Zieldatei) hin – ohne Angabe wird hier die Standardausgabe verwendet.
`ibs=`*Schritt*	(input block size) Hier wird die Blockgröße der Eingabedatei angegeben.
`obs=`*Schritt*	(output block size) Hier wird die Blockgröße der Ausgabedatei angegeben.
`bs=`*Schritt*	(block size) Hier legt man die Blockgröße für Ein- und Ausgabedatei fest.
`cbs=`*Schritt*	(conversion block size) Die Blockgröße für die Konvertierung wird bestimmt.
`skip=`*Blocks*	Hier können Sie eine Anzahl Blocks angeben, die von der Eingabe zu Beginn ignoriert werden sollen.
`seek=`*Blocks*	Hier können Sie eine Anzahl Blocks angeben, die von der Ausgabe am Anfang ignoriert werden sollen; unterdrückt am Anfang die Ausgabe der angegebenen Anzahl *Blocks*.
`count=`*Blocks*	Hier wird angegeben, wie viele Blöcke kopiert werden sollen.

Tabelle 14.12 Optionen zur Steuerung des Kommandos dd (Forts.)

Eine spezielle Option steht Ihnen mit `conv=`*Konvertierung* zur Verfügung. Folgende Konvertierungen sind dabei möglich:

Option	Konvertierung
`conv=ascii`	EBCDIC nach ASCII
`conv=ebcdic`	ASCII nach EBCDIC
`conv=ibm`	ASCII nach big blue special EBCDIC
`conv=block`	Es werden Zeilen in Felder mit der Größe `cbs` geschrieben und das Zeilenende wird durch Leerzeichen ersetzt. Der Rest des Feldes wird mit Leerzeichen aufgefüllt.
`conv=unblock`	Abschließende Leerzeichen eines Blocks der Größe `cbs` werden durch ein Zeilenende ersetzt.
`conv=lcase`	Großbuchstaben in Kleinbuchstaben
`conv=ucase`	Kleinbuchstaben in Großbuchstaben
`conv=swab`	Vertauscht je zwei Bytes der Eingabe. Ist die Anzahl der gelesenen Bytes ungerade, wird das letzte Byte einfach kopiert.
`conv=noerror`	Lesefehler werden ignoriert.
`conv=sync`	Füllt Eingabeblöcke bis zur Größe von `ibs` mit Nullen

Tabelle 14.13 Spezielle Optionen für Konvertierungen mit dem Kommando dd

Jetzt noch einige interessante Beispiel zu `dd`:

```
# dd if=/vmlinuz of=/dev/fd0
```

Damit kopieren Sie den Kernel (hier in »vmlinuz« – bitte anpassen) in den ersten Sektor der Diskette, welche als Bootdiskette verwendet werden kann.

```
# dd if=/dev/hda of=/dev/hdc
```

Mächtig, hiermit klonen Sie praktisch in einem Schritt die erste Festplatte am Master IDE-Kontroller auf die Festplatte am zweiten Master-Anschluss. Somit haben Sie auf */dev/hdc* denselben Inhalt wie auf */dev/hda*. Natürlich kann die Ausgabedatei auch ganz woanders hingeschrieben werden, bspw. auf einen DVD-Brenner, eine Festplatte am USB-Anschluss oder in eine Datei.

Achtung Zwar ist `dd` ein mächtigeres Werkzeug, als es hier vielleicht den Anschein hat, doch trotzdem sollten Sie gewarnt sein vor wirren `dd`-Aufrufen. Der Datensalat ist auch hier schneller entstanden als sonstwo. Daher benötigt man wieder die allmächtigen root-Rechte. Falls Sie größere Datenmengen mit `dd` kopieren, können Sie dem Programm von einer anderen Konsole aus mittels `kill` das Signal `SIGUSR1` senden, um `dd` zu veranlassen, den aktuellen Fortschritt auszugeben.

dd_rescue – fehlertolerantes Kopieren von Dateiblöcken

Falls Sie z.B. eine defekte Festplatte – oder eine Partition auf derselben – kopieren wollen, stößt `dd` schnell an seine Grenzen. Zudem ist beim Retten von Daten eines defekten Speichermediums die Geschwindigkeit wichtig, da das Medium weitere Fehler verursachen kann und somit weitere Dateien korrumpiert werden können. Ein Fehlversuch mit `dd` kann hier also fatale Folgen haben.

An dieser Stelle bietet sich `dd_rescue` an, welches inzwischen bei allen gängigen Linux-Distributionen mitgeliefert wird. Sie können damit – ähnlich wie mit `dd` – Dateiblöcke auf Low-Level-Basis auf ein anderes Medium kopieren. Als Zielort ist eine Datei auf einem anderen Speichermedium sinnvoll. Von diesem Abbild der defekten Festplatte können Sie eine Kopie erstellen, um das ursprüngliche Abbild nicht zu verändern, und in einem der Abbilder versuchen, das Dateisystem mittels `fsck` wieder zu reparieren. Ist dies gelungen, können Sie das Abbild wieder mit `dd_rescue` auf eine neue Festplatte kopieren.

Ein Beispiel:

```
# dd_rescue -v /dev/hda1 /mnt/rescue/hda1.img
```

In dem Beispiel wird die Partition */dev/hda1* in die Abbilddatei */mnt/rescue/hda1.img* kopiert.

dumpe2fs – zeigt Informationen über ein ext2/ext3-Dateisystem an

`dumpe2fs` gibt eine Menge interne Informationen zum Superblock und anderen Block-Gruppen zu einem ext2/ext3-Dateisystem aus (vorausgesetzt, dieses Dateisystem wird auch verwendet – logisch), zum Beispiel:

```
# dumpe2fs -b /dev/hda6
```

Mit der Option `-b` werden alle Blöcke von */dev/hda6* auf die Konsole ausgegeben, die als »schlecht« markiert wurden.

e2fsck – repariert ein ext2/ext3-Dateisystem

`e2fsck` überprüft ein ext2/ext3 Dateisystem und repariert den Fehler. Damit `e2fsck` verwendet werden kann, muss `fsck.ext2` installiert sein, welches das eigentliche Programm ist. `e2fsck` ist nur ein »Frontend« dafür.

```
e2fsck Gerätedatei
```

Mit der »Gerätedatei« geben Sie die Partition an, auf der das Dateisystem überprüft werden soll (was selbstverständlich wieder ein ext2/ext3-Dateisystem sein muss). Bei den Dateien, bei denen die Inodes in keinem Verzeichnis notiert sind, werden sie von `e2fsck` im Verzeichnis *lost+found* eingetragen und können so repariert werden. `e2fsck` gibt beim Überprüfen einen Exit-Code zurück, den Sie mit `echo $?` abfragen können. Folgende wichtigen Exit-Codes und deren Bedeutung können dabei zurückgegeben werden:

Exit-Code	Bedeutung
0	Kein Fehler im Dateisystem
1	Einen Fehler im Dateisystem gefunden und repariert
2	Schweren Fehler im Dateisystem gefunden und korregiert. Allerdings sollte das System neu gestartet werden.
4	Fehler im Dateisystem gefunden, aber nicht korregiert
8	Fehler bei der Kommandoausführung von `e2fsck`
16	Falsche Verwendung von `e2fsck`
128	Fehler in den Shared-Libraries

Tabelle 14.14 Exit-Codes des Kommandos e2fsck

Wichtige Optionen, die Sie mit `e2fsck` angeben können, sind:

Option	Bedeutung
`-p`	Alle Fehler automatisch reparieren ohne Rückfragen
`-c`	Durchsucht das Dateisystem nach schlechten Blöcken
`-f`	Erzwingt eine Überprüfung des Dateisystems, auch wenn der Kernel das System für OK befunden hat (valid-Flag gesetzt)

Tabelle 14.15 Optionen für das Kommando e2fsck

Hinweis Einige `fsck`-Versionen fragen nach, ob das Kommando wirklich ausgeführt werden soll. Bei der Antwort genügt der Anfangsbuchstabe »j« oder »y« als Antwort nicht, sondern es muss »yes« oder »ja« (je nach Fragestellung) eingegeben werden. Ansonsten bricht `fsck` an dieser Stelle kommentarlos ab.

fdformat – formatiert eine Diskette

Auch wenn viele Rechner mittlerweile ohne Diskettenlaufwerk ausgeliefert werden, wird das Diskettenlaufwerk immer wieder einmal benötigt (bspw. für eine Rettungsdiskette mit einem Mini-Linux). Mit dem Kommando `fdformat` formatieren Sie eine Diskette. Das Format wird dabei anhand vom Kernel gespeicherten Parametern erzeugt. Beachten Sie allerdings, dass die Diskette nur mit leeren Blöcken beschrieben wird und nicht mit einem Dateisystem. Zum Erstellen von Dateisystemen stehen Ihnen die Kommandos `mkfs`, `mk2fs` oder `mkreiserfs` für Linux-Systeme zur Verfügung.

```
fdformat Gerätedatei
```

fdisk – Partitionieren von Speichermedien

`fdisk` ist die etwas unkomfortablere Alternative gegenüber `cfdisk`, eine Festplatte in verschiedene Partitionen aufzuteilen, zu löschen oder gegebenenfalls zu ändern. Im Gegensatz zu `cfisk` können Sie hier nicht mit den Pfeiltasten navigieren und müssen einzelne Tastenkürzel verwenden. Allerdings hat `fdisk` den Vorteil, fast überall und immer präsent zu sein.

Noch ein Vorzug ist, dass `fdisk` nicht interaktiv läuft. Man kann es z.B. benutzen, um einen ganzen Schlag Festplatten automatisch zu formatieren. Das ist ganz praktisch, wenn man ein System identisch auf einer ganzen Anzahl Rechner installieren muss. Man installiert nur auf einem, erzeugt mit `dd` ein Image, erstellt sich ein kleines Script, bootet die anderen Rechner z.B. von

»damnsmall-Linux« (eine Mini-Distribution für u.a. den USB-Stick) und führt das Script aus, das dann per `fdisk` formatiert und per `dd` das Image des Prototypen installiert. Danach muss man nur noch die IP-Adresse und den Hostname anpassen, was Sie auch scriptgesteuert vornehmen können.

Einen komfortablen Überblick zu allen Partitionen auf allen Festplatten können Sie sich mit der Option `-l` anzeigen lassen:

```
linux:/home/you # fdisk -l
Platte /dev/hda: 30.0 GByte, 30005821440 Byte
16 Köpfe, 63 Sektoren/Spuren, 58140 Zylinder
Einheiten = Zylinder von 1008 * 512 = 516096 Bytes

 Gerät Boot    Start         End      Blocks   Id  System
/dev/hda1          1       26313    13261626    7  HPFS/NTFS
/dev/hda2      26314       58140    16040808    f  W95 Ext'd (LBA)
/dev/hda5      26314       27329      512032+  82  Linux Swap
/dev/hda6      27330       58140    15528712+  83  Linux
```

Zum Partitionieren starten müssen Sie `fdisk` mit der Angabe der Gerätedatei:

```
# fdisk /dev/hda
```

Die wichtigsten Tastenkürzel zur Partitionierung selbst sind:

Taste	Bedeutung
B	»bsd disklabel« bearbeiten
D	Eine Partition löschen
L	Die bekannten Dateisystemtypen anzeigen (Sie benötigen die Nummer)
M	Ein Menü mit allen Befehlen anzeigen
N	Eine neue Partition anlegen
P	Die Partitionstabelle anzeigen
Q	Ende ohne Speichern der Änderungen
S	Einen neuen leeren »Sun disklabel« anlegen
T	Den Dateisystemtyp einer Partition ändern
U	Die Einheit für die Anzeige/Eingabe ändern
V	Die Partitionstabelle überprüfen

Tabelle 14.16 Tastenkürzel zur Verwendung von fdisk

Taste	Bedeutung
W	Die Tabelle auf die Festplatte schreiben und das Programm beenden
X	Zusätzliche Funktionen (nur für Experten)

Tabelle 14.16 Tastenkürzel zur Verwendung von fdisk (Forts.)

Ansonsten gilt auch hier, Finger weg, wenn Sie nicht sicher sind, was Sie hier genau tun, es sei denn, Sie probieren dies alles an einem Testsystem aus.

fsck – Reparieren und Überprüfen von Dateisystemen

`fsck` ist ein unabhängiges Frontend zum Prüfen und Reparieren der Dateisystem-Struktur. `fsck` ruft gewöhnlich je nach Dateisystem das entsprechende Programm auf. Bei ext2/ext3 ist dies bspw. `fsck.ext2`, bei einem Minix-System `fsck.minix`, bei ReiserFS `reiserfsck` usw. Die Zuordnung des entsprechenden Dateisystems nimmt `fsck` anhand der Partitionstabelle oder durch eine Kommandozeilenoption vor. Die meisten dieser Programme unterstützen die Optionen `-a`, `-A`, `-l`, `-r`, `-s` und `-v`. Meistens wird hierbei die Option `-a -A` verwendet. Mit `-a` veranlassen Sie eine automatische Reparatur, sofern dies möglich ist, und mit `-A` geben Sie an, alle Dateisysteme zu testen, die in */etc/fstab* eingetragen sind.

`fsck` gibt beim Überprüfen einen Exit-Code zurück, den Sie mit `echo $?` abfragen können. Folgende wichtigen Exit-Codes und deren Bedeutung können dabei zurückgegeben werden:

Exit-Code	Bedeutung
0	Kein Fehler im Dateisystem
1	Einen Fehler im Dateisystem gefunden und repariert
2	Schweren Fehler im Dateisystem gefunden und korregiert. Allerdings sollte das System neu gestartet werden.
4	Fehler im Dateisystem gefunden, aber nicht korregiert
8	Fehler bei der Kommandoausführung von `fsck`
16	Falsche Verwendung von `fsck`
128	Fehler in den Shared-Libraries

Tabelle 14.17 Exit-Codes von fsck und ihre Bedeutung

Ganz wichtig ist es auch, `fsck` immer auf nicht eingebundene bzw. nur im read-only-Modus eingebundene Dateisysteme anzuwenden. Denn `fsck` kann sonst eventuell ein Dateisystem verändern (reparieren), ohne dass das System dies zu realisieren vermag. Ein Systemabsturz ist dann vorprogrammiert. Gewöhnlich wird `fsck` oder `reiserfsck` beim Systemstart automatisch ausgeführt, wenn eine Partition nicht sauber ausgebunden wurde oder nach jedem *n*-ten Booten. Wer mit einem ext2/ext3-Dateisystem arbeitet, kennt das wohl zu genüge, wenn `fsck` nach einem Systemabsturz beim Starten des Systems zunächst das komplette Dateisystem überprüft (Kaffee holen war angesagt).

mkfs – Dateisystem einrichten

Mit `mkfs` können Sie auf einer zuvor formatierten Festplatte bzw. Diskette ein Dateisystem anlegen. Wie schon `fsck` ist `mkfs` ein unabhängiges Frontend, das die Erzeugung des Dateisystems nicht selbst übernimmt, sondern auch hier das spezifische Programm zur Erzeugung des entsprechenden Dateisystems verwendet. Auch hierbei richtet sich `mkfs` wieder nach den Dateisystemen, die in der Partitionstabelle aufgelistet sind, oder gegebenenfalls nach der Kommandozeilenoption.

Abhängig vom Dateisystemtyp ruft `mkfs` dann das Kommando `mkfs.minix` (für Minix), `mk2fs` (für ext2/ext3), `mkreiserfs` (für ReiserFS) usw. auf.

```
mkfs [option] Gerätedatei [blöcke]
```

Für die »Gerätedatei« müssen Sie den entsprechenden Pfad angeben (bspw. */dev/hda1*). Es kann außerdem auch die Anzahl von Blöcken angegeben werden, die das Dateisystem belegen soll. Auch `mkfs` gibt einen Exit-Code über den Verlauf der Kommandoausführung zurück, den Sie mit `echo $?` auswerten können.

Exit-Code	Bedeutung
0	Alles erfolgreich durchgeführt
8	Ein Fehler bei der Programmausführung
16	Ein Fehler in der Kommandozeile

Tabelle 14.18 Exit-Codes von mkfs und ihre Bedeutung

Interessant ist auch noch die Option `-t`, womit Sie den Dateisystemtyp des zu erzeugenden Dateisystems selbst festlegen können. Ohne `-t` würde hier wieder versucht, das Dateisystem anhand der Partitionstabelle zu bestimmen. So erzeugen Sie bspw. mit

```
mkfs -f xiafs /dev/hda7
```

auf der Partition */dev/hda7* ein Dateisystem `xiafs` (alternativ zu ext2).

mkswap – eine Swap-Partition einrichten

Mit mkswap legen Sie eine Swap-Partition an. Diese können Sie z.B. dazu verwenden, schlafende Prozesse, die auf das Ende von anderen Prozessen warten, in die Swap-Partition der Festplatte auszulagern. So halten Sie Platz im Arbeitsspeicher für andere laufende Prozesse frei. Sofern Sie nicht schon bei der Installation die (gewöhnlich) vorgeschlagene Swap-Partiton eingerichtet haben (je nach Distribution), können Sie dies nachträglich mit dem Kommando mkswap vornehmen. Zum Aktivieren einer Swap-Partition müssen Sie das Kommando swapon aufrufen.

Ist Ihr Arbeitsspeicher wieder ausgelastet, können Sie auch kurzfristig solch einen Swap-Speicher einrichten. Ein Beispiel:

```
# dd bs=1024 if=/dev/zero of=/tmp/myswap count=4096
4096+0 Datensätze ein
4096+0 Datensätze aus
# mkswap -c /tmp/myswap 4096
Swapbereich Version 1 wird angelegt, Größe 4190 KBytes
# sync
# swapon /tmp/myswap
```

Zuerst legen Sie mit dd einen leere Swapdatei mit 4 Megabytes Größe mit Null-Bytes an. Anschließend verwenden Sie diesen Bereich als Swap-Datei. Nach einem Aufruf von sync müssen Sie nur noch den Swap-Speicher aktivieren. Wie dieser Swap-Bereich allerdings verwendet wird, haben Sie nicht in der Hand, sondern wird vom Kernel mit dem »Paging« gesteuert.

Hinweis Eine Datei, die als Swap-Bereich eingebunden wird, sollte nur genutzt werden, wenn keine Partition dafür zur Verfügung steht, da die Methode erheblich langsamer ist als eine Swap-Partition.

mount, umount – An- bzw. Abhängen eines Dateisystems

mount hängt einzelne Dateisysteme mit den verschiedensten Medien (Festplatte, CD-ROM, Diskette ...) an einen einzigen Dateisystembaum an. Die einzelnen Partitionen werden dabei als Gerätedateien im Ordner */dev* angezeigt. Rufen Sie mount ohne irgendwelche Argumente auf, werden alle »gemounteten« Dateisysteme aus */etc/mtab* aufgelistet. Auch hier bleibt es wieder root überlassen, ob ein Benutzer ein bestimmtes Dateisystem einbinden kann oder nicht. Hierzu muss nur ein entsprechender Eintrag in */etc/fstab* vorgenommen werden.

Einige Beispiele, wie verschiedene Dateisysteme eingehängt werden können:

Verwendung	Bedeutung
`mount /dev/fd0`	Hängt das Diskettenlaufwerk ein
`mount /dev/hda9 /home/you`	Hier wird das Dateisystem */dev/hda9* an der Verzeichnis */home/you* gemountet.
`mount goliath:/progs /home/progs`	Mountet ein Dateisystem per NFS von einem Rechner namens »goliath« und hängt diesen an das lokale Verzeichnis */home/progs*

Tabelle 14.19 Anwendungsbeispiele des Kommandos mount

Wollen Sie ein Dateisystem wieder aushängen, egal ob jetzt lokale oder entfernte Partitionen, dann nehmen Sie dies mit `umount` vor:

```
umount /dev/fd0
```

Hier wird das Diskettenlaufwerk aus dem Dateisystem ausgehängt.

Hinweis Wenn ein Eintrag für ein Dateisystem in der */etc/fstab* besteht, reicht es aus, `mount` mit dem *Device* oder dem Mountpoint als Argument aufzurufen: »`mount /dev/fd0`«.

parted – Partitionen anlegen, verschieben, vergrößern oder verkleinern

14

Mit `parted` können Sie nicht nur – wie mit `fdisk` bzw. `cfdisk` – Partitionen anlegen oder löschen, sondern auch vergrößern, verkleinern, kopieren und verschieben. `parted` wird gern verwendet, wenn man Platz auf der Festplatte schaffen will für ein neues Betriebssystem oder alle Daten einer Festplatte auf eine neue kopieren will. Mehr hierzu entnehmen Sie bitte der Manual-Seite von `parted`.

prtvtoc – Partitionstabellen ausgeben

Mit `prtvtoc` können Sie ähnlich wie unter Linux mit `fdisk` die Partitionstabelle einer Festplatte ausgeben. Dieses Kommando ist bspw. unter Solaris vorhanden.

swapon, swapoff – Swap-Datei oder Partition (de)aktivieren

Wenn Sie auf dem System eine Swap-Partition eingerichtet haben (siehe `mkswap`), existiert diese zwar, muss aber noch mit dem Kommando `swapon` aktiviert werden. Den so aktivierten Bereich können Sie jederzeit mit `swapoff` wieder aus dem laufenden System deaktivieren.

sync – alle gepufferten Schreiboperationen ausführen

Normalerweise verwendet Linux einen Puffer (Cache) im Arbeitsspeicher, worin sich ganze Datenblöcke eines Massenspeichers befinden. So werden Daten häufig temporär erst im Arbeitsspeicher verwaltet, da sich ein dauernd schreibender Prozess äußerst negativ auf die Performance des Systems auswirken würde. Stellen Sie sich das einmal bei 100 Prozessen vor! Gewöhnlich übernimmt ein *Daemon* die Arbeit und entscheidet, wann die veränderten Datenblöcke auf die Festplatte geschrieben werden.

Mit dem Kommando `sync` können Sie nun veranlassen, dass veränderte Daten sofort auf die Festplatte (oder auch jeden anderen Massenspeicher) geschrieben werden. Dies kann häufig der letzte Rettungsanker sein, wenn das System sich nicht mehr richtig beenden lässt. Können Sie hierbei noch schnell ein `sync` ausführen, werden alle Daten zuvor nochmals gesichert und der Datenverlust kann eventuell ganz verhindert werden.

14.8 Archivierung und Backup

bzip2/bunzip2 – (De-)Komprimieren von Dateien

`bzip2` ist dem Kommando `gzip` nicht unähnlich, nur dass `bzip2` einen besseren Komprimierungsgrad als `gzip` erreicht. `bzip` arbeitet mit dem *Burrows-Wheeler Block-Sorting*-Algorithmus, der den Text zwar nicht komprimiert, aber leichter komprimierbar macht, sowie mit der Huffman-Kodierung. Allerdings ist die Kompression mit `bzip2` erheblich besser, aber dafür auch erheblich langsamer, sofern die Geschwindigkeit eine Rolle spielen sollte. Alle Dateien, die mit `bzip2` komprimiert werden, bekommen automatisch die Dateiendung ».bz2«. TAR-Dateien, die mit `bzip2` komprimiert werden, erhalten üblicherweise die Endung ».tbz«. Die »2« hinter `bzip2` bzw. `bunzip2` kam dadurch, dass der Vorgänger `bzip` lautete, der allerdings aus patentrechtlichen Gründen nicht mehr weiterentwickelt wurde. Komprimieren können Sie Dateien mit `bzip2` folgendermaßen:

```
you@host > bzip2 file.txt
```

Entpacken können Sie die komprimierte Datei wieder mit der Option `-d` und `bzip2` oder mit `bunzip2`.

```
you@host > bzip2 -d file.txt.bz2
```

oder

```
you@host > bunzip2 file.txt.bz2
```

Sie können gern `bzip2` mit der Option `-d` bevorzugen, weil `bunzip2` wieder nichts anderes ist als ein Link auf `bzip2`, wobei allerdings automatisch die Option `-d` verwendet wird:

```
you@host > which bunzip2
/usr/bin/bunzip2
you@host > ls -l /usr/bin/bunzip2
lrwxrwxrwx  1 root root 5  /usr/bin/bunzip2 -> bzip2
```

Interessant in diesem Zusammenhang ist auch das Kommando `bzcat`, womit Sie `bzip2`-komprimierte Dateien lesen können, ohne diese vorher zu dekomprimieren.

```
you@host > bzcat file.txt.bz2
...
```

compress/uncompress – (De-)Komprimieren von Dateien

`compress` zum Komprimieren und `uncompress` zum Dekomprimieren wird heute zwar kaum noch verwendet, aber man sollte beide aus Kompatibilitätsgründen hier doch einmal erwähnen, falls Sie einmal auf ein Uralt-Archiv stoßen, bei dem die Dateien mit einem ».Z« enden. `compress` beruht auf einer älteren Version des *Lempel-Ziv*-Algorithmus.

cpio, afio – Dateien und Verzeichnisse archivieren

`cpio` (*copy in and out*) eignet sich hervorragend, um ganze Verzeichnisbäume zu archivieren. Etwas ungewöhnlich auf de ersten Blick ist, dass `cpio` die zu archivierenden Dateien nicht von der Kommandozeile, sondern von der Standardeingabe liest. Häufig wird daher `cpio` in Verbindung mit den Kommandos `ls` oder `find` und einer Pipe verwendet. Damit ist es möglich, ein spezielles Archiv zu erzeugen, das den Eigentümer, die Zugriffsrechte, die Erzeugungszeit, die Dateigröße usw. berücksichtigt. Gewöhnlich wird `cpio` in drei verschiedenen Arten aufgerufen.

copy out

Diese Art wird mit der Option `-o` bzw. `--create` verwendet. So werden die Pfadnamen der zu kopierenden Dateien von der Standardeingabe eingelesen und auf die Standardausgabe kopiert. Dabei können Dinge, wie etwa der Eigentümer, die Zugriffsrechte, die Dateigröße etc., berücksichtigt bzw. ausgegeben werden. Gewöhnlich verwendet man *copy out* mit einer Pipe und einer Umlenkung:

```
you@host > cd Shellbuch
you@host > ls
Kap003.txt   kap005.txt~  Kap008.txt   Kap010.txt~  Kap013.txt
Kap001.doc   Kap003.txt~  Kap006.txt   Kap008.txt~  Kap011.txt
Kap013.txt~  Kap001.sxw   kap004.txt   Kap006.txt~  Kap009.txt
Kap011.txt~  Kap014.txt   Kap002.doc   kap004.txt~  Kap007.txt
Kap009.txt~  Kap012.txt   Kap014.txt~  Kap002.sxw   kap005.txt
Kap007.txt~  Kap010.txt   Kap012.txt~  Planung_und_Bewerbung
chm_pdf
you@host > ls *.txt | cpio -o > Shellbuch.cpio
1243 blocks
```

Hier wurden z.B. alle Textdateien im Verzeichnis *Shellbuch* zu einem `cpio`-Archiv (*Shellbuch.cpio*) gepackt. Allerdings konnten hier nur bestimmte Dateien erfasst werden. Wollen Sie ganze Verzeichnisbäume archivieren, dann verwenden Sie das Kommando `find`:

```
you@host > find $HOME/Shellbuch -print | cpio
   -o > Shellbuch.cpio
cpio: ~/Shellbuch: truncating inode number
cpio: ~/Shellbuch/Planung_und_Bewerbung: truncating inode number
cpio: ~/Shellbuch/chm_pdf: truncating inode number
130806 blocks
```

Natürlich können Sie hierbei mit `find`-üblichen Anweisungen nur bestimmte Dateien archivieren. Ebenso lassen sich Dateien auch auf ein anderes Laufwerk archivieren:

```
you@host > ls -a | cpio -o > /dev/fd0
```

Hier wurden beispielsweise alle Dateien des aktuellen Verzeichnisses auf die Diskette kopiert. Dabei können Sie genauso gut einen Streamer, eine andere Festplatte oder gar einen anderen Rechner verwenden.

copy in

Wollen Sie das mit `cpio -o` erzeugte Archiv wieder entpacken bzw. zurückspielen, so wird `cpio` mit dem Schalter `-i` bzw. `--extract` verwendet. Damit liest `cpio` die archivierten Dateien von der Standardeingabe ein. Es ist sogar möglich, hierbei reguläre Ausdrücke zu verwenden. Mit folgender Befehlsausführung entpacken Sie das Archiv wieder:

```
you@host > cpio -i < Shellbuch.cpio
```

Wollen Sie nicht das komplette Archiv entpacken, sondern nur bestimmte Dateien, können Sie dies mit einem regulären Ausdruck wie folgt angeben:

```
you@host > cpio -i "*.txt" < Shellbuch.cpio
```

Hier entpacken Sie nur Textdateien mit der Endung ».txt«. Natürlich funktioniert das Ganze auch mit den verschiedensten Speichermedien:

```
you@host > cpio -i "*.txt" < /dev/fd0
```

Hier werden alle Textdateien von einer Diskette entpackt. Allerdings werden die Dateien immer ins aktuelle Arbeitsverzeichnis zurückgespielt, sodass Sie den Zielort schon zuvor angeben müssen, zum Beispiel:

```
you@host > cd $HOME/Shellbuch/testdir ; \
> cpio -i < /archive/Shellbuch.cpio
```

Hier wechseln Sie zunächst in entsprechendes Verzeichnis, wo Sie anschließend das Archiv entpacken wollen. Wollen Sie außerdem erst wissen, was Sie entpacken, also was sich in einem `cpio`-Archiv für Dateien befinden, müssen Sie `cpio` nur mit der Option `-t` verwenden:

```
you@host > cpio -t < Shellbuch.cpio
...
```

copy pass

Mit *copy pass* werden die Dateien von der Standardeingabe gelesen und in ein entsprechendes Verzeichnis kopiert, ohne dass ein Archiv erzeugt wird. Hierzu wird die Option `-p` eingesetzt. Voraussetzung ist natürlich, dass ein entsprechendes Verzeichnis existiert. Wenn nicht, können Sie zusätzlich die Option `-d` verwenden, womit dann ein solches Verzeichnis erzeugt wird.

```
you@host > ls *.txt | cpio -pd /archive/testdir2
```

Hiermit werden aus dem aktuellen Verzeichnis alle Textdateien in das Verzeichnis *testdir2* kopiert. Der Aufruf entspricht demselben wie:

```
you@host > cp *.txt /archive/testdir2
```

Einen ganzen Verzeichnisbaum des aktuellen Arbeitsverzeichnisses könnten Sie somit mit folgendem Aufruf kopieren:

```
you@host > find . -print | cpio -pd /archiv/testdir3
```

afio

`afio` bietet im Gegensatz zu `cpio` die Möglichkeit, die einzelnen Dateien zu komprimieren. Somit stellt `afio` eine interessante `tar`-Alternative dar (für jeden, der `tar` mit seinen typischen Optionsparametern nicht mag). `afio` komprimiert die einzelnen Dateien noch, bevor Sie in ein Archiv zusammengefasst werden. Ein einfaches Beispiel:

```
you@host > ls *.txt | afio -o -Z Shellbook.afio
```

Sie komprimieren zunächst alle Textdateien im aktuellen Verzeichnis und fassen dies dann in das Archiv *Shellbook.afio* zusammen. Die Platzeinsparung im Vergleich zu `cpio` ist beachtlich:

```
you@host > ls -l Shellbook*
-rw-------  1 tot users 209920 2005-04-24 14:59 Shellbook.afio
-rw-------  1 tot users 640512 2005-04-24 15:01 Shellbook.cpio
```

Entpacken können Sie das Archiv wieder wie bei `cpio` mit dem Schalter `-i`:

```
you@host > afio -i -Z Shellbook.afio
```

crypt – Dateien verschlüsseln

Mit dem Kommando `crypt` wird ein ver-/entschlüsselnder Text von der Standardeingabe gelesen, um diesen wieder ver-/entschlüsselnd auf die Standardausgabe auszugeben.

```
crypt 32asdf32 < file.txt > file.txt.crypt
```

Hier wird beispielsweise die Datei *file.txt* eingelesen. Zum Verschlüsseln wurde das Passwort »32asdf32« verwendet. Der verschlüsselte, nicht mehr lesbare Text wird nun unter *file.txt.crypt* gespeichert. Jetzt sollte die Datei *file.txt* gelöscht werden.

Wenn es um wichtige Daten geht, sollte man auch dafür sorgen, dass diese nicht wieder sichtbar gemacht werden können. Zuerst mit Zufallsdaten überschreiben und dann löschen – natürlich ein Fall für `awk`:

```
you@host > dd if=/dev/urandom of=file.txt bs=1 \
> count=`wc -c file.txt | awk '{ print $1 }'`; rm file.txt
```

Die Datei *file.txt.crypt* können Sie mit

```
crypt 32asdf32 < file.txt.crypt > file.txt
```

wieder entschlüsseln. Wenn Sie das Passwort vergessen haben, dann werden Sie wohl ein großes Problem haben, die Verschlüsselung zu knacken.

Hinweis Beachten Sie bitte die Gesetzeslage zur Verschlüsselung in Ihrem Heimatland. Kryptographie ist inzwischen in einigen Ländern verboten. So darf man in Frankreich zum Beispiel kein PGP einsetzen. `crypt` gilt übrigens nicht wirklich als »starke« Kryptographie, da gibt es »Härteres«. Was nicht heißen soll, dass das so einfach knackbar wäre. Ich wüsste noch nicht einmal, ob es überhaupt knackbar ist.

dump/restore bzw. ufsdump/ufsrestore – Vollsicherung bzw. Wiederherstellen eines Dateisystems

Mit `dump` und `restore` (unter Solaris als `ufsdump` und `ufsrestore` bekannt) werden nicht einzelne Dateien oder Verzeichnisse ausgelesen, sondern das komplette Dateisystem. Da hierbei blockweise ausgelesen und auch wieder zurückgeschrieben wird, entsteht ein ziemlicher Geschwindigkeitsvorteil. Nebenbei wird außerdem vor den eigentlichen Daten noch ein Inhaltsverzeichnis erstellt, was Sie zum Wiederherstellen mit `restore` verwenden können, um einzelne Dateien auszuwählen, die wieder hergestellt werden sollen (sehr elegant diese interaktive Rücksicherung).

Hinweis Da `dump` ein komplettes Dateisystem sichert, sollten Sie sicher sein, dass sich dieses in einem stabilen Zustand befindet. Denn ist das Dateisystem inkonsistent und Sie führen einen `dump` aus und wollen diesen `dump` irgendwann wieder einspielen, so spielen Sie auch sämtliche Instabiltäten mit ein. Daher empfiehlt sich als sicherster Weg der Single-User-Mode zum »Dumpen«.

Eine feine Sache sind auch die Dump-Levels, welche einfache inkrementelle Backups erlauben. Dazu verwendet man ein Backup-Level zwischen 0 bis 9. 0 steht hierbei für ein Full-Backup und alle anderen Zahlen sind inkrementelle Backups. Dabei werden immer nur die Dateien gesichert, die sich seit dem letzten Backup verändert haben – sprich dessen Level kleiner oder gleich dem aktuellen war. Geben Sie bspw. einen Level-2-Backup-Auftrag mit `dump` an, so werden alle Dateien gesichert, die sich seit dem Level 0, 1, 2 und 3 verändert haben.

Die Syntax zu dump/usfdump:

```
dump -[0-9][u]f Archiv Verzeichnis
```

In der Praxis schreiben Sie bspw. Folgendes:

```
dump -0uf /dev/rmt/1 /
```

Damit führen Sie ein komplettes Backup des Dateisystems durch. Alle Daten werden auf ein Band */dev/rmt/1* gesichert. Dieses Full-Backup müssen Sie zum Glück nur beim ersten Mal vornehmen (können es aber selbstverständlich immer durchführen), was gerade bei umfangreichen Dateisystemen Zeit raubend ist. Wollen Sie beim nächsten Mal jetzt immer die Dateien sichern, die sich seit dem letzten Dump-Level verändert haben, so müssen Sie nur den nächsten Level angeben:

```
dump -1uf /dev/rmt/1 /
```

Hierbei lassen sich richtige dump-Strategien einrichten, z.B. einmal in der Woche mit einem Shellscript einen Full-Backup-dump mit Level 0. In den darauf folgenden Tagen können Sie bspw. den Dump-Level jeweils um den Wert 1 erhöhen.

Damit die Dump-Levels auch tadellos funktionieren, wird die Datei */etc/dumpdates* benötigt, worin das Datum der letzten Sicherung gespeichert wird. Gewöhnlich müssen Sie diese Datei vor dem ersten inkrementellen Dump mittels »touch /etc/dumdates« anlegen. Damit dies auch mit dem dump-Aufruf klappt, wird die Option -u verwendet. Mit dieser Option wird das aktuelle Datum in der Datei */etc/dumpdates* vermerkt. Die Option -u ist also sehr wichtig, wenn ein inkrementelles »Dumpen« funktionieren soll. Außerdem wurde die Option -f *dateiname* für die Standardausgabe verwendet. Fehlt diese Option, dann wird auf die Umgebungsvariable TAPE und letztlich auf einen einkompilierten »Standard« zurückgegriffen. Zwangsläufig müssen Sie also einen dump nicht auf ein Tape vornehmen (auch wenn dies ein häufiger Einsatz ist), sondern können auch mit der Angabe von -f eine andere Archiv-Datei nutzen:

```
dump -0f /pfadzumArchiv/archiv_usr.121105 /usr
```

Hier wird bspw. das Verzeichnis */usr* in einer Archiv-Datei gesichert.

Zum Wiederherstellen bzw. Zurücklesen von mit dump/ufsdump gesicherten Daten wird restore verwendet. Die Syntax von restore ähnelt der des Gegenstücks dump – allerdings findet man hier weitere Optionen für den Arbeitsmodus:

Option	Bedeutung
`i`	Interaktives Rückspielen (*interactive*)
`r`	Wiederherstellen eines Dateisystems (*rebuild*)
`t`	Auflisten des Inhalts (*table*)
`x`	Extrahieren einzelner, als zusätzliche Argumente aufgeführter Dateien (*extract*). Verzeichnisse werden dabei rekursiv ausgepackt.

Tabelle 14.20 Optionen für das Kommando restore/ufsrestore

So können Sie zum Beispiel das */usr*-Dateisystem folgendermaßen mit `restore` wieder zurücksichern:

```
# cd /usr
# restore rf /pfadzumArchiv/archiv_usr.121105
```

Wichtiges zu `dump` und `restore` noch zum Schluss. Da diese Werkzeuge auf einer Dateisystemebene arbeiten, ist die »Portabilität« der Archive recht unzuverlässig. Bedenken Sie, dass Sie unter Linux häufig einen `dump` auf ext2/ext3-Ebene durchführen und unter Solaris mit `ufsdump` eben auf UFS-Ebene. Sie können also nicht mal eben einen `dump` auf einem anderen Rechner vornehmen, bei dem bspw. als Dateisystem ext2 verwendet wurde, und diesen auf einen Rechner mit UFS als Dateisystem einspielen. Zwar klappt dies manchmal, wie bspw. zwischen Linux (ext2) und FreeBSD (UFS), doch leider kann man hierbei keine generelle Aussage treffen. Also sollten Sie sich mit den Dateisystemen schon sehr gut auskennen, um hier mit `dump` und `restore` zu experimentieren!

Des Weiteren benötigt `dump` zum Erstellen eines kompletten Indexes des Dateisystems eine Menge Arbeitsspeicher. Bei einem kleinen Hauptspeicher sollten Sie den Swap-Bereich erheblich vergrößern.

gzip/gunzip – (De-)Komprimieren von Dateien

`gzip` komprimiert Dateien und fügt am Ende des Dateinamen die Endung ».gz« an. Die Originaldatei wird hierbei durch die komprimierte Datei ersetzt. `gzip` basiert auf dem *deflate*-Algorithmus, der eine Kombination aus *LZ77* und *Huffman*-Kodierung ist. Der Zeitstempel einer Datei und auch die Zugriffsrechte bleiben beim Komprimieren und auch beim Entpacken mit `gunzip` erhalten.

Hinweis Sofern Sie Software-Entwickler in bspw. C sind und Datenkompression verwenden wollen, sollten Sie sich die Bibliothek `zlib` ansehen. Diese Bibliothek unterstützt das `gzip`-Dateiformat.

Komprimieren können Sie eine oder mehrere Datei(en) ganz einfach mit:

```
you@host > gzip file1.txt
```

Und Dekomprimieren geht entweder mit `gzip` und der Option `-d`

```
you@host > gzip -d file1.txt.gz
```

oder mit `gunzip`:

```
you@host > gunzip file1.txt.gz
```

Wobei `gunzip` hier kein symbolischer Link ist, sondern ein echtes Kommando. `gunzip` kann neben `gzip`-Dateien auch Dateien dekomprimieren, die mit `zip` (*eine_Datei*), `compress` oder `pack` komprimiert wurden.

Wollen Sie, dass beim (De-)Komprimieren nicht die Originaldatei berührt wird, so müssen Sie die Option `-c` verwenden:

```
you@host > gzip -c file1.txt > file1.txt.gz
```

Dies können Sie ebenso mit `gunzip` anwenden:

```
you@host > gunzip -c file1.txt.gz > file1_neu.txt
```

Damit lassen Sie die `gzip`-komprimierte Datei *file1.txt.gz* unberührt und erzeugen eine neue dekomprimierte Datei *file1_neu.txt*. Selbiges können Sie auch mit `zcat` erledigen:

```
you@host > zcat file1.txt.gz > file1_neu.txt
```

mt – Streamer steuern

Mit `mt` können Magnetbänder vor- oder zurückgespult, positioniert und gelöscht werden. `mt` wird häufig in Shellscripts in Verbindung mit `tar`, `cpio` oder `afio` verwendet, weil jedes der Kommandos zwar auf Magnetbänder schreiben kann, aber diese nicht steuern können. So wird `mt` wie folgt in der Praxis verwendet:

```
mt -f tape befehl [nummer]
```

Mit »tape« geben Sie den Pfad zu Ihrem Bandlaufwerk an und mit »nummer«, wie oft »befehl« ausgeführt werden soll. Hierzu die gängigsten Befehle, die dabei eingesetzt werden:

Befehl	Bedeutung
`eom`	Band bis zum Ende der letzten Datei spulen. Ab hier kann mit `tar`, `cpio` und `afio` (oder gar `dump/ufsdump`) ein Backup aufgespielt werden.
`fsf` *Anzahl*	Das Band um »Anzahl« Archive (Dateiendemarken) vorspulen. Nicht gleichzusetzen mit der letzten Datei (`eom`).
`nbsf` *Anzahl*	Das Band um »Anzahl« Archive (Dateiendemarken) zurückspulen
`rewind`	Das Band an den Anfang zurückspulen
`status`	Statusinformationen vom Magnetlaufwerk ermitteln und ausgeben (bspw. ist ein Band eingelegt oder nicht)
`erase`	Das Band löschen und initialisieren
`retension`	Das Band einmal ans Ende spulen und wieder zum Anfang zurück, um es neu zu »spannen«
`offline`	Band zum Anfang zurückspulen und auswerfen

Tabelle 14.21 Befehle für das Kommando mt

pack/unpack – (De-)Komprimieren von Dateien

Diese beiden Programme werden nur noch der Vollständigkeit erwähnt und sind mittlerweile von älteren Semestern. Eine mit `pack` komprimiert Datei hat die Endung ».z« und kann mit `unpack` (oder `gunzip`) wieder entpackt werden.

tar – Dateien und Verzeichnisse archivieren

`tar` (*tape archiver*) wurde ursprünglich zur Verwaltung von Bandarchiven verwendet. Mittlerweile aber wird `tar` auch auf Disketten oder normale Dateien oder Verzeichnisse angewendet. Das Kommando wird zur Erstellung von Sicherungen bzw. Archiven sowie zu ihrem Zurückladen genutzt.

```
tar funktion [optionen] [datei(en)]
```

Mit »funktion« geben Sie an, wie die Erstellung bzw. das Zurückladen von Archiven erfolgen soll. Mit »datei(en)« bestimmen Sie, welche Dateien oder Dateibäume herausgeschrieben oder wieder eingelesen werden sollen. Gibt man hierbei ein Verzeichnis an, so wird der gesamte darin enthaltene Dateibaum verwendet. Gewöhnlich werden Archive mittels `tar` nicht komprimiert, aber auch hier kann man mit `tar` die Ein- und Ausgabe durch einen Kompressor leiten. Neuere Versionen unterstützen sowohl `compress` als auch `gzip` und `bzip2`, das inzwischen einen recht hohen Stellenwert hat. Das gilt auch nicht nur für GNU-`tar`.

`tar` (besonders GNU-`tar`) ist gewaltig, was die Anzahl von Funktionen und Optionen betrifft. Da `tar` eigentlich zu einem sehr beliebten Archivierungswerkzeug gehört, sollen hierbei auch mehrere Optionen und Funktionen erwähnt werden.

Hinweis Um mich hier nicht auf einen Glaubenskrieg von tar-Fanatikern einzulassen (die gibt es wirklich), sei erwähnt, dass es viele `tar`-Versionen gibt (GNU-`tar`, `star`, `bsdtar`, usw.). Gewöhnlich reicht für den Normalanwender GNU-`tar` aus – aber es gibt auch Anwender, die auf `star` schwören, was in punkto Funktionsumfang der »Overkill« ist. Ich mache es mir hier jetzt einfach, indem ich darauf hinweise, dass die Funktionen, die gleich folgen werden, nicht von allen `tar`-Versionen unterstützt werden (wohl aber von GNU-`tar`).

Hierzu die Optionen, womit Sie die Funktion von `tar` festlegen (es darf bei den 1-Zeichen-Funktionen auch das führende – weggelassen werden):

Option	Bedeutung
`-A`	Hängt ein komplettes Archiv an ein zweites vorhandenes Archiv an (oder fügt es auf dem Band hinten an)
`-c`	Erzeugt ein neues Archiv
`-d`	Vergleicht die im Archiv abgelegten Dateien mit den angegebenen Dateien
`--delete` *Datei(en)*	Löscht die angegebenen »Datei(en)« aus dem Archiv (nicht für Magnetbänder)
`-r`	Erwähnte Dateien werden ans Ende von einem bereits existierenden Archiv angehängt (nicht für Magnetbänder)
`-t`	Zeigt den Inhalt eines Archivs an
`-u`	Benannte Dateien werden nur dann ins Archiv aufgenommen, wenn diese neuer als die bereits archivierten Versionen oder noch überhaupt nicht im Archiv vorhanden sind (nicht für Magnetbänder).
`-x`	Bestimmte Dateien sollen aus einem Archiv gelesen werden; werden keine Dateien erwähnt, werden alle Dateien aus dem Archiv extrahiert.

Tabelle 14.22 Optionen für das Kommando tar

Hierzu gibt es noch einige Zusatzoptionen. Die Gängigsten sind:

Option	Bedeutung
`-f` *Datei*	Benutzt »Datei« oder das damit verbundenen Gerät als Archiv; die Datei darf auch Teil von einem anderen Rechner sein.
`-l`	Geht beim Archivieren nicht über die Dateisystemgrenze hinaus
`-v`	`tar` gibt gewöhnlich keine speziellen Meldungen aus; mit dieser Option wird jede Aktion von tar gemeldet.
`-w`	Schaltet `tar` in einen interaktiven Modus, wo zu jeder Aktion eine Bestätigung erfolgen muss
`-y`	Komprimiert oder dekomrimiert die Dateien bei einer `tar`-Operation mit `bzip2`
`-z`	Komprimiert oder dekomprimiert die Dateien bei einer `tar`-Operation mit `gzip` bzw. `gunzip`
`-Z`	Komprimiert oder dekomprimiert die Dateien bei einer `tar`-Operation mit `compress` bzw. `uncompress`

Tabelle 14.23 Zusatzoptionen für das Kommando tar

Neben diesen zusätzlichen Optionen bietet `tar` noch eine Menge Schalter mehr an. Weitere Informationen entnehmen Sie bei Bedarf der man-Seite zu `tar`. Allerdings dürften Sie mit den hier genannten Optionen recht weit kommen. Daher hierzu einige Beispiele.

Am häufigsten wird `tar` wohl in folgender Grundform verwendet:

```
tar cf Archiv_Name Verzeichnis
```

Damit wird aus dem Verzeichniszweig *Verzeichnis* ein Archiv mit dem Namen *Archiv_Name* erstellt. In der Praxis:

```
you@host > tar cf Shellbuch_mai05 Shellbuch
```

Aus dem kompletten Verzeichniszweig *Shellbuch* wird das Archiv *Shellbuch_mai05* erstellt. Damit Sie beim Zurückspielen der Daten flexibler sind, sollten Sie einen relativen Verzeichnispfad angeben:

```
cd Verzeichnis ; tar cf Archiv_Name .
```

Im Beispiel:

```
you@host > cd Shellbuch ; tar cf Shellbuch_mai05 .
```

Hierfür steht Ihnen für das relative Verzeichnis auch die Option `-C` *Verzeichnis* zur Verfügung:

```
tar cf Archiv_Name -C Verzeichnis .
```

Wollen Sie die Dateien und Verzeichnisse des Archivs wiederherstellen, lautet der gängige Befehl hierzu wie folgt:

```
tar xf Archiv_Name
```

Um auf unser Beispiel zurückzukommen:

```
you@host > tar xf Shellbuch_mai05
```

Wollen Sie einzelne Dateien aus einem Archiv wiederherstellen, so ist dies auch kein allzu großer Aufwand:

```
tar xf Shellbuch_mai05 datei1 datei2 ...
```

Beachten Sie allerdings, wie Sie die Datei ins Archiv gesichert haben (relativer oder absoluter Pfad). Wollen Sie bspw. die Datei *Shellbook.cpio* mit dem relativen Pfad wiederherstellen, so können Sie dies wie folgt tun:

```
you@host > tar xf Shellbuch_mai05 ./Shellbook.cpio
```

Hinweis Ein häufiger Fehler, wenn etwas mit `tar` nicht klappt, ist eine falsche Pfadangabe. Man sollte daher immer überlegen, wo liegt das Archiv, wo soll rückgesichert werden und wie wurden die Dateien ins Archiv aufgenommen (absoluter oder relativer Pfad).

Wollen Sie außerdem mitverfolgen, was beim Erstellen oder Auspacken eines Archivs alles passiert, sollten Sie die Option `v` verwenden. Hierbei können Sie außerdem gleich erkennen, ob Sie die Dateien mit dem absoluten oder relativen Pfad gesichert haben.

```
# neues Archiv erzeugen mit Ausgabe aller Aktionen
tar cvf Archiv_Name Verzeichnis

# Archiv zurückspielen, mit Ausgabe aller Aktionen
tar xvf Archiv_Name
```

Den Inhalt eines Archivs können Sie mit der Option `t` ansehen:

```
tar tf Archiv_Name
```

In unserem Beispiel:

```
you@host > tar tf Shellbuch_mai05
./
./Planung_und_Bewerbung/
./Planung_und_Bewerbung/shellprogrammierung.doc
./Planung_und_Bewerbung/shellprogrammierung.sxw
./kap004.txt
./kap005.txt
./testdir2/
...
```

Hier wurde also der relative Pfadname verwendet. Wollen Sie ein ganzes Verzeichnis auf Diskette sichern, erledigen Sie dies folgendermaßen:

```
tar cf /dev/fd0 Shellbuch
```

Hier kopieren Sie das ganze Verzeichnis auf eine Diskette. Zurückspielen können Sie das Ganze wieder wie folgt:

```
tar xvf /dev/fd0 Shellbuch
```

Wollen Sie einen kompletten Verzeichnisbaum mit Kompression archivieren (bspw. mit `gzip`), gehen Sie so vor:

```
you@host > tar czvf Shellbuch_mai05.tgz Shellbuch
```

Dank der Option `z` wird jetzt das ganze Archiv auch noch komprimiert. Ansehen können Sie sich das komprimierte Archiv weiterhin mit der Option `t`:

```
you@host > tar tzf Shellbuch_mai05.tgz Shellbuch
Shellbuch/
Shellbuch/Planung_und_Bewerbung/
Shellbuch/Planung_und_Bewerbung/shellprogrammierung.doc
Shellbuch/Planung_und_Bewerbung/shellprogrammierung.sxw
Shellbuch/kap004.txt
Shellbuch/kap005.txt
Shellbuch/testdir2/
...
```

Hier wurde also der absolute Pfadname verwendet. Entpacken und wieder einspielen können Sie das komprimierte Archiv wieder mit (mit Meldungen):

```
you@host > tar xzvf Shellbuch_mai05.tgz Shellbuch
```

Wollen Sie allerdings nur Dateien mit der Endung ».txt« aus dem Archiv extrahieren, können Sie dies so vornehmen:

```
you@host > tar xzf Shellbuch_mai05.tgz '*.txt'
```

zip/unzip – (De-)Komprimieren von Dateien

Mit `zip` können Sie einzelne Dateien bis hin zu ganzen Verzeichnissen komprimieren und archivieren. Besonders gern werden `zip` und `unzip` allerdings verwendet, weil diese gänzlich mit den Versionen von Windows und DOS kompatibel sind. Wer sich also immer schon geärgert hat, dass sein Mail-Anhang wieder einmal etwas im ZIP-Format enthält, kann hier auf `unzip` zurückgreifen.

Ein ZIP-Archiv aus mehreren Dateien können Sie so erstellen:

```
you@host > zip files.zip file1.txt file2.txt file3.txt
  adding: file1.txt (deflated 56%)
  adding: file2.txt (deflated 46%)
  adding: file3.txt (deflated 24%)
```

Hier packen und komprimieren Sie die Dateien zu einem Archiv namens *files.zip*. Wollen Sie eine neue Datei zum Archiv hinzufügen, nichts einfacher als das:

```
you@host > zip files.zip hallo.c
  adding: hallo.c (deflated 3%)
```

Möchten Sie alle Dateien des Archivs in das aktuelle Arbeitsverzeichnis entpacken, dann tun Sie dies so:

```
you@host > unzip files.zip
Archive:  files.zip
  inflating: file1.txt
  inflating: file2.txt
  inflating: file3.txt
  inflating: hallo.c
```

Wenn Sie eine ganze Verzeichnishierarchie packen und komprimieren wollen, so müssen Sie die Option `-r` (*rekursive*) verwenden:

```
you@host > zip -r Shellbuch.zip $HOME/Shellbuch
...
```

Entpacken können Sie das Archiv allerdings wieder wie gewohnt mittels `unzip`.

Übersicht zu Dateiendungen und den Pack-Programmen

In der folgenden Tabelle wird eine kurze Übersicht zu den Dateiendungen und den zugehörigen (De-)Komprimierungsprogrammen gegeben.

Endung	gepackt mit	entpackt mit
`*.bz` und `*.bz2`	`bzip2`	`bzip2`
`*.gz`	`gzip`	`gzip`, `gunzip` oder `zcat`
`*.zip`	`Info-Zip`, `PKZip`, `zip`	`Info-Unzip`, `PKUnzip`, `unzip`, `gunzip` (*eineDatei*)
`*.tar`	`tar`	`tar`
`*.tbz`	`tar` und `bzip2`	`tar` und `bzip2`
`*.tgz; *.tar.gz`	`tar` und `gzip`	`tar` und `g(un)zip`
`*.Z`	`compress`	`uncompress; gunzip`
`*.tar.Z`	`tar` und `compress`	`tar` und `uncompress`
`*.pak`	`pack`	`unpack`, `gunzip`

Tabelle 14.24 Gängige Endungen und deren (De-)Kompremierungs-Kommando

14.9 Systeminformationen

cal – zeigt einen Kalender an

Das Kommando `cal` zeigt Ihnen einen Kalender wie folgt an:

```
you@host > cal
     April 2005
So Mo Di Mi Do Fr Sa
                1  2
 3  4  5  6  7  8  9
10 11 12 13 14 15 16
17 18 19 20 21 22 23
24 25 26 27 28 29 30
```

Ohne Angaben wird immer der aktuelle Monat aufgeführt. Wünschen Sie einen Kalender zu einem bestimmten Monat und Jahr, müssen Sie nur diese Syntax verwenden:

```
cal monat jahr
```

Wobei »monat« und »jahr« jeweils numerisch angegeben werden müssen. Den Kalender für April 2023 erhalten Sie so:

```
you@host > cal 4 2023
     April 2023
So Mo Di Mi Do Fr Sa
                   1
 2  3  4  5  6  7  8
 9 10 11 12 13 14 15
16 17 18 19 20 21 22
23 24 25 26 27 28 29
30
```

date – Datum und Uhrzeit

Mit `date` lesen bzw. setzen Sie die Linux Systemzeit. `date` wird weniger in der Kommandozeile als vielmehr in Shellscripts eingesetzt, wie Sie in diesem Buch bereits mehrmals gesehen haben. `date` ist im Grunde »nur« ein Frontend für die C-Bibliotheksfunktion `strftime(3)`. Dabei leitet man durch ein Pluszeichen einen Formatstring ein, welcher durch entsprechende Datumsangaben ergänzt wird. Die Ausgabe erfolgt anschließend auf die Standardausgabe. Ein Beispiel:

```
you@host > date +'%Y-%m-%d'
2005-04-26
```

Die Formatangaben zu `date` entsprechen denjenigen von `strftime`, was auch mit `awk` verwendet wurde. Zur genaueren Erläuterung können Sie daher zu Abschnitt 13.6.3 (Tabelle 13.9) zurückblättern oder gleich die man-Seiten zu `date` oder `strftime(3)` lesen.

uname – Rechnername, Architektur und OS ausgeben

Mit `uname` können Sie das Betriebssystem, den Rechnernamen, OS-Releases, OS-Version, Plattform, Prozessortyp und Hardwareklasse des Rechners anzeigen lassen. Hierzu ruft man gewöhnlich `uname` mit der Option `-a` auf:

```
you@host > uname -a
Linux goliath.myhoster.de 2.6.10-1.770_FC3
#1 Thu Feb 24 14:00:06 EST 2005 i686 i686 i386 GNU/Linux
```

oder unter FreeBSD:

```
you@host > uname -a
FreeBSD juergen.penguin 4.11-RELEASE FreeBSD 4.11-RELEASE
#5: Mon Jan 31 14:06:17 CET 2005     root@server.penguin:/usr/obj
/usr/src/sys/SEMA  i386
```

uptime – Laufzeit des Rechners

Das Kommando `uptime` zeigt die Zeit an, wie lange der Rechner bereits läuft.

```
you@host > uptime
09:27:25 up 15 days, 15:44, 1 user, load average: 0.37,0.30,0.30
```

14.10 System-Kommandos

dmesg – letzte Boot-Meldung des Kernels anzeigen

Wollen Sie sich die Kernel-Meldung des letzten Bootvorgangs ansehen, können Sie sich dies mit dem Kommando `dmesg` anzeigen lassen. Dabei können Sie feststellen, welche Hardware beim Booten erkannt und initialisiert wurde. `dmesg` wird gern zur Diagnose verwendet, ob eine interne bzw. externe Hardware auch vom Betriebssystem korrekt erkannt wurde. Natürlich setzt dies auch entsprechende Kenntnisse zur Hardware auf dem Computer und ihrer Bezeichnungen voraus.

halt – alle laufenden Prozesse beenden

Mit dem Kommando `halt` beenden Sie alle laufenden Prozesse. Damit wird das System komplett angehalten und reagiert auf keine Eingabe mehr. Selbstverständlich ist solch ein Befehl nur vom root ausführbar. Meistens ist `halt` ein Verweis auf `shutdown`.

reboot – alle laufenden Prozesse beenden und System neu starten

Mit `reboot` werden alle noch laufenden Prozess auf dem System unverzüglich beendet und das System neu gestartet. Bei einem System im Runlevel 1 bis 5 wird hierzu ein `shutdown` aufgerufen. Selbstverständlich bleibt auch dieses Kommando dem root vorbehalten.

Hinweis Runlevel 1 bis 5 trifft nicht auf alle Systeme zu. Die Debian-Distributionen haben z.B. meist als »default runlevel« 2. Auf sie trifft das Geschriebene aber ebenso zu. System-V-init würde es besser treffen, aber wäre auch unpräzise. BSD-style-init ruft auch einen `shutdown` auf. Bei vielen Desktop-Distributionen ist das »shutdown binary« auch mit dem »suid-bit« versehen, damit auch normale User den Rechner ausschalten dürfen.

shutdown – System herunterfahren

Mit `shutdown` können Sie (root-Rechte vorausgesetzt) das System herunterfahren. Mit den Optionen `-r` und `-h` kann man dabei zwischen einem »Halt« des Systems und einem »Reboot« auswählen. Damit das System auch ordentlich gestoppt wird, wird jedem Prozess zunächst das Signal `SIGTERM` gesendet, womit sich ein Prozess noch ordentlich beenden kann. Nach einer bestimmten Zeit (Standard ist zwei Sekunden oder einstellbar mit `-t` *<SEKUNDEN>*) wird das Signal `SIGKILL` an die Prozesse gesendet. Natürlich werden auch die Dateisysteme ordentlich abgehängt (`umount`), `sync` ausgeführt und in einen anderen Runlevel gewechselt (bei System-V-init). Die Syntax zu `shutdown` lautet:

```
shutdown [Optionen] Zeitpunkt [Nachricht]
```

Den Zeitpunkt zum Ausführen des `shutdown`-Kommandos können Sie entweder im Format *hh:mm* als Uhrzeit übergeben (bspw. 23:30) oder alternativ können Sie auch eine Angabe wie `+m` vornehmen, womit Sie die noch verbleibenden Minuten angeben (bspw. mit +5 wird in 5 Minuten der `shutdown`-Befehl ausgeführt). Ein sofortiger `shutdown` kann auch mit `now` bewirkt werden. Das Kommando `shutdown` benachrichtigt außerdem alle Benutzer, dass das System bald heruntergefahren wird, und lässt somit auch keine Neuanmeldungen zu. Hier können Sie gegebenenfalls auch eine eigene Nachricht an die Benutzer senden.

Folgende Optionen stehen Ihnen bei `shutdown` unter Linux zur Verfügung:

Option	Bedeutung
`-t` *Sekunden*	Zeit in »Sekunden«, die zwischen den `SIGTERM`- und `SIGKILL`-Signalen zum Beenden von Prozessen gewartet wird
`-k`	Hier wird kein Shutdown ausgeführt, sondern es werden nur Meldungen an alle anderen Benutzer gesendet.
`-r`	(*reboot*) Neustart nach dem Herunterfahren
`-h`	System anhalten nach dem Herunterfahren
`-f`	Beim nächsten Systemstart keinen Dateisystem-Check ausführen
`-F`	Beim nächsten Systemstart einen Dateisystem-Check ausführen
`-c`	Wenn möglich, wird der laufende Shutdown abgebrochen.

Tabelle 14.25 Optionen für das Kommando shutdown

Hinweis Die Optionen sind betriebssystemabhängig. Ein `-h` unter BSD fährt zwar den Rechner herunter, schaltet ihn aber nicht ab. Hier wird dann `-p` (power down) verwendet. Keine Angabe bringt den Rechner hier in den »Singleuser-Mode«.

14.11 Druckeradministration

Die Druckerbefehle werden aus Platzgründen nur mit Kommando und der jeweiligen Bedeutung beschrieben. Näheres müssen Sie hierbei den entsprechenden man-Seiten entnehmen.

Kommando	Bedeutung
`accept`	Druckerwarteschlange auf emfangsbereit setzen
`cancel`	Druckaufträge stornieren
`disable`	Drucker deaktivieren
`enable`	Drucker aktivieren
`lp`	Ausgabe auf dem Drucker mit dem Print-Spooler
`lpadmin`	Verwaltungsprogramm für das CUPS-Print-Spooler-System
`lpc`	Steuerung von Druckern
`lphelp`	Optionen eines Druckers ausgeben
`lpmove`	Druckerauftrag zu einem anderen Drucker verschieben
`lpq`	Druckerwarteschlange anzeigen
`lpr`	Dateien auf den Drucker ausgeben
`lprm`	Druckaufträge in der Warteschlange stornieren
`lpstat`	Status der Aufträge anzeigen
`reject`	Warteschlange für weitere Aufträge sperren

Tabelle 14.26 Kommandos zur Druckeradministration

14.12 Netzwerkbefehle

Netzwerkbefehle erfordern ein tieferes Verständnis. Wenn Sie als Administrator mit Begriffen wie IP-Adresse, MAC-Adresse, DNS, FTP, SSH usw. nichts anfangen können, wäre eine fortführende Lektüre mehr als vonnöten. Leider kann ich aufgrund des eingeschränkten Umfangs nicht auf die Fachbegriffe der

Netzwerktechnik eingehen. Nebenbei erwähnt, sind diese Themen zum Teil schon ein ganzes Buch wert, weshalb die Beschreibung hier wohl für die meisten eher enttäuschend ausfallen dürfte.

arp – Ausgeben von MAC-Adressen

Wenn Sie die Tabelle mit den MAC-Adressen der kontaktierten Rechner benötigen, können Sie das Kommandos `arp` verwenden. Ein Beispiel:

```
you@host > arp -a
...
juergen.penguin (192.168.0.xxx) at 00:30:84:7a:9e:0e on rl0
permanent [ethernet]
...
```

Die MAC-Adresse ist hierbei die sechsstellige Hexadezimalzahl »00:30:84:7a:9e:0e«. Benötigen Sie hingegen die MAC-Nummer Ihrer eigenen Netzwerkkarte, so können Sie diese mit `ifconfig` ermitteln:

```
# ifconfig -a
eth0      Protokoll:Ethernet  Hardware Adresse 00:00:39:2D:01:A1
...
```

In der Zeile »eth0« (unter Linux) finden Sie hierbei die entsprechende MAC-Adresse unter »Hardware Adresse«. Hier sind wieder systemspezifische Kenntnisse von Vorteil.

ftp – Dateien zu einem anderen Rechner übertragen

Mit Hilfe von `ftp` (*File Transfer Protocol*) können Sie Dateien innerhalb eines Netzwerks (bspw. Internet) zwischen verschiedenen Rechnern transportieren. Da `ftp` über eine Menge Features und Funktionen verfügt, soll hier nur auf den Hausgebrauch eingegangen werden, und zwar wie man Daten von einem entfernten Rechner abholt und hinbringt.

Zunächst müssen Sie sich auf dem Server einloggen. Dies geschieht üblicherweise mit

```
ftp Server_Name
```

In meinem Beispiel lautet der Servername (und auch mein Webhoster) *myhoster.de*:

```
you@host > ftp myhoster.de
Connected to myhoster.de (194.150.178.34).
220 194.150.178.34 FTP server ready
```

```
Name (myhoster.de:you): us10129
331 Password required for us10129.
Password:********
230 User us10129 logged in.
Remote system type is UNIX.
Using binary mode to transfer files.
ftp>
```

Nachdem ftp eine Verbindung mit dem Server aufgenommen hat, werden Sie aufgefordert, Ihren Benutzernamen (hier »us10129«) und anschließend das Passwort einzugeben. Wenn alles korrekt war, befindet sich vor dem Prompt ftp> und wartet auf weitere Anweisungen. Jetzt können Sie im Eingabeprompt Folgendes machen:

- Gewünschtes Verzeichnis durchsuchen: cd, dir, lcd (lokales Verzeichnis)
- FTP-Parameter einstellen: type binary, hash, prompt
- Datei(en) abholen: get, mget
- Datei(en) hinbringen: put, mput
- Abmelden: bye oder exit

Natürlich bietet ftp weitaus mehr Befehle als diese an, aber alles andere würde hier über den Rahmen des Buchs hinausgehen.

Zunächst werden Sie sich wohl das Inhaltverzeichnis ansehen wollen. Hierzu können Sie den Befehl dir (welcher auf *nix Systemen meistens dem Aufruf von ls -l entspricht) zum Auflisten verwenden:

```
ftp> dir
200 PORT command successful
150 Opening ASCII mode data connection for file list
drwxrwx--x   9       4096 Apr  8 20:31 .
drwxrwx--x   9       4096 Apr  8 20:31 ..
-rw-------   1      26680 Apr 26 09:00 .bash_history
...
lrwxrwxrwx   1      18 Aug 10  2004 logs -> /home/logs/us10129
drwxrwxr-x   2   4096 Mar 28 16:03 mysqldump
drwxr-xr-x  20   4096 Apr  3 08:13 www.pronix.de
226 Transfer complete.
```

Wollen Sie nun in ein Verzeichnis wechseln, können Sie auch hier das schon bekannte Kommando cd verwenden. Ebenso sieht es aus, wenn Sie das aktuelle Arbeitsverzeichnis wissen wollen, in dem Sie sich gerade befinden. Hier leistet das bekannte pwd seine Dienste.

Das aktuelle Verzeichnis auf dem lokalen Rechner können Sie mit dem Kommando `lcd` wechseln. Sie können übrigens auch die Befehle auf Ihrem lokalen Rechner verwenden, wenn Sie ein `!`-Zeichen davor setzen. Hierzu ein Beispiel, welches die Befehle nochmals demonstriert.

```
ftp> pwd
257 "/" is current directory.
ftp> cd backups/Shellbuch
250 CWD command successful
ftp> pwd
257 "/backups/Shellbuch" is current directory.
ftp> dir
200 PORT command successful
150 Opening ASCII mode data connection for file list
drwxrwxr-x   2 us10129  us10129      4096 Apr 26 09:07 .
drwx------   3 us10129  us10129      4096 Jan 15 14:15 ..
...
-rw-r--r--
   1 us10129  us10129    126445 Mar 13 11:40 kap005.txt
-rw-------
   1 us10129  us10129      3231 Apr 20 05:26 whoami.txt
226 Transfer complete.
ftp>
```

Hier befinde ich mich auf dem Rechner *myhoster.de* in meinem Heimverzeichnis in *~/backups/Shellbuch*. Ich möchte mir jetzt die Datei *whoami.txt* auf meinen lokalen Rechner kopieren. Ich hole sie mit dem Kommando `get`. Zuvor will ich aber noch auf meinem lokalen Rechner in ein Verzeichnis namens *mydir* wechseln.

```
ftp> lcd mydir
Local directory now /home/you/mydir
ftp> !pwd
/home/you/mydir
ftp> !ls
file1.txt  file2.txt  file3.txt  files.zip  hallo.c
ftp> get whoami.txt
local: whoami.txt remote: whoami.txt
200 PORT command successful
150 Opening BINARY mode data connection whoami.txt (3231 bytes)
226 Transfer complete.
3231 bytes received in 0.0608 secs (52 Kbytes/sec)
```

```
ftp> !ls
file1.txt  file2.txt  file3.txt  files.zip  hallo.c  whoami.txt
ftp>
```

Und schon habe ich die Datei *whoami.txt* auf meinem lokalen Rechner ins Verzeichnis *mydir* kopiert. Wollen Sie mehrere Dateien oder gar ganze Verzeichnisse holen, müssen Sie `mget` verwenden. Hierbei stehen Ihnen auch die Wildcard-Zeichen * und ? zur Verfügung. Da `mget` Sie nicht jedes Mal bei mehreren Dateien fragt, ob Sie diese wirklich holen wollen, können Sie den interaktiven Modus mit `prompt` abstellen.

Haben Sie jetzt die Datei *whoami.txt* bearbeitet und wollen diese wieder hochladen, verwenden Sie `put` (oder bei mehreren Dateien `mput`).

```
ftp> put whoami.txt
local: whoami.txt remote: whoami.txt
200 PORT command successful
150 Opening BINARY mode data connection for whoami.txt
226 Transfer complete.
3231 bytes sent in 0.000106 secs (3e+04 Kbytes/sec)
ftp>
```

Sie sehen außerdem, dass hierbei die Datenübertragung binär (BINARY) stattgefunden hat. Wollen Sie hier auf ASCII umstellen, müssen Sie nur `type` verwenden:

```
ftp> type ascii
200 Type set to A
ftp> put whoami.txt
local: whoami.txt remote: whoami.txt
200 PORT command successful
150 Opening ASCII mode data connection for whoami.txt
226 Transfer complete.
3238 bytes sent in 0.000487 secs (6.5e+03 Kbytes/sec)
ftp>
```

Zurücksetzen können Sie das wieder mit `type binary`. Und wie schon erwähnt, beim Übertragen mehrerer Dateien mit `mget` und `mput` werden Sie immer gefragt, ob Sie die Datei transferieren wollen. Diese Abfrage können Sie mit `prompt` abstellen. Je nachdem, ob Sie eine Fortschrittsanzeige wünschen, können Sie dies mit einem Aufruf von `hash` ab- oder anschalten. Gerade bei umfangreicheren Dateien ist dies sinnvoll. Dabei wird während der Übertragung alle 1024 Zeichen ein »#« ausgegeben.

Den Script-Betrieb können Sie verwenden, wenn sich eine Datei namens *.netrc* im Heimverzeichnis des FTP-Servers befindet. Dabei können Sie sich z.B. beim Einloggen die Abfrage von Usernamen und Passwort ersparen. Natürlich kann man solch eine Datei auch im heimischen Heimverzeichnis anlegen. Allerdings darf diese Datei nur vom Eigentümer gelesen werden, also »`chmod 0600`« für *~/.netrc*.

So sieht zum Beispiel der Vorgang, die Datei *whoami.txt* wie eben demonstriert vom Server zu holen, mit *.netrc* folgendermaßen aus:

```
machine myhoster.de
login us10129
password asdf1234
macdef init
cd $HOME/backups/Shellbuch
get whoami.txt
bye
```

Rufen Sie jetzt noch ftp wie folgt auf:

```
you@host > ftp myhoster.de
Connected to myhoster.de (194.150.178.34).
220 194.150.178.34 FTP server ready
331 Password required for us10129.
230 User us10129 logged in.
cd $HOME/backups/Shellbuch
550 $HOME/backups/Shellbuch: No such file or directory
get whoami.txt
local: whoami.txt remote: whoami.txt
200 PORT command successful
550 whoami.txt: No such file or directory
Remote system type is UNIX.
Using binary mode to transfer files.
bye
221 Goodbye.
```

Und alles geschieht vollautomatisch. Ebenso sieht dies mit dem Hochladen von *whoami.txt* aus. Wenn die Datei editiert wurde, können Sie diese wieder wie folgt im Script-Modus hochladen. Hier die Datei *.netrc*:

```
machine myhoster.de
login us10129
password asdf1234
```

```
macdef init
lcd mydir
cd $HOME/backups/Shellbuch
put whoami.txt
bye
```

Jetzt nur noch ftp aufrufen:

```
you@host > ftp myhoster.de
Connected to myhoster.de (194.150.178.34).
220 194.150.178.34 FTP server ready
331 Password required for us10129.
230 User us10129 logged in.
lcd mydir
Local directory now /home/tot/mydir
cd $HOME/backups/Shellbuch
550 $HOME/backups/Shellbuch: No such file or directory
put whoami.txt
local: whoami.txt remote: whoami.txt
200 PORT command successful
150 Opening ASCII mode data connection for whoami.txt
226 Transfer complete.
3238 bytes sent in 0.000557 secs (5.7e+03 Kbytes/sec)
bye
221 Goodbye.
```

Noch mehr Hinweise für den Script-Modus und die Datei *netrc* entnehmen Sie bitte aus man-Seite von *netrc* (man netrc).

Hinweis Bitte bedenken Sie, dass `ftp` nicht ganz sicher ist, da Sie bei der Authentifizierung das Passwort unverschlüsselt übertragen.

hostname – Rechnername ermitteln

Das Kommando `hostname` können Sie verwenden, um den Namen des lokalen Rechners anzuzeigen bzw. zu setzen oder zu verändern. So ein Name hat eigentlich erst im Netzwerkbetrieb seine echte Bedeutung. Im Netz besteht ein vollständiger Rechnername (*Fully Qualified Domain Name*) aus einem Eigennamen und einem Domainnamen. Der (DNS-)Domainname bezeichnet das lokale Netz, an dem der Rechner hängt.

```
you@host > hostname
goliath.myhoster.de
you@host > hostname -s
goliath
you@host > hostname -d
myhoster.de
```

Ohne Angabe einer Option wird der vollständige Rechnername ausgegeben. Mit der Option `-s` geben Sie nur den Eigennamen des Rechners aus und mit `-d` nur den (DNS-)Domainnamen des lokalen Netzes.

ifconfig – Netzwerkzugang konfigurieren

Mit dem Kommando `ifconfig` kann man die Einstellungen einer Netzwerk-Schnittstelle abfragen oder setzen. Alle Einstellungen können Sie sich mit der Option `-a` anzeigen lassen. Die Syntax zu `ifconfig`:

```
ifconfig schnittstelle [addresse [parameter]]
```

Dabei geben Sie den Namen der zu konfigurierenden Schnittstelle an. Befindet sich bspw. auf Ihrem Rechner eine Netzwerkkarte, so lautet unter Linux die Schnittstelle hierzu »eth0«, die zweite Netzwerkkarte im Rechner (sofern eine vorhanden ist) wird mit »eth1« angesprochen. Auf anderen Systemen lautet der Name der Schnittstelle zur Netzwerkkarte wiederum anders. Daher sollte man ja auch `ifconfig` mit der Option `-a` aufrufen, um mehr in Erfahrung darüber zu bringen. Die »adresse« ist die IP-Adresse, die der Schnittstelle zugewiesen werden soll. Hierbei kann man die Dezimalnotation (xxx.xxx.xxx.xxx) verwenden oder einen Namen, den `ifconfig` in */etc/host* nachschlägt.

Verwenden Sie `ifconfig` ohne die Option `-a`, um sich einen Überblick zu verschaffen, dann werden die inaktiven Schnittstellen nicht mit angezeigt.

Der Aufruf für die Schnittstelle zu Ethernetkarte »eth0« sieht beispielsweise wie folgt aus (Debian Sarge):

```
# ifconfig
eth0
   Link encap:Ethernet  HWaddr 00:02:2A:D4:2C:EB
   inet addr:192.168.1.1  Bcast:192.168.1.255  Mask:255.255.255.0
   UP BROADCAST RUNNING MULTICAST  MTU:1500  Metric:1
   RX packets:80 errors:0 dropped:0 overruns:0 frame:0
   TX packets:59 errors:0 dropped:0 overruns:0 carrier:0
   collisions:0 txqueuelen:100
```

```
   RX bytes:8656 (8.4 KiB)  TX bytes:8409 (8.2 KiB)
   Interrupt:11 Base address:0xa000

lo
   Link encap:Local Loopback
   inet addr:127.0.0.1  Mask:255.0.0.0
   UP LOOPBACK RUNNING  MTU:16436  Metric:1
   RX packets:8 errors:0 dropped:0 overruns:0 frame:0
   TX packets:8 errors:0 dropped:0 overruns:0 carrier:0
   collisions:0 txqueuelen:0
   RX bytes:560 (560.0 b)  TX bytes:560 (560.0 b)
```

Wenn IPv6 konfiguriert ist, kommt noch die IPv6-Adresse dazu.

Aus der Ausgabe kann man entnehmen, dass auf dieser Netzwerkkarte 59 Pakete gesendet (TX) und 80 empfangen (RX) wurden. Die maximale Größe einzelner Pakete beträgt 1500 bytes (MTU). Die MAC-Adresse (Hardware-Adresse), welche unsere Netzwerkkarte eindeutig identifiziert (außer diese wird manipuliert) lautet »00:02:2A:D4:2C:EB«.

Wollen Sie eine Schnittstelle ein- bzw. ausschalten, können Sie dies mit den zusätzlichen Parametern `up` (für Einschalten) und `down` (für Abschalten) vornehmen. Als Beispiel wieder die Netzwerkkarte mit dem Namen »eth0« als Schnittstelle:

```
ifconfig eth0 down
```

Hier haben Sie die Netzwerkkarte »eth0« abgeschaltet. Einschalten können Sie diese folgendermaßen:

```
ifconfig eth0 up
```

Eine IP-Adresse stellen Sie ein oder verändern Sie ebenfalls mit `ifconfig`:

```
ifconfig eth0 192.18.19.91
```

Wollen Sie bei der Schnittstelle die Netzmaske und Broadcast verändern, so ist dies mit `ifconfig` wenig Arbeit (unterlassen Sie es, wenn Sie nicht genau wissen, was die Netzmaske und Broadcast ist):

```
ifconfig eth0 10.25.38.41 netmask \
  255.255.255.0 broadcast 10.25.38.255
```

Damit weisen Sie der Netzwerkkarte die IP-Adresse 10.25.38.41 aus dem Netz 10.25.38.xxx zu. Mit »netmask« geben Sie an, wie groß das Netz ist (hier ein Netzwerk der Klasse C).

mail/mailx – E-Mails schreiben und empfangen (und auswerten)

Mit dem Kommando `mail` können Sie aus einem Shellscript heraus E-Mails versenden. Mithilfe der Option `-s` können Sie eine einfache Textmail mit Betreff (`-s` = *Subject*) an eine Adresse schicken, beispielsweise:

```
you@host > echo "Hallo" | mail -s "Betreff" pronix@t-online.de
```

Da nicht alle `mail`-Kommandos die Option `-s` für einen Betreff haben, können Sie gegebenenfalls auch auf `mailx` oder `Mail` (mit großen »M«) zurückgreifen, die auf einigen Systemen vorhanden sind. Mit `cat` können Sie natürlich auch den Inhalt einer ganzen Datei an die Mailadresse senden:

```
you@host > cat whoami.txt | mail -s "Ein Textdatei" \
> pronix@t-online.de
```

Dabei kann man allerlei Ausgaben eines Kommandos per `mail` an eine Adresse versenden:

```
you@host > ps -ef | mail -s "Prozesse 12Uhr" pronix@t-online.de
```

Sinnvoll kann dies z.B. sein, wenn auf einem System ein bestimmtes Limit überschritten wurde. Dann können Sie sich (oder einem anderen Benutzer) eine Nachricht zukommen lassen. Ebenso kann überprüft werden, ob ein Server dauerhaft verfügbar ist. Testen Sie etwa stündlich (bspw. mit `cron`) mittels `nmap` (hier kann man nicht nur nachsehen, ob die Netzwerkkarte das UDP-Paket zurückschickt, sondern kann direkt nachschauen, ob der Port des betreffenden Dienstes noch offen ist), ob der Server erreichbar ist, und ist er es einmal nicht, können Sie sich hierbei eine Nachricht zukommen lassen.

Zusätzliche Optionen, die Sie mit `mail` bzw. `mailx` verwenden können, sind:

Option	Bedeutung
`-s Betreff`	Hier können Sie den Betreff (*Subject*) der E-Mail angeben.
`-c adresse`	Diese Adresse bekommt eine Kopie der Mail.
`-b adresse`	Diese Adresse bekommt eine blind carbon copy der Mail.

Tabelle 14.27 Optionen für das Kommando mail/mailx

uuencode/uudecode – Text- bzw. Binärdateien codieren

Mit den Kommandos `uuencode/uudecode` können Sie Textdateien in Binärdateien und wieder zurück umwandeln. Solche Umwandlungen werden zum Beispiel beim Datenaustausch über das Internet notwendig, weil sonst hierbei die Sonderzeichen (bspw. Umlaute bzw. alle ASCII-Zeichen über 127) auf manchen Rechnern nicht richtig dargestellt werden können. Was bei einer Textdatei nicht so wild ist, weil eben nicht darstellbare Zeichen »verhunzt« werden. Doch bei einer binären Datei bedeutet dies, dass diese schlicht nicht mehr funktioniert. Die meisten modernen E-Mail-Programme unterstützen MIME und erkennen solche codierten Dateien als Anhang automatisch, daher erfolgt hierbei die Umwandlung von selbst, ohne dass Sie als Benutzer etwas davon mitbekommen.

`uuencode` macht im Prinzip nichts anderes, als dass es jeweils drei 8-Bit-Zeichen zu vier 6-Bit-Zeichen umwandelt und für jedes Zeichen 32 addiert. Damit werden alle Zeichen in einen Satz von Standardzeichen umgewandelt, die relativ verlässlich übertragen werden.

Gewöhnlich werden Sie wohl `uuencode` verwenden, um Anhänge zu Ihren E-Mails mit dem Programm `mail`, `Mail` oder `mailx` hinzuzufügen. Wollen Sie einfach eine Datei namens *archiv.tgz* per Anhang mit `mail` versenden, gehen Sie wie folgt vor:

```
you@host > uuencode archiv.tgz archiv.tgz | \
> mail -s 'Anhang: archiv.tgz' user@host
```

Das hierbei zweimal *archiv.tgz* verwendet wurde, ist übrigens kein Fehler, sondern wird von `uuencode` erwartet.

netstat – Statusinformationen über das Netzwerk

Für die Anwendung von `netstat` gibt es viele Möglichkeiten. Mit einem einfachen Aufruf von `netstat` zeigen Sie den Zustand einer bestehenden Netzwerkverbindung an. Neben der Überprüfung von Netzwerkverbindungen können Sie mit `netstat` Routentabellen, Statistiken zu Schnittstellen, maskierte Verbindungen und noch vieles mehr anzeigen lassen. In der Praxis lässt sich somit ohne Problem die IP oder der Port eines ICQ-Users (Opfer) ermitteln oder ob ein Rechner mit einen Trojaner infiziert ist. Hier einige Beispiele:

```
you@host > netstat -nr
```

Hiermit lassen Sie die Routingtabelle (`-r`) des Kernels ausgeben.

```
you@host > netstat -i
```

Mit der Option `-i` erhalten Sie die Schnittstellenstatistik.

```
you@host > netstat -ta
```

Mit `-ta` erhalten Sie die Anzeige aller Verbindungen. Die Option `-t` steht dabei für TCP. Mit `-u`, `-w` bzw. `-x` zeigen Sie die UDP-, RAW bzw. UNIX-Sockets an. Mit `-a` werden dabei auch die Sockets angezeigt, die noch auf eine Verbindung warten.

nslookup (host/dig) – DNS-Server abfragen

Mit `nslookup` können Sie aus dem Domainnamen eine IP-Adresse bzw. die IP-Adresse zu einem Domainnamen ermitteln. Zur Auflösung des Namens wird gewöhnlich der DNS-Server verwendet.

> **Hinweis** Bei der Verwendung von `nslookup` werden Sie lesen, dass `nslookup` künftig von den Kommandos `host` oder `dig` abgelöst wird.

Hier `nslookup` und `host` bei der Ausführung:

```
you@host > nslookup pronix.de
Server:          217.237.150.141
Address:         217.237.150.141#53

Non-authoritative answer:
Name:   pronix.de
Address: 194.150.178.34

you@host > host pronix.de
pronix.de has address 194.150.178.34
you@host > host 194.150.178.34
34.178.150.194.in-
addr.arpa domain name pointer goliath.myhoster.de.
```

ping – Verbindung zu anderem Rechner testen

Wollen Sie die Netzwerkverbindung zu einem anderen Rechner testen oder einfach nur den lokalen TCP/IP-Stack überprüfen, können Sie das Kommando `ping` (*Paket Internet Groper*) verwenden.

```
ping host
```

`ping` überprüft dabei, ob »host« (IP-Adresse oder Domainname) antwortet. `ping` bietet noch eine Menge Optionen an, die noch mehr Infos liefern, die allerdings hier nicht genauer erläutert werden. Zur Überprüfung sendet `ping` ein ICMP-Paket vom Type *ICMP Echo Request* an die Netzwerkstation. Hat die

Netzwerkstation das Paket empfangen, sendet es ebenfalls ein ICMP-Paket, allerdings vom Typ *ICMP Echo Reply* zurück.

```
you@host > ping -c5 www.pronix.de
PING www.pronix.de (194.150.178.34) 56(84) bytes of data.
64 bytes from goliath.myhoster.de (194.150.178.34): icmp_
seq=1 ttl=56 time=79.0 ms
64 bytes from goliath.myhoster.de (194.150.178.34): icmp_
seq=2 ttl=56 time=76.8 ms
64 bytes from goliath.myhoster.de (194.150.178.34): icmp_
seq=3 ttl=56 time=78.2 ms
64 bytes from goliath.myhoster.de (194.150.178.34): icmp_
seq=4 ttl=56 time=76.8 ms
64 bytes from goliath.myhoster.de (194.150.178.34): icmp_
seq=5 ttl=56 time=79.2 ms

--- www.pronix.de ping statistics ---
5 packets transmitted, 5 received, 0% packet loss, time 4001ms
rtt min/avg/max/mdev = 76.855/78.058/79.228/1.061 ms
```

Hier wurden z.B. 5 Pakete (mit der Option `-c` kann die Anzahl der Pakete angegeben werden) an *www.pronix.de* gesendet und wieder erfolgreich empfangen, wie aus der Zusammenfassung am Ende zu entnehmen ist. Rufen Sie `ping` hingegen ohne eine Option auf

```
ping www.pronix.de
```

14

so müssen Sie selbst für eine Beendigung des Datenaustausches zwischen den Rechnern sorgen. Ein einfaches [Strg]+[C] tut da seinen Dienst und man erhält ebenfalls wieder eine Zusammenfassung. Neben der Möglichkeit, auf die Verfügbarkeit eines Rechners und des lokalen TCP/IP-Stacks zu prüfen (`ping localhost`), können Sie außerdem auch die Laufzeit von Paketen vom Sender zum Empfänger ermitteln. Hierzu wird die Zeit halbiert, bis das »Reply« eintrifft.

Die r-Kommandos von Berkeley (rcp, rlogin, rsh, rwho)

Aus Sicherheitsgründen sei empfohlen, diese Tools nicht mehr einzusetzen und stattdessen auf die mittlerweile sichereren Alternativen `ssh` und `scp` zu setzen. Es fängt schon damit an, dass hier das Passwort beim Einloggen im Klartext, ohne jede Verschlüsselung übertragen wird. Bedenken Sie, dass ein unverschlüsseltes Passwort, das zwischen zwei Rechnern im Internet übertragen wird, jederzeit (bspw. mit einem »Sniffer«) abgefangen und mitgelesen werden kann. Für Passwörter gilt im Allgemeinen, dass man diese niemals im Netz unverschlüsselt übertragen sollte. Da es mittlerweile zur Passwortübertragung mit Secure Shell (`ssh`), SecureRPC von SUN und Kerberos vom MIT sehr gute Lösungen gibt, haben die r-Kommandos eigentlich keine Berechtigung mehr.

Schlimmer noch, für die Befehle `rsh` und `rcp` war auf den Zielrechnern nicht einmal ein Passwort nötig. Eine Authentifizierung erfolgte hierbei über die Datei */etc/hosts.equiv* und *~/.rhosts*. Darin wurden einzelne Rechner eingetragen, die als vertrauenswürdig empfunden wurden und so die Passwort-Authentifizierung umgehen konnten.

ssh – sichere Shell auf anderem Rechner starten

`ssh` (*Sercure Shell*) zählt mittlerweile zu einem der wichtigsten Dienste überhaupt. Mit diesem Dienst ist es möglich, eine verschlüsselte Verbindung zwischen zwei Rechnern aufzubauen. `ssh` wurde aus der Motivation heraus entwickelt, sichere Alternativen zu `telnet` und den r-Kommandos von Berkeley zu schaffen.

Wenn Sie zum ersten Mal eine Verbindung zu einem anderen Rechner herstellen, bekommen Sie gewöhnlich eine Warnung, in der `ssh` nachfragt, ob Sie dem anderen Rechner vertrauen wollen. Wenn Sie mit »yes« antworten, speichert `ssh` den Namen und den RSA-Fingerprint (ein Code zur eindeutigen Identifizierung des anderen Rechners) in der Datei *~/.ssh/know_hosts*. Beim nächsten Starten von `ssh` erfolgt diese Abfrage dann nicht mehr.

Im nächsten Schritt erfolgt die Passwortabfrage, welche verschlüsselt übertragen wird. Bei korrekter Eingabe des Passworts beginnt die Sitzung am anderen Rechner (als würde man diesen Rechner vor sich haben). Die Syntax:

```
ssh -l loginname rechnername
```

In meinem Fall lautet der »loginname« bspw. »us10129« und der »rechnername« (mein Webhoster, auf dem sich *pronix.de* befindet) *myhoster.de*. Das Einloggen mit `ssh` verläuft hierbei wie folgt:

```
you@host > hostname
linux.home
you@host > ssh -l us10129 myhoster.de
us10129@myhoster.de's password:********
Last login:
Sat Apr 30 12:52:05 2005 from p549b6d72.dip.t-dialin.net
[us10129@goliath ~]$ hostname
goliath.myhoster.de
```

```
[us10129@goliath ~]$ exit
Connection to myhoster.de closed.
you@host >
```

Oder ein weiteres Beispiel – ein Login zu meinem Fachgutachter auf einer FreeBSD-Jail:

```
you@host > ssh -l juergen123 192.135.147.2
Password:********
Last login: Wed Apr 27 15:26:24 2005 from ftpmirror.speed
Copyright (c) 1980, 1983, 1986, 1988, 1990, 1991, 1993, 1994
FreeBSD 4.11-RELEASE (SEMA) #5: Mon Jan 31 14:06:17 CET 2005
juergen@juergen$ hostname
juergen123.penguin
juergen123@juergen$
```

Noch ein paar Zeilen für die ganz Ängstlichen. Für jede Verbindung über ssh wird zwischen den Rechnern immer ein neuer Sitzungsschlüssel ausgehandelt. Will man einen solchen Schlüssel knacken, benötigt der Angreifer unglaublich viel Zeit. Sobald Sie sich ausloggen, müsste der Angreifer erneut versuchen, den Schlüssel zu knacken. Dies natürlich nur rein theoretisch, denn hierbei handelt es sich immerhin um Schlüssel wie RSA, BLOWFISH, IDEA und TRIPLEDES, zwischen denen man hier wählen kann. Alle diese Schlüssel gelten als sehr sicher.

scp – Dateien kopieren zwischen unterschiedlichen Rechnern

14

Das Kommando scp ist Teil einer ssh-Installation, womit man Dateien sicher zwischen unterschiedlichen Rechnern kopieren kann. scp funktioniert genauso wie das lokale cp. Der einzige Unterschied ist natürlich die Angabe der Pfade auf den entfernten Rechnern. Dabei sieht die Verwendung des Rechnernamens wie folgt aus:

```
benutzer@rechner:/verzeichnis/zum/ziel
```

Um auf meinen Account zurückzukommen, mein Benutzername lautet »us10129« und der Rechner *myhoster.de*:

```
you@host > scp whoami.txt us10129@myhoster.de:~
us10129@myhoster.de's password:********
whoami.txt                        100% 3231     3.2KB/s   00:00
you@host > scp us10129@myhoster.de:~/grafik/baum.gif $HOME
us10129@myhoster.de's password:********
```

```
baum.gif                         100% 8583     8.4KB/s   00:00
you@host >
```

Zuerst wurde die Datei *whoami.txt* aus dem aktuellen lokalen Verzeichnis ins Heimverzeichnis von *pronix.de* kopiert (*/home/us10129*). Anschließend habe ich mir aus dem Verzeichnis */home/us10129/grafik* die GIF-Datei *baum.gif* auf meinen lokalen Rechner kopiert. `scp` ist in der Tat eine interessante Lösung, um Dateien auf mehreren Rechnern mit einem Script zu kopieren.

Was allerdings bei der Scriptausführung stören dürfte (besonders wenn es automatisch geschehen sollte), ist die Passwortabfrage (hierbei würde der Prozess angehalten). Hierzu bietet es sich an, sich mithilfe eines asymmetrischen Verschlüsselungsverfahrens ein Login ohne Passwort zu verschaffen. Dazu stellt man am besten auf dem Clientrechner mit dem Programm `ssh-keygen` ein entsprechendes Schlüsselpaar (hier mit einem RSA-Schlüssel) bereit:

```
you@host > ssh-keygen -t rsa
Generating public/private rsa key pair.
Enter file in which to save the key (/home/you/.ssh/id_rsa):[ENTER]
Enter passphrase (empty for no passphrase):[ENTER]
Enter same passphrase again:[ENTER]
Your identification has been saved in /home/you/.ssh/id_rsa.
Your public key has been saved in /home/you/.ssh/id_rsa.pub.
The key fingerprint is:
bb:d9:6b:b6:61:0e:46:e2:6a:8d:75:f5:b3:41:99:f9 you@linux
```

Hier wurden zwei RSA-Schlüssel ohne Passphrase erstellt. Jetzt haben Sie zwei Schlüssel, eine privaten (*id_rsa.*) und einen öffentlichen (*id_rsa.pub*). Damit Sie jetzt alle `ssh`-Aktionen ohne Passwort durchführen können, müssen Sie den öffentlichen Schlüssel nur noch auf den Benutzeraccount des Servers hochladen.

```
you@host > scp .ssh/id_rsa.pub us10129@myhoster.de:~/.ssh/
us10129@myhoster.de's password:********
id_rsa.pub                       100%  219     0.2KB/s   00:00
you@host >
```

Jetzt nochmals einloggen und die Datei *id_rsa.pub* an die Datei *~/.ssh/authorized_keys* hängen:

```
you@hcst > ssh us10129@myhoster.de
us10129@myhoster.de's password:********
Last login:
Sat Apr 30 13:25:22 2005 from p549b6d72.dip.t-dialin.net
```

```
[us10129@goliath ~]$ cd ~/.ssh
[us10129@goliath .ssh]$ ls
id_rsa.pub  known_hosts
[us10129@goliath .ssh]$ cat id_rsa.pub >> authorized_keys
```

Nach erneutem Einloggen über ssh oder dem Kopieren mit scp sollte die Passwortabfrage der Vergangenheit angehören.

rsync – Replizieren von Dateien und Verzeichnissen

rsync wird verwendet, um Dateien bzw. ganze Verzeichnis(bäume) zu synchronisieren. Hierbei kann sowohl eine lokale als auch eine entfernte Synchronisation vorgenommen werden. Der Ausdruck »synchronisieren« ist eigentlich rein syntaktisch nicht richtig. Man kann zwar bei einem Verzeichnisbaum »X« Daten hinzufügen, dass dieser exakt denselben Inhalt erhält wie der Verzeichnisbaum »Y«. Dies funktioniert allerdings umgekehrt gleichzeitig nicht. Man spricht hierbei vom Replizieren. Wollen Sie echtes bidirektionales Synchronisieren realisieren (bspw. Daten zwischen zwei PCs), müssen Sie auf unision zurückgreifen.

Die Syntax zu rsync lautet:

```
rsync [optionen] ziel quelle
```

Einige Beispiele:

```
rsync -avzb -e ssh pronix.de:/ /home/you/backups/
```

Damit wird meine Webseite im Internet *pronix.de* mit dem lokalen Verzeichnis */home/you/backups* synchronisiert. Mit a verwenden Sie den *archive*-Modus, mit b werden Backups erstellt und mit v (für *verbose*) wird rsync etwas gesprächiger. Durch die Option z werden die Daten komprimiert übertragen. Außerdem wird mit der Option -e und ssh eine verschlüsselte Datenübertragung verwendet.

Geben Sie bei der Quelle als letztes Zeichen einen Slash (/) an, wird dieses Verzeichnis nicht mitkopiert, sondern nur der darin enthaltene Inhalt, beispielsweise:

```
rsync -av /home/you/Shellbuch/ /home/you/backups
```

Hier wird der Inhalt von */home/you/Shellbuch* nach */home/you/backups* kopiert. Würden Sie hingegen Folgendes schreiben

```
rsync -av /home/you/Shellbuch /home/you/backups
```

so würde in */home/you/backups* das Verzeichnis *Shellbuch* angelegt (*/home/you/backups/Shellbuch/*) und alles dorthin kopiert. Das hat schon vielen einige Nerven gekostet.

Es folgt nun ein Überblick zu einigen Optionen von `rsync`.

Option	**Bedeutung**
`-a`	(*archive mode*): Kopiert alle Unterverzeichnisse, mitsamt Attributen (Symlinks, Rechte, Dateidatum, Gruppe, Devices) und (wenn man root ist) den Eigentümer der Datei(en)
`-v`	(*verbose*): Gibt während der Übertragung eine Liste der übertragenen Dateien aus
`-n`	(*dry-run*): Nichts schreiben, sondern den Vorgang nur simulieren – ideal zum Testen
`-e` *Programm*	Wenn in der Quelle oder dem Ziel ein Doppelpunkt enthalten ist, interpretiert `rsync` den Teil vor dem Doppelpunkt als Hostnamen und kommuniziert über das mit `-e` spezifizierte *Programm*. Gewöhnlich wird hierbei als *Programm* `ssh` verwendet. Weitere Parameter können Sie diesem Programm in Anführungszeichen gesetzt übergeben.
`-z`	Der Parameter `-z` bewirkt, daß `rsync` die Daten komprimiert überträgt.
`--delete --force` `--delete-excluded`	Damit werden alle Einträge im Zielverzeichnis gelöscht, die im Quellverzeichnis nicht (mehr) vorhanden sind.
`--partial`	Wurde die Verbindung zwischen zwei Rechnern getrennt, wird die nicht vollständig empfangene Datei nicht gelöscht. So kann bei einem erneuten `rsync` die Datenübertragung fortgesetzt werden.
`--exclude=`*Pattern*	Hier kann man Dateien (mit *Pattern*) angeben, die man ignorieren möchte. Selbstverständlich sind hierbei reguläre Ausdrücke möglich.
`-x`	Damit werden alle Dateien auf einem Filesystem ausgeschlossen, die in ein Quellverzeichnis hineingemountet sind.

Tabelle 14.28 Gängige Optionen von rsync

Noch mehr zu `rsync` finden Sie auf der entsprechenden Webseite von `rsync` (http://rsync.samba.org/) oder wie üblich auf der Manual-Seite.

traceroute – Route zu einem Rechner verfolgen

`traceroute` ist ein TCP/IP-Tool, mit dem Informationen darüber ermittelt werden können, welche Computer ein Datenpaket über ein Netzwerk passiert, bis es bei einem bestimmten Host ankommt. Beispielsweise:

```
you@host > traceroute www.microsoft.com
traceroute to www.microsoft.com.nsatc.net (207.46.199.30), 30
hops max, 38 byte packets
 1  164-138-
193.gateway.dus1.myhoster.de (193.138.164.1)  0.350 ms  0.218 ms
  0.198 ms
 2  ddf-b1-geth3-2-
11.telia.net (213.248.68.129)  0.431 ms  0.185 ms  0.145 ms
 3  hbg-bb2-pos1-2-
0.telia.net (213.248.65.109)  5.775 ms  5.785 ms  5.786 ms
 4  adm-bb2-pos7-0-
0.telia.net (213.248.65.161)  11.949 ms  11.879 ms  11.874 ms
 5  ldn-bb2-pos7-2-
0.telia.net (213.248.65.157)  19.611 ms  19.598 ms  19.585 ms
...
```

14.13 Benutzerkommunikation

wall – Nachrichten an alle Benutzer verschicken

Mit dem Kommando `wall` senden Sie eine Nachricht an alle aktiven Benutzer auf dem Rechner. Damit ein Benutzer auch Nachrichten empfangen kann, muss dieser mit `mesg yes` diese Option einschalten. Natürlich kann ein Benutzer das Empfangen von Nachrichten auch mit `mesg no` abschalten. Nachrichten werden nach einem Aufruf von `wall` von der Standardeingabe eingelesen und mit der Tastenkombination [Strg]+[D] abgeschlossen und versendet. Gewöhnlich wird `wall` vom Systemadministrator verwendet, um den Benutzer auf bestimmte Ereignisse, wie etwa das Neustarten des Systems hinzuweisen.

write – Nachrichten an andere Benutzer verschicken

Ähnlich wie mit `wall` können Sie mit `write` eine Nachricht versenden, allerdings an einen bestimmten oder mehrere Benutzer.

```
wall Benutzer1 ...
```

Ansonsten gilt bei der Verwendung von `write` das Gleiche wie für `wall`. Auch hier wird die von der Standardeingabe eingelesene Nachricht mit [Strg]+[D] beendet und auf der Gegenstelle muss auch hier `mesg yes` gelten, damit der Benutzer die Nachricht empfangen kann. Natürlich ist es dem Benutzer root gestattet, jedem Benutzer eine Nachricht zu senden, auch wenn dieser das Empfangen von Nachrichten mit `mesg no`« abgeschaltet hat.

mesg – Nachrichten auf die Dialogstation zulassen oder unterbinden

Mit dem Kommando `mesg` können Sie einem anderen Benutzer erlauben, auf das Terminal (bspw. mittels `write` oder `wall`) zu schreiben oder eben dies zu sperren. Rufen Sie `mesg` ohne Optionen auf, wird so ausgegeben, wie die Zugriffsrechte gesetzt sind – `y` (für yes) und `n` (für no). Wollen Sie dem Benutzer erlauben, dass er auf Ihre Dialogstation schreiben darf, können Sie dies mit `mesg` folgendermaßen erreichen:

```
mesg yes
```

oder

```
mesg -y
```

Wollen Sie hingegeben unterbinden, dass jemand Nachrichten auf Ihre Dialogstation ausgibt, wird `mesg` so verwendet:

```
mesg no
```

oder

```
mesg -n
```

Beispielsweise:

```
you@host > mesg
is n
you@host > mesg yes
you@host > mesg
ist y
```

14.14 Bildschirm- und Terminalkommandos

clear – Löschen des Bildschirms

Mit dem Kommando `clear` löschen Sie den Bildschirm, sofern dies möglich ist. Das Kommando sucht in der Umgebung nach dem Terminaltyp und dann in der terminfo-Datenbank, um herauszufinden, wie der Bildschirm für das entsprechende Terminal gelöscht wird.

reset – Zeichensatz für ein Terminal wiederherstellen

Mit dem Kommando `reset` können Sie jedes virtuelle Terminal wieder in einen definierten Zustand (zurück) setzen. Gibt es kein Kommando mit diesem Namen, können Sie Selbiges auch mit `setterm -reset` erreichen.

setterm – Terminal-Einstellung verändern

Mit `setterm` können die Terminal-Einstellungen wie bspw. die Hintergrund- bzw. Vordergrundfarbe verändert werden. Ruft man `setterm` ohne Optionen auf, erhält man einen Überblick zu allen möglichen Optionen von `setterm`. Sie können `setterm` entweder interaktiv verwenden

```
you@host > setterm -bold on
```

(hier schalten Sie bspw. die Fettschrift an) oder aber Sie sichern die Einstellungen dauerhaft in der Datei *~/.profile*. Einige wichtige Einstellungen von `setterm` sind:

Verwendung	Bedeutung
`setterm -clear`	Löscht den Bildschirm
`setterm -reset`	Terminal wieder in einen defnierten Zustand zurückbringen
`setterm -blank` *n*	Bildschirm nach *n* Minuten Untätigkeit abschalten

Tabelle 14.29 Einige häufig benötigte Optionen für setterm

stty – Terminal-Einstellung abfragen oder setzen

Mit `stty` können Sie die Terminal-Einstellung abfragen oder verändern. Rufen Sie `stty` ohne Argumente auf, wird die Leitungsgeschwindigkeit des aktuellen Terminals ausgegeben. Wenn Sie `stty` mit der Option `-a` aufrufen, erhalten Sie die aktuelle Terminal-Einstellung.

```
you@host > stty -a
speed 38400 baud; rows 23; columns 72; line = 0;
intr=^C; quit=^\; erase=^?; kill=^U; eof=^D; eol=<undef>;
eol2 = <undef>; start = ^Q; stop = ^S; susp = ^Z; rprnt = ^R;
werase = ^W; lnext = ^V; flush = ^O; min = 1; time = 0;
-parenb -parodd cs8 -hupcl -cstopb cread -clocal -crtscts
-ignbrk brkint ignpar -parmrk -inpck -istrip -inlcr
-igncr icrnl ixon -ixoff -iuclc -ixany imaxbel -iutf8 opost
-olcuc -ocrnl onlcr -onocr -onlret -ofill
-ofdel nl0 cr0 tab0 bs0 vt0 ff0
isig icanon iexten echo echoe echok -echonl -noflsh -xcase
-tostop -echoprt echoctl echoke
```

Die Einstellungen lassen sich häufig schwer beschreiben. Hierzu bedarf es schon einer intensiveren Befassung mit der Funktionsweise zeichenorientierter

Gerätetreiber im Kernel und der seriellen Schnittstelle – was hier allerdings nicht zur Diskussion steht.

Alle Flags, die sich mit `stty` verändern lassen, können Sie sich mit `stty --help` auflisten lassen. Viele dieser Flags lassen Sie mit einem vorangestellten Minus abschalten und ohne ein Minus (wieder) aktivieren. Wenn Sie beim Probieren der verschiedenen Flags das Terminal nicht mehr vernünftig steuern können, hilft Ihnen das Kommando `reset` oder `setterm -reset`, um das Terminal wiederherzustellen. Über

```
you@host > stty -echo
```

beispielsweise schalten Sie die Ausgabe des Terminals ab und mit

```
you@host > stty echo
```

stellen Sie die Ausgabe auf dem Bildschirm wieder her. Allerdings müssen Sie hier recht sicher im Umgang mit der Tastatur sein, weil Sie ja zuvor die Ausgabe deaktiviert haben.

tty – Terminal-Name erfragen

Mit `tty` können Sie den Terminal-Namen inklusive Pfad erfragen, der die Standardeingabe entgegennimmt.

```
you@host > tty
/dev/pts/36
```

Verwenden Sie die Option `-s`, erfolgt keine Ausgabe, vielmehr wird nur der Status gesetzt. Dabei haben diese Wert folgende Bedeutung:

Status	Bedeutung
0	Standardeingabe ist ein Terminal
1	Standardeingabe ist kein Terminal
2	Unbekannter Fehler ist aufgetreten

Tabelle 14.30 Rückgabestatus von tty mit der Option -s

```
Ein Beispiel:
you@host > tty -s
you@host > echo $?
0
```

Diese Abfrage wird bspw. gern in Scripts verwendet, um zu ermitteln, ob für die Standardeingabe ein Terminal zur Verfügung steht. Einem Hintergrundprozess zum Beispiel steht keine Standardeingabe zur Verfügung.

tput – Terminal- und Cursorsteuerung

Das Kommando `tput` wurde umfangreich in Abschnitt 5.2.4 behandelt.

14.15 Online-Hilfen

apropos – nach Schlüsselwörtern in man-Seiten suchen

Die Syntax:

```
apropos keyword
```

Mit `apropos` werden alle man-Seiten aufgelistet, in denen sich das Wort »keyword« befindet. Selbiges kann auch mit dem Kommando `man` und der Option `-k` erreicht werden.

info – GNU-Online-Manual

`info` ist das Hilfe-System für die bei Linux mitgelieferte GNU-Software.

```
info [kommando]
```

Die wichtigsten Tasten zum Verwenden der Info-Seiten sind:

Taste	Bedeutung
[SPACE]	Eine Seite nach unten blättern
[BACKSPACE]	Eine Seite nach oben blättern
[B]	Anfang des `info`-Textes
[E]	Ende des `info`-Textes
[Tab]	Zum nächsten Querverweis springen
[ENTER]	Querverweis folgen
[H]	Anleitung zur Bedienung von `info`
[?]	Kommandoübersicht von `info`
[Q]	`info` beenden

Tabelle 14.31 Gängige Tasten zur Steuerung von info-Seiten

man – die traditionelle Online-Hilfe

Mit `man` geben Sie die Manual-Seiten zu einem entsprechenden Namen aus:

```
man Name
```

Die Anzeige der man-Seite erfolgt über einen Pager, was meistens `less` oder eventuell auch `more` ist. Zur Steuerung dieser Pager blättern Sie bitte zur gegebenen Seite zurück. Den Pager können Sie aber auch mit der Option `-P` oder der Umgebungsvariablen `PAGER` selbst bestimmen. Aufgeteilt werden die man-Seiten in verschiedene Kategorien:

1. Benutzerkommandos
2. Systemaufrufe
3. C-Bibliotheksfunktionen
4. Beschreibungen der Gerätedateien
5. Dateiformate
6. Spiele
7. Makropakete für die Textformatierer
8. Kommandos für die Systemverwalterin
9. Kernelroutinen

Die Reihenfolge, in der die Sektionen nach einer bestimmten Manual-Page durchsucht werden, ist in der Konfigurationsdatei */etc/man.config* festgelegt. In der `MANSEC`-Umgebungsvariablen kann jeder User für sich eine andere Reihenfolge bestimmen.

Ebenso sind die Verzeichnisse, in denen nach den man-Seiten gesucht werden soll, in */etc/man.config* festgeschrieben. Da die Datei */etc/man.config* nur von root bearbeitet werden darf, besteht auch hierbei die Möglichkeit, dass der Benutzer mit der Umgebungsvariablen `MANPATH` ein anderes Verzeichnis angeben kann.

Das Kommando `man` hat eine Reihe von Optionen, hier die wichtigsten:

- `-a` – häufig gibt es gleichnamige man-Seiten in verschiedenen Kategorien. Geben Sie bspw. `man sleep` ein, bekommen Sie die erste gefundene Sektion (abhängig von der Reihenfolge, die in */etc/man.config* oder `MANSEC` angegeben wurde) mit entsprechenden Namen ausgegeben. Wollen Sie alle man-Seiten zu einem bestimmten Namen bzw. Kommando lesen, so müssen Sie nur die Option `-a` verwenden. Mit `man -a sleep` erhalten Sie jetzt alle man-Seiten mit `sleep` (in meinen Fall waren es drei man-Seiten zu `sleep`).

- `-k` *keyword* – entspricht `apropos keyword`; damit werden alle man-Seiten ausgegeben, die das Wort *keyword* enthalten.
- `-f` *keyword* – entspricht `whatis keyword`; damit wird eine einzeilige Bedeutung von *keyword* ausgegeben.

whatis – Kurzbeschreibung zu einem Kommando

Die Syntax:

```
whatis keyword
```

Mit dem Kommando `whatis` wird die Bedeutung von »keyword« als ein einzeiliger Text ausgegeben. `whatis` entspricht einem Aufruf von `man -f keyword`.

14.16 Alles rund um PostScript-Kommandos

Die Befehle rund um das Postscript-Format werden aus Platzgründen nur mit Kommando und Bedeutung beschrieben. Näheres müssen Sie den entsprechenden man-Seiten entnehmen.

Kommando	Bedeutung
`a2ps`	Textdatei umwandeln nach Postscript
`dvips`	DVI-Dateien umwandeln nach Postscript
`enscript`	Textdatei umwandeln nach Postscript
`gs`	PostScript- und PDF-Dateien konvertieren
`html2ps`	Umwandeln von HTML-Dateien nach PostScript
`pdf2ps`	Umwandeln von PDF nach PostScript
`ps2ascii`	Umwandeln von PostScript nach ASCII
`ps2pdf`	Umwandeln von PostScript nach PDF
`psutils`	Paket zur Bearbeitung von PostScript-Dateien

Tabelle 14.32 Postscript-Kommandos

14.17 Gemischte Kommandos

alias/unalias – Kurznamen für Kommandos vergeben bzw. löschen

Mit `alias` können Sie für einfache Kommandos benutzerdefinierte Namen anlegen. Löschen können Sie dieses Synonym wieder mit `unalias`. `alias/unalias` wurde bereits in Abschnitt 6.6 beschrieben.

bc – Taschenrechner

`bc` ist ein arithmetischer, sehr umfangreicher Taschenrechner für die Konsole mit vielen ausgereiften Funktionen. Dieser Taschenrechner wurde bereits in Abschnitt 2.2.3 kurz behandelt.

printenv bzw. env – Umgebungsvariablen anzeigen

Mit `printenv` können Sie Umgebungsvariablen für einen Prozess anzeigen lassen. Geben Sie kein Argument an, werden alle Variablen ausgegeben, ansonsten der entsprechende Wert der Umgebungsvariablen.

```
you@host > printenv PAGER
less
you@host > printenv MANPATH
/usr/local/man:/usr/share/man:/usr/X11R6/man:/opt/gnome/share/man
```

15 Die Praxis

15 Die Praxis

In diesem Kapitel finden Sie viele Lösungsansätze zu gewöhnlichen Themen, die man relativ häufig in der Praxis benötigt. Natürlich darf man hier keine kompletten Projekte erwarten, sondern eher Scripts, die weiter ausbaufähig sind bzw. als Anregung für umfangreichere Projekte dienen sollen. Es ist auch gar nicht möglich, für jedes Problem eine ultimative Lösung aus dem Hut zu zaubern, dazu sind die individuellen Ansprüche der einzelnen Anforderungen zu unterschiedlich.

Die einzelnen Rezepte für die Praxis wurden in die folgenden Teile aufgegliedert:

- Alltäglich benötigte Scripts
- Datei-Utilities
- Systemadministration
  - Benutzer- und Prozessverwaltung (Überwachung)
  - Systemüberwachung
  - Backups
  - (init-Scripts) Startup-Scripts erstellen
- Netzwerk und Internet
  - E-Mail
  - Log-File-Analyse
  - CGI-Scripts

Hinweis Suchen Sie ein Sammelsurium von Shellscripts für Teil- bzw. Komplettlösungen, dann kann ich Ihnen die Webseiten **www.shelldorado.de** und **http://www.freshmeat.net** empfehlen.

15.1 Alltägliche Lösungen

15.1.1 Auf alphabetische und numerische Zeichen prüfen

Ein Problem bei vielen Scripts, die eine User-Eingabe erfordern, ist, dass ein »Vertipper« Dinge wie einen Datenbankschlüssel oder Dateinamen schnell durcheinander bringt. Eine Überprüfung auf die richtige Eingabe von der Tastatur fällt mittels sed recht einfach aus. Das folgende Beispiel überprüft, ob der Anwender Buchstaben und Zahlen korrekt eingegeben hat. Nicht erlaubt sind alle anderen Zeichen wie Whitespaces, Punktationen, Sonderzeichen etc.

```
#!/bin/sh
# checkInput() : Überprüft, dass eine richtige Eingabe aus
# alphabetischen und numerischen Zeichen besteht

# Gibt 0 (=OK) zurück, wenn alle Zeichen aus
# Groß- und Kleinbuchstaben und Zahlen bestehen,
# ansonsten wird 1 zurückgegeben.
#
checkInput() {
  if [ -z "$eingabe" ]
  then
     echo "Es wurde nichts eingegeben"
     exit 1
  fi
  # Alle unerwünschten Zeichen entfernen ...
  eingabeTmp="`echo $1 | sed -e 's/[^[:alnum:]]//g'`"
  # ... und dann vergleichen
  if [ "$eingabeTmp" != "$eingabe" ]
  then
     return 1
  else
     return 0
  fi
}

# Ein Beispiel zum Testen der Funktion checkInput
echo -n "Eingabe machen: "
read eingabe

if ! checkInput "$eingabe"
then
   echo "Die Eingabe muss aus Buchstaben und Zahlen bestehen!"
   exit 1
else
   echo "Die Eingabe ist Ok."
fi
```

Das Script bei der Ausführung:

```
you@host > ./checkInput
Eingabe machen: 1234asdf
Die Eingabe ist Ok.
you@host > ./checkInput
Eingabe machen: asfd 1234
Die Eingabe muss aus Buchstaben und Zahlen bestehen!
you@host > ./checkInput
Eingabe machen: !"§$
Die Eingabe muss aus Buchstaben und Zahlen bestehen!
```

Entscheidend ist in diesem Script die `sed`-Zeile:

```
eingabeTmp="`echo $1 | sed -e 's/[^[:alnum:]]//g'`"
```

In der Variablen `eingabeTmp` befindet sich nach der Kommandosubstitution ein String ohne irgendwelche Sonderzeichen außer Buchstaben und Ziffern (siehe Zeichenklasse `[:alnum:]`). Hierbei werden einfach alle anderen Zeichen aus dem Originalstring entfernt und im nächsten Schritt wird der Originalstring mit dem so neu erstellten verglichen. Sind beide weiterhin identisch, wurden die Bedingungen erfüllt und die Eingabe war in Ordnung. Ansonsten, wenn beide Strings nicht gleich sind, wurde ein »Fehler« bei der Eingabe entdeckt.

15.1.2 Auf Integer überprüfen

Leider kann man hierbei jetzt nicht mit `[:digits:]` in der `sed`-Zeile auf die Eingabe eines echten Integer prüfen, da zum einen ein negativer Wert eingegeben werden kann und es zum anderen auch minimale und maximale Grenzen des Größenbereichs gibt. Daher müssen Sie das Script bzw. die Funktion ein wenig anpassen, um auch diese Aspekte zu berücksichtigen. Hier das Script, welches die Eingabe einer Integerzahl überprüft:

```
#!/bin/sh
# checkInt() : Überprüft, ob ein echter
# Integerwert eingegeben wurde

# Gibt 0 (== OK) zurück, wenn es sich um einen gültigen
# Integerwert handelt, ansonsten 1
#
checkInt() {
    number="$1"
    # Mindestwert für einen Integer (ggf. anpassen)
    min=-2147483648
```

```
  # maximaler Wert für einen Integer (ggf. anpassen)
  max=2147483647

  if [ -z $number ]
  then
     echo "Es wurde nichts eingegeben"
     exit 1
  fi

  # Es könnte ein negativer Wert sein ...
  if [ "${number%${number#?}}" = "-" ]
  then  # es ist ein negativer Wert - erstes Zeichen ein "-"
     # das erste Zeichen nicht übergeben
     testinteger="${number#?}"
  else
     testinteger="$number"
  fi

  # Alle unerwünschten Zeichen außer Zahlen entfernen ...
  extract_nodigits="`echo $testinteger | \
                    sed 's/[[:digit:]]//g'`"
  # Ist jetzt noch was vorhanden
  if [ ! -z $extract_nodigits ]
  then
     echo "Kein numerisches Format!"
     return 1
  fi
  # Mindestgrenze eingehalten ...
  if [ "$number" -lt "$min" ]
  then
     echo "Der Wert ist unter dem erlaubten Mindestwert : $min"
     return 1
  fi
  # max. Grenze eingehalten
  if [ "$number" -gt "$max" ]
  then
     echo "Der Wert ist über dem erlaubten Maximalwert : $max"
     return 1
  fi
  return 0 # Ok, es ist ein Integer
}
```

```
# Ein Beispiel zum Testen der Funktion checkInput
#
echo -n "Eingabe machen: "
read eingabe

if ! checkInt "$eingabe"
then
   echo "Falsche Eingabe - Kein Integer"
   exit 1
else
   echo "Die Eingabe ist Ok."
fi
```

Das Script bei der Ausführung:

```
you@host > ./checkInt
Eingabe machen: 1234
Die Eingabe ist Ok.
you@host > ./checkInt
Eingabe machen: -1234
Die Eingabe ist Ok.
you@host > ./checkInt
Eingabe machen: -123412341234
Der Wert ist unter dem erlaubten Mindestwert : -2147483648
Falsche Eingabe - Kein Integer
you@host > ./checkInt
Eingabe machen: 123412341234
Der Wert ist über dem erlaubten Maximalwert : 2147483647
Falsche Eingabe - Kein Integer
```

15.1.3 echo mit oder ohne -n

Wen es bislang genervt hat, ob denn nun seine Shell die Option `-n` für das Verhindern eines Zeilenumbruchs nach einer `echo`-Ausgabe oder das Escape-Zeichen `\c` kennt, und sich nicht darauf verlassen will, dass `print` oder `printf` auf dem System vorhanden ist, dem kann mit einer einfachen Funktion geholfen werden:

```
#!/bin/sh
# myecho() : Portables echo ohne Zeilenumbruch

myecho() {
   # Weg mit dem Newline, falls vorhanden
```

```
    echo "$*" | tr -d '\n'
}

# Zum Testen ...
#
myecho "Eingabe machen : "
read eingabe
```

15.2 Datei-Utilities

15.2.1 Leerzeichen im Dateinamen ersetzen

Befinden sich auf Ihrem Rechner mal wieder eine Menge Dateien oder Verzeichnisse mit einem Leerzeichen zwischen dem Dateinamen, wie dies häufig bei MS-Windows- oder MP3-Dateien verwendet wird, dann können Sie entweder jede Datei von Hand oder aber gleich alle auf einmal mit einem Shellscript ersetzen. Das folgende Shellscript übernimmt diese Arbeit für Sie. Es werden alle Dateien und Verzeichnisse im aktuellen Verzeichnis mit einem oder mehreren Leerzeichen ersetzt. Statt eines Leerzeichens wird hierbei das Unterstrichzeichen verwendet – natürlich können Sie selbst das Zeichen wählen.

```
#! /bin/sh
# Name: replaceSpace
# Ersetzt Leerzeichen in Datei- bzw. Verzeichnisnamen durch '_'

space=' '
replace='_' # Ersetzungszeichen

# Ersetzt alle Datei- und Verzeichnisnamen im
# aktuellen Verzeichnis
for source in *
do
    case "$source" in
    # Ist ein Leerzeichen im Namen vorhanden ...
        *"$space"*)
            # Erst mal den Namen in dest speichern ...
            dest=`echo "$source" | sed "s/$space/$replace/g"`
            # ... überprüfen, ob bereits eine Datei bzw.
            # ein Verzeichnis mit gleichem Namen existiert
            if test -f "$dest"
```

```
        then
           echo "Achtung: "$dest" existiert bereits ... \
                 (Überspringen)" 1>&2
           continue
        fi
        # Vorgang auf der Standardausgabe mitschreiben
        echo mv "$source" "$dest"
        # Jetzt ersetzen ...
        mv "$source" "$dest"
        ;;
   esac
done
```

Das Script bei der Ausführung:

```
you@host > ./replaceSpace
mv 01 I Believe I can fly.mp3 01_I_Believe_I_can_fly.mp3
mv Default User Default_User
mv Meine Webseiten Meine_Webseiten
mv Dokumente und Einstellungen Dokumente_und_Einstellungen
mv Eigene Dateien Eigene_Dateien
```

Natürlich lässt sich das Script erheblich erweitern. So könnten Sie in der Kommandozeile beispielsweise selbst angeben, was als Ersetzungszeichen verwendet werden soll.

15.2.2 Dateiendungen verändern

Manchmal will man z.B. aus Backup-Zwecken die Endung von Dateien verändern. Bei einer Datei ist dies kein Problem, aber wenn hierbei ein paar Dutzend Dateien umbenannt werden sollen, wird einem mit einem Shell-Script geholfen. Das folgende Script ändert alle Dateiendungen eines bestimmten Verzeichnisses.

```
#!/bin/sh
# renExtension - Alle Dateiendungen eines speziellen
# Verzeichnisses ändern
# Verwendung : renExtension directory ext1 ext2
# Beispiel: renExt mydir .abc .xyz - "ändert '.abc' nach '.xyz'

renExtension() {
   if [ $# -lt 3 ]
   then
```

```
      echo "usage: $0 Verzeichnis ext1 ext2"
      echo "ex: $0 mydir .abc .xyz   (ändert .abc zu .xyz)"
      return 1
   fi
   # Erstes Argument muss ein Verzeichnis sein
   if [ -d "$1" ]
   then :
   else
      echo "Argument $1 ist kein Verzeichnis!"
      return 1
   fi
   # Nach allen Dateien mit der Endung $2 in $1 suchen
   for i in `find . $1 -name "*$2"`
   do
      # Suffix $2 vom Dateinamen entfernen
      base=`basename $i $2`
      echo "Verändert: $1/$i Nach: $1/${base}$3"
      # Umbenennen mit Suffix $3
      mv $i $1/${base}$3
   done
   return 0
}

# Zum Testen
#
renExtension $1 $2 $3
```

Das Script bei der Ausführung:

```
you@host > ls mydir
file1.c  file2.c  file3.c
you@host > ./renExtension mydir .c .cpp
Verändert: mydir/mydir/file1.c Nach: mydir/file1.cpp
Verändert: mydir/mydir/file2.c Nach: mydir/file2.cpp
Verändert: mydir/mydir/file3.c Nach: mydir/file3.cpp
you@host > ls mydir
file1.cpp  file2.cpp  file3.cpp
```

Tipp Wollen Sie hierbei lieber eine Kopie erstellen, statt eine Umbenennung des Namens vorzunehmen, so müssen Sie hier nur das Kommando `mv` durch `cp` ersetzen.

15.2.3 Nach veränderten Dateien in zwei Verzeichnissen vergleichen

Gern kopiert man ein Verzeichnis, um eine Sicherungskopie in der Hinterhand zu haben. Wenn Sie nun nach längerer Zeit wieder an den Dateien in dem Verzeichnis gearbeitet haben oder eventuell mehrere Personen einer Gruppe mit diesen Dateien arbeiten, möchte man doch wissen, welche und wie viele Dateien sich seitdem geändert haben. Sicherlich gibt es hierzu bessere Werkzeuge wie CVS oder SUBVERSION, aber manchmal erscheint mir dies doch ein wenig überdimensioniert zu sein. Hierzu ein einfaches Shellscript, womit Sie sich einen schnellen Überblick verschaffen können.

```
#!/bin/sh
# diffDir() vergleicht zwei Verzeichnisse mit einfachen
# Dateien miteinander

diffDir() {
   if [ -d "$1" -a -d "$2" ]
   then :
   else
      echo "usage: $0 dir1 dir2"
      return 1
   fi

   count1=0; count2=0
   echo
   echo "Unterschiedliche Dateien : "
   for i in $1/*
   do
      count1=`expr $count1 + 1`
      base=`basename $i`
      diff -b $1/$base $2/$base > /dev/null
      if [ "$?" -gt 0 ]
      then
         echo "    $1/$base $2/$base"
         count2=`expr $count2 + 1`
      fi
   done
   echo "-------------------------------"
   echo "$count2 von $count1 Dateien sind unterschiedlich \
        in $1 und $2"
```

```
    return 0
}

# Zum Testen ...
diffDir $1 $2
```

Das Script bei der Ausführung:

```
you@host > ./diffDir Shellbuch_backup Shellbuch_aktuell

Unterschiedliche Dateien :
------------------------------
0 von 14 Dateien sind unterschiedlich in Shellbuch_
backup und Shellbuch_aktuell
you@host > cd Shellbuch_aktuell
you@host > echo Hallo >> Kap003.txt
you@host > echo Hallo >> Kap004.txt
you@host > echo Hallo >> Kap005.txt
you@host > ./diffDir Shellbuch_backup Shellbuch_aktuell

Unterschiedliche Dateien :
        Shellbuch_backup/Kap003.txt Shellbuch_aktuell/Kap003.txt
        Shellbuch_backup/kap004.txt Shellbuch_aktuell/kap004.txt
        Shellbuch_backup/kap005.txt Shellbuch_aktuell/kap005.txt
------------------------------
3 von 14 Dateien waren unterschiedlich in Shellbuch_
backup und Shellbuch_aktuell
```

Wem das ganze Beispiel zu umfangreich ist, dem kann ich auch noch einen Einzeiler mit rsync anbieten, der ebenfalls nach veränderten Daten zwischen zwei Verzeichnissen vergleicht:

```
rsync -avnx --numeric-ids --delete $1/ $2
```

15.3 Systemadministration

Die Systemadministration dürfte wohl eines der Hauptgründe sein, weshalb Sie sich entschieden haben, die Shellscript-Programmierung zu erlernen. Zur Systemadministration gehören u.a. zentrale Themen wie die Benutzer- und Prozessverwaltung, Systemüberwachung, Backup-Strategien und das Auswerten bzw. Analysieren von Log-Dateien. Zu jedem dieser Themen werden Sie ein Beispiel für die Praxis kennen lernen und, falls das Thema recht speziell ist, auch eine Einführung.

15.3.1 Benutzerverwaltung

Plattenplatzbenutzung einzelner Benutzer auf dem Rechner

Wenn Sie einen Rechner mit vielen Benutzern verwalten müssen, so sollte man dem einzelnen Benutzer auch eine gewisse Grenze setzen, was den Plattenverbrauch betrifft. Die einfachste Möglichkeit ist es, die Heimverzeichnisse der einzelnen User zu überprüfen. Natürlich schließt dies nicht nur das */home*-Verzeichnis ein (auch wenn es im Beispiel so verwendet wird). Am einfachsten sucht man in entsprechenden Verzeichnissen nach Dateien, die einen bestimmten Benutzer als Eigentümer haben, und addiert die Größe einer jeden gefundenen Datei.

Damit auch alle Benutzer erfasst werden, deren User-ID größer als 99 ist, werden sie einfach alle aus */etc/passwd* extrahiert. Die Werte zwischen 1 und 99 sind gewöhnlich den System-Daemons bzw. dem root vorbehalten. Ein guter Grund übrigens, dass Sie, wenn Sie einen neuen User anlegen, die UID immer über 100 wählen.

Hinweis Die meisten Systeme nutzen inzwischen auch UIDs für die User, die größer als 1000 sind. Diese Angabe kann von System zu System variieren. Viele Systeme verwenden als »uid_start« auch den Wert 1000. Es könnte also sein, dass der Wert 100 – wie hier verwendet – zu niedrig ist. Allerdings sollte es für Sie wohl kein Problem darstellen, diesen Wert im Script zu ändern.

Das folgende Shellscript analysiert also den Plattenplatzverbrauch einzelner Benutzer (im Beispiel beschränken wir uns auf das */home*-Verzeichnis). Gewöhnlich benötigt man root-Rechte, um dieses Script auszuführen. Ohne diese Rechte können Sie nur den eigenen Account überprüfen. Hat ein Benutzer den Plattenplatz, der mit »maxUsage« MB begrenzt ist, überschritten, wird eine Mail mit entsprechender Nachricht gesendet. Im Beispiel wird das Kommando `mail` verwendet und kann jederzeit auch durch `sendmail` ausgetauscht werden (abhängig vom System).

Hinweis An dieser Stelle sollte auch auf das Quota-System hingewiesen werden. Das Quota-System wird verwendet, wenn Benutzer/Gruppen, die an einem System arbeiten und dort ein eigenes Verzeichnis besitzen, zu viele Daten in diesem Verzeichnis speichern/sammeln.

Mit Quota können Sie als Systemadministrator den verfügbaren Plattenplatz für jede/n Benutzer/Gruppe einschränken. Hierbei existieren zwei Grenzen, das Softlimit und das Hardlimit. Beim Softlimit darf der Benutzer die Grenze für eine kurze Zeit überschreiten. Dieser Zeitraum wird durch die »Grace Period« festgelegt. Beim Hardlimit darf der Benutzer (oder die Gruppe) diese Grenze keinesfalls überschreiten. Es gibt also keine Möglichkeit, dieses Limit zu umgehen. Das Quota-System liegt gewöhnlich jeder Distribution bei. Mehr dazu finden Sie auch in einem Mini-Howto in deutscher Sprache.

```
#!/bin/sh
# DiskQuota = Das Tool analysiert den Plattenplatzverbrauch
# einzelner Benutzer

# Limit der Speicherplatzbenutzung pro User in MB
maxUsage=100
# temporäre Log-Datei -> besser wäre in /tmp
logfile="loghogs.$$"
# Verzeichnis(se), das/die pro User erfasst werden sollen
dirs="/home"
# uid_start: Alle User-IDs unter 100 sind gewöhnlich dem root
# und anderen Diensten vorbehalten. Echte User beginnen
# gewöhnlich ab 100 oder manchmal gar ab 1000
uid_start=99
# Beim ordentlichen Beenden logfile wieder löschen
trap "/bin/rm -f $logfile" EXIT

for name in `cut -d: -f1,3 /etc/passwd | \
             awk -F: '$2 > $uid_start { print $1 }'`
do
  echo -n "$name "
  find $dirs -user $name -xdev -type f -ls | \
      awk '{ sum += $7 } END { print sum / (1024*1024) }'
done | awk "\$2 > $maxUsage { print \$0 }" > $logfile

# Wenn vorhanden, haben wir einen "Übertreter"
# gefunden, ansonsten ...
if [ ! -s $logfile ]
then
  echo "Kein User hat das Limit ${maxUsage}MB überzogen"
  exit 0
```

```
fi

while read user diskspace
do
   cat <<MARKE | mail -s "Achtung Limit überzogen" $user
Hallo $user,
Soeben `date "+%Y-%h-%d %H:%M:%S "` wurde festgestellt, dass Sie
Ihr Limit von ${maxUsage}MB überzogen haben. Derzeit beträgt Ihr
verwendeter Speicher ${diskspace}MB. Bitte beheben Sie den
Umstand sobald wie möglich. Vielen Dank für das Verständnis.
MARKE
   echo "User $user hat den Account überzogen\
        (Ist:${diskspace}MB Soll:${maxUsage}MB)"
done < $logfile
```

Das Script bei der Ausführung:

```
# ./DiskQuota
User tot hat den Account überzogen (Ist:543,72MB Soll:100MB)

---- Inzwischen beim User tot ----
tot@host > mail
 ... ... ...
 N 14 tot@linux.site  Mon May  2 15:14  22/786  Limit überzogen
 ... ... ...
? 14
Message 14:
From: you@host.site (J.Wolf)

Hallo tot,
Soeben 2005-Mai-02 15:14:47 wurde festgestellt, dass Sie Ihr
Limit von 100MB überzogen haben. Derzeit beträgt Ihr verwendeter
Speicher 543,72MB. Bitte beheben Sie den Umstand sobald wie
möglich.

Vielen Dank für das Verständnis.
```

Hinweis Bitte beachten Sie, wenn Sie weitere Verzeichnisse angeben, in denen nach Dateien eines bestimmten Benutzers gesucht werden soll (oder gar das Wurzelverzeichnis), dass dies sehr viel Zeit in Anspruch nehmen kann.

Prozesse nach User sortiert mit Instanzen ausgeben

Einen weiteren Komfort, den man als Systemadministrator gern nutzen würde, wäre eine Ausgabe der Prozessüberwachung einzelner Benutzer, sortiert nach diesen. Das folgende, gut kommentierte Script sortiert die Prozesse nach Benutzern und gar nach deren einzelnen Instanzen, wenn der Benutzer von einer Instanz mehrere ausführt. Führt der Benutzer z.B. dreimal `bash` als Shell aus, finden Sie in der Zusammenfassung `3 Instanz(en) von /bin/bash`, statt jede Instanz einzeln aufzulisten.

```
#!/bin/sh
# Name: psusers

# Voraussetzung, dass dieses Script funktioniert, ist, dass die
# Ausgabe von ps -ef auf Ihrem Rechner folgendes Format hat:
#
# you@host > ps -ef
# UID        PID  PPID  C STIME TTY          TIME CMD
# root         1     0  0 00:38 ?        00:00:04 init [5]
# root         2     1  0 00:38 ?        00:00:00 [ksoftirqd/0]
#
# Wenn die Ausgabe bei Ihnen etwas anders aussieht, müssen Sie
# das Script entsprechend anpassen (erste Zuweisung von USERNAME
# und PROGNAME)

# Variablen deklarieren
#
COUNTER=0; CHECKER=0; UCOUNT=1
PSPROG='/bin/ps -ef'
SORTPROG='/bin/sort +0 -1 +7 -8'
TMPFILE=/tmp/proclist_$$

# Beim ordentlichen Beenden TMPFILE wieder löschen
trap "/bin/rm -f $TMPFILE" EXIT

# Die aktuelle Prozessliste in TMPFILE speichern
#
$PSPROG | $SORTPROG > $TMPFILE

# Daten in TMPFILE verarbeiten
#
grep -v 'UID[ ]*PID' $TMPFILE | while read LINE
```

```
do
   # Zeilen in einzelne Felder aufbrechen
   set -- $LINE
   # Einzelne Felder der Ausgabe von ps -ef lauten:
   # UID PID PPID C STIME TTY TIME CMD

   # Anzahl der Parameter einer Zeile größer als 0 ...
   if [ $# -gt 0 ]
   then
      # Erstes Feld (UID) einer Zeile der Variablen
      # USERNAME zuordnen
      USERNAME=$1
      # Die ersten sieben Felder einer Zeile entfernen
      shift 7
      # Kommandonamen (CMD) der Variablen PROGNAME zuordnen
      PROGNAME=$*
   fi

   # Testet die Kopfzeile
   #
   if [ "$USERNAME" = "UID" ]
   then
      continue # nächsten Wert in der Schleife holen ...
   fi

   # Überprüfen, ob es sich um die erste Zeile von Daten handelt
   #
   if [ "$CHECKER" = "0" ]
   then
      CHECKER=1
      UCOUNT=0
      LASTUSERNAME="$USERNAME"
      # Programmname für die Ausgabe formatieren
      # auf 40 Zeichen beschränken ....
      #
      LASTPROGNAME=`echo $PROGNAME | \
                   awk '{print substr($0, 0, 40)}'`
      COUNTER=1; LASTCOUNT=1
      echo ""
      echo "$USERNAME führt aus:....."
```

15

```
      continue # nächsten Wert von USERNAME holen
   fi

   # Logische Überprüfung durchführen
   #
   if [ $CHECKER -gt 0 -a "$USERNAME" = "$LASTUSERNAME" ]
   then
      if [ "$PROGNAME" = "$LASTPROGNAME" ]
         then
            COUNTER=`expr $COUNTER + 1`
         else
         # Ausgabe auf dem Bildschirm ...
         if [ $LASTCOUNT -gt 1 ]
         then
            echo "     $LASTCOUNT Instanz(en) von ->"\
                 " $LASTPROGNAME"
         else
            echo "         $LASTCOUNT Instanz(en) von ->"\
                 " $LASTPROGNAME"
         fi
         COUNTER=1
      fi
      # Programmname für die Ausgabe formatieren
      # auf 40 Zeichen beschränken ....
      #
      LASTPROGNAME=`echo $PROGNAME | \
                 awk '{print substr($0, 0, 40)}'`
      LASTCOUNT=$COUNTER
   elif [ $CHECKER -gt 0 -a "$USERNAME" != "$LASTUSERNAME" ]
   then
      if [ $LASTCOUNT -gt 1 ]
      then
         echo "     $LASTCOUNT Instanz(en) von >> $LASTPROGNAME"
      else
         echo "         $LASTCOUNT Instanz(en) von >>"\
              " $LASTPROGNAME"
      fi
      echo
      echo "$USERNAME führt aus:....."
      LASTUSERNAME="$USERNAME"
```

```
      # Programmname für die Ausgabe formatieren
      # auf 40 Zeichen beschränken ....
      #
      LASTPROGNAME=`echo $PROGNAME | \
                   awk '{print substr($0, 0, 40)}'`
      COUNTER=1
      LASTCOUNT=$COUNTER
   fi
done

# DISPLAY THE FINAL USER INSTANCE DETAILS
#
if [ $COUNTER -eq 1 -a $LASTCOUNT -ge 1 ]
then
   if [ $LASTCOUNT -gt 1 ]
   then
      echo "     $LASTCOUNT Instanz(en) von >> $LASTPROGNAME"
   else
      echo "         $LASTCOUNT Instanz(en) von >> $LASTPROGNAME"
   fi
fi

echo "------"
echo "Fertig"
echo "------"
```

Das Script bei der Ausführung:

```
you@host > ./psusers

bin führt aus:.....
         1 Instanz(en) von >> /sbin/portmap

lp führt aus:.....
         1 Instanz(en) von >> /usr/sbin/cupsd

postfix führt aus:.....
         1 Instanz(en) von -> pickup -l -t fifo -u
         1 Instanz(en) von >> qmgr -l -t fifo -u
```

```
root führt aus:.....
        1 Instanz(en) von -> -:0
        1 Instanz(en) von -> [aio/0]
        1 Instanz(en) von -> /bin/bash /sbin/hotplug pci
        1 Instanz(en) von -> /bin/bash /etc/hotplug/pci.agent
...
you führt aus:.....
    3 Instanz(en) von -> /bin/bash
        1 Instanz(en) von -> /bin/ps -ef
        1 Instanz(en) von -> /bin/sh /opt/kde3/bin/startkde
        1 Instanz(en) von -> /bin/sh ./testscript
        1 Instanz(en) von -> gpg-agent --daemon --no-detach
        1 Instanz(en) von -> kaffeine -session 117f000002000111
        1 Instanz(en) von -> kamix
        1 Instanz(en) von -> kdeinit: Running...
...
```

Prozesse bestimmter Benutzer beenden

Häufig kommt es vor, dass bei einem Benutzer einige Prozesse »Amok« laufen bzw. man einen Prozess einfach beenden will (warum auch immer). Mit dem folgenden Script können Sie (als root) die Prozesse eines Benutzers mithilfe einer interaktiven Abfrage beenden. Nach der Eingabe des Benutzers werden alle laufenden Prozesse in einem Array gespeichert. Anschließend wird das komplette Array durchlaufen und nachgefragt, ob Sie den Prozess beenden wollen oder nicht. Zuerst wird immer versucht, den Prozess normal mit `SIGTERM` zu beenden. Gelingt dies nicht mehr, muss `SIGKILL` herhalten.

Hinweis Da dieses Script Arrays verwendet, ist es nur in der `bash` bzw. Korn-Shell ausführbar. Muss das Script unbedingt auch in einer Bourne-Shell laufen, so könnte man die einzelnen Prozesse statt in ein Array auch in eine Datei (zeilenweise) schreiben und aus dieser zeilenweise wieder lesen.

```
#!/bin/ksh
# Name: killuser
# Wegen der Benutzung von Arrays "nur" für bash und Korn-Shell
# nicht aber für Bourne-Shell (sh) geeignet

while true
do
   # Bildschirm löschen
```

```
clear

echo "Diese Script erlaubt Ihnen bestimmte Benutzer Prozesse"
echo "zu beenden."
echo
echo "Name des Benutzers eingeben (mit q beenden) : " | \
    tr -d '\n'
read unam
# Wurde kein Benutzer angegeben
unam=${unam:-null_value}
export unam

case $unam in
   null_value)
      echo "Bitte einen Namen eingeben!" ;;
   [Qq])
      exit 0 ;;
   root)
      echo "Benutzer 'root' ist nicht erlaubt!" ;;
   *)
      echo "Überprüfe $unam ..."
      typeset -i x=0
      typeset -i n=0
      if $(ps -ef | grep "^[ ]*$unam" > /dev/null)
      then
      for a in $(ps -ef |
         awk -v unam="$unam" '$1 ~ unam { print $2, $8}'| \
         sort -nr +1 -2 )
      do
      if [ $n -eq 0 ]
      then
         x=`expr $x + 1`
         var[$x]=$a
         n=1
      elif [ $n -eq 1 ]
      then
         var2[$x]=$a
         n=0
      fi
     done
```

```
if [ $x -eq 0 ]
then
   echo "Hier gibt es keine Prozesse zum Beenden!"
else
   typeset -i y=1
   clear
   while [ $y -le $x ]
   do
      echo "Prozess beenden PID: ${var[$y]} -> CMD: "\
          " ${var2[$y]}  (J/N) : " | tr -d '\n'
      read resp
      case "$resp" in
         [Jj]*)
            echo "Prozess wird beendet ..."
            # Zuerst versuchen, "normal" zu beenden
            echo "Versuche, normal zu beenden " \
                 " (15=SIGTERM)"
            kill -15 ${var[$y]} 2>/dev/null
            # Überprüfen, ob es geklappt hat
            # -> ansonsten
            # mit dem Hammmer killen
            if ps -p ${var[$y]} >/dev/null 2>&1
            then
               echo "Versuche, 'brutal' zu beenden"\
                    " (9=SIGKILL)"
               kill -9 ${var[$y]} 2>/dev/null
            fi
            ;;
         *)
            echo "Prozess wird weiter ausgeführt"\
                 " ( ${var2[y]} )"
            ;;
      esac

      y=`expr $y + 1`
      echo
   done
   fi
fi
;;
```

```
    esac
sleep 2
done
```

Das Script bei der Ausführung:

```
# ./killuser

Dieses Script erlaubt Ihnen, bestimmte Benutzer-Prozesse
zu beenden.

Name des Benutzers eingeben (mit q beenden) : john

Prozess beenden PID: 4388 -> CMD: sleep  (J/N) : J
Prozess wird beendet ...
Versuche, normal zu beenden (15=SIGTERM)

Prozess beenden PID: 4259 -> CMD: holdonrunning  (J/N) : N
Prozess wird weiter ausgeführt ( holdonrunning )

Prozess beenden PID: 4203 -> CMD: -csh  (J/N) : ...
```

Überwachung, wer sich im System einloggt

Einen Überblick, wer sich alles im System einloggt und eingeloggt hat, können Sie sich wie bekannt mit dem Kommando `last` ermitteln lassen. Gern würde man sich den Aufruf von `last` ersparen, um so immer aktuell neu eingeloggte Benutzer im System zu ermitteln. Dies kann man dann z.B. verwenden, um dem Benutzer eine Nachricht zukommen zu lassen, oder eben zu Überwachungszwecken.

15

Das Überwachen, ob sich ein neuer Benutzer im System eingeloggt hat, lässt sich auch in einem Shellscript mit `last` relativ leicht ermitteln. Hierzu müssen Sie eigentlich nur die Anzahl von Zeilen von `last` zählen und in einer bestimmten Zeit wieder miteinander vergleichen, ob eine neue Zeile hinzugekommen ist. Die Differenz beider Werte lässt sich dann mit `last` und einer Pipe nach `head` ausgeben. Dabei werden immer nur die neu hinzugekommenen letzten Zeilen mit `head` ausgegeben. Im Beispiel wird die Differenz beider `last`-Aufrufe alle 30 Sekunden ermittelt. Dieser Wert lässt sich natürlich beliebig hoch- bzw. runtersetzen. Außerdem wird im Beispiel nur eine Ausgabe auf das aktuelle Terminal (*/dev/tty*) vorgenommen. Hierzu würde sich beispielsweise das Kommando `write` oder `wall` sehr gut eignen. Als root könnten Sie somit jederzeit einem User eine Nachricht zukommen lassen, wenn dieser sich einloggt.

```
#! /bin/sh
# Name: loguser
# Das Script überprüft, ob sich jemand im System eingeloggt hat

# Pseudonym für das aktuelle Terminal
outdev=/dev/tty
fcount=0; newcount=0; timer=30; displaylines=0

# Die Anzahl Zeilend des last-Kommandos zählen
fcount=`last | wc -l`

while true
do
   # Erneut die Anzahl Zeilen des last-Kommandos zählen ...
   newcount=`last | wc -l`
   # ... und vergleichen, ob neue hinzugekommen sind
   if [ $newcount -gt $fcount ]
   then
      # Wie viele neue Zeilen sind hinzugekommen ...
      displaylines=`expr $newcount - $fcount`
      # Entsprechend neue Zeilen ausgeben auf outdev
      # Hier würde sich auch eine Datei oder das Kommando
      # write sehr gut eignen, damit die Kommandozeile
      # nicht blockiert wird ...
      last | head -$displaylines > $outdev
      # neuen Wert an fcount zuweisen
      fcount=$newcount
      # timer Sekunden warten, bis zur nächsten Überprüfung
      sleep $timer
   fi
done
```

Das Script bei der Ausführung:

```
you@host > ./loguser
john     tty2                 Wed May  4 23:46   still logged in
root     tty4                 Wed May  4 23:46   still logged in
tot      tty2                 Wed May  4 23:47   still logged in
you      tty5                 Wed May  4 23:49   still logged in
```

Benutzer komfortabel anlegen, löschen, sperren und wieder aufheben

Eine ziemlich wichtige und regelmäßige Aufgabe, die Ihnen als Systemadministrator zufällt, dürfte das Anlegen und Löschen neuer Benutzerkonten sein.

> **Hinweis** Ich habe mir lange überlegt, diesen Part der User-Verwaltung wieder zu streichen. Zum einen zeigt das Script hervorragend, wie man sich eine eigene Userverwaltung bauen kann und was dabei alles so zu beachten ist. Allerdings bietet mittlerweile jede Distribution mindestens eine solche Userverwaltung (und das meistens erheblich komfortabler) an. Das Script sollte eigentlich nur unter Linux ordentlich laufen, aber selbst hier könnten Sie noch Probleme mit der Portabilität bekommen, weil auch die einzelnen Distributionen hier ihr eigenes Süppchen kochen, mal heißt es hier `useradd` dann wieder `adduser`, die Optionen von `passwd` bspw. sind teilweise auch unterschiedlich.

Um einen neuen Benutzer-Account anzulegen, wird ein neuer Eintrag in der Datei */etc/passwd* angelegt. Dieser Eintrag beinhaltet gewöhnlich einen Benutzernamen aus acht Zeichen, eine User-ID (UID), eine Gruppen-ID (GID), ein Heimverzeichnis (*/home*) und eine Login-Shell. Die meisten Linux-/UNIX-Systeme speichern dann noch ein verschlüsseltes Password in */etc/shadow* – was natürlich bedeutet, dass Sie auch hier einen Eintrag (mit `passwd`) vornehmen müssen. Beim Anlegen eines neuen Benutzers können Sie entweder zum Teil vorgegebene Standardwerte verwenden oder eben eigene Einträge anlegen. Es ist außerdem möglich, die Dauer der Gültigkeit des Accounts festzulegen.

Im Beispiel ist es nicht möglich, auch noch eine neue Gruppe anzulegen, sprich, Sie können nur einen neuen Benutzer anlegen und diesem eine bereits vorhandene Gruppe (setzt einen vorhandenen Eintrag in */etc/group* voraus) zuweisen. Auf das Anlegen einer neuen Gruppe wurde aus Übersichtlichkeitsgründen verzichtet, da sich das Script sonst unnötig in die Länge ziehen würde. Allerdings sollte es Ihnen mit der Vorlage dieses Scripts nicht schwer fallen, ein recht ähnliches Script für das Anlegen einer Gruppe zu schreiben.

Nebenbei ist es auch realisierbar, einen Benutzer mit `passwd` zu sperren und die Sperre wieder aufzuheben. Beim Löschen eines Benutzers werden zuvor noch all seine Daten gesucht und gelöscht, bevor der eigentliche Benutzer-Account aus */etc/passwd* gelöscht werden kann. Im Beispiel wird die Suche wieder nur auf das */home*-Verzeichnis beschränkt, was Sie allerdings in der Praxis wieder den Gegebenheiten anpassen sollten.

```
#! /bin/sh
# Name: account
# Mit diesem Script können Sie einen Benutzer
# * Anlegen
# * Löschen
# * Sperren
# * Sperre wieder aufheben

# Pfade, die beim Löschen eines Accounts benötigt werden,
# ggf. erweitern und ergänzen um bspw. /var /tmp ...
# überall eben, wo sich Dateien vom Benutzer befinden können
searchpath="/home"

usage() {
   echo "Usage: $0 Benutzer       (Neuen Benutzer anlegen)"
   echo "Usage: $0 -d Benutzer    (Benutzer löschen)"
   echo "Usage: $0 -l Benutzer    (Benutzer sperren)"
   echo "Usage: $0 -
u Benutzer   (Gesperrten Benutzer wieder freigeben)"
}

# Nur root darf dieses Script ausführen ...
#
if [ `id -u` != 0 ]
then
   echo "Es werden root-Rechte für dieses Script benötigt!"
   exit 1
fi

# Ist das Kommando useradd auf dem System vorhanden ...
#
which useradd > /dev/null 2>1&
if [ $? -ne 0 ]
then
   echo "Das Kommando 'useradd' konnte auf dem System nicht "\
        " gefunden werden!"
   exit 1
fi

if [ $# -eq 0 ]
```

```
then
   usage
   exit 0
fi

if [ $# -eq 2 ]
then
   case $1 in
      -d)
         # Existiert ein entsprechender Benutzer
         if [ "`grep $2 /etc/passwd | \
                awk -F : '{print $1}'`" = "$2" ]
         then
            echo "Dateien und Verzeichnisse von '$2' "\
                 "werden gelöscht"
            # Alle Dateien und Verz. des Benutzers löschen
            find $searchpath -user $2 -print | sort -r |
            while read file
            do
              if [ -d $file ]
              then
                 rmdir $file
              else
                 rm $file
              fi
            done
         else
            echo "Ein Benutzer '$2' existiert nicht in "\
                 "/etc/passwd!"
            exit 1
         fi
         # Benutzer aus /etc/passwd und /etc/shadow löschen
         userdel -r $2 2>/dev/null
         echo "Benutzer '$2' erfolgreich gelöscht!"
         exit 0 ;;
      -l)
         # Existiert ein entsprechender Benutzer
         if [ "`grep $2 /etc/passwd | \
                awk -F : '{print $1}'`" = "$2" ]
         then
```

```
            passwd -l $2
         fi
         echo "Benutzer '$2' wurde gesperrt"
         exit 0 ;;
      -u)
         # Existiert ein entsprechender Benutzer
         if [ "`grep $2 /etc/passwd | \
               awk -F : '{print $1}'`" = "$2" ]
         then
            passwd -u $2
         fi
         echo "Benutzer '$2': Sperre aufgehoben"
         exit 0 ;;
      -h)   usage
            exit 1 ;;
      -*)   usage
            exit 1 ;;
       *)   usage
            exit 1 ;;
   esac
fi

if [ $# -gt 2 ]
then
   usage
   exit 1
fi

#####################################################################
#         Einen neuen Benutzer anlegen
#
# Existiert bereits ein entsprechender Benutzer
#
if [ "`grep $1 /etc/passwd | awk -F : '{print $1}'`" = "$1" ]
then
   echo "Ein Benutzer '$1' existiert bereits in /etc/passwd ...!
"
   exit 1
fi
```

```
# Bildschirm löschen
clear

# Zuerst wird die erste freie verwendbare User-ID gesucht,
# vorgeschlagen und bei Bestätigung verwendet, oder es wird eine
# eingegebene User-ID verwendet, die allerdings ebenfalls
# überprüft wird, ob sie bereits in /etc/passwd existiert.
#
userid=`tail -1 /etc/passwd |awk -F : '{print $3 + 1}'`
echo "Eingabe der UID [default: $userid] " | tr -d '\n'
read _UIDOK
# ... wurde nur ENTER betätigt
if [ "$_UIDOK" = "" ]
then
   _UIDOK=$userid
# ... es wurde eine UID eingegeben ->
# Überprüfen ob bereits vorhanden ...
elif [ `grep $_UIDOK /etc/passwd | awk -F : '{print $3}'` = "" ]
then
   _UIDOK=$userid
else
   echo "UID existiert bereits! ENTER=Neustart / STRG+C=Ende"
   read
   $0 $1
fi

# Selbiges mit Gruppen-ID
#
groupid=`grep users /etc/group |awk -F : '{print $3}'`
echo "Eingabe der GID: [default: $groupid] " | tr -d '\n'
read _GIDOK
if [ "$_GIDOK" = "" ]
then
   _GIDOK=$groupid
elif [ "`grep $_GIDOK /etc/group`" = "" ]
then
   echo "Dies Gruppe existiert nicht in /etc/group! "\
        "ENTER=Neustart / STRG+C=Ende"
   read
   $0 $1
```

```
fi

# Das Benutzer-Heimverzeichnis /home abfragen
#
echo "Eingabe des Heimverzeichnisses: [default: /home/$1] " | \
     tr -d '\n'
read _HOME
# Wurde nur ENTER gedrückt, default verwenden ...
if [ "$_HOME" = "" ]
then
   _HOME="/home/$1"
fi

# Die Standard-Shell für den Benutzer festlegen
#
echo "Eingabe der Shell: [default: /bin/bash] " | tr -d '\n'
read _SHELL
# Wurde nur ENTER gedrückt, default verwenden ...
if [ "$_SHELL" = "" ]
then
   _SHELL=/bin/bash
# Gibt es überhaupt eine solche Shell in /etc/shells ...
elif [ "`grep $_SHELL /etc/shells`" = "" ]
then
   echo "'$_SHELL' gibt es nicht in /etc/shells! "\
        " ENTER=Neustart / STRG+C=Ende"
   read
   $0 $1
fi

# Kommentar oder Namen eingeben
echo "Eingabe eines Namens: [beliebig] " | tr -d '\n'
read _REALNAME

# Expire date
echo "Ablaufdatum des Accounts: [MM/DD/YY] " | tr -d '\n'
read _EXPIRE

clear
echo
```

```
echo "Folgende Eingaben wurden erfasst:"
echo "---------------------------------"
echo "User-ID          : [$_UIDOK]"
echo "Gruppen-ID       : [$_GIDOK]"
echo "Heimverzeichnis : [$_HOME]"
echo "Login-Shell      : [$_SHELL]"
echo "Name/Komentar    : [$_REALNAME]"
echo "Account läuft aus : [$_EXPIRE]"
echo
echo "Account erstellen? (j/n) "
read _verify

case $_verify in
   [nN]*)
      echo "Account wurde nicht erstellt!" | tr -d '\n'
      exit 0 ;;
   [jJ]*)
         useradd -u $_UIDOK -g $_GIDOK -d $_HOME -s $_SHELL \
                 -c "$_REALNAME" -e "$_EXPIRE" $1
         cp -r /etc/skel $_HOME
         chown -R $_UIDOK:$_GIDOK $_HOME
         passwd $1
         echo "Benutzer $1 [$_REALNAME] hinzugefügt "\
              "am `date`" >> /var/adm/newuser.log
         finger -m $1 |head -2
         sleep 2
         echo "Benutzer $1 erfolgreich hinzugefügt!" ;;
      *) exit 1;;
esac
```

Das Script bei der Ausführung:

```
linux:/home/you # ./account jack
Eingabe der UID [default: 1003] ENTER
Eingabe der GID: [default: 100] ENTER
Eingabe des Heimverzeichnisses: [default: /home/jack] ENTER
Eingabe der Shell: [default: /bin/bash] ENTER
Eingabe eines Namens: [beliebig] J.Wolf
Ablaufdatum des Accounts : [MM/DD/YY] ENTER
...
```

15

```
Folgende Eingaben wurden erfasst:
---------------------------------
User-ID           : [1003]
Gruppen-ID        : [100]
Heimverzeichnis   : [/home/jack]
Login-Shell       : [/bin/bash]
Name/Komentar     : [J.Wolf]
Account läuft aus : []

Account erstellen? (j/n) j
Changing password for jack.
New password:********
Re-enter new password:********
Password changed
Login: jack                             Name: J.Wolf
Directory: /home/jack                   Shell: /bin/bash
Benutzer jack erfolgreich hinzugefügt!
linux:/home/you # ./account -l jack
Passwort geändert.
Benutzer 'jack' wurde gesperrt
linux:/home/you # ./account -u jack
Passwort geändert.
Benutzer 'jack': Sperre aufgehoben
linux:/home/you # ./account -d jack
Dateien und Verzeichnisse von 'jack' werden gelöscht
Benutzer 'jack' erfolgreich gelöscht!
```

15.3.2 Systemüberwachung

Warnung, dass der Plattenplatz des Dateisystems an seine Grenzen stößt

Gerade, wenn man mehrere Dateisysteme oder gar Server betreuen muss, fällt es oft schwer, sich auch noch über den Plattenplatz Gedanken zu machen. Hierzu eignet sich ein Script, mit dem Sie den fünften Wert von »`df -k`« auswerten und daraufhin überprüfen, ob eine bestimmte von Ihnen festgelegte Grenze erreicht wurde. Ist die Warnschwelle erreicht, können Sie eine Mail an eine bestimmte Adresse verschicken oder eventuell ein weiteres Script starten lassen, welches diverse Aufräum- oder Komprimierarbeiten durchführt. Natürlich macht dieses Script vor allem dann Sinn, wenn es im Intervall mit einem `cron`-Job gestartet wird.

Hinweis Auch hier sei nochmals auf das schon beschriebene Quota-System vor dem Script »DiskQuota« hingewiesen.

```
#!/bin/sh
# Name: chcklimit
# Dieses Script verschickt eine Mail, wenn der Plattenverbrauch
# eines Filesystems an ein bestimmtes Limit stösst.

# Ab wie viel Prozent soll ein Warnung verschickt werden
WARN_CAPACITY=80
# Wohin soll eine Mail verschickt werden
TOUSER=user@host.de

call_mail_fn() {
   servername=`hostname`
   msg_subject="$servername - Dateisystem(${FILESYSTEM}) "\
              "verwendet ${FN_VAR1}% - festgestellt am: `date`"
   echo $msg_subject | mail -s "${servername}:Warnung" $TOUSER
}

if [ $# -lt 1 ]
then
   echo "usage: $0 FILESYSTEM"
   echo "Bpsw.: $0 /dev/hda6"
fi

# Format von df -k:
# Dateisystem   1K-
Blöcke   Benutzt Verfügbar Ben% Eingehängt auf
# /dev/hda4     15528224    2610376 12917848  17%  /
# Den fünften Wert wollen wir haben: 'Ben%'
#
VAR1=`df -k ${1} | /usr/bin/tail -1 | \
     /usr/bin/awk '{print $5}' `
# Prozentzeichen herausschneiden
VAR2=`echo $VAR1 | \
      /usr/bin/awk '{ print substr($1,1,length($1)-1) }' `

# Wurde die Warnschwelle erreicht ... ?
if [ $VAR2 -ge ${WARN_CAPACITY} ]
```

```
then
   FN_VAR1=$VAR2
   call_mail_fn
fi
```

Das Script bei der Ausführung:

```
you@host > ./chcklimit /dev/hda6
...
you@host > mail
>N  1 tot@linux.site Mon May  2 16:18  18/602   linux:Warnung
? 1
Message  1:
From: tot@linux.site (J.Wolf)

linux - Dateisystem() verwendet 88% -
 festgestellt am: Mo Mai 2 16:17:59 CEST 2005
```

Kommandos bzw. Scripts auf einem entfernten Rechner ausführen

Das Ausführen von Kommandos oder gar von Scripts auf mehreren Rechnern, gestartet vom lokalen Rechner, hört sich komplizierter an als es ist. Und vor allem es ist auch sicherer, als manch einer jetzt vielleicht denken mag. Dank guter Verschlüsselungstechnik und hoher Präsenz bietet sich hierzu `ssh` an (die r-Tools fallen wegen der Sicherheitslücken flach – siehe Abschnitt 14.12.10). Die Syntax, um mit `ssh` Kommandos oder Scripts auf einem anderen Rechner auszuführen, sieht wie folgt aus:

```
ssh username@hostname "kommando1 ; kommando2 ; script"
```

Mit diesem Wissen fällt es nicht schwer, sich ein entsprechendes Script zusammenzubasteln. Damit es ein wenig flexibler ist, soll es auch möglich sein, Shellscripts, die noch nicht auf dem entfernten Rechner liegen, zuvor noch mit `scp` in ein bestimmtes Verzeichnis hochzuladen, um es anschließend auszuführen. Ebenso soll es möglich sein, in ein bestimmtes Verzeichnis zu wechseln, um dann entsprechende Kommandos oder Scripts auszuführen. Natürlich setzt dies voraus, dass auf den Rechnern auch ein entsprechendes Verzeichnis existiert. Die Rechner, auf denen Kommandos oder Scripts ausgeführt werden sollen, tragen Sie in die Datei namens *hostlist.txt* ein. Bei mir sieht diese Datei wie folgt aus:

```
you@host > cat hostlist.txt
us10129@myhoster.de
jwolf@192.135.147.2
```

Im Beispiel finden Sie also zwei entfernte Rechner, bei denen das gleich folgende Script dafür sorgt, dass Sie von Ihrem lokalen Rechner aus schnell beliebige Kommandos bzw. Scripts ausführen können.

> **Hinweis** Damit Sie nicht andauernd ein Passwort eingeben müssen, empfiehlt es sich auch hier, SSH-Schlüssel zu verwenden (siehe Abschnitt 14.12.12).

```
#!/bin/sh
# Name: sshell
# Kommandos bzw. Scripts auf entfernten Rechnern ausführen

# ggf. den Pfad zur Datei anpassen
HOSTS="hostlist.txt"

usage() {
   echo "usage: progname [-option] [Verzeichnis] "\
        " Kommando_oder_Script"
   echo
   echo "Option:"
   echo "-
d :in ein bestimmtes Verzeichnis auf dem Host wechseln"
   echo "-
s :Script in ein bestimmtes Verzeichnis hochladen und"\
        " Ausführen"
   echo
   echo "Syntax der Host-Liste: "
   echo "Username@hostname1"
   echo "Username@hostname2"
   echo "..."
   exit 1
}

if [ $# -eq 0 ]
then
   usage
fi

# Datei 'hostlist.txt' überprüfen
if [ -e $HOSTS ]
```

15

```
then :
else
   echo "Datei $HOSTS existiert nicht ..."
   touch hostlist.txt
   if [ $? -ne 0 ]
   then
      echo "Konnte $HOSTS nicht anlegen ...!"
      exit 1
   else
      echo "Datei $HOSTS erzeugt, aber noch leer ...!"
      usage
      exit 1
   fi
fi

# Optionen überprüfen ...
case $1 in
   -d)
      if [ $# -lt 3 ]
      then
         usage
      fi
      DIR=$2
      shift; shift  ;;
   -s)
      if [ $# -lt 3 ]
      then
         usage
      fi
      DIR=$2
      SCRIPT="yes"
      shift; shift  ;;
   -*)
      usage ;;
esac

# Die einzelnen Hosts durchlaufen ...
for host in `cat $HOSTS`
do
   echo "$host : "
   CMD=$*
```

```
    if [ "$SCRIPT" = "yes" ]
    then
       scp $CMD ${host}:${DIR}
    fi

    ret=`ssh $host "cd $DIR; $CMD"`
    echo "$ret"
done
```

Das Script bei der Ausführung:

Inhalt des Heimverzeichnisses ausgeben:

```
you@host > ./sshell ls -l
us10129@myhoster.de :
total 44
drwx------   4 us10129 us10129 4096 May 14 13:45 backups
drwxr-xr-x   8 us10129 us10129 4096 May  9 10:13 beta.pronix.de
-rw-rw-r--   1 us10129 us10129   66 Dec  2 02:13 db_cms.bak
drwxrwxr-x   2 us10129 us10129 4096 Mar 11 07:49 dump
-rw-------   1 us10129 us10129  952 May 14 14:00 mbox
drwxrwxr-x   2 us10129 us10129 4096 Mar 28 18:03 mysqldump
drwxr-xr-x  20 us10129 us10129 4096 May 19 19:56 www.pronix.de
jwolf@192.135.147.2 :
total 24
drwxr-xr-x  2 jwolf  jwolf    512 May  8 14:03 backups
drwxr-xr-x  3 jwolf  jwolf  21504 Sep  2  2004 dev
```

Inhalt des Verzeichnisses *$HOME/backups* ausgeben:

```
you@host > ./sshell -d backups ls -l
us10129@myhoster.de :
total 8
drwxrwxr-x  3 us10129 us10129 4096 May 18 18:38 Shellbuch
drwxrwxr-x  3 us10129 us10129 4096 May 14 13:46 Shellbuch_bak
-rw-rw-r--  1 us10129 us10129    0 May 20 12:45 file1
-rw-rw-r--  1 us10129 us10129    0 May 20 12:45 file2
-rw-rw-r--  1 us10129 us10129    0 May 20 12:45 file3
jwolf@192.135.147.2 :
total 6
-rw-r--r--  1 jwolf  jwolf   0 May  8 13:38 file1
-rw-r--r--  1 jwolf  jwolf   0 May  8 13:38 file2
-rw-r--r--  1 jwolf  jwolf   0 May  8 13:38 file3
```

```
-rwx------  1 jwolf  jwolf  29 May  8 13:58 hallo.sh
-rwx------  1 jwolf  jwolf  29 May  8 13:48 mhallo
-rwx------  1 jwolf  jwolf  29 May  8 14:03 nhallo
```

Dateien beginnend mit »*file**« im Verzeichnis *$HOME/backups* löschen:

```
you@host > ./sshell -d backups rm file*
us10129@myhoster.de :
jwolf@192.135.147.2 :
```

Inhalt des Verzeichnisses *$HOME/backups* erneut ausgeben:

```
you@host > ./sshell -d backups ls -l
us10129@myhoster.de :
total 5
drwxrwxr-x  3 us10129 us10129 4096 May 18 18:38 Shellbuch
drwxrwxr-x  3 us10129 us10129 4096 May 14 13:46 Shellbuch_bak
jwolf@192.135.147.2 :
total 3
-rwx------  1 jwolf  jwolf  29 May  8 13:58 hallo.sh
-rwx------  1 jwolf  jwolf  29 May  8 13:48 mhallo
-rwx------  1 jwolf  jwolf  29 May  8 14:03 nhallo
```

Neues Verzeichnis *testdir* anlegen:

```
you@host > ./sshell mkdir testdir
us10129@myhoster.de :
jwolf@192.135.147.2 :
```

Script *hallo.sh* ins neue Verzeichnis (*testscript*) schieben und ausführen:

```
you@host > ./sshell -s testdir ./hallo.sh
us10129@myhoster.de :
hallo.sh                              100%   67      0.1KB/s   00:00
Ich bin das Hallo Welt-Script!
jwolf@192.135.147.2 :
hallo.sh                              100%   67      0.1KB/s   00:00
Ich bin das Hallo Welt-Script!
```

Verzeichnis *testdir* wieder löschen:

```
tot@linux:~> ./sshell rm -r testdir
us10129@myhoster.de :
jwolf@192.135.147.2 :
```

15.4 Backup-Strategien

Beim Thema Backup handelt es sich um ein sehr spezielles und vor allem enorm wichtiges Thema, weshalb hier eine umfassendere Einführung unumgänglich ist. Anhand dieser kurzen Einführung werden Sie schnell feststellen, wie viele Aspekte es gibt, die man bei der richtigen Backup-Lösung beachten muss. Zwar finden Sie anschließend auch einige Scripts in der Praxis dazu, doch handelt es sich bei diesem Thema schon eher um einen sehr speziellen Fall, bei dem man einiges Wissen benötigt und auch so manches berücksichtigen muss, sodass sich keine ultimative Lösung erstellen lässt.

15.4.1 Warum ein Backup?

Es gibt drei verschiedene Fälle von Datenverlusten:

- Eine einzelne Datei (oder wenige Dateien) wird aus Versehen gelöscht oder falsch modifiziert (bspw. von einem Virus infiziert). In solch einem Fall ist das Wiederherstellen einer Datei häufig nicht allzu kompliziert. Bei solchen Daten ist eine `tar`-, `cpio`- oder `afio`-Sicherung recht schnell wieder zurückgeladen. Natürlich ist dies immer abhängig vom Speichermedium. Wenn Sie dieses Backup auf einem Band linear suchen müssen, ist das Wiederherstellen nicht unbedingt vorteilhaft. Hierzu ist es häufig sinnvoll, immer wieder ein Backup in einem anderen (entfernten) Verzeichnis zu abzuspeichern.
- Eine Festplatte ist defekt. Häufig denkt man, ist bei mir noch nie vorgekommen, aber wenn es dann mal crasht, ist guter Rat oft teuer. Hier gibt es eine recht elegante Lösung, wenn man RAID-Systeme im Level 1 oder 5 verwendet. Dabei werden ja die Daten redundant auf mehreren Platten gespeichert. Das bedeutet, dass Sie beim Ausfall einer Festplatte die Informationen jederzeit von der Kopie wieder holen können. Sobald Sie die defekte Platte gegen eine neue austauschen, synchronisiert das RAID-System die Platten wieder, sodass alle Daten nach einer gewissen Zeit wieder redundant auf den Platten vorhanden sind. Zur Verwendung von RAID gibt es eine Software- und eine Hardwarelösung mit einem RAID-Controller. Zwar ist die Hardwarelösung erheblich schneller, aber auch teurer.

  Auf der anderen Seite sollte man bei der Verwendung von RAID bedenken, dass jeder Fehler, der z.B. einem Benutzer oder gar dem Administrator selbst unterläuft, wie bspw. Software-Fehler, Viren, instabiles System, versehentliches Löschen von Daten usw., sofort auf das RAID-System bzw. auf alle Speichermedien im System repliziert wird.
- Datenverlust durch Hardware- oder Softwarefehler oder Elementarschäden (wie Feuer, Wasser oder Überspannung). Hier wird eine Komplettsicherung

der Datenbestände nötig, was bei den Giga- bis Terrabytes an Daten, die häufig vorliegen, kein allzu leichtes Unterfangen darstellt. Gewöhnlich geht man hierbei zwei Wege:

- Man schiebt die Daten auf einen entfernten Rechner (bspw. mit `cp` oder `scp`), am besten gleich in komprimierter Form (mittels `gzip` oder `bzip2`).
- Die wohl gängigste Methode dürfte das Archivieren auf wechselbaren Datenträgern wie Magnetband, CD oder DVD sein (abhängig vom Datenumfang). Meistens werden hierzu die klassischen Tools wie `cp`, `dd`, `scp` oder `rsync` verwendet. Auch sollte man unter Umständen eine Komprimierung mit `gzip` oder `bzip2` vorziehen. Für Bänder und Streamer kommen häufig die klassischen Tools wie `tar`, `afio`, `cpio` oder `taper` zum Einsatz.

15.4.2 Sicherungsmedien

Über das Speichermedium macht man sich wohl zunächst keine allzu großen Gedanken. Meistens greift man auf eine billigere Lösung zurück. Ohne auf die einzelnen Speichermedien genauer einzugehen, gibt es hierbei einige Punkte, die es zu überdenken gilt:

- Maximales Speichervolumen – will man mal eben schnell sein lokales Verzeichnis sichern, wird man wohl mit einer CD bzw. DVD als Speichermedium auskommen. Doch bevor Sie vorschnell urteilen, lesen Sie am besten noch die weiteren Punkte.
- Zugriffsgeschwindigkeit – wenn Sie wichtige Datenbestände im Umfang von mehreren Gigabytes schnell wiederherstellen müssen, werden Sie wohl kaum ein Speichermedium wählen, welches nur 1 MB in der Sekunde übertragen kann. Hier gilt es also, die Transferrate in MB pro Sekunde im Auge zu behalten.
- Zuverlässigkeit – wie lange ist die Haltbarkeit von Daten auf einer CD oder DVD oder gar auf einem Magnetband. Darüber werden Sie sich wohl bisher recht selten Gedanken gemacht haben – doch es gibt in der Tat eine durchschnittliche Haltbarkeit von Daten auf Speichermedien.
- Zulässigkeit – in manchen Branchen, z.B. in der Buchhaltung, ist es gesetzlich vorgeschrieben, nur einmal beschreibbare optische Datenträger zu verwenden. Bei der Verwendung von mehrfach beschreibbaren Medien sollte man immer die Risiken bedenken, dass diese wieder beschrieben werden können (sei es nun mit Absicht oder aus Versehen).

15.4.3 Varianten der Sicherungen

Generell kann man von zwei Varianten einer Sicherung sprechen:

- Vollsicherung – dabei werden alle zu sichernden Daten vollständig gesichert. Der Vorteil ist, dass man jederzeit ohne größeren Aufwand die gesicherten Daten wieder zurückladen kann. Man sollte allerdings bedenken, ob man bestimmte Daten bei einer Vollsicherung ausgrenzen sollte – besonders die sicherheitsrelevanten. Der Nachteil daran ist ganz klar: Eine Vollsicherung kann eine ganz schöne Menge an Platz (und auch Zeit) auf einem Speichermedium verbrauchen.
- Inkrementelle Sicherung – hierbei wird nur einmal eine Vollsicherung vorgenommen. Anschließend werden immer nur diejenigen Daten gesichert, die sich seit der letzten Sicherung verändert haben. Hierbei wird weniger Platz auf einem Speichermedium (und auch Zeit) benötigt.

15.4.4 Bestimmte Bereiche sichern

Hierzu einige kurze Vorschläge, wie man bestimmte Bereiche sinnvoll sichert.

- Einzelne Dateien – einzelne Dateien kann man mal schnell mit `cp` oder `scp` auf eine andere Festplatte, Diskette oder ein anderes Verzeichnis übertragen. Natürlich steht Ihnen hierzu auch die Möglichkeit mittels `tar`, `afio` oder `cpio` zur Verfügung, um die Daten auf externe Datenträger zu sichern. Gewöhnlich werden diese Archive auch noch mittels `gzip` oder `bzip2` komprimiert. Gern werden hierzu auch Datenträger wie CD oder DVD verwendet.
- Dateibäume – ganze Dateibäume beinhalten häufig eine Menge Daten. Hier verwendet man als Speichermedium häufig Streamer, Magnetbänder oder optische Datenträger (CD, DVD), je nach Umfang. Als Werkzeuge werden gewöhnlich `tar`, `afio` und `cpio` eingesetzt. Aber auch Programme zur Datensynchronisation wie `rsync` oder `unison` werden oft genutzt. Zum Sichern auf optische Speichermedien wie CD oder DVD werden gewöhnlich die Tools `mkisofs`, (oder mit GUI) `xcdroast`, `K3b` oder `gtoaster` verwendet.
- Ganze Festplatte – zum Sichern ganzer Festplatten verwendet man unter Linux häufig das Programmpaket `amanda` (*Advanced Maryland Automatic Network Disk Archiver*), das ein komplettes Backup-System zur Verfügung stellt. Da es nach dem Client-Server-Prinzip arbeitet, ist somit auch eine Datensicherung über das Netzwerk möglich. Der Funktionsumfang von `amanda` ist gewaltig, weshalb ich hier auf die Webseite **http://www.amanda.org**.
- Dateisysteme – mithilfe des Kommandos `dd` lässt sich ein komplettes Dateisystem auf eine andere Platte oder auf ein Band sichern. Beachten Sie allerdings, dass beim Duplizieren beide Partitionen die gleiche Größe haben

müssen (falls Sie Festplatten duplizieren wollen) und bestenfalls beide Platten nicht gemountet sind (zumindest nicht die Zielplatte). Da `dd` selbst physikalisch Block für Block kopiert, kann das Tool nicht auf defekte Blöcke überprüfen. Daher sollte man hierbei auch gleich noch mit dem Kommando `badblocks` nach defekten Blöcken suchen. Natürlich müssen Sie auch beim Zurückspielen darauf achten, dass die Zielpartition nicht kleiner als die Quellpartition ist. Ein anderes Tool, das auch auf Low-Level-Ebene und fehlertolerant arbeitet, ist `dd_rescue`.

Ein weiteres hervorragendes Tool zum Sichern und Wiederherstellen ganzer Partitionen ist `partimage`, welches auch wie `dd` und `dd_rescue` in der Lage ist, unterschiedliche Dateisysteme zu sichern (ext2/ext3; reiserfs, xfs, UFS (Unix), HFS (MAC), NTFS/FAT16/FAT32 (Win32)), da es wie die beiden anderen genannten Tools auf Low-Level-Ebene arbeitet. Mehr zu `partimage` entnehmen Sie bitte **http://www.partimage.org**. Natürlich bietet sich Ihnen auch die Möglichkeit, Dateisysteme zu synchronisieren. Hierbei stehen Ihnen Werkzeuge wie `rsync`, `unision`, WebDAV usw. zur Verfügung.

15.4.5 Backup über ssh mit tar

Das Sichern von Dateien zwischen Servern ist eigentlich mit dem Kommando `scp` recht einfach:

```
scp some-archive.tgz user@host:/home/backups
```

Nachteile von `scp` beim Durchlaufen ganzer Verzeichnisbäume (mit der Option `-r`) sind die vielen Kommandoaufrufe (alles wird einzeln kopiert) und die unflexiblen Kompressionsmöglichkeiten.

Hierzu wird in der Praxis oft `tar` verwendet. Verknüpfen wir nun `tar` mit `ssh`, haben wir exakt das, was wir wollen. Wenn Sie nämlich `ssh` ohne eine interaktive Login-Sitzung starten, erwartet `ssh` Daten von der Standardeingabe und gibt das Ergebnis auf die Standardausgabe aus. Das hört sich stark nach der Verwendung einer Pipe an. Wollen Sie beispielsweise alle Daten aus Ihrem Heimverzeichnis auf einem entfernten Rechner archivieren, können Sie wie folgt vorgehen:

```
tar zcvf - /home | ssh user@host "cat > homes.tgz"
```

Natürlich ist es möglich, das komprimierte Archiv auch auf ein Magnetband des entfernten Rechners zu schreiben (entsprechendes Medium und Rechte vorausgesetzt):

```
tar zcvf - /home | ssh user@host "cat > /dev/tape"
```

Wollen Sie stattdessen eine Kopie einer Verzeichnisstruktur auf Ihrer lokalen Maschine direkt auf das Filesystem einer anderen Maschine kopieren, so können Sie dies so erreichen (Sie synchronisieren das entfernte Verzeichnis mit dem lokalen):

```
cd /home/us10129/www.pronix.de ; tar zcf - html/ \
 | ssh user@host \
 "cd /home/us10129/www.pronix.de; mv html html.bak; tar zpxvf -"
```

Hier sichern Sie u.a. auch das Verzeichnis *html* auf *host*, indem Sie es umbenennen (*html.bak*) – für den Fall der Fälle. Dann erstellen Sie eine exakte Kopie von */home/us10129/www.pronix.de/html* – Ihrem lokalen Verzeichnis – mit sämtlichen identischen Zugriffsrechten und der Verzeichnisstruktur auf dem entfernten Rechner. Da hierbei `tar` mit der Option `z` verwendet wird, werden die Daten vor dem »Hochladen« komprimiert, was natürlich bedeutet, dass eine geringere Datenmenge transferiert werden muss und der Vorgang erheblich schneller vonstatten gehen kann. Natürlich ist dies abhängig von der Geschwindigkeit beider Rechner, also wie schnell bei diesen die (De-)Kompression durchgeführt werden kann.

Müssen Sie auf dem entfernten Rechner etwas wiederherstellen und verfügen über ein Backup auf der lokalen Maschine, ist dies mit folgender Kommandoverkettung kein allzu großes Unterfangen mehr:

```
ssh user@host "cd /home/us10129/www.pronix.de; tar zpvxf -" \
   < big-archive.tgz
```

So stellen Sie das komplette Verzeichnis */home/us10129/www.pronix.de/* mit dem Archiv *big-archive.tgz* wieder her. Gleiches können Sie natürlich auch jederzeit in die andere Richtung vornehmen:

```
ssh user@host "cat big-archive.tgz" | tar zpvxf -
```

Damit Sie nicht andauernd ein Passwort eingeben müssen, empfiehlt es sich auch hier, SSH-Schlüssel zu verwenden (siehe Abschnitt 14.12.12). Das folgende Script demonstriert Ihnen die Möglichkeit, `ssh` und `tar` in einem Backup-Script zu verwenden.

```
#!/bin/sh
# Name: ssh_tar
# Backups mit tar über ssh

# Konfiguration, entsprechend anpassen
#
```

```
SSH_OPT="-1"
SSH_HOST="192.135.147.2"
SSH_USER="jwolf"

# Default-Angaben
#
LOCAL_DIR="/home/tot/backups"
REMOTE_DIR="/home/jwolf/backups"
stamp=`date +%d_%m_%Y`
BACKUP_FILE="backup_${stamp}.tgz"

usage() {
   echo "usage: star [-ph] [-pl] [-sh] [-sl] [-r] [-l] ..."
   echo
   echo "Optionen : "
   echo " -ph : (lokales) Verzeichnis packen und hochladen " \
        " (remote) in 'REMOTE_DIR'"
   echo "      Beispiel:   star -ph lokalesVerzeichnis "
   echo " -pl = (remote) Verzeichnis packen und runterladen"\
        " (lokal) in 'LOCAL_DIR'"
   echo "      Beispiel:   star -pl remoteVerzeichnis "
   echo " -sh = Synchronisiert ein Host-Verzeichnis mit einem "\
        "lokalen Verzeichnis"
   echo "      Beispiel:   star -sh lokalesVerzeichnis "\
        "remoteVerzeichnis syncVerzeichnis "
   echo " -sl = Synchronisiert ein lokales Verzeichnis mit "\
        "einem Host-Verzeichnis"
   echo "      Beispiel:   star -sl remoteVerzeichnis "\
        "lokalesVerzeichnis syncVerzeichnis "
   echo " -r  = (remote) Wiederherstellen eines"\
        " Host-Verzeichnisses"
   echo "      Beispiel:   star -r remoteVerzeichnis "\
        "lokalTarArchiv.tgz"
   echo " -l  = (lokal)  Wiederherstellen eines lokalen "\
        "Verzeichnisses"
   echo "      Beispiel:   star -l lokalesVerzeichnis "\
        "remoteTarArchiv.tgz"
   # ...
   exit 1
}
```

```
case "$1" in
   -ph)
      if [ $# -ne 2 ]
      then
         usage
      else
         cd $2; tar zcvf - "." | \
         ssh $SSH_OPT $SSH_USER $SSH_HOST \
         "cat > ${REMOTE_DIR}/${BACKUP_FILE}"
         echo "Verzeichnis '$2' nach "\
              "${SSH_HOST}:${REMOTE_DIR}/${BACKUP_FILE} "\
              "gesichert"
      fi ;;
   -pl)
      if [ $# -ne 2 ]
      then
         usage
      else
         ssh $SSH_OPT $SSH_USER $SSH_HOST \
         "cd $2; tar zcvf - ." | \
         cat > ${LOCAL_DIR}/${BACKUP_FILE}
         echo "Verzeichnis ${SSH_HOST}:${2} nach "\
              "${LOCAL_DIR}/${BACKUP_FILE} gesichert"
      fi ;;
   -sh)
      if [ $# -ne 4 ]
      then
         usage
      else
         cd $2
         tar zcf - $4/ |
         ssh $SSH_OPT $SSH_USER $SSH_HOST \
         "cd $3; mv $4 ${4}.bak; tar zpxvf -"
         echo "Verzeichnis ${2}/${4} mit"\
              " ${SSH_HOST}:${3}/${4} synchronisiert"
      fi ;;
   -sl)
      if [ $# -ne 4 ]
      then
```

```
            usage
         else
            cd $3; mv $4 ${4}.bak
         ssh $SSH_OPT $SSH_USER $SSH_HOST "cd ${2}; tar zcvf - ${4}"\
         | tar zpvxf -
            echo "Verzeichnis ${SSH_HOST}:${2}/${4} mit"\
                 " ${3}/${4} synchronisiert"
         fi ;;
      -r)
         if [ $# -ne 3 ]
         then
            usage
         else
            ssh $SSH_OPT $SSH_USER $SSH_HOST \
            "cd ${2}; tar zpvxf -" < $3
            echo "${SSH_HOST}:$2 mit dem Archiv $3 "\
                 "Wiederhergestellt"
         fi ;;
      -l)
         if [ $# -ne 3 ]
         then
            usage
         else
            cd $2
            ssh $SSH_OPT $SSH_USER $SSH_HOST "cat $3" | \
            tar zpvxf -
            echo "$2 mit dem Archiv ${SSH_HOST}:${3} "\
                 "Wiederhergestellt"
         fi ;;
      -*)   usage;;
       *)   usage;;
esac
```

Das Script bei der Ausführung:

```
you@host > ./ssh_tar -ph Shellbuch_aktuell/
./
./kap004.txt
./kap005.txt
...
...
```

```
./Kap013.txt
./Kap014.txt
Verzeichnis 'Shellbuch_
aktuell/' nach  192.135.147.2:/home/jwolf/backups/backup_20_05_
2005.tgz  gesichert
```

Ein Blick zum Rechner »192.135.147.2«:

```
jwolf@jwolf$ ls backups/
backup_20_05_2005.tgz

you@host > ./ssh_tar -pl backups/
./
./backup_20_05_2005.tgz
./kap004.txt
./kap005.txt
...
...
./Kap012.txt
./Kap013.txt
./Kap014.txt
Verzeichnis 192.135.147.2:backups/ nach  /home/you/backups/
backup_20_05_2005.tgz gesichert
you@host > ls backups/
backup_07_05_2005.tgz  backup_20_05_2005.tgz  Shellbuch
```

Erstellt im Remoteverzeichnis *backups* ein Ebenbild des Verzeichnisses *Shellbuch_aktuell* aus dem Heimverzeichnis des lokalen Rechners:

```
you@host > ./ssh_tar -sh $HOME backups Shellbuch_aktuell
Shellbuch_aktuell/
Shellbuch_aktuell/kap004.txt
Shellbuch_aktuell/kap005.txt
...
Shellbuch_aktuell/Kap013.txt
Shellbuch_aktuell/Kap014.txt
Verzeichnis /home/you/Shellbuch_
aktuell mit 192.135.147.2:backups/Shellbuch_
aktuell synchronisiert
```

15

Erstellt im lokalen Heimverzeichnis *$HOME/backup* eine exakte Kopie des entfernten Remote-Verzeichnisses *backups/Shellbuch*:

```
you@host > ./ssh_tar -sl backups $HOME/backups Shellbuch_aktuell
Shellbuch_aktuell/
Shellbuch_aktuell/kap004.txt
Shellbuch_aktuell/kap005.txt
...
...
Shellbuch_aktuell/Kap013.txt
Shellbuch_aktuell/Kap014.txt
Verzeichnis 192.135.147.2:backups/Shellbuch_
aktuell mit /home/tot/backups/Shellbuch_aktuell synchronisiert
you@host > ls backups/
backup_07_05_2005.tgz  backup_20_05_2005.tgz  Shellbuch_
aktuell  Shellbuch_aktuell.bak
you@host > ls backups/Shellbuch_aktuell
Kap003.txt  kap005.txt  Kap007.txt  Kap010.txt  Kap013.txt
...
```

Wiederherstellen eines entfernten Verzeichnisses mit einem lokalen Archiv. Im Beispiel wird das entfernte Verzeichnis *backups/Shellbuch_aktuell* mit dem lokalen Archiv *backup_20_05_2005.tgz* wiederhergestellt:

```
you@host > ls backups/
backup_07_05_2005.tgz  backup_20_05_2005.tgz  Shellbuch_
aktuell  Shellbuch_aktuell.bak
you@host > ./ssh_tar -r backups/Shellbuch_aktuell
> backups/backup_20_05_2005.tgz
./
./kap004.txt
./kap005.txt
...
...
./Kap013.txt
./Kap014.txt
192.135.147.2:backups/Shellbuch_
aktuell mit dem Archiv backups/backup_20_05_
2005.tgz  wiederhergestellt
```

Dasselbe Beispiel in anderer Richtung. Hier wird das lokale Verzeichnis *backups/Shellbuch_aktuell* mit dem Archiv *backup_20_05_2005.tgz*, welches sich auf dem entfernten Rechner im Verzeichnis *backups* befindet, wiederhergestellt:

```
you@host > ./ssh_tar -l backups/Shellbuch_aktuell
> backups/backup_20_05_2005.tgz
./
./kap004.txt
./kap005.txt
...
...
./Kap013.txt
./Kap014.txt
backups/Shellbuch_
aktuell mit dem Archiv 192.135.147.2:backups/backup_20_05_
2005.tgz wiederhergestellt
```

Hinweis Natürlich funktioniert dieses Script wie hier demonstriert nur mit einem Key-Login (siehe Abschnitt 14.12.12). Da Backup-Scripts aber ohnehin chronolgoisch laufen sollten, ist ein ssh-key immer sinnvoll, da man das Passwort nicht in einer Textdatei speichern muss.

15.4.6 Daten mit rsync synchronisieren

Was sich mit ssh und tar realisieren lässt, gelingt natürlich auch mit rsync. Das folgende einfache Script synchronisiert entweder ein lokales Verzeichnis mit einem entfernten Verzeichnis oder umgekehrt. Um hierbei auch die Vertraulichkeit zu gewährleisten, »tunnelt« man das Ganze durch ssh. Das folgende Script demonstriert Ihnen, wie Sie rsync zum komfortablen Synchronisieren zweier entfernter Verzeichnisse verwenden können.

15

```
#!/bin/sh
# ssyncron
# Script zum Synchronisieren von Daten

usage() {
   echo "usage: prgname [-option] [Verzeichnis]"
   echo
   echo "-u : Ein Verzeichnis auf dem Server mit einem"\
        " lokalen synchronisieren"
   echo "-d : Ein lokales Verzeichnis mit einem Verzeichnis"\
        " auf dem Server synchronisieren"
   exit 1
```

```
# Konfigurationsdaten
#
# Pfad zu den Daten (Lokal)
local_path="$HOME/"
# Pfad zu den Dateien (Server)
remote_path="/home/us10129"
# Loginname
username="us10129@myhoster.de"
# Optionen zum Download '-d'
D_OPTIONS="-e ssh -av --exclude '*.xvpics' --exclude 'cache' --
exclude 'bestellen'"
# Optionen zum Hochladen '-u'
U_OPTIONS="-e ssh -av"

# rsync vorhanden ...
if [ `which rsync` = "" ]
then
   echo "Das Script benötigt 'rsync' zur Ausführung ...!"
   exit 1
fi

# Pfad zu rsync
RSYNC=`which rsync`

site=$2

case "$1" in
   # Webseite herunterladen - Synchronisieren Lokal mit Server
   -d)
      [ -z $2 ] && usage # Verzeichnis fehlt ...
      $RSYNC $D_OPTIONS \
      $username:${remote_path}/${site}/ ${local_path}${site}/ ;;
   # Webseite updaten - Synchronisieren Server mit Lokal
   -u)
      $RSYNC $U_OPTIONS \
      ${local_path}${site}/ $username:${remote_path}/${site}/ ;;
   -*)
      usage ;;
    *)
      usage ;;
esac
```

Das Script bei der Ausführung:

Entferntes Verzeichnis mit dem lokalen Verzeichnis synchronisieren:

```
you@host > ./ssyncron -d backups/Shellbuch
receiving file list ... done
./
Martin/
Kap001.doc
Kap001.sxw
Kap002.sxw
Kap003.txt
Kap007.txt
...
...
Martin/Kap001.doc
Martin/Kap002.sxw
Martin/Kap003.sxw
Martin/Kap004.sxw
Martin/Kap005.sxw
kap004.txt
kap005.txt
newfile.txt
whoami.txt
wrote 516 bytes  read 1522877 bytes  38566.91 bytes/sec
total size is 1521182  speedup is 1.00
```

Eine neue lokale Datei *atestfile.txt* erzeugen und in das entfernte Verzeichnis synchronisieren:

```
you@host > touch backups/Shellbuch/atestfile.txt
you@host > ./ssyncron -u backups/Shellbuch
building file list ... done
Shellbuch/
Shellbuch/atestfile.txt

wrote 607 bytes  read 40 bytes  86.27 bytes/sec
total size is 1521182  speedup is 2351.13
```

Einige Dateien im lokalen Verzeichnis *Shellbuch* löschen (Datenverlust simulieren) und anschließend mit dem entfernten Verzeichnis *Shellbuch* wiederherstellen (synchronisieren):

```
you@host > rm backups/Shellbuch/Kap00[1-9]*
you@host > ./ssyncron -d backups/Shellbuch
receiving file list ... done
./
Kap001.doc
Kap001.sxw
Kap002.sxw
Kap003.txt
Kap007.txt
Kap008.txt
Kap009.txt

wrote 196 bytes  read 501179 bytes  28650.00 bytes/sec
total size is 3042364  speedup is 6.07
```

Wenn in beiden Richtungen nichts mehr zu tun ist, dann ist alles synchronisiert:

```
you@host > ./ssyncron -u backups/Shellbuch
building file list ... done

wrote 551 bytes  read 20 bytes  87.85 bytes/sec
total size is 1521182  speedup is 2664.07
you@host > ./ssyncron -d backups/Shellbuch
receiving file list ... done

wrote 56 bytes  read 570 bytes  96.31 bytes/sec
total size is 1521182  speedup is 2430.00
```

Hinweis In der Praxis würde es sich außerdem anbieten, `rsync` mit den Optionen `-b` für Backup zu verwenden, womit Backup-Kopien alter Dateiversionen angelegt werden, sodass man gegebenenfalls auf mehrere Versionen zurückgreifen kann, und die Option `-z` zu nutzen, mit der Kompression möglich ist.

Hinweis Hier gilt dasselbe wie schon beim Script zuvor. Hier sollten Sie ebenfalls einen ssh-key für ein Key-Login verwenden (siehe Abschnitt 14.12.12).

15.4.7 Dateien und Verzeichnisse per E-Mail versenden

Sie wollen sich ein Backup mit `cpio` erstellen und es sich automatisch zukommen lassen. Als einfachster Weg würde sich hier der Transfer per E-Mail als Anhang eignen. Dank megabyteschwerer Postfächer sollte dies heutzutage kein Problem mehr sein. Allerdings lässt sich ein Anhang nicht einfach so hinzufügen. Hierzu benötigen Sie `uuencode` (siehe Abschnitt 14.12.6). Zuerst müssen Sie also `cpio`-typisch ein komplettes Verzeichnis durchlaufen und die Ausgabe gefundener Dateien (mit `find`) durch eine Pipe an `cpio` übergeben. Damit daraus eine einzige Datei als Anhang wird, schickt `cpio` wiederum die Ausgabe durch die Pipe an `gzip`, um das vollständige Verzeichnis zu komprimieren. Diesen »gzipten« Anhang müssen Sie nun mit `uuencode` enkodieren, um ihn daraufhin mit `mail` oder `mailx` (oder ggf. mit `sendmail`) an den gewünschten Absender zu schicken. Alle diese Aktionen werden durch eine Pipe an das andere Kommando geschickt:

```
find "$Dir" -type f -print |
cpio -o${option} |
gzip |
uuencode "$Archive" |
$Mail -s "$Archive" "$User" || exit 1
```

Hierzu das komplette Script:

```
#!/bin/sh
# Name: mailcpio
# Archiviert Dateien und Verzeichnisse per cpio, komprimiert mit
# gzip und verschickt das Archiv an eine bestimmte E-Mail-
Adresse

PROGN="$0"

# Benötigte Programme: mail oder mailx...
if [ "`which mailx`" != "" ]
then
   Mail="mailx"
   if [ "`which mail`" != "" ]
   then
      Mail="mail"
   fi
else
  echo "Das Script benötigt 'mail' bzw. 'mailx' zur Ausführung!"
```

```
  exit 1
fi

# Benötigt 'uuencode' für den Anhang
if [ "`which uuencode`" = "" ]
then
   echo "Das Script benötigt 'uuencode' zur Ausführung!"
   exit 1
fi

# Benötigt 'cpio'
if [ "`which cpio`" = "" ]
then
   echo "Das Script benötigt 'cpio' zur Ausführung!"
   exit 1
fi

Usage () {
   echo "$PROGN - Versendet ganze Verzeichnisse per E-Mail"
   echo "usage: $PROGN [option] e-mail-adresse"\
        " {datei|Verzeichnis} [datei|Verzeichnis] ..."
   echo
   echo "Hierbei werden alle angegebenen Dateien und "\
        "Verzeichnisse (inskl. Unterverzeichnisse)"
   echo "an eine angegebene Mail-Adresse gesendet. Das"\
        " Archiv wird mittels gzip komprimiert."
   echo "Option:"
   echo "-s : Keine Ausgabe von cpio"
   echo "-v : Macht cpio gesprächig"
   exit 1
}

while [ $# -gt 0 ]
do
   case "$1" in
      -v)   option=Bv ;;
      -s)   Silent=yes ;;
      --)   shift; break ;;
      -*)   Usage ;;
       *)   break ;;
```

```
    esac
    shift
done

if [ $# -lt 2 ]
then
   Usage
fi

User="$1"; shift

for Dir
do
   Archive="${Dir}.cpio.gz"
   # Verzeichnis nicht lesbar ...
   if [ ! -r "$Dir" ]
   then
      echo "Kann $Dir nicht lesen - (wird ignoriert)"
      continue
   fi
   [ "$Silent" = "" ] && echo "$Archive   ->    "
   find "$Dir" -type f -print |
   cpio -o${option} |
   gzip |
   uuencode "$Archive" |
   $Mail -s "$Archive" "$User" || exit 1
done
```

Das Script bei der Ausführung:

```
you@host > ./mailcpio-s pronix@t-online.de logfiles
3 blocks
you@host > ./mailcpio -v pronix@t-online.de logfiles
logfiles.cpio.gz   ->
logfiles/testscript.log.mail
logfiles/testscript.log
1 block
```

15.4.8 Startup-Scripts

Wenn der Kernel gestartet wurde, kann dieser vorerst nur im Lese-Modus auf die Root-Partition zugreifen. Als ersten Prozess startet der Kernel `init`

(*/sbin/init*) mit der PID 1. Dieser Prozess gilt ja als Elternteil aller weiteren Prozesse, die noch gestartet werden. Der Prozess `init` kümmert sich zunächst um die Konfiguration des Systems und den Start von zahlreichen *Daemon*-Prozessen.

Hinweis Es muss gleich darauf hingewiesen werden, dass sich über `init` keine hundertprozentigen Aussagen treffen lassen. Hier kochen die jeweiligen Distributionen häufig Ihr eigenes Süppchen. Die Unterschiede beziehen sich wieder insbesondere auf diejenigen Verzeichnisse, in denen sich die Init-Dateien befinden, und auf die hierbei berücksichtigten Konfigurationsdateien. Natürlich heißt dies auch, dass die Init-Pakete verschiedener Distributionen gewöhnlich gänzlich inkompatibel sind und nicht untereinander ausgetauscht werden können. Daher folgt hier zunächst ein allgemeiner Überblick über den Init-Prozess (genauer System-V-init).

Bevor hier ein wenig ins Detail gegangen wird, zunächst ein kurzer Init-Überblick über einen normalen Systemstart:

- Nach dem Systemstart, wenn der Kernel geladen wurde, startet dieser das Programm (besser den Prozess) */sbin/init* mit der PID 1.
- `init` wertet zunächst die Konfigurationsdatei */etc/inittab* aus.
- Jetzt führt `init` ein Script zur Systeminitialisierung aus. Name und Pfad des Scripts sind stark distributionsabhängig.
- Als Nächstes führt `init` das Script `rc` aus, welches sich auch an unterschiedlichen Orten (und eventuell unter verschiedenen Namen) auf den Distributionen befindet.
- `rc` startet nun einzelne Scripts, die sich in einem Verzeichnis namens `rc`[*n*]`.d` befinden. *n* ist hierbei der Runlevel. Diese Scriptdateien in den Verzeichnissen `rc`[*n*]`.d` starten nun die Systemdienste (Daemonen), auch Startup-Scripts genannt. Der Speicherort dieser Verzeichnisse ist distributionsabhängig. Für gewöhnlich finden Sie die Verzeichnisse unter */etc* oder unter */etc/init.d*.

init und der Runlevel

Normalerweise verwendet `init` sieben Runlevel, die jeweils eine Gruppe von Diensten enthalten, die das System beim Starten (oder Beenden) ausführen soll. Sicherlich haben Sie schon davon gehört, dass Linux/UNIX ein Multi-User-Betriebssystem ist, also im Multi-User-Modus läuft. Es ist aber auch möglich, dass Sie Linux/UNIX im Single-User-Modus starten. Dass dies überhaupt realisiert werden kann, ist den verschiedenen Runlevel zu verdanken.

In der Datei */etc/inittab* wird unter Linux der »default runlevel« festgelegt, es ist stark distributionsabhängig. Welcher Runlevel welche Dienste startet, ist von »Symlinks« in den einzelnen Verzeichnissen rc[*n*].d abhängig. Diese »Symlinks« zeigen meist auf die Startscripts der Dienste, die im Allgemeinen unter */etc/init.d* abgelegt sind.

Zunächst ein kurzer Überblick zu den unterschiedlichen Runleveln und ihren Bedeutungen bei den gängigsten Distributionen:

Runlevel	Bedeutung
0	Dieser Runlevel hält das System komplett an (Shutdown mit Halt).
1 oder S	Single-User-Modus (Einzelbenutzer-Modus)
2 oder M	Multi-User-Modus (Mehrbenutzer-Modus) ohne Netzwerk
3	Multi-User-Modus (Mehrbenutzer-Modus) mit einem Netzwerk, aber ohne X-Start
4	Dieser Runlevel wird gewöhnlich nicht verwendet und steht somit zur freien Verfügung.
5	Multi-User-Modus (Mehrbenutzer-Modus) mit einem Netzwerk und einem grafischen Login (X-Start). Nach dem Login wird gewöhnlich die grafische Oberfläche gestartet.
6	Dieser Runlevel startet das System neu (Shutdown mit Reboot).

Tabelle 15.1 Runlevel und ihre Bedeutung

Wie Sie sehen konnten, handelt es sich bei den Runleveln 0 und 6 um spezielle Fälle, in denen sich das System nicht lange halten kann. Hierbei wird das System heruntergefahren (Runlevel 0) oder eben neu gestartet (Runlevel 1). Zumeist werden die Runlevel 2 und 3 und die Mehrbenutzer-Level l und 5 verwendet, womit eine X-Anmeldeprozedur (wie xdm, kdm, gdm etc.) gestartet wird. Runlevel 1 (bzw. S) ist für die meisten Systeme unterschiedlich definiert und Runlevel 4 wird fast nie benutzt.

Hinweis Linux unterstützt übrigens 10 Runlevel, wobei die Runlevel 7 bis 9 nicht definiert sind.

Runlevel 1 bzw. S

Im Runlevel 1, dem Einzelbenutzer-Modus, werden meist alle Mehrbenutzer- und Anmeldeprozesse beendet. Somit ist sicher, dass das System mit geringem Aufwand ausgeführt wird. Natürlich bietet Runlevel 1 vollen root-Zugriff auf das System. Damit ein System in Runlevel 1 auch nach einem root-Passwort abfragt, wurde der Runlevel S entwickelt. Unter System-V-init existiert kein echter Runlevel S und er dient daher nur dazu, das root-Passwort abzufragen. Dieser Runlevel ist gewöhnlich dazu gedacht, dass Administratoren diverse Patches einspielen können.

/etc/inittab

In der Datei */etc/inittab* steht, was `init` auf den verschiedenen Runleveln zu tun hat. Wenn der Rechner gestartet wird, durchläuft `init` Runlevel 0 bis hin zum Runlevel, der in */etc/inittab* als Standard (*default runlevel*) festgelegt wurde. Damit der Übergang von einem Level zum nächsten reibungslos läuft, führt `init` die in */etc/inittab* angegebenen Aktionen aus. Dasselbe geschieht natürlich auch im umgekehrten Fall beim Herunterfahren bzw. Neustarten des Systems.

Die Verwendung von *inittab* ist allerdings nicht unbedingt das Gelbe vom Ei, weshalb noch zusätzliche Schichten in Form eines Scripts für das Wechseln der Runlevel eingebaut wurden. Dieses Script (`rc` – zu finden meist unter */etc/init.d/rc* oder */etc/rc.d/rc*) wird gewöhnlich aus `inittab` aufgerufen. Es (`rc`) führt wiederum weitere Scripts in einem vom Runlevel abhängigen Verzeichnis aus, um das System in seinen neuen (Runlevel-)Zustand zu versetzen.

In vielen Büchern wird jetzt hier die Datei */etc/inittab* etwas genauer zerlegt und beschrieben (bspw. `inittab`-Schlüsselwörter), was natürlich sehr lehrreich ist, doch in der Praxis müssen Sie sich als Systemadministrator eigentlich nicht damit befassen, da die eben erwähnte Schnittstelle für jede Anwendung geeignet ist.

Startup-Scripts erstellen und ausführen

Die Terminologie von Startup-Scripts ist häufig nicht einfach zu durchschauen, weshalb hier ein Beispiel gegeben werden soll. Gewöhnlich finden Sie die Hauptkopien der Startup-Scripts im Verzeichnis */etc/inid.d*.

```
you@host > ls -l /etc/init.d/
insgesamt 308
-rwxr-xr-x  1 root root  2570 2005-03-02 18:45 acpid
-rwxr-xr-x  1 root root  1098 2005-02-24 10:29 acpi-support
-rwxr-xr-x  1 root root 11038 2005-03-25 23:08 alsa
-rwxr-xr-x  1 root root  1015 2004-11-26 12:36 anacron
-rwxr-xr-x  1 root root  1388 2005-03-01 04:11 apmd
-rwxr-xr-x  1 root root  1080 2005-02-18 11:37 atd
-rw-r--r--  1 root root  2805 2005-01-07 19:35 bootclean.sh
-rwxr-xr-x  1 root root  1468 2005-01-07 19:36 bootlogd
```

```
-rwxr-xr-x  1 root root  1371 2005-01-07 19:35 bootmisc.sh
-rwxr-xr-x  1 root root  1316 2005-01-07 19:35 checkfs.sh
-rwxr-xr-x  1 root root  7718 2005-01-07 19:35 checkroot.sh
-rwxr-xr-x  1 root root  5449 2004-12-26 14:12 console-screen.sh
-rwxr-xr-x  1 root root  1168 2004-10-29 18:05 cron
...
```

Jedes dieser Scripts ist für einen *Daemon* oder einen anderen Aspekt des Systems verantwortlich. Und jedes dieser Scripts verarbeitet die Argumente »start« und »stop«, womit Sie den entsprechenden Dienst initialisieren oder beenden können, zum Beispiel:

```
# /etc/init.d/cron
 * Usage: /etc/init.d/cron start|stop|restart|reload|force-
reload
```

Hier haben Sie versucht, das Script »`cron`«, welches für die Ausführung und Beendung des `cron`-Daemons verantwortlich, ist aufzurufen. Sie bekommen hierbei die möglichen Argumente mitgegeben, wie Sie das Script aufrufen können. Neben »start« und »stop« finden Sie häufig auch noch »restart«, was im Prinzip dasselbe bewirkt, wie ein »stop« mit anschließendem »start«. Des Weiteren findet man gewöhnlich auch eine Option »reload«, die den Dienst nicht beendet, sondern ihn auffordert, seine Konfiguration neu einzulesen (meist per Signal `SIGHUP`).

Im folgenden Beispiel soll das Script »sleep_daemon« beim Systemstart automatisch gestartet und beim Beenden wieder automatisch beendet werden. Hier das Script:

```
#!/bin/sh
# Name : sleep_daemon

sleep 1000 &
```

Das Script macht nichts anderes, als einen »schlafenden Dämon« zu erzeugen. Neben einfachen Shellscripts können Sie in der Praxis natürlich jedes andere Programm – sei es nun ein Binary oder ein Script – in beliebiger Sprache ausführen lassen. Tatsächlich können Sie alle Shellscripts in diesem Buch dazu verwenden (ob sinnvoll oder nicht). Dieses Script »sleep_daemon« habe ich nun in das Verzeichnis */usr/sbin* verschoben und natürlich entsprechende Ausführrechte (für alle) gesetzt. Für diesen Vorgang werden Sie wohl root-Rechte benötigen. Alternativ können Sie auch das Verzeichnis */usr/local/sbin* verwenden.

Folgendermaßen sieht nun das Startup-Script aus, womit Sie »sleep_daemon« starten, beenden und neu starten können.

```
#!/bin/sh
# Name : sleep_daemon

DAEMON="/usr/sbin/sleep_daemon"
test -f $DAEMON || exit 0

case "$1" in
   start)
        echo -n "Starte sleep_daemon"
        $DAEMON
        echo "."
        ;;
    stop)
        echo -n "Stoppe sleep_daemon"
        killall sleep
        echo "."
        ;;
    restart)
        echo -n "Stoppe sleep_daemon"
        killall sleep
        echo "."
        echo -n "Starte sleep_daemon"
        $DAEMON
        echo "."
        ;;
        # Hierzu wird auch gern folgende Sntax eingesetzt:
        # $0 stop
        # $0 start;;
    *)
        echo "Usage: $0 {start|stop|restart}"
        exit 1
        ;;
esac
```

Ich habe hier denselben Namen verwendet, was Sie in der Praxis nicht tun müssen. Dieses Startup-Script können Sie nun in das Verzeichnis */etc/init.d* verschieben und müssen es auch wieder ausführbar machen. Theoretisch können Sie jetzt schon den Dienst von Hand starten bzw. beenden:

```
# /etc/init.d/sleep_daemon start
Starte sleep_daemon.
# /etc/init.d/sleep_daemon restart
Stoppe sleep_daemon.
Starte sleep_daemon.
# /etc/init.d/sleep_daemon stop
Stoppe sleep_daemon.
```

Damit unser Dienst auch automatisch beim Eintreten bzw. Austreten eines bestimmten Runlevels gestartet bzw. beendet wird, benötigt das von `init` gestartete Master-Controll-Script (`rc`) zusätzliche Informationen, welche Scripts ausgeführt werden sollen. Denn anstatt im Verzeichnis */etc/init.d* nachzublättern, wann bei welchem Runlevel ein Script gestartet werden muss, sieht das Master-Controll-Script in einem Verzeichnis namens `rc[n].d` (bspw. rc1.d; rc2.d; ... rc6.d) nach. *n* steht für den Runlevel, in den es gelangen will. Zum Beispiel hier unter »Ubuntu Linux« im Verzeichnis rc2.d:

```
# ls -l /etc/rc2.d/
lrwxrwxrwx  1 root root 17 K11anacron -> ../init.d/anacron
lrwxrwxrwx  1 root root 17 S05vbesave -> ../init.d/vbesave
lrwxrwxrwx  1 root root 18 S10sysklogd -> ../init.d/sysklogd
lrwxrwxrwx  1 root root 15 S11klogd -> ../init.d/klogd
lrwxrwxrwx  1 root root 14 S12alsa -> ../init.d/alsa
lrwxrwxrwx  1 root root 13 S14ppp -> ../init.d/ppp
lrwxrwxrwx  1 root root 16 S19cupsys -> ../init.d/cupsys
lrwxrwxrwx  1 root root 15 S20acpid -> ../init.d/acpid
lrwxrwxrwx  1 root root 14 S20apmd -> ../init.d/apmd
...
```

15

Sie können gleich erkennen, dass diese Einträge in `rc[n].d` gewöhnlich symbolische Links sind, die auf die Startup-Scripts im *init.d*-Verzeichnis verweisen. Wenn Sie die anderen Runlevel-Verzeichnisse ebenfalls ansehen, werden Sie feststellen, dass hierbei alle Namen der symbolischen Links entweder mit einem »S« oder einen »K«, gefolgt von einer Nummer und dem eigentlichen Dienst beginnen (bspw. *S14alsa*). Auch dies ist recht schnell erklärt. Steigt `init` von einem Runlevel in den nächst höheren Level auf, werden alle Scripts mit »S« beginnend ausgeführt. Diese Scripts werden also mit dem Argument »start« ausgeführt. Wenn `init` hingegen von einem höheren Runlevel in einen niedrigeren wechselt, werden alle Scripts mit »K« (*kill*) beginnend ausgeführt. Hierbei wird gewöhnlich das Script mit dem Argument »stop« ausgeführt. Die Nummern haben eine Art Prioritätsbedeutung. Die Scripts im Runlevel-Verzeichnis werden bei der Option »start« in alphabetischer und bei »stop« in umgekehrter

Reihenfolge ausgeführt. Somit bedient man sich einer Nummerierung, um die Reihenfolge der Ausführung zu beeinflussen.

Jetzt wollen Sie natürlich auch Ihr Startup-Script hinzufügen. Um also dem System mitzuteilen, dass Sie einen *Daemon* starten wollen, müssen Sie ebenfalls einen symbolischen Link in das entsprechende Verzeichnis setzen. Die meisten Dienste starten Ihre Dämonen im Runlevel 2, weshalb hier ebenfalls ein Eintrag vorgenommen wird. Um den *Daemon* auch ordentlich wieder zu beenden, müssen Sie natürlich auch einen Link im Runlevel 0 eintragen. Da es bei einigen Systemen Unterschiede zwischen *Shutdown* und *Reboot* gibt, sollten Sie auch einen Eintrag im Runlevel 6 erstellen, um auf Nummer sicher zu gehen, dass sich der *Daemon* beim Neustart korrekt beendet hat.

```
# ln -s /etc/init.d/sleep_daemon /etc/rc2.d/S23sleep_daemon
# ln -s /etc/init.d/sleep_daemon /etc/rc0.d/K23sleep_daemon
# ln -s /etc/init.d/sleep_daemon /etc/rc6.d/K23sleep_daemon
```

Mit der ersten Zeile weisen Sie das System nun an, das Startup-Script */etc/init.d/sleep_daemon* mit dem Argument »start« auszuführen, wenn es im Runlevel 2 angelangt ist. Mit der zweiten Zeile legen Sie fest, dass */etc/init.d/sleep_daemon* beim Herunterfahren des Systems mit dem Argument »stop« beendet wird, wenn es im Runlevel 0 angekommen. ist. Gleiches nehmen Sie auch mit der dritten Zeile vor, nur eben für den Neustart des Systems in Runlevel 6.

Wenn Sie jetzt das System beenden und wieder hochfahren, können Sie in der Startup-Sitzung (sofern diese sichtbar ist) Ihren Dienst beim Starten beobachten. Hier werden Sie irgendwann ein Zeile wie

```
Starte sleep_daemon.
```

finden. Beim Beenden bzw. Neustarten des Systems entsteht diese Meldung, nur dass eben der »sleep_daemon« beendet wurde.

15.5 World Wide Web und HTML

Der Umgang mit Logdateien gehört zu einem weiteren wichtigen Bereich eines Systemadministrators. Schließlich stellen die Log(-bücher) so etwas wie das Tagebuch eines Webservers dar. Dort hinein wird immer dann etwas geschrieben, wenn etwas passiert. So kann man mit einem Blick in die Logdateien recht schnell feststellen, ob alles seine Ordnung hat. Allerdings befinden sich in solchen Logdateien häufig unglaublich viele Informationen. Das Problem ist weniger, an diese Informationen zu kommen, sondern vielmehr die wichtigen Informationen daraus zu gewinnen.

In den folgenden Beispielen sollen nur die Logdateien *access_log* und *error_log* des Apache Webserver betrachtet werden, zwei Logfiles, die der Apache standardmäßig als Tagebuch verwendet. Da der Apache wie auch viele andere Webserver das Common Log Format verwendet (einen informellen Standard) sollte es nicht schwer sein, nach diesem Kapitel auch Logdateien anderer Server auszuwerten. Wobei sich wohl die meisten mit den Logfiles des Apache zufrieden geben dürften, da dieser mit gut 60 % Marktanteil (vor allem unter den Webhostern) der verbreitetste ist. Wo (und ggf. auch was) der Apache in diese beiden Logfiles schreibt, wird gewöhnlich in *httpd.conf* festgelegt.

Anhand dieser beiden Logfiles werden übrigens die tollen Statistiken erzeugt, die Ihnen Ihr Webhoster anbietet. Darin finden Sie Zugriffszahlen, Transferraten (gesamt, Tagesdurchschnitt ...), den Browser, Fehlercodes (z.B. »Seite nicht vorhanden«) die IP-Adresse oder Domain-Adresse des Clients, Datum, Uhrzeit und eine Menge mehr.

Als normaler Inhaber einer Domain mit `ssh`-Zugang werden Sie das eine oder andere Mal diese Logfiles wohl auch mit einem Script auswerten wollen. Als Systemadministrator eines Webservers werden Sie dies allerdings zu einer Ihrer Hauptaufgaben machen und diese Logfiles auch archivieren müssen. Wie dem auch sei, wir begnügen uns mit dem Einfachsten, und zwar dem Auswerten der Logfiles, um den Inhalt in einer vernünftigen Form lesbar darzustellen.

15.5.1 Analysieren von access_log (Apache)

Die *access_log*-Datei ist eine einfache Textdatei, in der der Webserver bei jedem Besucher, der eine Webseite besucht, einen Eintrag in folgender Form oder ähnlich hinterlässt (eine Zeile):

```
169.229.76.87 - - [13/May/2001:00:00:37 -0800]
"GET /htdocs/inhalt.html HTTP/1.1" 200 15081
"http://www.irgendwoher.de/links.html"
"Mozilla/4.0 (compatible; MSIE 5.0; Windows 98; DigExt)"
```

Was sagt die Zeile:

- `169.229.76.87` – die IP-Adresse oder der Domainname des Rechners/Benutzers, auf dem der Browser (Client) ausgeführt wird. Gewöhnlich wird der Hostname dabei als IP-Adresse angegeben. Der Administrator kann aber die Direktiven `HostNameLookups` in *httpd.conf* auf `On` setzen (standardmäßig steht diese auf `Off`). Dann versucht der Apache den Namen aufzulösen, indem er einen Namenserver abfragt.

- `-` (erster Strich) – Identität des Rechners/Benutzers. Der Name wird nur dann übertragen, wenn er über einen `ident`-Daemon ermittelt werden kann. Der `ident`-Daemon ist ein Identifikationsdienst unter Linux-UNIX. Ist dies nicht der Fall (meistens), sehen Sie hier ein Minuszeichen.
- `-` (zweiter Strich) – Login-Name des Benutzers, falls eine Passwort/Benutzername-Authentifizierung erforderlich ist.
- `[13/May/2001:00:00:37 +0200]` – Zeitstempel des Servers zum Zeitpunkt des Zugriffs, mit Datum, Uhrzeit und Zeitinformationen relativ zu GMT.
- `"GET /htdocs/inhalt.html HTTP/1.1"` – hierbei handelt es sich um die eigentliche Anforderung des Clients, welche aus der HTTP-Methode `GET`, dem Anfrage-URI (*/htdocs/inhalt.html*) und der Version des HTTP-Protokolls (1.1) besteht.
- `200` – der HTTP-Statuscode 200 sagt aus, dass alles in Ordnung war (404 würde etwa bedeuten, dass ein angefordertes Dokument nicht auf dem Rechner gefunden werden konnte).
- `15081` – Anzahl der übertragenen Bytes (15081 Bytes)
- `"http://www.irgendwoher.de/links.html"` – wenn die URL nicht direkt eingegeben wurde, steht hier, von wo der Client gekommen ist.
- `"Mozilla/4.0 (compatible; MSIE 5.0; Windows 98; DigExt)"` – Hierbei handelt es sich gewöhnlich um Informationen über die Umgebung des Benutzers, der auf die Seite gekommen ist. Der Wert ist nicht unbedingt zuverlässig und lässt sich ohne Probleme manipulieren bzw. ganz blockieren.

Um *access_log* nun auszuwerten, gilt es, einfach die einzelnen Werte, die man benötigt, aus den einzelnen Zeilen von *access_log* zu extrahieren und diese entsprechend auszuwerten. Das folgende Script demonstriert diesen Vorgang:

```
#!/bin/sh
# readaccess
# Diese Script analysiert die access_log-Datei des
# Apache Webservers mit interessanten Informationen

# mathematische Funktion (Wrapper für bc) ...
calc() {
bc -q << EOF
scale=2
$*
quit
EOF
}
```

```
# Damit verhindern Sie, dass bei der Auswertung der
# 'Referred Hits' der eigene Domainname berücksichtigt wird.
host="pronix.de"
# Anzahl der am meisten besuchten Seiten
POPULAR=10
# Anzahl der Referrer-Seiten
REFERRER=10

if [ $# -eq 0 ]
then
  echo "Usage: $0 logfile"
  exit 1
fi

# Logfile lesbar oder vorhanden ...
if [ -r "$1" ]
then :
else
  echo "Fehler: Kann Log-Datei '$1' nicht finden...!"
  exit 1
fi

# Erster Eintrag im Logfile ...
dateHead=`head -1 "$1" | awk '{print $4}' | sed 's/\[//'`
# Letzter Eintrag im Logfile ...
dateTail=`tail -1 "$1" | awk '{print $4}' | sed 's/\[//'`

echo "Ergebnis der Log-Datei '$1'"
echo
echo "  Start Datum : `echo $dateHead | sed 's/:/ um /'`"
echo "    End Datum : `echo $dateTail | sed 's/:/ um /'`"

# Anzahl Besucher, einfach mit wc zählen
hits=`wc -l < "$1" | sed 's/[^[:digit:]]//g'`
echo "        Hits  : $hits (Zugriffe insgesamt)"

# Seitenzugriffe ohne Dateien .txt; .gif; .jpg und .png
pages=`grep -ivE '(.txt|.gif|.jpg|.png)' "$1" | wc -l | \
       sed 's/[^[:digit:]]//g'`
echo "Seitenzugriffe: $pages (Zugriffe ohne Grafiken"\
     " (jpg, gif, png und txt)"
```

```
# Datentransfer - Traffic
totalbytes=`awk '{sum+=$10} END {print sum}' "$1"`
echo -n " Übertragen   : $totalbytes Bytes "

# Anzahl Bytes in einem GB = 1073741824
# Anzahl Bytes in einem MB = 1048576
if [ $totalbytes -gt 1073741824 ] ; then
   ret=`calc "$totalbytes / 1073741824"`
   echo "($ret GB)"
elif [ $totalbytes -gt 1048576 ] ; then
   ret=`calc "$totalbytes / 1048576"`
   echo "($ret MB)"
else
  echo
fi

# Interessante Statistiken
echo
echo "Die $POPULAR beliebtesten Seiten sind " \
     " (ohne gif, jpg, png, css, ico und js):"
awk '{print $7}' "$1" | \
  grep -ivE '(.gif|.jpg|.png|.css|.ico|.js)' | \
  sed 's/\/$//g' | sort | \
  uniq -c | sort -rn | head -$POPULAR

echo
echo "Woher kamen die Besucher ($REFERRER besten URLs'):"
awk '{print $11}' "$1" | \
  grep -vE "(^\"-\"$|/www.$host|/$host)" | \
  sort | uniq -c | sort -rn | head -$REFERRER
```

Das Script bei der Ausführung:

```
you@host > ./readaccess logs/www.pronix.de/access_log
Ergebnis der Log-Datei 'logs/www.pronix.de/access_log'

  Start Datum : 08/May/2005 um 04:47:45
    End Datum : 13/May/2005 um 07:13:27
        Hits  : 168334 (Zugriffe insgesamt)
Seitenzugriffe: 127803 (Zugriffe o. Grafiken (jpg, gif, png, txt)
Übertragen    : 1126397222 Bytes (1.04 GB)
```

```
Die 10 beliebtesten Seiten sind (ohne gif,jpg,png,css,ico,js):
   3498 /pronix-4.html
   1974 /pronix-6.html
   1677 /modules/newbb
   1154 /userinfo.php?uid=1
   1138 /userinfo.php?uid=102
   1137 /userinfo.php?uid=109
    991 /userinfo.php?uid=15
    924 /modules/news
    875 /userinfo.php?uid=643

Woher kamen die Besucher (10 besten URLs'):
     96 "http://homepages.rtlnet.de/algeyer001937/587.html"
     65 "http://www.computer-literatur.de/buecher/... "
     47 "http://www.linuxi.de/ebooksprogramm.html"
     37 "http://www.programmier-hilfe.de/index.php/C___C__/46/0/"
     35 "http://216.239.59.104/search?q=cache:kFL_ot8c2s0J:www...
     30 "http://www.tutorials.de/tutorials184964.html"
     27 "http://64.233.183.104/search?q=cache:EqX_ZN...
     25 "http://216.239.59.104/search?q=cache:KkL81cub2C...
     24 "http://216.239.59.104/search?q=cache:R0gWKuwrF...
```

15.5.2 Analysieren von error_log (Apache)

In der Logdatei *error_log* finden Sie alle Fehler, die beim Aufrufen einer Seite oder eines Dokuments Ihrer URL aufgetreten sind. Die Zeile eines solchen Eintrags hat beim Apache folgende Form:

```
[Fri May 13 02:48:13 2005] [error] [client 66.185.100.10]
 File does not exist: /home/us10129/www.pronix.de/modules/
mylinks/modlink.php
```

Die Bedeutungen der einzelnen Einträge lassen sich schnell erklären:

- `[Fri May 13 02:48:13 2005]` – wann trat dieser Fehler auf?
- `[error]` – Hinweis, dass es sich auch um einen Fehler handelt. Möglich wäre hier auch `notice`.
- `[client 66.185.100.10]` – Benutzer bzw. Client, der den Fehler ausgelöst oder versucht hat, bei Ihnen rumzuhacken.

- `File does not exist:` – der eigentliche Fehler, der aufgetreten ist. Der gängigste Fehler: Die Datei wurde nicht gefunden.
- `/home/us10129/www.pronix.de/modules/mylinks/modlink.php` – die Datei, welche den Fehler ausgelöst hat.

Die Auswertung von *error_log* lässt sich etwas einfacher realisieren, da hierbei wesentlich weniger Daten als bei *access_log* geschrieben werden (sollten).

```
#!/bin/sh
# Name: readerrorlog
# Wertet error_log des Apaches aus

# Anzahl der Einträge, die pro Kategorie angezeigt werden sollen
MAXERRORS=10

# Sortierte Ausgabe von jeweils MAXERRORS pro Fehler
# ggf. sollte man eine Datei zum Zwischenspeichern,
# anstatt wie hier die Variable ret, verwenden ...
#
print_error_log() {
  ret=`grep "${2}" "$1" | awk '{print $NF}' |\
    sort | uniq -c | sort -rn | head -$MAXERRORS`

  if [ "$ret" != "" ] ; then
    echo
    echo "[$2] Fehler:"
    echo "$ret"
  fi
}

if [ $# -ne 1 ]
then
   echo "usage $0 error_log"
   exit 1
fi

# Anzahl der Einträge in error_log
echo "'$1' hat `wc -l < $1` Einträge"

# Erster Eintrag in error_log
dateHead=`grep -E '\[.*:.*:.*\]' "$1" | head -1 | \
```

```
        awk '{print $1" "$2" "$3" "$4" "$5}'`
# Letzter Eintrag in error_log
dateTail=`grep -E '\[.*:.*:.*\]' "$1" | tail -1 | \
        awk '{print $1" "$2" "$3" "$4" "$5}'`
echo "Einträge vom : $dateHead "
echo "bis zum      : $dateTail "
echo

# Wir geben einige Fehler sortiert nach Fehlern aus
# Die Liste kann beliebig nach Fehlern erweitert werden ...
#
print_error_log "$1" "File does not exist"
print_error_log "$1" "Invalid error redirection directive"
print_error_log "$1" "premature EOF"
print_error_log "$1" "script not found or unable to stat"
print_error_log "$1" "Premature end of script headers"
print_error_log "$1" "Directory index forbidden by rule"
```

Das Script bei der Ausführung:

```
you@host > ./readerrorlog logs/www.pronix.de/error_log
'logs/www.pronix.de/error_log' hat 2941 Einträge
Einträge vom : [Sun May 8 05:08:42 2005]
bis zum      : [Fri May 13 07:46:45 2005]

[File does not exist] Fehler:
     71 .../www.pronix.de/cmsimages/grafik/Grafik/bloodshed1.png
     69 .../www.pronix.de/cmsimages/grafik/Grafik/bloodshed2.png
     68 .../www.pronix.de/cmsimages/grafik/Grafik/bloodshed6.png
     68 .../www.pronix.de/cmsimages/grafik/Grafik/bloodshed5.png
     68 .../www.pronix.de/cmsimages/grafik/Grafik/bloodshed4.png
     68 .../www.pronix.de/cmsimages/grafik/Grafik/bloodshed3.png
     53 .../www.pronix.de/cmsimages/grafik/Grafik/borland5.gif
     53 .../www.pronix.de/cmsimages/grafik/Grafik/borland4.gif
     53 .../www.pronix.de/cmsimages/grafik/Grafik/borland3.gif
     53 .../www.pronix.de/cmsimages/grafik/Grafik/borland2.gif

[script not found or unable to stat] Fehler:
    750 /home/us10129/www.pronix.de/search.php

[Directory index forbidden by rule] Fehler:
```

```
    151 .../www.pronix.de/cmsimages/grafik/
     19 .../www.pronix.de/cmsimages/
     17 .../www.pronix.de/cmsimages/download/
     14 .../www.pronix.de/themes/young_leaves/
      3 .../www.pronix.de/css/
      1 .../www.pronix.de/cmsimages/linux/grafik/
      1 .../www.pronix.de/cmsimages/linux/
...
...
```

15.6 CGI (Common Gateway Interface)

CGI ist eine Schnittstelle, mit der Sie z. B. Anwendungen für das Internet schreiben können. Diese CGI-Anwendungen laufen dabei auf einem (Web-)Server (wie beispielsweise dem Apache) und werden meistens von einer HTML-Webseite mithilfe eines Webbrowsers aufgerufen.

Das Verfahren der CGI-Schnittstelle ist ziemlich einfach. Die Daten werden ganz normal von der Standardeingabe (`stdin`) oder von den Umgebungsvariablen empfangen und wenn nötig über die Standardausgabe (`stdout`) ausgegeben. Im Allgemeinen handelt es sich dabei um ein dynamisch erzeugtes HTML-Dokument, das Sie in Ihrem Browser betrachten können. Sind diese Voraussetzungen gegeben, können CGI-Anwendungen praktisch mit jeder Programmiersprache erstellt werden. Das CGI-Programm selbst, welches Sie erstellen, ist ein ausführbares Programm auf dem Webserver, das nicht von einem normalen User gestartet wird, sondern vom Webserver als ein neuer Prozess.

Normalerweise setzt man für CGI-Scripts die Programmiersprachen Perl, PHP, Java, Python, Ruby oder C ein, aber im Grunde ist die Sprache absolut zweitrangig. Die Hauptsache ist, dass sie eine Standardein- und eine Standardausgabe besitzt und selbstverständlich auf dem Rechner, auf dem diese ausgeführt wird, auch verstanden wird. Für kleinere Auf- bzw. Ausgaben können Sie selbstverständlich auch ein Shellscript verwenden. Damit können Sie beinahe alle Shellscripts, die Sie in diesem Buch geschrieben haben, auch über den Browser aufrufen und ausführen lassen.

Hinweis Wer denkt, CGI in C ist etwas »Unmögliches«, der darf gern auf meine Webseite kommen. Das komplette Content Management System (kurz CMS) wurde von meinem Fachgutachter in C geschrieben.

Auch wenn es sich recht aufregend anhört, CGI-Scripts in Shell zu erstellen, finden Sie hier nur einen kurzen Anriss zu diesem Thema. Vorwiegend geht es mir darum, dass Sie mithilfe der Shellscripts eine Art Schnittstelle für Ihre geschrieben Shellscripts schreiben können, beispielsweise um die Auswertung von *access_log* auf dem Browser vorzunehmen.

15.6.1 CGI-Scripts ausführen

Um CGI-Scripts auf einem Server auszuführen, ist leider mehr als nur ein Browser erforderlich. Sofern Sie den ganzen Vorgang lokal testen wollen, benötigen Sie einen laufenden Webserver (im Beispiel ist immer vom Apache Webserver die Rede). Das Ganze ist gerade für Anfänger nicht ganz so einfach nachzuvollziehen. Einfach haben Sie es natürlich, wenn Sie Ihre Scripts auf einem bereits konfigurierten Webserver ausführen können – wie dies etwa bei einem Webhoster der Fall ist.

Zuerst müssen Sie herausfinden, wo Sie die Shellscripts auf Ihrem Webserver ausführen können, gewöhnlich ist dies im */cgi-bin*-Verzeichnis. Allerdings kann man einen Webserver auch so konfigurieren (*httpd.conf*), dass man aus jedem Unterverzeichnis ein Script ausführen kann. In der Regel verwendet man als Dateiendung ».cgi«. Wenn es nicht möglich ist, ein CGI-Script auszuführen, kann es sein, dass Sie die Option `ExecCGI` in der Konfigurationsdatei *httpd.conf* anpassen oder die Schnittstelle mit der Datei *.htaccess* aktivieren müssen. Außerdem muss beachtet werden, dass dieses Script für jedermann lesbar und ausführbar ist, weil die meisten Webserver eine Webanfrage als User `nobody` oder `similar` ausführen. Leider kann ich hier nicht im Detail darauf eingehen, daher hierzu nochmals kurz die nötigen (möglichen) Schritte, um ein CGI-Script auf einem Webserver auszuführen (entsprechende Rechte vorausgesetzt):

- Speichern Sie das Script mit der Dateiendung ».cgi«.
- Kopieren Sie das Script mittels `cp` oder `scp` in ein Verzeichnis des Webservers (bspw. */cgi-bin*) – abhängig von der Konfiguration, wo Sie CGI-Scripts ausführen können/dürfen.
- Setzen Sie die Zugriffsrechte für das entsprechende Script (`chmod go+rx script.cgi`).
- Starten Sie den Webserver, falls dies nicht schon geschehen ist.
- Starten Sie einen Webbrowser Ihrer Wahl und rufen Sie das CGI-Script auf. Befindet es sich z. B. im Verzeichnis */cgi-bin* auf dem lokalen Rechner, so lautet die URL gewöhnlich `http://localhost/cgi-bin/script.cgi` oder hier unter `http://www.pronix.de/cgi-bin/script.cgi`.

Noch ein paar Tipps, falls es nicht klappt:

- Sind die Zugriffsrechte richtig gesetzt? Dies gilt sowohl für das CGI-Script als auch für den Zugriff auf die Verzeichnisse des Webservers überhaupt.
- Ein Fehlerstatus 500 des Browsers signalisiert häufig einen Fehler in Ihrem Script. Testen Sie das Script am besten in der Kommandozeile.
- Haben Sie die richtige URL im Browser eingegeben bzw. stimmt der Pfad zum Script?
- Läuft der Webserver überhaupt?
- Ein Blick in *access_log* und *error_log* hilft Ihnen beim Suchen enorm weiter. Lassen Sie beispielsweise im Hintergrund `tail -f /pfad/zur/logdatei/error_log` laufen, denn alle Fehler tauchen hier auf.

15.6.2 CGI-Environment ausgeben

Das folgende Script gibt alle Umgebungsvariablen auf dem Browser aus. Diese Umgebungsvariablen enthalten Informationen zum Webserver wie auch zum Webclient (bspw. Browser). Aufgeteilt werden diese Informationen grob in drei verschiedene Bereiche (ohne näher darauf einzugehen):

- HTTP-Anfrage-Paket
- Webserver
- HTTP-Anfrage-Header des Webbrowsers

```
#!/bin/sh
# myenv.cgi
# Umgebungsvariablen auf einem Server anzeigen

echo "Content-type: text/html"
echo
echo "<html><body><h2>Umgebungsvariablen von"\
     " `uname -n` (`date`)</h2>"
echo "<pre>"
# Wenn env nicht vorhanden, dann printenv ausführen ...
env || printenv
echo "</pre></body></html>"
```

Das Script bei der Ausführung sehen Sie in Abbildung 15.1.

Einen Hinweis noch zu:

```
echo "Content-type: text/html"
```

Abbildung 15.1 Das Script myenv.cgi bei der Ausführung

Damit teilen Sie dem Webserver mit, dass Ihre CGI-Anwendung ein bestimmtes Dokument ausgibt (Content-Type-Dokument). Im Beispiel handelt es sich um ein HTML-Dokument. Außerdem ist es von Bedeutung, dass hinter dieser Angabe zwei Newline-Zeichen stehen (hier durch die beiden `echo`-Aufrufe). Damit signalisieren Sie dem Webserver, dass es sich um die letzte »Headerzeile« handelt.

15.6.3 Einfache Ausgabe als Text

Ähnlich einfach wie die Ausgabe der Umgebungsvariablen lässt sich jede andere Ausgabe auf dem Browser realisieren. Wollen Sie zum Beispiel ein Shellscript über einen Link starten, so müssen Sie sich nur ein HTML-Dokument wie folgt zusammenbasteln:

```
<html>
<head>
  <title>TestCGIs</title>
</head>
<body>
<A HREF="/cgi-
bin/areader.cgi?/srv/www/htdocs/docs/kap003.txt">Ein Link</A>
</body>
</html>
```

Abbildung 15.2 Das HTML-Dokument zum Aufrufen eines Scripts (als Link)

Das folgende Script *areader.cgi* macht wiederum nichts anderes, als die Textdatei *kap003.txt* mittels `cat` auf dem Browser auszugeben. Als Query-String geben Sie hinter dem Fragezeichen an, welche Datei hier gelesen werden soll. Für das Shellscript stellt dies wiederum den ersten Positionsparameter `$1` dar. Der Link

```
/cgi-bin/areader.cgi?/srv/www/htdocs/docs/kap003.txt
```

besteht also aus zwei Werten, dem Pfad zum Shellscript

```
/cgi-bin/areader.cgi
```

und dem ersten Positionsparameter (Query-String)

```
/srv/www/htdocs/docs/kap003.txt
```

Ein solcher Query-String kann natürlich ganz andere Formen annehmen, dazu aber später mehr. Hierzu nun das Shellscript *areader.cgi*:

```
#!/bin/sh
# Name: areader.cgi

echo "Content-type: text/plain"
echo
cat $1
exit 0
```

Die Ausführung ist in Abbildung 15.3 zu sehen.

Sicherheitsbedenken

Natürlich dienen diese Beispiele nur als Mittel zum Zweck, um Ihnen zu demonstrieren, wie Sie Shellscripts auch als CGI-Scripts verwenden können, ohne allerdings den Sicherheitsaspekt zu berücksichtigen. Denn im Grunde ist die Zeile

```
/cgi-bin/areader.cgi?/srv/www/htdocs/docs/kap003.txt
```

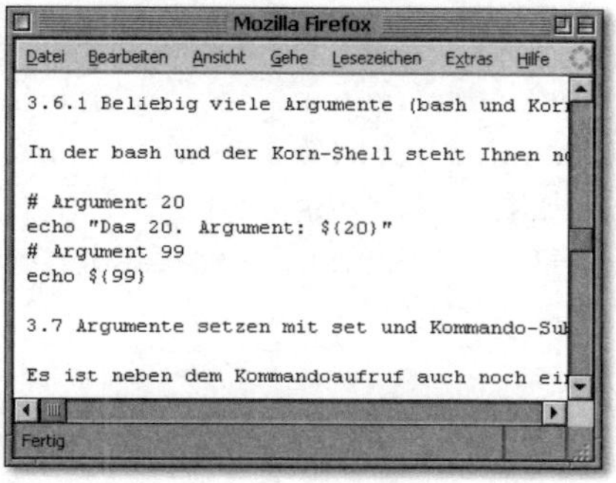

Abbildung 15.3 Das Shellscript areader.cgi bei der Ausführung im Browser

ein ganz böses Foul, das Hackern Tür und Tor öffnet. Manipuliert man diese Zeile um in

```
/cgi-bin/areader.cgi?/etc/passwd
/cgi-bin/areader.cgi?/etc/shadow
```

kann der Angreifer in aller Ruhe zu Hause per »Brute Force« das Passwort knacken (sofern dies nicht allzu stark ist – was leider meistens der Fall ist). Zumindest kann der Angreifer auf jeden Fall Systeminformationen sammeln, um eventuelle Schwachstellen des Rechners aufzuspüren.

Ein sicherere Alternative wäre es beispielsweise, die Usereingabe auf [a-z] zu prüfen. Wenn andere Zeichen vorkommen, dann abbrechen, und ansonsten den Pfad und die Endung vom Script ergänzen lassen.

```
if echo $1 | grep -q '[^a-z]'
then
   echo Schlingel
   exit 0
fi

file="/pfad/nach/irgendwo/$1.txt"
if [ -e $file ]
then
   echo Nueschte
   exit 0
fi
```

Des Weiteren sollten Sie bei CGI-Programmen immer 0 zurückgeben, wenn alles glatt verlaufen ist, damit überhaupt etwas auf dem Bildschirm ausgegeben wird. Bei vielen Installationen entsteht nämlich bei Rückgabe ungleich 0 der 500er-Fehler.

15.6.4 Ausgabe als HTML formatieren

In der Praxis werden Sie wohl kaum immer nur reinen Text ausgeben, sondern die Ausgabe mit vielen HTML- oder CSS-Elementen verschönern wollen. Im Gegensatz zum Beispiel zuvor ist hierfür nicht allzu viel nötig (geringe HTML-Kenntnisse vorausgesetzt). Zuerst wieder das HTML-Dokument (unverändert):

```
<html>
<head>
  <title>TestCGIs</title>
</head>
<body>
<A HREF="/cgi-bin/a_html_
reader.cgi?/srv/www/htdocs/docs/kap003.txt">Ein Link</A>
</body>
</html>
```

Als Nächstes das Shellscript *areader.cgi*, allerdings ein wenig umgeschrieben (und umbenannt) mit einigen HTML-Konstrukten, um den Text browsergerecht zu servieren:

```
#!/bin/sh
# a_html_reader.cgi

echo "Content-type: text/html"
echo ""

cat << HEADER
<HTML>
<HEAD><TITLE>Ausgabe der Datei: $1</TITLE>
</HEAD>
<BODY bgcolor="#FFFF00" text="#000000">
<HR SIZE=3>
<H1>Ausgabe der Datei: $1 </H1>
<HR SIZE=3>
<P>
<SMALL>
<PRE>
HEADER

cat $1

cat << FOOTER
```

```
</PRE>
</SMALL>
<P>
<HR SIZE=3>
<H1><B>Ende</B> Ausgabe der Datei: $1 </H1>
<HR SIZE=3>
</BODY>
</HTML>
FOOTER

exit 0
```

Das Script bei der Ausführung zeigt Abbildung 15.4.

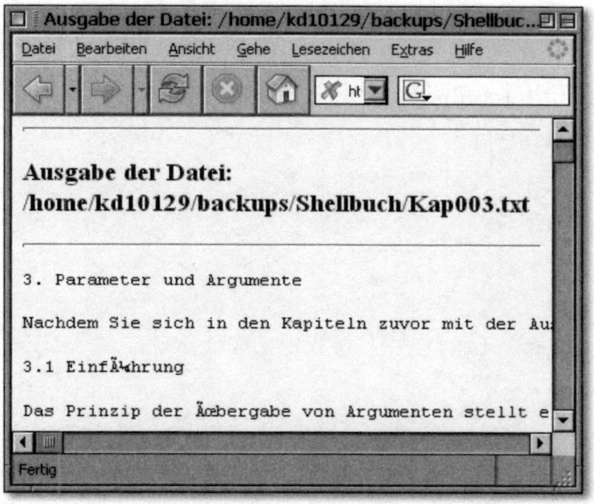

Abbildung 15.4 Ein einfaches Textdokument, mit HTML formatiert

Soweit haben Sie nun eine HTML-formatierte Ausgabe. Allerdings ist es noch praktischer, den HTML-Teil wiederum in eine extra Datei auszulagern. Dies erhält zum einen die Übersicht des Shellscripts, und zum anderen kann man jederzeit das »Layout« gegen ein anderes austauschen. Ich teile z.B. die beiden Bereiche um den eigentlichen Arbeitsteil des Shellscripts in einen Kopfteil (*header.txt*) und einen Fußteil (*footer.txt*) auf. Zuerst die Datei *header.txt*:

```
<HTML>
<HEAD><TITLE>Ein Titel</TITLE>
</HEAD>
<BODY bgcolor="#FFFF00" text="#000000">
<HR SIZE=3>
<H1>Ausgabe Anfang: </H1>
```

```
<HR SIZE=3>
<P>
<SMALL>
<PRE>
```

Und jetzt noch die Datei *footer.txt*:

```
</PRE>
</SMALL>
<P>
<HR SIZE=3>
<H1><B>Ende</B> der Ausgabe</H1>
<HR SIZE=3>
</BODY>
</HTML>
```

Beide Dateien können Sie nun auch wieder im Shellscript einfach mit `cat` ausgeben lassen. Somit sieht das eigentliche Shellscript gegenüber der Version *a_html_reader.cgi* wie folgt aus:

```
#!/bin/sh
echo "Content-type: text/html"
echo ""

cat /srv/www/htdocs/docs/header.txt
cat $1
cat /srv/www/htdocs/docs/footer.txt
exit 0
```

15.6.5 Systeminformationen ausgeben

Wie Sie im Beispiel eben den Befehl `cat` verwendet haben, so können Sie auch alle anderen Kommandos (je nach Rechten) bzw. ganze Shellscripts ausführen. Das folgende Script gibt z.B. Auskunft über alle aktuell laufenden Prozesse:

```
#!/bin/sh
# Name: html_ps.cgi

echo "Content-type: text/html"
echo

cat /srv/www/htdocs/docs/header.txt
ps -ef
```

```
cat /srv/www/htdocs/docs/footer.txt
exit 0
```

Das Script bei der Ausführung zeigt Abbildung 15.5.

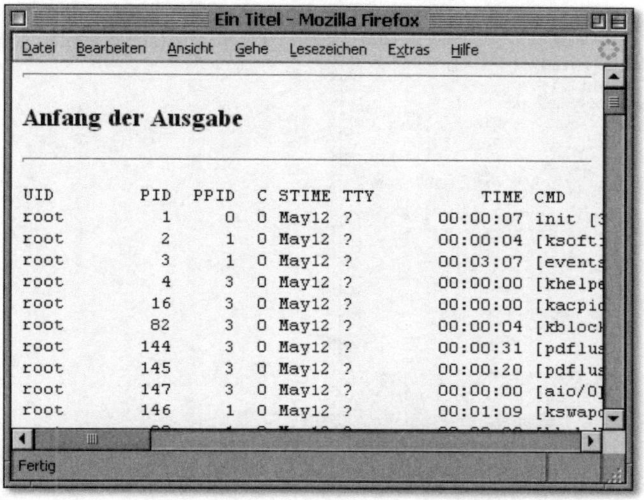

Abbildung 15.5 Ausgabe aller laufenden Prozesse auf einem entfernten System

Ebenso einfach können Sie hierbei auch andere Shellscripts ausführen lassen. Sinnvoll erscheint mir hierbei die Ausgabe von *access_log* und *error_log*. Das folgende Beispiel verwendet das Script *readaccess* aus Abschnitt 15.5.1:

```
#!/bin/sh
# Name: html_access_log.cgi
# Apaches access_log analysieren und ausgeben
echo "Content-type: text/html"
echo

cat /srv/www/htdocs/docs/header.txt
./readaccess /pfad/zum/logfile/access_log
cat /srv/www/htdocs/docs/footer.txt
exit 0
```

Abbildung 15.6 zeigt das Script bei der Ausführung.

Sie sehen, CGI-Scripts können mit der Shell beinahe unbegrenzt verwendet werden.

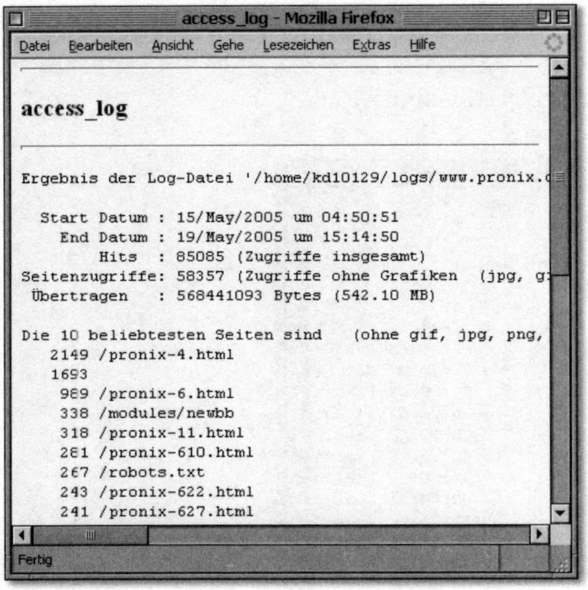

Abbildung 15.6 Auswertung von access_log mit dem Browser

15.6.6 Kontaktformular

Ein Kontaktformular erfordert eine Eingabe vom Benutzer. Dies auszuwerten, ist wiederum nicht ganz so einfach. Zunächst muss man festlegen, mit welcher Methode diese Daten empfangen werden. Hierbei gibt es die Möglichkeit `GET`, bei der der Browser die Zeichenkette(n) der Eingaben am Ende der URL anhängt. Bei einem Textfeld »name« mit der Benutzereingabe »Wolf« sieht die URL wie folgt aus:

```
http://www.pronix.de/cgi-bin/script.cgi?name=wolf
```

Befindet sich jetzt hier auch noch ein weiteres Textfeld namens »vorname« und die Benutzereingabe lautet »John«, so sieht die URL wie folgt aus:

```
http://www.pronix.de/cgi-bin/script.cgi?name=wolf&vorname=john
```

Das Ampersandzeichen `&` dient hier als Trenner zwischen den einzelnen Variablen/Werte-Paaren. Der Webserver entfernt gewöhnlich diese Zeichenkette und übergibt dies der Variablen `QUERY_STRING`. Den `QUERY_STRING` auszuwerten ist die Aufgabe des Programmierers.

Die zweite Möglichkeit ist die Übergabe der Werte mit der `POST`-Methode. Bei ihr werden die Daten nicht in einer der Umgebungsvariablen abgelegt, sondern in die Standardeingabe (`stdin`). Sie können somit die CGI-Anwendung so schreiben, als würde die Eingabe von der Tastatur vorgenommen.

Damit Sie sich schon ein Bild vom folgenden Beispiel machen können, soll hier das HTML-Formular bereits erstellt werden, in das anschließend die Eingabe des Benutzers vorgenommen werden kann:

```
<html>
<head>
  <title>Kontakt</title>
</head>
<body>
<form method="post" action="/cgi-bin/contact.cgi">
<h2>Kontakt-Formular</h2>
<pre>
Name : <input type="text" name="name"><br>
Email: <input type="text" name="email"><br>
Ihre Nachricht:<br>
<textarea rows="5" cols="50" name="comments"></textarea><br>
<input type="submit" value="submit">
</pre>
</form>
</body>
</html>
```

Das Formular zeigt Abbildung 15.7.

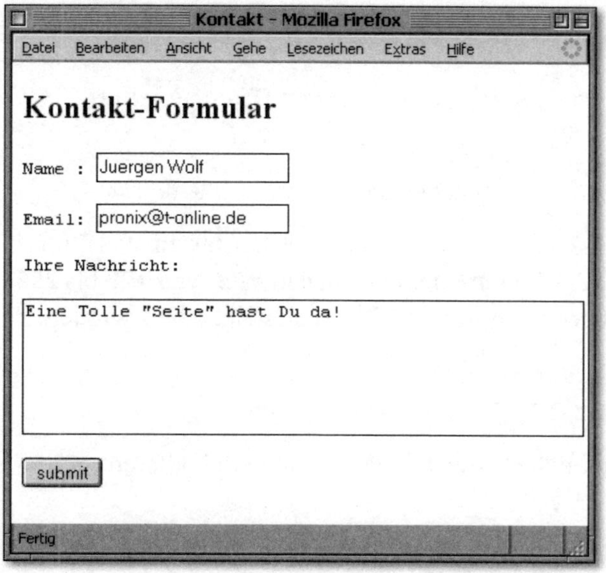

Abbildung 15.7 Das HTML-Kontakt-Formular

In der Zeile

```
<form method="post" action="/cgi-bin/contact.cgi"
```

können Sie erkennen, dass in diesem Beispiel die `POST`-Methode verwendet wird, womit Sie die Daten von der Standardeingabe erhalten.

Würden Sie jetzt in Ihrem Script von der Standardeingabe lesen und dies ausgeben lassen, so würde Folgendes angezeigt (eine Zeile):

```
name=Juergen+Wolf&email=pronix%40t-
online.de&comments=Eine+Tolle+%22Seite%22+hast+Du+da%21
```

Also noch lange nicht das gewünschte Ergebnis. Um hieraus die Ergebnisse zu extrahieren, müssen Sie die Standardeingabe parsen, sprich lesefreundlich dekodieren. Ein Überblick über die Zeichen, die hier von besonderer Bedeutung sind:

- `&` – einzelne Formularelemente (sofern es mehrere sind) werden mit diesem Zeichen getrennt.

  ```
  name=Juergen+Wolf email=pronix%40t-
  online.de comments=Eine+Tolle+%22Seite%22+hast+Du+da%21
  ```

- `=` – mit diesem Zeichen werden die Variable/Wert-Paare voneinander getrennt.

  ```
  name Juergen+Wolf email pronix%40t-
  online.de comments Eine+Tolle+%22Seite%22+hast+Du+da%21
  ```

- `+` – damit werden die Leerzeichen der eingegebenen Daten getrennt.

  ```
  name Juergen Wolf email pronix%40t-
  online.de comments Eine Tolle %22Seite%22 hast Du da%21
  ```

- `%`*XX* – Bei einem Prozentzeichen gefolgt von zwei hexadezimalen Ziffern handelt es sich um ASCII-Zeichen mit dem dezimalen Wert von 128 bis 255. Diese hexadezimalen Ziffern müssen in ASCII-Zeichen dekodiert werden.

  ```
  name Juergen Wolf email pronix@t-
  online.de comments Eine Tolle "Seite" hast Du da!
  ```

Die ersten drei Punkte können Sie bspw. folgendermaßen dekodieren:

```
tr '&+=' '\n \t'
```

Hiermit ersetzen Sie das Zeichen »&« durch ein Newline-Zeichen, das »+«-Zeichen durch ein Leerzeichen und das »=«-Zeichen durch ein Tabulatorzeichen.

Die hexadezimale Ziffer dekodieren Sie mit einer einzelnen sed-Zeile:

```
echo -e `sed 's/%\(..\)/\\\x\1/g'`
```

Hinweis Nicht mit eingeschlossen sind hierbei die deutschen Umlaute »üäöß...«.

Mehr ist nicht erforderlich, um den Eingabestring von einem HTML-Formular zu parsen. Das folgende Script wertet den Inhalt eines solchen Kontaktformulars aus und sendet diesen mit sendmail an die Adresse »empfaenger«. Am Ende wird noch eine HTML-Seite als Bestätigung auf dem Browser erzeugt.

```
#!/bin/sh
# Name: contact.cgi
# Auswerten der Formmail

empfaenger="you@host"

( cat << MAIL
From: www@`hostname`
To: $empfaenger
Subject: Kontakt-Anfrage Ihrer Webseite

Inhalt der Eingabe lautet:

MAIL
# Eingabestring dekodieren
cat - | tr '&+=' '\n \t' | echo -e `sed 's/%\(..\)/\\\x\1/g'`

  echo ""
  echo "Abgeschickt am `date`"
) | sendmail -t

echo "Content-type: text/html"
echo ""

echo "<html><body>"
echo "Vielen Dank fuer Ihre Anfrage!"
echo "</body></html>"
exit 0
```

15

Das Script bei der Ausführung:

Abbildung 15.8 Die Antwortseite nach dem Drücken des Submit-Buttons

Wenn Sie jetzt einen Blick in Ihr Mail-Postfach werfen, werden Sie eine entsprechende E-Mail finden, die zeigt, was im Kontakt-Formular eingegeben wurde.

15.6.7 Noch ein Tipp

Natürlich ist anzumerken, dass Sie nur einen ersten Einblick zum Thema CGI erhalten haben. Wie bereits erwähnt, können Sie sich hierzu auf meiner Homepage http://www.pronix.de (allerdings in der Programmiersprache C) einen etwas umfangreicheren Überblick verschaffen, falls, Sie mehr Informationen dazu benötigen.

A Anhang

A.1 Shell-Builtin-Befehle

Zwar wurden die meisten Befehle in diesem Buch schon behandelt, doch häufig fehlt einem der Überblick, welche dieser Befehl denn nun eingebaute »Builtins« einer Shell sind oder externe Kommandos. Daher ein kleiner Überblick zu den Builtins-Kommandos der einzelnen Shells.

Befehl	Shell	Bedeutung
:	sh, ksh, bash	Nullkommando; verlangt die Syntax einen Befehl und man will jedoch nichts ausführen, dann verwendet man **:**
#	sh, ksh, bash	Einleitung eines Kommentars
.	sh, ksh, bash	Punktkommando; damit kann man ein Script in der aktuellen Shell ausführen.
`alias`	ksh, bash	Aliase; Kürzel für einen Befehl definieren
`autoload`	ksh	Der autoload-Mechansimus
`bg`	sh, ksh, bash	Einen gestoppten Prozess in den Hintergrund stellen
`bind`	bash	key-bindings; Tastenbelegung für Extrafunktionen der Kommandozeile festlegen
`break`	sh, ksh, bash	Eine Schleife verlassen
`builtin` *kommando*	bash	Ein Builtin-Kommando ausführen, auch wenn es einen Alias gleichen Namens gibt.
`cd`	sh, ksh, bash	Arbeitsverzeichnis wechseln
`command` *kommando*	bash	Kommando ausführen, sodass die Shell nicht nach einer Funktion mit gleichem Namen sucht.
`continue`	sh, ksh, bash	Mit dem nächsten Schleifendurchlauf fortfahren
`declare`	bash	Variablen deklarieren; wie `typeset`
`dirs`	bash	Ausgeben des Directorystacks der ehemaligen Arbeitsverzeichnisse
`echo`	sh, ksh, bash	Ausgeben von Text auf `stdout`
`enable [-n]` *builtin*	bash	Schaltet ein Builtin-Kommando ab/an (mit `-n` ab)
`eval` *args*	sh, ksh, bash	Argumente als Kommando ausführen

Tabelle A.1 Shell-Builtin-Befehle

Befehl	Shell	Bedeutung
`exec` *kommando*	sh, ksh, bash	Das Kommando wird ausgeführt, indem die Shell überlagert wird (es wird also kein neuer Prozess erzeugt).
`exit`	sh, ksh, bash	Beendet die aktuelle Shell oder das Script
`export`	sh, ksh, bash	Exportiert Shell-Variablen, womit diese den Subshells zur Verfügung stehen
`fc [le]` *n*	ksh	Zeigt Befehls-History an (`-l`) bzw. führt den Befehl mit der Nummer *n* in der History aus (`-e`)
`fg`	sh, ksh, bash	Einen gestoppten Prozess in den Vordergrund stellen
`getopts`	sh, ksh, bash	Optionen der Kommandozeile eines Shellscripts durchsuchen
`hash [-r]` *kommando*	sh, ksh, bash	Interne Hashtabelle
`help` *kommando*	bash	Gibt eine Infoseite für das angegebene Builtin-Kommando aus; ohne Kommando werden alle Builtins aufgelistet.
`history`	bash	Zeigt eine History der zuletzt benutzten Befehle an
`jobs`	sh, ksh, bash	Infos zu allen gestoppten oder im Hintergrund laufenden Prozessen
`kill`	sh, ksh, bash	Signale an Prozessen schicken und Auflisten aller Signale (`-l`)
`local` *var*	bash	Eine Variable einer Funktion als lokal definieren
`logout`	bash	Interaktive Shell verlassen
`newgrp` *gruppe*	sh, ksh, bash	Macht *gruppe* zur aktuellen Gruppe
`popd`	bash	Eines oder mehrere Verzeichnisse vom Directorystack entfernen
`print`	ksh	Einen Text auf die Standardausgabe ausgeben
`pushd` *dir*	bash	Wechselt in das vorherige Arbeitsverzeichnis oder (bei Verwendung von *dir*) nach *dir*. *dir* wird dann im Directorystack gespeichert.
`pwd`	sh, ksh, bash	Gibt das aktuelle Arbeitsverzeichnis aus
`read` *var*	sh, ksh, bash	Liest eine Zeile von der Standardeingabe ein und speichert den Wert in *var*
`readonly` *var*	sh, ksh, bash	Markiert eine Variable als nur lesbar; Konstante
`return`	sh, ksh, bash	Beenden einer Funktion

Tabelle A.1 Shell-Builtin-Befehle (Forts.)

Befehl	Shell	Bedeutung
`set`	sh, ksh, bash	Shell-Optionen setzen bzw. anzeigen
`shift` *n*	sh, ksh, bash	Liste mit Positionsparametern/Array um *n* Stellen nach links verschieben
`shopt`	bash	Ein Zusatz für `set`
`source`	bash	Wie der Punkteoperator; damit kann man ein Script in der aktuellen Shell ausführen.
`suspend`	sh, ksh, bash	Anhalten der aktuellen Shell
`test`	sh, ksh, bash	Ausdrücke auswerten
`times`	sh, ksh, bash	Verbrauchte CPU-Zeit anzeigen (User- und System-Mode)
`trap` *kommando sig*	sh, ksh, bash	Einen Signalhandel einrichten; fängt Signale ab und führt *kommando* aus
`type` *kommando*	sh, ksh, bash	Gibt aus, ob es sich bei *kommando* um eine Funktion, Alias, Schlüsselwort oder externes Kommando handelt
`typeset`	ksh, bash	Attribute für Variablen und Funktionen setzen
`ulimit`	sh, ksh, bash	Setzt ein Limit für den Verbrauch von Systemressourcen oder zeigt diese an
`umask`	sh, ksh, bash	Setzt eine Dateikreierungsmaske, welche neu erstellte Dateien oder Verzeichnisse erhalten
`unalias`	ksh, bash	Löscht einen Alias
`unset` *var*	sh, ksh, bash	Löscht Variablen oder Funktionen
`wait` *pid*	sh, ksh, bash	Wartet auf das Ende von Subshells
`whence`	ksh	Klassifizieren eines Kommandos (ähnlich wie `type`)

Tabelle A.1 Shell-Builtin-Befehle (Forts.)

A.2 Externe Kommandos

Hierbei handelt es sich um externe Kommandos, welche sich gewöhnlich in */bin* oder */usr/bin* befinden.

Kommando	Bedeutung
`sh`	Bourne-Shell
`ksh`	Korn-Shell

Tabelle A.2 Externe Kommandos

Kommando	Bedeutung
csh	C-Shell
bash	Bourne-Again-Shell
tcsh	TC-Shell
rsh	Eine eingeschänkte Shell
bc	Rechner
dc	Rechner
dialog	Farbige Dialogboxen
env	Shell-Umgebung ausgeben
expr	Auswerten von Ausdrücken
false	Ein exit-Status ungleich 0 (in der Korn-Shell ein Alias)
nice	Priorität verändern; als normaler Benutzer verringern
nohup	Einen Job beim Beenden einer Shell fortführen (in der Korn-Shell ein Alias)
true	Der exit-Status 0 (in der Korn-Shell ein Alias)
xargs	Eine geeignete Kommandozeile konstruieren

Tabelle A.2 Externe Kommandos (Forts.)

A.3 Shell-Optionen

Mit den Shell-Optionen können Sie das Verhalten der Shell steuern. Die einzelnen Optionen werden mit dem Kommando `set` gesetzt oder abgeschaltet. Mit einem + schalten Sie eine Option ab und mit einem – ein.

```
# Eine Option einschalten
set -opt
# Eine Option abschalten
set +opt
```

Hier folgt nun eine Tabelle zu den gängigsten Optionen der verschiedenen Shells:

Option	Shell	Bedeutung
`-a`	sh, ksh, bash	Alle neu angelegten oder veränderten Variablen werden automatisch exportiert.
`-A` *array wert1 ...*	ksh	Belegt ein Array mit Werten
`-b`	ksh, bash	Informiert den User über beendete Hintergrundjobs
`-c argument`	sh, ksh, bash	Die als *argument* angegeben Kommandoliste wird verwendet und ausgeführt.
`-C`	ksh, bash	Verhindert das Überschreiben einer Datei via Umleitung (`kommando > datei`)
`-e`	sh, ksh, bash	Beendet die Shell, wenn ein Kommando nicht ordnungsmäßig ausgeführt wurde
`-f`	sh, ksh, bash	Schaltet die Dateinamen-Expansion ab
`-h`	sh, ksh, bash	Damit merkt sich die Shell die Lage der Kommandos, die innerhalb von Funktionen auftauchen, schon beim Lesen der Funktion – nicht, wie gewöhnlich, bei deren Ausführung.
`-i`	sh, ksh, bash	Startet eine interaktive Subshell
`-n`	sh, ksh, bash	Liest und testet ein Script auf syntaktische Korrektheit; führt das Script nicht aus
`-r`	sh, ksh, bash	Shell wird als »restricted« Shell ausgeführt
`-s arg(s)`	sh	Startet wie `-i` eine interaktive Subshell, nur werden die eventuell angegebenen Argumente als Positionsparameter mit übergeben
`-s`	ksh, bash	Sortiert die Positionsparameter alphabetisch
`-t`	sh, ksh, bash	Die Shell nach dem ersten Befehl verlassen (ausführen und nichts wie weg)
`-u`	sh, ksh, bash	Werden undefinierte Variablen verwendet, wird eine Fehlermeldung ausgegeben.
`-v`	sh, ksh, bash	Jede Zeile wird vor ihrer Ausführung unverändert angezeigt.
`-x`	sh, ksh, bash	Jede Zeile wird vor ihrer Ausführung nach allen Ersetzungen angezeigt.

Tabelle A.3 Shell-Optionen

A.4 Shell-Variablen

Vordefinierte Shell-Variablen (für Bourne-Shell, bash und Korn-Shell)

Shell-Variable	Bedeutung
CDPATH	Suchpfad für das cd-Kommando
HOME	Heimverzeichnis für den Benutzer; Standardwert für cd
IFS	Wort-Trennzeichen (IFS = *Internal Field Separator*); Standardwerte sind Leerzeichen, Tabulator- und Newline-Zeichen.
LOGNAME	Login-Name des Benutzers
MAIL	Pfadname der Mailboxdatei, wo eingehende Mails abgelegt werden
MAILCHECK	Zeitangabe in Sekunden, wie lange die Shell wartet, bevor eine Überprüfung der Mailbox stattfindet, ob eine neue Mail eingegangen ist; Standardwert ist alle 600 Sekunden.
MAILPATH	Ist diese Variable gesetzt, wird MAIL unwirksam, somit eine Alternative für MAIL. Allerdings können hier mehrere Pfadangaben getrennt mit einem : angegeben werden. Die zur Pfadangabe gehörende Meldung kann mit % getrennt werden und nach diesem angegeben werden.
MANPATH	Pfadnamen, in denen die man-Pages (Manual-Pages) gesucht werden
PATH	Suchpfad für die Kommandos (Programme); meistens handelt es sich um eine durch Doppelpunkte getrennte Liste von Verzeichnissen, in denen nach einem Kommando gesucht wird, welches ohne Pfadangabe aufgerufen wurde; Standardwerte: PATH=:/bin:/usr/bin
PS1	Primär-Prompt; Prompt zur Eingabe von Befehlen (im Buch lautet dies bspw. you@host > für den normalen und # für den Superuser).
PS2	Sekundärer Prompt; Prompt für mehrzeilige Befehle; im Buch und auch als Standardwert wird > verwendet.
SHACCT	Datei für Abrechnungsinformationen
SHELL	Pfadname der Shell
TERM	Terminal-Einstellung des Benutzers (bspw. xterm oder vt100)
TZ	Legt die Zeitzone fest (hier zu Lande MET = Middle European Time)

Tabelle A.4 Vordefnierte Variablen für alle Shells

Vordefinierte Shell-Variablen (für die Korn-Shell und bash)

Shell-Variable	Bedeutung
COLUMNS	Weite des Editorfensters, welches für den Kommandozeilen-Editor und die Menüs zur Verfügung steht; Standardwert 80
EDITOR	Setzt den (builtin-)Kommandozeilen-Editor, wenn VISUAL oder `set -o` nicht gesetzt sind
ENV	Enthält den Pfadnamen zur Environment-Datei, welche bei jedem (Neu-)Start einer (Sub-)Shell gelesen wird. Ist die reale User- und Gruppen-ID (`UID`/`GID`) ungleich der effektiven User- und Gruppen-ID (`EUID`/`EGUID`) und es wurde das `su`-Kommando ausgeführt, wird diese Datei nicht aufgerufen.
FCEDIT	Pfad zum builtin-Editor für das `fc`-Kommando
FPATH	Verzeichnisse, in denen der Autoload-Mechanismus nach Funktionsdefinitionen sucht; nicht definierte Funktionen können mittels `typeset -fu` gesetzt werden; `FPATH` wird auch durchsucht, wenn diese Funktionen zum ersten Mal aufgerufen werden.
HISTFILE	Pfadname zur Befehls-Historydatei; Standardwert `$HOME/.sh_history`
HISTSIZE	Hier wird festgelegt, wie viele Befehle in der Historydatei (`HISTFILE`) gespeichert werden
LC_ALL	Hier findet man die aktuelle Ländereinstellung; ist diese Variable gesetzt, sind `LANG` und die anderen `LC_*`-Variablen unwirksam; `de` steht bspw. für deutschen Zeichensatz, `C` für ASCII (was auch der Standardwert ist).
LC_COLLATE	Ländereinstellung, nach denen die Zeichen bei einem Vergleich sortiert (Reihenfolge) werden
LC_CTYPE	Die Ländereinstellung, welche für die Zeichenklassenfunktionen verwendet werden soll; ist `LC_ALL` gesetzt, wird `LC_TYPE` unwirksam; `LC_TYPE` hingegen überdeckt wiederum `LANG`, falls dieses gesetzt ist.
LC_MESSAGES	Sprache, in der die (Fehler-)Meldungen ausgegeben werden sollen
LANG	Ist keine `LC_*`-Variable gesetzt, wird `LANG` als Standardwert für alle eben beschriebenen verwendet; gesetzte `LC_*`-Variablen haben allerdings Vorrang vor der Variablen `LANG`.
LINES	Das Gegenstück zu `COLUMN`; legt die Höhe (Zeilenzahl) des Fensters fest; Standardwert 24
NLSPATH	Pfad für die (Fehler-)Meldungen von `LC_MESSAGE`
PS3	Prompt für Menüs (mit `select`); Standardwert #
PS4	Debugging-Promptstring für die Option `-x`; Standardwert +
TMOUT	Wird `TMOUT` Sekunden kein Kommando mehr eingegeben, beendet sich die Shell; Standardwert 0 steht für unendlich.

Tabelle A.5 Vordefinierte Variablen für die bash und Korn-Shell

Vordefinierte Shell-Variablen (für die Korn-Shell only)

Shell-Variable	Bedeutung
VISUAL	Setzt den Kommandozeilen-Editor; setzt EDITOR außer Kraft, wenn gesetzt

Tabelle A.6 Vordefinierte Variablen nur für die Korn-Shell

Vordefinierte Shell-Variablen (für die bash only)

Shell-Variable	Bedeutung
BASH_ENV	Enthält eine Initialisierungsdatei, die beim Start von einer neuen (Sub-)Shell anstatt .bashrc für Scripts aufgerufen wird
BASH_VERSINFO	Versionsnummer der bash
DIRSTACK	Ein Array, um auf den Inhalt des Directory-Stacks, der mit den Kommandos pushd, popd und dirs verwaltet wird, zuzugreifen; set zeigt diesen Wert häufig als leer an, er ist aber trotzdem belegt.
FIGNORE	Alle hier angegebenen Dateiendungen werden bei der automatischen Erweiterung (Dateinamens-Ergänzung mit [Tab]) von Dateinamen ignoriert; mehrere Endungen werden durch : getrennt.
GLOBIGNORE	Enthält eine Liste von Mustern, die Namen definiert, welche bei der Dateinamens-Expansion mittels * ? [ ] nicht automatisch expandiert werden sollen.
GROUPS	Array mit einer Liste aller Gruppen-IDs des aktuellen Benutzers; wird ebenfalls von set als leer angezeigt, ist aber immer belegt
HISTCONTROL	Damit können Sie steuern, welche Zeilen im Historypuffer aufgenommen werden sollen. Zeilen, die mit einem Leerzeichen beginnen, werden mit ignorespace ignoriert. Mit ignoredups werden wiederholt angegebene Befehle nur einmal im Historypuffer gespeichert. Beide Optionen (ignorespace und ignoredups) auf einmal können Sie mit ignoreboth verwenden.
HISTFILESIZE	Länge der Kommando-Historydatei in Zeilen; HISTSIZE hingegen gibt die Anzahl der gespeicherten Kommandos an.
HISTIGNORE	Eine weitere Variable ähnlich wie HISTCONTROL. Nur besteht hierbei die Möglichkeit, Zeilen von der Aufnahme in den Historypuffer auszuschließen. Es können Ausschlussmuster definiert werden. Alle Zeilen, die diesem Muster entsprechen, werden nicht im Historypuffer gespeichert. Mehrere Muster werden mit einem Doppelpunkt getrennt.
HOSTFILE	Datei, die wie /etc/hosts zur Hostname-Vervollständigung verwendet wird
HOSTNAME	Name des Rechners

Tabelle A.7 Vordefinierte Variablen, nur in der bash vorhanden

Shell-Variable	Bedeutung
IGNOREEOF	Anzahl der EOFs ([Strg]+[D]), die eingegeben werden müssen, um die interaktive bash zu beenden; Standardwert 10
INPUTRC	Befindet sich hier eine Datei, dann wird diese zur Konfiguration des Kommandozeilen-Editors anstatt ~/.inputrc verwendet.
MATCHTYPE	Die CPU-Architektur, auf der das System läuft
OPTERR	Ist der Wert dieser Variable 1, werden die Fehlermeldungen der getopts-Shell-Funktion ausgegeben. Enthält sie eine 0, werden die Fehlermeldungen unterdrückt; Standardwert 1
PIPESTATUS	Es ist recht schwierig, an den Exitstatus eines einzelnen Kommandos zu kommen, welches in einer Pipeline ausgeführt wurde. Ohne PIPESTATUS ist kaum zu ermitteln, ob alle vorhergehenden Kommandos erfolgreich ausgeführt werden konnten. PIPESTATUS ist ein Array, welches alle Exitcodes der einzelnen Befehle des zuletzt ausgeführten Pipe-Kommandos enthält.
SHELLOPTS	Liste aller aktiven Shell-Optionen. Hier können Optionen gesetzt werden, mit denen eine neue Shell aufgerufen werden soll.
TIMEFORMAT	Ausgabeformat des time-Kommandos
allow_null_glob_expansion	Hat diese Variable den Wert 1, werden Muster, die bei der Pfadnamenserweiterung (Dateinamens-Expansion) nicht erweitert werden konnten, zu einer leeren Zeichenkette (Nullstring) erweitert, anstatt unverändert zu bleiben. Der Wert 0 hebt dies auf.
cdable_vars	Ist der Wert dieser Variable 1, kann dem cd-Kommando das Verzeichnis, in das gewechselt werden soll, auch in einer Variablen übergeben werden. 0 hebt dies wieder auf.
command_oriented_history	Ist der Wert dieser Variable 1, wird versucht, alle Zeilen eines mehrzeiligen Kommandos in einem History-Eintrag zu speichern. 0 hebt diese Funktion wieder auf.
glob_dot_filenames	Wird für den Wert dieser Variablen 1 eingesetzt, werden auch die Dateinamen, die mit einem Punkt beginnen, in die Pfadnamenserweiterung einbezogen. Der Wert 0 setzt dies wieder außer Kraft.
histchars	Beinhaltet zwei Zeichen zur Kontrolle der Wiederholung von Kommandos aus dem Kommandozeilenspeicher. Das erste Zeichen leitet eine Kommandozeilen-Erweiterung aus dem Historypuffer ein. Die Voreinstellung ist das Zeichen !. Das zweite Zeichen kennzeichnet einen Kommentar, wenn es als erstes Zeichen eines Wortes auftaucht. Ein solcher Kommentar wird bei der Ausführung eines Kommandos ignoriert.
history_control	Werte, die gesetzt werden können und ihre Bedeutungen, siehe HISTCONTROL

Tabelle A.7 Vordefinierte Variablen, nur in der bash vorhanden (Forts.)

Shell-Variable	Bedeutung
hostname_completion_file	Siehe HOSTFILE
no_exit_on_failed_exec	Ist der Wert dieser Variable 1, wird die Shell nicht durch ein abgebrochenes mit exec aufgerufenes Kommando beendet. 0 bewirkt das Gegenteil.
noclobber	Befindet sich hier der Wert 1, können bestehende Dateien nicht durch die Ausgabeumlenkungen >, >& und <> überschrieben werden. Das Anhängen von Daten an eine existierende Datei ist aber auch bei gesetzten noclobber möglich. 0 stellt den alten Ursprung wieder her.
nolinks	Soll bei einem Aufruf von cd nicht den symbolischen Links gefolgt werden, setzt man den Wert dieser Variable auf 1; Standardwert 0
notify	Soll bei einem Hintergrundprozess, der sich beendet, die Nachricht sofort ausgegeben werden und nicht erst bei der nächsten Eingabeaufforderung, dann setzt man notify auf 1; Standardwert 0

Tabelle A.7 Vordefinierte Variablen, nur in der bash vorhanden (Forts.)

A.5 Kommandozeile editieren

Da Sie als Programmierer mit der interaktiven Shell zu tun haben, sollten Sie auch wissen, wie Sie effektiver mit der Kommandozeile arbeiten können. Abgesehen von der Bourne-Shell bieten Ihnen hierzu die bash und ksh unzählige Tastenkommandos an, weshalb ich mich hier nur auf das Nötigste und Gängigste beschränke.

Zunächst muss angemerkt werden, dass die reine, »echte« Bourne-Shell überhaupt keine Möglichkeit hat, die Kommandozeile zu editieren bzw. gibt es hierbei auch keinerlei Kommando-History. Dies war übrigens u.a. auch ein Grund, weshalb weitere Shell-Varianten entwickelt wurden. Dies sollte erwähnt werden, nur für den Fall, dass Sie auf einmal vor einer Shell sitzen und geliebte Tasten- bzw. Tastenkombinationen nicht mehr funktionieren und stattdessen irgendwelche kryptischen Zeichen ausgegeben werden.

Die folgende Tabelle listet jeweils die wichtigsten Tasten- bzw. Tastenkombinationen des Emacs-Modus (bspw. [Strg]+[P] für »History nach oben durchlaufen«) und die Pfeil- und Metatasten auf. Den Emacs-Modus muss man mit

```
set -o emacs
```

aktivieren. Wenn Sie in der Korn-Shell die Pfeiltasten wie in der Bash nutzen wollen, müssen Sie einen Eintrag in der Startdatei *.kshrc* im Heimverzeichnis des Benutzers vornehmen. Mehr dazu im Anschluss dieser Tabelle. Neben dem

Emacs-Modus gibt es auch den vi-Modus, worauf allerdings in diesem Buch nicht eingegangen wird.

Tastendruck	Bedeutung
[?] [Strg]+[P]	Die Befehls-History nach oben durchlaufen
[?] [Strg]+[N]	Die Befehls-History nach unten durchlaufen
[?] [Strg]+[B]	Ein Zeichen nach links in der Kommandozeile
[?] [Strg]+[F]	Ein Zeichen nach rechts in der Kommandozeile
[Pos1] [Strg]+[A]	Cursor an den Anfang der Kommandozeile setzen
[Ende] [Strg]+[E]	Cursor an das Ende der Kommandozeile setzen
[Del] [Strg]+[D]	Zeichen rechts vom Cursor löschen
[Backspace] [Strg]+[H]	Zeichen links vom Cursor löschen
[Strg]+[K]	Alles bis zum Zeilenende löschen
[Strg]+[R]	Sucht rückwärts in der History nach einem Befehl
[Strg]+[S]	Sucht vorwärts in der History nach einem Befehl
[\]+[ENTER]	Kommando in der nächsten Zeile fortsetzen
[Strg]+[T]	Zwei letzte Zeichen vertauschen
[Strg]+[L]	Bildschirm löschen
[Strg]+[ ]	Letzte Änderung(en) aufheben (rückgängig machen)

Tabelle A.8 Tastenkombinationen zum Editieren der Kommandozeile

Nun zu den Einträgen in *.kshrc*, damit Ihnen auch hier die Pfeiltasten zur Verfügung stehen:

```
alias __A=Strg+P
alias __B=Strg+N
alias __C=Strg+F
alias __D=Strg+B
```

```
alias __H=Strg+A
alias __Y=Strg+E
set -o emacs
```

Zusätzlich bieten Ihnen die Bash und die Korn-Shell im Emacs-Modus eine Autovervollständigung an. Geben Sie z.B. in der Bash Folgendes an

```
you@host > cd[Tab]
cd          cd..        cddaslave   cdinfo      cdparanoia  cdrd
ao      cdrecord
```

werden Ihnen sämtliche Befehle aufgelistet, die mit »cd« beginnen. Machen Sie hierbei weiter

```
you@host > cdi[Tab]
```

wird daraus automatisch:

```
you@host > cdinfo
```

Dies funktioniert natürlich auch mit Dateinamen:

```
you@host > cp thr[Tab]
```

Daraus wird hier:

```
you@host > cp thread1.c
```

Gleiches funktioniert natürlich auch bei der Korn-Shell. Allerdings muss hier anstatt der Taste [Tab] zweimal [ESC] gedrückt werden, damit ein Kommando, eine Datei oder Verzeichnis vervollständigt wird. Voraussetzung ist hier natürlich auch, dass der Emacs-Modus aktiv ist.

A.6 Wichtige Tastenkürzel (Kontrolltasten)

In der folgenden Tabelle finden Sie einige wichtige Kontrolltasten, mit denen Sie die Dialogeingabe steuern können.

Tastenkürzel	Bedeutung
[Strg]+[C]	Bricht einen Prozess ab, indem ein Interrupt-Signal gesendet wird
[Strg]+[\\]	Bricht einen Prozess ab, indem ein Quit-Signal gesendet und eine Core-Datei erzeugt wird
[Strg]+[U]	Löscht die komplette Zeile
[Strg]+[D]	Ende einer Eingabe/Datei (EOF = End of File)

Tabelle A.9 Wichtige Tastenkürzel

Tastenkürzel	Bedeutung
Strg+Z	Den aktuellen Prozess anhalten
Strg+Y	Den aktuellen Prozess erst beim nächsten Lesen anhalten
Strg+S	Die Ausgabe auf dem Bildschirm anhalten
Strg+O	Die Ausgabe am Bildschirm wird verworfen, bis erneut Strg+O gedrückt wird.
Strg+Q	Die Ausgabe an dem Bildschirm fortsetzen

Tabelle A.9 Wichtige Tastenkürzel (Forts.)

A.7 Initialisierungsdateien der Shells

Datei	sh	ksh	bash	Bedeutung
`/etc/profile`	x	x	x	Diese Datei wird von einer interaktiven Login-Shell abgearbeitet und setzt systemweite, vom normalen Benutzer nicht veränderbare Einstellungen. Hier werden häufig weitere Initialisierungsdateien aufgerufen.
`$HOME/.profile`	x	x	x	Diese Datei ist die lokale benutzerdefinierte Konfigurationsdatei für eine interaktive Login-Shell, welche der Benutzer den eigenen Bedürfnissen entsprechend anpassen kann.
`$HOME/.bash_profile`			x	Diese Datei ist die lokale benutzerdefinierte Konfigurationsdatei für eine interaktive Login-Shell, die der Benutzer den eigenen Bedürfnissen entsprechend anpassen kann (wird gegenüber `.profile` bevorzugt behandelt und verwendet).
`$HOME/.bash_login`			x	Wie `.bash_profile`; wird verwendet, wenn `.bash_profile` nicht existiert, ansonsten danach ausgeführt
`$HOME/.bashrc`			x	Diese Datei ist die lokale benutzerdefinierte Konfigurationsdatei für jede interaktive Shell, die keine Login-Shell ist, welche der Benutzer an seine eigenen Bedürfnisse anpassen kann.
`$HOME/.kshrc`		x		Diese Datei ist die lokale benutzerdefinierte Konfigurationsdatei für jede interaktive Shell, die keine Login-Shell ist, welche der Benutzer an die eigenen Bedürfnisse anpassen kann.

Tabelle A.10 Wichtige Profil- und Startup-Dateien

Datei	sh	ksh	bash	Bedeutung
$BASH_ENV			x	Die Startupdatei, welche beim Ausführen einer nicht interaktiven Shell (bspw. Shellscript) zusätzlich ausgeführt wird. Meistens mit .bashrc belegt.
$ENV		x		Die Startupdatei, welche von der Korn-Shell bei jeder weiteren Shell gestartet wird. Der Wert ist meistens mit der Datei .kshrc belegt.
$HOME/.bash_logout			x	Diese Datei kann bei einer Beendigung bzw. Abmeldung aus einer Login-Shell für Aufräumarbeiten verwendet werden.
/etc/inputrc			x	In dieser Datei wird die systemweite Vorbelegung der Tastatur für die bash und andere Programme definiert, welche die C-Funktion readline zum Lesen von der Eingabe verwenden. Veränderungen sind dem Systemadministrator (root) vorbehalten.
$HOME/.inputrc			x	Wie /etc/inputrc, nur dass hier der normale Benutzer eigene Einstellungen vornehmen darf.

Tabelle A.10 Wichtige Profil- und Startup-Dateien (Forts.)

A.8 Signale

Name	Nr.	Aktion	Verfügbar	Bedeutung
SIGILL	4	Core & Ende	POSIX	Ungültige Instruktion wurde ausgeführt
SIGTRAP	5	Core & Ende		Unterbrechung (Einzelschrittausführung)
SIGABRT	6	Core & Ende	POSIX	Abnormale Beendigung
SIGBUS	7	Core & Ende		Fehler auf dem System-Bus
SIGFPE	8	Core & Ende	POSIX	Problem bei einer Gleitkommaoperation (z.B. Teilung durch Null)
SIGSEGV	11	Core & Ende	POSIX	Speicherzugriff auf unerlaubtes Speichersegment
SIGSYS	31	Core & Ende		Ungültiges Argument bei System-Call

Tabelle A.11 Signale, die meist bei Programmfehlern auftreten

Name	Nr.	Aktion	Verfügbar	Bedeutung
SIGEMT		Ende		Emulations-Trap
SIGIOT		Core & Ende		Wie SIGABRT

Tabelle A.11 Signale, die meist bei Programmfehlern auftreten (Forts.)

Name	Nr.	Aktion	Verfügbar	Bedeutung
SIGHUP	1	Ende	POSIX	Abbruch einer Dialogstationsleitung bzw. Konfiguration neu laden für Dämonen
SIGINT	2	Ende	POSIX	Interrupt der Dialogstation (Strg+C)
SIGQUIT	3	Core & Ende	POSIX	Das Signal quit von einer Dialogstation
SIGKILL	9	Ende	POSIX	Das Signal kill
SIGTERM	15	Ende	POSIX	Programme, die SIGTERM abfangen, bieten meistens einen »Soft Shutdown« an.

Tabelle A.12 Signale, die den Prozess beenden

Name	Nr.	Aktion	Verfügbar	Bedeutung
SIGALRM	14	Ende	POSIX	Zeituhr ist abgelaufen – alarm().
SIGVTALRM	26	Ende	BSD, SVR4	Der virtuelle Wecker ist abgelaufen.
SIGPROF	27	Ende		Der Timer zur Profileinstellung ist abgelaufen.

Tabelle A.13 Signale, die bei Beendigung eines Timers auftreten – Alarm

Name	Nr.	Aktion	Verfügbar	Bedeutung
SIGURG	23	Ignoriert	BSD, SVR4	Dringender Socketstatus ist eingetreten.
SIGIO	29	Ignoriert	BSD, SVR4	Socket E/A ist möglich.
SIGPOLL		Ende	SVR4	Ein anstehendes Ereignis bei Streams wird signalisiert.

Tabelle A.14 Asynchrone E/A-Signale

Name	Nr.	Aktion	Verfügbar	Bedeutung
SIGCHLD	17	Ignoriert	POSIX	Der Kindprozess wurde beendet oder angehalten.
SIGCONT	18	Ignoriert	POSIX	Ein angehaltener Prozess soll weiterlaufen.
SIGSTOP	19	Anhalten	POSIX	Der Prozess wurde angehalten.
SIGTSTP	20	Anhalten	POSIX	Der Prozess wurde »von Hand« mit STOP angehalten.
SIGTTIN	21	Anhalten	POSIX	Prozess wollte aus einem Hintergrundprozess der Kontroll-Dialogstation lesen.
SIGTTOU	22	Anhalten	POSIX	Prozess wollte in einem Hintergrundprozess der Kontroll-Dialogstation schreiben.
SIGCLD		Ignoriert		Wie SIGCHLD

Tabelle A.15 Signale zur Prozesskontrolle

Name	Nr.	Aktion	Verfügbar	Bedeutung
SIGPIPE	13	Ende	POSIX	Es wurde in eine Pipe geschrieben, woraus niemand liest. Es wurde versucht, in eine Pipe mit O_NONBLOCK zu schreiben, woraus keiner liest.
SIGLOST		Ende		Eine Dateisperre ging verloren.
SIGXCPU	24	Core & Ende	BSD, SVR4	Maximale CPU-Zeit wurde überschritten.
SIGXFSZ	25	Core & Ende	BSD, SVR4	Maximale Dateigröße wurde überschritten.

Tabelle A.16 Signale, die bei Fehlern einer Operation ausgelöst werden

Name	Nr.	Aktion	Verfügbar	Bedeutung
SIGUSR1 SIGUSR2	10, 12	Ende	POSIX	Frei zur eigenen Benutzung
SIGWINCH	28	Ignoriert	BSD	Window-Größe hat sich verändert.

Tabelle A.17 Die restlichen Signale

A.9 Sonderzeichen und Zeichenklassen

Bei einigen Kommandos wie bspw. `tr` benötigen Sie eine Möglichkeit, um Zeichen wie das Newline- oder Tabulatorzeichen in einer bestimmten Form anzugeben. Für Sonderzeichen sind hierzu folgende Angaben möglich:

Sonderzeichen	Bedeutung
`\ooo`	Zeichen mit Oktalcode (3 Stellen)
`\a`	Ein Beep ist zu hören
`\b`	Backspace (ein Zeichen links löschen)
`\f`	formfeed (ein Seitenvorschub)
`\n`	newline (Zeilenvorschub)
`\r`	return (Wagenrücklauf)
`\t`	horizontal tab (Tabulator waagerecht)
`\v`	vertical tab (Tabulator senkrecht)
`\\`	Das Zeichen \

Tabelle A.18 Sonderzeichen

Neben den Sonderzeichen besteht auch die Möglichkeit, eine Klasse von Zeichen zu verwenden.

Zeichenklasse	Bedeutung
`[:alnum:]`	Buchstaben und Ziffern
`[:blank:]`	Whitespaces (Leerzeichen und waagerechte Tabulatorzeichen)
`[:cnrtl:]`	Kontrollzeichen
`[:digit:]`	Alle Ziffern (0–9)
`[:graph:]`	Druckbare Zeichen ohne Leer- und Tabulatorzeichen
`[:lower:]`	Kleinbuchstaben
`[:print:]`	Druckbare Zeichen
`[:punct:]`	Interpunktionszeichen
`[:space:]`	Horizontale und vertikale Whitespaces
`[:upper:]`	Großbuchstaben
`[:xdigit:]`	Hexadezimalziffern
[=*chars*=]	Alle Zeichen, die *chars* entsprechen

Tabelle A.19 Zeichenklassen

B Die Buch-CD

Auf der Buch-CD finden Sie im Verzeichnis */Listings* alle Beispiele aus diesem Buch nach Kapiteln sortiert.

Neben den Listings enthält die CD auch die Linux-Distribution »Damn Small Linux«. Dabei handelt es sich um eine Linux-Distribution, die sich von einer CD starten lässt. Es ist also ein Live-System, welches Sie ohne jede Installation und Festplattenzugriff starten können. Hierzu müssen Sie nur die CD in das Laufwerk legen und sichergehen, dass Ihr PC von CD booten kann. Dies wird gewöhnlich im BIOS eingestellt. Ändern Sie einfach die Boot-Reihenfolge, sodass zuerst von CD gebootet wird.

»Damn Small Linux« lässt sich natürlich auch auf einer Festplatte installieren. Da der Speicherbedarf von »Damn Small Linux« seinem Namen alle Ehre macht, kann das komplette System auch in den Arbeitsspeicher geladen werden, wodurch das CD-Laufwerk weiterhin zu Verfügung steht. Besonders populär ist »Damn Small Linux«, weil Sie hiermit ohne große Problem von einem USB-Stick (128 MB) oder einem anderen Speichermedium aus starten können. Voraussetzung ist immer, Ihr PC unterstützt dies (Booten von USB). Trotz der Mini-Größe von 50 MB bietet »Damn Small Linux« eine komplette desktoporientierte Linux-Distribution an, welche beispielsweise auch »Mozilla Firefox« als Browser beinhaltet. Der Umfang der Software ist beachtlich und kann bei Bedarf um Erweiterungen (myDSL Extensionen) ergänzt werden.

Natürlich ist »Damn Small Linux« keine Neuerfindung, sondern basiert auf »Knoppix«, dem wohl populärsten Live-System. Hierbei wurde »Knoppix« einfach auf die nötigsten Komponenten reduziert. Das X-Window-System ist eine Kombination aus Kdrive-, Xvesa- und Xfbdev-Servern.

Aufgrund der geringen Größe von »Damn Small Linux« und dem Feature, es immer mit einem USB-Stick bei sich tragen zu können (sodass es bei USB 2.0 erheblich schneller ist als von CD), macht es zu einem immer beliebter werdenden Tool für den Systemadministrator (und nicht nur für ihn).

Hinweis Ein besonderes Feature von »Damn Small Linux«, es kann auch in einer Windows- oder Linux-Umgebung gestartet und ausgeführt werden. So können Sie »Damn Small Linux« zum Beispiel in Ihrer Windows-XP Umgebung starten und beenden, ohne den Host-Computer herunterfahren zu müssen. Hierzu finden Sie im Verzeichnis */XP* eine ZIP-Datei namens »dsl-embedded-1.2.zip«.

Mehr zu »Damn Small Linux« erfahren Sie beim ersten Start und natürlich auf der entsprechenden Webseite unter **http://www.damnsmalllinux.org/**.

Index

D

G

L

M

T

U